東洋古典譯註叢書 86

# 譯註 荀子集解 1

集解 王先謙
譯註 宋基采

전통문화연구회

**國譯委員**

譯註　宋基采
潤文　朴勝珠 南賢熙
校訂　南賢熙 河廷沅
出版　金主賢 金새롬 李孝宰
管理　咸明淑
普及　徐源英

# 東洋古典譯註叢書를 발간하면서

우리의 古典國譯事業은 민족문화 진흥의 기초사업으로 1960년대부터 政府 支援으로 古文獻 現代化 작업을 추진하여 많은 成果를 거두었다. 당시 이 사업 추진의 先行課題로 東洋古典이라 일컬어지는 중국의 基本古典을 먼저 飜譯하여야 한다는 學界의 주장이 있었음에도 불구하고 우리 고전이 아니라는 일부의 偏狹한 視角과 財政 事情 등으로 인하여 배제되어 왔다.

전통적으로 중국의 기본고전은 우리 歷史와 함께 숨쉬며 각종 교육기관의 敎科書로 활용됨은 물론이고 지식인들의 必讀書가 되어 왔으며, 우리 文化의 基底에 자리잡고 거의 모든 방면의 體系와 根幹을 형성하여 왔다. 그래서 학문연구의 기본서 역할을 해 왔을 뿐만 아니라 오늘날에도 우리의 國學徒 및 東洋學 硏究者들에게 같은 역할을 하고 있음은 주지의 사실이다. 그럼에도 불구하고 中國古典은 우리 것이 아니라 하여 專門機關의 飜譯對象에 포함하지 않음으로써, 대부분 原典에서의 직접 번역이 아닌 重譯이나 拔萃譯의 방식이 주를 이루면서 敎養水準으로 出版되어 왔다.

오늘날 東洋 三國 중에서 우리의 東洋學 연구가 가장 부진한 이유는, 東洋基本古典에 대한 폭넓은 이해의 부족과 漢文古典 讀解力의 저하에 기인함을 우리는 솔직히 인정하여야 한다. 따라서 이들 중국고전에 대한 신뢰할 만한 國譯이 이루어지는 것이 한국학 연구를 촉진시키는 시급한 先行課題라 할 수 있다.

이에 韓國學 및 東洋學의 연구와 古典現代化의 基盤構築을 위해서는, 전문기관으로 하여금 동양고전을 단기간에 각 분야의 專門 硏究者와 漢學者가 상호 협동하여 연구번역하여 飜譯의 傳統性과 效率性, 硏究의 專門性을 높일 수 있도록 政策的 配慮가 있어야 한다.

이에 本會에서는 元老 및 中堅 漢學者와 斯界의 專攻者로 하여금 協同硏究飜譯하여 공부하는 사람들이 믿고 引用하거나 깊이 있는 註釋 등을 활용할 수 있게 하고, 知識人들의 敎養을 증진시켜 줄 수 있는 東洋古典의 國譯書 간행을 지속적으로 추진해 왔다. 근래에 다행히 이 사업에 대하여 각계 지도층의 폭넓은 이해와 지원에 힘입어 2001년도부터 國庫補助를 받아 東洋古典譯註叢書를 간행하게 되었다. 이를 계기로 우리 先學의 註釋과 見解를 반영하는 등 국역사업의 內實을 기하게 되었음을 이 자리를 빌어 衷心으로 감사드리며, 아울러 國譯에 參與하신 관계자 여러분의 勞苦에 깊은 謝意를 표한다.

끝으로 우리의 이러한 작업은 오랜 역사 위에 축적된 先賢들의 業績과 現代學問을 이어주는 튼튼한 架橋와 礎石이 되어 진정한 韓國學과 東洋學 발전에 기여할 것을 굳게 믿으며, 21세기를 우리 文化의 世紀로 열어 가는 밑거름이 되도록 우리의 力量을 本 事業에 경주하고자 한다. 江湖諸賢의 부단한 관심과 지원을 기대해 마지않는다.

社團法人 傳統文化硏究會 會長 李啓晃

# 解 題

尹武學[*)]

## Ⅰ. 王先謙과 ≪荀子集解≫

王先謙

≪荀子≫는 순자 및 先秦 제자백가의 사상을 연구하는 중요한 자료이다. 唐代에 楊倞(생몰년 미상)이 처음으로 ≪순자≫를 주석하였으며, 淸末에 이르러 王先謙(1842~1917)이 원문을 校勘 정리하여 1891년 ≪荀子集解≫를 완성하였다. 이 책은 지금까지 ≪순자≫를 연구할 때 대표적 교재로 평가받고 있다.

王先謙은 지금의 湖南省 長沙 출신으로 字는 益吾이며, 그의 거주지를 따라 葵園先生으로 불리기도 하였다. 일찍이 曾國藩에게 古文을 배웠으며 淸末民國初에 활동하면서 史學, 經學, 訓詁學, 實學 등의 분야에서 뛰어난 업적을 남겼다. 특히 ≪漢書≫와 ≪後漢書≫의 주석은 지금까지 史書에 대한 표준 저술로 평가되고 있다. 1865년에 進士에 급제하여 國子監祭酒와 江蘇學政 등을 역임하면서 여러 학자들과 함께 고전문헌의 정리와 출판에 힘을 기울였다. 1889년 벼슬을 그만두고 장사에 거처하면서 10여 년간 嶽麓書院 원장을 역임하였다. 戊戌變法運動 기간에는 康有爲와 梁啓超의 급진사상에 반대하였다. 1911년 辛亥革命 때 '遯'로 개명하고 화

---

*) 동방문화대학원대 교수

를 피해 은거하여 저술에 몰두하였으며, 1914년 장사로 돌아와 民國 6년(1917)에 향년 75세로 졸하였다. 그의 대표 업적은 이 책 이외에 ≪皇清經解續編≫, ≪十朝東華錄≫, ≪漢書補注≫, ≪後漢書集解≫, ≪莊子集解≫, ≪詩三家義集疏≫, ≪續古文辭類纂≫ 등이며, 그의 詩文을 모은 ≪虛受堂文集≫이 있다.

중국철학사에서 宋明 理學시대를 거쳐 先秦 諸子學이 부흥하게 된 것은 清末의 '西勢東漸'이라는 시대적 배경에서 비롯되었다. 外勢 앞에서 무력할 수밖에 없던 현실 속에서 참담한 패배의식과 함께 일어난 것은 그동안 桎梏되어 있던 자각적 표현이었다. 또한 서양의 선교사들을 통해 자연과학과 논리학 관련 서적이 번역 소개되면서 중국의 지식인들은 제자백가 가운데 특히 墨子, 荀子, 公孫龍 등에게서 서양에 비견되는 중국적 사유의 근원을 탐구하기 시작하였다.

≪荀子集解≫ 또한 이러한 시대적 산물 가운데 하나이다. 이 책의 가장 큰 특징은, 비록 개인의 저술이긴 하지만 고래의 주석과 아울러 당대 碩學들의 訓詁와 考證의 성과를 집대성한 것으로 보아야 할 것이다.

우선 ≪순자집해≫의 원문과 주석은 청대 謝墉의 ≪荀子箋釋≫을 저본으로 하였다. 사용의 서문에 의하면 ≪순자전석≫의 원문은 盧文弨가 양경의 주석본과 그에 대한 고래 학자들의 설에 근거하여 교감한 것이다. 따라서 ≪순자집해≫에서는 원문을 교감하거나 주석을 소개하면서 '盧校' 혹은 '謝本'이라고 칭하고 있다.

다음으로 王念孫의 ≪讀書雜志≫(校荀子)에 집록된 제가의 설을 소개하고 있다. 전체적으로 ≪순자집해≫에서는 汪中, 胡元儀, 盧文弨, 錢大昕, 郝懿行, 王念孫, 王引之, 洪頤煊, 劉台拱, 兪樾, 郭嵩燾 등 10여 가의 설을 채택하고 있는데, 사실상 청대의 ≪순자≫ 연구를 망라한 것이라 할 수 있다. 그러나 단순히 제가의 설을 집록하는 데 그친 것이 아니라 비교 정리하였으며, 양경의 주석 자체와 제가의 설에 대한 왕선겸 자신의 견해를 피력하였다. 전체적으로 왕염손의 설을 가장 많이 인용하고 있는데, 동시에 그것에 대한 비판적 분석도 가장 많다.

특히 왕선겸은 서문에서 唐代의 韓愈가 순자를 "대체로 순수하지만 작게는 흠이 있다."고 평하고, 宋代에 이르러 그를 더욱 공격한 학자들이 많게 된 것은 性惡說 때문이었지만 그것은 순자의 본뜻이 아니었다고 평가하였다. 이것은 고래의 순자 평가에 대한 왕선겸 자신의 재평가를 함축한 것이다.

## Ⅱ. 荀子의 生涯

荀子는 戰國末 趙나라 출신으로 이름은 況이며 자는 卿이다. 또한 孫卿으로 칭하기도 하였다. 생졸연대는 명확하지 않지만, 사료와 제가의 설을 종합하면 대략 B.C. 313년에 태어났으며, 그의 주요 활동기간은 대략 B.C. 298년부터 B.C. 238년 사이이다.

荀子

순자는 15세에 齊나라 稷下에 유학하였다. 당시 제나라는 제후국 가운데 비교적 강대국이었으며, 이른바 戰國七雄 가운데에서도 선두권에 속하였다. 제나라 宣王은 자신의 패권적 지위를 유지하고 정치적 영향력을 확대하기 위해서 그의 할아버지 桓公과 아버지 威王을 계승하여 수도를 지금의 산동성 지역에 위치한 臨淄로 옮기고 西門, 즉 稷門에 稷下學宮을 설치하고, 천하의 명사와 학자들을 초빙하여 그들이 자유롭게 학문을 논의하고 정치에 대해 비평할 수 있도록 보장하였다. 이에 직하는 당시 상당히 유명한 학술의 중심이 되었다. 전국시대 유명한 학자, 예컨대 孟子·愼到·田駢·淳于髡·環淵·宋鈃 등은 모두 직하에서 이 시기를 전후로 활동한 이들이다. 순자는 여기서 20여 년간 이들과 교류하면서 학문적으로 많은 영향을 주고받았을 것이라고 생각된다.

B.C. 286년경 중년에 접어든 순자는 제나라에 위기가 다가옴을 예감하고 재상에게 건의문을 올렸으나 받아들여지지 않자 제나라를 떠나 楚나라로 갔다. B.C. 284년 제나라는 과연 燕·秦·楚·韓·魏 등 다섯 나라의 연합공격을 받아 결국 연나라 장수 樂毅에게 패하고, 일찍이 秦나라 昭王과 함께 동서의 제왕으로 병칭되던 제나라 선왕의 아들 閔王(湣王)이 피살되었다. 이로 인하여 직하의 학사들 또한 다른 나라로 흩어져버리고 말았다.

B.C. 275년 제나라가 다시 잃었던 땅을 되찾고 襄王이 임치에 직하학궁을 다시 설치하

자, 순자는 다시 제나라로 돌아왔다. 순자는 선배학자들이 이미 세상을 떠나고, 당시 학술적인 면에서 상당한 지위와 영향을 지녔기 때문에 학궁에서 가장 존경을 받는 선생으로서 祭酒의 지위를 세 번이나 역임하게 되었다. 당시 순자는 양왕의 后妃가 농단을 부리자 "여자 군주가 궁궐을 어지럽힌다."고 비판하였다.

이에 순자는 간신들의 질시와 모함을 받게 되자 B.C. 255년 자의반 타의반으로 초나라로 가게 되었다. 당시 초나라는 春申君 黃歇이 재상이었는데, 순자를 蘭陵의 수령으로 임명하였다. 얼마 지나지 않아 어떤 이가 춘신군에게 모함하길 "湯은 亳에서 시작하고, 무왕은 鄗에서 불과 백 리 땅으로 출발해서 천자가 되었습니다. 순자는 현인인데 그에게 백 리 땅을 준 것은 위험한 일입니다."라 하였다. 이에 춘신군이 그 내용을 순자에게 통보하자, 순자는 흔쾌히 사퇴하고 초나라를 떠나 조국인 조나라로 다시 돌아왔다.

조나라에 돌아와서는 平原君의 上卿이 되었지만, B.C. 251년 평원군이 세상을 떠났다. 이때 초나라의 어떤 이가 춘신군에게 충고하길 "옛날 伊尹이 夏나라를 떠나 殷나라에 가자 은나라가 천하를 통일하였지만 하나라는 망하였고, 管仲이 魯나라를 떠나 齊나라에 가자 제나라는 점점 강성해졌지만 노나라는 쇠약해졌습니다. 현자가 적당한 자리에 있으면 군주가 백성의 존경을 받으며 국가 또한 번영하는 법입니다. 지금 순자는 천하의 현인인데 어찌 초빙해서 등용하지 않으십니까?"라 하였다. 이에 춘신군이 순자에게 사신을 보내 다시 초빙하였으나 순자는 사양하는 글과 초나라 정치에 대한 건의만을 하고 응하지 않았다. 그러나 춘신군이 거듭 지난 일을 후회하면서 초빙하자, 순자는 초나라로 가서 다시 난릉의 수령 지위에 올랐다. B.C. 238년 춘신군이 피살되고 순자 또한 파면되었다. 그 후 저술을 통해 자신의 학설을 정리하는 데 힘을 기울이다가 B.C. 235년경 세상을 떠났다.

순자는 맹자와 마찬가지로 孔子의 계승자임을 자칭하였다. 〈荀子序〉에서는 孔子와 子弓을 여러 차례 병칭하여 높이고 있음에 착안하여 흔히 순자를 자궁의 제자로 보기도 한다. 그런데 자궁을 공자의 제자인 仲弓으로 보는 견해도 있고, 唐代의 韓愈는 ≪사기≫ 〈중니제자열전〉에 보이는 馯臂子弓으로 보았다. ≪사기≫의 주석에 의하면, 간비자궁은 子夏의 문인으로 알려져 있어서 순자와 자하의 또 다른 관계를 감안할 때 설득력이 있다. 자하와 순자의 관계는 漢代 경학의 전수관계에 있어서 아주 밀접한 관련이 있다. 예컨대 ≪毛詩≫는 자하가 순자에게 전하고, 순자가 大毛公에 전하였으며, ≪春秋左氏傳≫은 자하의 문인 曾

申이 순자에게 전하고, 순자가 漢儒에게 전하였다고 한다. 또한 ≪春秋公羊傳≫과 ≪春秋穀梁傳≫의 저자는 모두 자하의 문인이었으며, 순자가 漢儒에게 전한 것으로 알려졌다.

荀子는 孔子・孟子와 마찬가지로 일관되게 치국평천하의 포부를 펼칠 수 있기를 바랐지만, 당시 군주들의 신임을 받거나 중요한 관직에 오르지 못한 채 끝내 자신의 정치적 이상을 제대로 실현시키지 못하였다. 아쉽게도 순자가 그린 천하통일의 설계도는 비록 방법에서 차이가 있었지만, 그가 세상을 떠난 지 14년 후에 秦나라 大一統의 郡縣制國家 성립으로 이루어졌다. 漢代에 이르러서는 董仲舒를 비롯한 지식인들에게 荀子의 治國方案이 결정적으로 영향을 미치게 되었다. 이상과 같은 그의 생애와 당시 열국을 돌면서 유세한 내용으로 미루어볼 때, 순자가 끝까지 儒家임을 자처한 것은 결코 근거 없는 것이 아님을 알 수 있다.

## Ⅲ. ≪荀子≫의 내용

≪史記≫ 〈荀卿列傳〉에 의하면 "순자는 혼탁한 세상의 정치로 인하여 亡國과 亂君이 잇달아 나와 성인의 큰 도를 배워서 수행하려 하지 않고 무당이나 미신에 현혹되어 길흉의 조짐을 따르고 비속한 선비들은 작은 일에 구애되며, 莊子와 같은 무리는 변칙적인 주장으로 풍속을 혼란시키는 것을 혐오하였다. 이에 儒家・墨家・道家의 활동 성패를 추구하여 차례로 늘어놓아 수만 언의 저서를 내었다." 하였다. 그러나 구체적으로 어떠한 내용이 이 시기에 저술된 것인지는 단정하기 어렵다.

일설에 ≪순자≫라는 책은 처음엔 300편이 넘었는데 前漢 劉向의 정리와 교정을 거치면서 중복된 290편을 제외하여 32편으로 정리하고 ≪孫卿新書≫로 불렀다고 한다. 班固의 ≪漢書≫ 〈藝文志〉에서는, ≪손경신서≫의 〈成相〉과 〈賦〉를 별도로 분리하여 ≪孫卿子≫ 32편, 〈孫卿賦〉 10편, ≪成相雜辭≫ 11편으로 정리하였다. 晉代에 이르러 荀勖과 張華 등이 劉向의 ≪別錄≫에 근거하여 고적을 정리할 때는 이미 〈손경부〉 10편은 없었으므로 ≪荀況集≫ 2권으로 편집하였다. 唐代 중엽에 이르러 楊倞이 다시 교정하여 주석을 달면서 32편 20권으로 정리하여 ≪순경자≫라 이름하고, 줄여서 ≪순자≫라고 하였다. 현행본 ≪순자≫는 양경의 편집본이다.

≪순자≫는 ≪論語≫나 ≪孟子≫의 체재와 달리, 각 편마다 한 가지의 주제를 갖고 있는

데 대체로 편명과 주제가 일치한다. 현행본 ≪논어≫는 처음 〈學而〉에서 시작하여 〈堯曰〉편으로 끝난다. ≪순자≫는 이 체재를 그대로 모방하여 〈勸學〉에서 시작하여 〈堯問〉편으로 끝난다. 대부분 순자가 직접 지은 것으로 생각되지만, 제가의 고증에 따르면 〈儒效〉·〈議兵〉·〈强國〉 등의 편은 제자들의 작품으로 여겨지며, 책 끝부분에 붙은 〈大略〉·〈宥坐〉·〈子道〉·〈法行〉·〈哀公〉·〈堯問〉 등 여섯 편은 제자들이 순자의 言行과 傳記를 기록한 것이라 한다. 총 32편의 내용을 개략적으로 소개하면 다음과 같다.

1篇 〈勸學〉 : 학문과 교육의 중요성을 논술한 부분이다. 순자는 지식과 재능이 선천적인 것이 아니라 후천적 교육의 결과라고 보았다. "푸른색은 쪽에서 얻지만 쪽보다 푸르며, 얼음은 물로 만들어지지만 물보다 차갑다.", "쑥이 삼밭에서 자라면 도와주지 않아도 곧게 된다."는 명언이 실려 있다.

2篇 〈修身〉 : 윤리도덕 및 자기수양에 관해 논술한 부분이다. 순자는 도덕수양을 중시하는가의 여부는 개인의 安危로부터 국가 존망이라는 대사에 관련되어 있다고 보았다. "준마는 하루에 천 리를 달리지만 노둔한 말도 열흘 동안 달리면 거기에 미칠 수 있다."는 명언이 실려 있다.

3篇 〈不苟〉 : 사람의 언행과 관련된 도덕규범의 표준을 제시한 부분이다. 순자는 맹자와 달리 先王보다는 後王을 본받을 것을 주장하고 '一天下'의 정치적 주장을 폈다. "새로 목욕한 사람은 옷을 털어 입고, 새로 머리감은 사람은 모자를 털어 쓰는 것이 人情이다."는 명언이 실려 있다.

4篇 〈榮辱〉 : 榮辱과 義理의 관계를 논술한 부분이다. 순자는 "義를 앞세우고 利를 나중에 하는 자는 영예롭고, 이를 앞세우고 의를 나중에 하는 자는 치욕스럽게 된다."고 주장하였다. 또한 "남을 칭찬하는 말은 비단보다 따뜻하고, 남을 해치는 말은 창보다 날카롭다."고 하는 명언이 실려 있다.

5篇 〈非相〉 : 觀相術을 논리적으로 비판한 부분이다. 순자는 수많은 역사적 사례를 열거하여 사람의 외모는 그의 품격이나 나아가 길흉화복과는 무관함을 증명하였다. "관상은 마음을 따지는 것보다 못하고, 마음을 따지는 것은 학술을 선택하는 것보다 못하다."는 명언이 실려 있다.

6篇 〈非十二子〉: 제자백가를 분류하고 그들의 학설을 비판한 부분이다. 순자는 12명의 사상가를 6개로 분류하여 비판하고, 국가통일을 실현하는 정치관을 피력하였다. 특히 유가의 子思와 孟子를 하나로 묶어 선왕의 설을 날조하여 '五行'이라고 칭하였다고 비판하였다. 최근의 출토자료에 의하면, 여기서 '오행'은 仁·義·禮·智·聖 다섯 개의 덕목을 가리킨다.

7篇 〈仲尼〉: 王者의 치국사상을 천명한 부분이다. 순자는 春秋五霸에 대한 평가를 통해 패업에 대한 일정한 긍정을 하고 있다. 또한 맹자와 달리 왕도가 최선이긴 하지만 경우에 따라 패도도 필요하다고 주장한다. "군주는 비록 남이 알아주지 않더라도 원망하거나 질시하는 마음을 갖지 않아야 한다."는 말이 실려 있다.

8篇 〈儒效〉: 儒者의 역할에 대해 논술한 부분이다. 순자는 유자를 大儒, 雅儒, 俗儒의 세 가지로 나누고, 각자의 특징과 아울러 평가를 하였다. "흙이 쌓여 산이 되고, 물이 모여 바다가 되며, 아침저녁이 쌓여서 세월이 된다."는 명언이 실려 있다.

9篇 〈王制〉: 王道와 霸道, 安存, 危殆, 滅亡 등의 서로 다른 정치상황을 비교 분석한 부분이다. "군주는 배이며, 백성은 물이다. 물은 배를 띄우기도 하지만 물은 배를 뒤엎기도 한다."는 명제와, "물과 불은 氣만 있고, 草木은 기와 생명을 갖고 있으며, 禽獸는 기와 생명과 지각을 갖고 있지만, 사람은 여기에 禮義를 갖고 있어서 천하에서 가장 귀한 존재이다."라는 명언이 실려 있다.

10篇 〈富國〉: 경제사상을 논술한 부분이다. 순자는 隆禮와 重法을 국가 부강의 근본으로 보았다. "나라를 풍족하게 하는 방법은 쓰임을 절약해서 백성을 부유하게 하고, 나머지는 잘 비축하는 것이다. 쓰임을 절약하는 것은 禮로써 하고 백성을 풍족하게 하는 것은 政治로써 한다."는 말이 실려 있다.

11篇 〈王霸〉: 국가의 기능과 군주의 권위를 논술한 부분이다. 순자는 국가를 잘 다스리는가의 여부는 정책의 일관성과, 어떠한 것을 표준으로 하고, 누구에게 맡기는가의 문제에 달려 있다고 보았다. "자신과 재상이 유능하면 왕자가 되고, 자신은 무능하지만 능력자를 구하면 패자가 되며, 자신이 무능하면서도 능력자를 구하지 않으면 망한다."는 말이 실려 있다.

12篇 〈君道〉: 군주의 역할을 논술한 부분이다. 순자는 군주의 역할을 隆禮와 重法, 尙

賢使能의 인재선발에 있다고 보았다. "임금은 푯대이다. 푯대가 바르면 그림자도 바르다. 임금은 대야다. 대야가 둥글면 물도 둥글다. 임금은 그릇이다. 그릇이 네모지면 물도 네모지다."는 명언이 실려 있다.

13篇 〈臣道〉: 신하의 역할과 행동원칙을 논술한 부분이다. 순자는 근본을 위배하는 군주에 대해 간쟁할 것을 주장하였다. "군주에게 진언하여 쓰이지 않을 때 떠나는 것을 諫이라 하고, 군주에게 진언하여 쓰이지 않을 때 죽는 것을 爭이라 한다."는 말이 실려 있다.

14篇 〈致士〉: 훌륭한 선비를 초빙하는 방법을 논술한 부분이다. 순자는 능력 있는 선비를 구하기 위해서는 간사한 무리를 내칠 수 있어야 한다고 보았다. "물이 깊으면 물고기가 모여들고, 산림이 무성하면 금수가 모여들며, 刑政이 공평하면 백성이 귀의하고, 예의가 갖춰지면 군자가 귀의한다."는 말이 실려 있다.

15篇 〈議兵〉: 군사와 전쟁의 문제를 논술한 부분이다. 순자는 전쟁에서의 승리는 민심에 달려 있고, 용병의 목적은 해악을 제거하는 것이라 보았다. "남을 압도하는 데에는 세 가지 방법이 있다. 덕으로 남을 압도하는 것, 힘으로 남을 압도하는 것, 富로써 남을 압도하는 것이다."라는 말이 실려 있다.

16篇 〈强國〉: 국가의 부강과 천하 통일의 방법을 논술한 부분이다. 순자는 역사적 경험을 총결하여 국가가 부강하기 위한 근본 방법은 隆禮와 重法이라고 단언하였다. "사람에게 생명보다 귀한 것이 없고, 편안함보다 즐거운 것이 없으며, 생명을 기르고 편안함을 즐기는 데는 禮보다 좋은 것이 없다."는 말이 실려 있다.

17篇 〈天論〉: 天人相分의 자연관을 논술한 부분이다. 순자는 인간과 자연의 법칙은 상호 무관하며 천지의 법칙을 이용하여 자연을 극복해야 한다는 能參을 주장하였다. 첫머리에 "하늘의 운행은 일정하여 堯임금을 위해 존재하지 않으며, 桀임금 때문에 없어지지 않는다."는 말이 실려 있다.

18篇 〈正論〉: 제자백가의 사상을 비판한 부분이다. 순자는 법가 계통의 권모술수 이론이나 정욕을 무시하는 명제들을 제시하여 비판하였다. "군자는 외부 상황으로 치욕스러울 수 있지만 도덕적으로 치욕스러울 수 없으며, 소인은 외부 상황으로 영예로울 수 있지만 도덕적으로 영예로울 수 없다."는 말이 실려 있다.

19篇 〈禮論〉: 예의 기원과 작용에 대해 논술한 부분이다. 순자는 性惡說을 근거로 해서 체계적으로 예론을 전개시켰다. "예는 세 가지 근본이 있다. 천지는 생명의 근본이고, 선조는 종족의 근본이며, 임금과 스승은 다스림의 근본이다."라는 말이 실려 있다.

20篇 〈樂論〉: 음악의 사회적 기능에 대해 논술한 부분이다. 맹자와 달리 순자는 음악을 일상생활에서 필수불가결한 것으로 보고, 예와 함께 중시하였다. "樂(악)은 변화시킬 수 없는 조화이며, 禮는 바꿀 수 없는 이치이다."라는 말이 실려 있다.

21篇 〈解蔽〉: 인식론과 사유방법에 대해 논술한 부분이다. 순자는 제자백가를 비판하면서 동시에 자신의 인식론을 전개시켰다. "墨子는 실용에 가려 문화를 몰랐고, 惠施는 말에 가려 실제를 몰랐으며, 莊子는 자연에 가려 인위를 몰랐다."는 말이 실려 있다.

22篇 〈正名〉: 공자의 正名論을 확대하여 논리사상을 논술한 부분이다. 순자는 名詞 제정의 목적, 원칙, 방법 등에 관해 체계적으로 정리하고 아울러 제자백가의 명제를 '三惑'으로 분류하여 비판하였다. "智者는 名을 제정하여 實을 가리킴으로써 위로는 貴賤을 밝히고 아래로는 同異를 분별한다."는 말이 실려 있다.

23篇 〈性惡〉: 사람의 본성이 악함을 논술한 부분이다. 순자는 사람의 물질적 욕망을 긍정하고 인성의 악한 측면을 부각시키는 동시에 본성을 변화시켜 인위를 일으켜야 한다고 주장하였다. 첫머리에 "사람의 본성은 악하며, 그것이 선한 것은 인위적인 것이다."라는 말이 실려 있다.

24篇 〈君子〉: 군주의 권위와 역할을 논술한 부분이다. 순자는 信賞必罰과 尙賢使能을 주장하고, 연좌제나 세습제에 반대하였다. "옛날엔 형벌이 죄를 넘어서지 않았고, 작위가 덕을 넘어서지 않았다."는 말이 실려 있다.

25篇 〈成相〉: 당시 유행하던 민간의 문예형식으로 정치관을 서술한 부분이다. 순자의 '法後王', 隆禮와 重法의 사상이 반영되어 있다. "군주가 현명하지 못하면 장님이 지팡이가 없는 것과 같아서 갈팡질팡하게 된다."는 말이 실려 있다.

26篇 〈賦〉: 5편의 賦와 2편의 詩歌로 구성되어 있는 부분이다. 구름, 누에, 바늘 등의 사물을 생동감 있게 비유함으로써 자신의 이상적인 도덕관을 피력하였다. "필부라도 받들면 성인이 될 수 있고, 제후가 받들면 천하를 통일할 수 있게 하는 것이 禮다."라는 말이 실려 있다.

27篇 〈大略〉: 정치사상을 논술한 부분이다. 순자는 일관되게 융례・중법, 상현사능, 修身養性, 학습과 교육의 관계를 강조하였다. "하늘이 백성을 낳은 것은 군주를 위함이 아니요, 하늘이 군주를 세운 것은 백성을 위함이다."라는 말이 실려 있다.

28篇 〈宥坐〉: 정치사상을 논술한 부분이다. 순자는 '유좌'라는 기구가 "비면 기울고, 알맞으면 바르며, 차면 엎어진다."는 특성에 근거하여 中正사상을 제기하였다. "芝草와 蘭草는 깊은 산속에 자라면서 사람이 없다고 하여 향기를 풍기는 것을 그만두지 않는다."는 명언이 실려 있다.

29篇 〈子道〉: 孝悌의 윤리를 논술한 부분이다. 순자는 효제 또한 치국의 원칙인 예에 근거해야 한다고 주장하였다. "道를 따르되 군주를 따르지 않으며, 義를 따르되 부모를 따르지 않는다."는 명언이 실려 있다.

30篇 〈法行〉: 윤리사상을 논술한 부분이다. 孔子가 子貢에게 회답할 때 사용한 '玉을 덕에 비유한 것'을 통하여, 仁義禮智 등의 도덕관념을 설명하였다. "公輸般이라 하여도 먹줄보다 능할 수 없고, 성인이라 하여도 예보다 능할 수 없다."는 말이 실려 있다.

31篇 〈哀公〉: 정치사상을 논술한 부분이다. 魯나라 哀公이 공자에게 치국과 인재선발의 방법을 묻는 형식으로 순자의 정치관이 피력되어 있다. 〈王制〉편에도 보이는 "군주는 배이며, 백성은 물이다. 물은 배를 띄우기도 하지만 물은 배를 뒤엎기도 한다."는 유명한 명제가 다시 실려 있다.

32篇 〈堯問〉: 요임금이 舜에게 치국의 도리를 묻는 형식을 통하여 순자의 정치관이 피력된 부분이다. 마지막에 순자의 제자들이 순자를 찬양하는 글이 덧붙여져 있다. "봉록이 늘어날수록 베푸는 것을 늘리고, 지위가 높아질수록 예를 더욱 공경하게 행한다."는 말이 실려 있다.

≪순자≫라는 책은 크게 두 가지 관점에서 분석할 수 있는데, 첫째는 제자백가를 비판한 동시에 그들의 장점을 받아들여 종합하였다는 것이고, 둘째는 공자의 사상을 계승하고 맹자가 '內聖'의 측면을 발전시킨 데 비해 순자는 '外王'의 측면을 발전시켰다는 것이다. 물론 이것을 일관하는 종지는 대일통 통일국가를 건립하기 위한 구도이다. 형식적으로는 당시 제자백가의 논의와 그에 대한 비판이 중심이다. 특히 〈非十二子〉, 〈解蔽〉, 〈正論〉, 〈正名〉 등의

편은 墨家・名家・道家・前期 法家와 儒家의 思孟學派를 비판한 것이고, 한편으로는 자신의 표준에 부합하는 제가의 여러 사상 관점을 긍정적으로 수용하였다.

## Ⅳ. 荀子의 自然과 人間

### 1. 自然의 改造

中國哲學史에서 天人 관계는 兩者의 內包에 따라서 세 가지로 분류할 수 있다. 첫째는 神(의지, 혹은 主宰的 天)과 人의 관계, 둘째는 自然과 人間의 관계, 셋째는 客觀規律性과 사람의 主觀能動性의 관계이다. 또한 그에 대한 認識의 深化에 따라서 세 가지 방식이 출현하는데, 그것은 天人合一, 天人相分, 天人相勝의 관점으로 요약 가능하다.

荀子는 天을 객관적으로 존재하는 자연계 자체로 본다. 또한 인간을 포함한 천지만물은 실재하는 물질이며 각종 사물은 모두 물질세계의 일부분이다. 즉 "萬物은 道의 일부분이며, 一物은 만물의 일부분이다."라고 한다. 천(자연)의 운행이란 뭇 별이 서로 돌고 해와 달이 교체하여 밝으며 사시가 차례로 운행하며 陰陽이 부단히 변화하며 風雨가 널리 퍼져서 만물이 각각 적당한 조건을 얻어 성장하며 각각 필요한 자양분을 얻어서 성숙되는 과정을 가리킨다.

순자는 나아가 우주만물의 구성을 해석하여, 氣가 천지만물의 본원이며, 천지만물은 氣로 구성되지 않은 것이 없으며 구성요소에 따른 차이가 있을 뿐이라고 보았다. 예컨대 水火는 氣로만 구성된 것이지만, 草木은 氣와 生命을 갖고 있고, 禽獸는 기와 생명과 인식능력을 갖고 있으며, 사람은 기와 생명, 인식능력과 禮義를 갖고 있기에 가장 완전한 존재라고 한다.

순자의 자연관이 반영된 〈天論〉편의 첫머리는 "하늘(자연)에는 일정한 법칙이 있다."는 대전제에서 시작하고 있다. 또한 "天은 常道를 갖고 있고, 땅은 常數를 갖고 있으며, 군자는 常體를 갖고 있다."고 한다. 여기서 '道'는 운행과 변화의 규칙이라는 뜻이며, '數'는 필연성을 의미한다. 결국 천지 자연계는 각기 고유하고 일정한 법칙성과 필연성이 있다. 따라서 천지자연의 법칙은 사람의 의지와 무관하다. 예컨대 계절의 변화와 땅의 遠近은 모두 객관적 사실이다. 예컨대 사람이 추위를 싫어한다 해서 겨울이 없어지지 않으며, 사람이 먼 거리를 싫어한다 해서 거리가 줄어드는 것이 아니라고 한다.

순자는 鬼神 관념이 유래하게 된 원인을 사물을 관찰할 때 주변의 불안정한 상황으로 인해 외물이 분명하게 드러나지 않는 데 있다고 분석한다. 예컨대 캄캄한 밤길을 가는 사람은 돌덩이를 보고서 호랑이가 엎드려 있다고 생각할 수도 있고, 길가의 나무를 보고 사람이 서 있다고 착각할 수도 있는데, 이것은 어둠이라는 것이 사람의 이목을 혼란시키기 때문이다.

귀신 관념 또한 이러한 상황에서 유래하는데, 〈解蔽〉편에서는 이와 관련하여 아주 생동감 있는 예를 들고 있다. 夏水의 남쪽에 어리석고 겁이 많은 涓蜀梁이라는 사람이 있었는데, 하루는 밤길을 가다가 자신의 그림자를 보고 귀신이 엎드려 있다고 생각하고 자신의 머리카락이 비치는 것을 보고서는 괴물이 서 있다고 생각하여 등을 돌려 달아나다가 자기 집에 도달할 무렵 기절하여 죽었다.

이러한 일화를 통하여 순자는 사람들이 귀신이 있다고 여기는 관점은 대개 愚昧 無智에서 비롯되는 것임을 시사하고 있다. 이것은 墨家에서 적극적으로 鬼神의 존재를 증명하고 그것을 공동체 집단의 정치 윤리적 근거로 삼았던 것과는 완전히 상반된다.

荀子는 당시 유행하던 觀相術에 대해서도 비판하였다. 관상은 사람의 겉모습, 용모에 근거하여 사람의 貴賤, 吉凶, 禍福을 판단하는 방식이다. 순자가 보기에, 우매한 사람만이 관상쟁이를 칭찬하면서 그들의 기만적인 술수를 믿고, 학문한 사람은 그러한 것을 믿지 않는다. 왜냐하면 사람의 형체나 기색은 사람의 자연적 속성이며, 사람의 귀천 화복은 사람의 사회적 속성이어서 양자가 필연적 인과관계는 없기 때문이다.

순자에 의하면 聖賢 가운데 堯임금, 文王, 孔子는 키가 컸지만, 舜임금, 周公, 子弓은 키가 작았다. 특히 공자의 얼굴은 흡사 우스꽝스러운 탈을 쓴 것 같았으며, 문왕의 아들 주공은 죽은 나무를 베어놓은 것처럼 등이 굽었다고 한다. 반면에 폭군으로 악명이 높은 桀王과 紂王은 본래 키도 컸거니와 외모 또한 호남형이었다는 것이다. 그들이 결국 죽임을 당하고 그 나라가 패망하게 된 것은 용모 때문이 아니라 그들이 보고 들은 것이 적고 논의의 수준이 낮았기 때문이었다.

순자는 "하늘의 운행은 일정한 법칙이 있어서 堯임금을 위해서 존재하지 않으며 桀王 때문에 없어지는 것이 아니다."라 하였다. 요임금은 순임금과 더불어 유가에서는 聖君의 대명사로 지칭될 정도이며, 비록 전설이지만 天子의 지위를 세습하지 않고 덕이 있는 舜에게 讓

位하였다. 순임금 역시 세습이 아니라 治水로 명성이 높은 禹에게 양위하였으며, 이러한 제도를 禪讓이라 한다. 孟子는 이것을 천자의 지위를 주고받은 것이 아니라 天命이 작용한 것이라 보고, 다만 천은 말을 하지 않기 때문에 행사로써 보여주었을 뿐이라고 한다. 이것은 물론 공자의 "하늘이 어찌 말을 하겠는가?"라는 입장을 충실히 반영한 것이다. 반면에 夏나라의 걸왕은 殷나라의 주왕과 더불어 폭군의 대명사로 지칭될 정도이다. 당시 일반 백성들은 그들에 대한 저주로서 하늘을 원망하는 일이 비일비재하였다. 그러나 순자가 보기에는 요임금과 같은 성군이든 걸왕과 같은 폭군이든 그들의 존재와 정치적 치란은 天, 地, 時와는 직접적인 관계가 없다.

순자에 의하면 "하늘을 높이고 사모하는 것보다는 사물을 길러 제어하는 것이 나으며, 하늘을 따르고 칭송하는 것보다는 천명을 제어해서 이용하는 것이 낫다."고 한다. 또한 "하늘에는 때가 있고, 땅에는 재물이 있으며, 사람은 그것을 다스릴 수 있는 능력을 갖고 있다. 대저 이것을 일러 '能參(능삼)'이라 한다." 하였다. 여기서 '參'은 天·地·人 三才를 가리킨다. 셋을 통일적으로 파악해야 한다는 주장이다. 학자에 따라서는 인간이 천지자연을 조절하고 자신의 주관 능동성을 발휘한다는 뜻에서 '능참'으로 읽기도 한다. 말하자면 사람은 자연계의 주인이 될 수 있는 능력을 갖고 있는데, 그것은 첫째 객관적으로 존재하는 天時의 변화와 땅의 자원을 개조할 수 있는 것이고, 둘째 합리적 사회질서를 건립할 수 있다는 것이다. 순자는 이처럼 인간과 자연의 단순한 분리가 아니라 합리적인 통일을 지향한다.

### 2. 人間 本性의 변화

순자는 자연계가 객관적 존재임을 긍정하고 이어서 사람 또한 자연계의 일부로서 산출된 것이라고 지적한다. 구체적으로는 자연계의 작용으로 사람이 형체를 지니게 되고, 형체로부터 정신을 지니게 되며, 喜怒哀樂 등의 감정이 깃들게 된다.

흥미로운 점은 認識器官을 설명함에 있어서도 分離와 統一이라는 도식이 그대로 적용된다는 점이다. 예컨대 "귀, 눈, 코, 입, 신체는 각각 접촉하는 대상을 갖고 있지만 서로 간섭할 수 없는데, 이것을 天官(자연의 관리)이라 한다. 마음은 한가운데 빈 곳에 있으면서 五官을 다스리는데, 이것을 天君(자연의 군주)이라 한다." 하였다. 말하자면 感官이 서로 관통하지 않기에 오관을 통괄하는 것이 필요하며, 그것이 얻은 感覺資料를 종합 정리하는 것이다. 이러한 종합적 감관이 마음이다. 그것은 자연계의 직접적 산물이면서 君主처럼 五官을 다스리기에 天君이라 한다. 이처럼 순자는 인간의 感覺기관과 思惟기관을 분리하고 각각의 역할을 분담시키고 있다.

認識 과정에서 五官의 역할만으로는 同異 분별에 있어서 혼란이 야기될 수 있다. 순자는 마음의 작용을 제시하여 "마음이 작용하지 않으면 黑白이 앞에 있어도 보이지 않고, 雷鼓가 옆에서 울려도 들리지 않는다."고 하였다. 마음은 오관을 통제하고 그것이 받아들인 감각자료를 분석하고 종합하는 기능을 한다. 따라서 "마음은 육체의 군주요, 정신의 주체이다. 명령을 내리며 다른 명령을 받지 않는다."고 하였다. 입은 억지로 말을 시킬 수 있고 다물게 할 수도 있으며 육체도 억지로 구부리거나 펴게 할 수 있지만, 마음은 천관을 주재하는 것이므로 다른 기관이 좌우할 수 없다. 이러한 의미에서 마음은 '天君'의 역할을 한다. 순자는 이렇게 오관이 수용한 감각자료를 바탕으로 종합하고 반성하며 추리하는 인식능력을 '徵知'라고 하였다.

순자는 사람의 性, 情, 欲을 모두 자연적인 것으로 보고 상호 연계시킨다. 이것은 공통적으로 五官의 작용이기 때문이다. 반면에 마음의 思慮와 그것의 축적 과정은 人爲的인 것으로 규정된다. 순자에 있어서 마음은 天官의 자연적 기능에 대한 人爲性이며, 性은 천관의 自然性을 의미한다. 이렇게 생명의 자연적 욕구에 의거하여 性을 말한다면 善이라고 말할 수 없다고 본다. 따라서 순자는 〈性惡〉편의 첫머리에서 "사람의 性은 惡하며, 그것이 선하게 되는 것은 僞이다."라고 하여 양자를 대비시키고 있다. 여기서 '僞'는 '人爲'라는 뜻이며 곧 文化이다. 보다 구체적으로 말하자면 "배울 수 없고 일삼을 수 없는 것으로 사람에게 있는 것을 '性'이라 하고, 배워서 능할 수 있고 일삼아 이룰 수 있는 것으로 사람에게 있는 것을 '僞'라 한다. 이것이 性과 僞의 구분이다."라는 것이다.

순자에 의하면, 性은 선천적 자연성으로 모든 사람이 같지만 僞는 후천적 인위성으로 사람마다 차이가 날 수 있다. 人爲性에는 天官에 대한 마음의 主宰처럼 객관적인 禮義와 師法이 포함된다. 예컨대 "性이란 선천적으로 이루어진 것으로 배우거나 일삼을 수 있는 것이 아니다. 禮義란 聖人이 만든 것으로 인간이 배워서 능하고 이룰 수 있는 것이다."라는 것이다.

그러나 양자의 分離는 合一을 도모하기 위한 전제일 뿐이다. 따라서 "性이 없으면 僞를 가할 데가 없고, 僞가 없으면 性은 스스로 아름다워질 수 없다. 性과 僞가 合一된 후에 聖人의 이름을 이룰 수 있고 天下를 統一하는 공도 여기서 비롯된다. 그러므로 '하늘과 땅이 合一되어 만물이 생하고, 陰과 陽이 교접하여 변화가 일어나며, 性과 僞가 합일되어 천하가 다스려진다.'고 한다." 하였다.

이처럼 순자는 性과 僞의 구분에 그치지 않고 상호 의존적이며 통일적인 것으로 파악한다. 마치 天地와 陰陽의 相分과 合一에서 만물의 생성변화가 일어나는 것처럼 인간의 현실적 삶은 '性僞之合'을 통해서 질서와 조화를 이룰 수 있다. 이것이 이른바 '化性起僞'로서 인간의 자연성을 그대로 방치하는 것이 아니라 인위적으로 개조하여 합일시킨다는 논리이다. 그래야만 진정으로 文化人이 된다는 것이다.

### 3. 自然과 人間의 통일

先秦의 儒家와 墨家를 막론하고 殷周 이래의 天(上帝)에 대한 관념의 영향을 완전히 벗어날 수는 없었다. 그러나 諸家의 天(鬼) 관념과 재정립은 공통적으로 현실적 가치규범의 정당성을 확보하기 위한 필연적 요청이었다.

墨家는 孟子 당시부터 천하 여론을 양분하는 위세를 떨치고 있었고, 이것은 당시 하층민이 주요 구성원이었던 묵가 집단의 이념적 토대의 실용성을 반영한 것이다. 따라서 순자 또한 이러한 이해를 전제로 墨家의 이념에 대하여 비판하면서도 그것이 근거한 묵가적 天鬼관념에 대해서는 명시적인 언급은 피하였던 듯하다. 선진 유가는 공통적으로 묵가에서 천(귀)을 단순히 초월적 신비적 관념으로서 迷信한 것이 아님을 파악하였기 때문이다. 따라서 순자는 莊子를 "自然에 가려 人爲를 몰랐다."고 비판하면서도 묵가의 천인 관계에 대해서는 침묵한 것이다.

荀子의 天人相分은 묵가의 천귀 관념의 현실적 유용성에 대한 유가적 대응이라고 보아도 좋을 것이다. 공자의 후계자임을 자처하는 순자로서는 묵가의 禮樂 부정과 그들의 法 관념의 근거로서 천귀 관념에 안주할 수 없었기 때문이다. 따라서 순자의 天人觀은 공자 이후 묵가의 이념과 근기에 대한 孟子의 天人相通과는 상반된 대응방식이라고 할 수 있다. 다시 말하면 맹자가 天人의 연계를 통해서 자신의 性善의 이론적 근거를 확보하고자 하였다면, 순자는 양자의 분리를 현실적으로 긍정하고 나아가서 그러한 논리를 인간의 自然性과 人爲性을 구별하는 데 적용하였다는 점이다. 여기서 인간의 자연성이 性惡說로 표현될 뿐이다.

순자의 일관된 논리는 표면적으로는 '相分'이라고 할 수 있지만, 그것의 궁극적 목적은 인간과 자연의 통일성 확보라는 의미에서 '能參'이다. 또한 순자는 이러한 논리를 인간 자체에 그대로 적용하여 인간의 자연성과 인위성을 구분한다. 여기서 자연성은 性惡의 측면을 가리키며, 그러한 분리를 방치하는 것이 아니라 '化性起僞'를 통하여 극복하고자 한다. 마찬가지로 인식과정에 있어서 오관에 의한 경험적 감각을 그대로 수용하는 것이 아니라 마음(天君)에 의한 徵知를 강조한다. 이처럼 순자의 철학체계에서 인간의 자연성과 인위성의 구분이나 분리에 그치는 것이 아님을 감안한다면 순자의 성악설이 그의 전체 철학에서 지니는 의미는 기존의 평가와는 달리 상당 부분 달라져야 할 것이다.

## Ⅴ. 荀子에 대한 歷史的 評價

오늘날에 이르기까지 순자 사상에 대한 평가는 시대 상황에 따라 여러 번 부침을 했다. 순자가 전국 말기에 활동할 당시의 명성은 결코 대단한 것이 아니었으며 제자들 또한 많지 않았던 것으로 전해진다. ≪순자≫의 마지막 〈堯問〉편에는 당시 世人들이 "荀子는 孔子만 못하다."고 하는 비평이 보이고, 이에 대해 '그렇지 않다'고 하고 구체적으로 반박하고 있다. 이러한 내용은 물론 순자의 後學들이 보충한 것으로 생각되지만, 자신의 한 맺힌 의지를 반영하여 간접적 표현으로 自述한 것인지도 모른다.

순자 및 그의 학설이 당시에 군주들에게 받아들여지지 않은 것은 무엇보다 그의 주장이 당시 제후들의 요구와 일정한 거리가 있었기 때문이다. 제후들의 관심은 富國强兵에 의한 兼倂전쟁에 집중되었기에 法家 노선을 견지할 수밖에 없었으므로, 순자가 주장하는 仁義·王道·禮義 등에 관한 학설은 받아들이기 어려웠을 것이다.

순자의 제자로는 李斯와 韓非 이외에도 漢代에 유가 경학을 전한 陳囂, 毛亨, 浮丘伯, 張蒼 등이 있으며 劉向의 祖父 楚元王은 순자의 再傳 제자로 알려져 있다. 司馬遷은 ≪사기≫ 〈열전〉에서 맹자와 순자를 병렬하여 合傳하였다. 유향의 ≪敍錄≫에서는 "漢나라가 일어나면서 江都의 재상 董仲舒 또한 大儒로서 순자를 찬미하는 글을 지었다."고 하고, 이어서 "荀子와 董仲舒는 모두 五霸를 무시하여 孔子의 문하에서는 五尺의 童子도 모두 오패를 칭하기 부끄러워한다고 생각하였다. 만일 군주가 순자를 등용할 수 있었다면 거의 王者가 되었을 것이지만 세상에서는 등용할 줄 몰랐으며, 六國의 군주가 괴멸되고 秦나라가 크게 혼란스럽게 되면서 끝내 졸하였다."고 평하였다. 여기서 유향은 동중서와 순자를 병렬하여 儒者로서 높이 평가하고 있다. 그러나 漢 文帝 때 ≪孟子≫가 博士 과목으로 나열된 것에 비해 ≪荀子≫는 그렇지 못하였다.

荀子가 秦나라의 통일 제국 건립에 직간접적 영향을 미쳤다는 것은 법가의 이론가와 실천가 모두가 그의 제자였다는 데 기인한다. 李斯는 당시 진나라의 실제 정치에 참여하여 이른바 焚書坑儒를 주도한 것으로 알려지며, 韓非는 이론적으로 법가 이론을 집대성하였기 때문이다. 따라서 양자 모두 진나라에 의한 천하통일과 왕조건립에 큰 역할을 한 것은 사실이다. 또한 순자의 사상적 평가에서 유가와 법가의 두 가지 측면이 혼합되어 있다고 보기 때문에 때로는 儒家에서는 異端으로 간주되기도 하고, 심지어는 法家로 분류하는 경우도 있었다.

唐代에 楊倞이 처음으로 ≪순자≫를 주해하면서 서문에서 荀子를 孟子와 병렬하고 있는데, 이것은 당대 이전의 순자에 대한 평가를 반영한 것이다. 그런데 거의 동시대인 韓愈는 〈讀荀〉에서 말하기를 "孟子는 순수하고 순수한 사람이지만 荀子와 揚雄은 대체로 순수하지만 약간은 흠이 있다."고 평하였다. 한유는 또한 당시 성행하던 佛敎에 반대하고 儒家의 전통을 드러내기 위하여 道統說을 제기하였다. 그는 〈原道〉에서 "유가의 도는 요임금으로부터 시작하였으며, 요임금이 순에게, 순임금이 우에게, 우임금이 탕에게, 탕임금이 文王・武王・周公에게, 다시 孔子에게 전하고, 공자가 孟子에게 전하고, 맹자가 졸함에 전해줄 사람을 얻지 못하였다."고 하였다. 이것은 후대에 荀子를 배척하는 주요 이론 근거가 되었다.

宋代의 性理學에서는 孟子를 亞聖으로 孔子와 병렬하였지만, 순자에 대해서는 性惡說을 예로 들면서 당대 韓愈의 평가에 대해서도 불만을 표시하였다. 또한 성리학에 비판적 태도를 견지한 蘇軾도 〈荀卿論〉에서 "일찍이 李斯가 순자를 師事한 것을 괴이하게 생각했는데, 지금 荀子書를 보니 이사가 진나라를 섬긴 것이 모두 순자로부터 비롯된 것임을 알게 되었다."고 지적하였다.

이상의 관점은 일부 근대 지식인들도 수용하였다. 예컨대 譚嗣同은 ≪仁學≫에서 "〈순자의 사상이〉 한번 전해져 李斯가 되고 그 화가 또한 세상의 폭력으로 드러났다."고 하고, 梁啓超는 ≪清代學術概論≫에서 "일찍이 李斯의 焚書坑儒는 순자에게서 발단되었다고 하는 것은 잘못된 말이 아니다."라고 주장하였다. 이 관점이 일리가 없는 것은 아니지만, 秦나라와 관련된 모든 일을 순자와 직접 연계시키는 것은 본말이 전도된 것이다.

荀子는 기본적으로 儒家이며, 李斯는 기본적으로 法家였다. 이사는 진나라에서 商鞅, 申不害 등의 法術사상을 적극적으로 실천하고, 秦 始皇을 도와 霸道로써 천하를 통일하였다. 반면에 순자의 王道와 禮義에 관련된 주장은 선양한 바가 없다. 또한 순자는 仁義를 최고의 가치로 보지만, 이사는 "仁義의 도를 멸하고 烈士의 말과 행동을 막으며 눈과 귀를 막고 홀로 결단해야 한다."고 하였다. 더욱이 순자는 禮樂과 詩書를 중시하고 儒者를 높였지만, 이사는 "감히 詩書를 말하는 자는 棄市해야 한다."고 주장하고, 진 시황에게 焚書坑儒를 요구하였다. 따라서 ≪鹽鐵論≫ 〈毀學〉편의 내용에 의하면, 순자는 이사가 진나라에서 여러 제도개혁을 시행한다는 소식을 듣고, 그것이 반드시 실패할 것이라 예언하고 식음을 전폐했던 것으로 전해진다. 이상은 순자와 이사가 결코 동일한 치국방안을 지닌 것이 아니었음을 반증하는 사례이다.

韓非는 이론적인 면에서 진 시황의 천하통일에 공헌하였다. 그러나 그 또한 스승 순자의 학설을 述而不作한 것이 아니라 오히려 商鞅의 법, 申不害의 術, 愼到의 勢를 하나로 결합시켜 법가사상을 집대성하였다. 한비는 선행 법가의 이론을 비판적으로 수용하는 한편, 老子의 사상을 적극적으로 수용하고 있다. 실제로 정치가로서 별다른 저술을 남기지 않은 이사는 스승인 순자의 말을 인용하면서 그를 회고하였을 뿐만 아니라, 〈議兵〉편에 비록 대립적인 시국관이 반영되어 있기는 하지만 서로 문답하는 내용이 실려 있기도 하다.

그런데 방대한 내용의 현행본 ≪韓非子≫에는 스승으로서의 순자에 대한 언급이 거의 보이지 않으며, 그것 또한 긍정적인 면에서가 아니라 오히려 비판적인 시각에서이다. 예컨대 한비는 儒家 분파의 하나로서 '孫氏之儒'(순자학파)를 들고 있지만, 儒家와 墨家 모두를 "어리석고 거짓된 학문이며 잡동사니를 뒤섞은 행동"이라고 평가하기 때문에 순자도 당연히 그의 비판 대상에 포함된다. 이것은 한비가 法家와 諸子百家를 모순관계로 파악하는 관점이 반영된 것이지만 사승관계로 볼 때 쉽게 이해할 수 없는 대목이다. 아무튼 법가를 자처하는 한비가 보기에 순자는 儒家임에 틀림없었다.

韓非 이론의 기본 근거는 利害打算的 人間觀과 發展的 歷史觀이다. 그는 人性論의 측면에서 순자를 충실히 계승한다. 순자는 인간의 본성이 선하게 되는 것은 인위적인 노력이라고 하여 본래 인간은 욕망을 가진 존재이며, 반면 일정한 재화에 대한 소유욕으로 인하여 다투지 않을 수 없다고 본다. 한비 또한 백성은 많지만 財貨는 적으며 부지런히 일해도 소득은 적기 때문에 서로 다투지 않을 수 없다고 주장한다. 이 점은 순자의 영향이지만 사람의 본성은 배운다 해도 달라지지 않는다고 보아 순자의 '化性起僞說'을 부정한다. 순자는 비록 性惡說을 주장하지만, 師法이나 禮義에 의한 敎化를 통하여 누구나 聖人이 될 수도 있다고 보았다. 또한 순자는 인간의 社會性을 강조하여 孔子의 禮樂사상에 새로운 의미부여를 하지만, 한비는 儒家의 仁의 실천수단으로서 禮樂을 전면적으로 부정한다.

明代의 李贄는 ≪焚書≫에서 "宋儒에 따르면, 순자의 학문은 不醇하였기에 한번 李斯에게 전해지면서 焚書坑儒의 화가 있게 되었다고 한다. 무릇 제자가 악행을 하였는데 죄가 스승에게 미치는 것이 이치에 맞는 일인가?"라 반문하고, "사람이 현명한가의 여부는 진실로 自立의 여부에 달려 있는 것이지 師友와는 관계없다."고 단언하였다. 요컨대 李斯와 韓非를 그들의 스승 荀子와 연계시키는 것은 일종의 連坐制로서 잘못된 평가라고 하지 않을 수 없다. 그 스승에 반드시 그 제자가 나오거나, 그 부모에 그 자식이 나온다는 보장은 없기 때문이다.

우리나라에서는 三國時代부터 高麗 중엽까지 지식인들이 先秦 諸子學 가운데 특정 학파나 사상가를 異端으로 간주하여 비판하는 일은 없었다. 高麗時代에 순자의 位相은 文廟에 배향될 정도로 높았으며, 지식인들의 안목에서 명시적으로 배척된 일은 없었다. 중국에서 孟子는 明 太祖 朱元璋에 의해 일시적으로 배향이 철거된 후 다시 배향되었지만, 荀子는 明代 嘉靖 9년(1530)에 문묘에서 축출된다. 그 후에 비록 일부 지식인들이 상소를 올려 순자를 다시 배향할 것을 요구했지만 실현되지 못하였다. 그런데 麗末鮮初 이래 중국과 마찬가지로 ≪맹자≫가 儒家의 정통 經典으로 확립되면서부터 순자를 비롯한 先秦 諸家를 이단으로 간주하여 비판하기 시작하였다.

본격적으로 순자에 대한 언급은 李奎報로부터 시작된다. 그에 의하면 맹자는 공자에 미치지 못하고, 荀子・揚子는 맹자에 미치지 못한다고 보았다. 이어서 李齊賢은 性惡說과 李斯를 거론하면서 순자는 儒家의 학통이 아니라고 주장하였다. 이러한 평가는 당시에 이미 韓愈의 道統說을 수용한 데 연유한 것으로 보인다. 그런데 朝鮮 초기에는 性論의 측면에서 孟子, 荀子, 揚雄, 韓愈 등의 비교 문제가 과거시험의 策題로 제시될 정도로 당시 지식인들에게 일반화되었다. 다만 선초의 지식인들에게 순자의 性惡說은 諸家의 性論과 함께 수용되면서도 아직 異端으로 간주되어 적극적인 비판대상이 되지는 않았다. 이것은 당시 異端批判이 佛教와 道家(道教)에 집중되었기 때문일 것이다.

조선 중기 성리학 전성기에 이르면 선초에 비해 순자에 대한 지식인들의 비판 강도가 오히려 줄어드는 경향을 엿볼 수 있다. 이것은 맹자의 성선설을 토대로 한 성리학적 세계관이 이미 확립되었음을 반증하는 것이다. 李滉, 奇大升, 李珥의 논의를 통해 보면, 비록 성악설에 대해서는 비판적인 태도를 견지하면서도 순자의 다른 사상에 대해서는 적극적으로 원용하고 있다.

예외적으로 許穆은 성악설이 그의 제자 韓非와 李斯에게 전해지고 秦 始皇을 섬김으로써 천하의 대란이 야기되었다고 보고, 결국 순자를 法家로 귀결시키고 있다. 그런데 거의 동시대인 尹鑴는 이와 달리, 순자가 仁義에 바탕을 두고 禮樂을 후세에 전한 데 대해 높이 평가하였다. 또한 순자의 성악설과 그것이 직접 제자였던 李斯의 焚書坑儒로 이어진 사실에 대해서 안타까움을 표시하면서도, 그것이 순자의 본마음이 아니었을 것이라고 보고 있다. 尹鑴는 당시 순자를 비판하는 風潮에 대해, 단점만 들춰내고 장점을 감추거나 저것 때문에 이것까지 버려서는 안 된다고 지적하였다.

조선 후기에 이르면 순자를 法家로 귀결시키는 논의도 일부 보이지만, 朱子學의 권위에 도전하거나 實學的 토대 위에서 諸子學을 적극 수용하는 경향이 대세를 이루게 된다. 예컨대 李瀷은 성악설을 비판하면서도 禮學의 측면에서 순자의 공을 인정하여 大儒로 높이고 있으며, 동시에 순자의 일부 사상은 이전 聖賢이 發明하지 못한 것이라고 극찬하고 있다. 丁若鏞에 이르면 순자에 대한 이해 범위가 보다 확산되고 있음을 확인할 수 있으며, 특히 字句 考證에 있어서 ≪순자≫의 原文 및 註釋이 널리 활용되고 있다. 특히 正祖는 〈議兵〉편의 兵法과 관련된 내용은 순수하여 異端과 雜霸의 術數에 흐르지 않고 있다고 평가하고 李

斯가 秦나라를 다스렸던 방법이 과연 荀子의 道였는지 반문하고 있다.

이처럼 당시 지식인들의 순자에 대한 비교적 객관적 평가는 중국에서 간행된 서적이 대량으로 유입된 것과 관련이 있다. 또한 17세기 말 우리나라에서 重刊된 ≪百家類纂≫은 당시 지식인들의 지적 욕구를 상당 부분 충족시켰을 것으로 생각된다. 그러나 이러한 경향이 中國에서처럼 諸子學이 復興하고 아울러 傳統學問과 思想에 대한 재평가로 이어지지 못한 것은 아쉬운 점이다. 이것은 우리나라에서 해방 후 지금까지도 학문과 사상의 다양성을 확보하는 데 부정적 영향을 미치는 듯하다.

## Ⅵ. 荀子 思想의 現代的 意義

荀子는 인간과 자연의 이해에 있어서 孔子와 孟子의 이론을 비판적으로 계승 발전시켰다. 우선 인간을 자연으로부터 완전히 독립시킴으로써 공자의 인간 主體性의 확보를 완성하며, 동시에 인간 이해에 있어서도 맹자보다는 상대적으로 自然性에 주목함으로써 인간의 자발성과 사회적 규범과의 통일을 지향하였다.

이로부터 순자는 현실적 통일 방안으로써 孔子의 德治를 구체화시킨 王道와 霸道를 동시에 긍정하게 되었다. 이것은 그가 공자 이래의 儒家뿐만 아니라 墨家·道家·法家 등 제자백가의 사상을 비판적으로 수용함으로써 현실적 부조리를 해결하고 다가오는 통일 이후의 치국 방안을 제시하고자 한 데서 비롯한 것이다. ≪순자≫에는 〈天論〉·〈禮論〉·〈樂論〉 등의 편명이 시사하는 것처럼 이른바 '天下一家'라는 사상적 통일과 아울러 제도적 통일을 지향하는 염원이 곳곳에 담겨 있다.

역사적으로 百家爭鳴은 法治를 내세운 秦나라에 의한 武力統一로 귀결된다. 이것은 先秦儒家의 통일 방안이 당시의 역사적 조건에서 수용될 수 없었기 때문이다. 그러나 法 관념의 權威와 正當性의 확보 또한 순조롭지 못하였다. 따라서 秦나라는 획일적 전제주의로 흐르지 않을 수 없었고, 이것은 秦나라의 短命으로 막을 내리게 된다. 또한 農民革命을 통하여 진나라를 이어 들어선 漢代의 정치이념은 이른바 '陽儒陰法'이라는 평가가 시사하는 것처럼 이념적으로는 儒教요, 실제로는 法家라는 양면성을 지니게 되었다.

이상의 과정에서 몇 가지 주목할 만한 사실이 있다. 우선 秦나라의 法治를 이론적으로나 실천적으로 주도한 것은 모두 정통 유가를 자처하는 순자의 제자였다. 후대에는 이와 함께 性惡說에 근거하여 순자 및 그의 사상을 명시적으로 배척하였다. 그러나 인간과 자연의 相分을 통하여 양자의 統一을 지향하는 사상체계에서의 性惡說은 결코 본질적 문제가 될 수 없다고 본다. 오히려 순자가 法家와의 연관성이 거론되는 것은 그의 治國方案이 당시에 현실성을 갖고 있었음을 반증한다.

다음으로 진나라의 법치를 이어 한대에 유교가 국교의 지위를 확보하는 데 결정적 기여를 한 것은 董仲舒의 天人感應說이다. 이것은 비록 당시 絶對王權國家 확립을 위한 이념의 정당성을 확보하고자 하는 부득이한 귀결이었다 하더라도 인간과 자연의 관계로 보면 荀子의 이념에서 오히려 후퇴한 것이라 하지 않을 수 없다. 또한 이로부터 禮 관념은 綱常의 논리로 확정되어 法과 마찬가지로 절대적인 지위를 확보하게 되지만, 이것은 先秦 儒家의 이념에 비추어본다면 본질적으로 어긋난다.

기본적으로 禮와 法은 모두 형식으로써 끊임없이 변화하는 현실과 일정한 괴리감이 없을 수 없다. 따라서 현실에 맞지 않은 禮와 法은 과감히 고칠 필요가 있다. 그런데 이러한 괴리감은 理念 자체의 부조리에서 기인하기보다는 그것을 실행하는 主體의 문제에서 비롯되는 경우가 더 많다. 이 경우 법률이나 제도의 보완보다는 그들의 覺醒에 의해서 괴리감을 해소하는 방법이 형식적 개변보다 효과적일 수 있다. 따라서 荀子는 禮와 法을 동시에 강조하면서도 法보다는 禮, 禮보다는 君子를 더욱 강조한 것이다. 儒敎의 현대화 과정에서는 이러한 측면이 보다 강조될 필요가 있을 것이다.

현대는 原始宗敎的 思惟처럼 自然(神)에 대한 맹목적 순종이나 人間에 대한 무조건의 道德的 信賴를 긍정하기 어렵다. 고대사회에서 慾望의 긍정은 인간에 대한 신뢰를 손상시킬 우려가 있다는 점에서 용이한 일이 아니었다. 역설적으로 말하자면 性善說보다는 性惡說이 오히려 인간에 대한 강한 신뢰를 전제하는 것이며, 이로부터 個體性이나 多樣性의 가치가 추론될 수 있다. 荀子는 개인적 욕망을 긍정하면서도 공동체적 倫理를 갖춘 人間型을 '君子'로 보고, 禮와 法의 主體로서 설정하였다. 이것은 오늘날 市民意識의 전형으로 수용할 만한 점이다. 자신의 利益이나 욕망의 실현을 배제하지 않으면서 修養을 통한 他者에 대한 배려와 책임도 강조하기 때문이다.

荀子는 人間과 自然, 人爲性과 自然性의 범주를 '相分'의 논리를 통하여 個體性을 긍정하고 나아가 統一(能參)을 추구하였다. 相補性을 전제로 하지 않는 合一의 논리는 오히려 二元化와 對立을 가져올 수 있다. 가정이나 사회관계에 있어서 각자의 특색 없는 '調和'나 무조건적 '合一'의 지향은 이른바 '同而不和'이며, 이것은 상대적으로 弱者의 自發性보다는 反撥을 일으키는 계기가 되고 오히려 相分으로부터 對立과 葛藤을 초래할 수 있다.

이상은 오늘날 脫冷戰時代라 하면서도 아직도 歪曲된 理念갈등의 분위기가 남아 있는 우리의 현실에 시사하는 바 크다. 구체적으로는 현재 계층간의 갈등이나 集團利己主義, 地域葛藤, 勞使葛藤 등등의 문제를 단순히 덮어버리는 식의 일시적 해결에 집착할 것이 아니라, 각각의 個體性과 多樣性을 인정하는 전제로부터 미래의 統一을 위한 적극적인 계기로 삼을 수 있어야 할 것이다. 요컨대 荀子 사상의 특징은 分別의 논리이자 和合(統一)의 논리이며, 따라서 孟子와 달리 순자는 禮와 樂은 서로 분리될 수 없는 것으로 동시에 강조한 것이다.

## 참고문헌

尹武學, ≪순자 : 통일제국을 위한 비판철학자≫, 성균관대출판부, 2004.

———, ≪순자, 하나 둘 셋의 비밀≫, 살림출판사, 2013.

孔　繁, ≪荀子評傳≫, 南京大學出版社, 2004.

劉志軒, ≪荀子傳≫, 花山文藝出版社, 1995.

張曙光, ≪外王之學 : 荀子與中國文化≫, 河南大學出版社, 1997.

內山俊彦, ≪荀子≫, 講談社, 1999.

# 凡 例

1. 본서는 ≪譯註 荀子集解≫의 제1책이다.
2. 본서의 底本은 ≪荀子集解≫(王先謙, 中華書局, 1998)로 하되, ≪荀子今註今譯≫(熊公哲, 臺灣商務印書館, 1975), ≪荀子全譯≫(蔣南華 등, 貴州人民出版社, 1995), ≪荀子校釋≫(王天海, 上海古籍出版社, 2005), ≪荀子詁譯≫(楊柳橋, 齊魯書社, 1985) 등을 참고하였다.
3. 본서는 원전의 傳統性과 번역의 現代性을 구현하기 위해 노력하였다.
4. 原文에는 우리나라 전통방식의 懸吐를 하였다.
5. 原文은 저본의 體制에 따라 단락을 구분하고, 각 단락마다 일련번호를 부여하였다.
6. 飜譯은 原義에 충실하게 하되, 이해가 어려운 부분은 意譯 또는 補充譯을 하였다.
7. 飜譯文은 한글과 漢字를 混用하였으며, 맞춤법과 띄어쓰기는 한글 맞춤법과 표준어 규정을 따르는 것을 원칙으로 하였다.
8. 譯註는 校勘, 異說, 인용문의 出典, 故事, 역사적 사건, 전문용어, 難解語, 人物, 制度, 官職 등에 관한 사항을 밝혔다.
9. 校勘은 원문의 誤字, 脫字, 衍字, 倒文 등을 대상으로 하였다.
10. 각 篇마다 간략한 해설을 달아 독자의 이해를 돕고자 하였다.
11. ≪荀子集解≫에서 諸家들이 참고한 書目의 略稱과 槪要는 다음과 같다.
    - 宋本：南宋의 呂夏卿(1018？~1070)이 神宗 熙寧 연간(1068~1077)에 간행한 大字本이다. 呂本이라고도 한다.
    - 宋台州本：南宋의 唐仲友(1136~1188)가 台州의 지방관으로 재직할 때 간행한 판본이다. 台本 혹은 監本이라고도 한다.
    - 建本：福建 建陽府 建陽縣에서 간행한 판본이다. 閩本이라고도 한다.

- 監本 : 일반적으로 각 朝代의 國子監에서 간행한 판본을 말하는데, 여기서는 唐仲友의 台州本을 말한다.
- 錢佃本 : 宋의 錢佃이 편찬한 ≪荀子考異≫를 가리킨다. 錢本이라고도 한다.
- 蜀本 : 宋나라 때 四川에서 간행한 판본이다.
- 元刻 : 元나라 때 민간에서 간행한 ≪纂圖分門類題註荀子≫ 10책이다.
- 世德堂本 : 明의 顧春이 嘉靖 12년(1533)에 校刻한 ≪六子全書≫본이다.
- 謝本 : 淸나라 盧文弨(1717~1795)의 교감에 謝墉(?~1795)이 자기의 교감을 합쳐 간행한 ≪荀子箋釋≫을 가리킨다. 謝刻이라고도 한다. 盧本 혹은 盧校本이라고도 한다.

12. ≪荀子集解≫에서 王先謙이 인용한 주요 註釋家는 다음과 같다. 맨 뒤 ( ) 안의 숫자는 ≪荀子集解≫에 인용된 횟수이다.

- 劉向(B.C. 77~B.C. 6) : 西漢 沛邑 사람으로, 본명은 更生, 자는 子政. 楚元王 劉交의 4대손이며 劉歆의 부친이다. 황궁의 서적을 교열하고 ≪別錄≫을 편찬하여 중국 目錄學의 시조로 불린다. 본래 ≪孫卿書≫는 333편이었는데, 중복된 290편을 删削하고 32편으로 확정하였다. (7건)
- 楊倞 : 생졸년 미상. 唐 虢州 弘農 사람으로 楊汝士의 아들이다. 憲宗 元和 13년(818)에 大理評事, 穆宗 長慶 3년(823)에 大理司直, 武宗 會昌 연간(841~846)에 汾州刺史를 지냈으며, 主客郎中을 역임하였다. ≪荀子注≫를 편찬하였다. (3,413건)
- 王應麟(1223~1296) : 宋 慶元 鄞縣 사람으로, 자는 伯厚, 호는 深寧居士, 별호는 厚齋. 浙西安撫司干辦公事 등을 역임하고, 禮部尙書 兼給事中까지 지냈다. 관직을 떠난 뒤 20년 동안 저술에만 전념하였으며, ≪玉海≫, ≪困學紀聞≫, ≪玉堂類稿≫, ≪掖垣類稿≫, ≪通鑑地理考≫, ≪漢藝文志考≫, ≪深寧集≫ 등이 유명하다. (3건)
- 盧文弨(1717~1795) : 淸 浙江 仁和 사람으로, 저명한 校勘學者이다. 자는 紹弓, 호는 磯漁, 室名은 抱經堂. ≪荀子箋釋≫을 편찬하였다. 淸 乾隆 嘉慶 연간에 餘姚盧氏 刊本으로 ≪抱經堂叢書≫가 있는데, 그가 교감한 21종의 서적을 모아 263권으로 간행하였다. (578건)
- 謝墉(1719~1795) : 淸 浙江 嘉善 사람으로, 자는 昆城, 호는 金圃·東墅. 吏部左侍

郎을 역임하였고 文衡을 아홉 번이나 맡았다. 그가 ≪荀子≫를 교감한 내용은 盧文弨의 ≪荀子箋釋≫에 포함되어 있다. ≪荀子集解≫에 그가 직접 거론되지는 않았다.

- 郝懿行(1755~1823) : 淸 山東 棲霞 사람으로, 자는 恂九, 호는 蘭皐. 하급관리인 戶部主事로 21년간 재직하며 곤궁하였으나 訓詁學과 考證學에 조예가 깊었다. ≪荀子補注≫, ≪爾雅義疏≫, ≪山海經箋疏≫, ≪竹書紀年校正≫, ≪晉宋書故≫, ≪曬書堂集≫ 등이 있다. (372건)
- 郭嵩燾(1818~1891) : 淸 湖南 湘陰 사람으로, 자는 筠仙, 호는 伯琛・玉池老人. 光緖 元年(1875)에 兵部左侍郞으로 駐英公使를 역임하였으며, ≪禮記質疑≫, ≪養知書屋集≫ 및 외국에서의 견문을 기록한 日記와 奏疏가 있다. (24건)
- 王念孫(1744~1832) : 淸 江蘇 高郵 사람으로, 자는 懷祖, 호는 石臞. 戴震에게 수학하였다. 工部主事, 永定河道 등을 지냈다. 音韻學, 文字學, 訓詁學에 조예가 깊었으며, 校勘을 잘하였다. 그의 저서 ≪讀書雜志≫에 ≪荀子≫ 교감이 있다. (556건)
- 王引之(1766~1834) : 王念孫의 아들로, 자는 伯申, 호는 曼卿. 編修 등을 역임하고 宣宗 때 工部尙書까지 지냈다. 부친의 학통을 이어받아 訓詁學의 높은 경지에 이르렀고, ≪經義述聞≫, ≪經傳釋辭≫ 등을 저술하였다. (106건)
- 顧廣圻(1766~1835) : 淸 江蘇 元和 사람으로, 자는 千里, 호는 澗薲・思適居士. 당대의 저명한 校勘學者로, 阮元・胡克家・孫星衍의 초빙을 받아 고서를 교감하였다. ≪思適寓齋記≫를 저술하였으며, 王念孫의 ≪讀書雜志≫의 ≪荀子雜志≫ 8권에 그의 교감이 있다. (27건)
- 兪樾(1821~1907) : 淸 浙江 德淸 사람으로, 자는 蔭甫, 호는 曲園. 編修, 河南學政 등을 지냈다. 관직을 그만둔 뒤 蘇州 紫陽書院, 上海 求志書院, 杭州 詁經精舍 등에서 후학을 가르쳤다. 王念孫 부자의 학문경향을 추종하여 당대의 큰 스승으로 추앙받았다. ≪群經平議≫, ≪諸子平議≫, ≪古書疑義學例≫, ≪春在堂隨筆≫, ≪茶香室叢鈔≫, ≪詁經精舍自課文≫, ≪賓萌集≫, ≪春在堂詩編≫ 등 많은 저술을 남겼다. 그의 ≪荀子平議≫ 4권은 ≪諸子平議≫에 들어 있다. (246건)
- 汪中(1744~1794) : 淸 江蘇 江都 사람으로, 자는 容甫. 어릴 적에 가난하여 서점에서 서적을 빌려 보았는데, 한 번 보면 암기하였다. 經學에 밝았고 諸子도 함께 연구

하였다. 같은 고장의 王念孫・劉台拱과 교제하였다. ≪荀卿子通論≫, ≪廣陵通典≫, ≪春秋後傳≫, ≪容甫先生遺詩≫, ≪述學內外篇≫을 저술하였다. (8건)

- 洪頤煊(1765~1833) : 淸 浙江 臨海 사람으로, 자는 筠軒. 경전의 訓詁에 밝았고 天文과 地理에도 조예가 있었다. ≪禮經宮室答問≫, ≪漢志水道疏證≫, ≪平津館讀碑記≫ 등을 저술하였다. (4건)
- 劉台拱(1751~1805) : 淸 江蘇 寶應 사람으로, 자는 端臨. 天文, 音樂, 文字에 이르기까지 두루 관통하였다. ≪荀子補注≫, ≪論語駢枝經傳小記≫, ≪國語補校≫, ≪漢學拾遺≫ 등을 저술하였다. (49건)
- 郭慶藩(1844~1896) : 淸 湖南 湘陰 사람으로, 자는 孟純, 호는 子靜. 郭嵩燾의 조카로, 音韻・文字學에 조예가 깊었다. ≪許書轉注說例≫, ≪說文經字正誼≫, ≪合校方言≫, ≪莊子集釋≫ 등을 저술하였다. (2건)

13. 본서에 사용된 주요 符號는 다음과 같다.

“　” : 對話, 각종 引用

‘　’ : “　” 안에서 再引用, 强調

「　」 : ‘　’ 안에서 再引用, 强調

(　) : 원문에서는 讀音이 특수한 글자나 僻字의 音
　　번역문에서는 간단한 譯註

〔　〕 : 번역문과 뜻은 같으나 音이 다른 漢字나 句節, 譯註에서 인용한 原文.

≪ ≫ : 書名이나 典據

〈　〉 : 篇章名, 作品名, 補充譯

○ : 저본에 사용된 楊倞의 注와 王先謙의 集解 구분 표시 適用

14. 본서의 校勘에 사용된 符號는 다음과 같다.

(　)〔　〕 : (저본의 誤字)〔교감한 正字〕

〔　〕 : 저본의 脫字 補充

(　) : 저본의 衍字

# 參考書目


1. 저본 및 교감주해서

- ≪荀子集解≫, 王先謙 集解, 中華書局, 1988.
- ≪漢文大系 第15 荀子集解≫, 富山房編輯部 編輯, 富山房, 1913.
- ≪荀子≫, 楊倞 注. 明 顧春 編, 嘉靖 12年(1533) 世德堂刊, 吉林出版集團公司 영인본, 2010.
- ≪荀子補注≫, 郝懿行 撰, 齊魯先喆遺書本.
- ≪荀註訂補≫, 鍾泰 撰, 上海商務印書館出版社, 1936.
- ≪荀子箋釋≫, 盧文弨 校, 謝墉 輯校, 上海古籍出版社, 1986.
- ≪荀子≫, 楊倞 注, 王鵬 整理, 上海世紀出版集團, 2010.
- ≪荀子校釋≫, 王天海 校釋, 上海古籍出版社, 2005.
- ≪荀子簡釋≫, 梁啓雄 著, 中華書局, 2010.

2. 역주서

- ≪荀子今註今譯≫, 熊公哲 註譯, 臺灣商務印書館, 1975.
- ≪新釋漢文大系 第5, 6 荀子≫ 藤井專英 著, 明治書院, 1983.
- ≪荀子詁譯≫, 楊柳橋 著, 齊魯書社, 1985.
- ≪荀子全譯≫, 蔣南華等 注譯, 貴州人民出版社, 1995.
- ≪荀子譯注≫, 高長山 譯注, 黑龍江人民出版社, 2003.
- ≪순자≫, 김학주 옮김, 을유문화사, 2003.
- ≪순자≫, 이운구 옮김, 한길사, 2006.
- ≪荀子讀本≫, 王忠林 注譯, 三民書局, 2009.

- ≪순자≫, 장현근 옮김, 책세상, 2010.
- ≪荀子譯注≫, 張覺 譯注, 上海古籍出版社, 2012.


### 3. 중국문헌

〔經部〕


- ≪經典釋文≫, 陸德明 撰, 文淵閣四庫全書, 臺灣商務印書館, 1986.
- ≪廣雅≫, 魏 張揖 撰, 文淵閣四庫全書, 臺灣商務印書館, 1986.
- ≪群經音辨≫, 賈昌朝 撰, 文淵閣四庫全書, 臺灣商務印書館, 1986.
- ≪唐韻正≫, 顧炎武 撰, 文淵閣四庫全書, 臺灣商務印書館, 1986.
- ≪大戴禮記詳解≫, 王聘珍 撰, 中華書局, 1989.
- ≪呂氏家塾讀詩記≫, 呂祖謙 撰, 文淵閣四庫全書, 臺灣商務印書館, 1986.
- ≪禮記正義≫, 鄭玄 注, 孔穎達 正義, 北京大學出版社, 1999.
- ≪論語注疏≫, 何晏 注, 邢昺 疏, 北京大學出版社, 1999.
- ≪龍龕手鑑≫, 釋行均 撰, 潘重規 編, 中華書局, 1988.
- ≪六書正譌≫, 周伯琦 撰, 文淵閣四庫全書, 臺灣商務印書館, 1986.
- ≪孟子注疏≫, 趙岐 注, 孫奭 疏, 焦循 正義, 北京大學出版社, 1999.
- ≪毛詩正義≫, 毛公 傳, 鄭玄 箋, 孔穎達 正義, 北京大學出版社, 1999.
- ≪方言≫, 楊雄 撰, 文淵閣四庫全書, 臺灣商務印書館, 1986.
- ≪尙書正義≫, 孔安國 傳, 孔穎達等 正義, 北京大學出版社, 1999.
- ≪說文解字≫, 許愼 撰, 文淵閣四庫全書, 臺灣商務印書館, 1986.
- ≪說文解字注≫, 段玉裁 撰, 文淵閣四庫全書, 臺灣商務印書館, 1986.
- ≪詩三家義集疏≫, 王先謙 撰, 中華書局, 1987.
- ≪玉篇≫, 顧野王 撰, 文淵閣四庫全書, 臺灣商務印書館, 1986.
- ≪韻補≫, 吳棫 撰, 文淵閣四庫全書, 臺灣商務印書館, 1986.
- ≪儀禮注疏≫, 鄭玄 注, 賈公彦 疏, 北京大學出版社, 1999.
- ≪爾雅注疏≫, 郭璞 注, 邢昺 疏, 北京大學出版社, 1999.
- ≪一切經音義≫, 釋元應 撰, 文淵閣四庫全書, 臺灣商務印書館, 1986.

• ≪周禮注疏≫, 鄭玄 注, 賈公彦 疏, 北京大學出版社, 1999.
• ≪周易正義≫, 王弼・韓伯康 注, 孔穎達 正義, 北京大學出版社, 1999.
• ≪春秋穀梁傳注疏≫, 范寧 注, 楊士勛 疏, 北京大學出版社, 1999.
• ≪春秋公羊傳注疏≫, 何休 注, 徐彦 疏 北京大學出版社, 1999.
• ≪春秋左傳正義≫, 杜預 注, 孔穎達 疏, 北京大學出版社, 1999.
• ≪孝經注疏≫, 唐玄宗 注, 邢昺 疏, 北京大學出版社, 1999.

〔史部〕
• ≪國語≫, 韋昭注, 文淵閣四庫全書, 臺灣商務印書館, 1986.
• ≪東觀漢記≫, 劉珍等 撰, 文淵閣四庫全書, 臺灣商務印書館, 1986.
• ≪隷釋≫, 洪适 撰, 文淵閣四庫全書, 臺灣商務印書館, 1986.
• ≪史記≫, 司馬遷 撰, 裴駰 集解, 中華書局, 1959.
• ≪水經注≫, 後魏 酈道元 撰, 文淵閣四庫全書, 臺灣商務印書館, 1986.
• ≪晏子春秋≫, 晏嬰 撰, 文淵閣四庫全書, 臺灣商務印書館, 1986.
• ≪戰國策≫, 高誘 注, 文淵閣四庫全書, 臺灣商務印書館, 1986.
• ≪漢書≫, 班固 撰, 中華書局, 1962.
• ≪後漢書≫, 范曄 司馬彪 撰, 中華書局. 1965.

〔子部〕
• ≪賈子新書≫, 賈誼 撰, 文淵閣四庫全書, 臺灣商務印書館, 1986.
• ≪鶡冠子≫, 無名氏 撰, 文淵閣四庫全書, 臺灣商務印書館, 1986.
• ≪敬齋古今黈≫, 李冶 撰, 文淵閣四庫全書, 臺灣商務印書館, 1986.
• ≪古今譚概≫, 明 馮夢龍 撰, 文淵閣四庫全書, 臺灣商務印書館, 1986.
• ≪古今事文類聚≫, 祝穆 撰, 文淵閣四庫全書, 臺灣商務印書館, 1986.
• ≪困學紀聞≫, 王應麟 撰, 文淵閣四庫全書, 臺灣商務印書館, 1986.
• ≪公孫龍子≫, 公孫龍 撰, 文淵閣四庫全書, 臺灣商務印書館, 1986.
• ≪孔子家語≫, 王肅 注, 文淵閣四庫全書, 臺灣商務印書館, 1986.

• ≪管子≫, 管仲 撰, 文淵閣四庫全書, 臺灣商務印書館, 1986.
• ≪老子≫, 王弼 注, 文淵閣四庫全書, 臺灣商務印書館, 1986.
• ≪獨異志≫, 唐 李冘 撰, 文淵閣四庫全書, 臺灣商務印書館, 1986.
• ≪呂氏春秋≫, 呂不韋 編, 高誘 注, 文淵閣四庫全書, 臺灣商務印書館, 1986.
• ≪列子≫, 張湛 注, 文淵閣四庫全書, 臺灣商務印書館, 1986.
• ≪論衡≫, 王充 撰, 文淵閣四庫全書, 臺灣商務印書館, 1986.
• ≪墨子≫, 墨翟 撰, 文淵閣四庫全書, 臺灣商務印書館, 1986.
• ≪白虎通義≫, 班固 撰, 文淵閣四庫全書, 臺灣商務印書館, 1986.
• ≪法言≫, 揚雄 撰, 李軌・柳宗元 注, 文淵閣四庫全書, 臺灣商務印書館, 1986.
• ≪本草綱目≫, 李時珍 撰, 文淵閣四庫全書, 臺灣商務印書館, 1986.
• ≪山海經≫, 郭璞 注, 文淵閣四庫全書, 臺灣商務印書館, 1986.
• ≪說苑≫, 劉向 撰, 文淵閣四庫全書, 臺灣商務印書館, 1986.
• ≪世說新語≫, 劉義慶 撰, 文淵閣四庫全書, 臺灣商務印書館, 1986.
• ≪尸子≫, 尸佼 撰, 李守奎 譯注, 黑龍江人民出版社, 2003.
• ≪新序≫, 劉向 撰, 文淵閣四庫全書, 臺灣商務印書館, 1986.
• ≪愼子≫, 愼到 撰, 文淵閣四庫全書, 臺灣商務印書館, 1986.
• ≪申子≫, 申不害 撰, 文淵閣四庫全書, 臺灣商務印書館, 1986.
• ≪鹽鐵論≫, 漢 桓寬 撰, 文淵閣四庫全書, 臺灣商務印書館, 1986.
• ≪藝文類聚≫, 歐陽詢 撰, 文淵閣四庫全書, 臺灣商務印書館, 1986.
• ≪日知錄≫, 顧炎武 撰, 文淵閣四庫全書, 臺灣商務印書館, 1986.
• ≪莊子集釋≫, 莊周 撰, 郭象 注, 陸德明 釋文, 成玄英 疏, 郭慶藩 輯, 王孝魚 點校, 中華書局, 1961.
• ≪太平御覽≫, 宋 李昉等 奉敕 撰, 文淵閣四庫全書, 臺灣商務印書館, 1986.
• ≪太玄經≫, 揚雄 撰, 文淵閣四庫全書, 臺灣商務印書館, 1986.
• ≪通雅≫, 方以智 撰, 文淵閣四庫全書, 臺灣商務印書館, 1986.
• ≪韓非子≫, 韓非 撰, 文淵閣四庫全書, 臺灣商務印書館, 1986.
• ≪淮南子≫, 劉安 撰, 高誘 注, 文淵閣四庫全書, 臺灣商務印書館, 1986.

〔集部〕

• ≪經義述聞≫, 王引之 撰, 世界書局, 1975.
• ≪經傳釋詞≫, 王引之 撰, 黃侃 楊樹達 批本, 岳麓書社, 1982.
• ≪群書治要譯注≫, 魏徵 等 撰, 中國書店出版社, 2012.
• ≪讀書雜志≫, 王念孫 著, 江蘇古籍出版社, 2000
• ≪文選≫, 蕭統 撰, 文淵閣四庫全書, 臺灣商務印書館, 1986.
• ≪諸子平議≫, 兪樾 著, 中華書局, 1954.
• ≪集韻≫, 宋 丁度等 編, 上海古籍出版社, 1985.
• ≪楚詞補註≫, 洪興祖 撰, 文淵閣四庫全書, 臺灣商務印書館, 1986.
• ≪韓詩外傳≫, 韓嬰 撰, 文淵閣四庫全書, 臺灣商務印書館, 1986.

4. 일본자료

• ≪讀荀子≫, 物雙松, 寶曆 14년(1764) 京師水玉堂 판각본.
• ≪荀子斷≫, 冢田虎, 寬政 7년(1795) 京師水玉堂刊本.
• ≪荀子增注≫, 久保愛, 文政 3년(1820) 平安書林水玉堂 판각본.
• ≪增評荀子箋釋≫, 村岡良弼, 明治 17년(1884) 東京 판각본.
• ≪荀子標注≫, 帆足萬里, 昭和 2년(1927) 활자본.
• ≪荀子略說≫, 安積信, 昭和 8년(1933) 활자본.
• ≪荀子述≫, 朝川鼎, 昭和 8년(1933) 활자본.

5. 전자자료

• 電子版 文淵閣四庫全書, 迪志文化出版社, 北京, 1999.
• 尙友千古(http : w.s-sangwoo.kr), 宋基采
• 韓國古典綜合DB(http : db.itkc.or.kr)
• 東洋古典綜合DB(http : db.cyberseodang.or.kr)

# 目 次

## 序　≪荀子集解≫의 서문

**昔唐韓愈氏以荀子書爲大醇小疵**[1]하고 **逮宋**하여 **攻者益衆**하니 **推其由**컨대 **以言性惡故**라

옛날 唐나라 韓愈氏가 荀子의 글에 대해 '대체로 양호하나 약간의 흠이 있다.'라 하였고, 宋나라 때에 이르러 공격하는 자들이 더 많았는데, 그 이유를 추구해보면 사람의 본성이 악하다고 말했기 때문이었다.

**余謂性惡之說**은 **非荀子本意也**라 **其言曰 直木不待檃栝而直者**는 **其性直也**요 **枸木必待檃栝烝矯然後直者**는 **以其性不直也**라 **今人性惡**하니 **必待聖王之治**와 **禮義之化然後**에 **皆出於治**하고 **合於善也**[2]라하니라 **夫使荀子而不知人性有善惡**이면 **則不知木性有枸直矣**리라 **然而其言如此**하니 **豈眞不知性邪**아 **余因以悲荀子遭世大亂**하여 **民胥泯棼**하여 **感激而出此也**라

내가 생각건대, 본성이 악하다는 설은 荀子의 본의가 아니었다. 그가 말하기를 "곧은 목재가 도지개에 의지하지 않고도 곧은 것은 그 본성이 곧기 때문이고, 굽은 목재가 반드시 도지개에 묶여서 불에 쬐어 바로잡히는 과정을 거친 뒤에 곧아지는 것은 그 본성이 곧지 않기 때문이다. 지금 사람의 본성은 악하니 반드시 聖君의 정치와 禮義의 교화를 거쳐야만 모두 言行이 도리에서 나오고 心性이 선량해진다."라 하였다.

만약 荀子가 사람의 본성이 선한 것과 악한 것이 있다는 것을 몰랐다면 목재의 본성이 굽은 것과 곧은 것이 있다는 것도 몰랐을 것이다. 하지만 그의 말이 이와

---

1) 大醇小疵：≪韓愈集≫ 권11 〈雜著〉의 〈讀荀子〉에 나온다.

2) 其言曰……合於善也：≪荀子≫ 〈性惡篇〉에 나오는 말이다.

같았으니 어찌 정말로 사람의 본성을 몰랐겠는가. 이 때문에 나는 荀子가 세상이 크게 혼란하여 백성들이 어리석은 때를 만나 감정이 격해진 나머지 본성이 악하다는 이 말을 하였다는 것을 애처롭게 생각한다.

**荀子論學論治**는 **皆以禮爲宗**하여 **反復推詳**하여 **務明其指趣**하여 **爲千古脩道立教所莫能外**라 **其曰 倫類不通**이면 **不足謂善學**[3]과 **又曰 一物失稱**은 **亂之端也**[4]는 **探聖門一貫之精**하고 **洞古今成敗之故**라 **論議不越几席**이로되 **而思慮浹於無垠**하고 **身未嘗一日加民**이로되 **而行事可信**이라 **其放推而皆準**이어늘 **而刻覈之徒 詆諆橫生**하여 **擯之不得與於斯道**라 **余又以悲荀子術不用於當時**하고 **而名滅裂於後世**하며 **流俗人之口爲重屈也**라

荀子가 학문을 논하고 정치를 논한 것은, 모두 禮法을 으뜸으로 삼아 반복해가며 상세히 연구하여 애써 그 취지를 밝힘으로써, 千古 이래 도를 닦고 교화를 세우는 점에서 도외시할 수 없는 기준이 되었다. 그 "인륜과 사리를 두루 통하지 못한다면 잘 배웠다고 말할 수 없다."라고 말한 것이나, 또 "한 가지 일이라도 정당하게 처리되지 않는다면 이것이 곧 禍亂의 시발점이다."라고 말한 것들은, 하나의 이치가 만사를 관통한다는 孔子의 정밀한 가르침을 살피고 고금의 治亂盛衰의 원인을 환히 알았기 때문이다.

그 논의는 방 안을 벗어나지 않았지만 사려가 무한한 데까지 미치고 몸은 단 하루도 백성을 다스려본 적이 없지만 행한 일은 믿을 만하였다. 그 가르침을 널리 미루어나가 모두 준칙이 될 수 있는데도 혹독한 무리들의 비방과 모함이 무성하여 그를 배격해 儒家의 도에 끼이지 못하게 만들었다. 그래서 나는 또 荀子가 세속 사람의 입들에 의해 다시 꺾이어 그의 학술이 당대에 쓰이지 못하고 그 이름도 후세에 푸대접을 받게 된 것을 애처롭게 생각한다.

**國朝儒學昌明**하여 **欽定四庫全書提要**에 **首列荀子儒家**하고 **斥好惡之詞**하고 **通**

3) 倫類不通 不足謂善學 : ≪荀子≫ 〈勸學篇〉에 나온다.

4) 一物失稱 亂之端也 : ≪荀子≫ 〈五倫篇〉에 나온다.

**訓詁之誼**하니 **定論昭然**하여 **學者始知崇尙**이라 **顧其書僅有楊倞注**로되 **未爲盡善**하고 **近世通行嘉善謝氏校本**은 **去取亦時有疏舛**일새 **宿儒大師 多所匡益**이라 **家居少事**에 **輒旁采諸家之說**하여 **爲荀子集解一書**하되 **管窺所及**을 **間亦坿載**라 **不敢謂於荀書精意**에 **有所發明**이나 **而於析楊謝之疑辭**하고 **酌宋元之定本**에 **庶幾不無一得**하리라

우리나라(淸)는 儒學이 융성하고 밝아져서 ≪欽定四庫全書提要≫에 ≪荀子≫를 〈儒家類〉의 첫머리에 배치하였고, 荀子에 관한 주관적인 비평들은 배척하고 객관적인 訓詁의 뜻을 소통시키니, 정론이 환히 드러나서 학자들이 비로소 荀子를 숭상할 줄을 알게 되었다. 다만, 그 책이 겨우 楊倞의 注가 있기는 하지만 盡善盡美하지 못하고 근대에 통행한 嘉善 謝氏(謝墉)의 교감본은 수정을 한 것이 또한 가끔 엉성하고 잘못된 부분이 있기 때문에 老師宿儒들이 그 오류를 바로잡고 추가한 것이 많았다.

나는 관직을 그만두고 고향집에서 특별히 하는 일이 없기에 여러 학자들의 설을 두루 채취하여 ≪荀子集解≫ 한 책을 편찬하였는데, 나의 견해도 간혹 덧붙여 실었다. 이 책이 ≪荀子≫의 심오한 뜻에 대해 밝혀낸 것이 있다고 감히 말하지는 못하나, 楊倞과 謝墉의 의심스러운 말을 분석하고 宋本과 元刻本의 正誤를 대조해 보는 데에 있어서는 나름대로 약간의 도움이 없지는 않을 것이다.

**刻成**에 **謹弁言簡端**하고 **竝揭荀子著書之微旨**하여 **與後來讀者共證明之云**이라

인쇄가 끝나 삼가 책머리에 머리말을 붙이고 아울러 荀子가 책을 저술한 깊은 뜻을 명시하여 장래의 독자들과 함께 그 진의를 증명하고자 한다.

**光緖十七年 歲次辛卯 夏五月**에 **長沙王先謙謹序**라

光緖(淸 德宗의 연호) 17년(1891) 辛卯 여름 5월에 長沙 王先謙이 삼가 서문을 쓰다.

## 荀子序① 《荀子》의 서문

① 臣先謙案 宋台州本은 序上有注字라

臣 先謙이 살펴보건대, 宋 台州本에는 '序' 위에 '注'자가 있다.

**昔周公稽古三五**[1]**之道**하고 **損益夏殷之典**하여 **制禮作樂**하고 **以仁義理**[2]**天下**라 **其德化刑政存乎詩**하니 **至於幽厲失道**하여 **始變風變雅作矣**[3]라 **平王東遷**[4]에 **諸侯力政**하고 **逮五霸**[5]**之後**하여는 **則王道不絶如綫**이라 **故仲尼定禮樂**하고 **作春秋**하니 **然後三代**[6]**遺風**이 **弛而復張**이나 **而無時無位**하여 **功烈不得被于天下**하고

---

1) 三五 : 상고시대의 제왕인 三皇五帝를 가리킨다. 여러 설이 있으나 일반적으로 三皇은 伏羲·神農·黃帝이고, 五帝는 少昊·顓頊·高辛·唐堯·虞舜이라 한다.

2) 理 : 이 글을 쓴 楊倞이 唐나라 사람이므로 唐 高宗의 이름자인 '治'를 피해 바꿔 쓴 것이다. 아래 '理要'와 '興理'의 경우도 같다.

3) 至於幽厲失道 始變風變雅作矣 : 幽王(?~B.C. 771)은 周나라 제12대 왕으로 褒姒를 총애하여 국사를 망치고 申侯에게 죽임을 당하였으며, 厲王은 周나라 제10대 왕으로 폭정과 사치로 일관하면서 비방하는 자를 죽이다가 나라사람들에 의해 축출되어 彘 지방으로 도망갔다.

變風은 '正風'의 대칭으로 〈國風〉 중에서 〈邶風〉부터 〈豳風〉까지의 135편을 말하고, 變雅은 '正雅'의 대칭으로 〈小雅〉 중에서 〈六月〉부터 〈何草不黃〉까지의 58편과 '大雅' 중에서 〈民勞〉부터 〈召旻〉까지 13편의 총칭이다. 이 작품들은 일반적으로 周 왕조의 쇠퇴기에 속한다. 〈周南 關雎〉의 序에 "聖王의 도가 쇠퇴해짐에 이르러 禮義가 폐해지고 정치교화가 베풀어지지 못해 제후국은 나라마다 정사가 다르고 민간에는 집집마다 풍속이 달라져서 變風과 變雅가 지어졌다.〔至於王道衰 禮義廢 政敎失 國異政 家殊俗 而變風變雅作矣〕"라 하였다.

4) 平王東遷 : 平王은 幽王의 태자 宜臼이다. 幽王이 宜臼의 생모인 申后와 宜臼를 폐하고 그 대신 총애하는 褒姒와 褒姒의 아들 伯服으로 바꾸자, 申后의 아버지 申侯가 繒나라 및 犬戎과 함께 周나라를 공격하여 幽王을 죽임으로써 西周가 멸망하였다. 그 뒤에 宜臼가 申侯의 지원으로 왕위에 올랐으나 犬戎을 물리칠 힘이 없어 동방 제후들의 지지 아래 B.C. 770년에 洛陽으로 도읍을 옮겼는데, 역사에서 이것을 東周라고 부른다. 그 뒤로 왕실의 역량이 약해져서 제후를 제어하지 못해 동란과 변혁의 春秋時代로 진입하였다.

5) 五霸 : 춘추 때 제후의 우두머리였던 齊 桓公, 晉 文公, 秦 穆公, 宋 襄公, 楚 莊王 등을 가리킨다.

**但門人傳述而已**며 **陵夷至于戰國**이라 **於是申商苛虐**과 **孫吳變詐 以族論罪**하고 **殺人盈城**이라 **談說者又以愼墨蘇張爲宗**하니 **則孔氏之道 幾乎息矣**라 **有志之士 所爲痛心疾首也**라 **故孟軻闡其前**하고 **荀卿振其後**하니라

옛날에 周公이 고대 三皇五帝의 도를 고찰하고 夏나라와 殷나라의 제도를 조정하여 禮樂 문물을 창제하고 仁義의 도리로 천하를 다스렸다. 그 德化와 刑政이 ≪詩經≫ 속에 남아 있는데, 幽王과 厲王이 도를 잃어버린 뒤에야 비로소 變風과 變雅가 지어졌다.

平王이 동쪽 洛陽으로 도읍을 옮기자, 제후들이 힘으로 정사를 하였고 五霸 이후에 이르러서는 성군의 도가 한 오라기의 실처럼 간들간들 위태로워졌다. 이 때문에 공자께서 禮樂을 제정하고 ≪春秋≫를 지었으니, 그런 뒤에 느슨했던 三代의 유풍이 다시 팽팽해졌으나 시대가 혼란하고 지위도 없어 공적이 천하에 널리 파급되지는 못하고 그저 문인들이 그 말씀을 전수할 뿐이었으며, 이처럼 쇠퇴해진 상태로 전국시대에 이르렀다.

그러자 申不害와 商鞅의 가혹한 법과 孫武와 吳起의 권모술수로 인해 三族을 멸하는 것으로 논죄하고 사람을 죽여 시체가 온 성안에 널려 있게 되었다. 그리고 담론을 전개하는 자들이 또 愼到・墨翟・蘇秦・張儀를 으뜸으로 여기게 되니, 공자의 도가 거의 사라져 뜻있는 인물들이 매우 한스럽게 여겼다. 이 때문에 孟軻가 앞에서 도를 밝히고 荀卿이 그 뒤에서 도를 일으켜 세웠던 것이다.

**觀其立言指事**에 **根極理要**하고 **敷陳往古**하며 **掎挈當世**하여 **撥亂興理**를 **易於反掌**하니 **眞名世之士**며 **王者之師**라 **又其書亦所以羽翼六經**[7]하고 **增光孔氏**하니 **非徒諸子之言也**라 **蓋周公制作之**하고 **仲尼祖述之**하고 **荀孟贊成之**하여 **所以膠固王道**하여 **至深至備**하니 **雖春秋之四夷交侵**하고 **戰國之三綱**[8]**弛絶**이라도 **斯道**

6) 三代 : 왕도정치를 행했던 夏・商・周 세 朝代의 합칭이다.

7) 六經 : 여섯 가지의 儒家 경전으로, ≪詩經≫, ≪書經≫, ≪禮記≫, ≪樂經≫, ≪易經≫, ≪春秋≫를 가리킨다.

8) 三綱 : 군신간, 부자간, 부부간에 지켜야 할 기본 도리인 君爲臣綱, 父爲子綱, 夫爲婦綱으로, 儒家 도덕의 기본이다.

**竟不墜矣**라

교훈이 될 만한 말을 하고 사물의 이치를 지시할 때 나라를 다스리는 요지에 근간을 두었고, 옛날의 이상적인 법도를 서술하고 당대의 불합리한 현상을 지적하여 어지러운 세상을 바로잡고 다스리는 법도를 일으켜 세우기를 마치 손바닥을 뒤집듯이 쉽게 한 것을 살펴보니, 참으로 한 세상에 이름을 떨친 선비이며 제왕의 스승이었다. 그리고 그 글 또한 六經의 羽翼이 되고 공자의 가르침에 빛을 보태었으니, 그저 諸子의 설에 그치고 마는 정도가 아니다.

대체로 周公이 禮樂 문물을 창제하고 공자가 그것을 전승하고 荀子와 孟子가 그것을 도와 완성하였기에 聖王의 도가 공고해져 매우 깊어지고 완비되었으니, 이로 인해 비록 春秋 때 사방 오랑캐가 번갈아 침범하고 戰國 때 三綱의 인륜이 끊어졌음에도 儒家의 도가 끝내 땅에 떨어지지 않았던 것이다.

**倞以末宦之暇**에 **頗窺篇籍**하여 **竊感炎黃之風**이 **未洽於聖代**나 **謂荀孟有功於時政**하여 **尤所耽慕**라 **而孟子有趙氏章句**[9]하고 **漢氏**①**亦嘗立博士**하여 **傳習不絕**이라 **故今之君子多好其書**라 **獨荀子未有注解**하고 **亦復編簡爛脫**하며 **傳寫謬誤**하여 **雖好事者時亦覽之**라도 **至於文義不通**하여 **屢掩卷焉**이라

① 臣先謙案 宋台州本作代라

신 先謙이 살펴보건대, 台州本에는 〈'氏'가〉 '代'로 되어 있다.

나는 말단 관직을 수행하는 여가에 옛 전적을 자주 보면서 내심 炎帝 神農氏와 黃帝 軒轅氏의 유풍이 우리 唐나라에 충분히 남아 있지는 않지만, 荀子와 孟子가 이 시대의 정사에 공이 있다고 여겨 더욱 좋아하고 흠모하였다. 그런데 ≪孟子≫는 趙氏의 ≪章句≫가 있고 漢나라 때〔漢氏〕 또한 博士를 두어 전수하고 학습하는 일이 끊어지지 않았기 때문에 오늘날 많은 군자들이 그 글을 좋아하고 있다. 그러

9) 趙氏章句 : 東漢 趙岐(?108~201)의 저술인 ≪孟子章句≫를 말한다. 趙岐는 京兆 長陵 사람으로 자는 邠卿이다. 桓帝 때 京兆尹을 지냈다. 환관 唐衡을 논박한 일로 인해 가족과 친족이 모두 살해되었다. 唐衡이 죽은 뒤에 并州刺史가 되었고, 靈帝 때 黨錮를 만나 10여 년 동안 폐기되었다가 獻帝 때 다시 등용되었다.

나 유독 ≪荀子≫는 注解가 없고 게다가 또 竹簡을 엮었던 끈이 썩어 竹簡이 떨어져나갔으며 서로 전하여 베끼는 과정에 오류가 생겨서, 비록 관심을 가진 사람이 이따금 훑어보더라도 글 뜻이 통하지 않아 매번 책을 덮어버리는 지경에 이르고 있다.

**夫理曉則愜心하고 文舛則忤意라 未知者謂異端不覽하고 覽者以脫誤不終하니 所以荀氏之書千載而未光焉이라 輒用申抒鄙思하여 敷尋義理하고 其所徵據는 則博求諸書하니라 但以古今字殊하고 齊楚言異하여 事資參考를 不得不廣일새 或取偏傍[10)]相近이어나 聲類相通하고 或字少增加어나 文重刊削하고 或求之古字하고 或徵諸方言이라 加以孤陋寡儔와 愚昧多蔽하니 穿鑿之責을 於何可逃리오 曾未足粗明先賢之旨하고 適增其蕪穢耳라 蓋以自備省覽이요 非敢傳之將來라 以文字繁多라 故分舊十二卷三十二篇爲二十卷하고 又改孫卿新書爲荀卿子하니라 其篇第亦頗有移易하여 使以類相從云이라 時歲在戊戌 大唐睿聖文武皇帝 元和十三年十二月也①라**

① 盧文弨曰 傳習不絶은 俗間本에 作傳誓不絶하고 申抒는 宋本에 作中杼라 三十二篇四字는 元刻無라 又荀子 序作荀卿子하여 與諸書所引合이라하니라
盧文弨가 말하기를 "傳習不絶이 세간의 통행본에는 '傳誓不絶'로 되어 있고, 申抒가 宋本에는 '中杼'로 되어 있다. 三十二篇 네 자가 元刻本에는 없다. 또 ≪荀子≫가 서문에 ≪荀卿子≫로 되어 있어 여러 서적에 인용된 서명과 부합된다."라 하였다.

대체로 논리가 잘 이해되면 마음에 흡족하고, 문장이 어긋나면 기분에 거슬리는 법이다. 荀子의 논리를 모르는 자는 異端이라 하여 그 책을 읽지 않고, 책을 읽는 자는 오탈자로 인해 끝까지 읽지 않고 그만두니, 이 때문에 荀氏의 글이 천 년이 되도록 빛을 보지 못했던 것이다. 그래서 나는 함부로 나의 생각을 토로하여 문장의 의미를 다각도로 탐구하고, 고증할 적에는 여러 서적에서 널리 추심하였다.

다만, 옛날과 지금의 글자가 다르고 齊나라와 楚나라의 말이 달라 이 문제를 해

10) 偏傍 : 漢字의 왼쪽과 오른쪽을 통틀어 이르는 말로, 邊旁이라고도 한다.

결하기 위한 고증을 광범위하게 하지 않을 수 없었다. 그리하여 偏傍이 서로 비슷하거나 聲音이 서로 통하는 것을 취하기도 하고, 혹은 글자 수가 적어 더 보태거나 문구가 겹쳐 삭제하기 하고, 혹은 옛 글자에서 구하기도 하고, 혹은 方言에서 고증하기도 하였다.

하지만 나의 고루한 식견과 우매한 자질로 이 일을 수행하였으니, 견강부회하였다는 문책을 어디서 면할 수 있겠는가. 애당초 선현의 심오한 뜻을 조금도 밝혀내지는 못하고 그저 그 번잡한 상태만 추가했을 뿐이다. 그래서 내가 개인적으로 살펴보는 용도로 이용할 뿐 감히 후세에 전하지는 못하겠다.

글의 분량이 많기 때문에 이전에 12권 32편으로 되어 있던 것을 나누어 20권으로 만들고, 또 ≪孫卿新書≫란 이름을 ≪荀卿子≫로 바꾸었다. 편의 차례 또한 많이 바꿔 내용이 유사한 것끼리 서로 모이게 하였다. 이때는 무술년 大唐 睿聖文武皇帝(憲宗) 元和 13년(818) 12월이다.

# 例略 범례의 줄거리

嘉善謝氏校本：首謝序 次楊序及新目錄[①] 次荀子讐校所據舊本竝參訂名氏[②] 末錢大昕跋 校勘補遺一卷이라 案此書盧謝同校라 故郝蘭皐稱謝하고 王懷祖稱盧라 但謝序云 援引校讐는 悉出抱經이라 參互攷證하여 遂得葳事라하니 是此書元出於盧하고 參攷刊行은 迺由謝氏하니 則稱盧校本者爲是라 盧所據大字宋本은 爲北宋呂夏卿熙寧中所刊이라 然未見呂刻本하고 僅取朱文游所藏影鈔本相校라 故間有爲影鈔訛字所誤者하니 脩身王霸兩篇注可證也라 玆刻은 仍以盧校爲主라 依謝刻하여 於楊注外에 增一圓圍하고 全錄校注라 加盧文弨曰四字別之[③]라 其補遺一卷은 散入注中이라 盧校不主一本일새 玆亦倣其例하여 擇善而從하니라

① 今照刊이라
이번에 참조하여 조판하였다.

② 影鈔大字宋本 元刻纂圖互註本〔此乃當時坊間所梓라 脫誤差舛不一而足이나 然正以未經校改之라 故其本眞翻未盡失하여 書中頗多採用이라〕 明虞氏王氏合校刻本, 明世德堂本, 明鍾人傑本〔有評點하고 注删節이라〕, 江陰趙曦明敬夫, 金壇段玉裁若膺, 海寧吳騫槎客, 吳縣朱奐文游, 江都汪中容夫, 餘姚盧文弨紹弓, 嘉善謝墉金圃輯校〔輯諸家之說하고 幷附所見하니 上皆增一圓圍하여 以別於楊氏之注라 其引用各書不具列이라〕
〈影鈔大字宋本〉, 〈元刻纂圖互註本〉〔이 판본은 곧 그 당시 민간에서 판각한 것으로, 글자가 빠지거나 잘못되고 어긋난 것들이 매우 많다. 그러나 교감하여 수정하는 과정을 거치지 않았기 때문에 그 참모습을 도리어 완전히 잃어버리지 않아 이 책 속에서 채택할 것들이 상당히 많다.〕, 〈明虞氏王氏合校刻本〉, 〈明世德堂本〉, 〈明鍾人傑本〉〔평론과 방점이 있고 주는 요약하였다.〕, 〈江陰趙曦明敬夫〉, 〈金壇段玉裁若膺〉, 〈海寧吳騫槎客〉, 〈吳縣朱奐文游〉, 〈江都汪中容夫〉, 〈餘姚盧文弨紹弓〉, 〈嘉善謝墉金圃輯校〉〔여러 학자의 설을 수집하고 아울러 자기의 견해를 붙였는데, 그 위에 모두 하나의 권점을 추가하여 楊氏의 주와 구별하였다. 인용한 각

책은 열거하지 않았다.〕

③ **據謝序錢跋**에 **校注亦有出謝手者**나 **然無可區別**이라

謝墉의 서문과 錢大昕의 발문에 의하면 校注 중에 謝墉의 손에서 나온 것도 있으나 구별할 수 없다.

嘉善謝氏校本 : 첫머리는 謝墉의 서문이고, 다음은 楊倞의 〈荀子序〉 및 〈荀子新目錄〉이고, 다음은 〈荀子讐校所據舊本竝參訂名氏〉이고, 끝에는 錢大昕이 발문을 쓴 〈校勘補遺〉 1권으로 되어 있다.

살펴보건대, 이 책은 盧文弨와 謝墉이 함께 교감한 것이기 때문에 이 책의 저자를, 郝蘭皐(郝懿行)는 謝墉이라 하고 王懷祖(王念孫)는 盧文弨라 하였다. 다만, 謝墉의 서문에 "근거를 인용하고 교감한 내용들은 모두 抱經堂(盧文弨)의 손에서 나왔다. 이것을 참조하고 고증하여 마침내 작업을 이루어낼 수 있었다."라 하였으니, 이로 볼 때 이 책은 본디 盧氏의 손에서 이루어졌고 참조 고증하여 간행한 것은 謝氏를 거쳤으니, 盧校本이라 부르는 것이 옳다.

盧氏가 근거로 삼은 大字宋本은 北宋 呂夏卿이 熙寧 연간에 간행한 판본이다. 그러나 呂夏卿의 刻本은 보지 못하고 겨우 朱文游가 소장한 影鈔本을 가지고 대조 교감하였다. 이 때문에 간혹 影鈔本의 잘못된 글자로 인해 오류가 생긴 경우가 있으니, 〈脩身〉과 〈王霸〉 두 편의 주에서 그것을 증명할 수 있다.

이 ≪荀子集解≫는 盧校本을 위주로 하였다. 謝刻本의 형식을 따라 楊倞 주 이외의 경우 하나의 圈點(○)을 추가하고 〈그 밑에〉 校注 내용을 전부 기록하였다. 그리고 '盧文弨曰'이라는 네 글자를 추가하여 〈다른 사람의 것과〉 구별하였다. 그 〈補遺〉 한 권의 내용은 해당되는 注 속에 삽입하였다. 盧校本이 어떤 한 판본을 위주로 삼지 않았으므로, 이 책에서도 그 사례를 본떠 善本을 선택하여 그대로 따랐다.

**虞王合校本 : 明虞九章王震亨校**니 **爲盧據舊本之一**이라 **其引見書中者**는 **止王霸篇大有天下**하고 **小有一國注文**이라 **玆覆檢元書**하니 **尙有可采**하여 **爲增入數條**라 **此外正文及注 歧異滋繁**하니 **當由傳寫致訛**어나 **或係以意刪節**하여 **多與盧氏所云俗間本相合**이라 **旣非所取證**일새 **不得稱引**하니라

虞王合校本 : 明나라 虞九章과 王震亨이 교정한 것으로, 盧文弨가 교감할 때 근거로 삼은 옛 저본 가운데 하나이다. 그가 글 속에 인용한 부분은 〈王霸篇〉의 “권력이 크면 〈천자가 되어〉 천하를 보유하고, 권력이 작으면 〈제후가 되어〉 한 나라를 보유한다.〔大有天下 小有一國〕”라고 한 곳의 주의 문구에 지나지 않는다. 하지만 이번에 이 元書를 다시 점검해보니 그래도 채택할 만한 부분이 있어 몇 개의 조목을 취해 더 넣었다.

이밖에 본문과 주가 서로 일치하지 않은 부분이 매우 많았는데, 이는 분명히 등사하는 과정에서 잘못되었거나 혹은 임의로 축약했기 때문에 생긴 것으로서, 盧氏가 말한 ‘세간의 판본〔俗間本〕’이라 한 내용과 부합된 곳이 많았다. 이것들은 盧氏가 이미 고증거리로 취하지 않은 것이므로 끌어대지 않았다.

**宋台州本**[1] **: 宋唐仲友與政刊於台州**하니 **卽依呂本重刻**이라 **遵義黎庶昌蒓齋於日本得影摹本**하여 **重刊爲古逸叢書之一**[2]이라 **首楊序及新目錄**이요 **末劉向上言及王呂重校銜名**①과 **熙寧元年國子監荀子官銜**과 **淳熙八年唐序**와 **經籍訪古志二跋**과 **重刊楊跋**[3]이라 **此卽困學紀聞所稱今監本**은 **乃唐與政台州所刊熙寧舊本**이니 **亦未爲善者也**라 **然在今日**에 **爲希見之本**일새 **玆取以相校**하여 **得若干條**하여 **列入注文**이라 **其與呂本相同 如一卷取藍干越之比**는 **竝不復出**하여 **以省繁文**하고 **至其顯然訛誤**하여는 **雖與呂岐出**이라도 **亦無所取**하니라

---

1) 宋台州本 : 南宋 孝宗 淳熙 8년(1181)에 朝請郎 權發遣台州軍州事 唐仲友가 北宋의 呂夏卿(1018~1070)이 熙寧監本을 재차 교정하여 간행한 판본을 번각한 것이다. 글자는 歐陽詢의 서체를 본떠 힘이 있고 크기는 동전만큼 커서 大字宋本으로도 불린다. 熙寧監本은 ≪荀子≫의 최초 刊本으로, 神宗 원년인 1068년 9월에 集賢殿太學士 曾公亮이 總裁가 되어 校勘官 15명과 함께 교정하여 國子監에서 간행한 것이다.

2) 遵義黎庶昌蒓齋……重刊爲古逸叢書之一 : 遵義는 중국 貴州에 딸린 고을 이름으로, 黎庶昌(1873~1891)의 출신지이고 蒓齋는 그의 호이다. 德宗 10년인 1884년에 日本公使로 나가 있으면서 중국에는 이미 없어진 宋나라와 元나라 때의 귀중본을 찾아내 복각하여 ≪古逸叢書≫를 만들었는데, 이 속에 일본 학자 士島重禮가 소장하고 있던 ≪荀子≫의 台州本도 들어 있다.

3) 重刊楊跋 : 楊은 黎庶昌의 부하 楊守敬을 말한다. 黎庶昌이 찾아낸 台州本을 중간할 때 그가 두세 번 교정하는 작업을 수행하였고 그 발문을 썼다.

① 與今本同이라
지금 판본과 같다.

宋台州本 : 宋나라 唐仲友 與政이 台州에서 간행하였는데, 곧 呂夏卿의 교정본에 의해 재차 판각한 것이다. 遵義 黎庶昌 蒓齋가 일본에서 모각본을 얻어 重刊하여 ≪古逸叢書≫ 가운데 하나가 되었다. 첫머리에는 楊倞의 서문과 〈新目錄〉이 있고, 책 말미에는 劉向이 〈목록을 교정하고〉 천자에게 올린 글 및 재차 교정에 참여한 王子韶와 呂夏卿의 관직명과 熙寧 원년에 國子監에서 차자를 올렸던 관원들의 관직명, 淳熙 8년에 쓴 唐仲友의 서문, ≪經籍訪古志≫의 발문 2편, 楊守敬의 重刊 발문이 있다.

이것은 곧 ≪困學紀聞≫에 "지금 監本은 곧 唐與政이 台州에서 간행한 熙寧 舊本으로, 이 또한 선본은 아니다."라고 말한 책이다. 그러나 오늘날에는 보기 드문 저본이므로 이번에 이것을 취해 교감하여 약간의 조목을 얻어내서 注의 내용 속에 끼워 넣었다. 그 내용이 呂夏卿本과 동일한 것으로서 제1권의 '取藍'과 '干越' 같은 유들은 모두 재차 거론하지 않음으로써 불필요한 형식을 줄였으며, 확실하게 잘못된 경우에는 비록 呂夏卿本과 다르더라도 취하지 않았다.

**棲霞郝氏懿行荀子補注上下卷 : 末附與王侍郎論孫卿**과 **與李比部論楊倞**[4] **二書**라 **玆全採入注**하니라

棲霞 郝懿行의 ≪荀子補注≫ 上下卷 : 말미에 孫卿에 관해 논하는 내용으로 王侍郎에게 보낸 편지와 楊倞에 관해 논하는 내용으로 李比部에게 보낸 편지 두 편이 첨부되어 있다. 이번에 모두 채집하여 注 속에 넣었다.

**高郵王氏念孫**의 **雜志八 校荀子八卷 : 係據盧本**하여 **加案語**라 **用宋錢佃江西漕司本**과 **龔士卨荀子句解本**과 **明世德堂本參校**하고 **嗣得元和顧千里澗薲手**

4) 與王侍郎論孫卿 與李比部論楊倞 : 모두 郝懿行(1755~1824)이 쓴 편지이다. 與王侍郎論孫卿은 〈與王伯申引之侍郎論孫卿書〉의 약칭으로 道光 4년(1824) 2월에 썼고, 與李比部論楊倞은 〈與李月汀璋煜比部論楊倞書〉의 약칭으로 같은 해 윤7월 24일에 쓴 것이다.

**錄呂錢二本異同**하여 **復爲補遺一卷**하고 **敍而行之**라 **坿荀子佚文及顧氏考訂各條於末**이라 **其中如劉台拱端臨汪中容夫陳奐碩甫諸家之說**을 **蒐討綦詳**하고 **而盧校郝注之精者**도 **亦附錄焉**이라 **玆取王氏各條**하여 **散入注文**하고 **劉汪陳顧諸說**은 **仍各冠姓氏於首**하니라

高郵 王念孫의 ≪讀書雜志≫ 권8의 ≪校荀子≫ 8卷 : 盧氏本에 의거하되 〈자기의 견해일 경우에는〉 '案'이란 말을 추가하였다. 宋나라 錢佃의 江西漕司本과 龔士卨의 ≪荀子句解≫本, 明나라 世德堂本을 가지고 참고하여 교정하고, 또 이어서 元和 지방의 顧千里 澗薲이 呂夏卿·錢佃 두 판본의 서로 다른 점과 같은 점을 직접 기록한 자료를 얻어 다시 ≪補遺≫ 한 권을 만들고 서문을 붙여 간행하였다. ≪荀子≫의 빠진 글과 顧氏가 고증하여 교정한 여러 조목을 말미에 첨부하였다.

그 내용을 살펴보면 劉台拱 端臨, 汪中 容夫, 陳奐 碩甫 등 여러 학자의 설에 관해 수집하고 연구하기를 매우 치밀하게 하였고, 盧氏의 교감과 郝氏의 注解 가운데 정밀한 것들도 덧붙여 수록하였다. 이번에 王氏의 각 조목을 취해 해당되는 주의 내용 속에 삽입하였으며 劉台拱, 汪中, 陳奐, 顧千里의 여러 설은 있는 그대로 수용하되 각자의 설 첫머리에 그 성씨를 배치하였다.

**德淸兪氏樾諸子平議十二之十五 荀子平議四卷 : 全採入注**하고 **近儒之說**도 **亦坿著之**하니라

德淸 지방 兪樾의 ≪諸子平議≫ 권12부터 권15까지의 ≪荀子平議≫ 4卷 : 모두 채집하여 注의 내용 속에 삽입하고 근대 儒者의 설도 첨부하였다.

## 勸學篇 第一　제1편 배움을 권장하는 글

荀況의 교육사상이 구체적으로 드러난 글이다. 인간의 지식과 재능은 선천적으로 갖춰져 있는 것이 아니라, 꾸준히 배우고 익히는 후천적인 노력에 의해 개선되고 발전한다 하였다. 그 방법은 훌륭한 스승을 선택하여 지도를 받는 한편, ≪詩經≫과 ≪書經≫ 등 고전 문헌을 통해 다양한 지식을 습득한 뒤에 禮義를 준수함으로써 바른 행동을 취하는 것이라고 하였다. 인간이 배워야 하는 의의와 태도, 방법과 효과 등 교육과 관련된 제반 문제를 언급하였다.

### 1-1 君子曰 學不可以已[1)]라 靑은 取之於藍이나 而靑於藍하고 冰은 水爲之나 而寒於水[2)]니라

군자는 다음과 같이 말한다.

배우는 일을 중단하면 안 된다. 푸른 물감은 쪽에서 취했지만 쪽보다 더 푸르고 얼음은 물이 만들었지만 물보다 더 차갑다.

以喩學則才過其本性也라 ○ 盧文弨曰 靑取之於藍은 從宋本이라 困學紀聞[3)]所

---

1) 君子曰 學不可以已 : 君子는 일반적으로 도덕이 있는 사람, 혹은 통치자를 가리키지만 여기서는 그와 다르다. 冢田虎와 熊公哲은 ≪春秋左氏傳≫의 사례처럼 저자 자신을 객관화하여 가탁한 호칭이라 하였고, 王天海는 어쩌면 孔子를 지칭한 것일 수도 있다 하면서 공자의 말씀인 ≪論語≫ 〈學而〉의 "배우고 그것을 수시로 익힌다.〔學而時習之〕"와 〈述而〉의 "배우면서 싫어하지 않는다.〔學而不厭〕"를 그 증거로 제시하였다. 후자의 설을 따를 경우 '배우는 일을 그만두면 안 된다.〔學不可以已〕'라는 첫 구만을 인용문으로 처리하는 것이 옳을 것이다. 번역은 전자의 설을 따랐다.

2) 靑取之於藍……而寒於水 : ≪意林≫ · ≪白孔六帖≫ · ≪東坡志林≫ · ≪說郛≫ 등에는 "靑出於藍而靑於藍 冰生於水而寒於水"로 되어 있다. '靑'자에 대해 楊柳橋는 '精' 또는 '菁'으로 보아야만 뒤의 '寒'과 완전한 대를 이룰 수 있다고 하였다. 藍은 우리말로 쪽으로, 마디풀과의 한해살이풀이다. 그 잎은 발효를 거친 뒤에 짙은 청색의 유기염료인 인디고 블루(indigo blue)를 추출할 수 있다.

引同이라 元刻作青出之藍하여 無於字라 王念孫曰 困學紀聞에 云 青出之藍이 作青取之於藍하니 監本未必是요 建本未必非라하니① 是王[4]以作出者爲是也라 元刻作出之藍은 即本於建本하고 監本作取之於藍者는 用大戴記改之也라 荀子本文自作出於藍하여 藝文類聚草部上과 太平御覽百卉部三及意林과 埤雅 引此竝作出於藍하고 新論崇學篇同이라 史記褚少孫續三王世家引傳曰 青采出於藍而質青於藍者는 教使然也라하니 即是此篇之文이라 則本作出於藍明矣라② 今從王說이라 先謙案[5] 群書治要作青取之藍하니 是唐人所見荀子本에 已有作取者라 且大戴記即用荀子文하여 亦作青取之於藍하니 不得謂荀子本作出於藍이라하여 而作取者爲非也니라 宋建監本岐出하니 亦緣所承各異라 故王氏應麟無以定之라 謝本從盧校하니 今仍之[6]라

① 自注[7]云 今監本은 乃唐與政[8]台州所槧熙寧舊本이니 亦未爲善이라하고 又云 請占之五泰注[9]云 五泰는 五帝也라하여늘 監本改爲五帝而刪注文이라하니라
自注에 "지금 監本은 곧 唐與政이 台州에서 간행한 熙寧 舊本으로, 이 또한 선본은 아니다."라고 하고, 또 "'請占之五泰'의 양경 주에 '五泰는 五帝이다.'라 하였는데, 監本은 五泰를 五帝로 바꾸고 주의 내용을 삭제하였다."라고 하였다.

② 宋錢佃本은 從監本하여 作取之於藍하고 而所引蜀本도 亦作出於藍하며 宋龔士卨荀子句解[10]同이라

---

3) 困學紀聞 : 南宋 王應麟(1223~1296)의 저술로, 모두 20권이다. 그의 자는 伯厚, 호는 深寧居士・厚齋이다. 慶元 鄞縣 사람이며 禮部尙書 兼給事中을 지냈다. 나중에 벼슬을 그만두고 고향으로 돌아와 20년 동안 저술에만 전념하였다.

4) 王 : 王應麟을 가리킨다.

5) 先謙案 : '先謙은 살펴보건대'라는 뜻으로, ≪荀子集解≫의 편집자인 왕선겸이 자기의 견해와 판단을 밝힌다는 것을 겸손하게 하는 말이다.

6) 謝本從盧校 今仍之 : 謝本은 謝墉이 편찬한 ≪荀子箋釋≫을 말하는데, 이는 盧文弨가 교감한 것을 그대로 따라 유지한 책이다. 王先謙이 ≪荀子集解≫를 편찬할 때 ≪荀子箋釋≫을 저본으로 사용했기 때문에 한 말이다.

7) 自注 : 王應麟이 쓴 ≪困學紀聞≫의 주를 말한다.

8) 與政 : 唐仲友의 자이다. 宋 孝宗 때 著作佐郎을 지냈으며 信州와 台州의 지방관을 역임하였다.

9) 請占之五泰注 : '請占之五泰'는 ≪荀子≫ 〈賦〉篇에 나오는 문구이고, 注는 楊倞의 주를 말한다.

10) 龔士卨荀子句解 : 龔士卨은 송나라 사람으로, 자는 子質이고, 호는 石廬子이다. ≪五子纂圖互注≫ 42권을 편찬하였다. ≪荀子句解≫는 3책이며 대만 國立故宮博物院에서 ≪景印宋本音點大字荀子句解≫라는 이름을 붙혀 線裝本으로 출판하였다.

宋 錢佃本은 監本을 따라 '取之於藍'으로 되어 있고 인용한 蜀本도 '出於藍'으로 되어 있으며, 宋 龔士卨의 ≪荀子句解≫도 같다.

楊倞注 : 배우게 되면 재능이 그의 본성을 뛰어넘는다는 것을 비유하였다.

○ 盧文弨 : '青取之於藍'은 宋本에 따른 것이다. ≪困學紀聞≫에서 인용한 것도 같다. 元刻本에는 '青出之藍'으로 되어 있어 '於'자는 없다.

王念孫 : ≪困學紀聞≫에 "青出之藍이 青取之於藍으로 되어 있으니, 監本이 반드시 옳은 것도 아니고 建本이 반드시 틀린 것도 아니다."라고 하였으니, 이는 王氏가 '出'로 되어 있는 것을 옳다고 여긴 것이다. 元刻本에 '出之藍'으로 되어 있는 것은 곧 建本에 근거한 것이고, 監本에 '取之於藍'으로 되어 있는 것은 ≪大戴禮記≫를 따라 바꾼 것이다. ≪荀子≫ 본문에 본디 '出於藍'으로 되어 있었기 때문에 ≪藝文類聚≫ 〈草部 上〉과 ≪太平御覽≫ 〈百卉部 三〉 및 ≪意林≫과 ≪埤雅≫ 등 이 글을 인용한 문헌들에 모두 '出於藍'으로 되어 있고, ≪新論≫ 〈崇學篇〉도 그와 같다. 褚少孫이 보충한 ≪史記≫ 〈三王世家〉에 인용한 옛글에 "푸른 채색이 쪽에서 나오지만 그 본질이 쪽보다 푸른 것은 단련을 통해 그렇게 된 것이다."라고 하였으니, 이 말은 곧 이 편의 글이다. 〈이로 볼 때〉 본디 '出於藍'으로 되어 있었다는 것이 분명하다. 여기서는 王氏의 설을 따랐다.

쪽(藍)

先謙案 : ≪群書治要≫에 '青取之藍'으로 되어 있다. 이는 唐나라 사람이 본 ≪荀子≫ 판본에 이미 '取'로 된 것이 있었다는 증거이다. 그리고 ≪大戴禮記≫는 곧 ≪荀子≫의 글을 인용한 것인데 거기에도 '青取之於藍'으로 되어 있으니, ≪荀子≫ 판본이 '出於藍'으로 되어 있다 하여 '取'자로 된 것을 틀렸다고 말할 수는 없다. 宋本·建本·監本은 서로 들

쑥날쑥하니 이들 판본 또한 이어받은 것으로 인해 각기 달랐으며, 이 때문에 王應麟이 〈어떤 것이 옳은지〉 단정할 수 없었던 것이다. 謝本은 盧校本을 따른 것인데 여기서는 그대로 둔다.

## 1-2 木直中繩이라도 輮[11]以爲輪하면 其曲中規라 雖有槁暴(폭)[12]이라도 不復挺者는 輮使之然也니라

목재가 곧아서 먹줄의 직선에 들어맞더라도 열을 가해 둥근 수레바퀴를 만들면 그 휘어진 곡선이 그림쇠로 그은 모양과 일치한다. 그런 뒤에는 비록 또 열을 가하고 햇볕을 쪼이더라도 다시는 펴져서 곧아지지 않으니, 이는 처음에 열을 가해 휘어서 이미 그 모양으로 만들어졌기 때문이다.

먹줄(繩)

그림쇠(規)

輮는 屈이라 槁는 枯라 暴은 乾이라 挺은 直也라 晏子春秋作不復贏矣라 ○ 盧文弨曰 暴은 舊本作暴하니 非라 說文에 一作㬥은 晞也라하고 一作暴은 疾有所趣也라하니라 顔氏家訓分之亦極明이라 今此字注雖訓乾이나 然因乾而暴起면 則下當从本이라 案考工記輪人槁作藃하고 鄭注云 藃는 藃暴이니 陰柔後必橈減하여 幬革暴起라하니라

11) 輮 : '煣'와 통하는 글자로, 약한 불로 목재를 구워 구부러지게 만든다는 뜻이다.

12) 有槁暴(폭) : 有는 '又', 槁는 '熇'와 통하고, 暴은 '曝'의 옛 글자이다.

釋文步角反이라하고 劉步莫反이니 一音蒲報反[13]이라하니라 又注羸은 舊本訛作羸라 案羸은 緩也라 今據晏子雜上篇改正하여 亦作羸이라

楊倞注：輮는 '屈(구부러지다)'자의 뜻이다. 槁는 '枯(마르다)'자의 뜻이다. 暴은 '乾(마르다)'자의 뜻이다. 挺은 '直(곧다)'자의 뜻이다. ≪晏子春秋≫에는 '不復挺者'가 '不復羸矣(다시는 헐거워지지 않는다.)'로 되어 있다.

○ 盧文弨：㬥은 舊本에 '暴'으로 되어 있으니 이는 틀린 것이다. ≪說文解字≫에 한 군데는 '㬥은 말린다는 뜻이다.'라고 되어 있고, 다른 한 군데는 '暴은 혼란이 오는 것이 매우 빠르다는 뜻이다.'라고 되어 있다. ≪顏氏家訓≫〈書證〉에서는 이에 관해 가려내기를 매우 분명히 하였다. 여기서는 이 글자를 〈楊倞의〉 注에서는 비록 '乾'자의 뜻으로 풀이했지만, 〈둥근 수레바퀴통이〉 마름으로 인해 뒤틀리고 각이 져서 들고 일어나는 뜻이라면 㬥자 아랫부분의 모양이 마땅히 '本'을 붙인 것이 되어야 할 것이다. 살펴보건대, ≪周禮≫〈考工記 輪人〉에 '槁'가 '藃'로 되어 있고, 鄭玄의 주에 "藃는 열을 가하고 햇볕을 쪼인다는 뜻이니 〈軸을 장착한 나무로 만든 수레바퀴통의〉 안쪽 부위가 〈열을 가하지 않음으로 인해 단단하지 않고〉 무르면 나중에 반드시 느슨해져서 흔들리고 수축되어 그 부분을 덮어 싼 가죽이 뒤틀리고 각이 져서 들고 일어나게 된다." 하였다. 〈㬥자의 음에 대해〉 ≪經典釋文≫에는 "步와 角의 反切이다."라고 했고, 劉氏는 "步와 莫의 反切인데 또 다른 음은 蒲와 報의 反切이다."라고 하였다. 그리고 楊倞 注의 '羸'자가 舊本에는 '羸'로 잘못되어 있다. 살펴보건대, '羸'는 헐겁다는 뜻이다. 여기서는 ≪晏子春秋≫〈雜上篇〉을 근거로 개정하여 이 또한 '羸'으로 하였다.

## 1-3 故木受繩則直하고 金就礪則利하고 君子博學而日參(참)省[14]乎己하면 則知明而行無過矣리라

그러므로 목재가 먹줄을 퉁겨 바로잡히는 과정을 거치면 곧아지고, 刀劍이 숫돌에 갈려지는 과정을 거치면 날카로워지며, 군자가 널리 배우고 또 매일 자기를 점검하고 성찰하는 과정을 거치면 식견이 고명해져서 행동에 잘못이 없을 것이다.

---

13) 劉步莫反 一音蒲報反：劉는 晉 劉昌宗으로, ≪周禮音≫ 1권을 편찬하였다. 反은 反切의 약칭으로, 漢字 두 자에서 첫 자의 초성과 다음 자의 중성・종성을 따서 한 음을 만들어 읽는 법이다. 步莫反은 '박'이고, 蒲報反은 '포'이다.

14) 參(참)省：參은 점검한다는 뜻이고, 省은 살펴본다는 뜻이다.

參(삼)은 三也니 曾子曰 日三省吾身이라하니라 知는 讀爲智라 行은 下孟反이라 ○ 兪樾曰 省乎二字는 後人所加也라 荀子原文은 蓋作君子博學而日參己리라 參者는 驗也라 史記禮書曰 參是豈無堅革利兵哉아하고 索隱曰 參者는 驗也라하니라 管子君臣篇曰 若望參表라하고 尹注[15]曰 參表는 謂立表所以參驗曲直이라하니 是參有參驗之義라 君子博學而日參驗之於己라 故知明而行無過也라 後人不得參字之義하여 妄據論語三省吾身之文하여 增省乎二字하니 陋矣라 大戴記勸學篇에 作君子博學如日參己焉하니 如而古通用하고 無省乎二字하니 可據以訂正이라 先謙案 大戴記一本作君子博學如日參己焉하니 與兪說同이라 孔氏廣森[16]云 參己者는 學乎兩端하여 以己參之라하고 一本作而日參省乎己焉하여 與荀子文同하니 此後人用荀子改大戴記也라 荀書自作而日參省乎己하니 參三義同이라 群書治要作而日三省乎己하여 易參爲三하니 是本文有省乎二字之明證이요 與楊注義合하니 兪說非라

楊倞注 : 參은 三자와 같다. 曾子가 말하기를 "매일 세 가지로 나 자신을 반성한다."라고 하였다. 知는 智자로 간주해 읽는다. 行의 음은 下와 孟의 反切이다.

○ 兪樾 : '省乎' 두 자는 뒷사람이 덧붙인 것이다. ≪荀子≫ 본문에는 아마도 '君子博學而日參己'로 되어 있었을 것이다. 參이란 검증한다는 뜻이다. ≪史記≫ 〈禮書〉에 "이로 인해 검증해본다면〔參是〕 어찌 단단하고 질긴 갑옷과 예리한 무기가 없겠는가." 하고 ≪索隱≫에 "參이란 검증한다는 뜻이다."라고 하였다. ≪管子≫ 〈君臣篇〉에는 "측량대〔參表〕를 바라보는 것과 같다." 하고 尹氏의 注에 "측량대는 〈해의 그림자를 측량하는〉 막대기를 세운 것을 말하니, 이것은 그 그림자의 曲直 여부를 검증하기 위해서이다."라고 하였다. 이로 볼 때 參은 검증한다는 뜻이 있다. 군자는 널리 배우고 그것을 매일 자기에게 검증하기 때문에 지혜가 밝아지고 행동에 잘못이 없는 것이다. 뒷사람이 參자의 뜻을 알

15) 尹注 : 唐 尹知章(665?~718)의 ≪管子注≫를 가리킨다. 尹知章은 絳州 翼城 사람으로, ≪周易≫·≪老子≫·≪莊子≫에 조예가 깊었다. 則天武后 때 定王府文學으로 발탁된 뒤에 太常博士로 전임되었고 中宗 때 陸渾令이 되었다. 그 뒤에 張說의 천거로 禮部員外郎에 발탁되었다가 國子博士로 전임되었다. ≪管子注≫ 이외에 ≪孝經≫·≪老子≫·≪莊子≫·≪韓子≫·≪鬼谷子≫ 등도 注解하였다.

16) 孔氏廣森 : 孔廣森(1752~1786)을 가리킨다. 山東 曲阜 사람으로, 자는 衆仲이고 또 다른 자는 撝約이다. 戴震의 제자이며 經學家이자 古音韻學家이다. 乾隆 36년(1771)에 진사에 급제하고 檢討를 역임하였다. 여기에 인용된 말은 그가 편찬한 ≪大戴禮記補注≫에 나온다. ≪春秋公羊通義≫·≪詩聲類≫·≪儀鄭堂駢儷文≫·≪經學卮言≫ 등도 편찬하였다.

지 못하고 함부로 ≪論語≫의 '三省吾身'이란 문구를 근거로 삼아 '省乎' 두 자를 덧붙였으니, 고루하다 하겠다. ≪大戴禮記≫ 〈勸學〉에 "君子博學如日參已焉(군자는 널리 배우고 매일 자기를 검증한다.)"이라고 되어 있는데, '如'와 '而'는 옛날에 통용한 글자이고 또 '省乎'라는 두 자가 없으니, 이것을 근거로 바로잡을 수 있다.

先謙案 : ≪大戴禮記≫ 가운데 어떤 판본에는 '君子博學如日參已焉'으로 되어 있어 兪氏의 설과 같다. 孔廣森이 말하기를 "參已란 서로 다른 지식을 널리 배워 자기 자신에게 그것을 검증해보는 것이다." 하였다. 그러나 ≪大戴禮記≫의 다른 판본에는 '而日參省乎己焉'으로 되어 있어 ≪荀子≫ 본문과 같다. 이로 볼 때 〈앞서의 ≪大戴禮記≫는〉 뒷사람이 통행하는 ≪荀子≫ 판본을 따라 고친 것이라 할 수 있다. ≪荀子≫의 최초 원문에는 본디 '而日參省乎己'로 되어 있었을 것이다. 參과 三은 그 뜻이 같다. ≪群書治要≫에도 '而日三省乎己'로 되어 있는데, 여기서는 參을 三으로 바꾼 것이다. 이와 같은 정황은 ≪荀子≫의 최초 원문에 '省乎' 두 자가 있었다는 분명한 증거이며 楊倞 注의 뜻과 부합되니, 兪氏의 설은 틀린 것이다.[17)]

## 1-4 故不登高山이면 不知天之高也며 不臨深谿면 不知地之厚也며 不聞先王之遺言이면 不知學問之大也니라

그러므로 높은 산에 올라가지 않으면 하늘이 얼마나 높은지 모르고, 깊은 계곡에 이르러 내려다보지 않으면 大地가 얼마나 두터운지 모르며, 옛 聖王들이 남긴 말씀을 들어보지 않으면 학문이 사람에게 얼마나 큰 보탬이 되는지 모른다.

大는 謂有益於人이라

楊倞注 : 大는 사람에게 보탬이 되는 점이 있다는 것을 말한다.

## 1-5 干越夷貉[18)]之子 生而同聲이나 長而異俗하니 敎[19)]使之然也니라

---

17) ≪大戴禮記≫ 가운데……것이다 : 본문의 '日參省乎己'에 대해 王先謙이 여러 ≪大戴禮記≫ 판본 가운데 일부 판본 내용과 ≪群書治要≫에 보이는 정황을 근거로 ≪荀子≫의 해당 원문이 달라진 것으로 판단하였다. 그러나 朝川鼎·于鬯·梁啓超·梁啓雄·王天海 등 관련 학자들의 견해가 모두 兪樾의 설과 일치한 것으로 보아 王先謙의 설은 재고의 여지가 있는 것으로 사료된다.

18) 干越夷貉 : '干'자에 대해 王先謙은 춘추시대 吳나라에 의해 멸망당해 吳나라 고을로 귀속된

干나라・越나라・夷族・貉族의 아이들이 처음 태어났을 때 울음소리는 서로 같지만 장성한 뒤에는 〈언어와〉 풍속이 다르니, 이는 배워 익힌 것에 따라 그렇게 된 것이다.

干越은 猶言吳越이라 呂氏春秋荊有次非得寶劍於干越이라하고 高誘曰 吳邑也라하니라 貉은 東北夷라 同聲은 謂啼聲同이라 貉은 莫革反이라 ○ 謝刻은 從盧校하여 干作于라 注文作于越猶言於越이라 盧文弨曰 于越은 宋本作干越이나 今從元刻하니 與大戴禮同이라 注於越은 舊作吳越訛라 所引呂氏春秋는 見知分篇이라 次非는 俗本作佽飛하고 唯宋本與呂氏同이라 呂氏于越作干遂하니 淮南同하고 注干音寒이라하며 國策作干隧라 然楊氏自作于越이라 故以於越爲釋하니라 劉台拱曰 淮南原道訓에 干越生葛絺라하고 高注에 干은 吳也라하니 楊氏此注에 以干越爲吳越은 蓋用高義라 觀下文引呂氏春秋注可見이라 盧改非也라 今原道訓作于越하니 亦妄庸人所改라 王念孫曰 劉說是也라 宋刻呂夏卿本錢佃本에 竝作干越이라 干越夷貉四者는 皆國名이니 不得改干越爲于越이라 古書言干越者多矣라 凡改干越爲于越者는 皆所謂知其一說하고 不知又有一說者也니라 大戴記之于越도 亦後人所改니 辯見漢書貨殖傳이라 淮南道藏本及朱東光本[20]도 皆作干이로되 它本皆改爲于라 兪樾曰 案盧刻誠非하고 而楊注原文謂猶言吳越도 亦恐不然이라 干與越竝言하니 則干亦國名이라 管子內

---

나라인 '邗'의 다른 표기라 하여 吳나라를 가리킨다 하였고, 物雙松・冢田虎・久保愛・王天海 등은 《通雅》・《呂覽》・《漢書》에서의 사례 및 《春秋》 定公 5년의 經文에 "于越雜俗"이라고 한 것과 杜預의 주에 "於는 發聲이다."라고 한 사례를 근거로 들어 '于'를 잘못 표기한 것이라고 주장하였다. 번역에서는 전자의 설을 따랐다. 越은 '粵'로 표기하기도 하며 吳의 이웃나라이다. 처음 봉해진 군주는 夏나라 少康의 서자 無餘이고 도읍지는 지금의 浙江 紹興이다. B.C. 306년 楚나라에 의해 멸망당했다. 夷는 동방의 소수민족이고 貉은 동북방의 소수민족이다. 貉은 '貊'과 같다.

19) 敎 : 《說文解字》에 "敎는 위에서 베풀고 밑에서 본받는다는 뜻이다.〔上所施下所效也〕"라고 하였다. 〈勸學篇〉의 취지가 가르치는 것보다 배우는 것을 위주로 한 것이고, 敎는 '斆'와 통용하고 '斆'는 '效'의 의미를 지니고 있으므로 본받고 배운다는 뜻으로 번역하였다.

20) 淮南道藏本及朱東光本 : 淮南道藏本은 道藏本에 수용된 《淮南子》를 말한 것으로 보인다. 道藏本은 六朝 때 수합한 道家 經傳의 총집으로 1,476종, 5,485권이다. 宋 徽宗 때 《萬壽道藏》이란 이름으로 간행되었고 明나라 때 정본은 《正統道藏》, 속본은 《萬曆續道藏》이란 이름으로 간행되었다. 朱東光은 明나라 福建 浦城 사람으로 자는 元曦, 호는 存敬이다. 戶科給事中을 지냈고 《中都四子集》을 편찬하였다.

業篇에 昔者吳干戰할새 未齔不得入軍門하니 國子擿其齒遂入하여 爲干國多라하니 則干與吳且爲敵國이요 非卽吳明矣라 尹知章注管子에 以干爲江邊地하니 非是라 辯見管子라 字本作邗하니 說文邑部에 邗은 國也니 今屬臨淮라 從邑干聲[21]이라 一曰 邗本屬吳라하니 蓋邗古國名이요 後爲吳邑이라 哀九年左傳에 吳城邗이라하니 是也라 古書言干越者는 則當從國名之本訓이요 不得因其後爲吳邑이라하여 而卽訓爲吳也라 先謙案 王氏雜志引文選江賦注所引墨子에 以利荊楚干越과 吳都賦包括干越과 莊子刻意篇干越之劍及淮南原道訓하여 以證漢書貨殖傳之于越은 當爲干越이라하니 其義允矣라 今案 鹽鐵論殊路篇에 干越之鋌不厲면 匹夫賤之라하니 亦一證也라 吳干先爲敵國이라가 後干併於吳는 管子吳干戰과 及左傳吳城邗이 卽其明證이라 干爲吳滅하여 而吳一稱干하니 猶鄭爲韓滅하여 而韓亦稱鄭이라① 兪氏所駁도 亦非也라 今依劉王說하여 改從宋本이라

① 竹書紀年에 書韓哀侯作鄭哀侯라
≪竹書紀年≫에 韓 哀侯를 鄭 哀侯라고 표기하였다.

楊倞注 : 干越은 吳·越이라 말한 것과 같다. ≪呂氏春秋≫에 "楚나라에 次非라는 사람이 있는데 干越에서 보검을 얻었다." 하였고, 高誘 주에 "吳나라 고을이다."라고 하였다.[22] 貉은 동북방 오랑캐이다. '同聲'은 우는 소리가 같다는 것을 말한다. 貉의 음은 莫과 革의 反切이다.

○ 謝刻本에는 盧校本을 따라 '干'이 '于'로 되어 있고, 楊倞 注의 글도 '于越猶言於越'로 되어 있다.

盧文弨 : '于越'이 宋本에는 '干越'로 되어 있다. 여기서는 元刻本을 따랐는데 ≪大戴禮記≫에도 元刻本과 같다. 楊倞 注의 '於越'이 옛 판본에는 '吳越'로 되어 있는데 이는 잘못된

---

21) 從邑干聲 : 從과 聲은 ≪說文解字≫에서 어떤 글자에 대해 그 글자가 이루어진 성분과 그 음을 설명할 때 사용하는 형식이다. 從은 어떤 모양이나 뜻을 지닌 글자가 함께 붙어 있는 것으로 '形符' 또는 '意符'를 뜻하고, 聲은 소리로 읽을 때의 음이란 뜻으로 聲符를 말한다.

22) ≪呂氏春秋≫에……하였다 : 지금 통행하는 ≪呂氏春秋≫에는 '荊有次非者 得寶劍于干遂'로 되어 있고, 高誘 주는 '干遂吳邑'으로 되어 있어 楊倞이 인용한 것과는 약간 다르다. 그런데 ≪太平御覽≫ 권930에 인용된 ≪呂氏春秋≫의 이 부분은 '荊有佽飛者 得寶劍於干將 遂還及涉江'으로 되어 있다. 이는 '楚나라에 佽飛라는 사람이 있는데 干將으로부터 보검을 얻고 마침내 돌아오다가 강물을 건너게 되었다.'라는 뜻으로, ≪呂氏春秋≫의 이 문구는 재고의 여지가 많다.

것이다. 楊倞 注에서 인용한 ≪呂氏春秋≫의 내용은 〈知分篇〉에 보인다. 次非가 통행본에는 '佽飛'로 되어 있고 오직 宋本과 ≪呂氏春秋≫에서만 같다. ≪呂氏春秋≫에는 '于越'이 '干遂'로 되어 있으며, ≪淮南子≫에도 그와 같고 干의 음은 '寒'이라는 주를 달았다. ≪戰國策≫에는 '干隧'로 되어 있다. 그러나 楊氏가 스스로 '于越'이라 했기 때문에 '於越'로 풀이한다.

劉台拱 : ≪淮南子≫ 〈原道訓〉에 "干과 越 지방에서 올이 가는 갈포가 생산된다." 하고 高誘의 주에 "干은 吳이다."라고 하였으니, 楊氏의 이 주에 '干越'을 '吳越'이라 한 것은 高誘의 뜻을 따라서였을 것이다. 아래 문구에서 ≪呂氏春秋≫의 주를 인용한 것을 보면 그랬을 것이라는 것을 알 수 있다. 그러니 盧氏가 이것을 고친 것은 잘못이다. 지금 〈原道訓〉에 '于越'로 되어 있는 것도 경망한 사람이 함부로 고친 것일 것이다.

王念孫 : 劉氏의 설이 옳다. 宋나라 때 각본인 呂・錢本에는 모두 '干越'로 되어 있다. 干・越・夷・貉 넷은 다 나라이름이니 '干越'을 '于越'로 고칠 수 없다. 옛 문헌에 '干越'이라고 말한 경우가 많다. '干越'을 '于越'로 고친 사람은 모두 이른바 '하나의 설만 알고 그 이외에 다른 설이 있다는 것을 모른다.'는 사람이다. ≪大戴禮記≫의 '于越' 또한 뒷사람이 고친 것이니, 이에 대한 설명은 ≪漢書≫ 〈貨殖傳〉에 보인다. 道藏本 ≪淮南子≫와 朱東光의 판본도 모두 '干'으로 되어 있지만 다른 판본은 모두 '于'로 고쳐져 있다.

兪樾 : 살펴보건대, 盧氏 각본은 사실 잘못되었고 楊倞 注 원문에 '猶言吳越'이라 한 것도 그렇지 않은 것 같다. '干'과 '越'을 나란히 말했으니 '干' 또한 나라이름이다. ≪管子≫ 〈內業篇〉에 "옛날 吳나라와 干나라가 전쟁을 치를 적에 〈干나라의 규정에〉 젖니가 빠지지 않은 소년은 진영에 들어갈 수 없다고 되어 있었으므로 干나라의 소년들이 이빨을 흔들어 뽑아버리고 진영으로 들어가 干나라를 위해 많은 전공을 세웠다."라고 하였다. 이로 볼 때 干나라와 吳나라는 본디 서로 적국이고 干나라가 곧 吳나라는 아니라는 것이 분명하다. 〈그런데도〉 尹知章이 ≪管子≫에 주를 붙이면서 '干'을 강변 땅이라고 하였으니, 이는 옳지 않다. 이에 관한 설명이 ≪管子≫에 보인다. '干'자는 본디 '邗'으로 되어 있다. ≪說文解字≫ 邑部에 "邗은 나라이다. 지금 臨淮에 속한다. 邑은 形符가 되고 干은 聲符가 된다. 혹자는 '邗은 본디 吳나라에 속한다.'고 했다."라고 하였으니, 대체로 邗은 옛 나라이름이었고 뒤에 吳나라 고을이 되었을 것이다. ≪春秋左氏傳≫ 哀公 9년에 "吳나라가 邗에 성을 쌓았다."라고 한 것이 그 증거이다. 옛 문헌에서 干越이라고 말한 곳은 당연히 나라이름인 기본적인 뜻을 따라야지 나중에 吳나라 고을이 되었다 하여 아예 吳나라라는 뜻으로 이해하면 안 될 것이다.

先謙案 : 王氏의 ≪讀書雜志≫에, ≪文選≫ 〈江賦〉 주에서 인용한 ≪墨子≫의 '荊・楚・

干·越을 이롭게 한다.'와 〈吳都賦〉의 '干·越을 포괄하였다.'와 ≪莊子≫ 〈刻意篇〉의 '干·越의 검' 및 ≪淮南子≫ 〈原道訓〉의 내용을 인용하여 ≪漢書≫ 〈貨殖傳〉의 '于越'은 마땅히 '干越'이 되어야 한다고 했으니, 그 뜻이 옳다. 지금 내가 살펴보건대 ≪鹽鐵論≫ 〈殊路篇〉에 '干·越의 도검이라도 가공하지 않으면 필부도 그것을 하찮게 여긴다.' 하였으니, 이 또한 하나의 증거가 된다. 吳나라와 干나라가 처음에는 적국이었다가 뒤에 干나라가 吳나라에 합병되었다는 것은 ≪管子≫의 '吳와 干이 전쟁을 했다.'는 내용과 ≪春秋左氏傳≫의 '吳나라가 邗에 성을 쌓았다.'는 내용이 곧 확실한 증거이다. 干나라가 吳나라에 의해 멸망당했으므로 吳나라를 간혹 '干'이라 칭하기도 하니, 이는 鄭나라가 韓나라에게 멸망당했다 하여 韓나라 또한 鄭나라로 부르는 경우와 같다. 兪氏가 논박한 것도 틀렸다. 여기서는 劉氏와 王氏의 설에 의해 〈'于'를 '干'으로〉 고쳐 宋本대로 따랐다.

## 1-6 **詩曰 嗟爾君子**는 **無恒安息**이어다 **靖共爾位**하여 **好是正直**하면 **神之聽之**하여 **介爾景福**[23]하리라하니라

≪詩經≫에 이르기를 "어허, 그대 군자시여, 편히 쉬려 말지어다. 그대 직무 잘 받들고 바른 도리 좋아하면 신명께서 들으시고 큰 복으로 도우리."라고 하였다.

**詩**는 **小雅小明之篇**이라 **靖**은 **謀**요 **介**는 **助**요 **景**은 **大也**라 **無恒安息**은 **戒之不使懷安也**라 **言能謀恭其位**하여 **好正直之道**면 **則神聽而助之福**이니 **引此詩以喩勤學也**라

楊倞注 : 시는 〈小雅 小明篇〉이다. 靖은 도모한다는 뜻이고, 介는 돕는다는 뜻이고, 景은 크다는 뜻이다. 無恒安息은 편안하게 지내야겠다는 생각을 품지 말도록 경계하는 뜻이다. 자기가 맡은 직무를 잘 수행해야겠다는 생각을 지니고 올바른 도리를 좋아한다면 신명이 들어 알고서 그들에게 복을 내려 도와줄 것이라는 뜻으로 말한 것인데, 이 시를 인용하여 부지런히 배울 것을 일깨운 것이다.

## 1-7 **神莫大於化道**하고 **福莫長於無禍**니라

---

23) 嗟爾君子……介爾景福 : 毛序에, 〈小明〉은 大夫가 어지러운 세상에 벼슬한 것을 후회하는 작품이라고 했다. 이 章은 전체 5章 가운데 맨 끝 章으로, 朱熹의 주석에 의하면, 大夫가 함께 벼슬살이를 하고 있는 동료에게 당부하는 노래라고 하였다. 그리고 好是正直은 '정직한 도를 취하는 사람을 좋아하는 것〔愛此取直之人〕'이라고 풀이하였고, 介는 크다는 뜻이라고 하였다. 여기서는 楊倞의 주에 따라 번역하였다.

신묘한 경지를 이루는 일은 성현의 도덕과 융화되는 것보다 더 큰 것이 없고, 행복을 추구하는 일은 재앙이 없는 것보다 더 나은 것이 없다.

爲學則自化道라 故神莫大焉하고 修身則自無禍라 故福莫長焉이라 ○ 兪樾曰 上引詩云 神之聽之하여 介爾景福이라하니 此文神字福字는 卽本詩文也라 今本此二句提行屬下節하니 非是라 先謙案 舊本以荀子它篇引詩爲例하여 遂斷上引詩爲一節하고 以此二句提行하니 固屬非是라 但下文物類之起至君子愼其所立乎一段이 言榮辱禍福之理하여 正與引詩及此二句相應하니 若斷屬上節면 亦未安이라 各篇引詩亦多在篇中하여 不盡屬一節之末이라 此處不當分段일새 今正하니라

楊倞注 : 배우게 되면 절로 성현의 도덕과 융화가 되기 때문에 신묘한 것이 그보다 더 큰 것은 없고, 몸을 닦으면 절로 재앙이 없기 때문에 행복이 그보다 더 나은 것은 없는 것이다.

○ 兪樾 : 위의 인용한 시에 "신명께서 들으시고 큰 복으로 도우리라.〔神之聽之 介爾景福〕"라고 하였으니, 이 문구의 '神'자와 '福'자는 곧 ≪詩經≫의 本詩에 나온 글자이다. 그런데 지금 통행본에는 이 두 문구를 줄을 바꾸어 아래 구절에 붙였으니, 옳지 않다.

先謙案 : 舊本에는 ≪荀子≫의 여타 편에서 ≪詩經≫의 시를 인용했을 때의 사례에 비추어 위의 인용된 시를 끊어 한 구절로 삼고 이 두 문구는 줄을 바꾸었으니, 사실 옳지 않게 되었다. 다만, 아래 문장의 '物類之起'부터 '君子愼其所立乎'까지의 한 단락이 榮辱과 禍福에 관한 이치를 말한 것이어서 위의 인용된 시 및 이 두 문구와 서로 어울린다. 그러니 만약 이 문구를 끊어 위 구절에다 붙인다면 이 또한 온당치 않다. 여타 각 편에 인용된 시들도 대부분 그 편의 내용 속에 섞여 있고 일괄적으로 어느 한 구절의 말미에 붙어 있지는 않다. 여기 이 부분도 단락을 분리하는 것은 타당치 않으므로 여기서는 바로잡는다.

## 1-8 吾嘗終日而思矣나

나는 일찍이 온종일 생각해보았으나

○ 先謙案 大戴記吾上有孔子曰三字라

○ 先謙案 : ≪大戴禮記≫ 〈勸學〉에는 '吾'자 위에 '孔子曰' 세 자가 있다.

1-9 不如須臾之所學也며 吾嘗跂而望矣나 不如登高之博見也라

잠깐 동안이라도 배워서 얻는 것만 못했고, 나는 일찍이 발꿈치를 들어 애써 바라보았으나 높은 곳에 올라가 널리 둘러보는 것만 못했다.

跂는 擧足也라

楊倞注 : 跂는 발꿈치를 들어 올린다는 뜻이다.

1-10 登高而招면 臂非加長也로되 而見者遠하고 順風而呼면 聲非加疾也로되 而聞者彰이라 假輿馬者는 非利足也로되 而致千里하고 假舟檝者는 非能水也로되 而絶江河라

높은 곳에 올라가 손을 흔들어 부르면 팔이 더 길어진 것이 아닌데도 멀리 있는 사람이 그 모습을 볼 수 있고, 바람이 향해가는 방향을 따라 소리를 지르면 소리가 더 커진 것이 아닌데도 듣는 사람이 더 분명하게 듣는다. 수레나 말의 도움을 빌리는 사람은 평소에 길을 잘 달리지 못하더라도 하루에 천 리를 갈 수 있고, 배나 노의 도움을 빌리는 사람은 평소에 헤엄을 잘 치지 못하더라도 강물을 건널 수 있다.

能은 善이요 絶은 過라 ○ 王念孫曰 江河本作江海하니 海與里爲韻이라 下文不積小流면 無以成江海도 亦與里爲韻이라 今本海作河하니 則失其韻矣라 文選海賦注引此正作絶江海하고 大戴記勸學篇과 說苑說叢篇竝同이라 文子上仁篇作濟江海하니 文雖小異나 作江海則同이라 兪樾曰 能(내)는 當讀爲耐라 漢書食貨志能風與旱이라하고 鼂錯傳其性能寒이라하며 趙充國傳漢馬不能冬이라하고 師古注竝曰 能는 讀曰耐라하니 此文能字正與彼同이라

楊倞注 : 能은 잘한다는 뜻이고, 絶은 넘어간다는 뜻이다.

○ 王念孫 : '江河'는 본디 '江海'로 되어 있으니 '海'와 '里'는 다 같은 上聲 운이다. 아래 문구의 '不積小流 無以成江海'의 '海'도 '里'와 같은 운이다. 지금 통행본에는 '海'가 '河'로 되어 있으니 그 운이 잘못되었다. ≪文選≫ 〈海賦〉 주에 이 문구를 인용했는데 거기에는 올바로 '絶江海'로 되어 있고, ≪大戴禮記≫ 〈勸學〉과 ≪說苑≫ 〈說叢篇〉에도 모두 동일하다. ≪文子≫ 〈上仁篇〉에는 '濟江海'로 되어 있으니, 문구는 조금 다르지만 '江海'로 된

점은 같다.

兪樾 : 能는 마땅히 '耐(견디다)'자로 읽어야 한다. ≪漢書≫ 〈食貨志〉에 '能風與旱(바람과 가뭄을 견딘다.)'이라 하고, 〈鼂錯傳〉에 '其性能寒(그 품성이 추위를 견딘다.)'이라 했으며, 〈趙充國傳〉에 '漢馬不能冬(한나라 말은 겨울을 견디지 못한다.)'이라 했는데, 顔師古의 주는 모두 "能는 耐자로 읽어야 한다."라고 하였다. 그러니 여기 문구의 '能'자도 곧 그 경우와 동일하다.

## 1-11 君子生非異也라 善假於物也라

군자는 타고난 본성이 남과 다른 것이 아니라 다만 외물의 도움을 잘 빌린 것이다.

皆以喩修身在假於學이라 生非異는 言與衆人同也라 ○ 王念孫曰 生은 讀爲性이라 大戴記作性이라

楊倞注 : 모두 몸을 닦는 것은 학문의 도움을 빌리는 데에 있다는 것을 비유한 것이다. 타고난 본성이 다르지 않다는 것은 일반인과 같다는 것을 말한다.

○ 王念孫 : '生'은 '性'자로 읽어야 한다. ≪大戴禮記≫ 〈勸學〉에는 '性'으로 되어 있다.

## 1-12 南方有鳥焉하니 名曰蒙鳩라 以羽爲巢而編之以髮하여 繫之葦苕러니 風至苕折하여 卵破子死라 巢非不完也라 所繫者然也라

남쪽 지방에 어떤 새가 있는데 이름을 蒙鳩라고 한다. 이 새는 깃털을 이용하여 둥지를 만들고 모발로 그것을 엮어서 갈대줄기에 매단다. 그러나 바람이 불면 갈대가 꺾여 알이 깨지고 새끼가 죽는다. 이는 그 둥지가 견고하지 않은 것이 아니라, 둥지가 매달려 있는 장소 때문에 그렇게 된 것이다.

蒙鳩는 鷦鷯也라 苕는 葦之秀也라 今巧婦鳥之巢至精密하고 多繫於葦竹之上하니 是也라 蒙은 當爲蔑이라 方言云 鷦鷯는 自關而西는 謂之桑飛라하고 或謂之蔑雀이라하니라 或曰 一名蒙鳩는 亦以其愚也라 言人不知學問이면 其所置身도 亦猶繫葦之危也라 說苑客謂孟嘗君曰 鷦鷯巢於葦苕하고 箸之以髮하니 可謂完堅矣나 大風至면 則苕折卵破者는 何也오 所託者然也일새니라 ○ 盧文弨曰 蒙鳩는 大戴禮作虫鳩하고 方

言作蔑雀이라 虫은 讀如芒이라 蒙虫蔑一聲之轉이니 皆謂細也라 蒙與蠛은 蠓音義近이라 楊云當爲蔑이나 似非라 箸은 張略切이니 俗間本多作著이라 今從宋本하니 與說文合이라 又曰 說文有箸無著하니 箸但訓飯攲하고 無形著(저)及繫著(착)義라 或本有著字而誤脫을 亦未可知라 然古書如周語大夫士日恪位箸은 卽位著也요 列子仲尼篇形物其箸는 以箸爲著明也요 趙策智伯曰 兵箸晉陽三年矣는 以箸爲傅著也라 世說新語一書는 皆以箸爲著하니 以故六書正譌謂箸字는 多有假借用者하니 別作著는 非라 今校此書에 凡宋本作箸者仍之하고 其他卷作著字者卽不改하니 非必古之盡是하고 而今之皆非라 以待夫通人自擇焉耳라 所引說苑은 見善說篇하니 作著之髮毛建之하니 女工不能爲也라하고 末句作其所託者使然也라하니라 餘與此同이라

楊倞注 : 蒙鳩는 굴뚝새이다. 苕는 갈대줄기이다. 지금 〈주변에 보이는〉 巧婦鳥(붉은머리오목눈이)의 둥지가 매우 정교하고 이것들이 대부분 갈대줄기나 대나무가지 위에 매달려 있는데, 곧 이것이다. 蒙은 마땅히 '蔑'자가 되어야 한다. ≪方言≫에 "굴뚝새는 關西 지방에서는 桑飛라 하는데 蔑雀이라고도 부른다." 하였다. 어떤 사람은 이 새의 별명이 蒙鳩라고 말하기도 하는데, 이 또한 그것이 어리석기 때문이다. 사람이 학문을 닦을 줄 모르면 자기 몸을 붙여둔 곳도 〈이 새가 그 둥지를〉 위태로운 갈대줄기에 매어놓는 경우와 다름없다는 것을 말한다. ≪說苑≫에 "어떤 식객이 孟嘗君에게 말하기를 '굴뚝새가 갈대줄기에 둥지를 만들고 그것을 모발로 붙여두니 매우 완전하고 견고하다고 말할 수 있습니다. 그러나 큰 바람이 불면 갈대줄기가 부러지고 알이 깨져버리니, 이는 무슨 까닭이겠습니까? 그것이 의탁하고 있는 장소가 이런 결과를 초래한 것입니다.'라고 했다." 하였다.

○ 盧文弨 : 蒙鳩는 ≪大戴禮記≫에 '虫鳩'로 되어 있고 ≪方言≫에는 '蔑雀'으로 되어 있다. 虫은 '芒'으로 읽어야 한다. '蒙'·'虫'·'蔑'은 한 음이 변한 것으로, 모두 미세한 것을 말한다. '蒙'과 '蠛'은 '蠓'과 그 음이며 뜻이 비슷하다. 楊倞이 "마땅히 '蔑'자가 되어야 한다."고 한 것은 틀린 것 같다. 箸의 음은 張과 略의 反切인데 통속본에는 대부분 '著'으로 되어 있다. 여기서는 宋本을 따랐으니 ≪說文解字≫와 부합된다.

盧文弨 : ≪說文解字≫에는 '箸'자는 있으나 '著'자는 없고 '箸'자도 그 뜻이 젓가락〔飯攲〕이라고만 했을 뿐, '모양이 드러난 것이다.'라거나 또는 '잡아매 붙여두는 것이다.'라거나 하는 식으로 뜻을 설명한 것은 없다. 혹시 본디 '著'자가 있었지만 그것이 잘못 빠져버렸는지도 알 수 없다. 그러나 옛 문헌을 살펴보면, 예컨대 ≪國語≫ 〈周語〉의 '大夫士日恪

位箸'은 곧 '位著'이고, ≪列子≫ 〈仲尼篇〉의 '形物其箸'는 '箸'자를 환히 드러난다는 뜻으로 썼다. ≪戰國策≫ 〈趙策〉에 智伯이 말한 '兵箸晉陽三年矣'는 '箸'자를 부착한다는 뜻으로 썼고, ≪世說新語≫에는 모두 '箸'자가 '著'자로 되어 있다. 이 때문에 ≪六書正譌≫에 '箸'자를 언급한 곳에서는 假借字로 사용한 경우가 많으니, 특별히 '著'자로 지정하는 것은 잘못된 것이다. 지금 이 책을 교감할 때 宋本에 '箸'자로 되어 있는 것은 그대로 두었고 기타 내용 속에 '著'자로 된 것도 고치지 않았으니, 옛 것이 반드시 옳고 지금의 것이 반드시 틀린 것은 아니다. 〈우선 이대로 두어〉 식견이 높은 사람이 스스로 선택하기를 기다릴 뿐이다. 楊倞의 주에 인용한 ≪說苑≫의 내용은 〈善說篇〉에 보인다. 거기에는 "모발로 그 둥지를 붙여 만드는데 솜씨가 좋은 여인이라도 그처럼 해낼 수 없을 것이다.〔著之髮毛建之 女工不能爲也〕"라고 되어 있고, 끝구는 "그것이 의탁해 있는 장소가 그런 결과를 만든 것이다.〔其所託者使然也〕"라고 되어 있다. 나머지 문구는 楊倞의 주와 같다.

1-13 **西方有木焉**[24)]하니 **名曰射**(야)**干**이라 **莖長四寸**이나 **生於高山之上而臨百仞之淵**하니 **木莖非能長也**라 **所立者然也**라

서쪽 지방에 어떤 풀이 있는데 이름을 射干이라 한다. 줄기의 길이는 네 치이지만 높은 산 위에 나 있기 때문에 백 길이나 되는 깊은 못을 굽어보고 있다. 이는 나무 줄기가 그처럼 높게 자라서가 아니라 그것이 서 있는 위치가 그렇게 한 것이다.

**本草藥名**에 **有射干**하니 **一名烏扇**이라하고 **陶弘景云 花白莖長**하고 **如射人之執竿**이라하고 **又引阮公詩云 射干臨層城**[25)]하니 **是生於高處也**라 **據本草**컨대 **在草部**

24) 西方有木焉 : '木'자에 대해 久保愛와 楊柳橋는 '草'의 옛 서체인 '屮'를 옛날 사람이 옮겨 적는 과정에서 비슷한 글자로 잘못 기재한 오류이므로 고치는 것이 옳다고 했고, 駱瑞鶴과 王天海는 풀과 나무를 통칭하여 초목이라 하므로 풀이란 의미로 이해하는 것이 옳다고 했다.

25) 陶弘景云……射干臨層城 : 陶弘景(456~536)은 南朝 梁나라 丹陽 秣陵 사람으로 의약에 조예가 깊었다. 이 내용은 ≪本草綱目≫ 卷17下 草6 '射干'의 소주에 보인다. '執竿'의 '竿'은 '干'과 통용되는 것으로 보이므로 그에 따라 번역하였다.

阮公은 晉나라 때 竹林七賢의 한 사람인 阮籍(210~263)을 말한다. 그의 〈詠懷詩〉에 "향긋한 난초꽃을 찰 수 없는데, 상서로운 붉은 풀 뉘 위해 피었나. 대나무는 산골 뒤에 숨어 있다면, 야간 풀이 높은 성 굽이보누나.〔幽蘭不可佩 朱草爲誰榮 脩竹隱山陰 射干臨增城〕"라고 하여 자기의 불우한 처지를 노래했는데, 이 가운데 끝구가 射干이 높은 곳에 있다는 뜻이므

中하고 又生南陽川谷이라하나 此云西方有木이라하니 未詳이라 或曰 長四寸이라하니 卽是草라 云木은 誤也라 蓋生南陽하고 亦生西方也라 射音夜라 ○ 盧文弨曰 注烏扇은 宋本與本草同이라 元刻作烏翣하니 廣雅에 烏萐은 射干也라하니라 萐翣同所夾反이니 是二字皆可通이라

射干

楊倞注 : ≪本草綱目≫의 약 이름 중에 射干이 있는데 일명 烏扇이라고도 한다. 陶弘景이 "꽃은 희고 줄기는 길며 활을 쏘는 사람이 방패를 잡고 있는 모습과 같다." 하고, 또 阮公의 시에 "야간 풀이 높은 성 굽어보누나.〔射干臨增城〕"라고 한 시구를 인용하였으니, 이 풀은 높은 곳에서 자란다. ≪本草綱目≫에 의하면 草部 속에 들어 있고, 또 "南陽의 냇가 골짝에서 자란다."라고 했는데, 여기서는 "서쪽 지방에 어떤 나무가 있다."고 했으니 그 이유를 알 수 없다. 혹자는 "길이는 네 치이다."라고 말하니 이것은 곧 풀이다. 나무라고 한 것은 잘못이다. 이 풀이 아마도 南陽 지방에서도 자라고 서쪽 지방에서도 자라는 것으로 보인다. 射의 음은 '夜'이다.

○ 盧文弨 : 楊倞 주의 '烏扇'은 宋本과 ≪本草綱目≫의 내용이 같다. 元刻本은 '烏翣'으로 되어 있는데, ≪廣雅≫에 "烏萐은 射干이다."라고 하였다. 萐과 翣의 음은 다 같이 所와 夾의 反切이다.

1-14 蓬生麻中이면 不扶而直하니라

쑥이 삼밭 속에서 자라면 붙들어주지 않아도 곧아진다.

○ 王念孫曰 此下有白沙在涅이면 與之俱黑二句나 而今本脫之하고 大戴記亦脫

---

로 이것을 인용한 것이다.

此二句[26)]라 今本荀子無此二句하니 疑後人依大戴刪之也라 楊不釋此二句하니 則所見本已同今本이라 此言善惡無常이요 唯人所習이라 故白沙在涅與蓬生麻中이 義正相反하고 且黑與直爲韻하니 若無此二句면 則旣失其義而又失其韻矣리라 洪範正義云 荀卿書云 蓬生麻中이면 不扶自直하고 白沙在涅이면 與之俱黑이라하고 褚少孫續三王世家云 傳曰 蓬生麻中이면 不扶自直하고 白沙在泥면① 與之皆黑者는 土地教化使之然也라하니라 索隱曰 蓬生麻中以下는 竝見荀卿子라하니라 案上文引傳曰靑采出於藍云云하고 下文引傳曰蘭根與白芷云云은 皆見荀子하니 則此所引傳도 亦荀子也라 然則漢唐人所見荀子皆有此二句니 不得以大戴無此二句而刪之也라 又案群書治要曾子制言篇云 故蓬生麻中이면 不扶乃直하고② 白沙在泥면 與之皆黑이라하니라③ 考荀子書컨대 多與曾子同者하고 此四句亦本於曾子하니 斷無截去二句之理라

① 今本泥下有中字하니 涉上文而衍이라
지금 판본에는 '泥' 밑에 '中'자가 있으니 윗글로 인해 잘못 덧붙여진 것이다.

② 燕禮注에 乃猶而也라하니라
≪儀禮≫ 〈燕禮〉 주에 "乃는 '而'와 같다." 하였다.

③ 大戴同[27)]이라
≪大戴禮記≫의 내용도 그와 같다.

○ 王念孫 : 이 구절 다음에 본디 '白沙在涅 與之俱黑(흰 모래가 진흙 속에 있으면 그와 함께 모두 검어진다.)'이라는 두 구가 있었는데 지금 이 판본에는 그 내용이 빠졌고, ≪大戴禮記≫에도 이 두 구가 빠지고 없다. 지금 통행하는 ≪荀子≫도 이 두 구가 없으니 아마도 후세 사람이 ≪大戴禮記≫에 의해 삭제한 것으로 보인다. 楊倞이 이 두 구를 풀이하지 않았으니 그가 본 판본은 이미 지금의 판본과 같았을 것이다. 이 부분에서는 善과 惡이란 고정된 것이 아니고 오직 사람이 어떻게 익히느냐에 달려 있다는 것을 말한 것이다. 그러므로 '흰 모래가 진흙 속에 있으면〔白沙在涅〕'과 '쑥이 삼밭 속에서 자라면〔蓬生麻中〕'은 그 뜻이 상반되고 게다가 '黑'자와 '直'자가 같은 운이다. 만약 이 두 구가 없다면 이미 그 의미를 잃어버리고 또 그 운이 형성되지 않을 것이다. ≪洪範正義≫에 "≪荀子≫에 '쑥이 삼밭 속에서 자라면 붙들어주지 않아도 절로 곧아지고, 흰 모래가 진흙 속에 있으면 진흙과 함께 모두 검어진다.〔蓬生麻中 不扶自直 白沙在涅 與之俱黑〕'라고 했다." 하였

26) 大戴記亦脫此二句 : ≪大戴禮記≫ 권7 〈勸學〉에는 앞 두 구만 있으므로 한 말이다.
27) 大戴同 : ≪大戴禮記≫ 권5 〈曾子制言 上〉에는 네 구가 모두 있으므로 한 말이다.

다. 褚少孫의 ≪續三王世家≫에 "전하는 기록에 '쑥이 삼발 속에서 자라면 붙들어주지 않아도 절로 곧아지고 흰 모래가 진흙 속에 있으면 진흙과 함께 모두 검어진다.'라고 한 것은 토지와 교화가 그렇게 되도록 만든 것이다." 하였다. ≪索隱≫에 "'쑥이 삼밭에서 자라면〔蓬生麻中〕' 이하는 모두 ≪荀卿子≫에 보인다." 하였다.

살펴보건대, 전하는 기록을 인용한 윗글에 "푸른색은 쪽에서 나온다……."라고 한 것과 전하는 기록을 인용한 아래 글에 "蘭槐의 뿌리와 白芷……."라고 한 것은 모두 ≪荀子≫에 보이니, 전하는 기록을 인용한 이곳의 내용도 ≪荀子≫인 것이다. 그렇다면 漢나라와 唐나라 사람들이 보았던 ≪荀子≫에도 모두 이 두 구가 있었을 것이니, ≪大戴禮記≫에 이 두 구가 없다 하여 이것을 삭제할 수는 없다.

또 살펴보건대, ≪群書治要≫ 〈曾子制言篇〉에 "그러므로 쑥이 삼밭에서 자라면 붙잡아주지 않아도 곧아지고〔故蓬生麻中 不扶乃直〕 흰 모래가 진흙 속에 있으면 진흙과 함께 모두 검어진다.〔白沙在泥 與之皆黑〕" 하였다. ≪荀子≫를 살펴보면 〈曾子篇〉의 내용과 같은 부분이 많고, 여기 이 네 구도 〈曾子篇〉에 근본을 두고 있으니, 결코 두 구를 잘라 없애 버릴 이유는 없다.

### 1-15 **蘭槐之根是爲芷**라 **其漸之滫**[28]에 **君子不近**하고 **庶人不服**[29]하니 **其質非不美也**라 **所漸者然也**일새니라

蘭槐의 뿌리가 곧 白芷이다. 하지만 만약 그것을 쉰 뜨물에 담그면 군자는 더 이상 가까이하지 않고 일반인도 허리춤에 차지 않는다. 그 본질이 아름답지 않은 것이 아니라 그것을 담근 것이 그렇게 되도록 만든 것이다.

**蘭槐**는 **香草**니 **其根是爲芷也**라 **本草**에 **白芷**는 **一名白茝**라하고 **陶弘景云 卽離騷所**

---

28) 其漸之滫 : 滫에 관해 楊倞은 ≪禮記≫ 〈內則〉의 鄭玄 주에 '秦人溲曰滫'라고 한 것에 따라 오줌이라고 풀이하였다. 그러나 여기서의 溲는 오줌 수자가 아닌 잠길 침〔浸〕자로 이해해야 하는데도 그렇게 하지 못한 데서 생긴 오류로 보인다. 盧文弨와 郝懿行이 ≪說文解字≫ 등 관련 자료를 근거로 쉰 뜨물이라고 논변한 것에 따라 그대로 번역하였다.

29) 庶人不服 : 服에 관해 王天海는, 난초뿌리와 백지뿌리는 모두 사람의 막힌 구멍을 트이게 하는 방향제로, 이것을 물에 담가 우려낸 액즙을 마심으로써 질병을 치유하는 것이라고 하여 복용한다는 뜻으로 이해하는 것이 옳다 하였다. 그러나 내용이 이와 유사한 ≪荀子≫ 〈大略篇〉의 "蘭茝稾本 漸於蜜醴 一佩易之"와 ≪晏子春秋≫ 〈雜上篇〉의 "君子不近 庶人不佩"를 종합해볼 때 허리춤에 찬다는 뜻이 옳을 것으로 보인다.

謂蘭茝也라하니 蓋苗名蘭茝요 根名芷也라 蘭槐當是蘭茝別名이라 故云蘭槐之根是爲芷也라하니라 漸은 漬也며 染也요 滫는 溺(뇨)也라 言雖香草라도 浸漬於溺中이면 則可惡也라 漸은 子廉反이요 滫는 思酒反이라 ○ 盧文弨曰 蘭槐之根은 大戴禮作蘭氏之根과 懷氏之苞라하고 晏子作今夫蘭本은 三年而成이라하며 說苑雜言篇同이라 又案 滫는 久泔也니 說文廣韻訓皆同하고 又晏子雜上篇作湛之苦酒라하니 苦는 讀如良苦之苦하여 義皆相近이라 楊氏乃訓滫爲溺하니 未見所出이라 又曰 高誘注淮南人間訓云 滫는 臭汁也라하니 意亦相近이라 郝懿行曰 大略篇云 蘭茝槀本을 漸於蜜醴면 一佩易之라하니 與此義近이라 晏子春秋雜上篇云 蘭本三年而成하니 湛之苦酒면 則君子不近하고 庶人不佩로되 湛之糜醢[30]면 而賈匹馬矣라하니라 糜는 說苑雜言篇作鹿이라 滫는 久泔也라 芷는 即茝也니 茝는 芷古字同聲通用이라 此言香草之根爲芷니 漸以滫及酒皆不美하고 惟漸之鹿醢라야 乃能益其香而賈易匹馬라 故曰 其質非不美라 所漸者然也라하니라

楊倞注：蘭槐는 향초이니 그 뿌리가 곧 芷이다. ≪本草綱目≫에 "白芷는 일명 白茝라고도 한다." 하였고, 陶弘景은 "곧 〈離騷經〉의 이른바 蘭茝이다." 하였으니, 아마도 새싹의 이름은 蘭茝이고 뿌리 이름은 芷일 것이며 蘭槐는 분명히 蘭茝의 별칭일 것이다. 이 때문에 蘭槐의 뿌리가 곧 芷라고 말한 것이다. 漸은 '적신다', '물든다'는 뜻이고 滫는 오줌이다. 이 문단은 비록 향초라도 오줌에 담그면 사람들이 싫어할 수 있다는 것을 말한 것이다. 漸의 음은 子와 廉의 反切이고, 滫의 음은 思와 酒의 反切이다.

○ 盧文弨：'蘭槐之根'은 ≪大戴禮記≫에 "난초의 뿌리와 홰나무 꽃의 꽃떡잎

白芷

30) 糜醢：糜는 麋의 오자이다. 麋는 큰 사슴이란 뜻이고 醢는 육장, 곧 고기간장이란 뜻이다.

〔蘭氏之根 懷氏之苞〕"으로 되어 있고, ≪晏子春秋≫에는 "지금 저 난초와 稾本은 3년이 지나야 다 자란다.〔今夫蘭本 三年而成〕"라고 했으며, ≪說苑≫ 〈雜言篇〉에도 이와 동일하다. 또 살펴보건대, 滫는 쉰 뜨물이라는 뜻이니, ≪說文解字≫와 ≪廣韻≫에서의 뜻풀이도 모두 동일하다. 또 ≪晏子春秋≫ 〈雜上篇〉에 "이것을 쓴 술에 담근다.〔湛之苦酒〕"라 하였으니, 苦는 '良苦(매우 쓰다)'의 '苦'로 읽는 것으로서 뜻이 다 서로 가깝다. 그런데 楊倞은 滫의 뜻을 오줌이라 했으니 그 출처를 알 수 없다.

盧文弨 : 高誘가 주를 단 ≪淮南子≫ 〈人間訓〉에 "滫는 악취가 나는 즙이다."라고 했으니, 그 뜻이 〈楊倞의 설과〉 가깝다.

郝懿行 : 〈大略篇〉에 "蘭茝와 稾本을 벌꿀과 단술에 담근 것이라면 한 번 허리춤에 차고 난 다음에는 버리고 다른 것으로 바꿔야 한다.〔蘭茝稾本 漸於蜜醴 一佩易之〕"라고 했으니, 여기서의 뜻과 가깝다. ≪晏子春秋≫ 〈雜上篇〉에 "난초와 稾本은 3년이 지나야 다 자란다. 이것을 쓴 술에 담근다면 군자가 가까이하지 않고 일반인들도 허리춤에 차지 않지만 사슴고기 간장에 담그면 그 값이 말 한 마리와 맞바꿀 정도가 된다.〔蘭本三年而成 湛之苦酒 則君子不近 庶人不佩 湛之縻醢 而賈匹馬矣〕" 하였다. 縻는 ≪說苑≫ 〈雜言篇〉에 '鹿'으로 되어 있다. 滫는 쉰 뜨물이다. 芷는 곧 茝이니 茝는 芷의 옛 글자로 음이 같고 통용한다. 여기에서는 '향초의 뿌리가 芷인데 이것을 쉰 뜨물이나 술에 담그면 모두 냄새가 좋지 않고 오직 사슴고기 간장에 담가야만 그 향기를 증가시켜 말 한 마리와 맞바꿀 정도로 값이 나간다.'는 것을 말한 것이다. 그러므로 "그 본질이 아름답지 않은 것이 아니라 그것을 담근 것이 그렇게 되도록 만든 것이다."라고 말한 것이다.

**1-16 故君子居必擇鄕**하고 **遊必就士**하나니 **所以防邪僻而近中正也**라 **物類之起**는 **必有所始**하고 **榮辱之來**는 **必象其德**이라 **肉腐出蟲**하고 **魚枯生蠹**하며 **怠慢忘身**하면 **禍災乃作**이라 **強自取柱**하고 **柔自取束**[31]하니라

31) 強自取柱 柔自取束 : '柱'자와 '束'자에 대해 楊倞과 王引之를 위시하여 학자들의 견해가 분분하다. 于鬯(1862~1919)은 仆(넘어지다)자가 '朴'으로 잘못되고 이것이 또 '柱'로 잘못된 것이라고 했고, 劉師培(1884~1919)는 '柱'는 拄(버티다)자로 보는 것이 옳다 하면서 "강하면 곧게 서서 흔들리지 않아 외물과 서로 버틸 수 있다. '유약하면 스스로 묶여지는 것을 자초한다.'는 말은 일반적으로 물건이 묶여지는 것은 반드시 굽혀지기 때문에 한 말로서 拄자의 뜻과 반대가 된다. 위에서 '명예나 치욕이 찾아오는 것은 그의 평소 행동의 결과가 반영된 것이다.'라고 한 말은 강인하면 영예를 이루어내고 유약하면 치욕을 자초한다는 뜻이다. 이 글에서의 強弱이란 곧 榮辱과 상응한다. ≪大戴禮記≫에 '折'자로 되어 있는 것도 '拄'자의

그러므로 군자가 머물러 살 때는 반드시 風俗이 좋은 고장을 선택하고 밖에 나가 교유할 때는 반드시 어진 선비를 가까이해야 하니, 이것이 곧 자기가 바르지 못한 길로 잘못 들어가는 것을 방지하고 올바른 도리를 향해 접근해가는 방법이다.

각종 일들이 발생하는 것은 반드시 그것이 일어나게 된 원인이 있고 榮譽 혹은 恥辱이 찾아오는 것은 반드시 평소의 행동이 반영된 것이다. 살코기가 썩으면 구더기가 생기고 물고기가 말라죽으면 벌레가 생기며 태만하여 자신의 품위를 지키는 것을 잊어버리면 재앙이 곧 일어난다. 단단하고 강한 물건은 사람들이 그것을 지주로 삼는 것을 자초하고, 부드럽고 약한 물건은 사람들이 그것을 얽어매는 끈으로 삼는 것을 자초한다.

凡物强則以爲柱而任勞히고 柔則見束而約急하니 皆其自取也라 ○ 王引之曰 楊說强自取柱之義甚迂라 柱與束相對爲文하니 則柱非謂屋柱之柱也라 柱는 當讀爲祝이라 哀十四年公羊傳에 天祝予라하고 十三年穀梁傳에 祝髮文身이라하니 何范注竝曰 祝은 斷也라하니라 此言物强則自取斷折하니 所謂太剛則折也라 大戴記作强自取折이라하니 是其明證矣라 南山經招搖之山有草焉하니 其名曰祝餘라하고 祝餘或作柱茶[32]하니 是祝與柱通也라①

---

잘못이다." 하였다. 鍾泰(1888~1979)는 "'柱'는 곧 '拄'이다. 강하면 그것을 취해 물건을 지탱하게 할 수 있으니 대나무와 같은 것들이 그것이고, 부드러우면 그것으로 물건을 묶을 수 있으니 가죽끈 같은 것들이 그것이다. 대나무와 가죽끈 입장에서 말하면 무엇을 지탱한다거나 묶거나 하는 역할을 하는 것은 모두 스스로 취한 것이라 할 수 있다."라고 하면서, 楊倞의 주는 설명이 분명하지 않을 뿐, 잘못되지는 않았고, 王引之가 '柱'는 '祝'과 통한다고 하면서 斷자로 풀이한 것은 옳지 않다고 하였다. 번역에서는 鍾泰의 설을 따랐다.

32) 南山經招搖之山有草焉……祝餘或作柱茶 : 〈南山經〉은 ≪山海經≫의 편명이다. 〈南山經〉에 "남방에서 제1열에 늘어선 산을 䧿山이라 한다. 이들 산 가운데 맨 처음 산을 招搖山이라 부르는데 이 산은 서해 변방에 자리 잡고 있으며 산 위에 계수나무가 많이 자란다.……일종의 풀이 있는데 그 모양은 부추나물과 비슷하고 푸른 꽃이 피며 이름은 祝餘라 한다."라고 하고, 郭璞이 祝餘에 주를 붙이기를 "어떤 판본에는 桂茶로 되어 있다.〔或作桂茶〕"라고 하였다. 王引之가 이 부분을 축약하여 인용하고 郭璞의 주도 함께 인용한 것이다. 다만 '柱茶'의 '柱' 자가 현존하는 ≪山海經≫ 판본과 기타 이 부분을 인용한 각 문헌에는 모두 '桂'자로 되어 있는 것으로 보아 王引之가 오류를 범한 것으로 보인다.

① 祝之通作柱는 猶注之通作祝이라 周官瘍醫祝藥에 鄭注曰 祝은 當爲注니 聲之誤也라하니라
祝를 柱와 통용해 쓰는 것은 注를 祝와 통용해 쓰는 경우와 같다. ≪周禮≫ 〈周官 瘍醫〉의 '祝藥'에 대해 鄭玄의 注에 "祝는 마땅히 注자가 되어야 하니 음으로 인해 잘못된 것이다." 하였다.

楊倞注 : 일반적으로 물건이 강하면 기둥이 되어 힘겨운 일을 담당하고 부드러우면 구속을 당해 위축되기 마련이니, 이는 모두 그것이 스스로 초래한 것이다.

○ 王引之 : 楊倞이, 강하면 스스로 기둥이 되는 것을 초래한다는 뜻이라고 말한 것은 매우 엉뚱한 소리이다. '柱'자와 '束'자가 대를 형성하여 문구가 이루어진 것으로 보면 '柱'는 屋柱(건물 기둥)의 柱자를 말한 것이 아니다. '柱'는 마땅히 '祝'자로 읽어야 한다. ≪春秋公羊傳≫ 哀公 14년에 "天祝予(하늘이 나를 꺾어버리는구나.)"라고 하고, ≪春秋穀梁傳≫ 哀公 13년에 "祝髮文身(머리를 깎고 문신을 했다.)"이라고 했는데, 何休와 范寧의 주에 모두 "祝은 斷자의 뜻이다."라고 하였다. 여기서는 물건이 강하면 스스로 부러지는 결과를 초래한다는 뜻이니, 이른바 '너무 강하면 부러진다.〔太剛則折〕'는 말과 같다. ≪大戴禮記≫ 〈勸學〉에 "강하면 스스로 부러지는 결과를 초래한다.〔强自取折〕"라고 했으니, 이것이 그 분명한 증거이다. ≪山海經≫ 〈南山經〉에 "招搖山에 풀이 있으니 그 이름은 祝餘라 한다." 하였고 '祝餘'는 어떤 판본에는 '柱荼'로 되어 있기도 하니, 이 '祝'자는 '柱'자와 통한다.

## 1-17 邪穢在身은 怨之所構라

사악하고 추잡한 오점을 몸에 지니고 있는 것은 사람들의 원망을 조성하는 근원이 된다.

構는 結也니 言亦所自取라

楊倞注 : '構'는 얽어맨다는 뜻이니, 이 또한 스스로 취한 것임을 말한 것이다.

## 1-18 施薪若一이라도 火就燥也며

섶나무가 똑같이 깔려 있더라도 불은 마른 쪽으로 타들어가고

布薪於地하여 均若一이라도 火就燥而焚之矣라

楊倞注 : 섶나무를 땅바닥에 깔아 균일하기가 똑같더라도 불은 마른 쪽을 향해 타들어

간다.

1-19 **平地若一**이라도 **水就溼也**라 **草木疇生**하고 **禽獸群焉**하니 **物各從其類也**라

地面이 똑같이 고르더라도 물은 젖은 쪽으로 흘러간다. 花草와 樹木은 모두 한 곳에서 떼 지어 자라고 새와 짐승은 모두 무리를 지어 살아간다. 만물은 이처럼 제각기 같은 부류끼리 의지하고 어울리는 것이다.

**疇與儔**(주)**同**하니 **類也**라 ○ **劉台拱曰 群焉**은 **當從大戴禮作群居**라 **王念孫曰 群居與疇生**은 **對文**이라 **今本**에 **居作焉者**는 **涉下文四焉字而誤**라

楊倞注 : 疇는 '儔(짝)'자와 같으니, 무리 짓는다는 뜻이다.

○ 劉台拱 : 群焉은 마땅히 ≪大戴禮記≫ 〈勸學〉에 따라 '群居'로 되어야 한다.

王念孫 : '群居'와 '疇生'은 대구로 된 문구이다. 지금 판본에 '居'가 '焉'으로 되어 있는 것은 아래 글의 네 '焉'자와 연관되어 잘못된 것이다.

1-20 **是故質的張而弓矢至焉**하고 **林木茂而斧斤至焉**하며

이 때문에 과녁이 설치되면 화살이 날아들고 숲이 무성하면 도끼가 찾아들며,

**所謂召禍也**라 **質**은 **射侯**요 **的**은 **正鵠也**[33)]라

楊倞注 : 이른바 재앙을 부른다는 것이다. '質'은 과녁판이고, '的'은 정곡이다.

1-21 **樹成陰而衆鳥息焉**하고 **醯酸而蜹聚焉**이라

나무가 우거져 그늘을 이루면 온갖 새들이 머물러 휴식을 취하고, 식초 맛이 시어지면 초파리가 모여든다.

**喻有德則慕之者衆**[34)]이라

---

33) 質射侯 的正鵠也 : '侯'는 '帿'와 통용하는 것으로 과녁판이다. '正'은 '鴟'을 간단하게 쓴 것으로 몸집이 작고 빠른 새매이고 '鵠'은 큰 새매인데, 모두 과녁이다. '正'은 천으로 된 과녁판의 중앙에 색깔을 사용하여 작은 새매를 그린 것이고, '鵠'은 호랑이·곰·표범·사슴 등의 가죽을 잇댄 과녁판의 중앙에 큰 새매모양으로 오려낸 가죽을 붙인 것이다.

34) 喻有德則慕之者衆 : 본문의 앞마디는 영광이 찾아오는 것을 비유하고 뒷마디는 치욕이 찾

楊倞注 : 덕이 있으면 흠모하는 자가 많다는 것을 비유한 것이다.

1-22 **故言有召禍也**며 **行有招辱也**니 **君子愼其所立乎**인저

그러므로 말이 재앙을 부르는 때가 있기도 하고 행동이 치욕을 부르는 때가 있기도 하니, 군자는 자기가 서야 할 자리를 신중히 선택해야 할 것이다.

禍福如此하니 不可不愼所立이라 所立은 卽謂學也라 ○ 盧文弨曰 愼其는 元刻作其愼하고 大戴作愼其所立焉이라

楊倞注 : 재앙과 복이 이와 같으니 세우는 것을 신중히 하지 않으면 안 된다. '所立'은 곧 배우는 일을 말한다.

○ 盧文弨 : '愼其'는 元刻本에 '其愼'으로 되어 있고 ≪大戴禮記≫ 〈勸學〉에는 '愼其所立焉'으로 되어 있다.

1-23 **積土成山**하면 **風雨興焉**하고 **積水成淵**하면 **蛟龍生焉**하며 **積善成德**하여 **而神明自得**하면 **聖心備焉**이니라

흙을 쌓아 높은 산을 이루면 비바람이 일어나고 물을 축적하여 깊은 못을 이루면 용이 생장하며, 선행을 쌓아 덕이 있는 사람이 되어 신묘하고 밝은 지혜가 저절로 얻어지면 성인의 마음이 갖춰진다.

神明自得은 謂自通於神明이라 ○ 謝本은 從盧校作聖心循焉이라 盧文弨曰 宋本에 循作備하니 與大戴同이라 劉台拱曰 當作備니 古音에 與德得爲韻이라 王念孫曰 呂錢本에 作備라 此言積善成德하여 而通於神明하면 則聖心於是乎備也라 成德與聖心備 上下正相應이라 元刻에 備作循하여 則與上文不相應矣라 儒效篇云 積善而全盡을 謂之聖人이라하니 彼言全盡은 猶此言聖心備也니 一也요 備字는 古音鼻墨反[35]이라① 正與德得爲韻하니 二也요 大戴記及群書治要에 竝作備하고 文選謝瞻從宋公戲馬臺集送孔令詩注와 張子房詩注에 引此亦作備하니② 三也라 備字는 俗書作俻하고 循字는 隷書或作㣥하니 二形相似而誤라 先謙案 孔廣森大戴記補注에 以

---

아드는 것을 비유하였는데, 앞마디에 대해서만 설명한 것이다.

35) 古音鼻墨反 : '備'의 음이 古音은 '복'이라는 것이다.

積土成山至末爲一段하니 今從之라 言學必積小高大니 一志者成也라 榮辱篇云 堯禹者는 非生而具者也라 起於變故하고 成乎修爲하여 待盡而後備者也라하니 與此言積善成德聖心乃備義合이라 劉王說是하니 今改從宋本[36)]이라

① 見吳棫韻補正[37)]이라

吳棫의 ≪韻補正≫에 보인다.

② 張華勵志詩注는 引作循하여 與二注不合하니 乃後人以誤本荀子改之라

張華가 지은 〈勵志詩〉의 주에서는 인용한 글이 '循'으로 되어 있어 앞서 두 군데의 주와 일치하지 않는데, 이는 뒷사람이 잘못된 ≪荀子≫ 판본을 따라 고친 것이다.

楊倞注：神明自得은 스스로 신명과 통한 것을 이른다.

○ 謝本은 盧校本을 따라 〈聖心備焉이〉 '聖心循焉'으로 되어 있다.

盧文弨：宋本에 '循'이 '備'로 되어 있으니 ≪大戴禮記≫ 〈勸學〉과 같다.

劉台拱：마땅히 '備'가 되어야 하니, 古音에 '德'·'得'과 같은 聲韻이다.

王念孫：呂·錢本에는 '備'로 되어 있다. 여기서는 선을 쌓고 덕을 이루어 신명과 통하게 되면 성인의 마음이 이로 인해 갖추어진다고 말한 것으로, '덕을 이룬다.'와 '성인의 마음이 갖춰진다.'는 말이 위아래에서 정확히 호응한다. 元刻本에는 '備'가 '循'으로 되어 있어 윗글과 서로 호응하지 않는다. 〈儒效篇〉에 "선행을 쌓아 盡善盡美한 것을 성인이라 말한다."라고 하였는데, 그쪽에서 '진선진미하다.'는 말은 이곳에서 '성인의 마음이 갖춰진다.'고 말한 것과 같으니, 〈이것이 '備'가 옳다는 증거 가운데〉 첫째이다. '備'자는 古音에 鼻와 墨의 反切로 정확하게 '德'·'得'과 같은 聲韻이니, 〈이것이 '備'가 옳다는 증거 가운데〉 둘째이다. ≪大戴禮記≫와 ≪群書治要≫에 모두 '備'로 되어 있고, ≪文選≫에서 謝瞻이 지은 〈從宋公戲馬臺集送孔令詩〉의 주와 〈張子房詩〉의 주에 이 부분을 인용하였는데, 이곳에서도 '備'로 되어 있으니, 〈이것이 '備'가 옳다는 증거 가운데〉 셋째이다. '備'자는 일반적으로 유행하는 서체에서 '俻'로 쓰고 '循'자는 隸書 서체에서 간혹 '偱'로 쓰기도 하니, 이들 두 글자의 모양이 서로 비슷하여 잘못된 것이다.

先謙案：孔廣森의 ≪大戴禮記補注≫에 '積土成山'부터 끝까지 한 문단으로 되어 있으므로 지금 그 형식을 따랐다. 배우는 일은 반드시 조금씩 쌓아나감으로써 마침내 높고 크

---

36) 今改從宋本：여기서 말한 宋本은 呂·錢本을 말한다.

37) 見吳棫韻補正：吳棫은 송나라 建州 建安 사람으로 자는 才老이며, ≪韻補≫ 5권을 저술하였다. ≪韻補正≫은 청나라 顧炎武(1613~1682)가 저술한 1권의 책으로, ≪韻補≫의 오류를 지적한 내용이다. 그런데 吳棫의 ≪韻補正≫이라 한 것은 ≪韻補≫의 뒷부분에 첨부되어 있기 때문에 이렇게 표기한 것으로 보인다.

게 된다는 것을 말한 것이니, 이는 심지를 전일하게 가진 자라야 이루어낼 수 있다. 〈榮辱篇〉에 "堯와 禹는 태어나면서부터 〈성인의 덕을〉 구비한 사람이 아니다. 이전의 나쁜 본성을 고치는 것에서부터 시작하여 갈고 다듬는 노력을 이루어나가 진선진미해진 뒤에야 비로소 〈성인의 덕을〉 구비한 사람들이다."라고 하였으니, 이곳의, 선을 쌓고 덕을 이루어 〈신명과 통하게 되면〉 성인의 마음이 이로 인해 갖추어진다는 말과 그 뜻이 부합된다. 劉氏와 王氏의 설이 옳으므로 여기서는 宋本에 따라 고쳤다.

## 1-24 故不積蹞(규)步[38]면 無以至千里하고

그러므로 반걸음 한 걸음씩 쌓아가지 않으면 천 리까지 도달할 수 없고,

半步曰蹞라 蹞與跬(규)同이라

楊倞注 : 반걸음을 '蹞'라 한다. '蹞'는 '跬'와 같다.

## 1-25 不積小流면 無以成江海니라

작은 시내를 모으지 않으면 강과 바다를 이룰 수 없다.

○ 盧文弨曰 江海는 宋本與大戴同하고 元刻作江河라 先謙案 群書治要作河海라

○ 盧文弨 : '江海'는 宋本과 ≪大戴禮記≫ 〈勸學〉은 같고, 元刻本에는 '江河'로 되어 있다. 先謙案 : ≪群書治要≫에는 '河海'로 되어 있다.

## 1-26 騏驥一躍이면 不能十步나 駑馬十駕에

준마가 한 번 뛰면 10보를 넘지 못하지만, 노둔한 말이 열흘을 달렸을 때

言駑馬十度引車면 則亦及騏驥之一躍이라 據下云 駑馬十駕면 則亦及之에 此亦當同하니 疑脫一句라 ○ 盧文弨曰 不能十步十은 當作千이라 玉篇引大戴禮騏驥一躒이면 不能千步라하여늘 今大戴禮에 步作里하고 此千作十하니 皆是譌字라 里海爲韻[39]하고 步舍爲韻하니 古音如是라 晉書虞溥傳云 契而舍之면 朽木不知[40]하고 契

38) 故不積蹞(규)步 : 蹞는 반걸음으로 周尺 3자이고, 步는 한 걸음으로 6자이다. 周尺은 한 자의 길이가 20cm이므로 한 걸음은 120cm이다.

而不舍면 金石可虧라하니 亦是韻語라 劉台拱曰 案不能十步義最長하니 大戴禮作千里는 於義疏矣라 若玉篇作千步는 直是譌字어늘 盧反引以爲據하니 非也라 十駕는 十日之程也라 旦而受駕하여 至暮脫之라 故以一日所行爲一駕니 若十度引車면 則非駕義也라 王念孫曰 呂氏春秋貴卒篇曰 所爲貴驥者는 爲其一日千里也니 旬日取之면 則與駑駘同이라하고 淮南齊俗篇曰 夫騏驥千里를 一日而通하고 駑馬十舍[41]면 旬亦至之라하니 此皆駑馬十日行千里之證이라 大戴記騏驥一躒이면 不能千里는 里與舍不合韻하니 乃涉上文無以致千里而誤라① 辯見大戴記述聞[42]이라

① 玉篇引作千步는 千字雖譌나 而步字不譌라
≪玉篇≫에 인용된 문구가 '千步'로 되어 있는데, '千'자는 잘못되었으나 '步'자는 잘못되지 않았다.

楊倞注 : 노둔한 말이 열 번 수레를 끌면 준마가 한 번 뛰는 거리를 따라잡을 수 있다는 것을 말한 것이다. 아래 글에 "노둔한 말이 열 번 끌면 또한 미칠 수 있다.〔駑馬十駕則亦及之〕"라고 한 것을 근거로 보았을 때 이곳 또한 마땅히 그와 같은 경우이니, 〈'또한 미칠 수 있다〔則亦及之〕'라는〉 한 구가 빠진 것으로 의심된다.

○ 盧文弨 : '不能十步'의 '十'은 마땅히 '千'이 되어야 한다. ≪玉篇≫에 인용된 ≪大戴禮記≫에 "騏驥一躒 不能千步(준마가 한 번 뛰어 천 보를 못 간다.)"라고 되어 있는데, 지금의 ≪大戴禮記≫ 〈勸學〉에는 '步'가 '里'로 되어 있고 이 '千'은 '十'으로 되어 있으니, 모두 잘못된 글자이다. '里'와 '海'가 운자이고 '步'와 '舍'가 운자이니 古音이 이와 같다. ≪晉書≫ 〈虞溥傳〉에 "새기다가 그만두면 썩은 나무도 새길 수 없고 새기기를 멈추지 않으면 쇠붙이나 바위도 아로새길 수 있다."라고 하였는데, 이 또한 운자로 구성된 말이다.

劉台拱 : 살펴보건대, 10보를 넘지 못한다고 한 것이 의미로 볼 때 가장 타당하니 ≪大戴禮記≫에 천 리라고 된 것은 그 뜻이 엉성하다. ≪玉篇≫에 '千步'라고 한 것은 다만 오자일 뿐인데 盧氏가 그것을 이용하여 근거로 삼았으니, 틀린 것이다. '十駕'는 열흘간의 노정이다. 말이 아침에 멍에를 올렸다가 저녁때가 되면 벗기 때문에 하루 동안 가는 것을

39) 里海爲韻 : '里海'의 '里'는 '無以至千里'의 '里'를 가리킨다.

40) 知 : 折과 통용되었던 글자이다. 다음 단락(1-28)에도 '知'가 '折'로 되어 있다.

41) 駑馬十舍 : '舍'는 고대에 군대가 행진할 때 하룻길을 가고 숙영하는 것을 의미하였는데, 이로 인해 후세에 하룻밤을 묵는 것을 '一舍'라고 하였다.

42) 辯見大戴記述聞 : 大戴記述聞은 王引之(1766~1834)의 저술인 ≪大戴禮記述聞≫을 말한다. 고증학자인 그의 아버지 王念孫(1744~1832)의 연구 성과를 수용하고 자기의 견해를 보충하여 ≪經義述聞≫ 32권을 저술하였는데, 이 속에 ≪大戴禮記述聞≫이 포함되어 있다.

'一駕'라 하는 것이니, 만약 열 번 수레를 끈 것이라고 한다면 이는 멍에를 올렸다는 뜻이 아니다.

王念孫 : ≪呂氏春秋≫ 〈貴卒篇〉에 "준마를 귀하게 여기는 까닭은 하루에 천 리를 달리기 때문인데 열흘 만에 천 리를 간다면 노둔한 말과 같다."라고 하였고, ≪淮南子≫ 〈齊俗篇〉에 "대체로 준마는 천 리 길을 하루에 가고 노둔한 말도 열 번 밤을 새면 열흘 만에 그 또한 따라잡을 수 있다."라고 하였으니, 이는 모두 노둔한 말이 열흘을 달리면 천 리를 간다는 증거이다. ≪大戴禮記≫에 "준마가 한 번 뛰어 천 리를 못 간다."라고 되어 있는데, 이럴 경우 '里'와 '舍'는 운자가 맞지 않으니, 이는 곧 윗글의 '천 리를 갈 수 없다.'는 문구와 연관되어 잘못된 것이다. 이에 관한 논변은 ≪大戴禮記述聞≫에 보인다.

1-27 **功在不舍**니라

공을 세울 수 있는 것은 멈추지 않는 데에 있다.

○ 盧文弨曰 此句當連上文이니라

○ 盧文弨 : 이 문구는 마땅히 윗글에 이어 붙여야 한다.

1-28 **鍥**(결)**而舍之**면 **朽木不折**하고 **鍥而不舍**면 **金石可鏤**니라

물건에다 무엇을 새기다가 중도에 그만두면 썩은 나무도 제대로 새기지 못하고, 새기기를 멈추지 않는다면 무쇠나 바위도 아로새길 수 있다.

言立功在於不舍라 舍與捨同이라 鍥은 刻也니 苦結反이라 春秋傳曰 陽虎借邑人之車하여 鍥其軸也라하니라

楊倞注 : 공을 세우는 것은 멈추지 않는 데에 있다는 것을 말한 것이다. '舍'는 '捨'와 같다. '鍥'은 새긴다는 뜻이니, 음은 苦와 結의 反切이다. ≪春秋左氏傳≫ 定公 9년에 "陽虎가 읍내 사람들의 수레를 빌려 와서는 칼로 수레의 굴대를 아로새겨 망가뜨렸다.〔鍥其軸也〕"라고 하였다.

1-29 **螾無爪牙之利**와 **筋骨之强**이나 **上食埃土**하고 **下飮黃泉**하니 **用心一也**요

지렁이는 날카로운 발톱과 이빨이 없고 억센 근육과 뼈가 없다. 하지만 위로 진

흙을 뚫어 먹고 아래로 지하의 샘물을 빨아먹으니, 이는 그것이 마음을 쓰는 것이 한결같기 때문이고,

螾與蚓同하니 蚯蚓也라 ○ 盧文弨曰 正文螾字上에 宋本有蚯字하고 無注末蚯蚓也三字라 今從元刻이라

楊倞注 : '螾'은 '蚓'과 같으니, 지렁이이다.

○ 盧文弨 : 본문의 '螾'자 위에 宋本에는 '蚯'자가 있고, 주 끝의 '蚯蚓也' 세 자가 없다. 여기서는 元刻本을 따랐다.

1-30 蟹六跪而二螯[43]나 非蛇蟺之穴이면 無可寄託者하니 用心躁也니라

게는 여덟 개의 발에 두 개의 집게발이 있지만 뱀이나 드렁허리의 굴이 아니면 몸을 붙일 곳이 없으니, 이는 마음을 쓰는 것이 경솔하기 때문이다.

跪는 足也라 韓子에 以刖足爲刖跪하니라 螯는 蟹首上如鉞者라 許叔重說文云 蟹六足二螯[44]也라하니라 ○ 盧文弨曰 案說文蟹有二敖八足이라하고 大戴禮亦同此하니 正文及注六字는 疑皆八字之訛라 先謙案蟺同鱓이라

楊倞注 : '跪'는 한 발이다. ≪韓非子≫에 '한 발을 사른다.'는 뜻의 '刖足'이 '刖跪'로 표기되어 있다. '螯'는 게 머리 위쪽에 도끼모양처럼 생긴 집게발이다. 許叔重(許愼)의 ≪說文解字≫에 "게는 여섯 개의 발에 두 개의 집게발이 있다."라고 하였다.

○ 盧文弨 : 살펴보건대, ≪說文解字≫에 "게는 두 개의 집게발에 여덟 개의 발이 있다." 하였고, ≪大戴禮記≫ 〈勸學〉에도 이와 같으니, 본문과 주의 '六'자는 '八'자의 잘못인 듯하다.

先謙案 : '蟺'은 '鱓'과 같다.

1-31 是故無冥冥之志者는 無昭昭之明[45]하고 無惛惛之事者는 無赫赫之功이니라

---

43) 蟹六跪而二螯 : '六'은 盧文弨가 '八'의 잘못이라고 고증한 설이 타당하므로 그에 따라 번역하였다. '跪'는 무릎관절로 인해 굽혀지는 한쪽 발을 말한다. '螯'는 '敖'와 같은 글자로, 집게발이란 뜻이다.

44) 䶩 : ≪說文解字≫에는 '敖'로 되어 있다.

45) 昭昭之明 : 物雙松의 설에 의하면, '明'은 '名'의 오자로, 음이 같음으로 인해 오류가 생긴

이 때문에 마음을 가라앉혀 깊이 연구하는 뜻이 없는 자는 빛나는 명예가 없고, 남모르는 가운데 행하는 일이 없는 자는 혁혁한 공이 없다.

冥冥惛惛은 皆專默精誠之謂也라 ○ 先謙案 大戴記冥冥作憤憤하고 惛惛作緜緜이라

楊倞注 : '冥冥'과 '惛惛'은 모두 전일하게 마음을 가라앉히고 정성을 기울이는 것을 말한다.

○ 先謙案 : ≪大戴禮記≫ 〈勸學〉에는 '冥冥'이 '憤憤'으로 되어 있고, '惛惛'이 '緜緜'으로 되어 있다.

1-32 行衢道者不至하고 事兩君者不容이니라

두 갈래 길에서 헤매는 자는 목적지에 이르지 못하고, 동시에 두 군주를 섬기는 자는 양쪽에서 모두 용납받지 못한다.

爾雅云 四達謂之衢라하고 孫炎[46]云 衢는 交道四出也라하며 或曰 衢道는 兩道也라하니라 不至는 不能有所至라 下篇有楊朱哭衢塗하고 今秦俗猶以兩爲衢하니 古之遺言歟아 ○ 郝懿行曰 案楊朱哭衢塗는 見王霸篇이라 注云 衢塗는 歧路也니 秦俗以兩爲衢하고 或曰 四達謂之衢라하여 大意與此注同하여 俱兼二義訓釋이나 實則楊朱見歧路而悲로 卽莊子[47]云大道以多歧亡羊之意니 不必泥爾雅四達謂之衢也라 王念孫曰 爾雅四達謂之衢라하고 又云 二達謂之歧旁이라하니 歧衢一聲之轉으로 則二達亦可謂之衢라 故大戴記作行歧塗者不至라하니라 勸學篇下文에 言兩君兩視兩聽과 王霸篇下文에 言榮辱安危存亡之衢는 皆謂兩爲衢也라 大略篇又云 二者治亂之衢也라하니① 則荀子書皆謂兩爲衢라 先謙案王說是라

① 今本脫治字하니 辯見大略이라

---

것이다. 이 문구는 다음 구의 '赫赫之功'과 짝을 이룬 것이어서 그의 설이 타당하므로 그에 따라 번역하였다.

46) 孫炎 : 三國 魏의 樂安 사람으로, 자는 叔然이다. 鄭玄의 문인에게 배웠으며 東州의 大儒로 불렸다. ≪爾雅音義≫를 편찬했는데 反切法을 이용하여 글자의 음을 나타낸 최초의 문헌이다. 지금은 이미 없어졌다.

47) 莊子 : '大道以多歧亡羊'은 ≪列子≫ 〈說符篇〉에 나오는 내용이므로 ≪列子≫의 잘못으로 보인다.

지금 판본에는 '治'자가 빠졌는데, 이에 관한 논변은 〈大略篇〉에 보인다.

楊倞注 : ≪爾雅≫에 "사방으로 통하는 길을 '衢'라고 한다." 하고, 孫炎은 "衢는 교차하는 길이 사방으로 난 것이다." 하였으며, 어떤 사람은 "갈림길은 두 길이다."라고 하였다. '不至'는 목적지에 이를 수 없다는 뜻이다. 아래의 편에 "楊朱가 갈림길에서 통곡하였다." 하였고 지금 秦 지방의 풍속에도 두 갈래 길을 '衢'라고 하니, 옛날부터 전해 내려오던 말인 듯하다.

○ 郝懿行 : 살펴보건대, '楊朱가 갈림길〔衢塗〕에서 통곡했다.'는 내용은 〈王霸篇〉에 보이는데, 그곳의 주에 "衢塗란 두 갈래 길이니 秦 지방의 풍속에 두 갈래 길을 '衢'라 하고, 어떤 사람은 사방으로 통하는 길을 '衢'라고 말한다."라고 하여, 큰 뜻은 이곳의 주와 같아 모두 둘이라는 뜻을 겸하여 풀이하였다. 그러나 사실은 楊朱가 갈림길을 보고 슬퍼한 것으로 곧 ≪莊子≫의 "큰 도로에서는 갈림길이 많기 때문에 양을 잃어버린다."는 뜻이니, 굳이 ≪爾雅≫의, 사방으로 통하는 길을 '衢'라고 한다는 말에 구애받을 것은 없다.

王念孫 : ≪爾雅≫에 "사방으로 통하는 길을 '衢'라 한다." 하고, 또 "두 갈래 길을 '歧旁'이라 한다." 하였는데, '歧'와 '衢'는 동일한 음이 변한 것이므로 두 갈래 길도 '衢'라 말할 수 있다. 이 때문에 ≪大戴禮記≫ 〈勸學〉에 "갈림길을 걸어가는 자는 목적지에 이르지 못한다."라고 되어 있는 것이다. 〈勸學篇〉 속에 있는 글에 '兩君', '兩視', '兩聽'이라는 문구를 말한 것과, 〈王霸篇〉 속에 있는 글에 "영광 혹은 치욕, 안정 혹은 위험, 생존 혹은 멸망의 갈림길〔衢〕이다."라고 말한 것들은, 모두 두 갈래 길을 '衢'라고 한 것이다. 〈大略篇〉에 또 "이 두 가지는 나라가 다스려지느냐 혼란해지느냐의 갈림길〔衢〕이다."라고 했으니, ≪荀子≫ 책에서는 모두 두 갈래 길을 '衢'라 하였다.

先謙案 : 王氏의 설이 옳다.

## 1-33 目不能兩視而明하고 耳不能兩聽而聰이라

눈은 동시에 두 물체를 보지 못하므로 분명하게 보고, 귀는 동시에 두 가지 소리를 듣지 못하므로 분명하게 듣는다.

○ 盧文弨曰 兩不字下에 宋本俱有能字하니 與大戴同하고 元刻無라 王念孫曰 呂錢本俱有能字라 元刻無兩能字者는 以上下句皆六字어늘 此二句獨七字라 故刪兩能字하여 以歸畫一하니 不知古人之文不若是之拘也리 若無兩能字면 則文不足意

矣리라 先謙案 謝本從盧校하여 無兩能字라 今依王說하여 改從宋本이라

○ 盧文弨 : 두 군데의 '不'자 밑에 宋本에는 모두 '能'자가 있으니, 이는 ≪大戴禮記≫〈勸學〉과 같고 元刻本에는 없다.

王念孫 : 呂·錢本에는 모두 '能'자가 있다. 元刻本에 두 '能'자가 없는 이유는 위아래 구가 모두 여섯 자인데 이 두 구만 일곱 자이므로 두 '能'자를 삭제하여 똑같은 형식이 되게 한 것이니, 이는 옛사람의 문장은 이처럼 형식에 구애받지 않는다는 사실을 몰라서이다. 만약 두 '能'자가 없다면 이 글은 뜻이 완전하지 못할 것이다.

先謙案 : 謝本은 盧校本을 따라 두 '能'자가 없다. 여기서는 王氏의 설을 근거로 이것을 고치고 宋本을 따랐다.

**1-34 螣蛇[48]無足而飛**하고

螣蛇는 발이 없어도 날 수 있고,

爾雅云 螣은 螣蛇라하고 郭璞云 龍類니 能興雲霧而遊其中也라하니라

楊倞注 : ≪爾雅≫에 "螣은 螣蛇이다." 하였고, 郭璞이 "용의 일종으로 능히 구름과 안개를 일으켜 그 속에서 날아 돌아다닌다."라고 하였다.

**1-35 梧鼠五技而窮**이라

날다람쥐는 다섯 가지 재능을 지녔어도 쓸모가 없다.

梧鼠는 當爲鼫鼠니 蓋本誤爲鼯字하고 傳寫又誤爲梧耳라 技는 才能也니 言技能雖多나 而不能如螣蛇專一이라 故窮이라 五技는 謂能飛不能上屋하고 能緣不能窮木하고 能游不能渡谷하고 能穴不能掩身하고 能走不能先人이라 ○ 盧文弨曰 本草云 螻蛄一名鼫鼠라하니 易釋文及正義[49]皆引之하고 崔豹古今注亦同이라 蛄與梧音近하니 楊說似未參此라 王念孫曰 本草言 螻蛄一名鼫鼠라하고 不言一名梧鼠也어늘 今以螻蛄之蛄와 鼫鼠之鼠로 合爲一名하여 而謂之蛄鼠라하고 又以蛄梧音相近而謂之梧鼠라하면

48) 螣蛇 : 전설 속에 안개를 타고 허공을 난다는 뱀으로, '螣蛇' 또는 '飛螣'이라 부르기도 한다.

49) 易釋文及正義 : 易釋文은 唐 陸德明(?550~630)이 편찬한 ≪經典釋文≫ 속에 들어 있는 ≪易經釋文≫을 말하고, 正義는 唐 孔穎達(574~648)이 편찬한 ≪周易正義≫의 약칭이다.

**可乎**아 **且大戴記正作鼫鼠五技而窮**하고 **鼫與梧音不相近**하니 **則梧爲誤字明矣**라 **當以楊說爲是**라

楊倞注 : '梧鼠'는 마땅히 '鼫鼠'가 되어야 하니, 대체로 본디 '鼯'자로 잘못되어 있었고 이것을 옮겨 쓰는 과정에서 또 잘못되어 '梧'자가 된 것일 뿐이다. '技'는 재능이니, 재능은 비록 많지만 螣蛇처럼 하나에 집중하지 못하므로 쓸모가 없다는 것을 말한 것이다. 다섯 가지 재능을 지녔어도 〈쓸모가 없다는 것은〉 능히 허공을 날지만 지붕 위까지 오르지 못하고, 능히 나무를 타지만 그 꼭대기까지 오르지 못하고, 능히 헤엄을 치지만 계곡을 건너지 못하고, 능히 구멍을 뚫지만 자기 몸을 가리지 못하고, 능히 달리지만 사람보다 앞서지 못함을 말한 것이다.

○ 盧文弨 : ≪本草綱目≫에 "螻蛄는 일명 鼫鼠이다." 하였는데, ≪易經釋文≫과 ≪周易正義≫에 모두 이것을 인용하였고, 崔豹의 ≪古今注≫에도 똑같이 인용하였다. '蛄'와 '梧'는 음이 서로 비슷한데, 楊倞의 설은 이것을 참고하지 못한 것 같다.

鼫鼠

王念孫 : ≪本草綱目≫에는 "螻蛄는 일명 鼫鼠이다."라고 말했고 "일명 梧鼠이다."라고 말하지 않았다. 그런데 지금 '螻蛄'의 '蛄'와 '鼫鼠'의 '鼠'를 합쳐 하나의 이름으로 만들어 '蛄鼠'라 한다거나, 또 '蛄'와 '梧'가 음이 서로 비슷하다 하여 이것을 '梧鼠'라고 말한다면 옳겠는가. 그리고 ≪大戴禮記≫ 〈勸學〉에 올바로 "鼫鼠五技而窮"으로 되어 있고 '鼫'과 '梧'는 음이 서로 비슷하지 않으니, '梧'는 오자임이 분명하다. 마땅히 楊倞의 설을 옳은 것으로 보아야 한다.

136 **詩曰 尸鳩在桑**하니 **其子七兮**로다 **淑人君子**여 **其儀一兮**로다 **其儀一兮**하니

**心如結兮**로다하니 **故君子結於一也**니라

≪詩經≫에 이르기를 "뻐꾹새 뽕나무에 둥지를 틀고, 그 새끼 일곱 마리 먹여 기르네. 착하고도 어지신 저기 저 군자, 행하는 예의범절 한결같다네. 행하는 예의범절 한결같으니, 그 마음 매듭진 듯 단단하여라."라고 하였다. 그러므로 군자는 〈배우고 익힐 때 정신을〉 하나에 집중해야 한다.

尸鳩

**詩**는 **曹風尸鳩之篇**이라 **毛**[50]**云 尸鳩**는 **鵠鞠也**라 **尸鳩之養七子**에 **旦從上而下**하고 **暮從下而上**하여 **平均如一**이라 **善人君子**는 **其執義亦當如尸鳩之一**이니 **執義一則用心堅固**라 **故曰 心如結也**라하니라 ○ **盧文弨曰 注鵠鞠**은 **元刻作秸鞠**하고 **毛傳作秸鞠**이라

楊倞注：≪詩≫는 〈曹風 尸鳩篇〉이다. ≪毛傳≫에 "尸鳩는 뻐꾹새이다. 뻐꾹새가 일곱 새끼를 기를 때 아침에는 위에서 밑으로 내려오고 저물녘에는 밑에서 위로 올라가 이런 행위를 변함없이 반복한다. 선한 사람과 군자가 바른 도리를 견지하는 것도 마땅히 뻐꾹새처럼 집중해야 한다. 도리를 견지하기를 집중해서 하게 되면 마음을 쓰는 것이 견고할 것이니, 이 때문에 '마음이 매듭진 것 같다.'고 말한 것이다."라고 하였다.

○ 盧文弨：楊倞 주의 '鵠鞠'은 元刻本에는 '秸鞠'으로 되어 있고 ≪毛傳≫에는 '秸鞠'으로 되어 있다.

50) 毛：西漢 초기 魯國 사람인 毛亨이 편찬한 ≪毛詩詁訓傳≫을 말한다. ≪毛氏傳≫, ≪毛傳≫, ≪毛詩≫ 등으로 약칭하기도 한다. 일설에는 毛亨의 후학인 毛萇의 저술이라고도 하고 혹은 毛亨이 편찬한 것을 毛萇이 증보한 것이라고도 한다. 번역에서는 ≪毛傳≫으로 표기하였다.

## 1-37 昔者瓠巴[51)]鼓瑟而流魚出聽하고

옛날에 瓠巴가 비파를 타자 물속에 잠긴 고기가 수면으로 올라와 들었고,

瓠巴는 古之善鼓琴者니 不知何代人이라 流魚는 中流之魚也라 列子云 瓠巴鼓琴에 鳥舞魚躍이라하니라 ○ 盧文弨曰 流魚는 大戴禮作沈魚하니 論衡作鱏魚하여 亦與沈魚音近하니 恐流字誤라 韓詩外傳作潛魚라 或說流魚卽游魚니 古流游通用이라 先謙案 流魚는 大戴禮作沈魚하니 是也라 魚沈伏이라가 因鼓瑟而出이라 故云沈魚出聽이라 外傳作潛魚하니 潛亦沈也라 作流者는 借字耳라 書沈湎을 非十二子大略篇作流湎하고 君子篇士大夫無流淫之行을 群書治要引作沈淫하니 此沈流通借之證이라 淮南子說山訓作淫魚하고 高注以爲長頭口在頷下之魚라하니 與後漢馬融傳注鱏魚는 口在頷下合이라 故論衡作鱏魚라 此二書別爲一義라 盧引或說流魚卽游魚하니 旣是游魚면 何云出聽이리오 望文生義하니 斯爲謬矣라

楊倞注 : 瓠巴는 옛날 거문고를 잘 탔다는 사람인데 어느 시대 사람인지는 알 수 없다. '流魚'는 강물 속의 물고기이다. ≪列子≫에 "瓠巴가 거문고를 타자 새가 춤을 추고 물고기가 뛰었다."라고 하였다.

○ 盧文弨 : '流魚'는 ≪大戴禮記≫ 〈勸學〉에 '沈魚'로 되어 있는데 ≪論衡≫에는 '鱏魚'로 되어 있어 그것이 또한 '沈魚'와 음이 비슷하니, 아마도 '流'자는 오자인 듯하다. ≪韓詩外傳≫에는 '潛魚'로 되어 있다. 어떤 사람의 설은 '流魚'는 곧 '游魚'로, 옛날에 '流'와 '游'가 통용되었다고 한다.

先謙案 : '流魚'는 ≪大戴禮記≫에 '沈魚'로 되어 있으니, 이것이 옳다. 고기가 물속에 잠겨 있다가 거문고 타는 소리로 인해 수면으로 나온 것이므로 '잠긴 고기가 나와서 들었다.'고 말한 것이다. ≪韓詩外傳≫에 '潛魚'로 되어 있으니, '潛' 또한 '沈'과 같다. '流'로 되어 있는 것은 假借字일 뿐이다. ≪書經≫의 '沈湎'이 〈非十二子篇〉과 〈大略篇〉에 '流湎'으로 되어 있고, 〈君子篇〉에 '사대부들이 流淫한 행실이 없다.'고 한 것을 ≪群書治要≫에 인용하면서 '沈淫'이라 하였으니, 이것이 '沈'과 '流'는 통용되고 가차한다는 증거이다. ≪淮南子≫ 〈說山訓〉에 '淫魚'로 되어 있고, 高誘의 주에 "긴 대가리에 입이 턱밑에 있는 고기이다."라고 하였는데, ≪後漢書≫ 〈馬融傳〉 주에 "鱏魚는 입이 턱밑에 있다."라고 한 것과 부합된다. 그러므로 ≪論衡≫에 '鱏魚'로 되어 있는 것이다. 이들 두 문헌은 또 다른 하나의 방증이 된다. 그런데 盧氏는 '流魚'가 곧 '游魚'라고 한 혹자의 설을 인용하였으니, 이

51) 瓠巴 : 사람 이름으로, 춘추 때 초나라의 유명한 현악기 연주자이다.

미 헤엄을 치고 있는 고기〔游魚〕라면 무엇 때문에 나와서 듣는다고 말했겠는가. 이는 글자만 보고 뜻을 짐작하여 함부로 해석한 것으로서 잘못된 것이다.

## 1-38 伯牙鼓琴而六馬仰秣하니라

伯牙가 거문고를 타자 수레를 끌던 여섯 필의 말이 고개를 쳐들고 꼴을 먹었다.

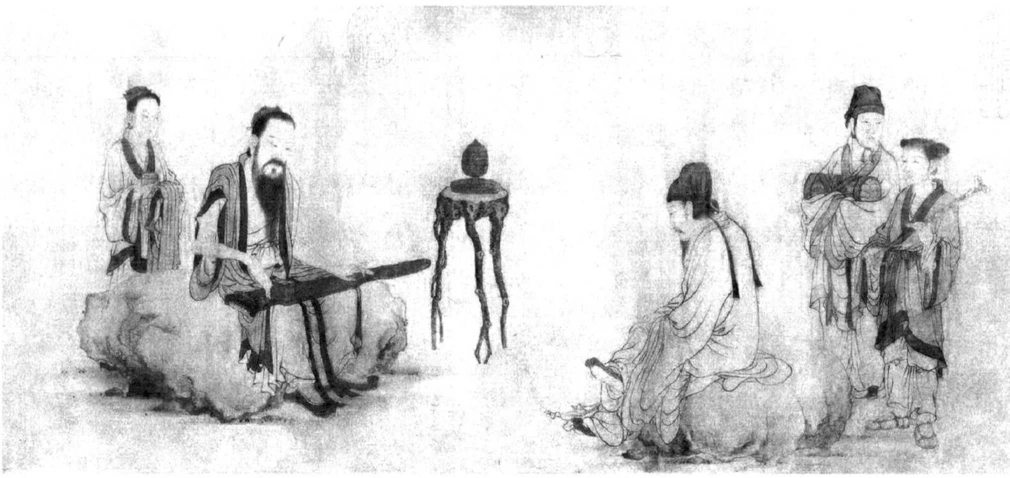

伯牙鼓琴圖 - 王振鵬(元)

伯牙는 古之善鼓琴者니 亦不知何代人이라 六馬는 天子路車[52]之馬也라 漢書曰 乾文車하고 坤六馬라하고 白虎通曰 天子之馬六者는 示有事於天地四方也라하고 張衡西京賦曰 天子駕彫軫하고 六駿駮(박)이라하고 又曰 六玄虯之奕奕하니 齊騰驤而沛艾라하니라 仰首而秣은 聽其聲也라 ○ 盧文弨曰 駕彫軫은 元刻與今文選同하고 宋本駕作御라 又案下所引二句出東京賦[53]라

楊倞注 : 伯牙는 옛날 거문고를 잘 탔던 사람인데 그 또한 어느 시대 사람인지는 알 수 없다. '六馬'는 천자의 路車를 끄는 말이다. ≪漢書≫ 〈王莽傳〉에 "천문의 형상을 그린 수레를 타고 여섯 필 암말에게 굴레를 메운다." 하였으며, ≪白虎通≫에 "천자의 말이 여섯 필인 이유는 천지와 사방에 하는 일이 있다는 것을 보이기 위해서이다." 하였고, 張衡의 〈西京賦〉에 "천자는 화려한 문양을 조각한 수레에 앉고 호랑이무늬를 그린 여섯 필의 백

52) 路車 : 輅車와 같다. 고대에 천자나 제후 등 귀족이 타는 수레이다.

53) 下所引二句出東京賦 : '六玄虯之奕奕 齊騰驤而沛艾'는 〈西京賦〉가 아니라 〈東京賦〉에 나온다.

마를 몬다." 하였고, 또 "여섯 필 흑마가 그 기상이 늠름한데 고개를 흔들어대며 일제히 치달린다."라고 하였다. '고개를 쳐들고 꼴을 먹는다.'는 것은 그 거문고 소리를 듣는 모양이다.

○ 盧文弨 : '駕彫軫'은 元刻本과 지금의 ≪文選≫은 동일하고, 宋本에는 '駕'자가 '御'자로 되어 있다. 또 살펴보건대, 아래에 인용한 두 구는 張衡의 〈東京賦〉에 나온다.

### 1-39 故聲無小而不聞하고 行無隱而不形이라

그러므로 소리는 아무리 작더라도 그 울림이 들리지 않는 경우가 없고, 행위는 아무리 숨기더라도 그 자취가 드러나지 않는 경우가 없다.

形은 謂有形可見이라

楊倞注 : '形'은 볼 수 있는 형체가 있는 것을 말한다.

### 1-40 玉在山而草木潤하고

옥이 산속에 묻혀 있으면 초목도 윤기가 나고,

○ 王念孫曰 玉在山而草木潤하고 淵生珠而崖不枯는 元刻無草字하니 案元刻是也라 木與崖對文이라 故上句少一字라 宋本木上有草字者는 依淮南說山篇加之也라 文選吳都賦林木爲之潤黷에 李善注引此作玉在山而木潤하고① 江賦文賦注竝同하며 藝文類聚木部와 太平御覽木部一所引亦同하되 而草部不引하니 則本無草字明矣라 大戴記作玉居山而木潤하고 續史記[54]龜策傳作玉處於山而木潤이라하여 文雖小異나 而亦無草字라

① 困學紀聞十引建本荀子同이라
≪困學紀聞≫ 권10에 인용된 建州本 ≪荀子≫도 동일하다.

○ 王念孫 : '玉在山而草木潤 淵生珠而崖不枯(옥이 산속에 묻혀 있으면 초목도 윤기가 나고, 진주가 못 속에서 자라고 있으면 못가의 비탈도 마르지 않는다.)'라는 문구가 元刻本에는 '草'

---

54) 續史記 : 西漢 潁川 사람인 褚少孫이 편찬한 것으로, 司馬遷의 ≪史記≫를 증보한 것이다. 唐나라 韓琬이 같은 이름으로 편찬한 책이 있지만 뒤에서 '褚少孫續史記'라고 밝힌 것으로 보아 ≪荀子集解≫에서는 모두 褚少孫의 것을 가리킨 것으로 보인다.

자가 없는데, 살펴보면 元刻本이 옳다. '木'은 '崖'와 대구로 쓴 글이다. 그러므로 윗구에 한 글자가 적다. 宋本에 '木' 위에 '草'자가 있는 이유는 ≪淮南子≫ 〈說山篇〉에 의해 추가된 것이다. ≪文選≫ 〈吳都賦〉의 "林木爲之潤黷(숲나무가 이 때문에 윤기가 나고 검푸르다.)"이라고 한 부분에서, 李善 注에 이곳의 문구를 인용하여 "玉在山而木潤(옥이 산속에 묻혀 있으면 나무가 윤기가 난다.)"으로 되어 있고, 〈江賦〉와 〈文賦〉의 주 또한 모두 동일하다. ≪藝文類聚≫ 〈木部〉와 ≪太平御覽≫ 〈木部 1〉에 인용된 것도 동일하지만 〈草部〉에는 인용되지 않았으니, 본디 '草'자가 없었다는 것이 분명하다. ≪大戴禮記≫에 "玉居山而木潤(옥이 산속에 들어 있으면 나무가 윤기가 난다.)"으로 되어 있고, ≪續史記≫ 〈龜策傳〉에는 "玉處於山而木潤(옥이 산속에 처해 있으면 나무가 윤기가 난다.)"으로 되어 있어, 문구는 비록 조금 다르지만 이 또한 '草'자는 없다.

### 1-41 淵生珠而崖不枯하나니 爲善不積邪아 安有不聞者乎아

진주가 못 속에서 자라고 있으면 못가의 언덕배기도 마르지 않는다. 그러니 善을 행하는 일을 쌓아가지 않을 수 있겠는가. 〈선을 쌓는다면〉 어찌 세상에 드러나지 않는 일이 있겠는가.

崖는 岸이요 枯는 燥라 ○ 王念孫曰 不積之不은 涉上下文而衍하니 當依群書治要刪이라 說見大戴記述聞勸學篇이라 先謙案 大戴記作爲善而不積乎아 豈有不至哉아하니 盧辯[55]注에 至는 一作聞이라하고 孔廣森[56]注云 言爲善或不積耳니 積則未有不至於成者라하며 此文亦言 爲善或不積邪아 積則安有不聞者乎아하니 語意曲而有味라 治要作爲善積也라하여 徑刪不字하니 意味索然이어늘 王氏反從之하고 欲併刪大戴記하니 何也오

楊倞注 : '崖'는 언덕배기이고, '枯'는 말랐다는 뜻이다.

○ 王念孫 : '不積'의 '不'은 위아래 문구와 연관되어 잘못 덧붙여진 글자이니, 마땅히 ≪群書治要≫에 의거하여 삭제해야 한다. 이에 관한 설명은 ≪大戴禮記述聞≫ 〈勸學篇〉에 보인다.

55) 盧辯(506~567) : 北周 范陽 涿縣 사람으로, 자는 景仁이다. 음양오행과 음악에 조예가 있고 三禮에 정통하였다.

56) 孔廣森(1752~1786) : 淸 山東 曲阜 사람으로, 자는 衆仲이다. ≪大戴禮記補注≫를 편찬하였다.

先謙案 : ≪大戴禮記≫ 〈勸學〉에 “선을 행하되 계속 쌓아가지 않을 수 있겠는가. 〈쌓아가노라면〉 어찌 〈최고의 경지에〉 이르지 않을 수 있겠는가.”라고 하였다. 이 부분에 대한 盧辯의 주에 “‘至’는 어떤 판본에는 ‘聞’으로 되어 있다.” 하였고, 孔廣森의 주에 “선을 행하는 것을 혹시 계속 쌓아가지 않을 수 있는데 계속 쌓아간다면 공을 이루는 수준에 이르지 않는 일이 없다는 것을 말한 것이다.”라고 하였으며, 이곳의 글 또한 ‘선을 행하는 것을 혹시 계속 쌓아가지 않을 수 있겠는가. 쌓아나간다면 어찌 세상에 드러나지 않는 경우가 있겠는가.’라는 뜻으로 말했으니, 의미가 완곡하여 감칠맛이 있다. ≪群書治要≫에는 “爲善積也(선을 행하는 것을 쌓는다.)”로 되어 있어 곧장 ‘不’자를 삭제함으로써 의미가 어색한데도 王氏는 도리어 그것을 따르고 ≪大戴禮記≫에 〈올바로 된 것까지〉 아울러 삭제하려고 했으니, 이는 무슨 까닭인가.

1-42 學惡乎始하고 惡乎終가

배우는 일은 어디서 시작하고 어디서 끝나는가?

假設問也라

楊倞注 : 질문을 가설한 것이다.

1-43 曰 其數則始乎誦經하여 終乎讀禮하고

답은 이렇다. “그 방법으로 말하면 經을 외우는 데서 시작하여 禮를 읽는 데서 끝나고,

數는 術也라 經은 謂詩書하고 禮는 謂典禮之屬也라 ○ 盧文弨曰 典禮는 疑當是曲禮之誤라

楊倞注 : ‘數’는 방법이다. ‘經’은 ≪詩經≫ · ≪書經≫을 말하고, ‘禮’는 典禮 등을 말한다. ○ 盧文弨 : 〈楊倞 注의〉 典禮는 아마도 분명히 ‘曲禮’의 잘못인 듯하다.

1-44 其義則始乎爲士하여 終乎爲聖人이라

그 의의로 말하면 士가 되는 것으로부터 시작하여 聖人이 되는 것으로 끝난다.

義는 謂學之意니 言在乎修身也라 ○ 先謙案 荀書以士君子聖人爲三等하니 修身

非相儒效哀公篇可證이라 故云始士終聖人하니라

楊倞注 : '義'는 배우는 의의를 말하니, 〈그 의의가〉 몸을 닦는 데에 있다는 것을 말한 것이다.

○ 先謙案 : ≪荀子≫에서는 士·君子·聖人으로 세 등급을 규정하였으니, 이는 〈修身〉·〈非相〉·〈儒效〉·〈哀公〉篇에서 증명할 수 있다. 이 때문에 士로 시작하여 聖人으로 끝난다고 말한 것이다.

1-45 眞積力久則入이니

성심으로 쌓아가고 힘써 행하기를 오랫동안 지속하면 그 길로 들어갈 수 있으니,

眞은 誠也며 力은 力行也라 誠積力久면 則能入於學也라

楊倞注 : '眞'은 성심이고, '力'은 힘써 행한다는 뜻이다. 성심으로 쌓아가고 힘써 행하기를 오랫동안 지속하면 배움의 길로 들어갈 수 있다.

1-46 學至乎沒而後止也니라

배움이란 죽음에 이른 뒤에야 비로소 멈추는 것이다."

生則不可怠惰라

楊倞注 : 살아 있는 동안에는 게을리할 수 없다.

1-47 故學數有終이나 若其義則不可須臾舍也라 爲之면 人也요 舍之면 禽獸也라 故書者는 政事之紀也요

그러므로 배우는 일은 방법으로 말하면 끝이 있지만 그 의의로 말하면 잠시도 중지할 수 없다. 이대로 따르면 사람이 되고, 이것을 놓아버리면 짐승이 되는 것이다. 이 때문에 ≪書經≫은 政事를 기록한 것이고,

書는 所以紀政事라 此說六經之意라

楊倞注 : ≪書經≫은 정사를 기록한 것이다. 여기서는 六經의 의의를 설명한 것이다.

1-48 **詩者**는 **中聲之所止也**요

≪詩經≫이란 中和를 이룬 가락이 담겨 있는 것이고,

詩는 謂樂章이니 所以節聲音하여 至乎中而止하여 不使流淫也라 春秋傳曰 中聲以降하고 五降之後에는 不容彈矣라하니라 ○ 郝懿行曰 按下文方云 樂之中和는 詩書之博이라하여 詩樂分言하니 則此中聲疑非即謂樂章이라 且詩三百이 未必皆合中聲이라 夫子但謂關雎不淫不傷하시니 可知它詩未必盡然이라 先謙案 下文詩樂分言이나 此不言樂은 以詩樂相兼也라 樂論篇云 樂則不能無形이나 形而不爲道면 則不能無亂이라 先王惡其亂이라 故制雅頌之聲以道之하여 使其聲足以樂而不流라하니 與此言詩爲中聲所止와 可互證이라 郝說非也라

楊倞注 : ≪詩經≫은 악장을 말하니, 가락을 조절하여 中和의 수준에 도달한 뒤에 멈춤으로써 음탕하지 않도록 하기 위한 것이다. ≪春秋左氏傳≫ 昭公 元年에 "中和의 가락을 얻은 뒤에는 연주를 마친다. 五聲이 이미 中和의 가락을 이루어 연수를 마친 뒤에는 더 이상 음악을 연주하지 않는다."라고 하였다.

○ 郝懿行 : 살펴보건대, 아래 글에 곧 '음악의 中和를 이룬 가락과 ≪詩經≫·≪書經≫의 넓은 내용'이라고 언급하여 詩와 樂을 구분하여 말했으니, 이곳의 '中聲'은 악장만 가리킨 것은 아니다. 그리고 ≪詩經≫ 3백 편이 반드시 모두 中和의 가락에 부합된 것은 아니다. 孔夫子께서 〈關雎〉에 대해서만 음탕하지도 않고 상심하지도 않았다고 말씀하셨으니, 나머지 다른 시들은 반드시 다 그렇지 못하다는 것을 알 수 있다.

先謙案 : 아래 글에서는 시와 음악을 구분해 말했으나 여기서는 음악을 말하지 않은 이유는 시와 음악이 본디 서로를 겸하고 있기 때문이다. 〈樂論〉篇에 "즐거우면 겉으로 나타내는 일이 없을 수 없다. 하지만 겉으로 나타내되 도리를 따르지 않는다면 난잡한 일이 없을 수 없다. 옛 聖王이 그 난잡한 것을 싫어하였기 때문에 〈雅〉·〈頌〉의 가락을 만들어 사람들을 인도함으로써 그 가락이 충분히 즐거움을 느끼게 하면서도 방탕하지 않도록 했던 것이다."라고 하였으니, 이곳의 "≪詩經≫이란 中和를 이룬 가락이 담겨 있는 것이다."고 말한 것과 상호 증명할 수 있다. 郝氏의 설은 틀렸다.

1-49 **禮者**는 **法之大分**이요 **類之綱紀也**라

≪禮經≫이란 법의 요강이요 세칙의 기강이다.

禮는 所以爲典法之大分과 統類之綱紀라 類는 謂禮法所無를 觸類而長者니 猶律條之比附라 方言云 齊謂法爲類也라 ○ 謝本從盧校類上有群字라 王念孫曰 元刻無群字하니① 元刻是也라 宋本作群類者는 蓋不曉類字之義而以意加群字也니 不知類者謂與法相類者也라 此文云 法之大分이요 類之綱紀라하고 非十二子及大略篇竝云 多言而類는 聖人也요 少言而法은 君子也라하며 王制大略二篇又云 有法者以法行하고 無法者以類擧라하니 皆以類與法對文이라 據楊注云 類는 謂禮法所無를 觸類而長者니 猶律條之比附라하니 則本無群字明矣라 先謙案 王說是라 今改從元刻하니라

① 宋龔本同이라
宋 龔士卨本도 같다.

楊倞注 : '禮'는 법령 제도〔典法〕의 요강과 큰 줄거리와 세목〔統類〕의 기강이 되는 것이다. '類'는 예법에 없는 것을 유추해서 늘린 것을 말하니, 〈기본법 밑에〉 딸려 있는 세칙과 같다. ≪方言≫에 "齊 지방에서는 法을 말하기를 '類'라고 한다." 하였다.

○ 謝本은 盧校本을 따라 '類' 위에 '群'자가 있다.

王念孫 : 元刻本은 '群'자가 없으니 元刻本이 옳다. 宋本에 '群類'로 되어 있는 것은 '類'자의 뜻을 몰라 자의적으로 '群'자를 추가하여 그런 것이니, '類'란 법과 서로 유사한 것을 말하는 것임을 몰랐던 것이다. 이 글에서는 "법〔法〕의 요강이요 세칙〔類〕의 기강이다."라고 하고, 〈非十二子〉와 〈大略〉篇에서는 모두 "말이 많으면서 법도〔類〕와 부합되는 것은 성인이고, 말이 적으면서 법도〔法〕와 부합되는 것은 군자이다."라고 하였으며, 〈王制〉와 〈大略〉 두 편에서 또 "근거할 만한 법률이 있는 경우에는 법률에 비추어 처리하고〔法行〕, 따를 만한 법률이 없는 경우에는 유추하는 방법에 비추어 처리해야〔類擧〕 한다."라고 하였는데, 이것들은 모두 '類'와 '法'을 대구로 사용하고 있다. 楊倞의 주에 "'類'는 예법에 없는 것을 유추해서 늘린 것을 말하니, 〈기본법 밑에〉 딸려 있는 세칙과 같다."라고 하였으니, 본디 '群'자가 없는 것이 분명하다.

先謙案 : 王氏의 설이 옳다. 여기서는 그것을 고쳐 元刻本대로 따랐다.

1-50 故學至乎禮而止矣니 夫是之謂道德之極이니라 禮之敬文也와

그러므로 배우는 일은 ≪禮經≫에 이르러 멈추는 것이니, 이것을 도덕의 정점에 도달했다고 말한다. ≪禮經≫의 예절이며 의식과

禮有周旋揖讓之敬과 車服等級之文也라

楊倞注 : 예에는 나아가고 물러나며 읍하고 사양하는 예절과, 수레와 예복을 신분등급에 따라 달리하는 의식이 있다.

1-51 樂之中和也와

≪樂經≫의 中和함과

中和는 謂使人得中和悅也라

楊倞注 : '中和'는 사람으로 하여금 中和를 얻어 마음이 즐겁게 하는 것을 말한다.

1-52 詩書之博也[57)]와

≪詩經≫ · ≪書經≫의 광범위함과

博은 謂廣記土風鳥獸草木及政事也라

楊倞注 : '博'은 각 지방의 風土, 鳥獸, 草木에 관한 지식 및 정사에 관해 광범위하게 기록한 것을 말한다.

1-53 春秋之微也는

≪春秋≫의 간결함은

微는 謂褒貶沮勸 微而顯하고 志而晦之類也라

楊倞注 : '微'는 칭찬하고 비판하며 경계하고 권장하는 말들이 간결하지만 의미가 환히 드러나고 역사사실을 기술했지만 의미가 심장한 사례들을 말한다.

1-54 在天地之間者畢矣라 君子之學也는 入乎耳하면 箸乎心하고 布乎四體하며

---

57) 詩書之博也 : ≪詩經≫은 人事를 노래하면서 草木 · 鳥獸 · 물고기 · 벌레 등을 취해 비유하였고, ≪書經≫은 堯 · 舜 · 禹 · 湯 · 文王 · 武王의 정사를 기록하였기 때문에 범위가 넓다고 말한 것이다.

**形乎動靜**하나니라

천지 사이에 있는 萬事는 모두 갖추고 있다. 군자가 배움을 구하는 방법은 유익한 것이 귀에 들어오면 마음속에 간직하고 그것을 온몸에 적용시키며 동작으로 표현하는 것이다.

所謂古之學者爲己라 入乎耳면 箸乎心은 謂聞則志而不忘也라 布乎四體는 謂有威儀潤身也라 形乎動靜은 謂知所措履也라

楊倞注 : 이른바 '옛날 배우는 자는 자기의 인격을 높이기 위해 배웠다.'는 것에 대한 설명이다. '귀에 들어오면 마음속에 간직한다.'는 것은 무엇을 들으면 기억하여 잊어버리지 않는 것을 말한다. '온몸에 적용시킨다.'는 것은 엄숙한 용모와 장중한 태도로 몸을 수양하는 것을 말한다. '동작으로 표현한다.'는 것은 실천할 줄을 아는 것을 말한다.

1-55 **端而言**과 **蝡**(윤)**而動**이라도 **一可以爲法則**이니라

그러므로 그의 간단히 하는 말과 작은 움직임이라도 모두 다른 사람이 본받을 기준이 될 수 있다.

端은 讀爲喘이라 喘(천)은 微言也며 蝡은 微動也라 一은 皆也라 或喘息微言과 或蝡蠢蝡動이 皆可以爲法則이라 蝡은 人允反이라 或曰 端而言은 謂端莊而言也라하니라 ○ 先謙案 臣道篇云 喘而言과 臑而動이라도 而一皆可爲法則이라하여 與此文同하니 則讀端爲喘是也라 說文에 喘은 疾息也요 蝡은 動也라

楊倞注 : '端'은 '喘(헐떡거리다)'자로 읽어야 한다. '喘'은 간단하게 내뱉는 말이고, '蝡'은 조금 꿈틀거리는 움직임이다. '一'은 '皆'자의 뜻이다. 숨 가쁘게 내뱉는 간단한 말이나 혹은 벌레가 꿈틀거리듯 작은 행동이라도 모두 남들의 본보기가 될 수 있다는 것이다. '蝡'의 음은 人과 允의 反切이다. 어떤 사람은 "'端而言'은 단정하고 엄숙하게 말하는 것을 이른다."라고 하였다.

○ 先謙案 : 〈臣道篇〉에 "간단히 하는 말과 작은 움직임이라도 모두 다른 사람이 본받을 기준이 될 수 있다."라고 하여 이 문구와 같으니, '端'을 '喘'으로 읽는 것이 옳다. ≪說文解字≫에 "'喘'은 숨을 가쁘게 몰아쉰다는 뜻이다." 하고, "'蝡'은 꿈틀거린다는 뜻이다."라고 하였다.

1-56 小人之學也는 入乎耳하면 出乎口라

小人이 배움을 구하는 것은 무슨 소리가 귀에 들어오면 곧 입으로 나와버린다.

所謂今之學者爲人으로 道聽涂說也라

楊倞注 : 이른바 '오늘날 배우는 자는 남에게 보여주기 위해 배운다.'는 것을 설명한 것으로, 길에서 주워듣고 길에서 말해버리는 것이다.

1-57 口耳之間則四寸耳니 曷足以美七尺之軀[58]哉아

입과 귀 사이는 겨우 네 치에 지나지 않으니, 어떻게 그에 의지하여 7척이나 되는 몸을 아름답게 변화시키겠는가.

韓侍郎[59]云 則은 當爲財니 與纔同이라 ○ 盧文弨曰 宋本에 四寸下耳字無라 劉台拱曰 則字自可通하니 不必如韓說이라

楊倞注 : 韓侍郎이 말하기를 "則은 마땅히 '財'가 되어야 하니, '纔(겨우)'자와 같다.

○ 盧文弨 : 宋本에는 '四寸' 아래에 '耳'자가 없다.

劉台拱 : '則'자가 본디 의미가 통할 수 있으니, 굳이 韓氏의 설처럼 할 필요가 없다.

1-58 古之學者爲己러니 今之學者爲人이라 君子之學也는 以美其身하고 小人之學也는 以爲禽犢[60]이라

옛날 배우는 자는 자기의 인격을 제고하기 위해 배웠는데, 오늘날 배우는 자는 남에게 보여주기 위해 배운다. 군자가 배움을 추구하는 것은 자기를 아름답게 변

58) 七尺之軀 : 사람의 言行과 儀表를 대신하는 말이다.

59) 韓侍郎 : 禮部侍郎을 지낸 唐나라 韓愈를 말한다.

60) 以爲禽犢 : 전후의 논조로 볼 때, 소인은 학문을 자기의 인격을 쌓기 위해서 하는 것이 아니라, 오로지 지식만을 축적하여 그것으로 남의 신임을 얻는 도구로 삼기 위해서라는 것으로 이해할 수 있다. ≪禮記≫ 〈曲禮〉에 "예물로는 卿은 염소, 大夫는 기러기, 士는 꿩, 일반인은 따오기를 가지고 간다."라고 하여 높은 사람에게 바치기 위해 가지고 가는 예물이 짐승이거나 새였다. 여기서는 염소를 송아지로 바꿔 쓴 것일 뿐이다. 이와 같이 이해하는 것이 자기의 몸을 아름답게 하기 위해서라는 '以美其身'과 완전한 대구가 될 것이다. 근대의 陶鴻慶(1859~1918)과 劉師培(1884~1919)도 이와 같은 관점에서 王先謙의 설을 반박하였다.

화시키기 위해서이고, 소인이 배움을 추구하는 것은 그것을 禮物로 이용할 家禽類나 송아지로 간주하고서 한다.

禽犢은 餽獻之物也라 ○ 郝懿行曰 小曰禽이요 大曰獸니 禽犢은 謂犢之小라 小者는 人喜撫弄而愛玩之라 非必己有요 非可獻人이며 直以爲玩弄之物耳라 小人之學은 入乎耳하면 出乎口하여 無裨於身心하고 但爲玩好而已라 故以禽犢譬況之라 注據致士篇貨財禽犢之請君子不許라 故云 禽犢餽獻之物하니 不知貨財謂賄賂이며 禽犢謂玩好耳라 先謙案 楊注固非나 郝說尤誤라 上言君子之學은 入耳箸心而布於身이라 故曰學所以美其身也라하니라 小人入耳出口하여 心無所得이라 故不足美其身이요 亦終於爲禽犢而已니 文義甚明이라 荀子言學에 以禮爲先하여 人無禮則禽犢矣라 上文云 學至乎禮而止矣라하니 是其言學之宗旨요 又云 爲之人也요 舍之禽獸也라하여 正與此文相應이라 禽獸禽犢은 特小變其文耳라 小人學與不學無異하니 不得因此文言小人之學이라하여 而疑其有異解也니라

楊倞注 : 가금류나 송아지는 남에게 예물로 바치는 동물이다.

○ 郝懿行 : 작은 짐승을 '禽'이라 말하고 큰 짐승을 '獸'라고 말하니, '禽犢'은 송아지 중에 작은 것을 말한다. 작은 것은 사람들이 귀여워 쓰다듬으면서 가지고 놀기를 좋아한다. 이런 것은 반드시 자기가 소유할 것도 아니고 남에게 바칠 것도 아니며 다만 애완동물일 뿐이다. 소인이 배움을 구하는 것은 〈무슨 소리가〉 귀에 들어오면 입으로 나와버려 자기의 몸과 마음을 닦는 데에는 도움되는 것이 없고 그저 가지고 노는 장난감이 될 뿐이다. 이 때문에 〈소인이 추구하는 학문을〉 작은 송아지로 비유한 것이다. 그런데 楊倞의 주는 〈致士篇〉의 "貨財와 禽犢을 주면서 요청해오는 것은 군자가 허용하지 않는다."라고 한 말을 근거로 삼았기 때문에, '가금류나 송아지는 예물로 바치는 동물이다.'라고 하였으니, '貨財'는 뇌물을 말하고, '禽犢'은 애완동물을 말한 것임을 몰랐던 것이다.

先謙案 : 楊倞의 주가 사실 틀렸지만 郝氏의 설은 더 잘못되었다. 윗글에서 "군자가 배우는 것은 귀에 들어오면 마음에 간직하여 온몸에 적용시킨다."라고 말했기 때문에 "배우는 것은 그의 몸을 아름답게 하기 위해서이다."라고 하였다. 소인의 경우에는 귀에 들어오면 입으로 내뱉어 마음속에 얻는 것이 없기 때문에 그 몸을 아름답게 할 수는 없고 그저 새나 송아지 같은 짐승이 되는 것으로 끝날 뿐이라고 이해하는 것이 글 뜻으로 보아 매우 분명하다. ≪荀子≫에서 배우는 문제에 관해 말할 때는 예를 배우는 것을 우선으로 여겨 사람이 예가 없으면 새나 송아지와 다름없다고 하였다. 윗글에 "배우는 일은

≪禮經≫에 이르러 멈추는 것이다.” 하였는데, 이는 곧 배우기를 추구하는 기본 취지를 말한 것이고, 또 “배우면 사람이고 그만두면 짐승이다.”라고 말하여 곧 이곳의 글과 호응한다. ‘禽獸’와 ‘禽犢’은 다만 그 글자를 약간 바꾼 것일 뿐이다. 소인은 배웠거나 배우지 않았거나 달라질 것이 없으니, 여기 글에서 소인의 학문에 관해 말했다고 하여 혹시 다른 해석이 있지나 않을까 의심할 것은 없다.

### 1-59 故不問而告謂之傲[61)]요

그러므로 남이 묻지 않는데 고하는 것을 거만하다 이르고,

傲는 喧噪也니 言與戲傲無異라 或曰 讀爲嗷니 口嗷嗷然也라 嗷與敖通이라 ○ 盧文弨曰 口嗷嗷는 舊本作聲曰嗷嗷어늘 今改正하니라 郝懿行曰 傲與警同이라 說文云 警不省人言也라하니 與此義合이라 兪樾曰 論語[62)]季氏篇에 言未及之而言謂之躁라하여늘 釋文曰 魯讀躁爲傲라하니 荀了此文은 蓋本魯論이리 下文曰 故未可與言而言謂之傲요 可與言而不言謂之隱이요 不觀氣色而言謂之瞽라하여 皆與論語同하고 惟變躁爲傲하니 可證也라 傲는 卽躁之假字라 不問而告와 未可與言而言은 皆失之躁요 非失之傲也라 魯論之說은 今不可得而詳이라 以意度之컨대 殆亦假傲爲躁라 自古文論語出하여 得其本字로 遂謂魯論讀躁爲傲라하나 實不然也라 躁字義長하고 傲字義短하니 魯之經師 豈不知此而改躁爲傲乎리오 先謙案兪說是라

楊倞注 : ‘傲’는 시끄럽게 군다는 뜻으로, 장난을 치고 거만을 피우는 행위와 다름이 없다는 것을 말한다. 어떤 사람은 “‘嗷’자로 읽어야 하니 입으로 시끄럽게 떠들어댄다는 뜻이다.”라고 하였다. ‘嗷’는 ‘敖’와 통한다.

○ 盧文弨 : ‘口嗷嗷’는 舊本에 ‘聲曰嗷嗷’로 되어 있는 것을 여기서는 고쳐 바로잡았다.

郝懿行 : ‘傲’는 ‘警’와 같다. ≪說文解字≫에 “자기주장만 내세우고 남의 말을 살펴보지 않는다.”라고 하였으니, 이것과 뜻이 부합된다.

---

61) 傲 : 兪樾의 설을 따라 거만하다는 뜻으로 번역하였다.

62) 論語 : 漢나라 때 ≪魯論≫·≪齊論≫·≪古論≫ 등 3종의 ≪論語≫가 있었는데, 이것은 ≪古論≫으로 古文 ≪論語≫를 가리킨다. 漢 武帝 때 魯恭王 劉餘가 그의 집을 확장하기 위해 공자의 옛 저택을 헐다가 벽장 속에서 과두문자로 된 옛 서적들을 발견하였는데, 그중 하나이다. 다음에 보이는 ≪魯論≫은 魯나라 사람이 전한 것이라 하여 붙여진 이름으로, 今文本 ≪論語≫를 말한다.

兪樾 : ≪論語≫ 〈季氏篇〉에 "〈군자의〉 말씀이 아직 미치지 않았는데 먼저 말하는 것을 경망하다〔躁〕 이른다."라고 하였는데, ≪經典釋文≫에 "≪魯論≫에는 '躁'를 '傲'로 간주해 읽었다."라고 하였으니, ≪荀子≫의 이 문구는 아마도 ≪魯論≫을 따른 것으로 보인다. 아래 글에 "그러므로 함께 대화할 수 없는데도 말을 거는 것을 거만하다〔傲〕 이르고, 함께 대화할 수 있는데도 말을 걸지 않는 것을 숨긴다〔隱〕 이르고, 상대방의 기색을 살펴보지 않고 말을 거는 것을 소경〔瞽〕이라 이른다."라고 한 것은 모두 ≪論語≫와 같고 오직 '躁'를 '傲'로 바꾸기만 했을 뿐이니, 〈이것으로 ≪魯論≫을 따랐다는 것을〉 증명할 수 있다. '傲'는 곧 '躁'의 假借字인 것이다. 상대가 묻지 않는데도 고한다거나 함께 대화할 수 없는데도 말을 거는 행위는 경박함으로 인한 잘못이지 거만함으로 인한 잘못은 아니다. ≪魯論≫의 설은 지금 자세히 알 수는 없지만, 내가 추측해보건대 아마도 또한 傲를 假借字로 사용하여 躁를 대체한 듯하다. 그러다가 고문 ≪論語≫가 출현하여 그 본래의 글자를 알게 되면서 마침내 '≪魯論≫에는 '躁'를 '傲'로 간주해 읽었다.'라고 말했으나 사실은 그렇지 않다. '躁'자는 뜻이 원만하고 '傲'자는 뜻이 미진한데, 魯나라의 經師가 어찌 이것을 몰라 '躁'를 '傲'로 고쳤겠는가.

先謙案 : 兪氏의 설이 옳다.

## 1-60 問一而告二謂之囋이라

남이 한 가지를 물었는데 두 가지를 고하는 것을 수다를 떤다고 이른다.

囋은 卽讚字也니 謂以言强讚助之라 今贊禮[63]謂之讚하니 囋古字로 口與言多通이라 ○ 盧文弨曰 李善注文賦에 引埤蒼[64]云 嘈啐(알)은 聲皃라 啐與囋及囐同하니 才曷反이라하니라 荀子上句謂其躁하고 此句謂其多言이라 下文云如嚮은 則不問不告하고 問一不告二니 楊注非也라 啈(행)은 今文選注誤爲啐이라 郝懿行曰 囋者는 嘈囋이니 謂語聲䌛碎也라 陸璣文賦務嘈囋而妖冶라하니 義與此近이라 楊注非라

楊倞注 : '囋'은 곧 '讚'자이니, 말로써 억지로 도와주는 것을 말한다. 지금 贊禮를 '讚'이라 말하니, '囋'은 옛 글자로서 '口'는 '言'과 흔히 통용한다.

○ 盧文弨 : ≪文選≫ 〈文賦〉 李善 注에 ≪埤蒼≫을 인용하여 "'嘈'와 '啐'은 소리를 형용

63) 贊禮 : 관혼상제 때 의식의 절차를 낭독하고 진행을 맡아보는 사람으로, 執禮와 같다.

64) 埤蒼 : 三國 魏 明帝 때 博士를 지낸 張揖이 편찬한 字書이다. ≪古今字詁≫와 ≪廣雅≫도 편찬하였는데, 현재는 ≪廣雅≫만 남아 있다.

한 글자이다. '啐'은 '囋' 및 '囐'과 같으니, 음은 才와 曷의 反切이다."라고 하였다. ≪荀子≫에서 윗구는 경망한 것을 말하고 여기 구는 말이 많은 것을 말했으며, 아래 글에는 '메아리처럼 한다.'고 하였으니, 이 말은 상대가 묻지 않으면 고하지 않으며 하나를 물었을 때 둘을 고하지 않는다는 뜻이다. 그러니 楊倞의 주는 틀린 것이다. '啐'은 지금의 ≪文選≫ 注에 '啐'로 잘못되어 있다.

郝懿行 : '囋'이란 조잘대는 것이니, 말소리가 번거롭고 자질구레한 것을 말한다. 陸機의 〈文賦〉에 "務嘈囋而妖冶(조잘대는 것에 힘써 요염하다.)"라고 하였으니, 그 뜻이 여기의 경우와 비슷하다. 楊倞의 주는 틀렸다.

1-61 **傲**도 **非也**며 **囋**도 **非也**라 **君子如嚮矣**니라

거만한 것도 옳지 않고, 수다를 떠는 것도 옳지 않다. 군자는 메아리가 소리에 응하는 것처럼 하는 것이다.

**嚮與響同**이라 **如響應聲**이라

楊倞注 : '嚮'은 '響'과 같다. 메아리가 소리에 응하는 것처럼 한다는 것이다.

1-62 **學莫便乎近其人**이니라

배우는 도는 그 사람을 가까이하는 것보다 더 좋은 것이 없다.

**謂賢師也**라

楊倞注 : 〈그 사람이란〉 훌륭한 스승을 말한다.

1-63 **禮樂**은 **法而不說**하고

≪禮經≫과 ≪樂經≫은 원칙만 기재된 것으로 설명이 없고,

**有大法而不曲說也**라

楊倞注 : 큰 법만 들어 있고 자세히 설명하지 않았다.

1-64 **詩書**는 **故而不切**하고

≪詩經≫과 ≪書經≫은 옛 일만 기재한 것으로 현실에는 절실하지 않고,

詩書但論先王故事하여 而不委曲切近於人이라 故曰 學詩三百하되 使(시)於四方에 不能專對也[65]라하니라

楊倞注 : ≪詩經≫과 ≪書經≫은 옛 聖王의 옛 사적에 관해서만 논한 것이어서 사람들에게 절실하게 와 닿지 않는다. 그러므로 "시 3백 편을 배웠는데도 사방에 사신으로 나가서는 임무를 혼자 처결하지 못한다."라고 하였다.

1-65 春秋는 約而不速이라

≪春秋≫는 말이 축약된 것으로 빨리 이해할 수 없다.

文義隱約하고 褒貶難明하여 不能使人速曉其意也라

楊倞注 : 글 뜻이 애매하고 포폄이 밝혀지기 어려워 읽는 사람이 그 의미를 빨리 이해할 수 없게 한다.

1-66 方其人之習君子之說[66]이면 則尊以徧矣하여 周於世矣리라

그 사람을 본받아 군자의 학설을 배워 익힌다면 덕이 높아지고 식견이 넓어져 세상사에 두루 통달할 것이다.

當其人習說之時면 則尊高而徧周於世事矣요 六經則不能然矣라 ○ 郝懿行曰 案 方은 古讀如旁하고 亦讀如傍하니 此方當讀爲依傍之傍이라 言親近其人而習聞其說이면 則稟仰師承하여 周徧於世務矣라 故曰 學莫便乎近其人이라하니라 先謙案 郝讀方爲傍하니 則習上之字不可通이라 習有積貫之義하니 非近其人이면 則不能常習其說이라 呂覽[67]任數篇習者曰에 高注 習近習이라하니 是習與近義亦相通이라 言習

65) 學詩三百……不能專對也 : ≪論語≫ 〈子路〉의 내용을 축약해 인용한 것이다.

66) 方其人之習君子之說 : '方'은 '仿'과 같은 글자로 본받는다는 뜻이고, '之'는 접속사로 '而'와 같다. 여기서 '其人'은 훌륭한 스승을 가리키고, '君子'는 공자를 가리킨다. 번역은 郝懿行의 설을 따랐다.

67) 呂覽 : ≪呂氏春秋≫의 별칭이다. 그 안에 〈有始覽〉·〈孝行覽〉·〈愼大覽〉·〈先識覽〉·〈審分覽〉·〈審應覽〉·〈離俗覽〉·〈恃君覽〉 등 八覽이 있으므로 붙여진 이름이다.

其說에 卽知是近其人이니 不必讀方爲傍하여 轉致文義支離也니라

楊倞注 : 훌륭한 스승이 군자의 학설을 배워 익히던 지난날의 그때와 같은 수준에 이르게 되면 덕이 높아져 세상사에 두루 통달할 것이고 六經만으로는 그렇게 될 수 없을 것이다.

○ 郝懿行 : 살펴보건대, '方'은 옛날에 '旁'자처럼 읽었고 또 '傍'자처럼 읽기도 하였으니, 이 '方'은 마땅히 '依傍'의 '傍'으로 읽어야 한다. 그 사람을 가까이하여 군자의 학설을 익히 듣는다면 스승으로부터 전수받은 것을 삼가 받들고 따라 세상사에 두루 통달할 것임을 말한 것이다. 그러므로 '배우는 도는 그 사람을 가까이하는 것보다 더 좋은 것이 없다.'고 말했던 것이다.

先謙案 : 郝氏가 '方'을 '傍'으로 읽어야 한다고 했는데 그렇게 한다면 '習' 위 '之'자의 뜻이 통하지 않는다. '習'자는 계속 익힌다는 뜻이 있으니, 그 사람을 가까이하지 않는다면 그의 설을 항상 익힐 수 없는 것이다. ≪呂氏春秋≫ 〈任數篇〉의 '習者曰' 아래 高誘 注에 "'習'은 가까이해 익히는 것이다."라고 하였으니, 이 '習'자는 '近'자와 뜻이 또한 서로 통한다. 그의 설을 익힌다고 말했으면 곧 그 사람을 가까이했다는 것을 알 수 있으니, 굳이 '方'을 '傍'으로 간주해 읽어 도리어 글 뜻이 조리가 없게 만들 것은 없다.

1-67 故曰 學莫便乎近其人이라하니라 學之經은 莫速乎好其人이요 隆禮次之니라

그러므로 "배우는 도는 그 사람을 가까이하는 것보다 더 좋은 것이 없다."고 말한 것이다. 배우는 도는 그 사람을 좋아하는 것보다 더 빠른 것이 없고 禮義를 존중하는 일이 그 차선책이 된다.

學之大經은 無速於好近賢人이라 若無其人이면 則隆禮爲次之라 ○ 王念孫曰 經은 讀爲徑이니 卽下文所謂蹊徑이라 言入學之蹊徑은 莫速乎好賢하고 而隆禮次之라 修身篇云 治氣養心之術은 莫徑由禮하고① 莫要得師하고 莫神一好라하니 語意略與此同이라 學之經은 卽學之徑이니 古讀徑如經이라 故與經通이라② 楊以爲學之大經이라하니 失之라 郭嵩燾曰 近其人은 謂得其人而師之요 好其人이면 則是中心悅而誠服하여 親炙之深者也라 隆禮는 謂自以禮檢束其身이라 先謙案 王讀經爲徑하여 引修身篇之莫徑하여 謂卽本篇所謂莫速이라하니 是學之速莫速乎好其人이라 於詞爲複이라 上文學莫便乎近其人이라하여 亦無此複語하니 其說非也라 呂覽當染有始

知分驕恣諸篇에 高注竝云 經은 道也라하니 學之經은 猶言學之道耳라 成相篇云 治之經은 禮與刑이라하고 又云 聽之經은 明其請[68)]이라하니 治之經과 聽之經은 猶言治之道와 聽之道라 與此學之經一例니 是荀書自有此文法이라

① 此徑字는 訓爲疾이니 莫徑은 卽本篇所謂莫速也라 漢書張騫傳 從蜀宜徑에 如淳曰 徑은 疾也라하니라 見史記大宛傳集解[69)]라

이 '徑'자는 빠르다는 뜻이니, '莫徑'은 곧 본편의 이른바 '莫速'과 같다. ≪漢書≫ 〈張騫傳〉에 "從蜀宜徑(蜀郡을 통해 가는 것이 당연히 빠를 것이다.)"이라고 한 곳에서 如淳이 말하기를 "'徑'은 빠르다는 뜻이다."라고 하였다. 〈如淳이 한 말은〉 ≪史記≫ 〈大宛傳〉의 ≪集解≫에 보인다.

② 賈子立後義篇에 其道莫經於此라하니 莫經은 卽荀子之莫徑이라

≪賈子≫ 〈立後義篇〉에 "其道莫經於此(그 길은 이것보다 빠른 지름길이 없다.)"라고 하였으니, '莫經'은 곧 ≪荀子≫의 '莫徑'과 같다.

楊倞注 : 배우는 큰 도는 훌륭한 사람을 가까이하길 좋아하는 것보다 빠른 것은 없다. 만약 그런 사람이 없다면 禮義를 존중하는 일이 그 차선책이 된다.

○ 王念孫 : '經'은 '徑'으로 읽어야 하니, 곧 아래 글의 이른바 '蹊徑'이다. 배우는 길로 들어가는 지름길〔蹊徑〕은 훌륭한 사람을 좋아하는 것보다 빠른 것이 없고 禮義를 존중하는 일이 그 차선책임을 말한 것이다. 〈修身篇〉에 "기질을 다스리고 마음을 기르는 법은 禮義를 따르는 것보다 빠른 지름길이 없고〔治氣養心之術 莫徑由禮〕, 스승을 얻는 것보다 더 중요한 일이 없고, 일편단심으로 선행을 좋아하는 것보다 더 신묘한 것은 없다."라고 하였으니, 의미가 대체로 이곳과 같다. '學之經'은 곧 '學之徑'이니 옛날에 '徑'자를 '經'자처럼 읽었기 때문에 '經'과 통용되었다. 그런데 楊倞은 '배우는 큰 도'라고 하였으니, 잘못되었다.

郭嵩燾 : 그 사람을 가까이한다는 것은 그 사람을 얻어 그를 스승으로 섬기는 것을 말하고, 그 사람을 좋아하면 곧 마음속으로 즐거워하고 진심으로 승복하여 스승에게 직접 배우기를 깊이 하게 되는 것이다. 禮義를 존중한다는 것은 스스로 예법을 가지고 자기 몸을 단속하는 것을 말한다.

先謙案 : 王氏는 '經'을 '徑'으로 간주해 읽었다. 그리하여 〈修身篇〉의 '莫徑'을 인용하여 "이는 곧 본편의 이른바 '莫速'과 같다."라고 하였으니, 그렇다면 이것은 '배우는 길이 빠

---

68) 請 : 여기서는 '情'의 의미이다.

69) 史記大宛傳集解 : '史記集解大宛傳'이라 할 것을 순서를 달리해 표기한 것이다. ≪史記集解≫는 南朝 宋 裴駰이 편찬한 것이고, 〈大宛傳〉은 〈大宛列傳第六十三〉이 완칭이다.

르기가 그 사람을 좋아하는 것보다 더 빠른 것은 없다.'라는 말이 되므로 문구가 중복이 된다. 위 글에 '배우는 도는 그 사람을 가까이하는 것보다 좋은 것은 없다.'라고 하여 그 문구 또한 이처럼 중복되는 말이 없으니, 그 설은 틀린 것이다. ≪呂氏春秋≫의 〈當染〉·〈有始〉·〈知分〉·〈驕恣〉 등 여러 편에서 高誘의 주는 모두 "'經'은 '道'이다."라고 하였으니, '學之經'은 '學之道'이라고 말한 것과 같다. 〈成相篇〉에 "治之經 禮與刑(다스리는 도는 예법과 형벌이다.)"이라 하고, 또 "聽之經 明其請(정사를 처리하는 도는 그 실정을 잘 아는 데에 있다.)"이라고 하였으니, '治之經'과 '聽之經'은 '治之道'와 '聽之道'라고 말한 것과 같다. 이는 이곳의 '學之經'과 동일한 사례이니, ≪荀子≫의 글은 나름대로 이런 문법체계를 갖추고 있다.

1-68 **上不能好其人**하고 **下不能隆禮**면 **安特將學雜識**(지)**志**하고 **順詩書而已耳**니 **則末世窮年**토록 **不免爲陋儒而已**리라

위로 훌륭한 스승을 좋아하지 못하고 아래로 禮義를 존중하지 못한다면, 이에 다만 잡다하게 기록된 글만 배우고 ≪詩經≫과 ≪書經≫의 문구만 따라가며 읽을 뿐이다. 그렇게 되면 일생을 마치도록 고루한 儒生이 되고 마는 것을 면치 못할 것이다.

安은 語助니 猶言抑也라 或作安하고 或作案하니 荀子多用此字라 禮記三年問作焉이라 戰國策에 謂趙王曰 秦與韓爲上交면 秦禍案移於梁矣요 秦與梁爲上交면 秦禍案攘於趙矣리라하고 呂氏春秋에 吳起謂商文曰 今置質爲臣이면 其主安重하고 釋璽辭官이면 其主安輕이라하니 蓋當時人通以安爲語助어나 或方言耳라 特은 猶言直也라 雜識志는 謂雜志記之書와 百家之說也라 言旣不能好其人하며 又不能隆禮하고 直學雜說順詩書而已니 豈免爲陋乎아하니라 言不知通變也라 ○ 郝懿行曰 安은 猶然也며 焉也라 特은 直也니 猶言但也라 學雜識者는 識는 記也니 所謂記醜而博也라 志順詩書者는 志與幟同하니 謂幖題也라 如今學僮課讀에 用紙爲號記也라 順者는 順其文也라 謂陋儒但能幖志順讀詩書하여 末世窮年토록 不知理解也라 王引之曰 此文本作安特將學雜志順詩書而已耳라 志는 卽古識字也라 今本竝出識志二字者는 校書者旁記識字어늘 而寫者因誤入正文耳라 學雜志順詩書는 皆三字爲句니 多一識字면 則重複而累於詞矣라 楊注本作雜志는 謂雜記之書와 百家之說이라하여늘 今

作雜識志는 謂雜志記之書와 百家之說이라하니 皆後人據已誤之正文加之라 下注云 直學雜說하고 順詩書而已라하니 文義甚明하여 足正後人竄改之謬라 先謙案 學雜識志는 王說是라 安은 猶案也며 特은 猶直也라 此云 安特將學雜志하고 順詩書는 猶解蔽篇云 案直將治怪說하고 玩奇辭也라 安案은 竝猶則也라 荀書用安案字는 或爲語詞하고 或作則字用하니 其用則字亦然이라 彊國篇云 秦使左案左하고 使右案右는① 謂使左則左하고 使右則右也요 臣道篇云 是案曰是하고 非案曰非는 謂是則曰是하고 非則曰非也요 正論篇云 暴國獨侈면 安能誅之는② 謂暴國獨侈則誅之也요 又云 今子宋子案不然은 謂子宋子則不然也요 解蔽篇云 學者以聖王爲師면 案以聖王之制爲法은 謂以聖王爲師면 則以聖制爲法也라 此竝以安案代則字하고 餘皆語詞라 富國篇則案以爲利也와 仲尼篇云 至於成王이면 則安以無誅已와 大略篇云 至成康則案無誅已와 臣道篇云 凡人非賢則案不肖也는 以則案則安連用하니 安案亦語詞라 彊國篇云 是何也 則小事之至也數과 又云 是何也 則其殆無儒邪와 天論篇生於今而志乎古는 則是其在我者也 數則字語詞로 則亦猶安案也라

① 使楚也라
楚나라에게 그렇게 하도록 한 것이다.

② 能字衍이라
'能'자는 잘못 덧붙여진 글자이다.

楊倞注 : '安'은 어조사이니 '이에'라는 뜻이 있는 '抑'이라고 말한 것과 같다. '抑'을 혹은 '安'으로도 쓰고 혹은 '案'으로도 쓰는데 ≪荀子≫에는 이 '安'자를 많이 사용하였다. ≪禮記≫ 〈三年問〉에는 '焉'으로 되어 있다. ≪戰國策≫ 〈趙策〉에 "〈어떤 사람이〉 趙王에게 말하기를 '秦나라와 韓나라가 우호관계를 맺으면 秦나라의 兵禍가 이에 梁나라로 옮겨갈 것이고〔秦禍案移於梁矣〕, 秦나라와 梁나라가 우호관계를 맺으면 秦나라의 兵禍가 이에 趙나라로 밀려올 것입니다.〔秦禍案攘於趙矣〕' 했다."라고 하였고, ≪呂氏春秋≫ 〈執一篇〉에 "吳起가 商文에게 '지금 만약 군주에게 몸을 바쳐 신하가 되었을 때 그 군주의 지위가 이에 존귀해지고〔其主安重〕 만약 官印을 반납하고 관직을 떠났을 때 그 군주의 지위가 이에 경미해진다면〔其主安輕〕…….' 했다."라고 하였는데, 대체로 당시 사람들이 일반적으로 '安'을 어조사로 사용하였거나 혹은 方言이었을 것이다. '特'은 '다만'이란 뜻이 있는 '直'이라고 말한 것과 같다. '雜識志'는 잡다하게 기록된 글과 百家의 설을 말한다. 이미 그 사람을 좋아하지 못하고 또 禮義를 존중하지도 못하면서 다만 잡다한 설을 배우고 ≪詩經≫과

≪書經≫의 문구만 따라가며 읽을 뿐이니, 어찌 고루한 유생이 되고 마는 것을 면하겠느냐는 것을 말한다. 곧 변화하여 잘 적응할 줄 모르는 것을 말한 것이다.

○ 郝懿行 : '安'은 '然'자, '焉'자와 같다. '特'은 '直'의 뜻이니 '但'이라고 말한 것과 같다. '學雜識'란, '識'는 '기록하다'라는 뜻의 '記'와 같으니 이른바 '기록이 추잡하고 그 범위가 넓다.'는 것이다. '志順詩書'란, '志'는 '幟'와 같으니 幖題를 말한다. 오늘날 학동들이 일과로 글을 읽을 때 종이 찌를 사용하여 번호를 매기는 것과 같다. '順'이란 그 문구를 따라간다는 뜻이다. 고루한 유생이 다만 찌를 붙이면서 ≪詩經≫과 ≪書經≫의 문구를 따라 읽기만 함으로써 일생을 마치도록 깊은 뜻을 알지 못하는 것을 말한다.

王引之 : 이 글은 본디 '安特將學雜志 順詩書而已耳'로 되어 있었을 것이다. '志'는 곧 옛날의 '識'자이다. 지금 판본에 '識'와 '志' 두 글자가 함께 나와 있는 이유는 책을 교감하는 자가 '志' 곁에 '識'자를 기록해둔 것을 옮겨 쓴 자가 실수로 본문 속에 끼워 넣었을 뿐이다. '學雜志'와 '順詩書'는 다 세 글자로 구가 이뤄진 것이니, 여기에 '識' 한 자가 더 많아지면 중복되어 말이 번거롭게 된다. 楊倞의 주도 본디 '雜志 謂雜記之書 百家之說'로 되어 있었을 것인데도 지금 '雜識志 謂雜志記之書 百家之說'로 되어 있으니, 이는 모두 뒷사람이 이미 잘못된 본문을 따라 추가한 것이다. 아래의 주에 '直學雜說 順詩書而已'로 되어 있으니, 글의 의미가 매우 분명하여 충분히 뒷사람이 잘못 고친 오류를 바로잡을 만하다.

先謙案 : '學雜識志'는 王氏의 설이 옳다. '安'은 '案'과 같고, '特'은 '直'과 같다. 여기에 '安特將學雜志 順詩書'라 한 것은 〈解蔽篇〉에 '案直將治怪說 玩奇辭'라고 한 것과 같다. '安'과 '案'은 모두 '則'과 같다. ≪荀子≫에 '安'과 '案'자를 사용한 뜻은 혹은 어조사로 쓰기도 하고 혹은 '則'자의 뜻으로 쓰기도 하였는데, '則'자로 쓴 경우에도 마찬가지이다. 〈彊國篇〉에 '秦使左案左 使右案右'는 '왼쪽으로 향하게 하면 왼쪽을 향하고 오른쪽으로 향하게 하면 오른쪽을 향했다.'는 것을 말하고, 〈臣道篇〉에 '是案曰是 非案曰非'는 '옳으면 옳다고 말하고 틀렸으면 틀렸다고 말한다.'는 것을 말하고, 〈正論篇〉에 '暴國獨侈 安能誅之'는 '폭군이 통치하는 국가가 유달리 사치하고 방종하면 죽여 없앤다.'는 것을 말한다. 또 '今子宋子案不然'은 '지금 子宋子는 그렇지 않다.'는 것을 말하고, 〈解蔽篇〉에 '學者以聖王爲師 案以聖王之制爲法'은 '聖王을 스승으로 삼는다면 성왕의 제도를 자기의 법도로 삼게 된다.'는 것을 말한다. 이런 사례들은 모두 '安'과 '案'으로 '則'자를 대신한 것이고 나머지는 모두 어조사이다. 〈富國篇〉의 '則案以爲利也'와, 〈仲尼篇〉의 '至於成王 則安以無誅已'와, 〈大略篇〉의 '至成康則案無誅已'와, 〈臣道篇〉의 '凡人非賢則案不肖也'의 경우는 '則案'과 '則安'을 연이어 사용하였는데, 이때의 '安'·'案'은 또한 어조사이다. 〈彊國篇〉의 '是何也 則小事之至也數'이라 한 경우, 그리고 '是何也 則其殆無儒邪'와, 〈天論篇〉의 '生於今而志乎古

則是其在我者也'라고 한 몇 군데의 '則'자는 어조사로서 '則' 또한 '安'·'案'과 같다.

### 1-69 將原先王하고 本仁義면 則禮正其經緯蹊徑也니

그리고 옛 聖王의 교화를 알아보고 仁義의 근본을 탐구하려 한다면 예법을 준수하는 것이 곧 그곳으로 들어가는 올바른 길이 될 것이니,

所成所出이 皆在於禮也라

楊倞注 : 결과를 이뤄내고 행동을 개시하는 길이 모두 예법에 있다는 것이다.

### 1-70 若挈裘領하여 詘五指而頓之면 順者不可勝數也니라

이는 마치 갖옷의 옷깃을 들고 다섯 손가락을 구부려 흔들면 헤아릴 수 없이 많은 털들이 가지런히 정돈되는 것과 같다.

言禮亦爲人之綱領이라 挈은 擧也라 詘은 與屈同이라 頓은 挈也라 順者不可勝數는 言禮皆順矣라 ○ 盧文弨曰 頓은 猶頓挫니 提擧高下之狀이 若頓首然이라 注挈也는 疑誤라 順者不可勝數는 言全裘之毛皆順矣라 王念孫曰 楊訓頓爲挈은 於古無據하고 且上文已有挈字하니 此不得復訓爲挈이라 盧以頓爲頓挫하니 於義尤迂라 頓者는 引也니 言挈裘領者詘五指而引之면 則全裘之毛皆順也라 廣雅曰 扽은 引也라하고 曹憲[70]音頓이라하니라 古無扽字하여 借頓爲之라 鹽鐵論詔聖篇曰 今之治民者는 若拙御馬하니 行則頓之하고 止則擊之라하니 頓之는 引之也라 釋名曰 掣는 制也니 制頓之使順己也라하니 掣는 亦引也라 鹽鐵論散不足篇曰 吏捕索掣頓하여 不以道理라하고 褚少孫續史記滑稽傳曰 當道掣頓人車馬라하니라

楊倞注 : 예법 또한 사람의 綱領이 됨을 말한 것이다. '挈'은 '손으로 든다.'는 뜻이다. '詘'은 '屈'과 같다. '頓'은 '挈'의 뜻이다. '順者不可勝數'는 예법을 따르면 모든 일이 순리대로 됨을 말한 것이다.

○ 盧文弨 : '頓'은 '頓挫'와 같으니, 높이 들어 올렸다가 꺾어 내리는 모습이 마치 머리를 조아리는 것과 같은 것이다. 楊倞의 주에 '挈'의 뜻이라고 한 것은 아마도 잘못된 것

---

70) 曹憲 : 隋·唐 때 揚州 江都 사람으로, 문자학에 정통하였다. ≪桂苑珠叢≫을 편찬하고 ≪廣雅≫의 주를 달았다.

같다. '順者不可勝數'는 온 갖옷의 털들이 모두 정연해지는 것을 말한 것이다.

王念孫 : 楊倞이 '頓'의 뜻을 '挈'이라고 풀이한 것은 옛 서적에 그 근거가 없고 또 윗글에 이미 '挈'자가 있으니, 이 글자의 뜻을 다시 '挈'이라 할 수 없다. 盧氏는 '頓'을 '頓挫'라고 하였는데 그 의미가 더욱 터무니없다. '頓'이란 끌어당긴다는 뜻이니, 갖옷의 옷깃을 들어 올리고 다섯 손가락을 구부려 끌어당기면 온 갖옷의 털들이 모두 정연해지는 것을 말한 것이다. ≪廣雅≫에 "扽은 引이다." 하고, 曹憲이 "음은 '頓'이다."라고 하였다. 옛날에는 '끌어당긴다'는 뜻의 '扽'자가 없어 '頓'을 빌려 그 글자를 표기하였다. ≪鹽鐵論≫ 〈詔聖篇〉에 "오늘날 백성을 다스리는 자는 마치 노둔한 말을 모는 것처럼 해야 하니, 달릴 때는 끌어당기고〔行則頓之〕 멈추면 매를 쳐야 한다."라고 하였으니, 頓之는 끌어당긴다는 뜻이다. ≪釋名≫에 "掣은 '견제한다'는 뜻이니 상대를 견제하고 끌어당겨 자기에게 순응하게 하는 것이다."라고 하였으니, '掣' 또한 끌어당긴다는 뜻이다. ≪鹽鐵論≫ 〈散不足篇〉에 "吏捕索掣頓 不以道理(관리들이 수색하고 제어하기를 도리로써 하지 않았다.)"라 하였고, 褚少孫의 ≪續史記≫ 〈滑稽傳〉에 "當道掣頓人車馬(길거리에 버티고 서서 사람들의 車馬를 차단하였다.)"라고 하였다.

## 1-71 不道禮憲하고 以詩書爲之는

예법을 따르지 않고 ≪詩經≫·≪書經≫으로 공론만 펴는 것은

道는 言說也라 憲은 標表也라 ○ 王念孫曰 道者는 由也니[①] 言作事不由禮法하고 而以詩書爲之면 則不可以得之也라 故修身篇曰 由禮則治通하고 不由禮則勃亂提僈이라하니라 楊云道言說也는 失之라 又富國篇에 不足以持國安身이라 明君不道也라하니 道亦由也라 楊云明君不言은 亦失之라

① 見禮器中庸注라
≪禮記≫의 〈禮器〉와 〈中庸〉 주에 보인다.

楊倞注 : '道'는 설명하는 것을 말한다. '憲'은 '표준'이란 뜻이다.

○ 王念孫 : '道'란 '由(말미암다)'자의 뜻이니, 일을 처리할 때 예법을 따르지 않고, ≪詩經≫·≪書經≫으로 공론만 늘어놓는다면 제대로 해낼 수 없음을 말한 것이다. 그러므로 〈修身篇〉에 "예법을 따르면 순리대로 잘 풀리고 예법을 따르지 않으면 사리에 어긋나 혼란스럽고 태만해진다."라고 하였다. 楊倞이 "'道'는 설명하는 것을 말한다."고 한 것은 잘못된 것이다. 또 〈富國篇〉의 "不足以持國安身 明君不道也(충분히 국가를 보전하고 자기 몸

을 안전하게 하지 못한다. 그래서 현명한 군주는 이 길을 따르지 않는다.)"라고 한 곳의 '道' 또한 말미암는다는 뜻이다. 그런데 楊倞은 "현명한 군주는 말하지 않는다."라고 하였으니, 그 또한 잘못된 것이다.

## 1-72 譬之컨대 猶以指測河也며 以戈舂黍也며 以錐飡壺也[71]하여

비유하자면 마치 손가락으로 강물의 깊이를 헤아리고, 창으로 수수를 방아 찧고, 송곳으로 박 속을 긁어먹는 것과 같아서

○ 謝本從盧校하여 飡作飧(손)이라 盧文弨曰 飧同餐(찬)이라 王念孫曰 呂錢本作飡하고 元刻作飱하니라 案說文에 飱(손)은 餔也라 從夕食하고 思魂切이라하고 餐은 呑也니 從食奴(찬)聲하고 或從水作湌이라 七安切이라하니라 玉篇廣韻에 飱作飧이나 而飧餐二字는 皆異音異義라 古音餐屬寒部하고 飧屬魂部라 故魏風伐檀首章之餐은 與檀干漣廛貆爲韻하고 三章之飧은 與輪漘淪囷鶉爲韻하여 兩字判然不同이라 自爾雅釋文始誤以餐爲飧이어늘 而集韻遂合餐飧爲一字矣라 今俗書飧字作飱이어늘 而錢本作飡하니 自是湌之俗字요 非飧字也라 盧從元刻作飧하여 云飱同餐이라하니 非是라 先謙案 王說是라 今依呂錢本正作飡이라 以錐飡壺는 言以錐代箸也라 古人貯食以壺라 中山策에 君下壺飡臣父[72]라하고 韓非子에 晉文公出亡할새 箕鄭挈壺飡以從이라하니 皆其證이라

○ 謝本은 盧校本을 따라 '飡'이 '飧'으로 되어 있다.

盧文弨 : '飧'은 '餐'과 같다.

王念孫 : 呂·錢本에는 '飡'으로 되어 있고 元刻本에는 '飱'으로 되어 있다. 살펴보건대,

---

71) 以錐飡壺也 : '飡壺'에 대해 王先謙은 ≪戰國策≫과 ≪韓非子≫에 나오는 '壺飡'을 근거로 '병 속에 담은 밥'이라고 설명하였다. 그러나 鍾泰(1888~1979)는 ≪荀註訂補≫에서 ≪詩經≫ 〈豳風 七月〉에 "팔월에 이르러선 표주박 따고〔八月斷壺〕"를 근거로 '壺'는 '瓠(표주박)'의 假借字라고 하면서 王先謙의 설에 이의를 제기하였는데, 王天海도 ≪鶡冠子≫ 〈學問〉의 "강 中流에서 배를 잃으면 바가지 하나 값이 천금이다.〔中流失船 一壺千金〕"라고 한 것을 예로 들며 그에 동의하였다. 곡물인 수수를 '병'과 대를 맞추기보다는 역시 먹을거리인 '박'과 대를 맞추는 것이 더 합리적인 것으로 보여 이에 따라 번역하였다. 박 속을 긁을 때는 숟가락을 사용하는 것이 효과적이다.

72) 中山策 君下壺飡臣父 : 中山策은 ≪戰國策≫의 편명이며, 본문에는 "君下壺飡餌之 臣父且死"로 되어 있다.

≪說文解字≫에 "飧은 저녁 새참이란 뜻이니 夕과 食은 形符가 되고 思와 魂의 反切이다." 하고, "餐은 삼킨다는 뜻이니, 食이 딸렸고 奴은 음이다. 혹은 水가 붙어 '湌'으로 쓰기도 한다. 七과 安의 反切이다." 하였다. ≪玉篇≫과 ≪廣韻≫에 '飧'이 '飱'으로 되어 있으나 '飱'과 '餐' 두 자는 모두 음이 다르고 뜻도 다르다. 古音에 '餐'은 寒部에 소속되어 있고 '飱'은 魂部에 소속되어 있다. 그러므로 ≪詩經≫ 〈魏風 伐檀〉 首章의 '餐'은 檀·干·漣·廛·貆과 같은 운이 되고, 三章의 '飱'은 輪·滑·淪·囷·鶉과 같은 운이 되어 두 글자가 완전히 서로 다르다. ≪爾雅釋文≫에 처음 잘못하여 '餐'을 '飱'이라고 하였는데, ≪集韻≫에서 마침내 '餐'과 '飱'을 합쳐 한 글자로 표기한 것이다. 지금 세간에 유행하는 서체는 '飱'자를 '飱'으로 쓰는데 錢佃本에 '飡'으로 되어 있다. '飡'은 본디 '湌'의 속자이지 '飱'자가 아니다. 그런데 盧氏는 元刻本을 따라 '飱'이라 하면서 "'飱'은 '餐'과 같다."라고 하였으니, 옳지 않다.

先謙案 : 王氏의 설이 옳다. 여기서는 呂·錢本을 따라 바로잡아 '飡'으로 고쳤다. '以錐飡壺'는 송곳으로 젓가락을 대신한 것을 말한다. 옛사람들은 음식을 병 속에 담았다. ≪戰國策≫ 〈中山策〉에 "군주께서 병 속에 든 밥을 내려 신의 아비를 먹였습니다."라고 하고, ≪韓非子≫에 "晉 文公이 외국으로 도망갈 때 箕鄭이 병 속에 든 밥을 들고 뒤를 따랐다."라고 하였으니, 이것이 모두 그 증거이다.

1-73 不可以得之矣리라 故隆禮면 雖未明이나 法士也요

그 목적을 달성할 수 없을 것이다. 그러므로 禮法을 존중한다면 정밀한 의리에 대해서는 비록 밝지 못하더라도 예법을 좋아하는 선비는 될 것이고,

○ 先謙案 法士는 卽好禮之士라 修身篇云 學也者는 禮法也라하고 非禮면 是無法也라하며 又云 好法而行은 士也라하니 皆可互證이라 下文散儒에 楊注云 散은 謂不自檢束이라하니 是以散儒爲無禮法之儒라 正與法士對文이라

○ 先謙案 : '法士'는 곧 예법을 좋아하는 선비이다. 〈修身篇〉에 "배운다는 것은 예법을 실천하는 것이다."라고 하고, "예법을 어기는 것은 곧 예법을 무시하는 것이다."라고 하였으며, 또 "예법을 좋아하여 그대로 따라 행하는 자는 선비이다."라고 하였으니, 모두 상호간에 증명할 수 있다. 아래 글 '散儒'에 대해 楊倞의 주에 "'散'은 스스로 단속하지 않는 것을 말한다.'라고 하였으니, 이는 '散儒'를 예법이 없는 儒者로 간주한 것으로 곧 '法士'와 서로 대를 형성하는 문구이다.

1-74 **不隆禮**면 **雖察辯**이나 **散儒也**니라

예법을 존중하지 않는다면 비록 是非를 잘 살피고 論辯을 잘하더라도 쓸모없는 儒者에 지나지 않을 것이다.

**散**은 **謂不自檢束**이니 **莊子以不材木爲散木也**라

楊倞注 : '散'은 스스로 단속하지 않는 것을 말하니, ≪莊子≫에 재목으로 쓸 수 없는 나무를 '散木'이라 했다.

1-75 **問楛者**는 **勿告也**하고

묻는 태도가 거친 자에게는 일러주지 말고,

**楛**는 **與苦同**하니 **惡也**라 **問楛**는 **謂所問非禮義也**라 **凡器物堅好者謂之功**이라하고 **濫惡者謂之楛**라 **國語曰 辨其功苦**라하니 **韋昭曰 堅曰功**이요 **脃曰苦**라하니라 **故西京賦曰 鬻良雜苦**라하고 **史記曰 器不苦窳**라하니라 **或曰 楛**는 **讀爲沽**라하니라 **儀禮有沽功**이라하니 **鄭玄曰 沽**는 **麤也**라하니라

楊倞注 : '楛'는 '苦'와 같으니 거칠다는 뜻이다. '問楛'는 묻는 태도가 禮義가 아닌 것을 말한다. 일반적으로 기물이 견고하고 좋은 것을 '功'이라 말하고 거친 것을 '楛'라 말한다. ≪國語≫ 〈齊語〉에 "辨其功苦(그 견고하고 거친 것을 가려낸다.)"라고 한 곳에서 韋昭가 "견고한 것을 '功'이라 하고 푸석한 것을 '苦'라 한다."라고 하였다. 그러므로 〈西京賦〉에 "鬻良雜苦(좋은 물건을 판다고 하면서 거친 것을 섞어놓았다.)"라고 하고, ≪史記≫ 〈五帝本紀〉에 "器不苦窳(그릇이 거칠고 조잡하였다.)"라고 하였다. 어떤 사람은 "'楛'는 '沽'자로 읽어야 한다." 하였다. ≪儀禮≫에 "〈喪冠을 만드는 베는〉 大功布보다 거칠다.〔沽功〕"라고 하였는데, 鄭玄이 "'沽'는 올이 거칠다는 뜻이다."라고 하였다.

1-76 **告楛者**는 **勿問也**하고 **說楛者**는 **勿聽也**하고 **有爭氣者**는 **勿與辯也**니라 **故必由其道至然後**에 **接之**하고 **非其道**면 **則避之**니라

일러주는 태도가 거친 자에게는 묻지 말고, 논변하는 태도가 거친 자에게는 그 말을 듣지 말고, 상대를 이기려고 애쓰는 자와는 함께 논변하지 말아야 한다. 그러므로 상대가 반드시 禮義의 도리를 준수하여 가르침을 청한 뒤에 비로소 그를

접촉하고, 禮義의 도리를 따르는 자가 아닐 때는 피해야 한다.

道不至則不接이라

楊倞注 : 禮義의 도리를 준수하여 가르침을 청해오지 않으면 접촉하지 않는 것이다.

## 1-77 故禮恭而後可與言道之方하고 辭順而後可與言道之理하고 色從而後可與言道之致니라

그러므로 〈가르침을 청하는 사람이〉 禮義가 공순한 뒤에 비로소 그와 함께 道에 관한 방법을 이야기할 수 있고, 상대방의 말씨가 온순한 뒤에 비로소 그와 함께 도에 관한 구체적인 내용을 이야기할 수 있으며, 상대방의 얼굴빛에 순종하는 기운이 드러난 뒤에 비로소 그와 함께 도에 관한 가장 심오한 경지를 이야기할 수 있다.

致는 極也라 此謂道至而後接之也라

楊倞注 : '致'는 '極(지극하다)'자의 뜻이다. 여기서는 禮義의 도리를 준수하여 물어온 뒤에 그를 접촉한다는 것을 말한다.

## 1-78 故未可與言而言을 謂之傲라하고

그러므로 함께 대화할 수 없는데도 그에게 말을 거는 것을 '거만하다〔傲〕' 이르고,

傲亦戲傲也라 論語曰 言未及而言을 謂之躁[73)]라하니라

楊倞注 : '傲' 또한 농담을 하고 거만을 피운다는 뜻이다. ≪論語≫ 〈季氏〉에 "〈군자의〉 말씀이 아직 미치지 않았는데 〈먼저〉 말하는 것을 '경망하다〔躁〕' 이른다."라고 하였다.

---

73) 論語曰……謂之躁 : ≪論語≫ 〈季氏〉에 "孔子께서 말씀하시길 '君子를 모심에 세 가지 잘못이 있으니, 말씀이 미치지 않았는데 〈먼저〉 말하는 것을 躁라 이르고, 말씀이 미쳤는데 말하지 않는 것을 隱이라 이르고, 顔色을 보지 않고 말하는 것을 瞽라 이른다.' 하였다.〔孔子曰 侍於君子 有三愆 言未及之而言 謂之躁 言及之而不言 謂之隱 未見顔色而言 謂之瞽〕"는 말이 보인다.

1-79 **可與言而不言**을 **謂之隱**이라하고 **不觀氣色而言**을 **謂之瞽**라하니 **故君子不傲不隱不瞽**하고 **謹順其身**하나니라

함께 대화할 수 있는데도 말을 걸지 않는 것을 '숨긴다〔隱〕'고 이르고, 상대방의 기색을 살펴보지 않고 말을 거는 것을 '소경〔瞽〕'이라 이른다. 그러므로 군자는 거만하지도 않고 숨기지도 않고 소경 노릇도 하지 않으면서, 상대방의 행동에 따라 신중하게 말을 하는 것이다.

瞽者는 不識人之顏色이라 ○ 盧文弨曰 順은 宋本作愼이라 今從元刻하니 與呂東萊讀詩記[74)]所引同이라 郝懿行曰 傲與敖同하니 敖者는 謂放散也라 謹順其身의 身은 猶人也라 此謂君子言與不言을 皆順其人之可與不可니 所謂時然後言이라 人不厭其言也[75)]니라

楊倞注 : 소경은 상대방의 얼굴 기색을 모른다.

○ 盧文弨 : '順'은 宋本에는 '愼'으로 되어 있다. 여기서는 元刻本을 따랐는데, 이는 呂東萊의 ≪讀詩記≫에서 인용한 것과 같다.

郝懿行 : '傲'는 '敖'와 같으니 '敖'는 방종하고 산만한 것을 말한다. '謹順其身'의 '身'은 상대방이란 말과 같다. 여기서는 군자가 말을 하거나 말을 하지 않는 것을 모두 상대방의 태도가 그럴 만한가 그럴 만하지 않는가에 따라 한다는 것을 말한 것이니, 이른바 '마땅히 말할 시점에 이르러 말을 하므로 상대방이 그의 말을 싫어하지 않는다.'는 경우이다.

1-80 **詩曰 匪交匪舒**[76)]하니 **天子所予**라하니 **此之謂也**니라

---

74) 呂東萊讀詩記 : 呂東萊는 南宋 呂祖謙(1137~1181)을 말하고, ≪讀詩記≫는 그가 편찬한 ≪呂氏家塾讀詩記≫의 약칭이다. 모두 32권이다.

75) 時然後言 人不厭其言也 : ≪論語≫ 〈憲問〉에 나오는 말이다.

76) 匪交匪舒 : 兪樾(1821~1907)의 설에 의하면 '交'는 '絞(묶다)'로 읽어야 한다고 하였다. 이 경우 '匪絞'는 급하게 서두르지 않는 것으로서 윗글의 不傲·不隱과 호응하고, '匪舒'는 느슨하게 태만하지 않는 것으로서 不瞽와 호응한다. 그리고 '匪舒'가 일부 판본에는 '匪紓'로 되어 있는데, '絞'와 '紓'가 완벽하게 대를 이룬다. 그러므로 兪樾의 설이 매우 합리적이긴 하나 통행하는 ≪毛詩≫에 '彼交'로 되어 있고 諺解도 그에 따라 '저 교함'으로 되어 있어 통행본대로 번역하였다.

≪詩經≫에 "저 사람의 교제가 아니 느슨해 천자께서 포상을 내리셨다네."라고 하였으니, 이것을 말한 것이다.

詩는 小雅采菽之篇이라 匪交는 當爲彼交니 言彼與人交接할새 不敢舒緩이라 故受天子之賜予也라 ○ 盧文弨曰 匪도 亦有彼義라 左傳襄二十七年에 引詩桑扈匪交匪敖하고 成十四年에 引仍作彼交匪敖하니라 襄八年에 引小旻如匪行邁謀하고 杜注에 匪는 彼也라하니라 匪舒는 宋本與詩考[77]合하고 元刻及讀詩記所引은 皆作匪紓라 此段自昔者瓠巴鼓瑟起至此는 皆論爲學之效與爲學之要하고 末亦引詩以證之하니 應爲一節이라 宋本分段頗不明일새 今更正하니라 王引之曰 此引詩匪交匪舒는 正申明上文之不傲不隱不瞽하니 則作匪者正字요 作彼者借字也라 交는 讀爲姣라 廣雅曰 姣는① 侮也라하니 言不侮慢하고 不怠緩也라 說見經義述聞小雅桑扈篇이라

① 音絞라
〈姣의〉 음은 '絞'이다.

楊倞注 : ≪詩經≫은 〈小雅 采菽〉篇이다. '匪交'는 마땅히 '彼交'로 되어야 하니, 저 사람이 상대방과 교제할 때 감히 느슨하게 하지 않았기 때문에 천자가 내린 포상을 받았다는 것을 말한 것이다.

○ 盧文弨 : '匪'에도 '彼'자의 뜻이 있다. ≪春秋左氏傳≫ 襄公 27년에 ≪詩經≫ 〈桑扈〉의 '匪交匪敖'를 인용하고, 成公 14년에 같은 부분이 인용된 곳에는 '彼交匪敖'로 되어 있다. 襄公 8년에 〈小旻〉의 '如匪行邁謀'를 인용하고, 杜預의 주에 "匪는 '彼'자와 같다." 하였다. '匪舒'는 宋本은 ≪詩考≫와 같고, 元刻本 및 ≪讀詩記≫에 인용된 것은 모두 '匪紓'로 되어 있다. 이 단락은, '옛날에 瓠巴가 비파를 타자〔昔者瓠巴鼓瑟〕'라고 한 부분부터 여기까지는 〈같은 맥락으로서〉 모두 학문을 추구한 효과와 학문을 추구하는 요령에 관해 논했고, 끝부분에 또 ≪詩經≫을 인용하여 그것을 증명하였으니, 마땅히 한 항목이 된다. 宋本은 단락을 나눈 것이 매우 분명치 않아 여기서는 고쳐 바로잡았다.

王引之 : 여기서 ≪詩經≫의 '匪交匪舒'를 인용한 것은 곧 윗글의 '不傲'·'不隱'·'不瞽'의 의미를 거듭 밝인 것이니, '匪'로 된 것은 正字이고 '彼'로 된 것은 假借字이다. '交'는 '姣'로 읽어야 한다. ≪廣雅≫에 "姣는 업신여긴다는 뜻이다."라고 하였으니, 업신여기지도 않고 태만하지도 않는다는 것을 말한다. 〈이에 관한〉 설은 ≪經義述聞≫ 〈小雅 桑扈〉篇에 보인다.

---

77) 詩考 : 王應麟(1223~1296)이 편찬한 것으로, 1권이다.

1-81 百發失一이면 不足謂善射요 千里蹞(규)步不至면 不足謂善御며

화살 백 대를 쏘아 그중 한 대를 실패하면 잘 쏘았다고 말할 수 없고, 수레를 몰아 천 리를 달려가다가 반걸음을 완주하지 못하면 잘 몰았다고 말할 수 없으며,

未能全盡이라

楊倞注 : 완전하고 다한 것이라고 할 수 없다는 것이다.

1-82 倫類[78)]不通하고 仁義不一이면 不足謂善學이니라

人倫과 事理를 두루 통하지 못하고 仁과 義를 전일하게 지키지 못한다면 잘 배웠다고 말할 수 없다.

通倫類는 謂雖禮法所未該나 以其等倫比類而通之니 謂一以貫之[79)]로 觸類而長也라 一仁義는 謂造次不離하여 他術不能亂也라

楊倞注 : 禮法의 사례를 통한다는 것은 비록 기본적인 예법에는 포함되지 못한 것이라도 그와 비슷한 사례들을 추리하여 널리 아는 것을 말하니, 이른바 '한 가지 이치로 모든 일을 꿰뚫는다.'는 것으로, 하나하나 유추하여 더 알아가는 것을 의미한다. 仁義의 도리를 전일하게 행한다는 것은 〈仁義로부터〉 잠시도 떠나지 않음으로써 다른 학술이 어지럽히지 못하게 하는 것을 말한다.

1-83 學也者는 固學一之也라 一出焉하고 一入焉은 涂巷之人也라

---

78) 倫類 : 楊倞의 주는 유사한 사례들이란 뜻인 '等倫比類'의 약칭으로 이해하였다. 그러나 梁啓雄은 '倫'은 이치이고 '類'는 법과 같다 하고, 熊公哲은 禮法을 말한 것이라 하고, 楊柳橋는 事理와 같은 것이라 하였다. 王天海는 인륜과 사리를 말한 것이라고 하면서 그 증거로 ≪孟子≫ 〈公孫丑 下〉에 "안으로는 아비와 아들이고 밖으로는 임금과 신하가 사람의 큰 윤리이다.〔內則父子 外則君臣 人之大倫也〕"라고 한 것과, 〈告子 上〉에 "이것을 두고 사리의 輕重을 모른다고 이른다.〔此之謂不知類也〕"라고 한 것을 예로 들었다. '倫類'는 '仁義'의 대구라는 측면에서 볼 때 王天海의 설이 일리가 있는 것으로 보여 그에 따라 번역하였다.

79) 謂一以貫之 : 久保愛의 ≪荀子增注≫에 "본주의 '謂一' 위에 '所'가 누락되었다."라고 하였다. 이 문구 위에 이미 '謂'자가 있는 데다, '一以貫之'는 ≪論語≫ 〈里仁〉의 문구를 인용한 것으로 볼 때 ≪荀子增注≫의 설이 일리가 있어 그에 따라 번역하였다.

배운다는 것은 본디 전일하게 지키는 것을 배우는 것이다. 나갔다가 들어왔다 하기를 반복하는 것은 저자거리의 보통 사람이다.

或善或否라

楊倞注 : 〈배우기를〉 잘하기도 하고 그렇지 않기도 한다는 것이다.

1-84 **其善者少**하고 **不善者多**하니 **桀紂盜跖也**니라

〈배우기를〉 잘하는 자는 적고 잘하지 못하는 자는 많으니, 〈잘하지 못한 자 가운데 심한 자는〉 夏桀・商紂・盜跖이다.

盜跖은 柳下季之弟로 聚徒九千人於太山之傍하여 侵諸侯하니 孔子說(세)之而不入者也라 ○ 盧文弨曰 案柳下季在魯僖公時하여 與孔子年數懸遠이라 莊子所載도 亦寓言耳라

楊倞注 : 盜跖은 柳下季의 아우로, 太山 주변에서 9천 명의 무리를 모아 제후를 침범하자 孔子가 그를 회유하였으나 받아들이지 않은 자이다.

○ 盧文弨 : 살펴보건대, 柳下季는 魯 僖公 때 있었던 사람으로 공자 때와는 햇수가 매우 멀다. ≪莊子≫에 실린 것도 寓言일 뿐이다.

1-85 **全之盡之**니 **然後學者也**니라

〈인륜과 사리를〉 완전히 알고 〈仁과 義에〉 마음을 다 쏟아야 하니, 그런 뒤에야 비로소 제대로 배운 자라 할 수 있다.

學然後全盡이라

楊倞注 : 배운 뒤에야 완전히 알고 또 다 쏟을 수 있다.

1-86 **君子知夫不全不粹之不足以爲美也**라 **故誦數**[80]**以貫之**하고

군자는 완전하게 알지 못하고 전일하게 행하지 못하는 것이 훌륭하다고 여길

80) 誦數 : 兪樾의 설을 따라 번역하였다.

수 없다는 것을 안다. 그러므로 옛글을 외우고 토론함으로써 완전한 학문을 익히는 것을 추구하고,

使習禮樂詩書之數하여 以貫穿之라 ○ 兪樾曰 誦數는 猶誦說也라 詩擊鼓篇에 與子成說이라하고 毛傳曰 說은 數也라하니라 說爲數라 故數亦爲說이라 禮記儒行篇 遽數之不能終其物에 正義曰 數는 說也라하니라 荀子王霸篇曰 不足數於大君子之前이라하고 仲尼篇曰 固曷足稱乎大君子之門哉리오하니 稱與數는 文異而義同이라 凡稱說必一一數之라 故卽謂之數니라 誦數以貫之는 猶云誦說以貫之니 與下句思索以通之一律이라 誦數思索은 皆兩字平列이라 楊注非라 隱十一年穀梁傳 犆言은 同時也요 累數는 皆至也에 范注曰 累數는 總言之也라하니 言은 卽說也라 先謙案 兪說是라 正名篇亦云誦數之儒[81)]라하니라

楊倞注 : ≪禮≫·≪樂≫·≪詩≫·≪書≫의 과목을 익혀 융회 관통할 수 있게 하는 것이다.

○ 兪樾 : '誦數'는 '誦說'과 같다. ≪詩經≫ 〈擊鼓篇〉의 "與子成說(그대 함께 언약을 이루었노라.)"이라고 한 곳에서 ≪毛傳≫에 "'說'은 數이다."라고 하였다. '說'이 '數'이기 때문에 '數' 또한 '說'이 되는 것이다. ≪禮記≫ 〈儒行篇〉의 "遽數之不能終其物(갑자기 열거하려 들면 단시간에 그것을 다 설명할 수 없다.)"이라고 한 곳에서 ≪正義≫에 "'數'는 說이다."라고 하였다. ≪荀子≫ 〈王霸篇〉에 "不足數於大君子之前(위대한 군자 앞에서 일일이 열거할 수 없다.)"이라고 하고, 〈仲尼篇〉에 "固曷足稱乎大君子之門哉(그를 어떻게 위대한 군자의 문하에서 거론할 수 있겠는가.)"라고 하였으니, '稱'과 '數'는 글자가 다르지만 뜻은 같다. 일반적으로 내세워 말할 때는 반드시 일일이 열거하기 마련이므로 곧 '數'라고 말한 것이다. '誦數以貫之'는 외우고 설명함으로써 융회 관통하게 된다고 한 말과 같은 것으로, 아래 문구의 '思索以通之'와 똑같은 방식이다. '誦數'와 '思索'은 모두 두 글자씩 나란히 배열한 것이다. 楊倞의 주는 틀렸다. ≪春秋穀梁傳≫ 隱公 11년의 "犆言 同時也 累數 皆至也(특별히 거론한 것은 같은 계절에 출발한 것을 표시한 것이고, 한 자리에 놓고 총괄해서 서술한 것은 모두 도착한 것을 표시한 것이다.)"라고 한 곳에서 范寧의 주에 "'累數'는 총괄해서 서술하는 것이다."라고 하였는데, '言'은 '說'자의 뜻이다.

先謙案 : 兪氏의 설이 옳다. 〈正名篇〉에도 "誦數之儒"라고 하였다.

---

81) 誦數之儒 : 〈正名篇〉에서는 '예의제도를 이야기하는 유생'이라 하여 '數'자를 예의제도의 뜻으로 사용하였다.

1-87 **思索以通之**하며

이치를 생각하고 탐구하여 그 의미를 파악하며,

**思求其意也**라

楊倞注 : 그 뜻을 생각하고 탐구한다는 것이다.

1-88 **爲其人以處之**[82)]하고

자기가 그 훌륭한 사람이 되어 그 자리에 처하고,

**爲擇賢人與之處也**라 ○ **劉台拱曰 雖誦數思索**이라도 **而不體之於身**이면 **則無以居之**라 **故必自爲其人**하여 **以居其道也**라 **郭嵩燾曰 爲其人以處之**는 **猶言設身處地**니 **取古人所已行者**하여 **爲之程式**하여 **而得其所處之方也**라 **先謙案 劉郭說是**라

楊倞注 : 훌륭한 사람을 가려 그와 함께 어울린다는 것이다.

○ 劉台拱 : 비록 외우고 토론하며 생각하고 탐구하더라도 그것을 자기 몸에 실제로 체득하지 않으면 그것을 차지할 수 없다. 그렇기 때문에 반드시 스스로 자기가 그 사람이 됨으로써 그 도를 차지하게 되는 것이다.

郭嵩燾 : 그 사람이 되어 그 위치에 처한다는 것은 자기 몸이 처할 위치를 마련한다는 말과 같은 것으로, 옛사람이 이미 행했던 자취를 취해 그것을 기준으로 삼아 자기가 처할 위치를 얻는 것이다.

先謙案 : 劉氏와 郭氏의 설이 모두 옳다.

1-89 **除其害者以持養之**라 **使目非是無欲見也**하고 **使耳非是無欲聞也**하며 **使口非是無欲言也**하고 **使心非是無欲慮也**니라

〈예법을 이해하고 도리를 실천하는 일에〉 방해가 되는 것들을 제거함으로써 그것을 유지하고 수양한다. 그리하여 눈으로는 이것이 아닌 것을 보지 않도록 하고 귀로는 이것이 아닌 것을 듣지 않도록 하며, 입으로는 이것이 아닌 것을 말하지 않도록 하고 마음으로는 이것이 아닌 것을 생각하지 않도록 하는 것이다.

---

82) 爲其人以處之 : 劉台拱과 郭嵩燾의 설을 따라 번역하였다.

是는 猶此也니 謂學也라 或曰 是는 謂正道也라하니라

楊倞注 : '是'는 '此'자와 같으니, 배우는 것을 말한다. 어떤 사람은 "'是'는 正道를 말한다."라고 하였다.

## 1-90 及至其致好之也하여는 目好之五色[83)]하고 耳好之五聲[84)]하고 口好之五味[85)]하며 心利之有天下니라

좋아하는 정도가 극도에 이른 시점에 도달하면 눈은 五色보다 좋아하고 귀는 五聲보다 좋아하고 입은 五味보다 좋아할 것이며, 마음은 천하를 소유한 것보다 이롭게 여길 것이다.

致는 極也니 謂不學이면 極恣其性하여 欲不可禁也하고 心利之有天下之富也라 或曰 學成之後엔 必受榮貴라 故能盡其欲也라하니라 ○ 劉台拱曰 言耳目口之好之與五色五聲五味同하고 心利之 與有天下同이라 兪樾曰 上文皆言君子爲學之道하니 及至其三字直接上文이어늘 安得云謂不學者乎아 若云學成榮貴는 義更粗矣라 古之字於字通用이라 大戴禮事父母篇曰 養之內하고 不養於外면 則是越之也요 養之外하고 不養於內면 則是疏之也라하니 之內之外는 卽於內於外也라 廣雅釋言曰 諸는 之也라하고 又曰 諸는 於也라하니 則之與於는 義固得通矣라 此文四之字는 竝猶於也라 目好於五色하고 耳好於五聲하고 口好於五味하며 心利於有天下는 言所得於學者深하여 他物不足以尙之也라 下文曰 是故權利不能傾也며 群衆不能移也며 天下不能蕩也하여 生乎由是하고 死乎由是라하니 正申明此數句之誼라 先謙案 兪說是라

楊倞注 : '致'는 '極(지극하다)'자의 뜻이니, 바른 도리를 배우지 않으면 본연의 성정을 한없이 풀어놓아 욕심을 제어하지 못할 것이고 마음속으로 그것을 이롭게 여기는 것이 마치 천하를 소유한 부자와 같을 것임을 말한 것이다. 어떤 사람은 "학문이 이뤄진 뒤에는 반드시 부귀영화를 누리기 때문에 능히 그의 욕구를 모두 성취할 수 있다."라고

---

83) 五色 : 파랑·노랑·빨강·하양·검정 등 다섯 빛깔로, 아름다운 채색을 말한다.
84) 五聲 : 宮·商·角·徵·羽 등 다섯 음률로, 아름다운 음악을 말한다.
85) 五味 : 신맛·쓴맛·매운맛·단맛·짠맛 등 다섯 맛으로, 감칠맛 나는 맛을 말한다.

하였다.

○ 劉台拱 : 귀와 눈과 입이 좋아하는 것이 五色과 五聲과 五味와 같고 마음속으로 이롭게 여기는 것이 천하를 소유한 것과 같을 것이라고 말한 것이다.

兪樾 : 윗글에서 모두 군자가 학문을 하는 도에 관해 말하였으니, '及至其' 세 자는 윗글과 곧바로 연결되는 것이다. 그런데 어떻게 배우지 않은 자를 말한 것이라고 할 수 있겠는가. 만약 '학문이 이뤄져 부귀영화를 누린다.'라고 말한다면 뜻이 더 거칠어질 것이다. 옛날에 '之'자와 '於'자는 통용하였다. ≪大戴禮記≫ 〈事父母篇〉에 "養之內 不養於外 則是越之也 養之外 不養於內 則是疏之也(마음속으로만 걱정하고 겉으로 걱정하지 않는다면 이는 지나치게 걱정하는 것이고, 겉으로만 걱정하고 마음속으로 걱정하지 않는다면 이는 변변치 않게 걱정하는 것이다.)"라고 하였는데, '之內'와 '之外'는 곧 '於內'와 '於外'이다. ≪廣雅≫와 ≪釋言≫에 "'諸'는 '之'이다."라고 하고, 또 "'諸'는 '於'이다."라고 하였으니, '之'와 '於'는 그 뜻이 사실 통용될 수 있다. 여기 문구의 네 '之'자는 모두 '於'와 같다. '눈은 五色보다 좋아하고 귀는 五聲보다 좋아하고 입은 五味보다 좋아할 것이며, 마음은 천하를 소유한 것보다 이롭게 여길 것이다.'라는 것은, 배움을 통해 얻은 것이 깊어 다른 것들은 그보다 더 좋다고 여길 것이 없다는 것을 말한 것이다. 아래 글에 "이 때문에 권세와 이익이 그를 넘어뜨릴 수 없고, 군중의 압력이 그의 마음을 바꿀 수 없고, 천하의 대세가 그를 흔들 수 없어, 살더라도 이 배운 것을 따르고 죽더라도 이 배운 것을 따르는 것이다."라고 하였으니, 곧 이 몇 구절의 뜻을 거듭 밝힌 것이다.

先謙案 : 兪氏의 설이 옳다.

## 1-91 是故權利不能傾也하고 群衆不能移也하고 天下不能蕩也하여

이 때문에 권세와 이익이 그를 넘어뜨릴 수 없고, 군중의 압력이 그의 마음을 바꿀 수 없고, 천하의 대세가 그를 흔들 수 없어,

蕩은 動也라 覆說爲學하니 學則物不能傾移矣리라

楊倞注 : '蕩'은 움직인다는 뜻이다. 배우는 것에 대해 다시 말한 것이니, 배운다면 외물이 그를 넘어뜨리거나 변하게 할 수 없을 것이다.

## 1-92 生乎由是하고 死乎由是하니 夫是之謂德操니라

살더라도 이 배운 것을 따르고 죽더라도 이 배운 것을 따르는 것이니, 이것을

곧 '덕을 지킨다〔德操〕'고 말한다.

死生必由於學하니 是乃德之操行이라 ○ 郝懿行曰 德操는 謂有德而能操持也라 生死由乎是는 所謂國有道에 不變塞하며 國無道에 至死不變[86]者 庶幾近之라 故云德操然後能定하고 能定然後能應이라하니라

楊倞注 : 죽거나 살거나 간에 반드시 배운 것을 따르니, 이것이 곧 덕을 지닌 자의 행실이다.

○ 郝懿行 : '德操'는 덕이 있어 능히 〈그 배운 것을〉 지키는 것을 말한다. 살거나 죽거나 간에 배운 것을 따르는 것은 이른바 '나라에 도가 있을 때 곤궁할 때의 지조를 변치 않고, 나라에 도가 없을 때 죽음에 이르더라도 평소의 절개를 바꾸지 않는다.'라는 말이 거의 그에 가까울 것이다. 그러므로 '덕을 지킨 뒤에 비로소 기초가 안정될 수 있고, 기초가 안정된 뒤에 비로소 세상의 각종 복잡한 정황에 대응할 수 있다.'고 말한 것이다.

1-93 德操然後能定하고 能定然後能應이니

덕을 지킨 뒤에 비로소 기초가 안정될 수 있고, 기초가 안정된 뒤에 비로소 세상의 각종 복잡한 정황에 대응할 수 있으니,

我能定이라 故能應物也라

楊倞注 : 나 자신이 안정될 수 있기 때문에 각종 정황에 대응할 수 있는 것이다.

1-94 能定能應하면 夫是之謂成人이니라

안정될 수 있고 대응할 수 있으면 이런 사람을 〈학문과 덕이〉 성취된 사람이라고 말한다.

內自定而外應物이면 乃爲成就之人也라

楊倞注 : 안으로 스스로 안정될 수 있고 밖으로 각종 정황에 대응할 수 있으면 곧 성취된 사람이 되는 것이다.

---

86) 國有道……至死不變 : ≪中庸≫ 제10장에 나온다. 子路가 공자에게 어떤 것을 '强'이라고 하는지 묻자, 그에 대해 대답한 말이다.

1-95 天見其明하고 地見其光[87)]하며 君子貴其全也니라

하늘은 그 밝은 것을 귀하게 여기고, 땅은 그 넓은 것을 귀하게 여기며, 군자는 그의 덕이 완전한 것을 귀하게 여긴다.

見은 顯也라 明은 謂日月하고 光은 謂水火金玉이라 天顯其日月之明하고 而地顯其水火金玉之光하며 君子則貴其德之全也라 ○ 劉台拱曰 光廣은 古通用하니라 王念孫曰 劉讀光爲廣하니 是也라 明者는 大也니 小雅車牽에 正義曰 明은 亦大也라하고 中庸曰 高明所以覆物也라하며 成十六年左傳에 夏書曰 怨豈在明이리오 不見是圖라하니 將愼其細也라 今而明之면 其可乎인저하니 是明與大同義라 大者는 天之全體요 廣者는 地之全體라① 故君子之德은 貴其全也라 儒效篇曰 至高謂之天이요 至下謂之地요 宇中六指謂之極이요 塗之人百姓積善而全盡謂之聖人이라하니 語意略與此同이라 楊注皆失之라 兪樾曰 按兩見字竝當作貴라 蓋貴字漫漶하여 止存其下半之貝하여 因誤爲見耳라 光與廣通하니 言天貴其明하고 地貴其廣하고 君子貴其全이라 貴誤作見하면 則與君子句不一律하여 失荀子語意矣리라

① 繫辭傳에 廣大配天地라하니 承上文大生廣生而言하여 謂大配天하고 廣配地也[88)]라 中庸言博厚配地하고 高明配天이라하니 博亦廣也며 明亦大也라
≪周易≫ 〈繫辭傳〉에 "廣大한 작용은 천지와 견줄 수 있다."고 하였으니, 이것은 그 위 글의 '大生'과 '廣生'을 이어 말한 것으로, 큰 작용은 하늘과 견주고 넓은 작용은 땅과 견주는 것을 말한다. 그리고 ≪中庸≫에 "博厚는 땅과 견주고 高明은 하늘과 견준다." 하였으니, '博'이 또한 '廣'이며 '明'이 또한 '大'인 것이다.

楊倞注 : '見'은 드러난다는 뜻이다. '明'은 日月을 말하고, '光'은 水·火·金·玉을 말한다. 하늘은 그 日月의 밝은 빛을 드러내고, 땅은 그 水·火·金·玉의 빛을 드러내며, 군자는 그의 덕이 완전한 것을 귀하게 여기는 것이다.

○ 劉台拱 : '光'과 '廣(넓다)'은 옛날에 통용하였다.

---

87) 天見其明 地見其光 : '光'은 '廣'과 옛날에 통용했다는 劉台拱의 설과, '見'자는 '貴'가 잘못 표기되었다는 兪樾의 설을 따라 번역하였다.

88) 繫辭傳……廣配地也 : ≪周易≫ 〈繫辭傳〉에서 '廣大配天地' 바로 앞에, "乾은 그 고요함이 전일하고 그 동함이 곧기 때문에 큼이 생기며〔大生〕, 坤은 그 고요함이 합하고 그 동함이 열리기 때문에 넓음이 생긴다〔廣生〕.〔夫乾 其靜也專 其動也直 是以大生焉 夫坤 其靜也翕 其動也闢 是以廣生焉〕"는 말이 나온다.

王念孫 : 劉氏는 '光'을 '廣'으로 간주해 읽었는데, 그것이 옳다. '明'이란 '大'자의 뜻이니, ≪詩經≫ 〈小雅 車舝〉의 ≪正義≫에 "'明'은 또한 크다는 뜻이다." 하였고, ≪中庸≫에 "高明은 만물을 덮는 것이다."라고 하였으며, ≪春秋左氏傳≫ 成公 16년에 "〈夏書〉에 이르기를 '원망이 어찌 크게 드러난 곳에 있겠는가. 드러나지 않은 곳도 살펴보아야 한다.' 하였으니, 이는 작은 원망도 경계해야 함을 말한 것이다. 그런데 지금 〈작은 원망을〉 크게 드러나게 만들었으니, 어찌 옳겠는가."라고 하였으니, 이는 '明'과 '大'가 같은 뜻인 것이다. 큰 것은 하늘의 전체이고, 넓은 것은 땅의 전체이다. 그러므로 군자의 덕은 완전한 것을 귀하게 여긴다. 〈儒效篇〉에 "가장 높은 것은 하늘이라 이르고 가장 낮은 것은 땅이라 이르며, 온 세상에서 여섯 방향을 향해 뻗은 것을 極이라 이르고 길 가는 일반 백성이 선행을 계속 쌓아 진선진미한 경지에 도달한 것을 聖人이라 이른다."라고 하였으니, 말뜻이 대략 이곳과 같다. 楊倞의 주는 모두 잘못되었다.

兪樾 : 살펴보건대, 두 '見'자는 모두 마땅히 '貴'자가 되어야 한다. 그 이유는 '貴'자가 희미해져 그 아래 절반의 '貝'만 있었으므로 이로 인해 '見'으로 잘못된 것일 뿐이다. '光'은 '廣'과 통하니, '하늘은 그 밝은 것을 귀하게 여기고, 땅은 그 넓은 것을 귀하게 여기며, 군자는 그의 덕이 완전한 것을 귀하게 여긴다.'는 것을 말한다. '貴'가 '見'으로 잘못되면 '君子' 구와는 같은 형식이 되지 않아 荀子의 말뜻을 잃게 될 것이다.

# 修身篇 第二 제2편 몸을 닦는 것에 관한 글

이 편에서는 몸을 닦고 본성을 기르는 방법은 禮義를 존중하고 스승을 얻으며 바른 도를 한결같이 좋아하는 데에 있다고 하면서, 이렇게 하여야만 비로소 學士에서 君子가 되고 군자에서 聖人의 경지에 도달할 수 있다는 것을 논술하였다. 修身의 구체적인 뜻은 '몸과 마음을 수양한다.' 혹은 '자기의 도덕적 인품을 도야하고 단련한다.'라는 정도로 설명할 수 있다.

그런데 이것을 실행하는 방법에는 內省과 外求 두 가지가 있다. 內省은 '결점이나 잘못의 원인을 돌이켜 자신에게서 찾는다.〔反求諸己〕'는 孟子의 주장이 그것이고, 外求는 이 편에서, 禮義를 준수하는 기본적인 태도 위에 '스승을 존중하고 벗을 가까이해야 한다.〔隆師親友〕'라고 환경교육을 강조한 것이 그것이다. 이 두 도덕수양 이론은 후세의 유학이념에 중대한 영향을 끼쳤다.

2 1 見善하면 修然必以自存也하고

선량한 행위를 보면 엄정하게 반드시 그것으로 자기를 반성해보고,

修然은 整飭貌니 言見善必自整飭하여 使存於身也라 ○ 王念孫曰 爾雅에 在存省은 察也라하니라① 見善必以自存者는 察己之有善與否也요 見不善必以自省者는 察己之有不善與否也라 楊解自存은 失之라

① 周官司尊彝 大喪存奠彝注에 存은 省也라하고 大傳 五(日)〔曰〕[1)]存愛注에 存은 察也니 察有仁愛者라하고 大戴記曾子立事篇에 存往者 在來者라하니 在存은 皆察也라
≪周禮≫ 〈天官 司尊彝〉 "大喪存奠彝"의 주에 "'存'은 '省(살피다)'자의 뜻이다."라고 하였다. ≪禮記≫ 〈大傳〉 "五曰存愛"의 주에 "'存'은 '察(살피다)'자의 뜻이다."라고 하였는데, 사랑하는 마음이 있는 대상에 대해 그 사랑이 공정한가를 살펴본다는 뜻이다. ≪大戴禮記≫ 〈曾子立事篇〉에 "存往者 在來者"라고 하였는데, '在'와 '存'은 모두

1) (日)〔曰〕: 저본에는 '日'로 되어 있으나, ≪禮記≫ 〈大傳〉에 의거하여 '曰'로 바로잡았다.

살핀다는 뜻이다.

楊倞注 : '修然'은 엄정한 모양이니, 남의 선량한 행위를 보면 마음을 엄정하게 가다듬어 자기에게도 그와 같은 행위가 있도록 한다는 것을 말한 것이다.

○ 王念孫 : ≪爾雅≫에 "'在'·'存'·'省'은 살핀다는 뜻이다."라고 하였다. '見善必以自存'은 자기에게 선량한 행위가 있는가의 여부를 살펴보는 것이고, '見不善必以自省'은 자기에게 선량하지 않은 행위가 있는가의 여부를 살펴보는 것이다. 楊倞이 자기에게도 그와 같은 행위가 있도록 하는 것이라고 풀이한 것은 잘못되었다.

## 2-2 見不善하면 愀然必以自省也하여

선량하지 않은 행위를 보면 두려운 마음으로 반드시 그것으로 자기를 반성해 보아,

愀然은 憂懼貌라 自省其過也라

楊倞注 : '愀然'은 근심하고 두려워하는 모양이다. 그와 같은 허물이 있는가를 스스로 반성한다는 것이다.

## 2-3 善在身하면 介[2]然必以自好也하고

선량한 품행이 자기에게 있을 경우 정갈하게 여겨 반드시 그것을 스스로 좋아하고,

介然은 堅固貌니 易曰 介如石焉이라하니라 自好는 自樂其善也라

楊倞注 : '介然'은 견고한 모양이니, ≪易經≫에 "견고하기가 돌 같다.〔介如石焉〕"라고 하였다. '自好'는 그 선행을 지니고 있는 것을 스스로 즐거워한다는 것이다.

## 2-4 不善在身하면 菑[3]然必以自惡也니라

2) 介 : 王天海의 설에 의하면 '介'는 옛날에 '潔'과 통용하였고 다음 구의 '검다', '흐리다', '더럽다'는 뜻으로 보아야 할 '菑'와 대를 이루는 글자이므로 '깨끗하다'는 뜻으로 보는 것이 옳다고 하였다. 이 설을 따라 번역하였다.

3) 菑 : 楊倞은 '災'자로 읽어야 한다고 하고, 王先謙도 그에 동의하였으나, '검은빛'이란 뜻을 지

선량하지 않은 품행이 자기에게 있을 경우 더럽다고 여겨 반드시 그것을 스스로 혐오해야 한다.

菑는 讀爲災라 災然은 災害在身之貌라 ○ 謝本從盧校하여 身下增也字라 盧文弨曰 上句也字는 宋本無라 王念孫曰 元刻也字는 乃涉上下文而衍이라 上文見善見不善及善在身下皆無也字라 呂錢龔本竝無라 郝懿行曰 輪人注 鄭司農云 泰山平原所樹立物爲菑 聲如胾(자) 博立梟棊亦爲菑라하고 詩皇矣毛傳云 木立死曰菑라하니 然則菑者植立之意라 楊注非相篇是하고 此讀菑然爲災然은 非니라 先謙案 王說是라 今依宋本刪上句也字하니라

楊倞注 : '菑'는 '災'자로 읽어야 한다. '災然'은 재앙과 피해가 자기에게 있는 모양이다. ○ 謝本은 盧校本을 따라 '身' 밑에 '也'자가 있다.

盧文弨 : 위 문구의 '也'자가 宋本에는 없다.

王念孫 : 元刻本의 '也'자는 곧 위아래 문구와 연관되어 잘못 덧붙여진 것이다. 위 문구의 '見善'·'見不善' 및 '善在身' 밑에 모두 '也'자가 없고, 呂夏卿本·錢佃本·龔士卨本에도 모두 없다.

郝懿行 : ≪周禮≫ '輪人'의 주에 鄭司農(鄭衆)이 "泰山 아래 平原 사람들은 땅 위에 세워져 있는 물건을 '菑'라 부르는데, 음은 '胾'이다. 바둑판 중앙에 바둑알을 세우는 것도 '菑'라고 한다." 하였고, ≪詩經≫ 〈皇矣〉에서 ≪毛傳≫에 "나무가 서 있는 채로 죽은 것을 '菑'라 한다."라고 하였으니, 그렇다면 '菑'는 땅 위에 심어 세운다는 뜻이다. 楊倞의 주가 〈非相篇〉의 경우는 옳지만 여기서 '菑然'을 '災然'으로 읽어야 한다고 한 것은 틀렸다.

先謙案 : 王氏의 설이 옳다. 여기서는 宋本을 따라 위 문구의 '也'자를 삭제하였다.

2-5 故非我而當者는 吾師也요 是我而當者는 吾友也며 諂諛我者는 吾賊也라 故君子隆師而親友하여 以致惡其賊하고

그러므로 나를 지적하는데 그 지적이 합당한 사람은 나의 스승이고, 나에게 찬성하는데 그 찬성이 합당한 사람은 나의 벗이며, 나에게 아부하는 사람은 나의 적이다. 이 때문에 군자는 스승을 존중하고 벗을 가까이하면서 그 적을 철저히 증오하고,

---

닌 '淄'자나 '緇'자로 보아야 한다는 王天海의 설을 따라 번역하였다.

致는 猶極也라 下同이라

楊倞注 : '致'는 '極'과 같다. 아래도 마찬가지이다.

2-6 好善無厭하여 受諫而能誡하나니 雖欲無進이나 得乎哉아 小人反是라 致亂而惡人之非己也하고 致不肖而欲人之賢己也하며 心如虎狼하고 行如禽獸로대 而又惡人之賊己也하고 諂諛者親하고 諫爭者疏하며 修正爲笑하고 至忠爲賊하나니 雖欲無滅亡이나 得乎哉아

선량한 품행을 좋아하여 싫증을 내지 않고 충고를 받아들여 경계심을 갖는다. 이렇게 하면 비록 진보하지 않으려 한들 그게 되겠는가. 소인은 이와 반대이다. 극도로 난잡하면서도 남이 자기를 책망하는 것을 싫어하고, 극도로 무능하면서도 남이 자기를 유능하다고 말해주길 바라며, 마음씨는 범과 이리 같고 행위는 금수 같으면서도 또 남이 자기를 공격하는 것을 싫어하고, 아부하는 자는 가까이하고 충고하는 자는 멀리하며, 남이 선량하고 바른말을 해주는 것을 비웃은 것으로 여기고 남이 매우 충성스럽게 대해주는 것을 해롭게 하는 것으로 간주한다. 이렇게 하면 비록 멸망하지 않으려 한들 그게 되겠는가.

至忠反以爲賊이라

楊倞注 : 남이 매우 충성스럽게 대해주는 것을 자기에게 해가 되는 것으로 여긴다.

2-7 詩曰 噏噏呰呰[4]하니 亦孔之哀로다 謀之其臧은 則具是違하고 謀之不臧은 則具是依라하니 此之謂也니라

≪詩經≫에 "줏대 없이 어울리고 비방해대니 그 모양 서글프기 그지없어라. 여러 계책 가운데 좋은 것들은 하나같이 모두를 어겨버리고, 여러 계책 가운데 좋지 않은 건 하나같이 모두를 따르고 있네."라고 하였는데, 곧 이를 두고 하는 말이다.

詩는 小雅小旻之篇이라 毛云 噏噏然患其上하고 呰呰然不思稱乎上이라하니 鄭云

4) 噏噏呰呰 : 지금 ≪詩經≫에는 '潝潝訿訿'로 되어 있다.

臣不事君은 亂之階也라 故甚可哀라하니라 噏은 許急反이요 呰는 音紫(자)라 ○ 盧文弨曰 噏噏呰呰는 元刻與詩考合하고 宋本作潝潝訿訿라 注同이라

楊倞注 : ≪詩經≫은 〈小雅 小旻篇〉이다. 毛萇이 "줏대 없이 어울려 그 윗사람에게 걱정을 끼치고, 비방해대어 그 윗사람의 기대에 부응할 것을 생각지 않는 것이다." 하였는데, 鄭玄이 "신하로서 임금을 섬기지 않는 것은 혼란으로 들어가는 계단이기 때문에 매우 서글픈 것이다." 하였다. '噏'의 음은 許와 急의 反切이고, '呰'는 음이 '紫'이다.

○ 盧文弨 : '噏噏呰呰'는, 元刻本은 ≪詩考≫와 부합되고, 宋本은 '潝潝訿訿'로 되어 있다. 注는 모두 동일하다.

2-8 **扁善之度**[5] **以治氣養生則後彭祖**하고 **以修身自名則配堯禹**하나니라

어떤 경우든 좋지 않음이 없는 법. 이것으로 기질을 다스리고 섭생을 하면 수명이 彭祖의 뒤를 따르고, 이것으로 몸을 닦아 스스로 명예를 이루면 명예가 堯·禹와 견주게 된다.

扁은 讀爲辨이라 韓詩外傳曰 君子有辨善之度라하니 言君子有辨別善之法이니 卽謂禮也라 言若用禮治氣養生이면 壽則不及於彭祖나 若以修身自爲名號면 則壽配堯禹不朽矣라 言禮雖不能治氣養生이나 而長於修身自名하니 以此辨之면 則善可知

彭祖

5) 扁善之度 : 아래의 내용을 총괄하는 제목 속의 소제목이다. 번역에서는 그 의미를 강조하기 위해 줄을 바꾸었다. 다음에 출현하는 이와 유사한 경우도 같은 방식을 취했다. '扁'은 秦·漢 때의 문헌에는 徧·辯·辨과 일반적으로 통용하였으므로 이로 인해 학자들의 견해가 다양하다. 역자는 '徧(두루)'자로 간주해 '어떤 경우든 좋지 않음이 없는 법'으로 번역하였다. 여기서 법이란 예법을 말한다.

也라 彭祖는 堯臣이니 名鏗이요 封於彭城이라 經虞夏至商하여 壽七百歲也라 ○ 盧文弨曰 案扁은 外傳作辯하니 則扁當訓平이라 尙書平章平秩이 古作辯章辯秩이라 此謂隆禮之人은 有平善之度니 不當作辨別解라 後彭祖면 則得年亦永矣라 然壽身之益尙小하고 壽世之益更大也라 郝懿行曰 扁은 當爲辯이니 韓詩外傳一作辯이 是也라 辯訓平也治也라 楊讀爲辨而訓別은 非니 荀書多以辨爲辯하니라 王念孫曰 扁은 讀爲徧이라 韓詩外傳作辯하니 亦古徧字也라① 徧善者는 無所往而不善也라 君子依於禮則無往而不善이라 故曰徧善之度라하니라 下文以治氣養生六句는 正所謂徧善之度也라 楊讀扁爲辨而訓爲辨別하니 則與之度二字不貫이라 盧讀扁善爲平善하니 亦非下六句意니라 王引之曰 以修身自名은 文義未安하니 當有脫誤라 楊云以修身自爲名號하니 則所見本已同今本이라 韓詩外傳作以治氣養性②이면 則身後彭祖하고 以修身自强③이면 則名配堯禹라하니 於義爲長이라 王霸篇云 名配堯禹라하고 又云名配禹舜이라하니라

① 說見日知錄이라
이에 관한 설명은 ≪日知錄≫에 보인다.

② 與生同이라
〈性은〉 生과 같다.

③ 今本脫以字라
지금 판본에는 '以'자가 누락되었다.

堯

禹

楊倞注 : '扁'은 '辨'으로 간주해 읽는다. ≪韓詩外傳≫에 "군자는 좋은 것을 가려내는 법이 있다."라고 하였으니, 이는 군자에게 좋은 것을 변별하는 기준이 있다는 것을 말한 것으로서 곧 예를 가리킨다. 만약 예로써 기질을 다스리고 양생을 한다면 수명이야 彭祖에게 못 미치지만, 만약 이것으로 몸을 닦아 스스로 이름을 낸다면 그 이름의 수명이 堯・禹와 어깨를 나란히 하여 소멸되지 않을 것이라는 것을 말한다. 이 말은 예가 비록 기질을 다스리고 양생을 하는 데에는 기여를 못하지만 몸을 닦아 스스로 명예를 이루는 데에는 기능이 뛰어나다는 것을 말한다. 이것으로 가려내면 무엇이 좋은가를 알 수 있을 것이다. 彭祖는 堯의 신하로, 이름은 鏗이고 彭城에 봉해졌다. 虞・夏를 거쳐 商 때까지 살아 그 수명이 7백 세였다.

○ 盧文弨 : 살펴보건대, '扁'은 ≪韓詩外傳≫에 '辯'으로 되어 있으니, '扁'은 마땅히 '平(고르다)'자의 뜻으로 이해해야 한다. ≪尙書≫의 '平章'과 '平秩'이 옛날에는 '辯章'과 '辯秩'로 되어 있었다. 여기서는 예법을 존중하는 사람은 고르게 잘하는 법을 지녔다는 것을 말한 것이니, 마땅히 변별의 뜻으로 풀이하면 안 된다. 彭祖의 뒤를 따른다면 누리는 수명이 또한 길다고 할 수 있으나, 몸이 상수하는 이익은 적고 이름이 세상에 오래 전하는 이익은 더 큰 것이다.

郝懿行 : '扁'은 마땅히 '辯'자가 되어야 하니, ≪韓詩外傳≫ 권1에 '辯'으로 되어 있는 것이 그 증거이다. '辯'은 '平(고르다)'자와 '治(다스리다)'자의 뜻이다. 楊倞이 '辨'으로 간주해 읽고 변별의 뜻으로 풀이한 것은 틀렸으니, ≪荀子≫에 '辨'을 '辯'으로 쓴 경우가 많다.

王念孫 : '扁'은 '徧'으로 읽어야 한다. ≪韓詩外傳≫에 '辯'으로 되어 있으니, 이 또한 옛날 '徧(두루)'자이다. '徧善'이란 어떤 경우라도 좋지 않은 것이 없다는 뜻으로, 군자가 예법에 의지하면 어떤 경우라도 좋지 않은 일이 없기 때문에 '徧善之度(두루 좋게 하는 법)'라고 말한 것이다. 그 아래 '以治氣養生'으로 시작되는 여섯 구가 곧 이른바 '두루 좋게 하는 법'이다. 楊倞은 '扁'을 '辨'으로 간주해 읽고 변별의 뜻으로 풀이했으니, 이는 '之度' 두 자와 뜻이 연결되지 않는다. 盧氏가 '扁善'을 '平善'으로 읽었는데 이 또한 아래 여섯 구의 뜻이 아니다.

王引之 : '以修身自名'은 글 뜻이 온당치 못하니 분명히 오탈자가 있을 것이다. 楊倞이 '以修身自爲名號'라고 말했으니, 그가 본 판본은 그때 이미 지금의 판본과 같았을 것이다. ≪韓詩外傳≫에는 "이것으로 기질을 다스리고 養性을 한다면 신체의 수명이 彭祖를 뒤따르고, 이것으로 몸을 닦아 스스로 노력한다면〔以修身自强〕 이름이 堯・禹와 견줄 것이다."로 되어 있으니, 의미로 볼 때 더 낫다. 〈王霸篇〉에 "이름이 堯・禹와 견준다." 하

였고, 또 “이름이 禹・舜과 견준다.”라고 하였다.

## 2-9 宜於時通하고 利以[6)]處窮은 禮信是也니라

순탄한 상황에 처했을 때도 적합하고 역경 속에 처했을 때도 이로운 것은 예법이 정말 그것이다.

信은 誠也니 言所用修身及時通處窮은 禮誠是也라 孟子曰 君子窮則獨善其身하고 達則兼善天下라하니라 ○ 盧文弨曰 案韓詩外傳에 作宜於時則達하고 厄於窮則處하니라 王引之曰 時도 亦處也라 言旣宜於處通하고 而又利以處窮也라 莊子逍遙遊篇에 猶時女也라하니 司馬彪曰 時女는 猶處女也라하니라 是時與處同義라 大雅緜篇 曰止曰時는 猶言爰居爰處耳[7)]라① 韓詩外傳에 作宜於時則達하고 厄於窮則處는 未達時字之義而增改其文하니 蓋失之矣라

① 說見經義述聞이라

이에 관한 설명은 ≪經義述聞≫에 보인다.

楊倞注 : ‘信’은 ‘誠(정성)’자의 뜻이니, 몸을 닦는다거나 순탄한 상황에 처하고 역경 속에 처했을 때 준칙으로 사용되는 것은 예법이 사실 그것임을 말한 것이다. ≪孟子≫ 〈盡心 上〉에 “곤궁할 때는 혼자서 자기의 선한 본성을 보전하고, 뜻을 얻었을 때는 온 천하 사람으로 하여금 선한 본성을 보전하게 한다.”라고 하였다.

○ 盧文弨 : 살펴보건대, ≪韓詩外傳≫에는 “宜於時則達 厄於窮則處(시대상황과 잘 맞으면 영달하고, 곤궁으로 역경을 만나면 들어앉는다.)”로 되어 있다.

王引之 : ‘時’자 또한 ‘處’자이다. 이미 영달할 때 대처하는 데에도 적합하고 또 곤궁할 때 대처하는 데에도 이롭다는 것을 말한 것이다. ≪莊子≫ 〈逍遙遊〉篇에 “時女와 같다.”라고 하였는데, 司馬彪가 말하기를 “‘時女’는 處女와 같다.”라고 하였다. 이로 볼 때 ‘時’자는 ‘處’자와 같은 뜻이다. ≪詩經≫ 〈大雅 緜〉篇의 “曰止曰時”는 ‘爰居爰處’와 같다. ≪韓詩外傳≫에 “宜於時則達 厄於窮則處”라고 한 것은 ‘時’자의 뜻을 몰라서 그 글을 보태어 고친 것이니, 이는 잘못된 것이다.

---

6) 以 : 冢田虎가 ‘於’의 오자라고 하였다.

7) 曰止曰時 猶言爰居爰處耳 : 曰은 ‘爰’과 같고, 止는 ‘居’와 같고, 時는 ‘處’와 같다는 것이다.

## 2-10 凡用血氣志意知慮에 由禮則治通하고

대체로 血氣와 意志와 思慮를 운용함에 있어 예법을 따르면 순조로워 잘 풀리고,

○ 王引之曰 下文以節疾爲韻하고 雅野爲韻하고 生成寧爲韻하되 唯此二句는 韻不相協이라 通은 疑當依外傳作達이니① 達與僈爲合韻이라 凡願月二部之字는 古聲或相通이라 若勞心怛怛之怛은② 字從旦聲이나 而與桀爲韻하고 故事可勸也之勸은③ 與列藝爲韻하고④ 不賞而民勸은⑤ 與鉞爲韻하고 以按徂旅之按은⑥ 孟子引作遏하니⑦ 皆其例也라 外傳作不由禮則悖亂하니 亂與達亦合韻[8]이라

① 此涉上宜於時通而誤라
이것은 위의 '宜於時通'과 연관되어 잘못된 것이다.

② 齊甫田이라
≪詩經≫〈齊風 甫田〉이다.

③ 禮運이라
≪禮記≫〈禮運〉이다.

④ 藝는 古讀爲臬(얼)이라
'藝'는 옛날에 '臬'로 읽었다.

⑤ 中庸이라
≪中庸≫이다.

⑥ 大雅皇矣라
≪詩經≫〈大雅 皇矣〉이다.

⑦ 梁惠王이라
≪孟子≫〈梁惠王 下〉이다.

○ 王引之 : 아래 글에서는 '節'과 '疾'이 같은 운이 되고 '雅'와 '野'가 같은 운이 되며 '生'과 '成'과 '寧'이 같은 운이 되는데, 오직 이 두 구만은 운이 서로 통하지 않는다. '通'은 아마도 마땅히 ≪韓詩外傳≫에 따라 '達'이 되어야 할 것 같으니, '達'과 '僈'은 같은 운이 된다. 일반적으로 '願'과 '月' 두 部의 글자가 옛 성률에서는 간혹 서로 통하기도 한다. 예

8) 外傳作不由禮則悖亂 亂與達亦合韻 : '外傳'은 ≪韓詩外傳≫의 약칭이다. ≪韓詩外傳≫에는 '由禮則理達 不由禮則悖亂'으로 되어 있으므로 하는 말이다. '理達'은 본디 '治達'로 되어 있었는데, 唐나라 사람들이 唐 高宗 李治의 이름자를 피해 '治'자와 뜻이 같은 '理'자로 바꾼 것이다.

를 들면 '勞心怛怛(노심초사 괴롭다네.)'의 '怛'은 글자가 '旦'이란 소리가 붙지만 '桀'과 같은 운이 되고, '故事可勸也(그러므로 농사일이 권장될 수 있다.)'의 '勸'은 〈그 아래 문구의〉 '列'·'藝'와 함께 같은 운이 되고, '不賞而民勸(상을 주지 않아도 백성들이 힘쓴다.)'의 '勸'은 '鉞'과 같은 운이 되고, '以按徂旅(가는 군사를 막았다.)'의 '按'은 ≪孟子≫의 인용된 곳에 '遏'로 되어 있으니, 이 모두 같은 사례이다. ≪韓詩外傳≫에는 '不由禮則悖亂'으로 되어 있는데, '亂'과 '達' 또한 같은 운이다.

## 2-11 不由禮則勃(패)亂提僈하나니라

예법을 따르지 않으면 도리에 어긋나고 해이해진다.

提는 舒緩也라 爾雅에 媞媞는 安也라하고 詩曰 好人提提라하니 皆舒緩之義라 ○ 郝懿行曰 勃與悖와 僈與嫚은 竝同이라 嫚은 謂相侮易也라 荀書多以僈爲嫚하니 或以爲慢이라 慢은 謂惰也라 提者는 詩小弁傳에 提提는 群貌라하고 箋云 提提然樂이라하니라 然則提者는 群居相樂이요 僈者는 狎侮相輕이니 皆不由禮使然이라 先謙案 下文難進曰偍라하고 注云 偍與提媞皆同하니 謂弛緩也라하니 是提僈二字義同이라 故與勃亂對文이라 言不由禮則血氣强者多悖亂하고 弱者多弛慢也라 郝說非라

楊倞注 : '提'는 마음이 풀려 느슨하다는 뜻이다. ≪爾雅≫에 "'媞媞'는 얌전하다〔安〕는 뜻이다."라고 하였고, ≪詩經≫에 "好人提提(좋은 사람 얌전하다.)"라고 하였는데, 모두 느슨하다는 뜻이다.

○ 郝懿行 : '勃'와 '悖'·'僈'과 '嫚'은 모두 서로 같다. '嫚'은 서로 업신여기고 쉽게 보는 것을 말한다. ≪荀子≫에 '僈(얕보다)'자를 대부분 '嫚'으로 기재하였고 간혹 '慢'으로 쓰기도 하였다. '慢'은 태만한 것을 말한다. '提'는 ≪詩經≫ 〈小弁〉의 ≪毛傳≫에 "提提는 무리 지은 모양이다."라고 하고, ≪鄭箋≫에 "提提然樂(무리를 지어 즐긴다.)"이라고 하였다. 그렇다면 '提'는 무리 지어 함께 있으면서 서로 즐거워하는 것이고, '僈'은 버릇없이 굴며 서로 경시하는 것이니, 이 모두 예법을 따르지 않아 그렇게 된 것이다.

先謙案 : 아래 글에 "나아가기 어려운 것을 '偍'라 이른다." 하고, 그 주에 "'偍'는 '提'·'媞'와 모두 같으니 이완된 것을 말한다."라고 하였으니, 이는 '提'와 '僈' 두 자는 뜻이 같다는 증거이다. 이 때문에 '勃亂'과 대구가 된다. 예법을 따르지 않는다면 혈기가 강한 자는 어긋나는 일이 많고 약한 자는 해이해지는 일이 많음을 말한 것이다. 郝氏의 설은 틀렸다.

## 2-12 食飮衣服居處動靜에 由禮則和節[9)]하고

飮食・衣服・居處・動靜에서 예법을 따르면 조화롭고 적절하며,

○ 先謙案 和節은 猶和適이라

先謙案 : '和節'은 '和適'과 같다.

## 2-13 不由禮則觸陷生疾이라 容貌態度進退趨行이 由禮則雅하고 不由禮則夷固僻違하여 庸衆而野니라

예법을 따르지 않으면 수시로 위험한 일이 일어난다. 容貌와 態度, 進退와 行步에서 예법을 따르면 품격이 고상하고 예법을 따르지 않으면 거만하고 간사하여 평범한 사람처럼 촌스럽다.

夷는 倨也라 論語에 原壤夷俟라하니라 固는 陋也라 庸은 凡庸이요 衆은 衆人이며 野는 郊野之人이라 ○ 郝懿行曰 雅는 對野言이니 則兼正也嫺也二義라 野者反是라 王引之曰 楊分夷固爲二義하니 非也라 夷固猶夷倨也니 夷固辟違는 猶言倨傲僻違라 不苟篇云 倨傲僻違하여 以驕溢人이 是也라 修身篇又云 體倨固而心埶詐라하니① 是固與倨同義라② 祭義曰 孝子之祭也에 立而不詘은 固也라하니 詘은 卑詘也며 固는 倨也라③ 大戴禮曾子立事篇曰 弗知而不問焉은 固也라하니 固亦倨也라④

① 今本埶譌作執하니 辯見後埶詐一條라
지금 판본에는 '埶'가 '執'으로 잘못되었다. 이에 대한 논변은 뒤의 '埶詐' 조항에 보인다.

② 楊注에 固는 鄙固也라하니 亦非라
楊倞의 주에 "'固'는 고루하다는 뜻이다."라고 하였으니, 또한 틀렸다.

③ 立而不詘은 是倨傲也라 鄭注에 詘은 充詘이니 形容喜貌也라하고 固는 猶質陋也라하니 皆失之라
서 있으면서 몸을 굽히지 않는 것은 곧 거만한 것이다. 鄭玄의 주에 "'詘'은 만족하다는 뜻으로 기뻐하는 모양을 형용한 것이다." 하고, "'固'는 질박하고 고루하다는 말과 같다."라고 하였는데, 이는 모두 잘못되었다.

④ 不肯下人은 是倨傲也라 曾子制言篇曰 今之弟子病下人하여 不能事賢하고 恥不知而又不

---

9) 和節 : '和'는 조화롭다는 뜻으로 먹는 음식과 입는 의복이 도리에 맞아 조화를 이룬다는 것이고, '節'은 일상생활과 행동거지가 도리에 맞아 적합하다는 것이다.

問이라하니라

남에게 자기를 낮추려고 하지 않는 것은 곧 거만한 것이다. ≪大戴禮記≫ 〈曾子制言篇〉에 "오늘날 자제들은 남에게 자기를 낮추는 것을 싫어하여 능히 훌륭한 사람을 섬기지 못하고 모르는 것을 부끄러워하면서도 또 묻지를 않는다."라고 하였다.

楊倞注 : '夷'는 거만하다는 뜻이다. ≪論語≫ 〈憲問〉에 "原壤夷俟(原壤이 거만하게 앉아 기다렸다.)"라고 하였다. '固'는 고루하다는 뜻이다. '庸'은 평범하다는 것이고, '衆'은 일반 사람이며, '野'는 들판에 사는 사람이란 뜻이다.

○ 郝懿行 : '雅'는 '野'의 대구로 한 말로서 '바르다'와 '우아하다'는 두 가지 뜻을 겸하고 있다. '野'는 이 뜻과 반대이다.

王引之 : 楊倞은 '夷固'를 나누어 두 가지 뜻으로 풀이하였으니, 이는 틀린 것이다. '夷固'는 '夷倨'와 같으니 '夷固辟違'는 '倨傲僻違'와 같다. 〈不苟篇〉에 "倨傲僻違 以驕溢人(거만하고 간사한 심술로 다른 사람을 깔아뭉갠다.)"이라고 하였으니, 이와 같은 경우이다. 〈修身篇〉에 또 "體倨固而心埶詐(태도가 오만하고 고집스러우며 마음이 계략적이고 교활하다.)"라고 하였으니, 이로 볼 때 '固'는 '倨(거만하다)'와 같은 뜻이다. ≪禮記≫ 〈祭義〉에 "孝子之祭也 立而不詘 固也(孝子가 제사를 지낼 때 곧게 서 있으면서 詘하지 않는 것은 固한 것이다.)"라고 하였는데, '詘'은 몸을 낮추어 굽힌다는 뜻이고, '固'는 거만하다는 뜻이다. ≪大戴禮記≫ 〈曾子立事篇〉에 "모르면서도 묻지 않는 것은 固한 것이다."라고 했는데, 여기서의 '固' 또한 거만하다는 뜻이다.

2-14 故人無禮則不生하고 事無禮則不成하며 國家無禮則不寧이라 詩曰 禮儀卒度하니 笑語卒獲이라하니 此之謂也니라

그러므로 사람은 예가 없으면 살아갈 수 없고, 일은 예가 없으면 성취될 수 없으며, 국가는 예가 없으면 편안할 수 없다. ≪詩經≫에 "禮義 모두 법도에 들어맞으니, 담소 모두 時宜에 적합하였네."라고 하였으니, 곧 이것을 말한 것이다.

詩는 小雅楚茨之篇이라 卒은 盡也라 獲은 得也라

楊倞注 : ≪詩經≫은 〈小雅 楚茨〉篇이다. '卒'은 모두라는 뜻이다. '獲'은 얻는다는 뜻이다.

2-15 以善先人者謂之教라하고 以善和人者謂之順이라하며

좋은 행위로 남을 인도하는 것을 교훈이라 이르고 좋은 행위로 남과 어울리는 것을 순응이라 이르며,

先은 謂首唱也라 和는 胡臥反[10)]이니 下同이라

楊倞注 : '先'은 앞에서 인도하는 것을 말한다. '和'의 음은 胡와 臥의 反切이니, 아래의 경우도 같다.

2-16 以不善先人者謂之諂이라하고 以不善和人者謂之諛라하니라

좋지 않은 행위로 남을 인도하는 것을 아첨이라 이르고 좋지 않은 행위로 남과 어울리는 것을 아부라 이른다.

諂之言陷也니 謂以佞言陷之라 諛與俞義同이라 故爲不善和人也라 ○ 王念孫曰 楊說諂字之義未確이라 諂之言導也니 導人以不善也라 故曰以不善先人者謂之諂이라하고 而莊子漁父篇亦曰 希意道言謂之諂이라하니라① 不苟篇非諂諛也와 賈子先醒篇君好諂諛而惡(오)至言이 韓詩外傳에 竝作道諛하니 是諂諛卽導諛也라 導與諂은 聲之轉이라 諂諛之爲導諛하고 臽及之爲導及하고 禫服之爲導服은 皆聲轉而字異也라②

① 道與導同이라
'道'는 '導(인도하다)'와 같다.

② 說見史記越世家라
이에 관한 설명은 ≪史記≫ 〈越世家〉에 보인다.

楊倞注 : 아첨이란 말은 구덩이로 빠뜨린다는 뜻이니, 알랑거리는 말로 남을 구덩이로 빠뜨리는 것을 말한다. '諛'는 '俞(수긍하다)'자와 뜻이 같다. 그러므로 좋지 않은 행위로 남과 어울리는 짓을 하는 것이다.

○ 王念孫 : 楊倞이 '諂'자의 뜻을 설명한 것은 확실하지 않다. '諂'이란 말은 인도한다는 뜻이니, 남을 좋지 않은 행위로 인도하는 것이다. 이 때문에 "좋지 않은 행위로 남을 인도하는 것을 '諂'이라 한다."라고 말했고, ≪莊子≫ 〈漁父篇〉에도 "상대방의 뜻에 영합하여 인도하는 말을 '諂'이라 이른다."라고 하였다. 〈不苟篇〉의 "諂諛가 아니다."와 ≪賈子≫

---

10) 和 胡臥反 : 和자는 음이 두 개이고 그에 따라 뜻이 다르다. 戶와 戈의 反切로 平聲일 경우는 '온화하다'는 뜻이고, 胡와 臥의 反切로 去聲일 경우는 '어울리다'는 뜻이 된다.

〈先醒篇〉의 "군주가 謟諛를 좋아하고 진리가 담긴 말을 싫어한다."라는 두 문구가 ≪韓詩外傳≫에서는 모두 '道諛'로 되어 있으니, 이는 '謟諛'가 곧 '導諛'라는 증거이다. '導'와 '謟'은 성음이 변해 달라진 글자이다. '謟諛'가 '導諛'로 되고, '舀及'이 '導及'으로 되고, '禫服'이 '導服'으로 된 것은 모두 성음이 변해 글자가 달라진 것이다.

2-17 **是是非非謂之知**라하고

옳은 것을 옳다 하고 그른 것을 그르다 하는 것을 지혜롭다 이르고,

**能辨是爲是非爲非**를 **謂之智也**라

楊倞注 : 능히 옳은 것은 옳고 그른 것은 그르다고 분별하는 것을 지혜롭다고 이른다.

2-18 **非是是非謂之愚**라하니라

옳은 것을 그르다 하고 그른 것을 옳다 하는 것을 어리석다 이른다.

**以非爲是**하고 **以是爲非**면 **則謂之愚**라

楊倞注 : 그른 것을 옳다고 여기고 옳은 것을 그르다고 여기면 그것을 어리석다고 이른다.

2-19 **傷良曰讒**이라하고 **害良曰賊**이라하며 **是謂是非謂非曰直**이라하고 **竊貨曰盜**라하고 **匿行曰詐**라하며 **易**(이)**言曰誕**이라하니라 **趣舍**[11]**無定謂之無常**이라하고

선량한 사람을 모함하는 것을 참소라 이르고 선량한 사람을 해롭게 하는 것을 해친다고 이르며, 옳으면 옳다 하고 그르면 그르다 하는 것을 정직이라 이르며, 재물을 훔치는 것을 도둑이라 이르고 자신의 행위를 숨기는 것을 속인다고 이르며, 말을 함부로 쉽게 하는 것을 황당하다 이른다. 취사선택에 일정한 기준이 없는 것을 恒心이 없다 이르고,

**不恒之人**이라

11) 趣舍 : 取舍와 같다.

楊倞注 : 〈恒心이 없는 것은〉 변덕스런 사람이다.

## 2-20 保利弃義謂之至賊이라하니라

이익을 보전하고 신의를 버리는 것을 크게 해친다고 이른다.

保는 安이라 ○ 謝本從盧校作保利非義라 盧文弨曰 非義는 元刻作弃義라 王念孫曰 盧本作非者는 爲影鈔宋本[12]所誤也라 刻本正作弃하니 弃與保義正相反이라 作非者는 字之誤耳라 呂錢本元刻及世德堂本은 皆作弃라 先謙案 王說是하니 今正하니라

楊倞注 : '保'는 '安(편안하다)'자의 뜻이다.

○ 謝本은 盧校本을 따라 '保利非義'로 되어 있다.

盧文弨 ; '非義'는 元刻本에 '弃義'로 되어 있다.

王念孫 : 盧本에 '非'로 되어 있는 것은 影鈔宋本으로 인해 잘못된 것이다. 刻本에는 올바로 '弃'로 되어 있으니, '弃'와 '保'는 뜻이 정반대이다. '非'로 된 것은 글자가 잘못된 것일 뿐이다. 呂夏卿本・錢佃本・元刻本 및 世德堂本에는 모두 '弃'로 되어 있다.

先謙案 : 王氏의 설이 옳으므로 여기서는 바로잡았다.

## 2-21 多聞曰博이라하고 少聞曰淺이라하며 多見曰閑이라하고

들은 것이 많은 것을 넓다 이르고 들은 것이 적은 것을 얕다 이르며, 본 것이 많은 것을 여유롭다 이르고

閑은 習也니 能習其事則不迫遽也라

楊倞注 : '閑'은 '習(익히다)'자의 뜻이니, 능히 그 일을 익히면 절박해하지 않는다.

## 2-22 少見曰陋라하며 難進曰偍라하고

본 것이 적은 것을 고루하다 이르며, 나아가길 어려워하는 것을 더디다 이르고

---

12) 影鈔宋本 : 모사한 宋本이다. 宋나라 때 각본의 點畫이나 版式을 그대로 본뜬 판본이란 뜻이다.

偍與提媞皆同하니 謂弛緩也라

楊倞注 : '偍'는 '提'·'媞'와 모두 같으니, 이완된 것을 이른다.

2-23 易忘曰漏라하며 少而理曰治라하고 多而亂曰秏라하니라

쉽게 잊어버리는 것을 빠뜨린다고 이르며, 조치가 간소하여 조리가 있는 것을 다스려졌다 이르고 조치가 번다하여 어지러운 것을 혼란하다 이른다.

少는 謂擧其要하니 而有條理를 謂之治라 秏는 虛竭也니 凡物多而易盡曰秏니라 ○ 郝懿行曰 漏與屚同하니 屚之爲言은 猶漉也라 屋下水穿이면 俄頃滲漉이라 故易忘者似之라 秏는 猶槖(포)也니① 傷敗之名이라 詩雲漢釋文에 引韓詩云 秏는 惡也라하니 然則多而雜亂이면 斯之謂惡矣니라 王念孫曰 楊讀秏爲虛秏之秏하니 則與多而亂之義不合이라 故又爲之說曰 凡物多而易盡曰秏라하니 其失也鑿矣라 今案 秏는 讀爲眊니 眊는 亂也라 漢書董仲舒傳曰 天下眊亂이 是也라 眊與秏는 古同聲而通用하니라 續史記日者傳曰 官秏亂不能治라하니라 漢書景帝紀不事官職秏亂者에 師古曰 秏는 不明也니 讀與眊同이라하고 食貨志官職秏廢와 酷吏傳贊寖以秏廢에 師古竝曰 秏는 亂也며 音莫報反이라하니라 董仲舒傳秏矣哀哉에 師古曰 秏는 虛也니 言誅殺甚衆하여 天下空虛也며 音呼到反이라 或曰 秏는 不明也니 言刑罰闇亂이며 音莫報反이라하니라 淮南原道篇精神日秏而彌遠과 精神篇志氣日秏에 高注竝曰 秏는 亂也라하니라 少而理曰治와 多而亂曰秏라하여 秏與治正相反하니 則秏爲眊亂之眊明矣니라 呂刑耄荒에 釋文耄作秏하니라② 秏耄眊古竝同聲이라 耄荒之耄通作秏는 猶眊亂之眊通作秏矣라

① 本王制注라

≪禮記≫ 〈王制〉의 주를 근거로 하였다.

② 賈昌朝[13]群經音辨曰 秏는 老也라 書王秏荒[14]이라 鄭康成讀이라하니라 賈音本於釋文하고

13) 賈昌朝 : 998~1065. 宋 開封 사람으로, 자는 子明이다. 眞宗 때 進士에 급제하여 國子監說書를 지낸 뒤에 參知政事·樞密使·同平章事兼樞密使를 역임하였으며, 魏國公에 봉해졌다. 박식하고 논변을 잘하였다. ≪群經音辨≫·≪通紀≫·≪本朝時令≫·≪奏議≫ 및 문집 등이 있다.

14) 書王秏荒 : ≪書經≫ 〈呂刑〉에 "穆王이 왕위에 앉아 있은 지 백 년이나 되어 나이가 많고

是釋文耄字本作秏也라 今作耄者는 陳鍔[15]依衛包[16]所定今文改之耳라 秏荒亦昏亂之義라 故昭元年左傳老將知而耄及之에 杜注曰 八十曰耄니 耄는 亂也라하고 字亦作眊라 漢書刑法志曰 穆王眊荒이라하니라

賈昌朝의 ≪群經音辨≫에 "'秏'는 '老'이다. ≪書經≫에 '王秏荒'이라 하였다. 鄭康成(鄭玄)의 讀音이다."라고 하였다. 賈氏의 음은 ≪經典釋文≫을 근거로 하였고 이 ≪經典釋文≫에는 '耄'자가 본디 '秏'로 되어 있다. 지금 '耄'로 되어 있는 것은 陳鍔이 衛包가 확정한 ≪今文尙書≫에 의해 고친 것일 뿐이다. '秏荒' 또한 혼란하다는 뜻이다. 그러므로 ≪春秋左氏傳≫ 昭公 원년에 "老將知而耄及之(늙으면 지혜롭긴 하지만 정신이 흐려지는 현상도 수반된다.)"라고 한 부분에서, 杜預의 注에 "나이 팔십을 '耄'라 이르니 '耄'는 어지럽다는 뜻이다."라고 하였고, 이 글자가 '眊'자로 된 곳도 있다. ≪漢書≫ 〈刑法志〉에 "穆王眊荒(穆王이 정신이 흐려지고 방종하였다.)"이라고 하였다.

楊倞注 : '少'는 그 강령을 챙기는 것을 말하는데, 그러면서 조리가 있는 것을 다스려진 것이라 이른다. '秏'는 텅 비고 바닥이 났다는 뜻이니, 일반적으로 물건이 많으면서도 쉽게 소진된 것을 '秏'라 이른다.

○ 郝懿行 : '漏'는 '屚(비 새다)'와 같으니, '屚'라는 말은 '漉(거르다)'과 같다. 지붕 밑으로 빗물이 스며들면 잠깐 사이에 빠져나가버리므로 사람이 무엇을 쉽게 잊어버리는 것과 비슷하다. '秏'는 '暴(사납다)'와 같으니, 손상된다는 뜻의 명사이다. ≪詩經≫ 〈雲漢〉의 ≪經典釋文≫에 ≪韓詩外傳≫을 인용하여 "'秏'는 惡의 뜻이다."라고 하였으니, 그렇다면 번다하여 난잡할 경우 이것을 惡이라 말할 수 있는 것이다.

王念孫 : 楊倞은 '秏'를 텅 비고 바닥이 났다는 뜻인 '虛秏'의 '秏'자로 읽었는데, 이는 번잡하여 어지럽다는 뜻과 부합되지 않는다. 그래서 그는 또 말하기를 "일반적으로 물건이 많으면서도 쉽게 소진된 것을 '秏'라 이른다."라고 하였으니, 그 잘못은 견강부회함으로 인해 생긴 것이다. 지금 살펴보건대, '秏'는 '眊'자로 읽어야 하니, '眊'는 어지럽다는 뜻이다. ≪漢書≫ 〈董仲舒傳〉에 "天下眊亂(천하가 어지럽다.)"이라고 한 것이 그 증거이다. '眊'

---

정신이 혼미하였다.〔王 享國百年 耄荒〕"라 하였다.

15) 陳鍔 : 南宋 때 侯官 사람으로, 자는 弱翁이다. 直秘閣에 재직했었다는 사실 외에 알려진 내용은 없다.

16) 衛包 : 唐 京兆 사람으로, 八分·小篆을 잘 썼고 字學에 능통하였다. 集賢院學士로 재직 중이던 玄宗 天寶 3년(744)에 명을 받고 西漢 때의 隸書로 된 고체문자의 ≪尙書≫를 당시에 통용하는 서체로 바꾸었다. 이것을 ≪今文尙書≫라고 부르는데, 西漢 때의 ≪今文尙書≫와는 별개의 책이다.

와 '秏'는 옛날에 음이 같아 통용되었다. ≪續史記≫ 〈日者傳〉에 "官秏亂不能治(관청이 혼란한데도 다스리지 못한다.)"라고 하였다. ≪漢書≫ 〈景帝紀〉의 "不事官職秏亂者(관직에 충실하지 못해 혼란스럽게 처리한 자)"라고 한 곳에서 顔師古가 "'秏'는 분명치 못하다는 뜻이니, '眊'와 같은 글자로 읽어야 한다."라고 하였고, 〈食貨志〉의 "官職秏廢(관직이 혼란스럽고 무너진다.)"와 〈酷吏傳〉 贊의 "寖以秏廢(정사가 점점 혼란스럽고 무너진다.)"라고 한 곳에서 顔師古가 모두 "'秏'는 어지럽다는 뜻이며 음은 莫과 報의 反切이다."라고 하였다. 〈董仲舒傳〉의 "秏矣哀哉(인구가 감소하여 애달프다.)"에서 顔師古가 "'秏'는 비었다는 뜻으로 주살을 당한 사람이 매우 많아 천하가 텅 비었음을 말한 것이며, 음은 呼와 到의 反切이다. 혹자는, '秏'는 밝지 않다는 뜻으로 형벌이 혼란스러움을 말한 것이며 음은 莫과 報의 反切이라고 말하기도 한다."라고 하였다. ≪淮南子≫ 〈原道篇〉의 "精神日秏而彌遠(정신이 나날이 어지러워 몸에서 더욱 멀어져버릴 것이다.)"과 〈精神篇〉의 "志氣日秏(심지가 나날이 어지러워진다.)"라고 한 곳에서 高誘의 주는 모두 "'秏'는 '亂(어지럽다)'의 뜻이다."라고 하였다. '少而理曰治 多而亂曰秏'라 하여 '秏'와 '治'가 정반대가 되니 '秏'는 '眊亂'의 '眊'라는 것이 분명하다. ≪書經≫ 〈呂刑〉에 '耄荒'으로 된 부분에서 ≪經典釋文≫에는 '耄'가 '秏'로 되어 있다. '秏'·'耄'·'眊'는 옛날 모두 같은 음이었다. '耄荒'의 '耄'를 '秏'로 통용해 쓰는 것은 '眊亂'의 '眊'를 '秏'로 통용해 쓰는 경우와 같다.

## 2-24 治氣養心之術

기질을 다스리고 마음을 기르는 방법

**言以禮修身**이면 **是亦治氣養心之術**이니 **不必如彭祖也**라 ○ **先謙案 此與上言扁善之度各自爲義**라 **上言治氣養生**이라 **故以後彭祖爲說**이나 **然其道不外由禮**라 **故下文曰禮信是也**라 **此自論治氣養心之術**하여 **與上不相蒙**이어늘 **楊迺云以禮修身**이면 **不必如彭祖**라하니 **謬矣**라

楊倞注 : 예법으로 몸을 닦으면 이 또한 기질을 다스리고 마음을 기르는 방법이므로 굳이 彭祖처럼 〈養生術을〉 행할 필요가 없음을 말한 것이다.

○ 先謙案 : 이 문구는 위에서 말한 '어떤 경우든 좋지 않음이 없는 법〔扁善之度〕'과는 별개로 독자적인 뜻을 이룬다. 위에서는 기질을 다스리고 섭생하는 것을 말했기 때문에 수명이 '彭祖의 뒤를 따른다〔後彭祖〕'는 것을 말하였으나 그 방법은 禮義를 따르는 데에서 벗어나지 않으므로 그 아래 문구에 '예법이 절말 그렇다.〔禮信是也〕'라고 하였다. 여기

서는 별도로 기질을 다스리고 마음을 기르는 방법에 관해 논하여 위 내용과는 무관하다. 그런데도 楊倞은 "예법으로 몸을 닦으면 굳이 彭祖처럼 할 필요가 없다." 하였으니, 잘못된 것이다.

### 2-25 血氣剛强하면 則柔之以調和하고 知慮漸深하면 則一之以易(이)良하고

혈기가 너무 강하면 온화한 기운으로 부드럽게 하고 지려가 가라앉아 깊으면 평이하고 성실한 마음으로 바로잡으며,

漸은 進也라 或曰 漸은 浸也라 子廉反이라 詩曰 漸車帷裳이라하니라 言智慮深則近險詐라 故一之以易良也라 ○ 郝懿行曰 漸은 與潛古字通하니 韓詩外傳二作潛이 是라 良은 作諒하니 亦古字通用이라 樂記云 易直子諒之心生이라하니 易諒은 卽易良也라 王念孫曰 漸讀爲潛이라 洪範沈潛剛克을 文五年左傳及史記宋世家에 潛竝作漸이라 漢書谷永傳忘湛漸之義와 漢山陽太守祝睦後碑漸心於道와 太尉劉寬碑演策沈漸에 漸竝與潛同이라 楊訓漸爲進하고 又訓爲浸而音子廉反이라하니 皆失之[17]라

楊倞注 : '漸'은 '進(나아가다)'자의 뜻이다. 혹자는 "'漸'은 '浸(잠기다)'자의 뜻이다."라고 하였다. 음은 子와 廉의 反切이다. ≪詩經≫ 〈衛風 氓〉에 "漸車帷裳(나의 수레 휘장이 물에 젖누나.)"이라고 하였다. 〈이 문구는〉 지려가 깊으면 교활한 것에 가깝기 때문에 평이하고 성실한 마음으로 그것을 바로잡는다고 말한 것이다.

○ 郝懿行 : '漸'과 '潛'은 옛 글자에 통용되었다. ≪韓詩外傳≫ 권2에 '潛'으로 되어 있는 것이 그 증거이며 '良'은 '諒'으로 되어 있으니 이 또한 옛 글자에 통용하였다. ≪禮記≫ 〈樂記〉에 "易直子諒之心生(온화하고 정직하고 자애로우며 성실한 마음이 생긴다.)"이라고 하였는데, 易와 諒은 곧 이곳의 '易良'이다.

王念孫 : '漸'은 '潛'으로 읽어야 한다. ≪書經≫ 〈洪範〉의 "沈潛剛克(지나치게 강직함을 억제한다.)"이라는 문구를 ≪春秋左氏傳≫ 文公 5년과 ≪史記≫ 〈宋世家〉에서 그 '潛'이 모두 '漸'으로 되어 있다. ≪漢書≫ 〈谷永傳〉의 "忘湛漸之義(깊이 숨은 대의를 잊었다.)"와 〈漢山陽太守祝睦後碑〉의 "漸心於道(도의에 마음을 가라앉히다.)"와 〈太尉劉寬碑〉의 "演策沈漸(대책을 깊이 연구하였다.)"이라고 한 곳의 '漸'은 모두 '潛'과 같다. 楊倞은 '漸'을 '進'자의

17) 楊訓漸爲進……皆失之 : '漸'은 '潛(잠기다)'과 같은데도 楊倞이 '進(나아가다)'자의 뜻이라고 잘못 설명하였고, 또 '浸(잠기다)'자의 뜻으로도 본다는 혹자의 말을 소개하면서 그 음을 '잠', 또는 '침'이라 하지 않고 '점'이라고 한 것이 잘못되었다는 것이다.

뜻으로 설명하였고, 또 '浸'자의 뜻이라고 소개하면서도 그 음은 子와 廉의 反切이라고 하였으니, 모두 잘못되었다.

## 2-26 勇膽猛戾하면 則輔之以道順하고

담력이 거세고 사나우며 화를 내면 훈도하는 방법으로 돕고,

膽은 有膽氣요 戾는 忿惡也라 此性多不順이라 故以道順輔之也라 ○ 郝懿行曰 膽字疑誤라 韓詩外傳二에 作勇毅强果하니라 兪樾曰 順은 當讀爲訓이라 古順訓字通用이라 周語能導訓諸侯者를 史記魯世家訓作順하니 此文道順正與彼同이라 道順은 卽導訓也라 楊注非니라

楊倞注 : '膽'은 대담한 기운이 있다는 것이고, '戾'는 화를 내고 증오한다는 뜻이다. 이와 같은 품성은 대부분 온순하지 않기 때문에 온순해지게 인도하는 방법으로 돕는 것이다.

○ 郝懿行 : '膽'자는 아마도 오자인 듯하다. ≪韓詩外傳≫ 권2에는 "勇毅强果(용감하고 굳세고 강하고 과감하다.)"로 되어 있다.

兪樾 : '順'은 마땅히 '訓'으로 읽어야 한다. 옛날에 '順'과 '訓'자는 통용하였다. ≪國語≫ 〈周語〉의 "能導訓諸侯者(능히 제후를 인도하고 가르칠 수 있는 자)"가 ≪史記≫ 〈魯世家〉에 '訓'이 '順'으로 되어 있으니, 여기 문구의 '道順'은 바로 그 경우와 같다. '道順'은 곧 인도하고 가르친다〔導訓〕는 뜻이다. 楊倞의 주는 틀렸다.

## 2-27 齊給便利하면 則節之以動止하고

경솔하고 약삭빠르면 안정된 행동으로 절제하고,

爾雅云 齊는 疾也라하니 齊給便利는 皆捷速也라 懼其太陵遽라 故節之使安徐也라 ○ 先謙案 注給은 各本作急이라 據宋台州本改正하니라

楊倞注 : ≪爾雅≫에 "'齊'는 '疾(빠르다)'자의 뜻이다."라고 하였다. '齊給便利'는 모두 민첩하고 빠르다는 뜻이다. 너무 앞서고 서두르는 것이 두렵기 때문에 느긋해지게 하는 것이다.

○ 先謙案 : 楊倞 주의 '給'은 각 판본에 '急'으로 되어 있다. 宋台州本에 의거하여 고쳐 바로잡았다.

## 2-28 狹隘褊小하면 則廓之以廣大하고 卑溼重遲貪利하면 則抗之以高志하고

마음이 좁고 작으면 넓고 큰 도량으로 확대하고, 비속하고 더디며 이익을 탐하면 원대한 지향으로 격려하고,

卑는 謂謙下요 溼도 亦謂自卑下如地之下溼然也라 方言에 溼은 憂也니 自關而西에 凡志而不得이어나 欲而不獲이어나 高而有墜어나 得而中止를 皆謂之溼이라하니라 卑溼은 謂過謙恭而無禮者라 重遲는 寬緩也니 夫過恭則無威儀하고 寬緩常不及機事하고 貪利則苟得이라 故皆抗之高志也니라 或曰 卑溼도 亦謂遲緩也니 言遲緩之人은 如有卑溼之疾[18]하여 不能運動也라 ○ 盧文弨曰 溼은 元刻作濕하고 注憂也는 作優也하니라 又卑溼謂過謙恭이 舊本作亦謂之過謙恭이라하여 訛일새 今改正하니라 郝懿行曰 卑溼은 猶卑下也라 韓詩外傳二에 作卑攝貪利라하니라 王念孫曰 卑溼은 謂志意卑下也라 說文에 㬤은① 下入也라하고 論衡氣壽篇曰 兒生하여 號啼之聲이 鴻朗高暢者壽하고 嘶喝濕下者夭라하니 是濕爲下也라 㬤濕古字通이라 抗은 擧也라② 志意卑下라 故擧之以高志也라 楊注皆失之라

① 讀若蟄(칩)이라
〈㬤은〉 읽기를 '蟄'자처럼 한다.

② 見小雅賓之初筵傳과 考工記梓人注와 士喪禮下篇注와 文王世子注라
≪詩經≫ 〈小雅 賓之初筵〉의 傳과 ≪周禮≫ 〈考工記 梓人〉의 주와 ≪儀禮≫ 〈士喪禮 下篇〉의 주와 ≪禮記≫ 〈文王世子〉의 주에 보인다.

楊倞注 : '卑'는 겸손하고 자기를 낮추는 것을 말하고, '溼' 또한 스스로 낮추기를 마치 땅이 낮아 축축하게 젖은 것과 같음을 말한 것이다. ≪方言≫에 "'溼'은 '憂'자의 뜻이다. 函谷關 서쪽 지방에서는 일반적으로 목표를 세웠지만 이루지 못했거나 원했지만 얻지 못했거나 높아졌다가 떨어진다거나 얻었다가 도중에 멈추게 되는 경우를 모두 '溼'이라 말한다."라고 하였다. '卑溼'은 지나치게 겸손하여 예법이 없는 것을 말한다. '重遲'는 헐렁하고 이완되었다는 뜻이다. 대체로 지나치게 공손하면 장중한 태도가 없고 헐렁하고 이완되면 항상 시급한 일을 챙기지 못하고 이익을 탐내면 구차하게 얻기 마련이므로 모두 그것을 원대한 지향으로 격려하는 것이다. 혹자는 "'卑溼'도 遲緩을 이른다."라고 하니, 늑장

18) 卑溼之疾 : 지세가 낮고 습하여 생긴 병으로, 일반적으로 풍토병이라 한다. 현대의학에서는 류머티스성 관절염으로 불린다.

을 부리는 사람은 卑濕疾이 있어 자유롭게 움직이지 못하는 것과 같음을 말한 것이다.

○ 盧文弨 : '溼'은 元刻本에 '濕'으로 되어 있고, 楊倞 주의 '憂也'는 '優也'로 되어 있다. 또 '卑溼謂過謙恭'이 舊本에는 '亦謂之過謙恭'으로 되어 잘못되었기에 여기서는 고쳐 바로잡았다.

郝懿行 : '卑溼'은 '卑下'와 같다. ≪韓詩外傳≫ 권2에는 '卑攝貪利'로 되어 있다.

王念孫 : '卑溼'은 心志가 비속하고 낮은 것을 말한다. ≪說文解字≫에 "'㬤'은 아래로 들어가는 뜻이다."라고 하고, ≪論衡≫ 〈氣壽篇〉에 "아이가 태어나 울음소리가 크고 우렁차면 장수하고, 쉰 소리가 나고 가라앉으면 수명이 짧다.〔嘶喝濕下者夭〕"라고 하였으니, 이로 볼 때 '濕'은 낮다는 뜻이다. '㬤'과 '濕'은 옛 글자에 통용하였다. '抗'은 들어 올린다는 뜻이다. 심지가 비속하고 낮기 때문에 원대한 지향으로 격려하는 것이다. 楊倞의 주는 모두 잘못되었다.

## 2-29 庸衆駑散하면 則刦之以師友하고

평범하여 둔하고 산만하면 스승과 벗을 통해 제거하고,

庸衆은 已解上이라 駑는 謂材下如駑馬者也라 散은 不拘檢者也라 刦은 奪去也니 言以師友去其舊性也라

楊倞注 : '庸衆'은 이미 위에서 설명하였다. '駑'는 재능이 낮아 마치 노둔한 말과 같음을 말한다. '散'은 거리끼는 것이 없다는 뜻이다. '刦'은 제거한다는 뜻이니, 스승과 벗을 통해 그 옛 품성을 떨쳐버리는 것을 말한다.

## 2-30 怠慢僄弃하면 則炤之以禍災하고

태만하고 경박하여 自暴自棄를 하면 재앙이 있을 수 있다는 것으로 일깨우고,

僄는 輕也니 謂自輕其身也라 音匹妙反이라 方言에 楚謂相輕薄爲僄라하니라 炤之以禍災는 謂以禍災照燭之하여 使知懼也라 炤與照同이라

楊倞注 : '僄'는 가볍다는 뜻이니, 스스로 자기 몸을 경시하는 것을 말한다. 음은 匹과 妙의 反切이다. ≪方言≫에 "楚 지방에서 서로 경박하게 여기는 것을 '僄'라 이른다."라고 하였다. '炤之以禍災'는 재앙이 야기될 수 있다는 것으로 비추어 두려움을 느끼게 하는 것을 말한다. '炤'는 '照'와 같다.

### 2-31 愚款端慤하면 則合之以禮樂하고 通之以思索하나니라

우직하고 정성스럽고 바르고 성실하면 그것을 禮樂으로 융화시키고 思索으로 터서 통하게 한다.

款은 誠款也라 說文云 款은 意有所欲也라하니라 愚款端慤하면 多無潤色이라 故合之以禮樂이니라 此皆言修身之術在攻其所短也라 ○ 兪樾曰 自血氣剛强則柔之以調和以下八句는 文法皆同하고 此獨多通之以思索五字하여 與上文不一律이라 據韓詩外傳컨대 無此五字하니 當爲衍文이라 楊注不及思索之說하니 是其所見本未衍也라

楊倞注 : '款'은 정성스럽다는 뜻이다. ≪說文解字≫에 "'款'은 마음속에 원하는 것이 있다는 뜻이다."라고 하였다. 우직하고 정성스럽고 바르고 성실할 경우에는 대부분 이것들을 잘 다듬어 원만하게 하는 일이 없기 때문에 예와 음악으로 그것을 융화시켜야 한다는 것이다. 이상은 모두 몸을 닦는 방법이란 그 단점을 다스리는 데에 있음을 말한 것이다

○ 兪樾 : '血氣剛强 則柔之以調和' 이하 여덟 구는 문법이 모두 같고, 이곳만 '通之以思索' 다섯 자가 더 많아 윗글과 같은 형식이 아니다. ≪韓詩外傳≫에 의하면 이 다섯 자가 없으니, 마땅히 잘못 덧붙여진 글로 보아야 한다. 楊倞의 주에는 '思索'에 관해 언급한 말이 없으니, 그가 보았던 판본은 아직 이 문구가 더 들어가지 않은 것이었음을 알 수 있다.

### 2-32 凡治氣養心之術은 莫徑由禮하고 莫要得師하며 莫神一好라

일반적으로 기질을 다스리고 마음을 기르는 방법에는 예법을 따르는 것보다 더 빠른 길이 없고, 스승을 얻는 것보다 더 중요한 방법이 없으며, 禮義를 전일하게 좋아하는 것보다 더 신묘한 작용은 없다.

徑은 捷速也라 神은 神明也라 一好는 謂好善不怒惡(오)也라 ○ 盧文弨曰 案俗本不怒惡를 作不好惡(악)이라 今從宋本作怒라 元李冶古今黈所引正同이라 王念孫曰 一好는 謂所好不二也라 儒效篇曰 并一而不二면 則通於神明이라하고 成相篇曰 好而壹之神以成이라하니 皆其證이라 非好善不怒惡之謂니라

楊倞注 : '徑'은 빠르다는 뜻이다. '神'은 神明의 뜻이다. '一好'는 선을 좋아하여 화를 내

거나 거부하지 않는 것을 말한다.

○ 盧文弨：살펴보건대, 세속본에는 '不怒惡'가 '不好惡'으로 되어 있다. 여기서는 宋本을 따라 '怒'로 바꾸었다. 元나라 李冶의 ≪敬齋古今黈≫에 인용된 부분도 올바르게 되어 있어 宋本과 동일하다.

王念孫：'一好'는 좋아하는 것이 이랬다저랬다 하지 않는 것을 말한다. 〈儒效篇〉에 "幷一而不二 則通於神明(모두 마음이 전일하여 이리저리 분산되지 않는다면 신명과 통한다.)"이라고 하고, 〈成相篇〉에 "好而壹之神以成(좋아하고 또 전일하게 하면 신묘한 경지가 이루어진다.)"이라고 하였으니, 이 모두 그 증거이다. 선을 좋아하여 화를 내거나 거부하지 않는 것을 말한 것은 아니다.

## 2-33 夫是之謂治氣養心之術也니라

대체로 이것을 일러 기질을 다스리고 마음을 기르는 방법이라고 하는 것이다.

## 2-34 志意修則驕富貴하고 道義重則輕王公하나니 內省而外物輕矣라 傳曰 君子役物하고 小人役於物이라하니 此之謂矣니라

意志가 닦이면 富貴를 얕볼 수 있고 道義가 높아지면 王公을 하찮게 볼 수 있으니, 자기 내면을 닦는 일에 〈치중함으로써〉 身外의 사물이 가볍게 보이는 것이다. 古書에 "군자는 외물을 지배하고 소인은 외물에 지배당한다."라고 하였으니, 이와 같은 상황을 말한 것이다.

君子能役物하고 小人爲物所役이라 凡言傳曰은 皆舊所傳聞之言也라 ○ 謝本從盧校하여 首次句末竝有矣字하고 省下則作而하니라 盧文弨曰 正文前兩矣字는 宋本無하고 又下一則字作而라 今皆從元刻하니라 王念孫曰 元刻於富貴王公下各加一矣字하여 以對下文하고 又改下文之而字爲則字하여 以對上文이어늘 而盧本從之하니 案元刻非也라 內省而外物輕은 乃申明上文之詞요 非與上文作對句也어늘 今皆改爲對句하니 則失其旨矣라 先謙案 王說是하니 今正하니라

楊倞注：군자는 능히 외물을 지배하고 소인은 외물에 지배를 당한다. 일반적으로 '傳曰'이라 말한 것은 모두 예부터 전해지는 말이다.

○ 謝本은 盧校本을 따라 첫 구와 다음 구 끝에 모두 '矣'자가 있고, '省' 아래 '則'이 '而'

로 되어 있다.

盧文弨 : 본문 앞 두 '矣'자가 宋本에는 없고, 또 그 아래 한 '則'자는 '而'로 되어 있다. 여기서는 모두 元刻本을 따랐다.

王念孫 : 元刻本에는 '富貴'와 '王公' 밑에 각각 '矣' 한 자를 추가하여 아래 문구와 대를 맞췄고, 또 아래 문구의 '而'자를 '則'자로 바꿔 위 문구와 대를 맞췄는데 盧本은 그대로 따랐다. 살펴보건대, 元刻本은 잘못되었다. '內省而外物輕'은 곧 윗글의 뜻을 거듭 밝히는 말이지 윗글과 대구로 쓴 것이 아닌데 지금 모두 대구로 만들었으니, 본래의 뜻을 잃었다.

先謙案 : 王氏의 설이 옳으므로 여기서는 바로잡았다.

**2-35 身勞而心安**이면 **爲之**하고 **利少而義多**면 **爲之**라 **事亂君而通**이 **不如事窮君而順焉**이니라

몸은 수고롭더라도 마음이 편안하다면 행하고, 이익은 적더라도 道義가 많다면 행한다. 난폭한 군주를 섬기면서 벼슬길이 형통한 것이 역경에 처한 군주를 섬기면서 도의를 따르는 것보다 못하다.

窮君은 小國迫脅之君也라 言事大國暴亂之君하여 違道而通은 不如事小國之君하여 順行其道也라 ○ 顧千里曰 窮順二字는 疑當互錯이라 順君亂君은 對文也며 而通而窮도 亦對文也라[19] 荀子每以通與窮爲對文이라 如本篇上文及不苟篇榮辱篇儒效篇皆有之하니 可以相證이라 楊注已互錯을 望文說之하니 非也라 兪樾曰 荀子之意는 以爲事亂君則不順矣요 事窮君則不通矣라 然與其事亂君而通으론 不如事窮君而順이니 正上文身勞而心安이면 爲之하고 利少而義多면 爲之之意라 若從顧校면 則全失其旨矣라 王氏采其說入雜志補[20]하니 誤也라 郭嵩燾曰 通則言聽計從하여

19) 窮順二字……亦對文也 : 본문의 '亂君而通'과 '窮君而順'은 대구인데, 그 속 내용을 살펴보면 정상적인 형식이 아니라 변칙적인 형식으로 구성되었다는 것이다. '窮君而順'이 '亂君而通'과 정상적인 대가 되기 위해서는 '順君而窮'으로 되어야 하는데, 그렇지 않고 '順'자와 '窮'자가 서로 뒤바뀜으로 인해 '亂'은 '窮', '通'은 '順'끼리 어긋나게 맞물리는 변칙적인 형식이 되었다는 것이다. 정상적인 형식의 문구로 되돌릴 경우 "난폭한 군주를 섬겨 영화를 누리는 것이 순리로운 군주를 섬겨 곤궁에 처하는 것보다 못하다."라고 번역할 수 있다.

20) 王氏采其說入雜志補 : 王氏는 王念孫(1744~1832)이고 ≪雜志≫는 그의 저술인 ≪荀子雜志≫를 가리킨다. 그 말미에 顧千里가 ≪荀子≫를 교감한 내용 26조를 첨부하였는데, 그 가운데 하나가 이것이다. ≪荀子雜志≫는 모두 8권이며 ≪讀書雜志≫에 포함되어 있다.

恣其所欲爲하고 順則委身以從之而已라 文義在亂君窮君之分하니 亂君爲暴而窮君不能爲暴者也니라 先謙案 仕能得君曰通이니 仲尼篇云 以事君則必通이라하니라

楊倞注 : '窮君'은 강자에게 위협을 받는 작은 나라의 군주이다. 대국의 난폭한 군주를 섬겨 도의를 어기면서 형통하는 것은 약소국의 군주를 섬기면서 도의를 따라 행하는 것보다 못함을 말한 것이다.

○ 顧千里 : '窮'·'順' 두 자는 아마도 분명히 서로 어긋나게 맞물린 글자로 보아야 할 것이다. '順君'·'亂君'은 대구이고 '而通'·'而窮'도 대구이다. ≪荀子≫에는 늘 '通'과 '窮'을 대구로 사용하였다. 예를 들면 本篇의 윗글과 〈不苟篇〉·〈榮辱篇〉·〈儒效篇〉에도 모두 있으니, 그 사례를 통해 증명할 수 있다. 그런데 楊倞의 주는 서로 어긋나게 맞물려 쓴 것을 피상적으로 글자만 보고 뜻을 설명하였으니, 잘못되었다.

兪樾 : 荀子의 생각은 '난폭한 군주를 섬기면 순탄하지 않고, 곤궁한 군주를 섬기면 형통하지 않는다. 그러나 난폭한 군주를 섬겨 형통하느니보다는, 곤궁한 군주를 섬겨 순탄한 것이 더 낫다.'는 것이니, 이는 곧 윗글의 '몸은 수고롭더라도 마음이 편안하다면 행하고, 이익은 적더라도 도의가 많다면 행한다.'는 뜻이다. 만약 顧氏가 교감한 대로 따른다면 완전히 그 본지를 잃게 된다. 그런데 王氏가 그 설을 채택하여 ≪荀子雜志≫ 부록에 넣었으니, 잘못된 것이다.

郭嵩燾 : '通'은 말하면 들어주고 계책을 올리면 따라주어 그가 하고 싶은 대로 마음껏 행할 수 있다는 뜻이고, '順'은 몸을 맡겨 상황에 순응할 뿐인 것이다. 이 글 뜻은 亂君과 窮君을 구분하는 데에 있으니, 亂君은 폭정을 행하지만 窮君은 폭정을 행할 수 없는 사람이다.

先謙案 : 벼슬하여 군주의 신임을 얻는 것을 '通'이라 하니, 〈仲尼篇〉에 "以事君則必通(그 방법으로 군주를 섬기면 반드시 영달한다.)"이라고 하였다.

2-36 故良農不爲水旱不耕하고 良賈(고)不爲折閱不市하며

그러므로 훌륭한 농사꾼은 홍수나 가뭄 때문에 경작을 그만두지 않고, 훌륭한 장사꾼은 밑지는 것 때문에 매매를 그만두지 않으며,

折은 損也며 閱은 賣也니 謂損所閱賣之物價也라 賈音古라 ○ 盧文弨曰 案說文云 閱은 具數於門中也라하고 史記에 積日曰閱이라하니 此當謂計數歲月之所得有折損耳라 折은 常列切이라

楊倞注 : '折'은 축난다는 뜻이고, '閱'은 팔아넘긴다는 뜻이니, 파는 물건 값이 본전을 밑지는 것을 말한다. '賈'의 음은 '古'이다.

○ 盧文弨 : 살펴보건대, ≪說文解字≫에 "'閱'은 물건을 문 안에 갖춰놓고 계산을 한다는 뜻이다."라고 하고, ≪史記≫ 〈高祖功臣候年表〉에 "날짜가 쌓여 경력이 깊어진 것을 '閱'이라 한다."라고 하였으니, 여기서는 마땅히 일정한 기간 동안의 소득을 헤아려보았을 때 손해가 난 것을 말한 것일 뿐이다. '折'의 음은 常과 列의 反切이다.

## 2-37 士君子[21)]不爲貧窮怠乎道니라

士君子는 가난하고 곤궁한 것 때문에 道義를 닦는 일을 게을리할 수 없는 것이다.

## 2-38 體恭敬而心忠信하며 術[22)]禮義而情愛人하면

태도가 공손하고 존경스러우며 마음이 충성스럽고 성실하며, 행위가 예법과 도의를 따르고 性情이 仁愛의 정이 넘친다면,

術은 法也라 ○ 王引之曰 人은 讀爲仁이라 言其體則恭敬하고 其心則忠信하고 其術則禮義하고 其情則愛仁也라 愛仁은 猶言仁愛라[①] 恭敬忠信禮義愛仁은 皆兩字平列하고 下文之倨固勢詐順墨雜汙도 亦兩字平列이라 古字仁與人通하니 此人字卽仁愛之仁이요 非節用而愛人[23)]之人이라

① 廣雅에 惠愛恕利人은 仁也라하니라

≪廣雅≫에 "惠·愛·恕·利·人은 '仁(어질다)'자의 뜻이다."라고 하였다.

楊倞注 : '術'은 '法'자의 뜻이다.

○ 王引之 : '人'은 '仁'으로 읽어야 한다. 그 몸은 공경스럽고 그 마음은 성실하고 그 법은 禮義를 따르고 그 性情은 인자함을 말한 것이다. '愛仁'은 '仁愛'라고 말한 것과 같다. 恭敬·忠信·禮義·愛仁은 모두 두 자씩 나란히 배열하였고, 아래 글의 倨固·勢詐·順

---

21) 士君子 : 학문이 있고 인품과 덕이 높은 사람을 가리킨다.

22) 術 : 楊倞의 주는 '法'이라고 하였으나, '述'자와 통용하는 글자라는 郝懿行의 설에 의해 '따른다'는 뜻으로 번역하였다.

23) 節用而愛人 : ≪論語≫ 〈學而〉에 나오는 말이다.

墨・雜汙도 두 자씩 나란히 배열한 것이다. 옛 글자에는 '仁'과 '人'이 통용되었으니, 이 '人'자는 곧 '仁愛'의 '仁'이고, '節用而愛人(지출을 절약하고 사람들을 사랑한다.)'의 '人'이 아니다.

## 2-39 橫行天下라가 雖困四夷라도 人莫不貴리라

천하를 두루 돌아다니다가 비록 사방의 먼 오랑캐 지역에서 곤경에 처하더라도 사람들이 그를 존귀하게 여기지 않는 자가 없을 것이다.

橫行은 不順理而行也라 困은 窮也라 言所至皆貴也라 ○ 盧文弨曰 橫行天下는 猶書所云方行天下니 言周流之廣이라 注謬甚이라 王引之曰 橫은 讀爲廣이라①

① 堯典光被四表 今文尙書作橫被하니 漢成陽靈臺碑와 成陽令唐扶頌에 竝作廣被하니라
〈堯典〉의 '光被四表'가 ≪今文尙書≫에 '橫被'로 되어 있는데, 〈漢成陽靈臺碑〉와 〈成陽令唐扶頌〉에는 모두 '廣被'로 되어 있다.

楊倞注 : '橫行'은 도리에 맞지 않게 돌아다니는 것이다. '困'은 궁색하다는 뜻이다. 가는 곳마다 사람들이 모두 존귀하게 여긴다는 것을 말한 것이다.

○ 盧文弨 : '橫行天下'는 ≪書經≫ 〈周書 立政〉에서 말한 '方行天下'와 같으니, 두루 돌아다니기를 넓게 하는 것을 말한다. 楊倞의 주는 매우 잘못되었다.

王引之 : '橫'은 '廣(넓다)'자로 읽어야 한다.

## 2-40 勞苦之事則爭先하고 饒樂之事則能讓하여 端慤誠信하여 拘守而詳하면

힘들거나 고달픈 일은 앞다투어 떠맡고 이롭거나 즐거운 일은 양보하면서 단정하고 성실하여 〈법을〉 엄수하고 잘 살핀다면,

拘守는 謂守而勿失이라 詳은 謂審於事也라

楊倞注 : '拘守'는 단단히 지켜 잃어버리지 않는 것을 말한다. '詳'은 일을 잘 살피는 것을 말한다.

## 2-41 橫行天下라가 雖困四夷라도 人莫不任하리라 體倨固而心執詐하고 術順墨[24]而精雜汙하면

천하를 두루 돌아다니다가 비록 사방의 먼 오랑캐 지역에서 곤경에 처하더라도 사람들이 그를 신임하지 않는 자가 없을 것이다. 그러나 태도가 오만하며 고집스럽고 마음이 계략적이며 교활하고 행위가 愼到와 墨翟을 따르고 性情이 잡스러우며 더럽다면,

**倨**는 **傲也**라 **固**는 **鄙固**라 **順墨**은 **當爲愼墨**이니 **愼**은 **謂齊宣王時處士愼到也**라 **其術本黃老**[25]하고 **歸刑名**[26]이라 **先申韓**[27]하고 **其意相似**하니 **多明不尙賢不使能之道**라

---

24) 順墨 : 愼墨과 같은 것으로, 愼到와 墨翟의 병칭이다. 愼到(B.C. ?395~B.C. ?315)는 전국 때 趙나라 사람으로 處士이다. 黃老의 이론을 배워 法治를 주장하여 "백성은 모두 군주에게 복종하고 국사는 모두 법에 의해 처리되어야 하니, 이것이 국가를 다스리는 큰 원칙이다.〔民一於君 事斷於法 是國之大道也〕"라고 하였다. 齊 宣王과 湣王 때 鄒衍·淳于髡·接予·環淵 등과 함께 上大夫가 되었으며, 齊나라 稷下의 學宮에서 講學하여 이름이 높았다. 저서는 《愼子》 7편이 남아 있다.

墨翟(B.C. ?468~B.C. ?376)은 전국 초기 魯나라 사람인데 일설에는 宋나라 사람이라고도 한다. 온 몸이 희생되더라도 천하에 유리하다면 기꺼이 행하자는 兼愛主義와 나라끼리 서로 공격하지 말자는 平和主義를 표방하였다. 儒家의 번잡한 예법과 世卿·世祿 등 전통적인 제도를 반대하였다. 《墨子》 15권이 있다.

劉師培·熊公哲·章詩同·楊柳橋 등의 설에 의하면, '順'은 아첨하고 순종한다는 뜻이고, '墨'은 탐욕을 부려 사적인 이익을 추구하는 뜻이라고 하였다. 그러나 盧文弨·王念孫·王引之 및 王先謙을 위시하여 久保愛·于鬯·王天海 등 근현대 학자들은 楊倞의 주를 인정하고 이의를 제기하지 않았다. 번역은 楊倞의 주를 따랐다. '術順墨'은 앞서의 '術禮義'와 대를 이룬 문구이며, 愼到와 墨翟은 예법과 도의를 경시하고 刑名學을 주장한 인물들이므로 상반되는 의미의 완전한 대구라 할 수 있다.

25) 黃老 : 黃帝와 老子를 아울러 칭한 것이다. 후세의 道家에서 이들을 받들어 시조로 삼았으므로 道家의 대칭으로 쓰인다.

26) 刑名 : 전국 때 法家의 일파로, 刑名學을 말한다. 申不害를 그 대표로 삼는다. 명실상부하는 것을 상조하여 상하의 신분관계를 강화하고 정권의 통치를 공고히 할 것을 요지로 삼는다.

27) 申韓 : 申不害(B.C. ?385~B.C. ?337)와 韓非(B.C. ?280~B.C. ?233)의 병칭이다. 申不害는 전국 때 鄭나라 도성 사람이다. 韓 昭侯의 재상으로 15년 동안 재직하면서 내정과 외교를 잘하여 부국강병을 이루었다. 그의 학술은 명실상부를 강조하는 形名學을 주장하였다. 저서로 《申子》가 있었으나 지금은 없어지고 〈大體〉 한 편만 남아 있다.

韓非는 韓非子로 불리기도 한다. 전국 말기 韓나라 公子 가운데 한 사람이며 李斯와 함께 荀子를 스승으로 섬겼다. 商鞅·申不害·愼到의 학설을 아울러 수용하여 法·術·勢를 겸용할 것을 주장하였다. 농업과 전투를 중시하고 상업과 학문을 경시하면서 현실주의를 표방하

著書四十一篇하니라 墨翟은 宋人이니 號墨子라 墨子著書三十五篇하니 其術多務儉嗇이라 精當爲情이라 雜汙는 謂非禮儀之言也라 ○ 盧文弨曰 墨子書本七十一篇이니 今在者尙有五十四篇이라 此云三十五篇하여 反少於今所傳者하니 疑三十五는 當是五十五之訛니 蓋有分并之故也라 王引之曰 執詐는 當爲勢詐이니 字之誤也라 議兵篇曰 兵之所貴者는 勢利也요 所行者는 變詐也라하고 又曰 隆勢詐하며 尙功利라하고 又曰 焉[28]慮率用賞慶刑罰勢詐險阸其下하여 獲其功用而已矣라하니 勢與詐義相近이라 後漢書崔駰傳范蠡錯勢於會稽에 李賢曰 勢는 謂謀略也라하니라

楊倞注 : '倨'는 거만하다는 뜻이고, '固'는 야비하고 고집스럽다는 뜻이다. '順墨'은 마땅히 '愼墨'으로 보아야 한다. '愼'은 齊 宣王 때 처사인 愼到를 말한다. 그의 학술은 黃帝와 老子를 근간으로 삼고 刑名을 주장하였다. 申不害와 韓非의 시대보다 앞서고 그 이론이 서로 비슷하니, 賢人을 숭상하지 않고 유능한 자를 임용하지 않는 도에 관해 치중하여 밝혔다. 42편을 저술하였다. 墨翟은 宋나라 사람이니 墨子로 불린다. 墨子는 35편을 저술하였는데, 그 학술은 검소하고 아끼는 것에 치중하였다. '精'은 마땅히 '情'이 되어야 한다. '雜汙'는 禮義에 관한 말이 아님을 말한다.

○ 盧文弨 : 《墨子》 책은 본디 71편이었는데 지금 남아 있는 것은 54편이다. 楊倞의 주에는 35편이라 하여 도리어 오늘날 전해온 것보다 적으니, 아마도 35편은 분명히 55편의 오류로서 편을 나눴다 합쳤다 하는 과정이 있었기 때문일 것이다.

王引之 : '執詐'는 마땅히 '勢詐'가 되어야 하니, 글자가 잘못된 것이다. 〈議兵篇〉에 "용병에서 중시할 것은 권모와 이익이고, 시행할 것은 임기응변과 술수이다."라고 하고, 또 "권모술수를 중시하고 공적과 이익을 숭상한다."라고 하고, 또 "대체로 포상과 표창, 처벌과 권모술수만으로 그 아랫사람들을 제어하여 그들의 실적을 획득할 따름이다."라고 하였으니, '勢'와 '詐'는 뜻이 서로 가깝다. 《後漢書》 〈崔駰傳〉의 "范蠡錯勢於會稽(范蠡는 會稽에서 모략을 폈다.)"라고 한 곳에서 李賢이 "'勢'는 모략을 말한다."라고 하였다.

2-42 **橫行天下**라가 **雖達四方**이라도 **人莫不賤**하리라 **勞苦之事則偸儒[29]轉脫**하고

천하를 두루 돌아다니다가 비록 사방의 먼 지역에서 영달하더라도 사람들이 천

---

여 先秦 법가사상을 집대성하였다. 저서로 《韓非子》 20권이 있다.

28) 焉 : 실수로 잘못 붙여진 글자이다. 《荀子》 〈議兵篇〉에 "禮義와 충신은 없고 대체로 포상과 표창, 처벌과 권모술수만으로……〔無禮義忠信焉 慮率用賞慶刑罰勢詐……〕"라고 되어 있다.

29) 儒 : '懦(나약하다)'자와 같다.

시하지 않는 자가 없을 것이다. 힘들고 고달픈 일은 겁을 먹어 회피하고

偸는 謂苟避於事요 儒도 亦謂懦弱畏事니 皆懶惰之義라 或曰 偸當爲輸라하니라 揚子雲方言云 儒輸는 愚也라하되 郭璞注에 謂愞撰也라하니라 又云轉脫者는 謂偸儒之人이 苟求免於事之義라 ○ 盧文弨曰 此注多訛脫이라 今案文義改正하니라 郝懿行曰 注引或說은 失之라 儒者는 柔也며 弱也니 選儒畏事之意라 故下又云偸儒憚事라하고 注義甚明하니 不必改此爲輸而援方言爲訓이라

楊倞注 : '偸'는 일을 구차하게 회피하는 것을 말하고 '儒'도 심지가 나약하여 일을 두려워하는 것을 말하니, 모두 태만하다는 뜻이다. 혹자는 "'偸'는 마땅히 '輸'가 되어야 한다."고 말한다. 揚子雲(揚雄)의 ≪方言≫에 "儒輸는 어리석다는 뜻이다."라고 하였는데, 郭璞의 注에 "겁을 먹는 것을 이른다."라고 하였다. 또 '轉脫'이라 말한 것은 망설이고 나약한 사람은 구차하게 일을 모면하려고 추구하는 뜻을 이른다.

○ 盧文弨 : 楊倞의 이 주는 잘못되고 빠진 글자가 많다. 여기서는 글 뜻을 살펴 고쳐 수정하였다.

郝懿行 : 楊倞의 주에 혹자의 설을 인용한 것은 잘못되었다. '儒'란 부드럽고 나약하다는 것이니, 나약하여 일을 두려워한다는 뜻이다. 그러므로 아래에 또 "偸儒憚事(나약하고 게을러 일하기를 꺼려한다.)"라고 말하였고 그 주에서 뜻을 풀이한 것이 매우 분명하니, 굳이 여기서 '偸'를 '輸'로 고치고 ≪方言≫을 인용하여 뜻을 풀이할 이유가 없는 것이다.

2-43 饒樂之事則佞兌而不曲[30)]하여

이롭고 즐거운 일은 아양을 부려 꺼려하지 않으면서

兌는 悅也니 言佞悅於人以求饒樂之事라 不曲은 謂直取之也라 ○ 兪樾曰 不字涉下不慤不錄而衍이라 曲者는 委曲也니 言遇饒樂之事면 必委曲以取之라 楊注誤라 先謙案 兪說非也라 兌與銳同字라① 佞兌는 卽佞銳也라 佞是口才捷利之名이요② 銳亦利也라③ 文選五等論云 夫進取之情銳에 李善注 銳猶疾也라하니 疾與捷義亦同이라 此言遇勞苦之事則偸脫以避之하고 遇饒樂之事則身口捷利以取之하되 不畏人言하여 無所委曲이라 故曰不曲이라 楊訓不曲爲直取之는 是也나 而言佞悅於

30) 不曲 : 于省吾의 '소인의 거리낌 없는 행태를 형용한 것이다.'라는 설이 합리적인 것으로 보여 그에 따라 번역하였다.

人以求饒樂之事는 則非其義矣라 不苟篇見由則兌而倨에 兌亦當讀爲銳라 注佞各本誤接일새 據日本影宋台州本改正하니라

① 史記天官書兌 漢書天文志作銳하고 議兵篇云 兌則若莫邪(야)之利鋒도 亦以兌爲銳라
≪史記≫ 〈天官書〉의 '兌'가 ≪漢書≫ 〈天文志〉에 '銳'로 되어 있고, ≪荀子≫ 〈議兵篇〉에 "兌則若莫邪之利鋒(앞을 향해 찌르면 莫邪 보검처럼 날카로운 칼끝)"이라고 한 곳에서도 '兌'가 '銳'의 뜻으로 되었다.

② 左成十三年傳疏라
≪春秋左氏傳≫ 成公 13년 傳의 疏에 보인다.

③ 廣雅釋詁라
≪廣雅釋詁≫에 보인다.

楊倞注 : '兌'는 '悅(기쁘다)'자의 뜻이니, 남에게 아양을 떨어 그를 기쁘게 해줌으로써 이롭고 즐거운 일을 구하는 것을 말한다. '不曲'은 곧장 취하는 것을 말한다.

○ 兪樾 : '不'자는 아래의 '不慤'·'不錄'과 연관되어 잘못 덧붙여진 것이다. '曲'이란 완곡하다는 뜻이니, 이롭고 즐거운 일을 만나면 반드시 완곡하게 그것을 취하는 것을 말한다. 楊倞의 주는 잘못되었다.

先謙案 : 兪氏의 설은 틀렸다. '兌'는 '銳(날래다)'와 같은 글자이다. '佞兌'는 곧 '佞銳'와 같다. '佞'은 말재주가 민첩하다는 명사이고, '銳' 또한 날카롭다는 뜻이다. ≪文選≫ 〈五等論〉에 "夫進取之情銳(진취하는 심정은 매우 절박하고)"의 李善 注에 "銳는 '疾(빠르다)'과 같다." 하였는데, '疾'은 '捷(빠르다)'과 뜻이 또한 같다. 여기서는 힘들고 고달픈 일을 만나면 게으름을 피우며 회피하고, 이롭고 즐거운 일을 만나면 말재간을 부려 그것을 취하는데, 남의 말을 두려워하지 않아 신중하게 따져보는 일이 없다는 것을 말한 것이다. 그러므로 '不曲'이라고 말한 것이다. 楊倞이 '不曲'의 뜻을 곧장 취하는 것이라고 풀이한 것은 옳았다. 그러나 '남에게 아양을 떨어 그를 기쁘게 해줌으로써 이롭고 즐거운 일을 구하는 것을 말한다.'라고 한 것은 그 뜻이 아니다. 〈不苟篇〉에서 '見由則兌而倨'의 '兌' 또한 마땅히 '銳'로 읽어야 한다. 楊倞 주의 '佞'자가 각 판본에는 '接'자로 잘못되었으므로, 日本에서 影鈔한 宋 台州本에 의거해 고쳐 바로잡았다.

## 2-44 辟違而不慤하고

간사하여 삼가지 않고

乖僻違背하여 不能端慤誠信이라 辟은 讀爲僻이라 ○ 王念孫曰 楊分僻違爲二義하니 非也라 僻違皆邪也라 周語動匱百姓하여 以逞其違와 晉語若有違質이면 敎將不入에 韋注竝曰 違는 邪也라하고 堯典靜言庸違를 史記五帝紀作共工善言其用僻하니 是僻卽違也라 上文曰 不由禮則夷固辟違하여 庸衆而野와 不苟篇曰 倨傲僻違하여 以驕溢人과 非十二子篇曰 甚僻違而無類와 昭二十年左傳曰 動作辟違하여 從欲厭私는 義竝與此同이라 成相篇曰 邪枉辟回失道途 辟回卽僻違라①

① 小雅鼓鍾篇其德不回에 毛傳曰 回는 邪也라하고 大雅大明篇厥德不回에 毛傳曰 回는 違也라하니라 堯典靜言庸違를 文十八年左傳作靜譖庸回라하고 杜注曰 回는 邪也라하고 昭二十六年左傳君無違德을 論衡變虛篇作回德하니라
≪詩經≫ 〈小雅 鼓鍾篇〉의 "其德不回(그 덕이 간사하지 아니했다네.)"라 한 곳의 ≪毛傳≫에 "'回'는 '邪'의 뜻이다."라고 하고, 〈大雅 大明篇〉의 "厥德不回(그 덕이 어긋나지 아니했기에)"라 한 곳의 ≪毛傳≫에 "'回'는 '違(어기다)'의 뜻이다."라고 하였다. ≪書經≫ 〈堯典〉의 "靜言庸違(평소에는 말을 옳게 하지만 일을 맡아 행하면 간사하다.)"라 한 것을 ≪春秋左氏傳≫ 文公 18년에 "靜譖庸回(참소하는 말을 즐겨 듣고 간사한 자를 임용하였다.)"라고 하였고 杜預의 주에 "'回'는 '邪'의 뜻이다."라고 하였으며, ≪春秋左氏傳≫ 昭公 26년의 "君無違德(임금께서는 덕을 위배한 일이 없다.)"이라 한 것을 ≪論衡≫ 〈變虛篇〉에는 '回德'으로 되어 있다.

楊倞注 : 기질이 괴벽하고 어긋나서 정직하고 성실하지 못한 것이다. '辟'은 '僻'으로 간주해 읽는다.

○ 王念孫 : 楊倞이 '僻違'를 나누어 두 가지 뜻으로 풀이하였는데 이는 틀린 것이다. '僻違'는 모두 간사하다는 뜻이다. ≪國語≫ 〈周語〉의 "動匱百姓 以逞其違(백성을 궁핍하게 하여 그의 간사한 욕구를 채웠다.)"와, 〈晉語〉의 "若有違質 敎將不入(만약 간사한 기질을 지녔다면 아무리 좋은 훈계라도 마음속으로 들어가지 않는다.)"이라고 한 곳에, 韋昭의 주는 모두 "'違'는 '邪(간사하다)'의 뜻이다."라고 하였고, ≪書經≫ 〈堯典〉의 "靜言庸違(평소에는 말을 옳게 하지만 일을 맡아 행하면 간사하다.)"라고 한 것을 ≪史記≫ 〈五帝紀〉에 "共工善言其用僻(共工이 말을 잘하지만 일을 맡아 행하면 간사하다.)"으로 되어 있으니, 이 '僻'은 곧 '違'와 같은 것이다. 윗글의 "不由禮則夷固辟違 庸衆而野(예법을 따르지 않으면 거만하고 간사하여 평범한 사람처럼 촌스럽다.)"라 한 것과, 〈不苟篇〉의 "倨傲僻違 以驕溢人(거만하고 간사한 심술로 다른 사람을 깔아뭉갠다.)"이라 한 것과, 〈非十二子篇〉의 "甚僻違而無類(매우 간사하여 예법에 맞지 않는다.)"라 한 것과, ≪春秋左氏傳≫ 昭公 25년에 "動作辟違 從欲厭私(행동이

간사하여 욕망을 자행하며 사심을 채운다.)"라 한 것은 그 뜻이 모두 이곳과 같다. 〈成相篇〉에 "邪枉辟回失道途(바르지 않고 간사하여 정도를 잃었다.)"라고 한 곳의 '辟回'는 곧 '僻違'이다.

## 2-45 程役而不錄[31)]하면

욕망만을 추구하고 자기를 단속하지 않는다면

程은 功程[32)]이라 役은 勞役이라 錄은 檢束也라 於功程及勞役之事에 怠惰而不檢束이니 言不能拘守而詳也라

楊倞注 : '程'은 공정이다. '役'은 노역이다. '錄'은 점검하고 단속한다는 뜻이다. 공정과 노역을 수행하는 일에 태만하여 자기를 단속하지 않는 것이니, 법을 엄수하여 잘 살피지 못하는 것을 말한다.

## 2-46 橫行天下라가 雖達四方이라도 人莫不弃리라

천하를 두루 돌아다니다가 비록 사방의 먼 지역에서 영달하더라도 사람들이 그를 버리지 않는 자가 없을 것이다.

## 2-47 行而供冀는 非漬淖也며

길을 걸을 적에 조심스러운 태도를 취하는 것은 진창에 옷이 젖을까 염려해서가 아니고,

供은 恭也요 冀는 當爲翼이라 凡行自當恭敬이요 非謂漬於泥淖也라 人在泥淖中則

31) 程役而不錄 : '程役'을 劉師培는 '逞欲'으로 보아 '개인의 욕망만 채우려 하고 자기를 단속하지 않는다.'는 뜻이라 하고, 高亨은 '逞彼'으로 보아 '행동을 함부로 하면서 삼가지 않는다.'는 뜻이라 하였으며, 楊柳橋는 '輕賤'으로 보고 또 '錄'은 '祿'과 통용하는 글자인데 '善'의 뜻이라고 하여 '경망하고 천박하여 선량하지 않다.'라고 풀이하였다. 그리고 王天海는 '程'은 '征'과 같은 글자로, 세금을 징수하는 것이고, '役'은 농부가 의무적으로 부담하는 身役인 '繇役'이며, '錄'은 장부에 기록한다는 뜻이라고 하여 '납세와 병역의 의무를 부담해야 할 것인데도 이름이 장부에 기록되지 않았다.'는 뜻이라고 하였다. 번역은 劉師培의 설을 따랐다.

32) 功程 : 많은 人力과 物力이 투입되는 토목공사를 말한다.

競競然이라 或曰 李巡注爾雅冀州曰 冀는 近也라하니 恭近은 謂不敢放誕也라 ○ 盧文弨曰 供은 疑是張拱之義라 郝懿行曰 供與拱 冀與覬는 俱音同字通이라 其義則冀覬俱訓望也라 此言行而張拱顧望은 乃是恭敬審諦요 非恐漸漬於泥淖也라 先謙案 楊前說是라 釋名에 恭은 拱也니 自拱持也라하니 是供訓爲恭이며 而拱義卽在其中이라 釋詁에 翼은 敬也라하고 論語鄕黨篇의 趨進할새 翼如也에 孔注言端好라하니라 賈子[33]容經에 趨以微磬之容[34]으로 飄然翼然하여 肩狀若流하고 足如射箭이라하니라 以此文推컨대 供冀之義는 正狀其趨走疾速으로 是爲禮之容이요 非因有泥淖漬之也라 若張拱顧望은 非所以爲禮矣라

楊倞注 : '供'은 '恭'이고, '冀'는 마땅히 '翼'이 되어야 한다. 대체로 길을 걸을 적에 스스로 으레 공손한 태도를 취하는 것은 진창에 옷이 젖을까 염려해서 그런 것이 아니라는 것이다. 사람이 진창 속에 있으면 조심스러워지는 법이다. 혹자는 "李巡이 ≪爾雅≫의 '冀州'를 풀이한 부분에 '冀는 기깝다는 뜻이다.'라 했다." 하였으니, 〈이 설을 따른다면〉 '恭近'은 감히 아무렇게나 함부로 행동하지 않는 것을 말한다.

○ 盧文弨 : '供'은 아마도 팔을 벌리고 두 손을 맞잡는다는 '張拱'의 뜻인 듯하다.

郝懿行 : '供'과 '拱'·'冀'와 '覬'는 각기 음도 같고 글자도 통용된다. 그 뜻은 '冀'와 '覬'의 경우 모두 바라본다는 뜻이다. 여기서는, 길을 걸을 적에 두 팔을 벌려 손을 맞잡거나 주위를 둘러보는 것은 곧 공경하는 태도로 자세히 살펴보는 것이지, 진창에 옷이 젖을까 두려워서 그런 것이 아님을 말한 것이다.

先謙案 : 楊倞의 앞 설이 옳다. ≪釋名≫에 "'恭'은 '拱(두 손 맞잡다)'자와 같으니 스스로 마음을 공손하게 지닌다는 뜻이다."라고 하였으니, 여기 '供'자도 공손하다는 뜻이 되고 '拱'의 뜻이 곧 그 안에 들어 있다. ≪爾雅≫ 〈釋詁〉에 "'翼'은 '敬'의 뜻이다."라고 하고, ≪論語≫ 〈鄕黨篇〉의 "趨進 翼如也(빨리 걸어 나가실 때 날개를 편 듯하였다.)"라고 한 부분에서 孔安國의 주에 "단정하여 보기 좋은 것을 말한다."라고 하였다. ≪賈子(新書)≫ 〈容經〉에 "趨以微磬之容 飄然翼然 肩狀若流 足如射箭(빨리 걸을 때는 약간 굽은 자세로 사뿐사뿐 걷되 어깨의 모습은 물이 흐르듯 유연하게 하고 발은 시위를 떠난 화살처럼 쭉쭉 내뻗어야 한

33) 賈子 : 賈誼(B.C. 200~B.C. 168)의 저술인 ≪賈誼新書≫를 말한다. ≪新書≫로 약칭하기도 한다.

34) 微磬之容 : 磬이 ≪賈誼新書≫에는 '磬'으로 되어 있는데, 서로 통용된다. 磬은 고대의 타악기로 모양은 곱자처럼 생기고 옥이나 돌, 혹은 금속으로 만든다. 여기서는 상체를 약간 구부린 자세를 의미한다.

다.)"이라고 하였다. 이 글로 미루어보건대, '供冀'의 뜻은 빨리 걸을 때의 자세를 형용한 것으로, 그렇게 하는 것이 예법에 맞는 자세가 되고 길바닥에 진창이 있어 옷을 적실까 봐 그런 것이 아니다. 두 팔을 벌려 손을 맞잡거나 주위를 둘러보는 자세 같은 것은 〈걸을 때의〉 예법에 맞는 것이 아니다.

## 2-48 行而俯項은 非擊戾也며

길을 걸을 적에 목을 숙이는 것은 무엇에 부딪칠까 염려해서가 아니고,

擊戾는 謂項曲戾不能仰者也라 擊戾는 猶言了戾也라 ○ 盧文弨曰 案方言三 軫은 戾也의 郭注云 相了戾也라하니 與此正同이라 此書宋本世德堂本은 皆作了戾라 元刻訛作孑戾나 形尙相近이어늘 至俗間本하여는 竟改作乖戾하니 謬之甚矣라 了戾乃屈曲之意니 豈可云乖戾乎아 王念孫曰 淮南主術篇曰 木擊折轊하고 水戾破舟라하고 又曰 文武備具하여 動靜中儀하고 擧動廢置에 曲得其宜하여 無所擊戾하고 無不畢宜라하니라 然則擊戾者는 謂有所抵觸也라 行而俯項은 非擊戾也者는 謂非懼其有所抵觸而俯項以避之也니 與上下文同一例라 楊說失之라 兪樾曰 擊戾者는 拂戾也라 考工記弓人和弓轂摩에 鄭注曰 轂은 拂也라하니 擊與轂通이라 郭仲奇碑[35] 鷹偫電轂이라하니 轂卽擊字也라 先謙案王說是라

楊倞注 : '擊戾'는 목이 굽어져 위로 쳐들지 못하는 것을 말한다. 擊戾는 〈또 물건이 구부러지거나 엉키어 똑바로 펼 수 없는 모양이라는 뜻의〉 '了戾'라고 말한 것과 같다.

○ 盧文弨 : 살펴보건대, ≪方言≫ 권3 "'軫'은 '戾(어그러지다)'이다."의 郭璞 주에 "서로 비틀어진 것이다.〔相了戾也〕"라고 하였으니, 이곳과 정확하게 같다. 이 책과 宋本·世德堂本은 모두 '了戾'로 되어 있다. 元刻本에는 '孑戾'로 잘못되어 있으나 모양은 오히려 비슷한데 세간의 판본에는 그만 '乖戾'로 바뀌어져 있으니, 오류의 정도가 심하다. '了戾'는 곧 구부러졌다는 뜻인데 어찌 〈어긋났다는 뜻인〉 '乖戾'라 말할 수 있겠는가.

王念孫 : ≪淮南子≫ 〈主術篇〉에 "木擊折轊 水戾破舟(나뭇등걸에 부딪치면 수레의 굴대가 부러지고 여울물이 세차게 돌면 배가 부서진다.)"라고 하고, 또 "文武兼全하여 動靜이 법도에 부합하고 행하고 중지하는 일이 그 상황에 들어맞아 막히거나 곤란을 당하는 것이 없음으로써〔無所擊戾〕 모든 것이 완전하지 않은 것이 없다."라고 하였다. 그렇다면 '擊戾'란

---

35) 郭仲奇碑 : 宋나라 洪适이 편찬한 ≪隷釋≫ 권9의 〈北軍中候郭仲奇碑〉를 말한다.

부딪치는 것이 있음을 말한 것이다. '行而俯項 非擊戾也'란 무엇에 머리를 부딪치는 일이 있을까 두려워 목을 숙여 피한 것은 아니라는 것을 말한 것이니, 위아래 글과 동일한 형식이다. 楊倞의 설은 잘못되었다.

俞樾 : '擊戾'란 〈거역이라는 뜻의〉 '拂戾'이다. ≪周禮≫ 〈考工記 弓人〉의 "和弓轂摩(활의 강도를 시험해보고 먼지를 털어 제거하며 벌어진 흠집이 있는지를 만지면서 살펴본다.)"라고 한 곳에서 鄭玄의 주에 "'轂'은 '拂(털다)'자의 뜻이다."라고 하였는데, '擊'과 '轂'은 통용한다. 〈郭仲奇碑〉에 "鷹偫電轂(송골매가 틈을 노리고 번개가 내리치듯이)"라고 하였으니, '轂'은 '擊'자이다.[36]

先謙案 : 王氏의 설이 옳다.

## 2-49 偶視而先俯는 非恐懼也라

다른 사람과 마주볼 때 먼저 고개를 숙이는 것은 그가 두려워서가 아니다.

偶視는 對視也라

楊倞注 : '偶視'는 서로 마주보는 것이다.

## 2-50 然夫[37]士欲獨修其身은 不以得罪於比俗[38]之人也라

이렇게 보면 선비가 독자적으로 자기의 心身을 수양하려고 하는 것은 세속 사람들에게 죄를 얻을까 봐 두려워서 그런 것이 아니다.

## 2-51 夫驥一日而千里나 駑馬十駕則亦及之矣니라

저 준마는 하루에 천 리를 달리지만, 둔한 말도 열흘을 달리면 그 거리에 도달할 수 있다.

○ 郝懿行曰 駑馬日可百里하니 十日則亦可及千里라 遲速先後不同이나 其歸一也라

---

36) '擊戾'란……'擊'자이다 : '擊'자에 '거역하다'·'털다'·'내리치다'라는 몇 가지 유사한 의미의 관련 용례를 열거하여 擊자가 '拂'·'轂'과 통용한다는 것을 설명한 것이다.

37) 然夫 : 然則과 같다.

38) 比俗 : 流俗·世俗과 같다. '比'는 '同'자와 같다.

○ 郝懿行 : 둔한 말도 하루에 백 리는 달리니 열흘이면 그 또한 천 리를 달릴 수 있다. 느리거나 빠르고 앞서거나 뒤처지는 능력은 같지 않지만 목적지에 도달하는 것은 똑같다.

**2-52 將[39]以窮無窮 逐無極與**아 **其[40]折骨絶筋**이라도 **終身不可以相及也**라 **將有所止之[41]**아 **則千里雖遠**이나 **亦或遲或速**하고 **或先或後**라도 **胡爲乎其不可以相及也**리오 **不識**케라 **步道者 將以窮無窮 逐無極與**아 **意亦有所止之與**아

과연 끝없는 길을 달리고 한없는 路程을 따라가는 것인가? 그렇다면 뼈가 부러지고 힘줄이 끊어지더라도 끝내 목표지점에 도달할 수 없을 것이다. 그러나 과연 정해진 종점이 있는 것인가? 그렇다면 천 리가 비록 멀더라도 〈능력에 따라〉 느리거나 빠르고 앞서거나 뒤처지는 차이는 있을망정 어찌 도달할 수 없겠는가. 모르겠다. 저 인생길을 가는 사람은 과연 끝없는 길을 달리고 한없는 노정을 따라가는 것인가, 어쩌면 또한 목표지점이 있는 것인가?

**步**는 **行**이라

楊倞注 : '步'는 걸어간다는 뜻이다.

**2-53 夫堅白同異有厚無厚之察**이 **非不察也**라

저 堅白 · 同異 · 有厚無厚와 같은 논제에 대해 고찰하는 것이 제대로 고찰하지 않는 것은 아니다.

**此言公孫龍惠施之曲說異理**는 **不可爲法也**라 **堅白**은 **謂離堅白也**라 **公孫堅白論曰 堅白石三**이 **可乎**아 **曰 不可**하다 **曰 二 可乎**아 **曰 可**라하니라 **謂目視石**하면 **但見白**하고 **不知其堅**하니 **則謂之白石**이라하고 **手觸石**하면 **則知其堅**하고 **而不知其白**하니

---

39) 將 : '혹은', '아니면'이라는 선택의 의미를 지닌 '抑'자와 같다. 여기서는 어감의 편의상 '과연'으로 표현하였다. 뒤의 두 '將'자도 마찬가지이다.

40) 其 : '則'자와 같다.

41) 將有所止之 : 劉如瑛는 '止之' 아래에 '與'자가 누락되었다고 하였는데, 같은 형식의 위아래 구로 볼 때 일리가 있으므로 그 설에 따라 번역하였다.

則謂之堅石이라하니 是堅白終不可合爲一也라 司馬彪曰 堅白은 謂堅石非石과 白馬非馬也라 同異는 謂使異者同하고 同者異라하니라 或曰 卽莊子所謂大同而與小同異하니 此之謂小同異라하니 言同在天地之間이라 故謂之大同하고 物各有種類所同이라 故謂之小同이니 是大同與小同異也라 此略擧同異라 故曰 此之謂小同異라하니라 莊子又曰 萬物畢同畢異하니 此之謂大同異라하니 言萬物總謂之物에 莫不皆同하니 是萬物畢同이요 若分而別之면 則人耳目鼻口百體와 草木枝葉花實이 無不皆異하니 是物畢異也라 此具擧同異라 故曰 此之謂大同異라하니라 莊子又曰 無厚하여 不可積也하고 其大千里라하니 無厚는 謂厚之極이니 不可爲厚薄也라 不可積은 言其委積至多하여 不可使復積也라 凡無厚不可積은 因於有厚可積이라 故得其大千里라하고 千里者는 擧大之極也라

楊倞注 : 여기서는 公孫龍과 惠施의 왜곡된 말과 괴이한 이론은 올바른 법이 될 수 없다는 것을 말한 것이다. '堅白'은 '단단한 질과 흰색을 분리하는 설〔離堅白〕'을 말한다. ≪公孫龍子≫ 〈堅白論〉에 "'단단한 질과 흰색과 돌을 셋으로 인정하는 것이 옳은가?' 대답하기를 '옳지 않다.'라 했다. '둘로 인정하는 것이 옳은가?' 대답하기를 '옳다.'라 했다."라고 하였다. 이것은 '눈으로 돌을 보면 흰색만 볼 뿐 그 단단한 질은 모르므로 그것을 흰 돌이라고 말하고, 손으로 돌을 만지면 단단한 질만 알 뿐 그 흰색은 모르므로 그것을 단단한 돌이라고 말한다. 이 때문에 단단한 질과 흰색은 결국 합쳐져 하나가 될 수 없는 것이다.'라고 말한 것이다.

司馬彪가 "堅白은 '단단한 돌은 돌이 아니다.〔堅石非石〕'와 '흰 말은 말이 아니다.〔白馬非馬〕'를 말한 것이고, 同異는 '다른 것을 같게 하고 같은 것을 다르게 한다.〔使異者同 同者異〕'는 것을 말한다."라고 하였다.

어떤 사람이 한 말에 의하면 다음과 같다. 이는 곧 ≪莊子≫ 〈天下〉편의 이른바 "총체적인 공통점이 개별적인 공통점과 차별이 있으니 이것을 일러 '小同異'라 한다.〔大同而與小同異 此之謂小同異〕"라는 것이다. 이 말은 〈만물이〉 천지 사이에 함께 존재하므로 이것을 '大同'이라 하고, 만물은 각각의 종류끼리 공통점이 있으므로 이것을 '小同'이라 한다는 것으로, 곧 '총체적인 공통점이 개별적인 공통점과 차별이 있다.'고 말한 것이다. 이것은 同異를 소략하게 제시한 것이므로 '이것을 일러 小同異라 한다.'라고 말한 것이다.

≪莊子≫ 〈天下〉편에 또 "만물이 완전히 같기도 하고 완전히 다르기도 하니 이것을 일러 '大同異'라 한다.〔萬物畢同畢異 此之謂大同異〕"라고 하였다. 이 말은 만물을 총괄하여 '物'이라 말하면 모두 같지 않은 것이 없으니 이는 '만물이 완전히 같기도 하다.'는 뜻이

고, 만약 그것을 분리하여 구별하면 인간의 耳目口鼻 등 각 기관과 草木의 가지며 잎, 꽃이며 열매들이 모두 다르지 않은 것이 없으니 곧 '만물이 완전히 다르기도 하다.'고 말한 것이다. 이것은 同異를 빠짐없이 제시한 것이므로 '이것을 일러 大同異라 한다.'라고 말한 것이다.

≪莊子≫ 〈天下〉편에 또 "두께의 한도가 없어 무엇을 더 이상 쌓을 수 없고 그 크기가 천 리나 된다.〔無厚 不可積也 其大千里〕"라고 하였다. '無厚'는 두께가 무한하여 두께의 정도를 설정할 수 없다는 것을 말하고, '不可積'은 쌓인 것이 무한하게 많아 더 쌓이게 할 수 없다는 것을 말한다. 대체로 두께가 한도가 없어 더 이상 쌓을 수 없는 것은 두께가 한도가 있어 더 쌓을 수 있는 것에 기인하기 때문에, 그 크기가 천 리라고 하였고, 천 리는 크기가 무한할 수 있음을 제시한 것이다.

## 2-54 然而君子不辯은 止[42)]之也니라

그렇지만 군자가 그것을 변론하지 않는 것은 머물러야 할 곳에 머무르기 위해서이다.

止而不爲라 ○ 先謙案 楊注非也라 止與大學止於至善之止同意니 言君子之辯之行이 皆不止乎此라 解蔽篇云 故學也者는 固學止之也라 惡乎止之오 曰止諸至足이라하니 與此止之義合이라

楊倞注 : 중지하고 하지 않는 것이다.

○ 先謙案 : 楊倞의 주는 틀렸다. '止'는 ≪大學≫의 "止於至善(가장 완벽한 경지에 머무른다.)"의 '止'와 같은 뜻이니, 군자의 논변과 행동이 모두 이 정도의 수준에는 머무르지 않는다는 것을 말한 것이다. 〈解蔽篇〉에 "그러므로 배운다는 것은 본디 배움을 통해 머물러야 할 경지에 도달하는 것이다. 어떤 경지에 머무를 것인가? 마음에 만족하게 느끼는 곳에 머물러야 한다."라고 하였는데, 이곳의 '止'자 뜻과 부합된다.

## 2-55 倚(기)魁之行이 非不難也라 然而君子不行은 止之也니라

기괴한 행위가 어렵지 않은 것은 아니다. 그런데 군자가 그것을 행하지 않는 이

---

42) 止 : 楊柳橋의 ≪荀子詁譯≫과 張覺의 ≪荀子注譯≫에는 '절제'라고 풀이하였으나, 王先謙의 설에 따라 번역하였다.

유는 머물러야 할 곳에 머무르기 위해서이다.

倚는 奇也라 奇는 讀爲奇偶之奇라 方言云 秦晉之間에 凡物體全而不具를 謂之倚라하니라 魁는 大也라 倚魁는 皆謂偏僻狂怪之行이라 莊子曰 南方有倚人하니 曰黃繚也라하니라 ○ 盧文弨曰 今方言에 作凡全物而體不具를 謂之倚라하니라 郝懿行曰 倚與奇 魁與傀는 俱聲近假借字라 奇傀는 言其事譎觚不常也라 先謙案 不苟篇에 申徒狄은 行之難爲者也요 惠施鄧析은 說之難持者也라 然而君子不貴라하니 亦卽此義라 文可互證이라

楊倞注 : '倚'는 '奇(기이하다)'이다. '奇'는 '奇偶'의 '奇'로 읽어야 한다. ≪方言≫에 "秦·晉 지방에서 일반적으로 신체는 완전하면서 불구인 것을 일러 '倚'라 한다."라고 하였다. '魁'는 '大'자의 뜻이다. '倚'와 '魁'는 모두 편벽되고 방자하며 기괴한 행동을 말한다. ≪莊子≫ 〈修身〉편에 "남방에 기인이 있으니 黃繚라 한다."라고 하였다.

○ 盧文弨 : 지금 ≪方言≫에는 "일반적으로 완전한 동물이면서 지체가 불구인 것을 일러 '倚'라 한다."라고 하였다.

郝懿行 : '倚'와 '奇', '魁'와 '傀'는 모두 소리가 비슷한 假借字이다. '奇傀'는 그 일이 간교하여 특이한 것을 말한다.

先謙案 : 〈不苟篇〉에 "申徒狄은 일반 행위 중에 행하기 어려운 일을 해냈고, 惠施와 鄧析은 학설 중에 파악하기 어려운 문제를 설명하였다. 하지만 군자는 그것을 귀중하게 여기지 않는다."라고 하였으니, 그 또한 여기의 뜻과 비슷한 것으로 글이 서로 증명할 만하다.

2-56 故學曰 遲彼止而待我면 我行而就之니

그러므로 학자들이 말하기를 "〈내가〉 더뎌 〈뒤로 처질 때〉 다른 사람들이 그 자리에 머물러 나를 기다리면 나는 달려가 그들에게 접근해야 하니,

學曰은 謂爲學者傳此言也라 遲는 待也라 直吏反이라 ○ 郝懿行曰 古人名遲에 字須[43]니 須者는 待也라 故遲之訓爲待라 音直吏切이라 學曰者는 蓋古學侶虛設此言以相警厲라 必曰遲者는 猶云寡君須矣[44]라 彼前行之人方止而待我면 我當遄行

43) 名遲 字須 : 춘추 말기 魯나라 사람으로, 공자의 문인인 樊遲를 가리킨다. 이름이 須이고 자가 遲인데 郝懿行이 이것을 뒤바꿔 잘못 말한 것으로 보인다.

而就之니 學如不及[45]之意也라 王念孫曰 學曰은 疑當作學者라 謂學者或遲或速하고 或先或後라도 皆可同至也라① 今本者作曰은 寫者脫其半耳라 楊云 學曰은 謂爲學者傳此言也라하니 此不得其解而爲之詞라

① 見下文이라
아래 글에 보인다.

楊倞注 : '學曰'은 학문을 하는 자가 이 말을 전한 것을 이른다. '遲'는 '待'자의 뜻으로, 음은 直과 吏의 反切이다.

○ 郝懿行 : 옛사람이 이름이 '遲'이면 자를 '須'라고 하였으니, '須'란 기다린다는 뜻이다. 그러므로 '遲'의 뜻이 '기다리다'가 된다. 음은 直과 吏의 反切이다. '學曰'이란 대체로 옛날 학우들이 이 말을 가설하여 서로 훈계하고 격려했던 것이다. 반드시 '遲'라고 말한 것은 "寡君께서 기다리신다.〔寡君須矣〕"라고 말한 것과 같다. 저 앞서가는 사람이 지금 바로 멈춰 나를 기다리면 나는 마땅히 빨리 가 그에게 접근해야 하니, 이는 '배우기를 서둘러 미처 따라가지 못한 것처럼 한다.'는 뜻이다.

王念孫 : '學曰'은 아마도 마땅히 '學者'가 되어야 할 것 같다. 학문을 하는 사람은 혹 늦고 혹 빠르며 혹 앞서고 혹 뒤지는 일이 있더라도 모두 목적지에 함께 도달할 수 있음을 말한 것이다. 지금 판본에 '者'가 '曰'로 되어 있는 것은 등사한 사람이 그 '者'자의 반(耂)을 빠뜨렸기 때문이다. 楊倞이 "'學曰'은 학문을 하는 자가 이 말을 전한 것을 이른다."라고 하였으니, 이는 그 사정을 알지 못해 그렇게 말한 것이다.

2-57 則亦或遲或速하고 或先或後라도 胡爲乎其不可以同至也리오 故蹞步而不休면 跛鼈千里요 累土而不輟이면 丘山崇成하며

그런다면 또한 혹 늦고 혹 빠르며 혹 앞서고 혹 뒤지는 일이 있더라도 어찌 목적지에 함께 도달할 수 없겠는가."라고 하였다. 그래서 한 걸음 두 걸음 쉬지 않고 나아가면 절뚝발이 자라도 천 리를 가고, 흙을 쌓아올리기를 멈추지 않으면 산과 언덕도 이룰 수 있으며,

---

44) 寡君須矣 : ≪春秋左氏傳≫ 成公 12년에 "날이 저물었습니다. 우리 寡君께서 기다리시니 어르신께서는 안으로 들어가십시오.〔日云莫矣 寡君須矣 吾子其入也〕"라고 한 것을 인용한 것이다.

45) 學如不及 : 공자가 한 말씀으로, ≪論語≫ 〈泰伯〉에 보인다.

○ 盧文弨曰 兩而字 宋本有하고 元刻無라 此下俗間本有重意一段이라 引老子九層之臺起於累土四句[46]하니 係後人妄羼入書內라 又有所謂互注[47]者하니 特少異其名耳라 皆取它書語近似者注其下요 竝非楊氏本文일새 今一概削去之하니라

○ 盧文弨 : 두 '而'자가 宋本에는 있고 元刻本에는 없다. 이 문단 아래에 세간의 판본에는 중복되는 뜻의 한 단락이 더 있다. ≪老子≫의 "9층의 높은 돈대도 흙을 쌓아 올리는 데에서 시작된다."라는 네 문구를 인용하였는데, 이는 후세 사람이 함부로 이 책 안에 섞어 넣은 것이다. 또 이른바 '互注'라는 것이 있는데 이는 그 명칭만 조금 다를 뿐이다. 이는 다 다른 책에서 말이 서로 비슷한 것들을 취해 그 밑에 주를 붙인 것이고 모두 楊氏의 본문이 아니므로 여기서는 일괄적으로 삭제하였다.

2-58 厭其源하고 開其瀆이면 江河可竭하고

그 수원을 막고 그 도랑을 터버리면 江河도 마르게 할 수 있고,

厭은 塞也라 音一涉反이라 瀆은 水竇也라

楊倞注 : '厭'은 막는다는 뜻이다. 음은 一과 涉의 反切이다. '瀆'은 물이 빠져나가는 구멍이다.

2-59 一進一退하고 一左一右면 六驥不致니라

한 번 전진했다가 한 번 후퇴하고 한 번 왼쪽으로 향했다가 한 번 오른쪽으로 향하기를 반복한다면 여섯 마리 준마가 끄는 수레도 목적지에 도달할 수 없다.

言不齊故不能致道路也라

楊倞注 : 일정하지 않기 때문에 먼 길을 갈 수 없음을 말한 것이다.

2-60 彼人之才性之相縣也 豈若跛鼈之與六驥足哉리오 然而跛鼈致之하고 六

46) 九層之臺起於累土四句 : '九層' 앞에 "合抱之木 生於毫末(한 아름되는 큰 나무도 미세한 싹에서부터 생겼다.)"이라는 두 구가 누락된 것으로 보인다.

47) 互注 : 正注와 상대되는 주석의 형식으로, 근원을 거슬러 올라가 다른 문헌에서 관련 내용을 널리 채집하는 것을 말한다.

**驥不致**하니 **是無他故焉**이라 **或爲之**하고 **或不爲爾**니라

사람마다 지니고 있는 자질의 차이가 어찌 절뚝발이 자라와 여섯 마리 준마의 관계만큼 현격하겠는가. 그런데 저 절뚝발이 자라는 능히 목적지에 도달하고 여섯 마리 준마는 도달하니 못하니, 이는 다른 이유가 없다. 한쪽은 노력하고 한쪽은 노력하지 않은 것일 뿐이다.

○ 謝本從盧校作或不爲之耳라 盧文弨曰 宋本作或不爲爾하니라 王念孫曰 呂錢本竝作或不爲爾어늘 盧從元刻하여 於不爲下增之字하고 爾改耳라 案下句無之字者는 蒙上而省(생)也라 群書治要亦無之字라 耳爾古字通하니 當從宋本이라 先謙案王說是일새 今改正하니라

○ 謝本은 盧校本을 따라 '或不爲之耳'로 되어 있다.

盧文弨 : 宋本에는 '或不爲爾'로 되어 있다.

王念孫 : 呂・錢本에는 모두 '或不爲爾'로 되어 있는데, 盧氏는 元刻本을 따라 '不爲' 밑에 '之'자를 보태고 '爾'를 '耳'로 바꾸었다. 살펴보건대, 아래 구에 '之'자가 없는 것은 위에 있기 때문에 생략한 것이다. ≪群書治要≫에도 '之'가 없다. '耳'와 '爾'는 옛 글자에 통용하니 마땅히 宋本대로 따라야 한다.

先謙案 : 王氏의 설이 옳으므로 여기서는 고쳐 바로잡았다.

2-61 **道雖邇**라도 **不行不至**하고 **事雖小**라도 **不爲不成**이라 **其爲人也多暇日者**는 **其出(入)〔人〕**[48]**不遠矣**니라

길이 비록 가깝더라도 가지 않으면 이르지 못하고, 일이 비록 작더라도 하지 않으면 이루지 못한다. 그 사람됨이 빈둥대는 시간이 많은 자는 재주가 남보다 뛰어나더라도 크게 차이날 수가 없다.

多暇日은 謂怠惰라 出入은 謂道路所至也라 ○ 郝懿行曰 爲善惟日不足[49]이어늘

48) (入)〔人〕: 저본에는 '入'으로 되어 있으나, 集解의 설명에 의거하여 '人'으로 바로잡았다.

49) 爲善惟日不足 : ≪尙書≫ 〈周書 泰誓 中〉에 나오는 말이다. 武王이 군대를 순시하면서 그들에게 경계하기를 "나는 듣건대, 좋은 사람은 선을 행하되 온종일 행하면서도 시간이 충분치 못하다 여기고, 나쁜 사람은 악을 행하되 그 또한 온종일 행하면서도 시간이 충분치 못하다고 여긴다.〔我聞吉人爲善 惟日不足 凶人爲不善 亦惟日不足〕"라고 하였다.

多暇日者는 遊閒不事事也라 出入은 疑當作出人이니 言不能出人前也라 王念孫曰 出入은 當爲出人이니 言爲學而多暇日이면 則或作或輟하여 其出人必不遠也라① 若云出入不遠이면 則義不可通이라 文選登樓賦注引此已誤라 韓詩外傳曰 道雖近이라도 不行不至하고 事雖小라도 不爲不成이라 日日多者는② 出人不遠矣라하니 義本荀子라 今據以訂正하니라 先謙案 道雖邇下를 宋台州本提行分段하고 謝本原刻同이어늘 浙局本誤連上하니 今正하니라

① 下文云 好法而行은 士也요 篤志而體는 君子也요 齊明而不竭은 聖人也라하니 正謂聖人之出人遠也라
아래 글에 "예법을 좋아하여 예법대로 행하는 자는 學士이고, 의지를 견고하게 지니고 실천하는 자는 君子이고, 지혜가 온전히 밝아 고갈되지 않는 자는 聖人이다."라고 하였으니, 곧 성인이 일반인보다 크게 뛰어남을 말한 것이다.

② 此句有誤라
이 구는 오류가 있다.

楊倞注 : '多暇日'은 게으른 것을 말한다. '出入'은 도로에 왕래하는 것을 말한다.

○ 郝懿行 : 선을 행하되 온종일 행하면서도 시간이 충분치 못하다고 여기는 법인데, 빈둥대는 날이 많은 자는 한가롭게 놀아 반드시 해야 할 일을 하지 않는다. 出入은 아마도 마땅히 '出人'으로 되어야 하니, 남들 앞에 나가지 못함을 말한 것이다.

王念孫 : '出入'은 마땅히 '出人'으로 되어야 하니, 학문을 하면서 빈둥대는 날이 많으면 했다가 말았다가를 〈반복하여〉 남들보다 뛰어난 점이 반드시 크지 않을 것임을 말한 것이다. 만약 '도로에 출입하는 것이 멀지 않다.'고 한다면 뜻이 통하지 않는다. ≪文選≫ 〈登樓賦〉 주에 이 문구를 인용하였는데, 이미 잘못되었다. ≪韓詩外傳≫에 "길이 비록 가깝더라도 가지 않으면 이르지 못하고, 일이 비록 작더라도 하지 않으면 이루지 못한다. 한가한 날이 많은 자는〔日日多者〕 재주가 남보다 뛰어나더라도 크게 차이 날 수가 없다."라고 하였는데, 그 뜻이 ≪荀子≫에 근본을 두고 있다. 여기서는 이에 따라 정정하였다.

先謙案 : '道雖邇'부터 宋 台州本에는 줄을 바꾸어 단락을 구분하였고 謝本의 原刻도 동일한데, 浙局本에는 위 문구와 잘못 연결되어 있었으므로 여기서는 바로잡았다.

## 2-62 好法而行은 士也요

예법을 좋아하여 예법대로 행하는 자는 學士이고,

好法而能行이면 則謂之士라 士는 事也니 謂能治其事也라 ○ 先謙案 法卽禮也라 好法以下文義不連上이라 宋台州本提行하니 今從之하여 別爲一段하니라

楊倞注 : 예법을 좋아하여 능히 그대로 행하면 그 사람을 일러 학사라 한다. '士'는 '事'이니 능히 그 일을 다스리는 것을 말한다.

○ 先謙案 : '法'은 예법이다. '好法'부터는 글 뜻이 위와 연결되지 않는다. 宋 台州本에는 줄을 바꾸었으므로 여기서는 그대로 따라 별개의 한 문단으로 만들었다.

2-63 篤志而體는 君子也요

의지를 견고하게 지니고 실천하는 자는 君子이고,

厚其志而知大體者也라 ○ 王念孫曰 爾雅에 篤은 固也라하니라[①] 體는 讀爲履라 篤志而體는 謂固其志以履道요 非謂厚其志而知大體也라 衛風氓篇體無咎言이 韓詩體作履하고 坊記引詩亦作履하며 管子內業篇 戴大圜而履大方이 心術篇에 履作體하니 是履體古字通이라

① 說見經義述聞이라
이에 관한 설은 ≪經義述聞≫에 보인다.

楊倞注 : 그 뜻을 독실하게 지녀 대체를 아는 자이다.

○ 王念孫 : ≪爾雅≫에 "'篤'은 '固(단단하다)'의 뜻이다."라고 하였다. '體'는 '履'자의 뜻으로 읽는다. '篤志而體'는 그 의지를 견고하게 지니고 도를 행하는 것을 말한 것이지, 그 뜻을 독실하게 지녀 대체를 아는 것을 말한 것은 아니다. ≪詩經≫ 〈衛風 氓篇〉의 "體無咎言(점괘에 불길한 말 있지 않거든)"이 ≪韓詩外傳≫에는 '體'가 '履'로 되어 있고 ≪禮記≫ 〈坊記〉에 인용된 시에도 '履'로 되어 있으며, ≪管子≫ 〈內業篇〉의 "戴大圜而履大方(크게 둥근 하늘을 이고 크게 모난 땅을 밟는다.)"이 〈心術篇〉에는 '履'가 '體'로 되어 있으니, 이로 볼 때 '履'와 '體'는 옛 글자에 통용되었던 것이다.

2-64 齊明而不竭은 聖人也니라

지혜가 온전히 밝아 고갈되지 않는 자는 聖人이다.

齊는 謂無偏無頗也요 不竭은 不窮也라 書曰 成湯克齊聖廣淵이라하니라 ○ 王引之

曰 齊者는 智慮之敏也라 故以齊明連文하니 楊說失之라 說見毛詩述聞小雅人之齊聖下하니라

楊倞注 : '齊'는 편향되지 않고 기울지 않는 것을 말하고, '不竭'은 끝이 없다는 뜻이다. ≪書經≫ 〈周書 微子之命〉에 "成湯克齊聖廣淵(成湯께서 능히 엄숙하고 슬기롭고 광대하고 심원하였다.)"이라고 하였다.

○ 王引之 : '齊'란 지혜와 계략이 민첩하다는 것이다. 그러므로 '齊'와 '明'이 연이어진 문구가 된 것이니, 楊氏 설은 잘못된 것이다. 이에 관한 설은 ≪毛詩述聞≫ 〈小雅〉의 "정직하고 총명한 사람 있으니〔人之齊聖〕"라고 한 곳의 밑에 보인다.

2-65 人無法이면 則倀倀然하고

사람이 예법이 없으면 어리둥절하여 갈피를 잡지 못하고,

倀倀은 無所適貌이니 言不知所措履라 禮記曰 倀倀乎其何之오하니라

楊倞注 : '倀倀'은 갈 곳이 없는 모양이니, 어떻게 해야 할지 모르는 것을 말한다. ≪禮記≫ 〈仲尼燕居〉에 "어리둥절하니 어디로 갈 것인가."라고 하였다.

2-66 有法而無志其義면 則渠渠然하고

예법을 지녔더라도 그 의미를 알지 못하면 당황하게 되고,

渠는 讀爲遽니 古字渠遽通이라 渠渠는 不寬泰之貌라 志는 識也라 不識其義는 謂但拘守文字而已라 ○ 陳奐曰 案渠渠는 猶瞿瞿라 齊風傳云 瞿瞿는 無守之貌라하니 楊注失之라

楊倞注 : '渠'는 '遽'자로 읽어야 하니, 옛 글자에 '渠'와 '遽'는 통용하였다. '渠渠'는 편안하고 태평하지 않은 모양이다. '志'는 '識(알다)'과 같다. 그 의미를 알지 못한다는 것은 그저 문자에만 얽매이는 것을 말한다.

○ 陳奐 : 살펴보건대, '渠渠'는 '瞿瞿'와 같다. ≪詩經≫ 〈齊風〉의 〈傳〉에 "'瞿瞿'는 지키는 것이 없는 모양이다."라고 하였으니, 楊倞의 주는 잘못되었다.

2-67 依乎法而又深其類니 然後溫溫然하나니라

예법을 따르고 또 능히 그 구체적인 준칙을 깊이 파악해야 하니, 그런 뒤에 비로소 태연해지는 것이다.

深其類는 謂深知統類라 溫溫은 有潤澤之貌라 擧類는 君子所難이라 故屢言之也하니라 ○ 先謙案 凡荀書法類竝言者는 解依勸學篇[50)]이라

楊倞注 : '深其類'는 큰 줄거리와 세목을 깊이 아는 것을 말한다. '溫溫'은 윤기가 있는 모양이다. 〈예법의 준칙이라는 뜻의〉 '類'를 끄집어내어 드러냈는데, 이는 군자가 행하기 어려운 일이므로 자주 언급한 것이다.

○ 先謙案 : ≪荀子≫ 전반에 걸쳐 '法'과 '類'를 함께 언급한 이유는 〈勸學篇〉에서 설명한 것에 의하면 될 것이다.

2-68 禮者는 所以正身也요 師者는 所以正禮也라 無禮면 何以正身이며 無師면 吾安知禮之爲是也리오 禮然而然이면 則是情安禮也며 師云而云이면 則是知若師也리라 情安禮하고 知若師면 則是聖人也니라

禮法이란 심신을 바로잡기 위한 것이고, 스승이란 예법을 바르게 가르치기 위한 것이다. 예법이 없다면 무엇을 가지고 심신을 바로잡겠으며, 스승이 없다면 내가 어찌 예법이 옳다는 것을 알겠는가. 예법이 그렇게 정해져 있는데 그대로 따라 행한다면 정서가 예법에 편안해지고, 스승이 뭐라고 말했을 때 자기도 그대로 따라 말한다면 지혜가 스승과 같아질 것이다. 정서가 예법에 편안해지고 지혜가 스승과 같아지면 이것이 곧 聖人이다.

情安禮는 謂若天性所安하여 不以學也라 行不違禮하고 言不違師면 則與聖人無異라 言師法之效如此也라

楊倞注 : '情安禮'는 천성적으로 편안하게 여기는 것과 같아 배움을 통해 그런 것이 아니라는 것을 말한다. 행동이 예법의 규율을 어기지 않고 하는 말이 스승의 말씀을 어기지 않는다면 성인과 다름이 없다는 것으로, 스승과 예법의 효과가 이와 같음을 말한 것이다.

---

50) 荀書法類竝言者 解依勸學篇 : 앞서의 〈勸學篇〉에서 "≪禮經≫이란 법의 요강이요 세칙의 기강이다.〔禮者 法之大分 類之綱紀也〕"라고 하였으므로 한 말이다.

2-69 **故非禮**는 **是無法也**요 **非師**는 **是無師也**니라

그러므로 예법을 어기는 것은 예법을 무시하는 것이고, 스승을 어기는 것은 스승을 무시하는 것이다.

無師는 謂不以師爲師라

楊倞注 : 스승을 무시한다는 것은 스승을 스승으로 여기지 않는 것을 말한다.

2-70 **不是師法而好自用**은 **譬之是猶以盲辨色**하고 **以聾辨聲也**하니 **舍亂妄無爲也**니라

스승과 예법을 인정하지 않고 제멋대로 하기를 좋아하는 것은, 곧 장님의 눈으로 색깔을 구분하고 귀머거리의 귀로 소리를 구분하려는 것과 같으니, 혼란스럽고 황당한 사람이 아니면 하지 않는다.

舍는 除也라 除亂妄之人이면 孰肯爲此也리오 ○ 王念孫曰 舍亂妄無爲는 言所爲皆亂妄耳라 楊說非라

楊倞注 : '舍'는 제외한다는 뜻이다. 혼란스럽고 황당한 사람을 제외하고 누가 이런 짓을 하려 들겠는가.

○ 王念孫 : '舍亂妄無爲'는 하는 행위가 모두 혼란스럽고 황당할 뿐임을 말한 것이다. 楊倞의 설은 틀렸다.

2-71 **故學也者**는 **禮法也**요 **夫師**는 **以身爲正儀而貴自安者也**[51)]라

그러므로 배운다는 것은 예법을 실천하는 것이고, 스승이란 자신이 모범이 되어 스스로 예법에 편안한 것을 중시하는 사람이다.

效師之禮法以爲正儀를 如性之所安이니 斯爲貴也라 禮或爲體라

楊倞注 : 스승의 예법을 본받아 자기의 준칙으로 삼기를 마치 천성적으로 편안한 것처

51) 以身爲正儀而貴自安者也 : 楊倞은 배우는 자의 입장으로 풀이하였으나 기타 학자들은 모두 스승의 입장으로 이해하였다. 문장구조로 볼 때 기타 학자들의 견해가 합리적이므로 그 견해에 따라 번역하였다.

럼 해야 하니, 이것이 중요하다. '禮'가 어떤 판본에는 '體'로 되어 있다.

**2-72 詩云 不識不知**하여 **順帝之則**이라하니 **此之謂也**니라

≪詩經≫에 "저 자신도 모르는 그런 사이에 하느님의 법칙에 순응했다네."라고 하였으니, 이를 두고 하는 말이다.

詩는 大雅皇矣之篇이라 引此以喩師法暗合天道 如文王雖未知나 已順天之法則也라

楊倞注 : ≪詩經≫은 〈大雅 皇矣篇〉이다. 이것을 인용하여 스승과 예법이 은연중에 저절로 天道와 부합하는 것이, 文王이 비록 자기가 의식하지 못하더라도 이미 하늘의 법칙에 순응한 경우와 같다고 비유하였다.

**2-73 端慤順弟**면 **則可謂善少者矣**요

정직하고 성실하며 어른에게 공손하면 선한 젊은이라고 말할 수 있고,

弟는 與悌同이라

楊倞注 : '弟'는 '悌(공손하다)'와 같다.

**2-74 加好學遜敏焉**이면 **則有鈞無上**하여 **可以爲君子者矣**리라

여기에 더해 배우기를 좋아하고 겸손하며 민첩하다면 대등한 사람만 있고 그를 능가할 사람이 없어 군자가 될 수 있을 것이다.

既好學遜敏하고 又有鈞平之心而無上人之意면 則可以爲君子矣라 或曰 有鈞無上四字衍耳라하니라 ○ 兪樾曰 有鈞無上은 謂但有與之齊等이요 無更在其上者也라 故謂之君子니 楊注非라

楊倞注 : 이미 배우기를 좋아하고 겸손하며 민첩한 데에다 또 화평한 마음만 있고 남을 짓밟고 올라설 뜻이 없다면 군자가 될 수 있을 것이라는 것이다. 어떤 사람은 "'有鈞無上' 네 자는 잘못 덧붙여진 것이다."라고 하였다.

○ 兪樾 : '有鈞無上'은 그와 대등한 사람만 있고 더 이상 그의 위에 있을 사람이 없는

것을 말한 것이다. 그러므로 그를 군자라고 이르는 것이니, 楊倞의 注는 틀렸다.

### 2-75 偸儒憚事하고 無廉恥而嗜乎飮食하면 則可謂惡少者矣요

나약하고 게을러 일하기를 꺼려하고 염치가 없어 먹고 마시는 것만 탐낸다면 나쁜 젊은이라고 말할 수 있고,

偸儒憚事는 皆謂懦弱怠惰하여 畏勞苦之人也라

楊倞注 : '偸儒憚事'는 모두 나약하고 게을러 힘들고 고달픈 것을 두려워하는 사람을 이른다.

### 2-76 加惕悍而不順하고 險賊而不弟焉이면

여기에 더해 방탕하고 흉포하여 도리에 순응하지 않고 음흉하고 사람을 해쳐 어른을 존경하지 않는다면

韓侍郎[52]云 惕與蕩同하니 字作心邊易이라 謂放蕩兇悍也라

楊倞注 : 韓侍郎이 "'惕'은 '蕩'과 같으니, 글자가 心邊(忄)에 '易'을 붙인 것으로 되어 있다. 방탕하고 흉포한 것을 이른다."라고 하였다.

### 2-77 則可謂不詳少者矣니 雖陷刑戮可也라

상서롭지 못한 젊은이라고 말할 수 있으니, 비록 형벌을 당하더라도 좋다.

詳은 當爲祥이라 ○ 盧文弨曰 案二字古通用하니라 先謙案 不詳少는 承上惡少言之라 謂少年而不祥者는 猶言不祥人矣니 知其將陷刑戮也라

楊倞注 : '詳'은 마땅히 '祥'이 되어야 한다.

○ 盧文弨 : 살펴보건대, 〈詳과 祥〉 두 자는 옛날에 통용하였다.

先謙案 : '不詳少'는 위의 '惡少'를 이어 말한 것이다. 젊은이로서 상서롭지 못한 자라고 한 말은 상서롭지 못한 사람이라는 말과 같으니, 그런 사람은 장차 형벌을 당하게 될 것

---

52) 韓侍郎 : 韓愈(768~824)를 가리킨다. 唐 憲宗 때 刑部, 兵部, 吏部 등의 侍郎을 역임하였다.

임을 알 수 있다.

## 2-78 老老而壯者歸焉하고

늙은이를 늙은이로 여겨 존경한다면 젊은이도 복종하게 되고,

老老는 謂以老爲老而尊敬之也라 孟子曰 伯夷太公二者는 天下之大老니 是天下之父也라 其父歸之어니 其子焉往矣[53]리오하니라 ○ 盧文弨曰 大老는 宋本作達老하니라

楊倞注 : '老老'는 노인을 노인으로 여겨 존경하는 것을 말한다. ≪孟子≫에 "伯夷와 太公 두 사람은 천하의 큰 늙은이이니 이는 천하의 아비이다. 그 아비가 〈문왕에게〉 돌아갔는데 그 자식이 어디로 가겠는가."라고 하였다.

○ 盧文弨 : '大老'는 宋本에 '達老'로 되어 있다.

## 2-79 不窮窮而通者積焉하며

곤경에 처한 사람을 핍박하지 않는다면 명철한 사람이 모여들 것이며,

窮者則寬而容之하고 不迫蹙以苛政하니 謂惠恤鰥寡窮匱也라 積은 塡委也라 旣然則通者歸亦多矣리라 覆巢毁卵이면 則鳳凰不至하고 竭澤涸魚면 則蛟龍不游[54]라하니 義與此同이라 ○ 兪樾曰 楊注非也라 窮通以賢不肖言이라 孔晁注周書常訓篇[55]曰 窮은 謂不肖之人이라하니 是也라 不窮窮者는 不强人以所不知不能이니 中庸所謂矜不能也라 若以窮爲鰥寡면 則通者豈不鰥寡之謂乎아 非十二子篇曰 聰明聖知 不以窮人이라하니 即可說此文不窮窮之義라

楊倞注 : 곤궁한 자에 대해서는 너그럽게 포용하고 학정으로 핍박하지 않는 것이니,

---

53) 孟子曰……其子焉往矣 : ≪孟子≫ 〈離婁 上〉에 나오며, 이 글은 ≪孟子≫의 문장과 일부 차이가 있다.

54) 覆巢毁卵……則蛟龍不游 : 공자가 59세 때인 魯 哀公 2년(B.C. 493)에 晉나라로 가기 위해 河間에 이르렀을 때 晉나라 正卿 趙簡子가 어진 대부인 竇犨(두주)와 舜華를 살해하자 탄식한 말이다. ≪史記 권47 孔子世家≫

55) 孔晁注周書常訓篇 : 孔晁는 晉나라 五經博士이고, ≪周書≫는 漢나라 때부터 전해오는 작자미상의 ≪逸周書≫를 말하는데, 孔晁가 주를 붙였다. 〈常訓篇〉은 〈常訓解 第三〉을 말한다.

홀아비・과부와 궁핍한 자들을 은혜로써 돌봐주는 것을 말한다. '積'은 무더기로 쌓인다는 뜻이다. 이미 그렇게 한다면 명철한 자들이 돌아오는 숫자도 많을 것이다. 둥지를 엎고 알을 깨버리면 봉황이 이르지 않고, 못물을 다 퍼내어 고기를 잡으면 교룡이 헤엄을 치지 않는다는 말이 있는데, 그 뜻이 이와 같다.

○ 兪樾 : 楊倞의 주는 틀렸다. '窮通'은 '賢不肖'의 뜻으로 말한 것이다. 孔晁가 주를 낸 ≪周書≫ 〈常訓篇〉에 "窮은 不肖한 사람을 이른다." 하였으니, 이것이 그 증거이다. '不窮窮'이란 상대방에게 그가 알지 못하고 해낼 수 없는 것을 강요하지 않는다는 뜻이니, ≪中庸≫의 이른바 '무능한 자를 가엾게 여긴다.'는 말과 같다. 만약 '窮'을 홀아비와 과부라고 한다면, '通'을 어찌 홀아비와 과부가 아니라고 말할 수 있겠는가. 〈非十二子篇〉에 "총명하고 슬기롭더라도 이것으로 사람을 궁하게 하지 않는다."라고 하였으니, 이것으로 이 글의 '不窮窮'에 관한 뜻을 설명할 수 있다.

## 2-80 行乎冥冥而施乎無報면 而賢不肖一焉하리라

남모르는 가운데 좋은 일을 행하고 은혜를 베풀되 보답을 바라지 않는다면, 현자와 불초한 자들이 모두 한곳으로 돌아올 것이다.

行乎冥冥은 謂行事不務求人之知요 施乎無報는 謂施不務報라 如此면 賢不肖同慕而歸之하리라

楊倞注 : '行乎冥冥'은 자기가 행한 일을 남이 알아주길 애써 추구하지 않는 것을 이르고, '施乎無報'는 은혜를 베풀고 그 보답을 바라지 않는 것을 이른다. 이렇게 한다면 현자와 불초한 자들이 다 함께 흠모하여 그에게 돌아갈 것이라는 것을 이른다.

## 2-81 人有此三行이면 雖有大過라도 天其不遂乎[56]아

사람이 이 세 가지 품행을 지녔다면 비록 큰 재앙이 있더라도 하늘이 어찌 그것(재앙)을 소멸시키지 않겠는가.

若不幸而有過라도 天亦祐之矣리니 此固不宜有大災也라 ○ 兪樾曰 人有此三行이면

---

56) 天其不遂乎 : '遂'자에 대해 于省吾는 王念孫과 孫詒讓의 설을 근거로 '墜'자와 통용한다고 하면서 兪樾의 설을 반박하였고, 王天海도 그에 동의하였다. 역자도 일리가 있다고 보아 그에 따라 번역하였다. '其'는 '豈'와 통용한다.

則君子矣니 小過或有之나 安有大過乎아 過當爲禍라 漢書公孫弘傳에 雖陽與善이라도 後竟報其過라하여늘 史記過作禍하니 是過與禍通이라 遂는 成也니 言雖有大禍라도 天必不成之也라 楊注大災二字는 正可以釋正文之大過라 特不知過爲禍之叚字라 故不得其解耳라

楊倞注 : 만약 불행하여 허물이 있더라도 하늘이 또한 그를 도울 것이니, 이것이 본디 큰 재앙이 일어날 수 없는 이유이다.

○ 兪樾 : 사람이 이 세 가지 품행을 지녔다면 군자이니, 작은 허물은 혹 있을 수 있으나 어찌 큰 허물이 있겠는가. '過'는 마땅히 '禍'가 되어야 한다. ≪漢書≫ 〈公孫弘傳〉에 "雖陽與善 後竟報其過(비록 겉으로는 사이가 좋더라도 결국에는 그들에게 재앙으로 보복하였다.)"라고 하였는데, ≪史記≫에는 '過'가 '禍'로 되어 있으니 이로 볼 때 '過'와 '禍'는 통용되는 것이다. '遂'는 '成'자의 뜻이니, 비록 큰 재앙이 있더라도 하늘이 반드시 그 재앙이 이루어지게 하지 않음을 말한 것이다. 楊倞 주의 '大災' 두 자는 곧 본문의 '大過'를 풀이한 것으로 볼 수 있다. 다만 '過'가 '禍'의 假借字라는 것을 몰랐기 때문에 제대로 풀이하지 못한 것일 뿐이다.

## 2-82 君子之求利也略이라 其遠害也早하고

군자가 이익을 추구하는 점에 대해서는 대범하지만 피해를 멀리하는 점에 대해서는 미리 대비하고,

○ 謝本從盧校作遠思라 盧文弨曰 遠思는 疑當是遠患이라 王念孫曰 呂錢本作遠害라 先謙案 宋台州本亦作害라 又君子下는 台州本提行分段하니 謝本原刻同이라 浙局本誤連上일새 今竝正之하니라

○ 謝本은 盧校本을 따라 〈'遠害'가〉 '遠思'로 되어 있다.

盧文弨 : '遠思'는 아마도 마땅히 '遠患'이 되어야 할 것 같다.

王念孫 : 呂・錢本에는 '遠害'로 되어 있다.

先謙案 : 宋 台州本에도 '害'로 되어 있다. 그리고 '君子'부터 그 이하를 台州本은 줄을 바꿔 문단을 나눴는데 謝本의 原刻도 그와 동일하다. 浙局本은 윗부분과 잘못 연결되어 있으므로 여기서는 모두 바로잡았다.

2-83 **其避辱也懼**로되 **其行道理也勇**이라

그 모욕을 피하는 점에 대해서는 조심스러워하지만 도리를 행하는 점에 대해서는 용감하다.

○ 王引之曰 懼者는 怯也라 故與勇對文이라 呂氏春秋知度篇 工拙愚智勇懼도 亦以懼對勇하니라

○ 王引之 : '懼'란 '怯(겁내다)'자의 뜻이다. 그러므로 문구가 '勇'과 짝을 맞춘 것이다. ≪呂氏春秋≫ 〈知度篇〉의 "工拙 愚智 勇懼"도 '懼'를 '勇'과 짝을 맞췄다.

2-84 **君子貧窮而志廣**하고 **富貴而體恭**하며 **安燕而血氣不惰**하고 **勞勌而容貌不枯**하며

군자는 가난하고 곤궁하더라도 지향이 원대하고 부유하고 존귀하더라도 몸가짐이 공손하며, 편하고 한가롭더라도 혈기가 나태하지 않고 피곤하더라도 용모가 거칠지 않으며,

○ 王念孫曰 枯는 讀爲楛라① 言君子雖安燕而血氣不懈惰하고 雖勞勌而容貌不楛僈하니 楛僈은 猶苟且也라② 彊國篇云 恭儉敦敬忠信而不楛라하고 非十二子篇云 君子佚而不惰하고 勞而不僈이라하며③ 大略篇云 君子勞倦而不苟라하니라 或言苟하고 或言楛하며 或言慢하고 或言楛僈이나 其義一而已라

① 天論篇楛耕傷稼를 韓詩外傳作枯하고 鄉射禮注肅愼氏貢楛矢를 釋文作枯라
〈天論篇〉에 "楛耕傷稼(거칠게 경작하여 농작물을 해치다.)"라는 〈문구의 '楛'가〉 ≪韓詩外傳≫에는 '枯'로 되어 있고, ≪儀禮≫ 〈鄉射禮〉 주에 "肅愼氏貢楛矢(肅愼氏가 楛矢를 공물로 바쳤다.)"라는 〈문구의 '楛'가〉 ≪釋文≫에는 '枯'로 되어 있다.

② 榮辱篇云 其定取舍楛僈이라하고 富國篇云 其於禮義節奏也 芒軔僈楛라하고 淮南時則篇云 工事苦慢이라하니 苦慢與楛僈同이라
〈榮辱篇〉에 "其定取舍楛僈(그들은 취사를 결정할 때 거칠고 경솔하다.)"이라고 하고, 〈富國篇〉에 "芒軔僈楛(그들은 禮義 제도에 대해서는 잘 모르고 태만하며 거칠다.)"라고 하고, ≪淮南子≫ 〈時則篇〉에 "工事苦慢(장인이 하는 일이 거칠고 태만하다.)"이라고 하였는데, '苦慢'과 '楛僈'은 같다.

③ 此謂君子之容也라 故曰 動容貌에 斯遠暴慢矣[57]라하니라

이는 군자의 용모를 말한 것이다. 그러므로 "용모를 움직일 때 사납고 거만함을 멀리 해야 한다.〔動容貌 斯遠暴慢矣〕"라고 하였다.

○ 王念孫 : '栝'는 '楛(거칠다)'자로 읽어야 한다. 군자는 편하고 한가롭더라도 혈기가 나태하지 않고, 피곤하더라도 용모가 거칠거나 맥이 풀리지 않는다〔不楛僈〕는 것을 말한 것인데, '楛僈'은 '苟且'와 같다. 〈彊國篇〉에 "恭儉敦敬忠信而不楛(공손하고 겸소하며 후덕하고 신중하며 충성스럽고 신의가 있어 거칠지 않다.)"라고 하고, 〈非十二子篇〉에 "君子佚而不惰勞而不僈(군자는 편안하더라도 나태하지 않고, 수고롭더라도 게으름을 피우지 않는다.)"이라고 하였으며, 〈大略篇〉에 "君子勞倦而不苟(군자는 피곤하더라도 그럭저럭 되는 대로 하지 않는다.)"라고 하였다. 혹은 '苟'라 하고 혹은 '楛'라 하고 혹은 '慢'이라 하고 혹은 '楛僈'이라 하였으나, 그 뜻은 같을 뿐이다.

## 2-85 怒不過奪하고 喜不過予니라

화가 나더라도 지나치게 처벌하지 않고, 기뻐하더라도 지나치게 상을 주지 않는다.

予는 賜也라 周禮八柄에 三曰予以馭其幸이라하니라

楊倞注 : '予'는 상을 준다는 뜻이다. ≪周禮≫에서 〈제왕이 신하를 통솔하는〉 여덟 가지 권한〔八柄〕을 거론한 것 가운데 "셋째는 상을 주는 권한이니, 이를 통해 신하가 총애를 얻도록 한다."라고 하였다.

## 2-86 君子貧窮而志廣은 隆仁也며

군자가 가난하고 곤궁하더라도 지향이 원대한 것은 仁을 존중하기 때문이고,

仁愛之心厚라 故所思者廣하니 言務於遠大濟物也라

楊倞注 : 자애로운 마음이 두텁기 때문에 생각하는 것이 원대하니, 원대하게 사람들을 구제하려고 힘씀을 말한 것이다.

---

57) 動容貌 斯遠暴慢矣 : ≪論語≫ 〈泰伯〉에서 曾子가 죽기 직전에 말한 군자가 지켜야 할 세 가지 중요한 도리 가운데 하나이다.

2-87 富貴而體恭은 殺(쇄)埶也며

부유하고 존귀하더라도 몸가짐이 공손한 것은 권세를 낮추기 때문이고,

減權埶之威라 故形體恭謹이라 殺는 所介反이라

楊倞注 : 권세의 위엄을 줄였기 때문에 몸가짐이 공손한 것이다. '殺'의 음은 所와 介의 反切이다.

2-88 安燕而血氣不衰는 柬理[58]也며

편하고 한가롭더라도 혈기가 시들해지지 않는 것은 예법을 익혔기 때문이고,

柬은 與簡同이라 言柬擇其事理所宜而不務驕逸이라 故雖安燕이라도 而不至怠惰라

楊倞注 : '柬'은 '簡(선택하다)'과 같다. 사리로 보아 적합한 것을 선택하고 교만 방자한 행위를 추구하지 않기 때문에, 편하고 한가로운 경우를 만나더라도 나태한 지경에는 이르지 않음을 말한 것이다.

2-89 勞勸而容貌不枯는 好交[59]也니라

피곤하더라도 용모가 거칠지 않는 것은 예전을 좋아하기 때문이다.

以和好交接於物이면 志意常泰也라 ○ 郝懿行曰 榮辱篇云 豢之而俞瘠者交也라하고 注云 所交接非其道면 則必有患難하니 雖食芻豢而更瘠也라하니라 故此云然이라 以榮辱篇注互相參訂이면 原注殆不可易이라 王念孫曰 好交二字는 與容貌不枯無涉하니 楊說非也라 交는 當爲文이라 隸書交字或作文하니① 與文相似而誤라 上言柬理하고 下言好文하니② 理與文皆謂禮也라 禮論篇云 孰知夫禮義文理之所以養情也오하고 又云 貴本之謂文이요 親用之謂理라하고 性惡篇云 出於辭讓하고 合於文理라하고③ 賦篇禮賦云 非絲非帛 文理成章이라하니 凡荀子書言文理者는 皆謂

58) 柬理 : '柬'자에 대해 物雙松·久保愛·劉師培는 '익히다'의 뜻을 지닌 '閑'과 '嫺'의 다른 표기로 보았고, '理'자에 대해 物雙松·久保愛·王念孫은 '禮'의 다른 표기로 보았다. 역자는 이들의 설을 수용하여 번역하였다.

59) 交 : '文'자의 잘못이라 한 王念孫의 설을 따라 번역하였다. '好文'은 文飾과 儀表, 곧 예절을 중시한다는 뜻이다.

禮也라 故曰 安燕而血氣不惰는 柬理也며[④] 勞勧而容貌不楛는 好文也라하니라 先謙案王說是라

① 見漢尹宙碑라
〈漢昆陽令尹宙碑〉에 보인다.

② 好는 呼報反이라
'好'의 음은 呼와 報의 反切이다.

③ 辭讓之心은 禮之端也라
사양하는 마음은 禮의 단서이다.

④ 爾雅에 柬은 擇也라하니라
≪爾雅≫에 "柬은 '擇'자의 뜻이다."라고 하였다.

楊倞注 : 우호적으로 남들과 교제하면 心志가 항상 편안하다.

○ 郝懿行 : 〈榮辱篇〉에 "상대방을 잘 대접해주는데도 우정이 자꾸만 더 엷어지는 것은 교제가 바르지 않기 때문이다."라고 하고, 주에 "남과 교제하는 태도가 바른 도리가 아니면 반드시 고난이 있기 마련이니, 비록 고기를 먹여주더라도 우정은 더욱더 야위어진다."라고 하였기 때문에 여기서 그렇게 말한 것이다. 〈榮辱篇〉 주의 내용으로 상호 참고해보면 原注는 아마도 바꿀 수 없을 것 같다.

王念孫 : '好交' 두 자는 용모가 거칠지 않다는 것과 관계가 없으니, 楊倞의 설은 틀렸다. '交'는 마땅히 '文'이 되어야 한다. 隸書에 '交'자가 간혹 '文'으로 되어 있기도 하니, '文'과 모양이 비슷하여 잘못된 것이다. 위에서 '柬理'를 말하고 아래에서 '好文'을 말했으니, '理'와 '文'은 모두 禮를 이른다. 〈禮論篇〉에 "누가 저 禮義文理가 성정을 기르는 것임을 알겠는가."라고 하고, 또 "근본을 존중하는 것을 일러 '文'이라 하고, 실용을 가까이하는 것을 일러 '理'라 한다."라고 하였으며, 〈性惡篇〉에 "辭讓에서 나오고 文理에 부합된다."라고 하고, 〈賦篇〉 禮賦에 "生絲도 아니고 비단도 아니건만 文理가 문채를 이루었다."라고 하였으니, 일반적으로 ≪荀子≫에서 '文理'라고 말한 것은 모두 禮를 이른다. 그러므로 "편하고 한가롭더라도 혈기가 나태하지 않는 것은 理를 가려 행하기 때문이고, 피곤하더라도 용모가 거칠지 않은 것은 文을 좋아하기 때문이다."라고 한 것이다.

先謙案 : 王氏의 설이 옳다.

2-90 怒不過奪하고 喜不過予는 是法勝私也니라

화가 나더라도 지나치게 처벌하지 않고 기뻐하더라도 지나치게 상을 주지 않는

다는 것은, 곧 법이 개인의 사사로운 情을 이겨낼 수 있기 때문이다.

以公滅私라 故賞罰得中也라

楊倞注：公心에서 나와 사사로운 욕심이나 정을 버리기 때문에 상벌이 적당하게 적용될 수 있다.

2-91 **書曰 無有作好**하여 **遵王之道**하고 **無有作惡**(오)하여 **遵王之路**라하니 **此言君子之能以公義勝私欲也**니라

≪書經≫에 "개인이 좋아하는 것을 제쳐두고 先王의 큰 道를 따르며, 개인이 싫어하는 것을 제쳐두고 先王의 바른길을 따르라."라고 하였으니, 이 말은 군자가 능히 공공의 이익에 부합하는 도의로써 개인의 사사로운 욕망을 이겨낼 수 있다는 것을 말한 것이다.

書洪範之辭也라

楊倞注：≪書經≫ 〈洪範〉의 내용이다.

## 不苟篇 第三 제3편 구차스럽지 않을 것을 강조하는 글

군자는 처세와 행동을 禮義에 합당하게 하고 구차스레 하지 않는다는 주장을 통해 작자의 이상적인 도덕의 표준을 제시하였는데, 군자의 여러 가지 중요한 품격과 소인의 바람직하지 못한 행태를 대비하는 형식으로 설명함으로써 호소력을 높였다.

군자는 禮義로써 나라를 다스리고 誠心으로써 마음을 수양하며 自律로써 동지를 구한다고 하면서, 商湯과 周 文王·武王 등 후대 聖王의 도를 알고 이를 통해 그 이전 많은 왕들의 치적을 강구해야 한다고 하였다. 그럼으로써 그들처럼 국가를 잘 다스릴 사람이 나오길 희망하였다.

끝부분에 貧賤에 안주하고 富貴를 경시하는 것은, 세상을 속이고 명예를 훔치는 간교한 소인의 행위로서 가장 사악하다고 강조하였다.

### 3-1 君子行不貴苟難[1]하고 說不貴苟察하며

군자는 행위에 대해 구차스레 어려운 일을 행하는 것은 귀하게 여기지 않고, 論辯에 대해 구차스레 살피는 일도 귀하게 여기지 않고,

行은 如字[2]라 察은 聽察이라

楊倞注 : '行'은 본음대로 읽는다. '察'은 꼼꼼히 살펴본다는 뜻이다.

### 3-2 名不貴苟傳하고 唯其當之爲貴라

---

1) 苟難 : 구차스레 어려운 일이라는 뜻이다. 곧 떳떳하고 가치 있는 禮義나 道義와는 무관하게 일시적인 혈기와 사적인 감정, 영웅심 따위에 휘둘려 일반인은 쉽게 행하기 어려운 행동을 감행하는 것을 말한다. 다음의 '苟察'과 '苟傳'의 뜻도 이와 유사하다.

2) 行 如字 : 如字는 한 글자에 두 가지 이상의 음이 있을 때, 가장 통상적인 음, 곧 본음대로 읽는 것을 말한다. 여기서는 '行'자의 본음인 平聲, 곧 '행'으로 읽는다는 뜻이다. 平聲일 때의 뜻은 '다니다', '행하다'이고, 去聲일 때의 뜻은 '품행'이다.

명성에 대해 구차스레 전해지는 것도 귀하게 여기지 않으며, 오직 禮義에 맞을 경우에만 귀하게 여긴다.

當은 謂合禮義也라 當은 丁浪反이라

楊倞注 : '當'은 禮義에 맞는 것을 이른다. '當'의 음은 丁과 浪의 反切이다.

3-3 故懷負石而赴河는 是行之難爲者也어늘 而申徒狄能之라

그러므로 품에 돌을 안고 강으로 뛰어드는 것은 하기 어려운 일인데 申徒狄은 능히 해냈다.

申徒狄恨道不行이라가 發憤而負石自沈於河하니라 莊子音義曰 殷時人이라하고 韓詩外傳曰 申徒狄將自投於河할새 崔嘉聞而止之하되 不從이라하니라 ○ 盧文弨曰 宋本正文負石上有故懷二字하니 案文不當有라 或負字本有作故懷二字者를 校者注異同於旁하여 因誤入正文耳라 王念孫曰 案呂錢本竝有故懷二字하니 是也라 故字乃總冒下文之詞라 懷負石而赴河者 負는 抱也니① 謂抱石於懷中而赴河也라 韓詩外傳曰 申徒狄抱石而沈於河라하니 是其證이라 鄒陽獄中上梁王書에 徐衍負石入海도 亦謂抱石也라 盧未曉負字之義而誤以爲負擔之負라 故以懷字爲不當有而竝刪故字라 劉台拱曰 案服虔漢書注亦曰 殷之末世介士也라하고 高誘說山訓注亦曰 殷末人이라하니라 然外傳及新序에 竝載申徒狄事하니 其答崔嘉에 有吳殺子胥하고 陳殺泄冶語라 據此言之면 則非殷時人이라 先謙案 謝本從盧校刪故懷二字나 今案王說是일새 仍從宋本增入하니라

① 見內則注淮南說林篇注라

≪禮記≫ 〈內則〉의 주와 ≪淮南子≫ 〈說林篇〉의 주에 보인다.

楊倞注 : 申徒狄이 도가 행해지지 않는 것을 한스러워하다가 화가 나서 돌을 안고 스스로 강물에 빠졌다. ≪莊子音義≫에 "〈申徒狄은〉 殷나라 때 사람이다."라고 하고, ≪韓詩外傳≫에 "申徒狄이 스스로 강물에 몸을 던지려고 할 때 崔嘉가 그 소식을 듣고 만류하였으나 따르지 않았다."라고 하였다.

○ 盧文弨 : 宋本의 正文에는 '負石' 위에 '故懷' 두 자가 있는데, 살펴보면 글 구조상 그것이 있어서는 안 된다. 혹시 '負'자가 본디 '故懷' 두 자로 되어 있던 것을 교정하는 사람

이 그 곁에 뜻이 같은 다른 자인 〈'負'자를〉 주석으로 표시해두었고 이로 인해 그것이 正文 속으로 끼어들어간 것으로 보인다.

王念孫 : 살펴보건대, 呂·錢本에는 모두 '故懷' 두 자가 있으니, 이것이 맞다. '故'자는 곧 아래 글을 총괄하는 글자이다. '懷負石而赴河'에서 '負'는 '抱(껴안다)'자의 뜻이니, 품안에 돌을 안고 강으로 뛰어드는 것을 말한다. ≪韓詩外傳≫에 "申徒狄이 돌을 안고〔抱石〕 강물에 빠졌다."라고 하였으니, 이것이 그 증거이다. 鄒陽의 〈獄中上梁王書〉에 "徐衍負石入海(徐衍은 돌을 안고 바다로 갔다.)"라고 한 것도 '抱石'을 말한다. 그런데 盧氏는 '負'의 뜻을 이해하지 못해 등에 짊어진다는 뜻의 '負'로 잘못 알았다. 이 때문에 '懷'자가 있으면 안 된다고 하여 '故'자까지 모두 삭제한 것이다.

劉台拱 : 살펴보건대, 〈申徒狄에 관해〉 服虔의 ≪漢書≫ 주에도 "殷나라 말기의 꼿꼿한 인물이다."라고 하고, 高誘의 ≪淮南子≫ 〈說山訓〉 주에도 "殷나라 말기 사람이다."라고 하였다. 그러나 ≪韓詩外傳≫과 ≪新序≫에 모두 申徒狄에 관한 일이 실려 있는데, 그가 崔嘉에게 대답한 말 가운데 '吳나라는 子胥를 죽였고, 陳나라는 泄冶를 죽였다.'는 내용이 있다. 이를 근거로 말한다면 殷나라 때 사람이 아니다.

先謙案 : 謝本은 盧校本을 따라 '故懷' 두 자를 삭제하였으나, 지금 살펴보면 王氏의 설이 옳으므로 宋本의 본래 형식대로 보태 넣었다.

## 3-4 然而君子不貴者는 非禮義之中也라

그러나 군자가 귀하게 여기지 않는 것은 禮義에 맞지 않기 때문이다.

禮義之中은 時止則止하고 時行則行이니 不必枯槁赴淵也라 揚子雲非屈原曰 君子遭時則大行하고 不遇則龍蛇니 何必沈身이리오하니라 ○ 盧文弨曰 案注不遇下에 一本有時字라 子雲語見本傳하니 此約取之라

楊倞注 : 禮義에 맞게 하는 것은 마땅히 중지해야 할 때에는 중지하고 마땅히 행동해야 할 때에는 행동하는 것이므로 반드시 외롭게 물속으로 뛰어들 것은 없다. 揚子雲이 屈原을 비판하기를 "군자는 때를 만나면 〈도를〉 크게 행하고 때를 만나지 못하면 龍蛇처럼 엎드려 있는 법이니, 어찌 반드시 물에 빠져죽을 것이 있겠는가."라고 하였다.

○ 盧文弨 : 살펴보건대, 楊倞 주의 '不遇' 밑에 어떤 판본에는 '時'자가 있다. 子雲의 말은 ≪漢書≫ 〈揚雄傳〉에 보이는데, 여기서는 간추려 인용하였다.

3-5 山淵平하고 天地比하며

〈그리고 論辯家의 論辯에〉 산과 못이 높낮이가 고르고 하늘과 땅이 높낮이가 비슷하며,

比는 謂齊等也라 莊子曰 天與地卑하고 山與澤平이라하니 音義曰 以平地比天이면 則地卑於天이나 若以宇宙之高면 則似天地皆卑라 天地皆卑면 則山與澤平矣리라하니라 或曰 天無實形하고 地之上空虛者盡皆天也라 是天地長親比相隨하여 無天高地下之殊也라 在高山則天亦高하고 在深泉則天亦下라 故曰天地比라 地去天遠近皆相似하니 是山澤平也라하니라 ○ 盧文弨曰 張湛注列子云 地之上皆天也라하니 意亦與此同이라

楊倞注 : '比'는 같다는 것을 이른다. ≪莊子≫ 〈天下〉에 "하늘과 땅은 똑같이 낮고 산과 못은 똑같이 고르다."라고 하였는데, ≪莊子音義≫에 "평지를 하늘과 견주어보면 땅이 하늘보다 낮으나, 만약 우주의 높은 위치에서 내려다본다면 하늘과 땅이 모두 낮은 것처럼 보일 것이다. 하늘과 땅이 모두 낮으면 산과 못은 당연히 고를 것이다."라고 하였다. 어떤 사람은 "하늘은 실제 형체가 없고 땅 위의 공허한 것이 모두 하늘이다. 이는 하늘과 땅이 영원히 가까이 붙어 서로 따르는 것으로서 하늘은 높고 땅은 낮은 그런 차이가 없다. 높은 산에 있으면 하늘도 따라서 높고 깊은 샘물 속에 있으면 하늘도 낮게 마련이므로 하늘과 땅의 높낮이가 같다고 말한 것이다. 땅이 하늘과의 거리가 어떤 경우이든 모두 비슷하니 이것이 산과 못의 높낮이가 고르다는 이유이다."라고 하였다.

○ 盧文弨 : 張湛의 ≪列子≫ 주에 "땅 위는 모두 하늘이다."라고 하였으니, 그 뜻이 이곳의 경우와 같다.

3-6 齊秦襲하고

齊나라와 秦나라는 합쳐져 있고,

襲은 合也라 齊在東하고 秦在西하여 相去甚遠이나 若以天地之大包之면 則曾無隔異하니 亦可合爲一國也라

楊倞注 : '襲'은 '合'자의 뜻이다. 齊나라는 동쪽에 있고 秦나라는 서쪽에 있어 서로간의 거리가 매우 멀다. 그러나 만약 천지의 광대한 크기로 싸안으면 애당초 간격이 없으므로 이 또한 합쳐 한 나라로 볼 수가 있다.

## 3-7 入乎耳라가 出乎口하며

귀로 들어왔다가 입으로 나가며,

未詳所明之意라 或曰 卽山出口也니 言山有耳口也라 凡呼於一山에 衆山皆應하니 是山聞人聲而應之라 故曰入乎耳하고 出乎口라하고 或曰 山能吐納雲霧하니 是有口也라하니라 ○ 盧文弨曰 注末句는 宋本作是以有口하니 訛라

楊倞注 : 드러내려고 한 뜻이 무엇인지 알 수 없다. 어떤 사람은 "곧 산골짜기의 소리가 산의 입을 통해 나온다는 것으로, 산이 귀와 입이 있음을 말한 것이다. 대체로 한 산에서 고함을 질렀을 때 주위의 여러 산이 모두 그에 응하는데, 이것은 산이 사람의 소리를 듣고 그에 응답을 하는 것이다. 그러므로 귀로 들어왔다가 입으로 나간다고 말한 것이다."라고 하고, 어떤 사람은 "산이 능히 구름과 안개를 토하기도 하고 들이마시기도 하니, 이는 입이 있는 것이다."라고 하였다.

○ 盧文弨 : 楊倞 주의 끝구가 宋本에는 '是以有口'로 되어 있으니, 이는 잘못된 것이다.

## 3-8 鉤有須하고

할미가 수염이 있고,

未詳이라 自齊秦襲 入乎耳 出乎口 鉤有須는 皆淺學所未見이라 或曰 鉤有須는 卽丁子有尾[3]也라 丁之曲者爲鉤하고 須與尾皆毛類니 是同也라 莊子音義云 夫萬物無定形하고 形無定稱이라 在上爲首하고 在下爲尾라 世人謂右行曲波爲尾하니 今丁子二字는 雖左行曲波나 亦是尾也라하니라 ○ 兪(越)〔樾〕[4]曰 鉤는 疑姁(후)之叚字라 說文女部에 姁는 嫗也라하니라 嫗無須而謂之有須라 故曰說之難持者也라하니라 惠氏棟[5]校本에 引大玄經[6]婦人啑鉤爲說하여 謂鉤音拘니 與須音相近하고 啑鉤者는 須

---

3) 丁子有尾 : ≪莊子≫ 〈天下篇〉에 나온다. '丁子'는 본디 莊周의 고국 楚나라에서 두꺼비를 지칭하는 토속어로, "두꺼비가 꼬리가 있다."는 뜻이다. 그러나 여기서는 '丁'과 '子'의 형태가 꼬리 부분인 끝이 갈고리처럼 구부러졌다는 것을 말하기 위한 것에 지나지 않는다.

4) (越)〔樾〕: 저본에는 '越'로 되어 있으나, 인명의 오자이므로 '樾'로 바로잡았다. 이하도 같다.

5) 惠氏棟 : 淸나라 經學家 惠棟(1697~1758)을 말한다. 江蘇 吳縣 사람으로, 자는 定宇이며 학자들이 小紅豆先生이라 불렀다. 惠士奇의 아들이다. ≪易漢學≫ · ≪周易述≫ · ≪易例≫ 등 ≪周易≫과 관련된 저술 3종이 있고, ≪九經古義≫ · ≪明堂大道錄≫ · ≪後漢書補注≫ ·

**出乎口也**[7)]라하니라 **案大玄迎**에 **次四**는 **裳有衣襦**하니 **男子目珠**하고 **婦人啑鉤**[8)]라하고 **范望及溫公集注**[9)]에 **竝無婦人須出乎口之說**이라 **且謂鉤與須音近**하니 **則啑鉤卽啑須也**라하여 **以說此文**하니 **是爲須有須矣**라 **豈可通乎**아 **今讀鉤爲姁**는 **亦卽惠氏之意**나 **而說似較安**이라

楊倞注 : 뜻을 알 수 없다. '齊秦襲 入乎耳 出乎口 鉤有須'부터는 모두 나의 얕은 학식으로는 아직 보지 못한 내용이다. 어떤 사람은 "'鉤有須'는 곧 '丁子가 꼬리가 있다.〔丁子有尾〕'는 말과 같다. '丁'의 구부러진 것이 갈고리 모양이 되고 수염과 꼬리는 모두 털의 부류로서 같은 것이다. ≪莊子音義≫에 '대체로 만물은 일정한 형체가 없고 형체에는 일정한 호칭이 없다. 그저 위에 있는 것은 머리가 되고 아래에 있는 것은 꼬리가 될 뿐이다.'라 하였다. 세상 사람들이 〈書法에서 끝이〉 오른쪽으로 구부러지게 쓰는 획을 꼬리라고 말하는데, 지금 '丁'·'子' 두 자는 비록 왼쪽으로 구부러졌지만 이 또한 꼬리이다."라고 하였다.

○ 兪樾 : '鉤'는 아마도 '姁(할미)'자의 假借字인 것 같다. ≪說文解字≫ 女部에 "'姁'는 '嫗(할미)'와 같다."라고 하였다. 할미는 수염이 없는데도 수염이 있다고 하였기 때문에 논변으로서 견지하기 어려운 것이라고 말한 것이다. 惠棟의 校本에 의하면 ≪太玄經≫의 '婦人啑鉤'를 인용하여 설명하면서 "'鉤'자의 음은 拘로서 '須'자의 음과 가깝고 '啑鉤'란 '須出乎口'라는 뜻이다."라고 하였다. 내가 살펴보건대, ≪太玄經≫ 〈迎〉에 "次四는 치마에 저고리가 붙어 있으니 남자는 目珠하고 부인은 啑鉤한다."라고 하였고, 이 부분의 范望 주와 溫公의 集注에 모두 '婦人須出乎口'라는 설이 없다. 〈惠棟은〉 또 "'鉤'와 '須'는 음

---

≪太上感應篇注≫·≪山海經訓纂≫·≪松崖文鈔≫ 등을 저술하였다.

6) 大玄經 : 太玄經. 漢나라 楊雄(B.C. 53~A.D. 18)이 ≪周易≫을 본떠 저술한 것으로, 모두 10권이다. 道家·陰陽家·儒家 등 3家의 이론을 혼합하였다.

7) 啑鉤者 須出乎口也 : 뜻이 모호하여 번역문에서 원문만 노출하였다.

8) 次四……婦人啑鉤 : 次四는 卦爻이고 나머지는 卦辭이다. 范望의 주에 "四는 金으로 水의 어미이다. 어미와 자식이 서로 보살피는 것이 웃옷과 치마가 서로 돕는 것과 같다. 물속의 金이므로 진주가 되고, 쇠이면서 陰이니 굽은 갈고리의 상이다. 四는 小女가 되고 金은 강하므로 남자를 칭한다."라고 하였다. 그러나 目珠와 啑鉤는 그 설명이 모호하여 정확한 의미를 알 수 없다.

9) 范望及溫公集注 : 范望은 晉나라 사람으로, ≪太玄經解≫를 저술하였다. 생몰년 등 인적사항은 알 수 없다. 溫公은 宋나라 司馬光(1019~1086)의 봉호인 溫國公의 약칭이다. 陝州 夏縣 사람으로, 자는 君實이다. 저술로는 ≪資治通鑑≫이 유명하다. 集注는 許翰(?~1133)과 함께 편찬한 ≪太玄經集解≫를 말한다.

이 서로 가까우니 '啑鉤'는 곧 '啑須'이다."라고 하면서 이 문구를 설명하였는데, 이는 '須有須'가 되는 것이다. 어찌 뜻이 통하겠는가. 지금 '鉤'를 '姁'로 읽는 것은 이 또한 惠氏의 뜻이긴 하나 이 설만은 비교적 타당한 것 같다.

## 3-9 卵有毛는

알에 털이 있다고 하는 것들은,

司馬彪曰 胎卵之生에 必有毛羽라 雞伏鵠卵에 卵不爲雞하니 則生類於鵠也라 毛氣成毛하고 羽氣成羽하니 雖胎卵未生이라도 而毛羽之性已著矣라 故曰卵有毛也라

司馬彪 : 모태 혹은 알에서 태어난 생명체는 반드시 깃털이 있다. 닭이 고니 알을 품었을 때 알이 닭으로 되지 않으니, 이는 그 생명의 성질이 고니와 같기 때문이다. 털 기운은 털을 형성하고 깃 기운은 깃을 형성하는 것이니, 비록 모태 혹은 알에서 아직 태어나지 않았더라도 깃털의 성질을 이미 내포하고 있다. 그러므로 알에 털이 있다고 말한 것이다.

## 3-10 是說之難持者也어늘 而惠施鄧析能之라

곧 논변 가운데 견지하기 어려운 것인데 惠施나 鄧析은 능히 그것을 할 수 있었다.

皆異端曲說이라 故曰難持라 惠施는 梁相으로 與莊子同時라 其書五車요 其道舛駁하니라 鄧析은 鄭大夫라 劉向云 鄧析好刑名[10)]하니 操兩可之說하고 設無窮之辭[11)]라 數難子產爲政할새 子產執而戮之라하니라 案左氏傳컨대 鄭駟歂殺鄧析而用其竹刑이라하여늘 而云子產戮之라하니 恐誤也라 ○ 盧文弨曰 正文能之 俗本作能精之라

楊倞注 : 이것들은 모두 異端의 왜곡된 설이므로 견지하기 어렵다고 말한 것이다. 惠施

10) 刑名 : 申不害와 韓非子 등이 표방한 '刑名之學'의 약칭이다.

11) 操兩可之說 設無窮之辭 : ≪列子≫ 〈力命〉의 문구이다. '兩可之說'은 상반되고 모순되는 명제를 동등하게 용인하는 兩可說로, 이율배반의 법칙을 말하고, '無窮之辭'는 종잡을 수 없는 말이란 뜻이다. 예를 들면, 천지와 산천의 높낮이가 같고, 齊나라와 秦나라가 합쳐졌으며, 할미가 수염이 있고, 알에 털이 있다는 등 앞서 본문에 인용된 말들이다.

는 梁나라 재상으로 莊子와 같은 시기 사람이다. 그의 서적이 수레 다섯 대 분량이고 그의 도가 어긋나고 잡박하였다. 鄧析은 鄭나라 大夫이다. 劉向이 "鄧析은 刑名을 좋아한 사람으로 兩可說을 주장하고 종잡을 수 없는 말을 늘어놓았다. 子産이 수행하는 국정을 자주 비판하자 子産이 체포하여 처형하였다."라고 하였다. ≪春秋左氏傳≫을 살펴보건대 "鄭나라 駟歂이 鄧析을 죽였는데 그에게 竹簡에 적혀 있는 형법을 적용하였다."라고 하였는데, '자산이 처형하였다.' 하였으니, 잘못된 것 같다.

○ 盧文弨 : 正文의 '能之'가 세간의 판본에는 '能精之'로 되어 있다.

## 3-11 然而君子不貴者는 非禮義之中也라 盜跖吟口[12)]하여 名聲若日月하여 與舜禹俱傳而不息이나 然而君子不貴者는 非禮義之中也라

그러나 군자가 귀하게 여기지 않는 것은 禮義에 맞지 않기 때문이다. 盜跖은 탐욕스러웠다는 이름이 해와 달처럼 빛나 舜임금 禹임금과 함께 후세에 전해져 사라지지 않는다. 그러나 군자가 귀하게 여기지 않는 것은 禮義에 맞지 않기 때문이다.

舜

吟口는 吟咏長在人口也라 說苑作盜跖凶貪이라 ○ 盧文弨曰 見說苑說叢篇이라 案韓詩外傳三亦作吟口하여 與此同이라 郝懿行曰 案吟口는 說苑作凶貪하니 此本必作

12) 吟口 : 楊倞을 위시한 集解에 거명된 4명의 학자 외에도 여러 사람이 각기 다른 설을 주장하였다. 劉師培는 "본디 '貪' 한 자였던 것이 옮겨 쓰는 과정에서 '貝'가 '口'로 바뀌어 따로 한 글자가 되고, '今'에 '口'가 붙어 '吟'이 됨으로써 '吟口'가 되었다. 그리고 '名'과 '聲'은 같은 뜻이므로 '聲'은 잘못 덧붙여진 글자이다. 어쩌면 ≪荀子≫ 본래의 글은 '盜跖貪名若日月'로 되어 있었을 것이다."라고 하고, 潘重規는 "읊조리는 입이니, 이른바 '입 밖에 나오면 문장이 이뤄진다.〔出口成章〕'는 뜻이다. ≪莊子≫ 〈盜跖篇〉에 '말재간은 충분히 자기 잘못을 꾸며 감출 정도이다.〔辯足以飾非〕'라 하였으니, 이것이 그 증거이다."라고 하였으며, 屈守元은 비방하는 노래라는 뜻이라 하고, 王天海는 한탄하는 노래가 사람들의 입에 길이 남아 있다는 뜻이라고 하였다. 본서에서는 劉師培의 설을 따라 번역하였다.

貪凶이며 轉寫形誤하여 遂爲吟口라 楊氏據誤本作注하여 不知其不可通耳라 韓詩外傳誤與此同하니 可知此本相傳已久라 楊氏所以深信不疑라 兪樾曰 吟은 蓋黔之叚字라 黔口는 卽黔喙周易說卦傳爲黔喙之屬하고 釋文引鄭注曰 謂虎豹之屬貪冒之類라하니라 然則盜跖黔口는 乃以虎豹擬之니 正論篇所謂禽獸行 虎狼貪也라 先謙案 後漢梁冀傳口吟舌言에 章懷[13]注謂語吃不能明了라하니 吟口는 當與口吟同義라 盜跖吟口三句[14]는 與揚雄解嘲孟軻雖連蹇이나① 猶爲萬乘師로 文意近似라 諸說皆非라

① 連蹇은 謂口吃이라
連蹇은 말을 더듬거리는 것을 말한다.

楊倞注 : '吟口'는 사람들의 입에 되뇌어지면서 오랫동안 남아 있다는 뜻이다. ≪說苑≫에는 '盜跖凶貪'으로 되어 있다.

○ 盧文弨 : ≪說苑≫〈說叢篇〉에 보인다. 살펴보건대, ≪韓詩外傳≫ 권3에도 '吟口'로 되어 있어 여기와 같다.

郝懿行 : 살펴보건대, '吟口'는 ≪說苑≫에 '凶貪'으로 되어 있으니, 이는 본디 분명히 '貪凶'으로 되어 있었을 것이며, 등사하는 과정에 글자 모양이 잘못되어 마침내 '吟口'가 되었을 것이다. 그런데 楊氏는 잘못된 판본에 의거하여 주를 달면서 그것이 말이 통하지 않는다는 것을 몰랐다. ≪韓詩外傳≫에 그 오류가 이곳과 같으니, 이 판본이 세상에 전해진 지가 이미 오래되었음을 알 수 있으며, 楊氏가 이 때문에 깊이 믿어 의심치 않았던 것이다.

兪樾 : '吟'은 어쩌면 '黔'자의 假借字일 수도 있다. '黔口'는 곧 '黔喙'이다. ≪周易≫〈說卦傳〉에 "爲黔喙之屬(주둥이가 검은 야수 무리가 된다.)"이라고 하고, ≪經典釋文≫에 鄭玄의 주를 인용하기를 "범과 표범의 무리이자 탐욕스런 종류를 말한다."라고 하였다. 그렇다면 '盜跖黔口'는 곧 盜跖을 범과 표범에 견준 것이니, 곧 〈正論篇〉의 이른바 '금수처럼 횡행하고 호랑이처럼 탐욕을 부린다.'는 뜻이다.

---

13) 章懷 : 章懷太子 李賢(651,653~684)을 말한다. 唐 高宗의 여섯째아들로 武則天의 소생이다. 675년에 皇太子로 책봉된 뒤에 유생들을 불러 ≪後漢書≫의 주를 편찬하였다. 나중에 武則天이 자기가 총애하는 正諫大夫 明崇儼이 도적에게 살해되자, 李賢이 뒤에서 꾸민 일이라고 의심하여 庶人으로 폐한 뒤에 강제로 자살하게 하였다. 睿宗 때 시호를 章懷라고 했으므로 세상에서 章懷太子로 불렀다.

14) 盜跖吟口三句 : 본문의 '盜跖吟口'부터 그 다음에 이어진 '名聲若日月'과 '與舜禹俱傳而不息'을 말한다.

先謙案：≪後漢書≫〈梁冀傳〉의 "口吟舌言"에 대해 章懷의 주에 "말을 더듬거려 분명하게 못하는 것을 말한다."라고 하였는데, '吟口'는 마땅히 '口吟'과 같은 뜻일 것이다. '盜跖吟口' 세 문구는 揚雄〈解嘲〉의 "孟軻는 비록 말은 더듬거렸으나〔孟軻雖連蹇〕오히려 萬乘 군주의 스승이 되었다."라고 한 말과 글 뜻이 비슷하다. 기타 여러 설은 모두 틀렸다.

3-12 故曰 君子行不貴苟難하고 說不貴苟察하고 名不貴苟傳하며

그러므로 군자는 행위에 대해 구차스레 어려운 일을 행하는 것은 귀하게 여기지 않고, 논변에 대해 구차스레 살피는 일도 귀하게 여기지 않고, 명성에 대해 구차스레 전해지는 것도 귀하게 여기지 않으며,

○ 盧文弨曰 '苟傳'은 與上文同이라 俗間本作苟得하니 非라 案外傳亦作苟傳이라

○ 盧文弨：'苟傳' 문구는 윗글과 같다. 세간의 판본에는 '苟得'으로 되어 있는데 이는 틀렸다. 살펴보건대 ≪韓詩外傳≫에도 '苟傳'으로 되어 있다.

3-13 唯其當之爲貴라 詩曰 物其有矣니 唯其時矣라하니 此之謂也니라

오직 禮義에 맞을 경우에만 귀하게 여긴다. ≪詩經≫에 "여러 가지 먹을 게 많이 있으니, 철에 맞는 신선한 것들이로세."라고 하였으니, 이를 두고 하는 말이다.

詩는 小雅魚麗之篇이라 言雖有物이라도 亦須得其時하여 以喩當之爲貴也하니라

楊倞注：≪詩經≫은〈小雅 魚麗篇〉이다. 비록 음식물이 있더라도 반드시 제철에 맞는 것을 얻는 것이 좋다는 것을 말하여 도리에 맞는 것이 귀중함을 비유하였다.

3-14 君子易知[15]而難狎하고

군자는 사귀기는 쉽지만 버릇없이 대하기는 어렵고

坦蕩蕩이라 故易知하고 不比黨이라 故難狎이라 ○ 郝懿行曰 韓詩外傳二에 知作和하니 於義較長이라 此形譌라 王念孫曰 案外傳是也라 和與狎義相近하고 懼與脅義相

15) 知：'接'자의 뜻으로 보아야 한다는 兪樾의 설을 따라 번역하였다.

近이라 故曰易和而難狎하고 易懼而難脅이라하니라 今本和作知하니 則於義遠矣라 俞(越)〔樾〕曰 案外傳作和는 字之誤也라 知者는 接也라 墨子經篇曰 知는 接也라하니 古謂相交接曰知라 故後漢書宋弘傳貧賤之交不可忘을 群書治要作貧賤之知하니 是知有交接之義라 易知而難狎은 謂易接而難狎也라 詩芄蘭篇首章曰能不我知라하고 次章曰能不我甲이라하니 毛傳訓甲爲狎하니 蓋首章言不與我交接하고 次章言不與我狎習也라 說詳群經平議하니라 荀子以知狎對文은 正本乎詩어늘 韓嬰改知爲和하니 失之며 王氏謂當從外傳하니 非也라

楊倞注 : 마음이 평탄하여 넓기 때문에 사귀기는 쉽고 동아리지지 않기 때문에 버릇없이 대하기가 어렵다.

○ 郝懿行 : ≪韓詩外傳≫ 권2에 '知'가 '和'로 되어 있으니, 그 뜻이 비교적 더 낫다. 이 글자는 모양이 비슷하여 생긴 오류이다.

王念孫 : 살펴보건대, ≪韓詩外傳≫이 옳다. '和'와 '狎'이 뜻이 서로 가깝고, '懼'와 '脅'이 뜻이 서로 가깝다. 그러므로 '易和而難狎 易懼而難脅(친해지기는 쉽지만 버릇없이 대하기는 어렵고, 두렵게 하기는 쉽지만 협박하기는 어렵다.)'이라고 하였다. 지금 판본에는 '和'가 '知'로 되어 있으니 의미로 볼 때 거리가 멀다.

俞樾 : 살펴보건대, ≪韓詩外傳≫에 '和'로 되어 있는 것은 글자가 잘못된 것이다. '知'란 '接(사귀다)'자의 뜻이다. ≪墨子≫ 〈經篇〉에 "'知'는 사귄다는 것이다." 하였으니, 옛날에 서로 교제하는 것을 '知'라고 말했다. 그러므로 ≪後漢書≫ 〈宋弘傳〉의 '貧賤之交不可忘'이 ≪群書治要≫에 '貧賤之知'로 되어 있으니, 이로써 '知'자에 사귄다는 뜻이 있음을 알 수 있다. '易知而難狎'은 사귀기는 쉽지만 버릇없이 대하기는 어렵다는 것을 말한 것이다. ≪詩經≫ 〈芄蘭篇〉 처음 章에 "能不我知"라고 하고 다음 章에 '能不我甲'이라 했는데 ≪毛傳≫에 '甲'자의 뜻을 '狎'으로 풀이하였으니, 대체로 처음 章은 나와 사귀지 않는다는 것을 말한 것이고 다음 章은 나와 스스럼없이 어울리지 않는다는 것을 말한 것이다. 이에 관한 설명은 ≪群經平議≫에 자세히 보인다. ≪荀子≫에서 '知'와 '狎'으로 대를 맞춰 글을 이룬 것은 곧 ≪詩經≫에 그 근본을 두었는데, 韓嬰이 '知'를 '和'로 고쳤으니 잘못되었고, 王氏가 마땅히 ≪韓詩外傳≫을 따라야 한다고 하였으니 틀렸다.

## 3-15 易懼而難脅하며

두렵게 하기는 쉽지만 협박하기는 어려우며,

小心而志不可奪也라

楊倞注 : 소심하지만 그 뜻은 빼앗을 수 없다.

3-16 畏患而不避義死하고 欲利而不爲所非하며

환난을 무서워하지만 의리를 위해 죽는 것을 피하지 않고 이익 얻기를 원하지만 틀린 일로 보이는 행위는 하지 않으며,

心以爲非則捨之라

楊倞注 : 마음에 틀린 일이라고 생각되면 그만둔다.

3-17 交親而不比하고

남들과 친밀하더라도 편파적인 동아리는 짓지 않고

親은 謂仁恩이요 比는 謂暱狎이라

楊倞注 : '親'은 은덕을 말하고, '比'는 버릇없이 대하는 것을 말한다.

3-18 言辯而不辭하니

말은 유창하지만 군더더기 말을 쓰지 않으니,

辯足以明事나 不至於騁辭라 ○ 郝懿行曰 韓詩外傳二에 辭作亂하니 其義較長이라 此形譌라 王念孫曰 不辭는 當作不亂이라 楊加騁字以釋之하니 其失也迂矣라

楊倞注 : 말이 유창하여 충분히 사리를 밝히지만 거침없이 늘어놓지 않는다.

○ 郝懿行 : ≪韓詩外傳≫ 권2에 '辭'가 '亂'으로 되어 있으니, 그 뜻이 비교적 더 낫다. 이 글자는 모양이 비슷하여 생긴 오류이다.

王念孫 : '不辭'는 마땅히 '不亂'이 되어야 한다. 楊倞이 '騁'자를 덧붙여 풀이하였으니, 그 잘못이 엉뚱하다 하겠다.

3-19 蕩蕩乎 其有以殊於世也니라

그 마음이 드넓어 세속 사람들과는 다른 점이 있다.

與俗人有異라

楊倞注 : 세속 사람과는 다른 점이 있다.

3-20 君子能亦好하고 不能亦好나 小人能亦醜하고 不能亦醜라 君子能則寬容易直以開道人하고

군자는 재능이 있어도 아름답고 재능이 없어도 아름답지만, 소인은 재능이 있어도 추하고 재능이 없어도 추하다. 군자는 재능이 있으면 관대하고 온화하며 정직한 품성으로 다른 사람을 지도하고

道與導同이라

楊倞注 : '道'는 '導(인도하다)'자와 같다.

3-21 不能則恭敬繜絀以畏事人이나

재능이 없으면 공경하고 겸손한 태도로 다른 사람을 정성껏 섬기지만,

繜與撙同하고 絀與黜同하니 謂自撙節貶損이라

楊倞注 : '繜'은 '撙(억제하다)'자와 같고 '絀'은 '黜(물리치다)'자와 같으니, 스스로 자기를 억제하고 낮추는 것을 말한다.

3-22 小人能則倨傲僻違以驕溢人하고

소인은 재능이 있으면 거만하고 간사한 심술로 다른 사람을 깔아뭉개고

溢은 滿이라

楊倞注 : 溢은 '滿'자의 뜻이다.

3-23 不能則妬嫉怨誹以傾覆人이라 故曰 君子能則人榮學焉하고 不能則人樂告之나 小人能則人賤學焉하고 不能則人羞告之라하니 是君子小人之分也니라

재능이 없으면 질투하고 원망하며 비방하는 태도로 다른 사람을 넘어뜨린다. 이 때문에 "군자는 재능이 있으면 사람들이 그에게 배우는 것을 영광으로 여기고 재능이 없으면 사람들이 또 그에게 무엇을 말해주는 것을 즐겁게 여기지만, 소인은 재능이 있으면 사람들이 그에게 배우는 것을 비천하게 여기고 재능이 없으면 사람들이 또 그에게 무엇을 말해주는 것을 부끄럽게 여긴다."라고 말하는 것이다. 이것이 곧 군자와 소인의 구분이다.

分은 異也니 如字[16)]라

楊倞注 : '分'은 다르다는 뜻이니, 본음대로 읽는다.

### 3-24 君子寬而不僈하고

군자는 느긋하더라도 태만하지 않고

僈與慢同하니 怠惰也라

楊倞注 : '僈'은 '慢(오만하다)'자와 같으니, 게으르다는 뜻이다.

### 3-25 廉而不劌하며

방정하더라도 남에게 상처를 입히지 않으며,

廉은 棱也라 說文云 劌는 利傷也라하니라 但有廉隅하고 不至於刃傷也라 ○ 盧文弨曰 注刃傷은 疑是办傷이라 本或作兩傷者訛라

楊倞注 : '廉'은 모서리라는 뜻이다. ≪說文解字≫에 "'劌'는 날카로워 상처를 입힌다는 뜻이다."라고 하였다. 다만 모서리〔廉隅〕만 있고 날카로워 상처를 입히는 정도까지 이르지는 않는다.

○ 盧文弨 : 楊倞 注의 '刃傷'은 '办傷'의 잘못인 듯하다. 다른 판본에 간혹 '兩傷'으로 되어 있는 것은 잘못된 것이다.

---

16) 分 異也 如字 : '分'자의 본음인 平聲으로 읽는다는 뜻이다. 平聲일 때의 뜻은 '나누다'이고, 去聲일 때의 뜻은 '명분', '분수'이다.

### 3-26 辯而不爭하고 察而不激[17]하며

言辯이 좋더라도 고집을 부리지 않고 是非를 살피더라도 각박하게 살피지 않으며,

但明察而不激切也라

楊倞注 : 내용을 똑똑히 살필 뿐이고 각박하게 하지는 않는다.

### 3-27 寡立而不勝하고 堅彊而不暴하며

특출한데도 남을 업신여기지 않고 강하더라도 사납지 않으며,

雖寡立而不能勝하고 雖堅彊而不兇暴라 ○ 王念孫曰 楊說非也라 寡立은 當爲直立이니 字之誤也라① 勝은 讀若升이라 漸六四終莫之勝에 虞翻曰 勝은 陵也라하고② 管子侈靡篇得近[18]者高而不崩하고 得人者卑而不可勝이라하니 謂卑而不可陵也라 此言君子雖特立獨行而不以陵人이요 非謂人不能勝君子也라 此文云 君子廉而不劌하며 辯而不爭하며 直立而不勝이라하고 榮辱篇云 辯而不說(열)者는 爭也요 直立而不見知者는 勝也요 廉而不見貴者는 劌也니 此小人之所務요 而君子之所不爲也라하니 足與此文互相證明矣라

① 俗書直字作直하고 寡字作寡하니 二形略相似라 故直誤爲寡라 文選顏延之和謝監靈運詩注引此已誤라
통속적인 서체는 '直'자를 '直'으로 쓰고 '寡'자를 '寡'로 쓰고 있어, 두 모양이 대략 서로 비슷하기 때문에 '直'이 '寡'로 잘못된 것이다. ≪文選≫에서 顏延之의 〈和謝監靈運詩〉 주에 이 문구를 인용하였는데, 이미 잘못되어 있다.

② 小雅正月篇靡人弗勝에 毛傳曰 勝은 乘也라하니 乘亦陵也라
≪詩經≫ 〈小雅 正月篇〉의 '靡人弗勝'에서 ≪毛傳≫에 "'勝'은 '乘'자의 뜻이다."라고

---

17) 激 : 久保愛가 '徼(살피다)'자의 오자이고 '徼'는 '繳(얽히다)와 같다고 하면서 ≪論語≫ 〈陽貨〉의 "惡徼以爲知者(살피는 것을 지혜로 여기는 자를 미워한다.)"와, ≪漢書≫ 〈藝文志〉의 "名家苛察繳繞(名家는 논리가 자질구레하고 뒤엉켜 분명치 않다.)"를 근거로 제시하였다. 이에 따라 '不激'을 각박하게 하지 않는다는 뜻으로 번역하였다.

18) 近 : ≪管子≫에는 '近'이 '天'으로 되어 있고 그것이 타당한 것으로 보여 '하늘의 이치'로 번역하였다.

하였으니, '乘' 또한 능멸한다는 뜻이다.

楊倞注 : 비록 뛰어나더라도 남을 이기지 못하고 비록 강하더라도 흉포하지 않는 것이다.

○ 王念孫 : 楊倞의 설은 틀렸다. '寡立'은 마땅히 '直立'이 되어야 하니, 글자가 잘못되었다. '勝'은 '升'자처럼 읽어야 한다. ≪周易≫ 漸卦 六四의 '終莫之勝'에서 虞翻이 "'勝'은 '陵(능멸하다)'자의 뜻이다."라고 하고, ≪管子≫ 〈侈靡篇〉에 "하늘의 이치를 얻은 자는 지위가 높더라도 무너지지 않고 사람의 이치를 얻은 자는 지위가 낮더라도 남들이 무시하지 않는다.〔得人者卑而不可勝〕"라고 하였으니, 그의 지위가 낮아도 남들이 무시하지 못한다는 것을 말한 것이다. 이곳에서는 군자가 비록 혼자 서고 홀로 가더라도 남들을 무시하지 않음을 말한 것이지, 남들이 군자를 이기지 못하는 것을 말한 것이 아니다. 이 글에 '군자는 방정하여 절개를 지키더라도 남에게 상처를 입히지 않으며 언변이 좋더라도 고집을 부리지 않으며 뛰어나더라도 남을 업신여기지 않는다.〔直立而不勝〕'라 하였고, 〈榮辱篇〉에 "언변이 좋은데도 남들이 기뻐하지 않는 것은 고집 부리기를 좋아해서이고 특출한데도 남들이 인정하지 않는 것은 남을 업신여겨서이고〔直立而不見知者 勝也〕 방정하여 절개를 지키는데도 존중받지 못하는 것은 남에게 상처를 주기 때문이다. 이는 소인이 추구하는 것이지, 군자가 행하는 바는 아니다."라고 하였으니, 충분히 이곳의 글과 서로 증명이 될 만하다.

## 3-28 柔從而不流하고 恭敬謹愼而容하나니

부드럽고 순종하더라도 세파에 휩쓸리지 않고 공경하고 근신하더라도 너그럽게 포용을 하니,

不至於孤介也라 ○ 王念孫曰 案楊說未確이라 容之言裕也니 言君子敬愼而不局促하여 綽綽有裕也라 非十二子篇修告導寬容之義 韓詩外傳作寬裕하니 是容裕古字通하니라①

① 古者東侯二部共入而互轉이라 故說文容裕二字皆以谷爲聲이라 史記平準書盜摩錢裏取鎔을 漢書食貨志鎔作鋊-音浴-하니 亦其例也라
옛날에 '東'과 '侯' 두 部는 한 韻으로 들어가고 서로 전용되었기 때문에 ≪說文解字≫에 '容'과 '裕' 두 자를 모두 '谷'으로 소리를 낸다고 하였다. ≪史記≫ 〈平準書〉의 '盜摩錢裏取鎔'을 ≪漢書≫ 〈食貨志〉에 '鎔'이 '鋊' -음은 浴이다.- 으로 되어 있으니, 이 또한 그 하나의 사례이다.

楊倞注 : 외롭게 세속인과 어울리지 않는 데에까지 이르지는 않는다.

○ 王念孫 : 살펴보건대, 楊倞의 설은 분명치 않다. '容'이란 말은 넉넉하다는 뜻이니, 군자는 공경하고 근신하더라도 움츠러들지 않아 아주 넉넉한 것을 말한다. 〈非十二子篇〉의 '修告導寬容之義'가 ≪韓詩外傳≫에 '寬裕'로 되어 있으니, 이것이 '容'과 '裕'가 옛 글자에서는 통용했었다는 증거이다.

### 3-29 夫是之謂至文[19)]이라

대체로 이를 일러 至文이라고 하는 것이다.

言德備라

楊倞注 : 〈至文은〉 덕행이 완비된 것을 말한다.

### 3-30 詩曰 溫溫恭人은 惟德之基라하니 此之謂也니라

≪詩經≫에 "온순하고 공손한 사람 오직 덕의 기반이라네."라고 하였으니, 곧 이를 두고 하는 말이다.

詩는 大雅抑之篇이라 溫溫은 寬柔貌라

楊倞注 : ≪詩經≫은 〈大雅 抑篇〉이다. '溫溫'은 너그럽고 부드러운 모양이다.

### 3-31 君子崇人之德하고 揚人之美는 非諂諛也며 正義直指로 擧人之過는 非毀疵也라

군자가 다른 사람의 덕을 높이고 다른 사람의 아름다움을 찬양하는 것은 아첨하기 위한 것이 아니며, 공정한 논의와 바른 지적으로 다른 사람의 과오를 들추어 내는 것은 비방하고 흠집을 내기 위한 것이 아니다.

疵는 病也라 或曰 讀爲訾라 ○ 盧文弨曰 正文美字는 元刻作善하고 又擧人之過下는 宋本有惡字하고 元刻無라 王引之曰 案義는 讀爲議라 韓詩外傳에 作正言直行으로 指人之過하니 言은 亦議也라 韓策曰 嚴遂政議直指로 擧韓傀之過라하니 是

19) 至文 : 매우 고상하고 우아하다는 뜻으로, 덕행이 완비된 것을 말한다.

其證이라①

① 趙策臣愚不達於王之議하니 史記趙世家에 議作義하고 史記鄒陽傳畢議願知 漢書作義라 又韓子揚權篇上不與義之와 東周策秦王不聽群臣父兄之義와 淮南泰族篇刺幾辯義 義竝與議同이라

≪戰國策≫〈趙策〉에 "臣愚不達於王之議(신은 어리석어 군왕의 말씀을 잘 이해하지 못하겠습니다.)"라고 하였는데 ≪史記≫〈趙世家〉에는 '議'가 '義'로 되어 있고, ≪史記≫〈鄒陽傳〉의 "畢議願知(할 말을 모두 진술하여 당신이 알아주기를 원했다.)"의 〈'議'가〉 ≪漢書≫에는 '義'로 되어 있다. 그리고 ≪韓非子≫〈揚權篇〉의 "上不與義之(군주가 신하와 국사를 논의하지 않는다.)"와 ≪戰國策≫〈東周策〉의 "秦王不聽群臣父兄之義(秦나라 왕이 뭇 신하와 부형의 논의를 듣지 않는다.)"와 ≪淮南子≫〈泰族篇〉의 "刺幾辯義(당시의 폐단을 풍자하고 시비를 논해 밝힌다.)"의 '義'는 모두 '議'자와 같다.

楊倞注 : '疵'는 '病'자의 뜻이다. 어떤 사람은 '呰(헐뜯다)'로 읽어야 한다고 하였다.

○ 盧文弨 : 正文의 '美'자는 元刻本에 '善'으로 되어 있고 또 '擧人之過' 밑에는 宋本에 '惡'자가 있고 元刻本에는 없다.

王引之 : 살펴보건대, '義'는 '議'자로 읽어야 한다. ≪韓詩外傳≫에는 "正言直行 指人之過(바른말과 곧은 행동으로 다른 사람의 허물을 지적한다.)"로 되어 있는데, '言' 또한 '議'자의 뜻이다. ≪戰國策≫〈韓策〉에 "嚴遂政議直指 擧韓傀之過(嚴遂가 정당한 논의와 바른 지적으로 韓傀의 과오를 들추었다.)"라고 하였으니, 이것이 그 증거이다.

### 3-32 言己之光美하여 擬於舜禹하고

자신의 장점을 거론하여 舜·禹에 견주고

○ 盧文弨曰 宋本各舊本俱作禹舜하니 今從元刻이라

○ 盧文弨 : 宋本과 기타 舊本에 모두 '禹舜'으로 되어 있는데, 여기서는 元刻本을 따랐다.

### 3-33 參於天地는 非夸誕也며 與時屈伸하여 柔從若蒲葦는 非懾怯也며

天地와 어깨를 나란히 하는 것은 허풍을 떨고 속이는 것이 아니며, 時勢에 따라 굽혔다 폈다 하여 부드럽게 순종하기를 마치 부들이나 갈대처럼 하는 것은 무섭고 겁나서 그런 것이 아니며,

蒲葦所以爲席하여 可卷者也라 ○ 郝懿行曰 屈伸은 當作詘信이라 荀書皆然하니 俗妄改之라 此言君子屈伸隨時之宜라 當其屈也하여는 柔從若蒲葦하고 當其伸也하여는 剛强猛毅하여 靡所不信이라① 其屈與伸以義하여 知當曲直이라 曲直卽屈伸이라 又引詩言君子左宜右有하고 然後總結之云 此言君子能以義屈信變應故也라하니라② 荀子之文은 往往反復申明하여 欲令辭必達意하고 不避重緐(번)하니 爲使人易曉也라

① 信卽伸字라
'信'은 '伸'자와 같다.

② 屈亦當爲詘이라
'屈' 또한 마땅히 '詘(굽히다)'자가 되어야 한다.

楊倞注 : 부들과 갈대는 깔 자리로 만들어서 〈펴기도 하고〉 말아 걷을 수 있는 것이다. ○ 郝懿行 : '屈伸'은 마땅히 '詘信'이 되어야 한다. ≪荀子≫에 모두 이렇게 되어 있으니, 이는 세속 사람들이 함부로 고친 것이다. 여기서는 군자가 굽혔다 폈다 하는 것이 시세의 적절한 상황에 따른 것임을 말한 것이다. 굽혀야 할 때를 만나면 부드럽게 순종하는 것이 마치 부들이나 갈대와 같고, 펴야 할 때를 만나면 굳세고 강하고 용감하여 곧게 펴지 않는 것이 없다. 이는 그 굽혔다 폈다 하는 것이 도의에 따른 것이기 때문에 마땅히 굽혀야 하고 펴야 할 경우를 안 것이다. 曲直은 곧 屈伸이다. 그리고 ≪詩經≫을 인용하여 왼쪽에도 적합하고 오른쪽에도 재능을 지녔다는 것을 말하였고, 그런 다음 마무리 짓기를 '이 말은 군자가 능히 도의에 근거하여 굽혔다 폈다 하여 변화에 대응하기 때문이라는 것을 말한 것이다.'라고 하였다. ≪荀子≫의 문장은 늘 되풀이하고 거듭 밝혀 말이 반드시 의미를 드러내도록 하고 중복되는 문제를 피하지 않았으니, 이는 읽는 사람으로 하여금 쉽게 이해하도록 하기 위해서이다.

### 3-34 剛强猛毅하여 靡所不信은 非驕暴也니

굳세고 강하고 용감하여 곧게 펴지 않는 것이 없는 것은 거만하고 난폭해서가 아니니,

信은 讀爲伸이라 不同은 古字通用이라

楊倞注 : '信'은 '伸'자로 읽어야 한다. 글자가 다른 이유는 옛 글자에 통용하였기 때문이다.

### 3-35 以義變應하여 知當曲直故也니라

이는 도의에 따라 상황변화에 대응하여 마땅히 굽혀야 할 경우에는 굽히고 마땅히 곧게 펴야 할 경우에는 곧게 펴는 도리를 알았기 때문이다.

以義隨變而應하여 其所知當於曲直也라 ○ 兪樾曰 變은 讀爲辯이라 周易文言曰 由辯之不早辯也에 釋文曰 辯은 荀作變이라하고 禮記禮運篇大夫死宗廟謂之變에 鄭注曰 變은 當爲辯이라하니 是變與辯古通이라 辯之言徧也니 儀禮鄕飮酒禮衆賓辯有脯醢와 燕禮大夫辯受酬에 鄭注竝云 今文辯作徧이라하니 是其證也라 變與辯通이면 則亦可借爲徧이라 以義變應者는 以義徧應也라 下文引詩曰 左之左之하니 君子宜之하며 右之右之하니 君子有之로다하고 此言君子之能以義屈伸變應也라하니 左宜右有는 正以義徧應之謂라 楊注曰 以義隨變而應이라하여 增字以成其說하니 失其旨矣라 君道篇曰 竝遇變應而不窮[20]이라하여 變與竝對文하니 可知變之爲徧也라 致士篇에 臨事接民而以義變應이라하니 義與此同이라 先謙案 此文變應은 與非相儒效王制君道諸篇에 言應變者不同하고 卽儒效富國二篇事變得應事變失應과 君道篇應待萬變도 與此義亦異라 以義變應者는 以義變通應事也라 義本無定이요 隨所應爲通變이라 故曰變應이라하니라 孔子言 無適無莫하여 義之與比[21]라하고 孟子言 言不必信하고 行不必果하며 惟義所在[22]라하니 正以義變應之謂라 易繫辭에 精義入神은 以致用也라하니 入神은 變也요 致用은 應也라 下言以義屈伸變應이라하여 增屈伸二字而變應之義愈顯하니 不必如兪說改讀이라 至君道篇之變應하여는 宋本作變態하니 此元刻誤文이라 又不足取以爲證矣니라

楊倞注 : 도의로써 변하는 상황에 따라 대응하여 그 아는 것이 굽혀야 할 경우와 펴야 할 경우에 들어맞은 것이다.

○ 兪樾 : '變'은 '辯'자로 읽어야 한다. ≪周易≫ 〈文言傳〉의 "由辯之不早辯也(가려내되 일찍 가려내지 않았기 때문이다.)"에서 ≪經典釋文≫에 "'辯'은 ≪荀子≫에 '變'으로 되어 있

---

20) 竝遇變應而不窮 : 이 말은 '갖가지 변하는 사태를 만났을 때도 자연스레 대응하여 곤경에 처하지 않는다.'는 뜻이다. 그러나 여기서는 兪樾의 논리에 입각하여 번역하였다. 아래의 '臨事接民而以義變應'도 같다.

21) 孔子言……義之與比 : ≪論語≫ 〈里仁〉에 나온다.

22) 孟子言……惟義所在 : ≪孟子≫ 〈離婁 下〉에 나온다.

다."라고 하였고, ≪禮記≫ 〈禮運篇〉의 "大夫死宗廟謂之變(大夫가 종묘를 위해 죽는 것을 變이라 한다.)"에서 鄭玄의 注에 "'變'은 마땅히 '辯'이 되어야 한다."라고 하였으니, 이는 '變'과 '辯'은 옛 글자에 통용되었다는 증거이다. '辯'이란 말은 '徧(두루)'과 같다. ≪儀禮≫ 〈鄕飮酒禮〉의 "衆賓辯有脯醢(기타 여러 빈객에게도 두루 육포와 젓이 있다.)"와 〈燕禮〉의 "大夫辯受酬(大夫들이 모두 상대가 권하는 술잔을 받는다.)"에서 鄭玄의 注는 모두 "지금 글자는 '辯'을 '徧'으로 쓴다."라고 하였으니, 이것이 그 증거이다. '變'이 '辯'과 통용된다면 이것을 '徧'으로 假借하여 쓸 수도 있다. '以義變應'이란 도의로써 두루 대응한다는 뜻이다. 아래 글에 ≪詩經≫ 〈小雅 裳裳者華〉의 "左之左之 君子宜之 右之右之 君子有之(좌로 가야 할 때는 좌로 향하니 수레 모는 군자여 적응 잘하고, 우로 가야 할 때는 우로 향하니 수레 모는 군자여 재주 지녔네.)"를 인용하고, 뒤이어 "이것은 군자가 능히 도의를 근거로 굽혔다 폈다 하여 두루 대응하는 것을 말한 것이다."라고 하였는데, '左宜'와 '右有'는 곧 도의로써 두루 대응한다는 말이다. 楊倞의 주에 "以義隨變而應(도의로써 변하는 상황에 따라 대응하는 것이다.)"이라고 하여 글자를 더 보태 그 설을 이루었는데, 이는 그 본지를 잃은 것이다. 〈君道篇〉에 "竝遇變應而不窮(모두 만나고 두루 대응하여 한량이 없다.)"이라고 하여 '變'을 '竝'과 대를 이루었으니, '變'은 '徧'과 같다는 것을 알 수 있다. 〈致士篇〉에 "臨事接民而以義變應(정사에 임하고 민중을 접촉할 때 도의에 따라 두루 대응한다.)"이라고 하였는데, 그 뜻이 이곳과 같다.

先謙案 : 이 글에서의 '變應'은 〈非相〉·〈儒效〉·〈王制〉·〈君道〉 등 여러 편에서 '應變'이라 말한 것과 같지 않고, 〈儒效〉·〈富國〉 두 편의 "事變得應(불의의 사태에 적절히 대처한다.)"이라느니, "事變失應(불의의 사태에 적절히 대처하지 못한다.)"이라느니 하는 것과, 〈君道篇〉의 "應待萬變(온갖 변화에 대응한다.)"이라고 한 것도 이곳의 뜻과 다르다. '以義變應'이란 도의로써 변통하여 사건에 대응한다는 뜻이다. 도의는 본디 고정되어 있지 않고 대응할 대상에 따라 변통하는 것이기 때문에 '變應'이라 말한 것이다. 공자가 말하기를 "친근하게 대하는 것도 없고 소원하게 대하는 것도 없이 오직 도의에 비추어 행한다.〔無適無莫 義之與比〕"라고 하고, 孟子가 말하기를 "말은 반드시 실행할 것이 없고 행동은 반드시 철저히 할 것이 없으며 오직 도의에 맞춰 행한다.〔言不必信 行不必果 惟義所在〕"라고 하였으니, 곧 도의로써 변통하여 사건에 대응하는 것을 말한다. ≪周易≫ 〈繫辭〉에 "精義入神 以致用也(도의를 정밀히 연구하여 신묘한 경지로 들어가는 것은 장차 쓰이기 위해서이다.)"라고 하였으니, 入神은 '變'이고 致用은 '應'이다. 아래에서 '以義屈伸變應(도의에 근거하여 굽혔다 폈다 하여 사변에 대응한다.)'이라고 말하여 '屈伸' 두 자를 보탬으로써 '變應'의 뜻이 더욱 드러났으니, 굳이 兪氏의 설대로 고쳐 읽을 것이 없다. 〈君道篇〉에 '變應'으로

되어 있다는 것에 있어서는 宋本에 '變態'로 되어 있으니, 이는 元刻本의 오자이다. 그러니 또 이것을 취해 증거로 삼을 것은 없다.

3-36 詩曰 左之左之하니 君子宜之하며 右之右之하니 君子有之로다하니 此言君子能以義屈信變應故也니라

≪詩經≫에 "왼쪽으로 가야 할 땐 왼쪽으로 가니 수레 모는 군자여 적응 잘하고, 오른쪽으로 가야 할 땐 오른쪽으로 가니 수레 모는 군자여 재주 지녔네."라고 하였으니, 이것은 군자가 능히 도의를 근거로 굽혔다 폈다 하여 사변에 대응하기 때문이라는 것을 말한 것이다

詩는 小雅裳裳者華之篇이라 以能應變이라 故左右無不得宜也라 ○ 盧文弨曰 此言君子下에 一本有之字라

楊倞注 : ≪詩經≫은 〈小雅 裳裳者華〉편이다. 능히 사변에 대응하기 때문에 왼쪽이건 오른쪽이건 적합하지 않음이 없는 것이다.

○ 盧文弨 : '此言君子' 밑에 어떤 판본에는 '之'자가 있다.

3-37 君子는 小人之反也라

군자는 소인의 반대이다.

與小人相反이라 ○ 盧文弨曰 此段舊不提行이라 今案當別爲一節이라

楊倞注 : 〈군자는〉 소인과 서로 반대이다.

○ 盧文弨 : 이 문단은 옛 판본에 줄을 바꾸지 않았다. 이제 살펴보건대, 마땅히 별도로 한 문단으로 삼아야 할 것이다.

3-38 君子大心則敬天而道[23)]하고 小心則畏義而節하며

군자는 心志가 크게 트였을 때는 하늘을 공경하여 사리를 순종하고 심지가 미약

23) 敬天而道 : 王天海는 ≪荀子≫ 〈天論篇〉의 "從天而頌之 孰與制天命而用之(하늘을 순종하여 그것을 칭송하는 것보다는 차라리 天命을 제어하여 그것을 이용하는 것이 더 낫다.)"라고 한 것을 사례로 들어 '敬'은 '制'의 오자일 가능성이 높다고 하였다.

할 때는 정의를 경외하여 자기를 절제하며,

天而道는 謂合於天而順道라 ○ 盧文弨曰 正文則天而道는 韓詩外傳四에 作卽敬天而道하니라 王念孫曰 天而道三字는 文義不明이라 當依韓詩外傳作敬天而道니 與畏義而節對文이니 楊注失之라

楊倞注 : '天而道'는 하늘과 부합하여 자연의 도에 순응하는 것을 말한다.

○ 盧文弨 : 본문의 '則天而道'는 ≪韓詩外傳≫ 권4에 '卽敬天而道'로 되어 있다.

王念孫 : '天而道' 세 자는 글 뜻이 분명치 않다. 마땅히 ≪韓詩外傳≫에 따라 '敬天而道'가 되어야 하니 '畏義而節'과 짝을 이룬 글이다. 楊氏의 주는 잘못되었다.

3-39 知則明通而類하고

지혜로울 때는 사리에 밝아 만물의 이치를 유추해 알고

(顯)〔類〕[24)]는 謂知統類라

楊倞注 : '類'는 큰 줄거리와 細目을 아는 것을 말한다.

3-40 愚則端慤而法하며

어리석을 때는 단정하여 법을 준수하며,

愚는 謂無機智也라 法은 謂守法度也라

楊倞注 : '愚'는 機智가 없다는 것을 말한다. '法'은 법도를 지키는 것을 말한다.

3-41 見由則恭而止하고

임용되었을 때는 공손하여 禮가 있고

由는 用也라 止는 謂不放縱也라 或曰 止는 禮也니 言恭而有禮也라하니라

楊倞注 : '由'는 등용된다는 뜻이다. '止'는 방종하지 않는 것을 말한다. 어떤 사람은 "'止'는 예법의 규정이니, 공손하여 禮가 있음을 말한다."라고 하였다.

---

24) (顯)〔類〕: 저본에는 '顯'으로 되어 있으나, ≪荀子≫ 大文을 참조하여 '類'로 바로잡았다.

### 3-42 見閉則敬而齊하며

거절당했을 때는 마음을 가다듬어 자기를 다스리며,

謂閉塞하여 道不行也라 敬而齊는 謂自齊整而不怨也라

楊倞注 : 앞길이 막혀 도가 행해지지 않는 것을 말한다. '敬而齊'는 스스로 마음을 다스려 원망하지 않는 것을 말한다.

### 3-43 喜則和而理하고 憂則靜而理하며

즐거울 때는 그것을 느긋하게 처리하고 근심스러울 때는 그것을 냉정하게 처리하며,

皆當其理라 ○ 謝本從盧校作憂則靜而違라 盧文弨曰 外傳四에 作喜卽和而治하고 憂卽靜而違라 此作和而理는 避時諱[25]하고 下句도 舊本에 俱作靜而理하니 當由誤會注文耳라 今從外傳改正하니라 劉台拱曰 案注云 皆當其理라하니 則楊氏所據本은 兩句竝是理字라 盧據外傳하여 改下理字作違라 易曰 樂則行之하고 憂則違之라하니 此違字所本이라 然易言出處하고 此言性情하여 義各有當이라 外傳引荀에 頗多改竄하니 恐不得徑據彼以易此也라 又仲尼篇云 福事至則和而理하고 禍事至則靜而理라하여 與此文義略同이라 彼注云 理는 謂不失其道라 和而理는 謂不充屈이요 靜而理는 謂不隕穫也라하여 亦竝是理字니 則不當依外傳作違明矣라 竊疑荀子本文이 上句作治하고 下句作理를 唐初避諱하여 凡治字悉改作理하고 中葉以後에 又復回改作治로되 惟此兩處는 文義相混하여 校書者不能定其孰爲本文이라 故仍而不革하고 楊氏作注時에 未能審正而從爲之辭耳라 今上句依外傳作和而治하고 下句作靜而理 庶幾得之라 仲尼篇放此라 王念孫曰 宋呂錢本竝作兩理字하니 劉說甚允이라 先謙案 劉王說是라 今改從宋本하니라

楊倞注 : 모두 그 도리에 적합하게 하는 것이다.

○ 謝本은 盧校本을 따라 '憂則靜而違'로 되어 있다.

---

25) 時諱 : 일정 시기에 금기시되는 글자나 말을 뜻하는데, 주로 군수의 이름자에 대해 보양을 조금 다르게 한다거나 뜻이 같은 다른 글자를 사용하기도 한다. 여기서는 唐나라 때 唐 高宗의 이름자인 '治'자의 사용을 피한 것을 말한다. 그 당시에 '理'로 '治'자를 대신하였다.

盧文弨 : ≪韓詩外傳≫ 권4에 "喜卽和而治 憂卽靜而違(기쁠 때는 느긋하게 다스리고 근심스러울 때는 냉정하게 떨쳐버린다.)"로 되어 있다. 여기에 '和而理'로 된 것은 時諱를 피해 바꾼 것인데 아래 구도 舊本에는 모두 '靜而理'로 되어 있으니, 이는 분명히 楊倞 주의 문구로 인해 잘못 이해하였기 때문이다. 여기서는 ≪韓詩外傳≫에 따라 고쳐 바로잡았다.

劉台拱 : 살펴보건대, 楊倞의 주에 "모두 그 도리〔理〕에 적합하게 하는 것이다."라고 하였으니, 楊氏가 근거로 삼은 판본에는 두 문구에 모두 '理'자가 있었을 것이다. 그런데 盧氏가 ≪韓詩外傳≫을 근거로 아래의 '理'자를 '違'로 고쳤다. ≪周易≫ 乾卦 〈文言傳〉에 "樂則行之 憂則違之(즐거우면 행하고 근심되면 그만둔다.)"라고 하였는데, 이것이 '違'자의 출전이다. 그러나 ≪周易≫에서는 出處에 관해 말하고 여기는 性情에 관해 말한 것이어서 그 뜻이 해당되는 바가 각기 따로 있다. ≪韓詩外傳≫에 ≪荀子≫를 인용한 글은 고친 부분이 매우 많으니, 그쪽을 근거로 삼아 이쪽을 바꿔서는 안 될 것이다. 그리고 〈仲尼篇〉에 "福事至則和而理 禍事至則靜而理(행복한 일이 닥쳤을 때는 느긋하게 처리하고 불행한 일이 닥쳤을 때는 냉정하게 처리한다.)"라고 하여 이곳과 글 뜻이 대략 동일하다. 그쪽의 주에 "'理'는 그 도를 잃지 않는 것을 말한다. '和而理'는 마음이 번민하지 않는 것을 이르고, '靜而理'는 기개를 상실하지 않는 것을 이른다."라고 하여 그곳에도 모두 '理'자로 되어 있으니, ≪韓詩外傳≫에 의해 '違'자로 쓰는 것이 옳지 않다는 것은 확실하다. 내심 추정해보건대, ≪荀子≫ 본문이 위의 구는 '治'로 되어 있고 아래 구는 '理'로 되어 있었던 것을 唐나라 초기에 避諱하여 모든 '治'자를 다 '理'자로 바꾸었고, 중엽 이후에 또다시 '治'로 환원하였으나 이 두 군데만은 글 뜻이 서로 혼동되어 교감을 진행한 사람이 어떤 글자가 본문임을 확정 짓지 못했기 때문에 그대로 놓아두고 바꾸지 않았으며, 楊氏가 주를 작성할 때에도 자세히 살펴 바로잡지 못하고 있는 그대로 따라 설명했던 것일 뿐이다. 이제 위의 구는 ≪韓詩外傳≫에 의해 '和而治'로 하고, 아래 구는 '靜而理'로 하는 것이 그런대로 옳을 것이다. 〈仲尼篇〉의 경우도 이와 비슷하다.

王念孫 : 宋나라 呂・錢本에도 모두 두 '理'자로 되어 있는데, 劉氏의 설이 매우 타당하다.

先謙案 : 劉氏와 王氏의 설이 옳다. 여기서는 고쳐 宋本을 따른다.

### 3-44 通則文而明하고

현달할 때는 예법을 중시하여 사리에 밝고

有文而彰明也라

楊倞注 : 예법이 있어 환히 드러난다.

3-45 窮則約而詳[26)]하나니라

곤궁할 때는 자신을 수렴하여 처신을 신중하게 한다.

隱約而詳明其道也라

楊倞注 : 은둔하고 수렴하여 그 도를 자세히 밝힌다.

3-46 小人則不然하니 大心則慢而暴하고 小心則淫而傾하며

소인은 그렇지 않으니, 심지가 크게 트였을 때는 오만하여 사납고 심지가 미약할 때는 사악하여 남을 음해하며,

以邪諂事人也라 ○ 盧文弨曰 宋本淫上有流字나 今案 元刻及外傳俱無라

楊倞注 : 간사한 마음으로 남에게 아첨하여 섬긴다.

○ 盧文弨 : 宋本에는 '淫'자 위에 '流'자가 있으나 이제 살펴보건대, 元刻本과 ≪韓詩外傳≫에는 모두 없다.

3-47 知則攫盜而漸하고

지혜로울 때는 남의 것을 훔쳐 기만하고

漸은 進也니 謂貪利不知止也라 ○ 郝懿行曰 漸은 與潛同이라 此言小人知則攫盜而潛深하여 不敢發也하고 愚則毒賊而爲亂하여 不知懼也니 語意甚明이라 荀書에 多以漸爲潛이어늘 楊氏不知하여 例以漸進爲訓而不顧其安하고 如此注亦以漸爲進하니 則難通矣라 王引之曰 漸은 詐欺也라 小人之智는 則攫盜而已矣며 詐欺而已矣라 議兵篇曰 招近募選하여 隆埶詐하고 尙功利하니 是漸之也라하고 正論篇曰 上幽險則下漸詐矣라하니[①] 義竝與此同이라 呂刑曰 民興胥漸이라하니 言小民方興하여 相爲詐欺也라[②] 莊子胠篋篇曰 知詐漸毒이라하니[③] 此皆古人謂詐爲漸之證이라 說者都

---

26) 詳 : 熊公哲과 王天海는 楊倞의 주를 인정하지 않고 신중하다는 뜻인 '詳審'과 '審愼'으로 이해하는 것이 옳다고 주장하였는데, 타당한 것으로 보여 그에 따라 번역하였다.

**不尋省**하여 **望文生義**하니 **失其傳久矣**라 **先謙案 王說是**라

① **楊訓漸爲進**하고 **又訓爲浸漬**하니 **皆失之**라
楊倞은 '漸'의 뜻을 '進'이라 하고, 또 점점 젖어든다는 '浸漬'의 뜻이라고도 한다 하였으니, 이는 모두 잘못된 것이다.

② **傳以漸爲漸化**하니 **失之**라 **說見經義述聞**이라
≪書傳≫에 '漸'을 점점 변화한다는 '漸化'의 뜻으로 풀이하였으니, 잘못된 것이다. 이에 관한 내용은 ≪經義述聞≫에 보인다.

③ **李頤以漸爲漸漬**하니 **失之**라
李頤는 '漸'을 점점 젖어든다는 '漸漬'의 뜻이라고 하였으니, 잘못된 것이다.

楊倞注 : '漸'은 '進'자의 뜻이니, 이익을 탐내어 멈출 줄 모르는 것을 말한다.

○ 郝懿行 : '漸'은 '潛'자와 같다. 여기서는 소인이, 지혜로울 때는 남의 것을 강탈하면서 그 사실을 깊이 숨겨 감히 드러내지 않고 어리석을 때는 남을 해쳐 혼란을 야기하면서 두려워할 줄 모르는 것을 말한 것이니, 말의 의미가 매우 분명하다. ≪荀子≫에는 '漸'을 '潛'의 뜻으로 말한 부분이 많은데도 楊氏가 그것을 몰라 으레 '漸'은 '進'자의 뜻이라고 풀이하고 그것이 타당한지 여부를 돌아보지 않았으며, 이곳의 주 또한 '漸'은 '進'자의 뜻이라고 하였으니, 뜻이 통하기 어렵다.

王引之 : '漸'은 속인다는 뜻이다. 소인의 지혜는 남의 것을 강탈하고 훔치는 것일 뿐이며 남을 속이는 것일 뿐이다. 〈議兵篇〉에 "招近募選 隆埶詐 尙功利 是漸之也(유혹하여 영접하고 재물을 미끼로 모집하고 선발하여 권모술수를 중시하고 공적과 이익을 숭상하니, 이는 병사들을 속이는 것이다.)"라고 하고, 〈正論篇〉에 "上幽險則下漸詐矣(군주가 음침하고 사악하면 아랫사람이 속임수를 부린다.)"라고 하였으니, 그 뜻은 모두 이곳과 동일하다. ≪書經≫ 〈呂刑〉에 "民興胥漸(三苗의 백성들이 일어나 서로 속인다.)"이라고 하였는데, 이는 어린 백성들이 한창 일어나 자기들끼리 서로 속이는 것을 말한 것이다. ≪莊子≫ 〈胠篋篇〉에 "知詐漸毒(꾀를 부려 속임수를 행하여 사람들에게 해를 입힌다.)"이라고 하였으니, 이는 모두 옛사람이 '詐(거짓)'자의 뜻을 '漸'으로 표기한 증거이다. 그런데 풀이하는 사람들이 모두 그 사실을 살펴보지 못하고, 글자만 보고 대강 뜻을 짐작하니 예부터 전해오던 참뜻을 잃은 지 오래되었다.

先謙案 : 王氏의 설이 옳다.

3-48 **愚則毒賊而亂**하며

어리석을 때는 남을 해쳐 혼란을 야기하며,

毒은 害也라 愚而(而)[27] 無畏忌也라

楊倞注 : '毒'은 해친다는 뜻이다. 어리석어 두려워하고 꺼리는 일이 없다.

3-49 見由則兌而倨하고

임용되었을 때는 약삭빠르게 거만을 피우고

兌는 說(열)也니 言喜於徼幸而倨傲也라 ○ 先謙案 兌與銳同하니 謂捷利也라 楊注非라 說見脩身篇이라

楊倞注 : '兌'는 즐거워한다는 뜻이니, 요행히 좋은 기회를 만난 것을 즐거워하면서 거만을 피우는 것을 말한다.

○ 先謙案 : '兌'는 '銳(날카롭다)'자와 같으니, 약삭빠른 것을 말한다. 楊倞의 주는 틀렸다. 이에 관한 설명은 〈脩身篇〉에 보인다.

3-50 見閉則怨而險하며

거절당했을 때는 원한을 품어 음흉해지며,

怨上而險賊也라

楊倞注 : 윗사람을 원망하여 음흉해진다.

3-51 喜則輕而翾(현)하고

기쁠 때는 경박하여 건들거리고

輕은 謂輕佻失據라 翾은 小飛也라 言小人之喜輕佻如小鳥之翾然이라 音許緣反이라 或曰 與懁(환)同이라하니라 說文云 懁은 急也라하니라

楊倞注 : '輕'은 가볍고 방정맞아 근거할 데를 잃어버린 것을 말한다. '翾'은 작은 새가 〈푸드득거리며〉 난다는 뜻이다. 소인이 가볍고 방정맞은 행동을 좋아하는 것이 마치 작

27) (而) : 저본에는 '而'자가 1자 더 있으나, 문맥을 고려하여 衍文으로 처리하였다.

은 새가 푸드득거리는 것과 같은 것을 말한다. 음은 許와 緣의 反切이다. 혹은 "'懁(성급하다)'과 같다."라고 하였다. ≪說文解字≫에 "'懁'은 '急'자 뜻이다."라고 하였다.

### 3-52 憂則挫而懾하며 通則驕而偏하고

근심스러울 때는 좌절하여 두려워하며, 현달할 때는 교만하여 편파적이고

偏은 頗也라

楊倞注 : '偏'은 편파적이라는 뜻이다.

### 3-53 窮則弃而儑(암)하나니라

곤궁할 때는 자신을 스스로 포기하여 비굴해진다.

弃는 自弃也라 儑은 當爲濕이라 方言云 濕은 憂也라하니라 字書無儑字라 韓詩外傳作弃而累也라 ○ 郝懿行曰 玉篇에 儑은 五甘切이니 不慧也라하고 廣韻에 五紺切云 傝儑이라하니라 龍龕手鑑一云 儑은 五盍反이니 傝儑不著事也라하고 傝은 他盍反이니 傝㒌儜劣也라 又音儑이니 不謹貌也라하니라 然則諸義皆與此近하니 此言小人窮則卑棄失志하여 不能自振이 往往如此라 楊氏未見玉篇廣韻이라 故云字書無儑字라하고 又云 儑은 當爲濕이라하니 竝非라 韓詩外傳四에 儑作累하니 恐亦字形之譌라 累與濕은 皆俗字라 濕은 當作溼이요 累는 當作纍니 與此字形音義遠이라

楊倞注 : '弃'는 자신을 스스로 포기하는 것이다. '儑'은 마땅히 '濕'이 되어야 한다. ≪方言≫에 "'濕'은 '憂'자의 뜻이다."라고 하였다. 字書에는 '儑'자가 없다. ≪韓詩外傳≫에는 "弃而累(스스로 포기하여 실의에 빠진다.)"로 되어 있다.

○ 郝懿行 : ≪玉篇≫에 "'儑'의 음은 五와 甘의 反切로, 지혜롭지 못하다는 뜻이다."라고 하고, ≪廣韻≫에 "음은 五와 紺의 反切이니, 어리석고 답답한 것을 말한다."라고 하였다. ≪龍龕手鑑≫ 권1에 "'儑'의 음은 五와 盍의 反切이다. 어리석고 답답하여 일을 제대로 하지 못한다는 뜻이다." 하고, "'傝'의 음은 他와 盍의 反切(탑)이니, 겁을 내고 졸렬하다는 뜻이다. 또 다른 음은 儑이니, 삼가지 않는 모양이다."라고 하였다. 그렇다면 여러 군데의 뜻이 모두 이곳과 유사하니, 이 문구는 소인이 곤궁할 때는 자기를 낮추고 포기하며 실의에 빠져 능히 스스로 진작해 일어나지 못하는 일이 다반사임을 말한 것이다. 楊氏

는 ≪玉篇≫과 ≪廣韻≫의 〈그와 같은 내용을〉 보지 못했기 때문에 字書에 '傫' 자가 없다고 하였고, 또 '傫'은 마땅히 '濕'자가 되어야 한다고 말했으니, 모두 틀린 것이다. ≪韓詩外傳≫ 권4에 '傫'이 '累'로 되어 있으니, 아마도 이 또한 자형의 오류일 것이다. '累'와 '濕'은 모두 속자이다. '濕'의 본자는 '溼'이 되는 것이 옳고 '累'의 본자는 '纍'가 되는 것이 옳으니, 이것과는 자형과 音義가 서로 거리가 멀다.

3-54 **傳曰 君子兩進**하고 **小人兩廢**라하니 **此之謂也**니라

옛글에 이르기를 "군자는 두 상황 속에서 진보하고 소인은 두 상황 속에서 타락한다."라고 하였으니, 곧 이를 두고 하는 말이다.

3-55 **君子治治**요 **非治亂也**라 **曷謂邪**오 **曰 禮義之謂治**요 **非禮義之謂亂也**라 **故君子者**는 **治禮義者也**요 **非治非禮義者也**니라 **然則國亂將弗治與**아 **曰 國亂而治之者**는 **非案亂而治之之謂也**라 **去亂而被之以治**니라

군자는 안정된 나라를 다스리고 혼란한 나라를 다스리지 않는다. 이것은 무엇을 말하는가? 그것은 이렇게 말할 수 있다. 禮義에 부합한 것을 안정되었다고 이르고, 禮義에 부합하지 않은 것을 혼란하다고 이른다. 그러므로 군자는 禮義에 부합한 나라를 다스리고, 禮義에 부합하지 않은 나라를 다스리지 않는다. 그렇다면 나라가 혼란한데도 다스리지 않을 것인가? 그것은 이렇게 말할 수 있다. 나라가 혼란하여 다스린다는 것은 혼란한 기초 위에서 그것을 다스리는 것을 말한 것이 아니라, 그 혼란을 제거한 뒤에 비로소 다스린다는 뜻이다.

**案**은 **據也**니 **據舊亂而治之也**라 **荀子安案**은 **多爲語助**하니 **與此不同也**라

楊倞注 : '案'은 '據(의거하다)'자의 뜻이니, 이전의 혼란에 의거하여 그것을 다스린다는 것이다. ≪荀子≫에 '安'과 '案'은 어조사로 쓰인 경우가 많으니, 이곳과는 다르다.

3-56 **人汙而修之者**[28)]는

28) 人汙而修之者 : '修'자에 관해 兪樾은 '滌(씻다)'자로 읽어야 한다고 하였으나, 久保愛・朝川鼎・楊樹達・鍾泰・駱端鶴 등은 보두 修身・修德의 '修(닦다)'자로 이해하는 것이 옳디고 주

사람이 품행이 더러워 그것을 닦아 깨끗하게 하는 것은

人有汙穢之行에 將修爲善이라 ○ 兪樾曰 修는 當讀爲滌(척)이라 周官司尊彝職曰 凡酒修酌에 鄭注曰 修는 讀如滌濯之滌이라하니 是其證也라 滌從條聲하고 條從攸聲하며 修亦從攸聲하니 聲同之字라 故得通用이라 楊注失之라 荀子書에 每以修與汙對文하니 竝當讀爲滌이라

楊倞注 : 사람이 더러운 품행이 있을 때 그것을 닦아 개선시키려고 한다.

○ 兪樾 : '修'는 마땅히 '滌(씻다)'자로 읽어야 한다. ≪周禮≫ 〈周官 司尊彝職〉의 "凡酒修酌(여러 가지 술을 거를 적에는 술동이를 물로 씻은 뒤에 거기에다 따라 붓는다.)"에서 鄭玄의 주에 "'修'는 씻어낸다는 뜻인 '滌濯'의 '滌'으로 읽어야 한다."라고 하였으니, 이것이 그 증거이다. '滌'은 條의 聲符에 속하고 '條'는 攸의 聲符에 속하며 '修' 또한 攸의 聲符에도 속하니, 聲符가 같은 글자이다. 그러므로 통용할 수 있다. 楊氏의 주는 잘못되었다. ≪荀子≫에 항상 '修'자와 '汙'자로 대를 형성하였는데, 모두 마땅히 '滌'자로 읽어야 한다.

3-57 非案汙而修之之謂也라 去汙而易之以修라 故去亂而非治亂也며 去汙而非修汙也라 治之爲名은 猶曰君子爲治而不爲亂이요 爲修而不爲汙也니라

그의 더러운 기초 위에서 그것을 깨끗하게 하는 것을 말하는 것이 아니라, 더러운 것을 제거하고 그것을 깨끗한 것으로 바꾼다는 뜻이다. 그러므로 혼란을 제거하는 것이지 혼란을 다스리는 것은 아니고, 더러운 것을 제거하는 것이지 더러운 것을 깨끗하게 하는 것은 아니다. 다스린다는 이름의 의미는 곧 군자가 다스리되 혼란을 다스리기 위해 그러는 것이 아니고 깨끗하게 하되 더러운 것을 깨끗하게 하기 위해 그러는 것이 아니라고 말하는 것과 같다.

治之名號如此라

楊倞注 : 다스린다는 이름의 의미가 이와 같다.

3-58 君子絜(결)其辯而同焉者合矣며

---

장하였다. 역자도 楊倞의 주를 그대로 따르는 것이 무방하다고 판단되어 그에 따라 번역하였다.

군자가 자신을 잘 닦아 단정하게 하면 의기투합한 사람들이 몰려들고,

絜은 修整也니 謂不煩雜이라 ○ 盧文弨曰 案韓詩外傳一에 亦有此文하니 彼辯作身이라 先謙案 外傳作身이 是也라 絜其身善其言은 對文이니 若作辯이면 則與言複하고 絜辯二字도 亦不詞라 荀子原文自作絜其身이 傳寫誤辯이라 下文故新浴云云은 正申言絜身之義라 楊注謂不煩雜이라하니 似所見本已誤爲辯矣라

楊倞注 : '絜'은 잘 닦아 단정하다는 뜻이니, 말이 너저분하지 않는 것을 말한다.

○ 盧文弨 : 살펴보건대, ≪韓詩外傳≫ 권1에도 이 문구가 있는데 거기에서는 '辯'이 '身'으로 되어 있다.

先謙案 : ≪韓詩外傳≫에 '身'으로 되어 있는 것이 옳다. '絜其身'과 '善其言'은 짝을 이룬 글이니, 만약 '辯'이 된다면 '言'과 뜻이 겹치고 '絜'과 '辯' 두 글자도 말이 안 된다. ≪荀子≫ 원문은 본디 '絜其身'으로 되어 있던 것이 옮겨 쓰는 과정에서 '辯'으로 잘못되었을 것이다. 아래 글에 '故新浴' 운운한 것은 곧 '絜身'의 뜻을 거듭 말한 것이다. 楊氏의 注에 "말이 너저분하지 하지 않는 것을 말한다."라고 하였으니, 그가 본 판본은 이미 '辯'으로 잘못 표기된 것인 듯하다.

3-59 善其言而類焉者應矣라

그 하는 말이 훌륭하면 같은 부류 사람들이 호응한다.

出其言善이면 千里之外應之라

楊倞注 : 그 말이 나오는 것이 훌륭하면 천 리 밖에서도 호응한다.

3-60 故馬鳴而馬應之하니

그러므로 말이 울면 곧 다른 말이 그에 호응하니,

○ 盧文弨曰 外傳此下尙有牛鳴而牛應之六字라

○ 盧文弨 : ≪韓詩外傳≫에는 이 밑에 또 "牛鳴而牛應之(소가 울면 소가 그에 호응한다.)"라는 여섯 자가 있다.

3 61 非知也라 其埶然也라

이것은 지혜가 있어서가 아니라 자연의 형세가 그런 것이다.

知는 音智[29)]라

楊倞注 : '知'는 음이 '智'이다.

3-62 故新浴者振其衣하고 新沐者彈其冠하니 人之情也라

그러므로 새로 몸을 씻은 사람은 그의 옷을 털고, 새로 머리를 감은 사람은 그의 갓을 터는 법이니, 이는 사람의 일반적인 정서이다.

言潔其身者 懼外物之汙也는 猶賢者必不受不善人之汙者也라

楊倞注 : 자기의 몸을 씻어 깨끗한 자가 외물의 오염을 두려워하는 것은, 현자가 반드시 선하지 않은 자의 오염을 받아들이지 않는 것과 같다는 것을 말한다.

3-63 其誰能以己之潐潐로 受人之掝掝(혹혹)者哉리오

그 누가 능히 자기의 정갈함으로 다른 사람의 불결함을 받아들이려고 하겠는가.

潐潐는 明察之貌라 潐는 盡이니 謂窮盡明於事라 易曰 窮理盡性이라하니라 掝은 當爲惑이니 掝掝은 惛也라 楚詞曰 安能以身之察察로 受物之惛惛者乎아하니라 潐는 子誚反이라 ○ 盧文弨曰 案潐盡也는 本說文하니 此脫也字라 郝懿行曰 韓詩外傳一에 作莫能以己之皭皭(작작)으로 容人之混汚라 然皭與潐는 古音同하고 混汚與掝掝은 音又相轉하니 此皆假借字耳라 楚詞作察察汶汶하니 當是也라 又案上云故新浴者振其衣하고 新沐者彈其冠이라하니 亦與楚詞同이라 先謙案 焦爵雙聲[30)]이라 故從焦從爵之字 相通假而義皆訓盡하니 如噍之與嚼과① 醮之與釂이② 竝是라 故皭皭亦爲潐潐也라 掝當爲惑이니 楊說是也라 字書無掝字하니 蓋惑亦作惐일새 遂轉寫爲掝耳라 儒效篇云無所儗怎(작)에 楊注怎與怍同이라하니 惑之爲掝은 猶怍之爲怎矣라

29) 知音智 : '知'의 음이 平聲이면 그 뜻이 '알다'이고, 去聲이면 그 뜻이 '지혜롭다'이다. '智'자의 음이 去聲이므로 그 뜻이라는 것을 밝힌 것이다.

30) 焦爵雙聲 : 雙聲은 중국 음운학 용어로, 두 글자 이상으로 된 단어에서 각 글자의 최초 자음이 같은 것을 말한다. 여기서는 '焦'의 음은 jiao이고 '爵'의 음은 jue로서 'j'를 각각 공유하고 있으므로 하는 말이다.

① 禮記少儀釋文에 噍는 本作嚼이라하고 說文에 噍는 或從爵이라하니라
≪禮記少儀釋文≫에 "'噍'는 본디 '嚼'으로 되어 있다."라고 하고, ≪說文解字≫에 "'噍'는 혹 〈口에〉 爵을 붙이기도 한다."라고 하였다.

② 說文에 醮는 冠娶禮祭라하고 釂은 飮酒盡也라하며 釋水에 水醮曰厬라하니 釋文及本書禮論利爵之不醮也에 注皆訓爲盡하니 則借醮爲釂矣라
≪說文解字≫에 "'醮'는 冠禮와 婚禮 때 지내는 제사이다."라고 하고 "'釂'은 잔에 들어 있는 술을 남김없이 다 마신다는 뜻이다."라고 하였으며, ≪爾雅≫ 〈釋水〉에 "물이 다 마른 것을 '厬'라 한다."라고 하였는데, ≪經典釋文≫과 ≪荀子≫ 〈禮論〉의 "利爵之不醮也(죽은 자를 대신하여 제향을 받는 사람은 집사가 올리는 술을 다 마시지 않는다.)"라고 한 곳에서 '醮'에 관한 주는 모두 '盡'자의 뜻이라고 되어 있으니, 이는 '醮'을 假借하여 '釂'으로 쓴 증거이다.

楊倞注 : '潐潐'는 똑똑히 살피는 모양이다. '潐'는 '盡'자의 뜻이니 사물의 이치를 깊이 연구하여 완전히 환히 아는 것을 말한다. ≪周易≫ 〈說卦傳〉에 "천하의 이치를 연구하고 사람의 성성을 완전히 안다."라고 하였다. '掝'은 마땅히 '惑'자가 되어야 하니, '掝掝'은 혼암하다〔惛〕는 뜻이다. ≪楚詞≫에 "어찌 내 몸의 정갈함으로 외물의 혼탁〔惛惛〕함을 받아들일 수 있겠는가."라고 하였다. '潐'의 음은 子와 誚의 反切이다.

○ 盧文弨 : 살펴보건대, 楊倞의 주에 "'潐'는 '盡'자의 뜻이다."라고 한 것은 ≪說文解字≫에 근거한 것이니, 여기서는 끝에 '也'자가 빠졌다.

郝懿行 : ≪韓詩外傳≫ 권1에는 "莫能以己之皭皭 容人之混污(능히 자기의 결백함으로 다른 사람의 혼탁함을 수용할 수 없다.)"로 되어 있다. 그러나 '皭'과 '潐'는 옛 음이 같고 '混污'와 '掝掝'은 음이 또 서로 전용될 수 있으니, 이는 모두 假借字일 뿐이다. ≪楚詞≫에 '察察'과 '汶汶'으로 되어 있으니, 곧 같은 경우이다. 또 살펴보건대, 위에 "그러므로 새로 몸을 씻은 사람은 그의 옷을 털고, 새로 머리를 감은 사람은 그 갓을 터는 법이다."라고 하였으니, 이 또한 ≪楚詞≫와 같다.

先謙案 : '焦'와 '爵'은 雙聲이다. 그러므로 '焦' 음이 붙고 '爵' 음이 붙는 글자가 서로 통용되어 모두 '盡'자의 뜻이 되니, 예를 들면 '噍'와 '嚼', '醮'와 '釂'의 경우가 모두 그렇다. 그러므로 '皭皭'이 또한 '潐潐'가 되기도 하는 것이다. '掝'은 마땅히 '惑'자가 되어야 하니, 楊氏의 설이 옳다. 字書에는 '掝'자가 없으니 아마도 '惑'을 '惐'으로도 쓰기 때문에 마침내 옮겨 쓰는 과정에서 '掝'이 되었을 것이다. 〈儒效篇〉의 "無所儗㤰(망설이고 불안해하는 것이 없다.)"에서 楊氏의 주에 "'㤰'은 '怍'과 같다."라고 하였으니, '惑'이 '掝'이 된 것은 '怍'이 '㤰'으로 된 경우와 같은 것이다.

### 3-64 君子養心엔 莫善於誠이라

군자가 마음을 기르는 데는 정성보다 더 좋은 것이 없다.

無姦詐則心常安也라 ○ 劉台拱曰 誠者는 君子所以成始而成終也라 以成始는 則大學之誠其意是也요 以成終은 則中庸之至誠無息是也라 此言養心莫善於誠하니 卽誠意之事라 故下文亦言愼獨이라

楊倞注 : 간교함과 거짓이 없으면 마음이 항상 편안하다.

○ 劉台拱 : '誠'이란 군자가 이것을 통해 학문을 시작하고 학문을 완성하는 것이다. 이것을 통해 학문을 시작한다는 것은 ≪大學≫의 '그 뜻을 성실하게 갖는다〔誠其意〕'라는 것이 이것이고, 이것을 통해 학문을 완성한다는 것은 ≪中庸≫의 '지극한 誠은 쉬는 일이 없다〔至誠無息〕'라는 것이 이것이다. 여기서 '마음을 기르는 데는 정성보다 더 좋은 것이 없다.'라고 말했는데, 이는 곧 뜻을 성실하게 갖는 일이다. 그러므로 아래 글에 또 '愼獨'에 관해 말하였다.

### 3-65 致誠則無它事矣요

정성을 극진히 하는 것에는 다른 일이 따로 없고,

致는 極也니 極其誠이면 則外物不能害라 ○ 王念孫曰 君子非仁不守하고 非義不行이라 故曰無它事라하니 下文唯仁之爲守하고 唯義之爲行이 是其明證이라 楊說非라 先謙案 王說是라 群書治要에 引作致誠無它라 唯仁之守하고 唯義之行이라하여 刪數字而語意倍顯하니 是唐人解此文與楊注義異라

楊倞注 : '致'는 '極(다하다)'자의 뜻이니, 그 정성을 극진하게 하면 외물이 그를 해칠 수 없다는 것이다.

○ 王念孫 : 군자는 仁이 아니면 지키지 않고 義가 아니면 행하지 않는다. 그러므로 다른 일이 따로 없다고 말한 것이니, 아래 글에 "오직 仁만을 지키고 오직 義만을 행한다."라고 한 것이 그에 관한 분명한 증거이다. 楊氏의 설은 틀렸다.

先謙案 : 王氏의 설이 옳다. ≪群書治要≫에 이 글을 인용하면서 "致誠無它 唯仁之守 唯義之行(정성을 극진히 하는 것에는 다른 것이 없다. 오직 仁을 지키고 오직 義를 행하는 것일 뿐이다.)"이라고 하여, 몇 글자를 삭제하였으나 그 의미는 한결 더 드러났으니, 이것이 唐나라 사람이 이 글을 풀이할 때 楊氏의 주와는 그 뜻을 달리했다는 증거이다.

3-66 **唯仁之爲守**하고 **唯義之爲行**이라

오직 仁을 지키고 오직 義를 행하는 것일 뿐이다.

**致其誠**은 **在仁義**라

楊倞注 : 그 정성을 다하는 일은 仁과 義에 있다는 것이다.

3-67 **誠心守仁則形**하고 **形則神**하며 **神則能化矣**며

성실한 마음으로 仁을 지키면 그 仁이 행동으로 드러나고 仁이 행동으로 드러나면 신명해지며 신명해지면 사람들을 감화시킬 수 있으며,

**誠心守於仁愛**면 **則必形見於外**니 **則下尊之如神**하여 **能化育之矣**리라 **化**는 **謂遷善也**라

楊倞注 : 성실한 마음으로 仁愛를 지키면 그것이 밖으로 드러나는 법이니, 그렇게 되면 아랫사람이 존경하기를 신명처럼 하여 능히 사람들을 변화시키고 양성할 것이다. '化'는 〈허물을 고쳐〉 善으로 옮겨가는 것을 말한다.

3-68 **誠心行義則理**하고 **理則明**하며 **明則能變矣**리니

성실한 마음으로 義를 행하면 義가 행해질 것이고 義가 행해지면 광명해지며 광명해지면 능히 사람들이 변화되게 할 수 있을 것이니,

**義行則事有條理**하고 **明而易**(이)하여 **人不敢欺**라 **故能變改其惡也**라

楊倞注 : 義가 행해지면 행하는 일이 조리가 있고 그러면 명료하고 간단해져서 사람들이 감히 속이지 못할 것이기 때문에 능히 그 악행을 고치는 것이다.

3-69 **變化代興**을 **謂之天德**[31]이니라

변화와 감화가 번갈아 작용하는 것을 가리켜 天德이라 한다.

**旣能變化**면 **則德同於天**이라 **馴致於善**을 **謂之化**요 **改其舊質**을 **謂之變**이라 **言始於**

31) 天德 : 덕이 하늘과 같다는 뜻이다.

化하고 終於變也니 猶天道陰陽運行則爲化하고 春生冬落則爲變也라

楊倞注 : 이미 변화시키고 감화시키면 덕이 하늘과 같게 된다. 점차적으로 선해지는 것을 '化'라 이르고, 그 옛 기질을 바꾸는 것을 '變'이라 이른다. 이는 '化'에서 시작하여 '變'에서 마치는 것을 말한 것이니, 天道와 陰陽이 운행하는 것은 化가 되고, 봄에 태어났다가 겨울에 떨어지는 것은 變이 된다는 것과 같다.

3-70 天不言而人推高焉하고 地不言而人推厚焉하며 四時不言而百姓期焉하니

하늘은 말을 하지 않아도 사람들이 높다고 인정하고 땅은 말을 하지 않아도 사람들이 두텁다고 인정하며 사계절은 말을 하지 않아도 백성들이 바뀌는 시기를 아니,

期는 謂知其時候라

楊倞注 : '期'는 그 때를 아는 것을 말한다.

3-71 夫此有常하여 以至其誠者也라

이것은 그것들이 일정한 규칙이 있어 그 誠의 정점에 도달했기 때문이다.

至는 極也라 天地四時所以有常如此者는 由極其誠所致라

楊倞注 : '至'는 '極'자의 뜻이다. 천지와 사계절이 이처럼 일정한 규칙이 있는 까닭은 그 성실의 정점에 도달함으로 인해 그렇게 된 것이다.

3-72 君子至德하여 嘿然而喩하고 未施而親하고 不怒而威하니

군자는 지대한 덕을 지녔기에 말이 없더라도 사람들이 그의 뜻을 알고 은혜를 베풀지 않더라도 사람들이 그를 가까이하고 노하지 않더라도 사람들이 경외하는 것이니,

君子有至德일새 所以嘿然不言而人自喩其意也라

楊倞注 : 군자가 지대한 덕을 지녔기 때문에 잠자코 말이 없더라도 사람들이 그의 뜻을 아는 것이다.

## 3-73 夫此順命[32)]하여 以愼其獨者也[33)]라

이것은 그가 天命에 순응하여 그 혼자만 아는 마음을 성실하게 가졌기 때문이다.

人所以順命如此者는 由愼其獨所致也라 愼其獨은 謂戒愼乎其所不睹하고 恐懼乎其所不聞이니 至誠不欺라 故人亦不違之也라 ○ 郝懿行曰 此語甚精이어늘 楊氏不得其解하여 而以謹愼其獨爲訓이라 今正之云 獨者는 人之所不見也요 愼者는 誠也며 誠者는 實也라 心不篤實하면 則所謂獨者不可見이라 勸學篇云 無冥冥之志者는 無昭昭之明하고 無惛惛之事者는 無赫赫之功이라하니 此惟精專沈默하여 心如槁木死灰[34)] 而後髣髴遇焉이라 口不能言하고 人亦不能傳이라 故曰獨也니라 又曰 不獨則不形者에 形非形於外也라① 形卽形此獨也니라 又曰 不形則雖作於心 見於色 出於言三句는 皆由獨中推出하니 此方是見於外之事라 而其上說天地四時云 夫此有常하여 以至其誠者也라하고 說君子至德云 夫此順命하여 以愼其獨者也라하니 順命은 謂順天地四時之命이라② 言化工默運하여 自然而極其誠하고 君子感人하여 嘿然而人自喩하니 惟此順命以愼其獨而已라 推尋上下文義컨대 愼은 當訓誠이라 據釋詁云 愼은 誠也라하니 非愼訓謹之謂라 中庸愼獨은 與此義別이라 楊注不援爾雅

---

32) 命 : 天命, 곧 天道로 천지 사계절의 운행인 자연의 규율을 말한다.

33) 以愼其獨者也 : '愼'은 郝懿行이 ≪爾雅≫ 〈釋詁〉의 "'愼'은 '誠'자의 뜻이다.〔愼 誠也〕"라 한 것을 근거로 들어 楊倞이 ≪中庸≫의 '愼獨'의 뜻으로 풀이한 것에 대해 반박하였는데, 이에 대해 王先謙이 이의를 제기하지 않았고 王念孫과 王天海 등이 동의하였다. '愼其獨'에 대해 兪樾·熊公哲·王天海 등은 한 걸음 더 나아가 이 문구는 앞서의 '정성을 극진히 하는 것에는 다른 일이 따로 없고 오직 仁을 지키고 오직 義를 행하는 것일 뿐이다.〔致誠則無它事矣 唯仁之爲守 唯義之爲行〕'를 가리킨 것이라고 하면서 '獨'은 한 가지 일, 곧 '仁을 지키고 義를 행하는 것'를 말한다고 하였다. 위의 설들을 종합하면 "仁義를 지키고 행하는 한 가지 일을 성실하게 하였기 때문이다."라고 번역할 수 있다. 兪樾 등의 설이 매우 일리가 있다. 다만 '獨'자의 '남은 보지 못하고 자기 혼자만 의식하는 마음상태'라는 기본적인 의미와 다르게 표현하기에는 무리가 있는 데다 혼자만 의식하는 그 마음에 이미 仁義를 지키고 행해야 한다는 의식을 내포하고 있다고 볼 수 있으므로 굳이 그처럼 직설적으로 번역하지 않았다. 楊倞의 주에 대해서는 그의 견해에 따라 번역하였다.

34) 槁木死灰 : ≪莊子≫ 〈齊物論〉의 "형체가 정말 마른 나뭇등걸처럼 되게 할 수 있고, 마음이 정말 불 꺼진 재처럼 되게 할 수 있겠는가?"라고 한 데서 나온 것으로, 세상사에 대해 아무런 감정이 없는 것을 비유하는 말로 인용된다.

而據中庸하니 謬矣라 愼字古義訓誠이라 詩凡四見하니 毛鄭俱依爾雅爲釋이라 大學兩言愼獨하고 皆在誠意篇中하니 其義亦與詩同이라 惟中庸以戒愼愼獨爲言 此別義로 乃今義也라 荀書多古義古音이어늘 楊注未了하여 往往釋以今義하고 讀以今音하여 每致舛誤하니 此其一也라 餘不悉擧라 王念孫曰 中庸之愼獨 愼字亦當訓爲誠이니 非上文戒愼之謂라③ 故禮器說禮之以少爲貴者曰 是故君子愼其獨也에 鄭注云 少其牲物하여 致誠慤이라하니 是愼其獨卽誠其獨也라 愼獨之爲誠獨은 鄭於禮器已釋訖이라 故中庸大學注皆不復釋하니라 孔沖遠[35]未達此旨라 故訓爲謹愼耳라 凡經典中愼字는 與謹同義者多하고 與誠同義者少하고 訓謹訓誠이 原無古今之異라④ 唯愼獨之愼은 則當訓爲誠이라 故曰 君子必愼其獨이라하고 又曰 君子必誠其意라하니 禮器中庸大學荀子之愼獨은 其義一而已矣니라

① 楊注誤라
楊氏의 주는 잘못되었다.

② 楊注尤誤라
楊氏의 주는 더욱 잘못되었다.

③ 莫見乎隱이며 莫顯乎微[36]는 卽大學之十目所視며 十手所指니 則愼獨不當有二義라 陳碩甫[37]云 中庸言愼獨은 卽是誠身이라
"어두운 곳만큼 환히 보이는 것이 없으며, 작은 일만큼 환히 나타나는 것이 없다.〔莫見乎隱 莫顯乎微〕"라고 한 말은, 곧 ≪大學≫의 "열 눈이 보는 바이며 열 손이 가리키는 바이다.〔十目所視 十手所指〕"와 같은 뜻이니, '愼獨'에 두 뜻이 있는 것은 옳지 않다. 陳碩甫가 "≪中庸≫에서 말한 '愼獨'은 곧 자기 몸을 성실하게 한다는 '誠身'의 뜻이다."라고 하였다.

④ 愼之爲謹은 不煩訓釋이라 故傳注無文이요 非誠爲古義而謹爲今義也라
'愼'이 '謹'의 뜻일 경우에는 그 뜻을 번거롭게 풀이할 필요가 없기 때문에 傳이나 注

---

35) 孔沖遠 : 沖遠은 唐나라 孔穎達(574~648)의 자이다. 후세에 그의 자가 仲達로 바뀌었는데, 이는 沖이 仲으로, 遠이 達로 잘못 표기되었고 이것이 고착화되었기 때문이다. 經學에 정통하여 顔師古 등과 함께 ≪五經正義≫를 편찬하였다.

36) 莫見乎隱 莫顯乎微 : ≪中庸≫ 제1장에 보인다.

37) 陳碩甫 : 碩甫는 淸나라 陳奐(1786~1863)의 자이다. 江蘇 長洲 사람으로 호는 師竹이고 만년에 南園老人이라 자호하였다. 江沅과 段玉裁에게 수학하고 王念孫 父子와 학문을 강론하여 經學에 정통하였다. 그가 편찬한 ≪詩毛氏傳疏≫는 淸代 ≪詩經≫학의 중요한 성과로 평가된다.

에 그에 관한 글이 없는 것이지, '誠'은 옛 뜻이고 '謹'은 지금의 뜻이라서 그런 것은 아니다.

楊倞注 : 사람이 命에 순응하기를 이처럼 하는 이유는 그 홀로 있을 때에도 신중했기 때문에 그렇게 된 것이다. 그 홀로 있을 때에 신중히 한다는 것은 남이 보지 않는 곳에서도 경계하고 조심하며 남이 듣지 않는 곳에서도 두려워하는 것을 말하니, 지극한 誠은 속이지 않기 때문에 남들도 그를 어기지 않는 것이다.

○ 郝懿行 : 이 말은 매우 정밀한데도 楊氏는 그 뜻을 이해하지 못해 '홀로 있을 때를 신중히 한다.〔謹愼其獨〕'로 풀이하였다. 여기서는 이것을 다음과 같이 바로잡는다. '獨'이란 남이 보지 못한 곳이고, '愼'이란 '誠'자 뜻이며 '誠'이란 '實(성실)'자 뜻이다. 마음이 독실하지 않으면 이른바 혼자만 아는 마음인 '獨'이란 것을 스스로 볼 수 없다. 〈勸學篇〉에 "마음을 가라앉혀 깊이 연구하는 뜻이 없는 자는 빛나는 명예가 없고, 남모르는 가운데 행하는 일이 없는 자는 혁혁한 공이 없다.〔無冥冥之志者 無昭昭之明 無惛惛之事者 無赫赫之功〕"라고 하였으니, 이 때문에 오직 마음을 섬세하고 전일하며 깊이 가라앉혀 마른 나무 둥치나 불 꺼진 재처럼 된 뒤에 비로소 어렴풋하게나마 자기 마음의 내면을 만나볼 수 있다. 자기 입으로 형용할 수도 없고 남도 뭐라고 전달할 수 없기 때문에 '獨'이라 말한 것이다.

郝懿行 : '不獨則不形(혼자만 아는 마음이 성실하지 않으면 드러나지 않는다.)'이라고 한 곳의 '形'은 그 덕이 밖으로 드러난다는 뜻이 아니다. '形'은 곧 혼자만 아는 마음이 성실하여 〈仁義를 지키고 행하는 것이〉 밖으로 드러난다는 뜻이다.

郝懿行 : '不形則雖作於心 見於色 出於言(〈仁義를 지키고 행하는 것이〉 밖으로 드러나지 않으면 비록 마음에 일어나고 얼굴빛에 보이고 말로 내뱉더라도)'이라는 세 문구는 모두 '獨'으로부터 확대되어 나온 것이니, 이것이 비로소 밖으로 드러나 보이는 일인 것이다. 그리고 위에 천지와 사계절을 말하면서 '이것은 그것들이 일정한 규칙이 있어 그 誠의 정점에 도달했기 때문이다.〔夫此有常 以至其誠者也〕'라 하고, 군자의 지대한 덕을 말하면서 '이것은 天命에 순응하여 그 혼자만 아는 마음을 성실하게 가졌기 때문이다.〔夫此順命 以愼其獨者也〕'라 하였으니, '順命'은 〈천지와 사계절이〉 운행하는 이치를 말한다. 이것은 조물주가 말없는 가운데 천지와 사계절을 운행함으로써 자연적으로 그 誠을 극진히 하고, 군자는 사람들을 감화시킴으로써 잠자코 있더라도 사람들이 스스로 그 마음을 알아준다는 것을 말한 것이니, 오직 이것은 天命에 순응하여 그 혼자만 아는 마음을 성실하게 가졌기 때문일 뿐이다. 위아래 문구의 뜻을 추리해보건대, '愼'은 마땅히 '誠'자의 뜻으로 보아야 한다. 《爾雅》 〈釋詁〉에 '愼'은 '誠'자 뜻이라고 하였으니, '愼'을 '謹'자 뜻으로 본다

는 말이 아니다. ≪中庸≫의 '愼獨'은 이곳과 뜻이 다르다. 楊氏의 注는 ≪爾雅≫를 인용하지 않고 ≪中庸≫을 근거로 삼았으니, 잘못되었다. '愼'자를 옛 뜻에는 '誠'으로 풀이하였다. ≪詩經≫에 모두 네 번 보이는데, 毛亨의 傳과 鄭玄의 箋은 모두 ≪爾雅≫를 인용해 풀이하였다. ≪大學≫에 두 군데에서 '愼獨'을 말했고 모두 〈誠意篇〉 속에 있는데, 그 뜻이 ≪詩經≫과 같다. 오직 ≪中庸≫에서 '戒愼'과 '愼獨'으로 말한 이것만 다른 뜻으로, 곧 지금의 뜻이다. ≪荀子≫에는 옛 뜻과 옛 음이 많은데 楊氏의 주는 이 사실을 모르고서 이따금 지금의 뜻으로 풀이하고 지금의 음으로 읽음으로써 매번 오류를 초래하였으니, 여기의 경우가 그중 하나이다. 나머지 〈유사한 사례는〉 이루 다 거론할 수 없다.

王念孫 : ≪中庸≫에서 '愼獨'이라 한 '愼'자 또한 마땅히 '誠'자 뜻으로 보아야 하니 윗글의 '戒愼'을 말한 것이 아니다. 그러므로 ≪禮記≫ 〈禮器〉의 '예는 적은 것을 귀하게 여긴다.〔禮之以少爲貴〕'를 설명한 곳에서 "이 때문에 군자는 그 혼자만 아는 마음을 성실하게 갖는다.〔是故君子愼其獨也〕"라고 하였고, 이곳의 鄭氏의 注에 "그 제사에 올리는 제물을 적게 올려 정성을 다하는 것이다.〔少其牲物 致誠慤〕"라고 하였으니, 이 '愼其獨'은 '誠其獨'인 것이다. '愼獨'이 '誠獨'이라는 것은 鄭玄이 〈禮器〉에서 이미 풀이하였으므로 ≪中庸≫과 ≪大學≫의 주에 모두 다시 풀이하지 않았는데, 孔沖遠이 이 취지를 몰랐기 때문에 '謹愼'으로 풀이했던 것일 뿐이다. 모든 經典 속에 있는 '愼'자는 '謹'자와 뜻이 같은 경우가 많고 '誠'자와 뜻이 같은 경우는 적으며, '謹'자 뜻과 '誠'자 뜻을 서로 다르게 이해하는 것은 본디 고금의 차이가 없다. 오직 '愼獨'의 '愼'만은 마땅히 '誠'자의 뜻으로 이해해야 하기 때문에 "군자는 반드시 그 혼자만 아는 마음을 성실하게 갖는다.〔君子必愼其獨〕"라고 하고, 또 "군자는 반드시 그 마음을 성실하게 갖는다.〔君子必誠其意〕"라고 하였으니, 〈禮器〉·≪中庸≫·≪大學≫·≪荀子≫의 '愼獨'은 그 뜻이 동일할 뿐이다.

### 3-74 善之爲道者는 不誠則不獨하고

마음 수양을 잘하는 방법이란, 지극히 성실하지 못하면 혼자만 아는 마음이 성실하지 못하고,

無至誠則不能愼其獨也라

楊倞注 : 지극한 정성이 없으면 혼자 있을 때 신중하지 못한다.

### 3-75 不獨則不形하고

혼자만 아는 마음이 성실하지 못하면 〈仁義를 지키고 행하는 것이〉 밖으로 드러나지 않으며,

不能愼其獨이라 故其德亦不能形見於外라 ○ 兪樾曰 上文云 致誠則無它事矣요 唯仁之爲守하고 唯義之爲行이라하니 所謂獨者는 卽無它事之謂라 唯仁唯義라 故無它事니 無它事是謂獨이라 故曰不誠則不獨하고 不獨則不形이라하니라 言不能誠實則不能專一於內하고 不能專一則不能形見於外라 楊氏未達獨字之旨라 故所解均未得也라

楊倞注 : 홀로 있을 때에 신중하지 못하기 때문에 그 덕 또한 밖으로 드러나 보일 수 없는 것이다.

○ 兪樾 : 윗글에 "정성을 극진히 하는 것에는 다른 일이 따로 없고 오직 仁을 지키고 오직 義를 행하는 것일 뿐이다."라고 하였으니, 이른바 '獨'이란 곧 다른 일이 따로 없다는 것을 말한다. 오직 仁만 있고 오직 義만 있으므로 다른 일이 없는 것이니, 다른 일이 없는 것, 이것을 '獨'이라 이른다. 그렇기 때문에 "지극히 성실하지 못하면 혼자만 아는 마음이 성실하지 못하고, 혼자만 아는 마음이 성실하지 못하면 〈仁義를 지키고 행하는 것이〉 밖으로 드러나지 않는다."라고 하였다. 이 말은 '성실하지 못하면 내면의 마음에 전일하지 못하고, 전일하지 못하면 〈仁義를 지키고 행하는 것이〉 밖으로 드러나 보이지 않는다.'는 뜻이다. 楊氏는 '獨'자의 뜻을 알지 못했기 때문에 풀이한 것이 모두 맞지 않게 된 것이다.

3-76 不形則雖作於心하고 見於色하고 出於言이라도 民猶若未從也하고 雖從必疑하리라

〈仁義를 지키고 행하는 것이〉 밖으로 드러나지 않으면 비록 마음에 일어나고 얼굴빛에 보이고 말로 내뱉더라도 백성들이 오히려 따르지 않을 것이고 비록 따른다 하더라도 반드시 의심을 품을 것이다.

若은 如也라 無至誠이라 故雖出令이라도 民猶如未從者니 雖彊使之從이라도 亦必疑之也리라 ○ 王念孫曰 若은 猶然也라 言雖出令이라도 民猶然未從이요 非謂猶如未從也라 古謂猶然爲猶若하니 說見釋詞[38]若字下라

楊倞注 : '若'은 '如'자와 같다. 지극한 정성이 없기 때문에 비록 명령을 내리더라도 백성들이 오히려 따르지 않는 것이나 다름없을 것이니, 비록 강제로 따르게 하더라도 반드시 의심을 품을 것이다.

○ 王念孫 : '若'은 '然'자와 같다. 비록 명령을 내리더라도 백성들이 오히려 따르지 않을 것이라고 말한 것이지, 오히려 따르지 않는 것과 같다는 뜻으로 한 말이 아니다. 옛날에 '猶然'을 말할 때 '猶若'이라 하였으니, 이에 관한 설명은 ≪經傳釋詞≫의 '若'자 밑에 보인다.

3-77 天地爲大矣나 不誠則不能化萬物하고 聖人爲知矣나 不誠則不能化萬民하며 父子爲親矣나 不誠則疏하고 君上爲尊矣나 不誠則卑니라

天地는 위대하지만 성실하지 않으면 만물을 화육할 수 없고 聖人은 지혜롭지만 성실하지 않으면 만민을 교화할 수 없으며, 父子간은 친근하지만 성실하지 않으면 서로 소원해지고 君主는 존귀하지만 성실하지 않으면 천대받는다.

卑는 謂不爲在下所尊이라

楊倞注 : '卑'는 아랫사람의 존중을 받지 못하는 것을 말한다.

3-78 夫誠者는 君子之所守也며 而政事之本也라 唯所居以其類至니라

대체로 성실이란 군자가 지켜야 할 것이며 정사의 근본이다. 오직 성실한 경지에 있으면 이로 인해 동류가 호응해 오는 것이다.

所居는 所止也라 唯其所止至誠이면 則以類自至니 謂天地誠則能化萬物하고 聖人誠則能化萬民하며 父子誠則親하고 君上誠則尊也라

楊倞注 : '所居'는 멈추는 곳이다. 오직 그 멈추는 곳이 至誠의 경지이기만 하면 〈그의 상대인〉 동류가 저절로 호응해 오는 것이니, 천지가 성실하면 능히 만물을 화육하고 성인이 성실하면 능히 만민을 교화하며, 부자간이 성실하면 서로 친애하고 군주가 성실하

---

38) 釋詞 : 淸 王引之(1766~1834)가 嘉慶 원년(1798)에 편찬한 ≪經傳釋詞≫의 약칭이다. 그의 아버지 王念孫의 지도 아래 九經三傳과 周·秦부터 西漢까지의 옛 문헌에 나오는 助詞와 虛詞 160자를 대상으로 그 용례와 뜻을 정밀하게 정리하여 10권으로 만들었다.

면 존중을 받는다는 것을 말한다.

3-79 **操之則得之**하고 **舍之則失之**하며

성실을 붙잡으면 얻고 성실을 놓아버리면 잃으며,

**操**는 **持**라

楊倞注 : '操'는 '持(가지다)'자의 뜻이다.

3-80 **操而得之則輕**하고

성실을 붙잡아 그것을 얻으면 행하기 쉽고

**持至誠也而得之**면 **則易擧也**라 **詩曰 德輶如毛**라하니라

楊倞注 : 至誠을 붙잡아 그것을 얻으면 가벼워 행하기 쉽다. ≪詩經≫ 〈大雅 烝民〉에 "덕 행하기 가벼움 새털 같다네.〔德輶如毛〕"라고 하였다.

3-81 **輕則獨行**하며

행하기 쉬우면 전념으로 〈仁義를〉 행할 수 있으며,

**擧至誠而不難**이면 **則愼獨之事自行矣**리라

楊倞注 : 至誠을 행하되 어렵지 않으면 '愼獨'의 일이 절로 행해질 것이다.

3-82 **獨行而不舍則濟矣**요

전념으로 〈仁義를〉 행하여 멈추지 않으면 업적을 이룰 수 있고

**至誠在乎不已**라

楊倞注 : 至誠은 그만두지 않는 데에 있다.

3-83 **濟而材盡**하고 **長遷而不反其初**면 **則化矣**리라

업적을 이루어 재능을 충분히 발휘하고 장기간의 변천을 겪더라도 그 처음 상태로 되돌아가지 않는다면 자연의 도와 동화될 것이다.

既濟則材性自盡이라 長遷不反其初는 謂中道不廢也라

楊倞注 : 이미 업적을 이루었다면 재능이 절로 다 발휘된 것이다. 장기간의 변천을 겪더라도 그 처음 상태로 되돌아가지 않는다는 것은 중도에 그만두지 않는 것을 말한다.

3-84 君子位尊而志恭하고 心小而道大하며 所聽視者近而所聞見者遠하니 是何邪오 則操術然也라

군자는 지위가 높더라도 뜻은 공손하고, 마음은 신중하더라도 도가 행해지는 것은 크며, 귀로 듣고 눈으로 보는 것은 천근하더라도 마음에 들리고 보이는 것은 원대하니, 이는 무엇 때문인가? 곧 그가 지니고 있는 방법이 그렇게 만든 것이다.

謂以近知遠하고 以今知古하니 所持之術如此也라 ○ 盧文弨曰 正文則字는 從元刻이라 宋本作是하니라

楊倞注 : 가까운 것을 통해 먼 것을 알고 오늘을 통해 옛날을 알아보는데, 이는 지니고 있는 방법이 이렇게 만들었다는 것을 말한 것이다.

○ 盧文弨 : 본문의 '則'자는 元刻本을 따른 것이다. 宋本에는 '是'로 되어 있다.

3-85 故千人萬人之情은 一人之情是也며

그러므로 천 사람 만 사람 심정은 한 사람의 심정과 같고,

人情不相遠이라

楊倞注 : 사람의 심정은 서로 차이가 그다지 많지 않다.

3-86 天地始者는 今日是也며 百王之道는 後王是也라

천지가 시작되던 때의 정황은 오늘과 같고, 역대 왕이 나라를 다스렸던 방법은 후대의 왕과 같다.

後王은 當今之王이라 言後王之道與百王不殊하여 行堯舜則是亦堯舜也라

楊倞注 : '後王'은 당대의 왕이다. 후대 왕이 나라를 다스리는 방법도 역대 왕과 다르지 않으므로, 堯舜이 했던 방법을 행하면 그 또한 堯舜임을 말한 것이다.

## 3-87 君子審後王之道而論百王之前[39]이 若端拜而議니라

군자는 후대 왕이 나라를 다스리는 방법을 살피고 역대 왕들의 이전 방법과 비교하는 것이, 마치 단정히 앉아 팔짱을 끼고 논의하는 것처럼 여유롭다.

端은 玄端[40]이니 朝服也라 端拜는 猶言端拱[41]이라 言君子審後王所宜施行之道하고 而以百王之前比之를 若服玄端하여 拜揖而議니 言其從容不勞也라 時人多言後世澆醨하여 難以爲治라 故荀明之라 ○ 郝懿行曰 端疑振書端書[42]之端이니 端者는 正也리 謂正容拜議요 非必衣玄端也라 注言端拱이라하고 又言玄端이라하여 二義似歧라 王念孫曰 古無拜而議事之禮하고 且端拜二字는 義不相屬이라 拜當爲拜(공)이니 拜은 今拱字也라① 形與拜相似하여 因訛爲拜라 端拱而議는 卽楊注所云從容不勞也라 楊云 端拜는 猶言端拱은 近之나 乃又云拜揖而議라하니 則未知拜爲拜之譌耳라 先謙案 王說是라

① 說文에 収는 竦手也니 從𠂇從又라하니라 拜는 揚雄說 廾從兩手라하고 拱은 斂手也니 從手하고 共聲이라하니라 今經傳皆作拱이라
《說文解字》에 "'収'는 손을 맞잡는다는 뜻이니, '𠂇'과 '又'가 붙은 글자이다."라고 하였다. '拜'은 揚雄이 말하기를 "'廾'에 두 '手'자가 붙은 글자이다."라고 하고, "'拱'은 손을 모은다는 뜻이니, 手는 形符가 되고 共은 聲符가 된다."라고 하였다. 지금의 經傳에는 모두 '拱'으로 되어 있다.

---

39) 君子審後王之道而論百王之前 : '後王之道'는 荀子가 처한 당시인 周나라 천자의 도로서 文王・武王이 시행한 법도를 뜻하고, '百王之前'은 周나라 이전 시기의 성군들 곧 夏禹・商湯 등을 말한다. '論'은 倫과 통용되는 글자로, 비교한다는 뜻이다.

40) 玄端 : 고대의 검은색 예복이다. 제사 때 천자・제후・사대부들이 모두 입는다. 천자는 평소에도 입는다.

41) 端拱 : '端坐拱手'의 줄임말로, 단정히 앉아 두 손을 맞잡고 있다는 뜻이다.

42) 振書端書 : 《禮記》 〈曲禮 下〉의 "군주 앞에서 책의 먼지를 털거나 책의 위치를 바로잡아 놓는 경우에는 벌을 받는다.〔振書端書於君前 有誅〕"에서 나온 말이다.

楊倞注 : '端'은 玄端이니 官服이다. '端拜'는 단정히 앉아 두 손을 맞잡고 있다는 말과 같다. 군자가 후대 왕이 마땅히 시행해야 할 통치방법을 살피고 역대 왕들의 이전 사례와 비교하는 것이, 마치 玄端을 차려입고서 절하고 읍하며 논의하는 것과 같다는 것을 말한 것으로, 여유로워 수고롭지 않다는 것을 의미한다. 당시 사람들이, 후세의 기풍이 경박하여 이상적으로 통치하기 어렵다고 흔히 말하기 때문에 荀子가 〈그렇지 않다는 것을〉 밝혔다.

○ 郝懿行 : '端'은 아마도 '振書端書'의 '端'으로 보이니 '端'이란 '正'자의 뜻이다. 의용을 바로잡아 절하고 논의하는 것을 말한 것이지 반드시 玄端을 입는다는 것은 아니다. 주에 '端拱'이라 말하고 이어 또 '玄端'이라 말하여 이 두 뜻이 서로 어긋난 것 같다.

王念孫 : 옛날에 절하면서 국사를 논의하는 예법은 없고, 또 '端拜' 두 글자는 뜻이 서로 연결되지 않는다. '拜'는 마땅히 '拜'자가 되어야 하니 '拜'은 지금의 '拱'자이다. 모양이 '拜'와 비슷하여 '拜'로 잘못된 것이다. '端拱而議'는 곧 楊氏 주의 이른바 '여유로워 수고롭지 않다.〔從容不勞〕'는 뜻이다. 楊氏가 "'端拜'는 '端拱'이란 말과 같다."라 한 것은 일리가 있는데, 또 "절하고 읍을 하며 논의하는 것과 같다."라고 하였으니, '拜'가 '拜'의 잘못된 글자임을 몰랐던 것이다.

先謙案 : 王氏의 설이 옳다.

### 3-88 推禮義之統하고 分是非之分하며

禮義의 기강을 추구하고 是非의 한계를 분별하며,

上分如字하고 下扶問反[43]이니 分之使當其分이라

楊倞注 : 위의 '分'은 본음대로 읽고 아래 〈'分'의〉 음은 扶와 問의 反切이니, 시비를 분별하여 그 분수에 맞게 한다는 것이다.

### 3-89 總天下之要하고 治海內之衆이 若使一人이라 故操彌約而事彌大니

천하의 요령을 장악하고 천하의 백성들을 다스리는 것이 마치 한 사람을 부리는 것과 같다. 그러므로 지니고 있는 방법이 간단할수록 다스리는 일은 더욱 많아

43) 上分如字 下扶問反 : 위의 '分'자는 통상적으로 읽는 본음인 平聲으로 읽고, 아래 '分'자는 去聲으로 읽는다는 말이다. 그 뜻이 平聲일 때는 '나누다', '분별하다', '분명하다' 등이고, 去聲일 때는 '명분', '분수', '한계' 등이다.

지는 것이니,

約은 少也니 得其宗主也라

楊倞注 : '約'은 '少'자의 뜻이니, 그 핵심을 얻는다는 뜻이다.

3-90 五寸之矩로 盡天下之方也라

다섯 치의 곱자로 천하의 方形을 모두 바로잡을 수 있는 것과 같다.

矩는 正方之器也라 ○ 郝懿行曰 荀意當以句股法開方[44]而言이라 故以五寸盡之하니 言操彌約也라

楊倞注 : '矩'는 정방형을 재는 도구이다.

○ 郝懿行 : 荀子의 뜻은 분명히 句股法과 開方法으로 말한 것이다. 그러므로 다섯 치 곱자로 모두를 바로잡는다고 한 것이니, 지니고 있는 방법이 매우 간단한 것을 말한 것이다.

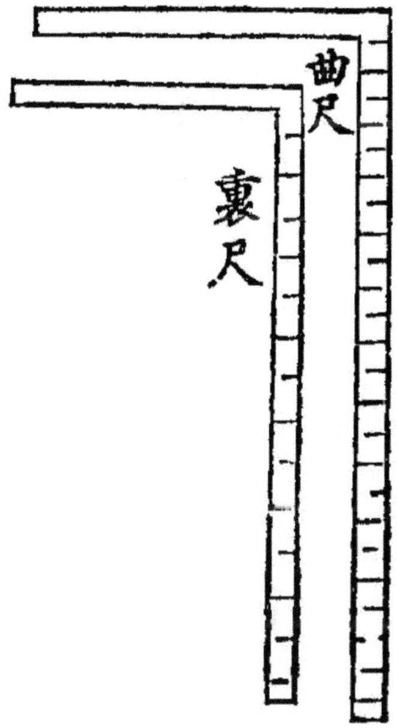

곱자(矩)

3-91 故君子不下室堂이라도 而海內之情이 擧積此者는 則操術然也라

그러므로 군자가 안방과 대청을 내려가지 않더라도 천하의 실정이 모두 그의 역량 속에 모이는 것은 그가 지닌 방법이 그렇게 작용했기 때문이다.

擧는 皆也라 ○ 盧文弨曰 正文堂字上에 宋本有室字하니 今從元刻刪이라 王念孫曰 室非衍字也라 內則曰灑埽室堂이라하고 書傳中言室堂者多矣라 君子不下室堂이라도 而海內之情이 擧積此는 猶老子言不出戶라도 知天下也라 元本無室字者는 後人以意刪之耳라 群書治要引此有室字하고 錢本世德堂本同이라 先謙案 謝本從盧校라

44) 句股法開方 : 句股法은 삼각형의 직각에 짧은 변을 股, 긴 변을 句, 빗변을 弦이라 하여 사물의 높이와 깊이, 너비와 길이를 계산하는 방식이고, 開方法은 평방근이나 입방근, 곧 세제곱이나 제곱근을 산출하는 공식을 말한다.

今依王說改從宋本하니라

楊倞注 : '擧'는 '皆'자의 뜻이다.

○ 盧文弨 : 본문의 '堂' 위에 宋本에 '室'이 있는데 여기서는 元刻本을 따라 삭제하였다.

王念孫 : '室'은 덧붙여진 글자가 아니다. ≪禮記≫ 〈內則〉에 "灑埽室堂(안방과 대청을 물 뿌리고 쓴다.)"이라고 하고, ≪書傳≫ 속에 '室堂'을 말한 곳이 많다. '군자가 안방과 대청을 내려가지 않더라도 천하의 실정이 모두 그의 역량 속에 모인다.'는 것은 ≪老子≫에 "문을 나가지 않더라도 천하의 일을 안다.〔不出戶 知天下也〕"라는 말과 같다. 元刻本에 '室'자가 없는 것은 후대 사람이 임의대로 삭제한 것일 뿐이다. ≪群書治要≫의 이 문구를 인용한 부분에 '室'자가 있고, 錢佃本과 世德堂本도 동일하다.

先謙案 : 謝本은 盧校本을 따랐다. 여기서는 王氏의 설에 의해 고쳐 宋本대로 따랐다.

3-92 有通士者하고 有公士者하고 有直士者하고 有愨士者하고 有小人者라 上則能尊君하고 下則能愛民하며 物至而應하고 事起而辨이라 若是則可謂通士矣리라

통달한 선비가 있고, 공정한 선비가 있고, 정직한 선비가 있고, 성실한 선비가 있고, 소인이 있다. 위로는 능히 군주를 존중하고 아래로는 능히 백성을 사랑하며, 사물이 닥쳐오면 잘 대응하고 사건이 일어나면 잘 처리한다. 이와 같다면 가히 통달한 선비라고 말할 수 있을 것이다.

物有至則能應之하고 事有疑則能辨之라 通者는 不滯之謂也라 ○ 王念孫曰 辨者는 治也라 謂事起而能治之요 非謂事有疑而能辨之也라 說文에 辯은 治也라하니 昭元年左傳에 主齊盟者 誰能辯焉고하여 杜注與說文同이라 王霸篇 儒者爲之〈不然〉[45]하여 必將曲辯에 楊注曰 辯은 治也라하니라 字或作辨이라 議兵篇 城郭不辨에 注曰 辨은 治也라하니라 合言之면 則曰治辯이라 儒效篇曰 分不亂於上하고 能不窮於下는 治辯之極也라하니라 王霸篇曰 有加治辯彊固之道焉이라하며① 又曰 天下莫不平均하고 莫不治辯이라하니라 議兵篇曰 禮者는 治辯之極也라하니라 或作治辨이라 榮辱篇曰 君子修正治辨이라하니라 正論篇曰 上宣明則下治辨矣라하니라 禮論篇曰 君者는 治辨之主也라하니라 以上凡言治辯者는 皆兩字同義라 倒言之면 則曰辯治니 小雅采菽傳曰 平平은 辯治也라하니라 荀子君道篇에 君者는 善班治人者也라하니 班亦與辯

45) 〈不然〉 : 저본에 없으나 ≪荀子≫ 원문에 의거하여 보충하였다.

同이라 韓詩外傳에 作辯治하고 成相篇에 辯治上下라하니라

① 有는 讀爲又라 舊本有加二字倒轉하니 今據楊注乙正이라 楊以辯爲分別하니 失之라
'有'는 '又'자로 읽는다. 옛 판본에는 '有加' 두 자가 도치되어 있었는데, 여기서는 楊氏의 주를 근거로 순서를 바꿔 바로잡았다. 楊氏는 '辯'을 분별한다는 뜻으로 풀이하였으니 잘못되었다.

楊倞注 : 사물이 닥쳐오는 일이 있으면 능히 그에 대응하고, 사건이 의심스러운 점이 있으면 능히 처리하는 것이다. '通'이란 막히지 않는 것을 이른다.

○ 王念孫 : '辨'이란 '治'자의 뜻이다. 일이 일어났을 때 능히 다스리는 것을 말한 것이지, 일이 의심스러운 점이 있을 때 능히 분별하는 것을 말한 것은 아니다. ≪說文解字≫에 "'辯'은 다스린다는 뜻이다." 하였는데, ≪春秋左氏傳≫ 昭公 원년에 "主齊盟者 誰能辯焉(동맹을 주관한 자 가운데 누가 능히 다스리겠는가.)"이라고 하여 杜預의 주는 ≪說文解字≫와 같다. 〈王霸篇〉의 "儒者爲之不然 必將曲辯(儒者가 일을 행할 때는 그렇게 하지 않고 반드시 주도면밀하게 다스린다.)"에서 楊氏의 주에 "'辯'은 '治'자 뜻이다."라고 하였다. 〈'辯'자가〉 어떤 판본에는 '辨'으로 되어 있기도 한다. 〈議兵篇〉의 "城郭不辨(성곽이 다스려지지 않았다.)"에서 그 주에도 "'辨'은 '治'의 뜻이다."라고 하였다. 합쳐서 말하면 '治辯'이 된다. 〈儒效篇〉에 "分不亂於上 能不窮於下 治辯之極也(위로는 신분질서가 어지럽지 않고 아래로는 재능을 지닌 자가 곤경에 빠지지 않는 것이 나라를 다스림에 있어 최상의 경지이다.)"라고 하였다. 〈王霸篇〉에 "有加治辯彊固之道焉(또 잘 다스려 강대하고 공고해지는 방법까지 곁들인다.)"이라고 하고, 또 "天下莫不平均 莫不治辯(천하에 똑같이 협조하지 않는 사람이 없고 잘 다스려지지 않는 일이 없다.)"이라고 하였다. 〈議兵篇〉에 "禮者 治辨之極也(禮란 나라를 다스리는 표준이다.)"라고 하였다. 어떤 판본에는 '治辨'으로 되어 있기도 한다. 〈榮辱篇〉에 "君子修正治辨(군자는 선량하고 정직하여 일을 잘 처리한다.)"이라고 하였다. 〈正論篇〉에 "上宣明則下治辨矣(군주가 마음과 행위를 공개적으로 드러내면 백성들이 잘 다스려질 수 있을 것이다.)"라고 하였다. 〈禮論篇〉에 "君者 治辨之主也(군주란 나라를 다스리는 주인이다.)"라고 하였다. 이상에서 '治辯'이라 말한 것들은 모두 두 글자가 같은 뜻이다. 이것을 거꾸로 말하면 '辯治'가 되니, ≪詩經≫ 〈小雅 采菽〉의 ≪毛傳≫에 "平平 辯治也('平平'은 다스린다는 뜻이다.)"라고 하였다. ≪荀子≫ 〈君道篇〉에 "君者 善班治人者也(군주란 백성을 잘 다스리는 자이다.)"라고 하였으니, '班' 또한 '辯'과 같다. ≪韓詩外傳≫에는 '辯治'로 되어 있고, 〈成相篇〉에는 "辯治上下(위며 아래 모두가 다스려지니)"라고 하였다.

### 3-93 不下比以闇上하고 不上同以疾下하며

아랫사람끼리 결탁하여 군주를 우롱하지지 않고 위로 군주와 영합하여 백성을 해치지 않으며,

闇上은 掩上之明也라 疾與嫉同이라 ○ 先謙案 上同은 苟合於上이라 成相篇云 愚而上同하면 國必禍라하니라

楊倞注 : '闇上'은 군주의 눈을 가린다는 뜻이다. '疾'은 '嫉(질시하다)'자와 같다. ○ 先謙案 : 上同은 군주와 구차하게 영합한다는 뜻이다. ≪荀子≫ 〈成相篇〉에 "어리석으면서 군주와 영합한다면〔上同〕 국가는 반드시 화를 당한다."라고 하였다.

### 3-94 分爭於中에 不以私害之라 若是면 則可謂公士矣리라

어떤 사정 속에서 분쟁이 있을 때 개인의 이익을 위해 〈공익을〉 해롭게 하지 않는다. 이와 같다면 공정한 선비라고 말할 수 있을 것이다.

謂於事之中有分爭者에 不以私害之면 則可謂公正之士也라

楊倞注 : 어떤 사정 속에 분쟁이 있을 경우, 개인의 이익을 위해 〈공익을〉 해롭게 하지 않으면 공정한 선비라고 말할 수 있음을 이른다.

### 3-95 身之所長을 上雖不知라도 不以悖(발)君하고

자기의 장점을 군주가 알아주지 않더라도 그 때문에 군주를 원망하지 않고,

不怨君而違悖也라 ○ 郝懿行曰 悖(배)者는 倍之假借字라 倍訓反이니 與背同이라 王引之曰 悖(발)은 讀若勃이라[①] 悖은 怨懟也니 謂君雖不知而不怨君也라 仲尼篇曰 君雖不知라도 無怨疾之心이라하니 是也라 方言에 侼은 懟(대)也라하고 廣雅曰 勃은 懟也라하니 侼怨懟는 恨也라 悖侼勃은 字異而義同이라[②] 楊注非라

① 玉篇에 勃은 蒲突切이요 又蒲輩切이라하니라 廣韻同이라
≪玉篇≫에 "'勃'의 음은 蒲와 突의 反切이다."라고 하고, 또 "蒲와 輩의 反切이다."라고 하였다. ≪廣韻≫에서도 같다.

② 莊十一年左傳에 其興也悖焉이라하니 一作勃이라 莊子庚桑楚篇徹志之勃이라하니 勃本又作

悖이라 秦策에 秦王悖然而怒라하니 悖然卽勃然이라

≪春秋左氏傳≫ 莊公 11년에 "其興也悖焉(그 일어나는 것이 성대하였다.)"이라고 하였는데, 어떤 판본에는 '勃'로 되어 있기도 한다. ≪莊子≫ 〈庚桑楚篇〉에 "徹志之勃(심지의 혼란을 허물어버린다.)"이라고 하였는데, '勃'은 본디 또 '悖'로 쓰기도 한다. ≪戰國策≫ 〈秦策〉에 "秦王悖然而怒(秦나라 왕이 발끈 노하였다.)"라고 하였는데, '悖然'은 곧 '勃然'이다.

楊倞注 : 군주를 원망하여 그 명을 어기지 않는다는 것이다.

○ 郝懿行 : '悖'는 '倍'의 假借字이다. 음은 倍와 訓의 反切이니, '背(배반하다)'와 같다.

王引之 : '悖은 '勃'자처럼 읽어야 한다. '悖'은 원망한다는 뜻이니, 군주가 비록 알아주지 않더라도 군주를 원망하지 않는다는 것을 이른다. 〈仲尼篇〉에 "군주가 비록 알아주지 않더라도 원망하고 미워하는 마음이 없다."라고 하였으니, 곧 이 뜻이다. ≪方言≫에 "'倖'은 '懟(원망하다)'의 뜻이다."라고 하고, ≪廣雅≫에 "'勃'은 '懟'의 뜻이다."라고 하였으니, '倖'・'怨'・'懟'는 '恨(한하다)'자의 뜻이다. '悖'・'倖'・'勃'은 글자는 다르지만 뜻은 같다. 楊氏의 주는 틀렸다.

## 3-96 身之所短을 上雖不知라도 不以取賞하며

자기의 단점을 군주가 비록 알아차리지 못하더라도 그것을 의지해 賞을 편취하지 않으며,

受祿不誣라

楊倞注 : 祿을 받되 속여서 받지 않는다.

## 3-97 長短不飾하고 以情自竭이라 若是면 則可謂直士矣리라

장점이나 단점을 모두 꾸미지 않고 진실한 내용을 자발적으로 드러낸다. 이와 같다면 정직한 선비라고 말할 수 있을 것이다.

不矜其長하고 不掩其短이요 但任直道而竭盡其情也라 ○ 郝懿行曰 情은 實也라 竭은 擧也라 言短長皆以實備說하고 不加文飾이 所以爲直士라 王念孫曰 郝說是也라 說文에 竭은 負擧也라하고 揭는 高擧也라하며 廣雅에 揭는 擧也라하고 禮運釋文에 竭은 本亦作揭라하니 是揭竭古字通이라

楊倞注 : 그 장점을 과시하지 않고 그 단점을 숨기지 않으면서, 다만 정직한 도리에 따라 그 진실한 내용을 있는 그대로 드러낼 뿐이다.

○ 郝懿行 : '情'은 '實(진실)'자의 뜻이다. '竭'은 '擧(들다)'자의 뜻이다. 단점이나 장점을 모두 사실대로 들추어 말하고 꾸미지 않는 것이 정직한 선비가 됨을 말한 것이다.

王念孫 : 郝氏의 설이 옳다. ≪說文解字≫에 "'竭'은 등에 져서 들어 올린다는 뜻이다."라고 하고, "'揭'는 높이 들어 올린다는 뜻이다."라고 하였으며, ≪廣雅≫에 "'揭'는 '擧'자의 뜻이다."라고 하고, ≪禮記≫ 〈禮運〉의 ≪經典釋文≫에 "'竭'은 본디 '揭'자로도 쓴다."라고 하였으니, 이로 볼 때 '揭'와 '竭'은 옛 글자에 통용했던 것이다.

## 3-98 庸言必信之하고 庸行必愼之하며

평범한 말을 하더라도 반드시 성실하게 하고 평범한 일을 행하더라도 반드시 신중하게 하며,

庸은 常也라 謂言常信하고 行常愼이라

楊倞注 : '庸'은 '常(항상)'자의 뜻이다. 말이 항상 진실되고 행동이 항상 신중한 것을 말한다.

## 3-99 畏法流俗而不敢以其所獨甚이라

유행하는 일반적인 풍속을 본받는 것을 꺼려하고 감히 자기만 옳다고 여기지 않는다.

法은 效也라 畏效流移之俗하고 又不敢以其所獨善而甚過人하며 謂不敢獨爲君子也라 ○ 王念孫曰 甚은 當爲是라 言不從流俗而亦不敢用其所獨是也라 隷書甚字作甚하고 是字作昰하여 二形相似라 故是譌爲甚이라 荀子賦篇嫫母力父是之喜라하니 楚策是之喜譌作甚喜之라 韓詩外傳에 詩曰 瞻彼日月하니 悠悠我思라 道之云遠하니 曷云能來오하니 急時辭也라 是故稱之日月也라하여늘 說苑辯物篇에 作甚焉이라 故稱日月也라하고 漢書司馬相如傳에 閑雅甚都라하여늘 史記甚作是하니라 說文에 尟(선)은 是少也라 從是少라하여늘 今俗作尠(선)하니 皆其證也라 楊注非라

楊倞注 : '法'은 '效(본받다)'자의 뜻이다. 세상에 유행하는 일반적인 풍속을 본받는 것을

꺼려하고 또 감히 자기가 특별히 훌륭하여 다른 사람보다 뛰어나다고 여기지 않으며, 감히 자기만 군자가 될 수 있다고 생각하지 않는다는 것이다.

○ 王念孫 : '甚'은 마땅히 '是'자가 되어야 한다. 유행하는 일반적인 풍속을 따르지 않고 또 감히 자기만 옳다고 여기지 않는다는 것을 말한 것이다. 隸書에 '甚'자는 '𤯔'으로 되어 있고 '是'자는 '昰'로 되어 있어, 두 모양이 서로 비슷하기 때문에 '是'가 잘못되어 '甚'이 된 것이다. ≪荀子≫ 〈賦篇〉의 "嫫母力父 是之喜(嫫母와 力父 이들을 사람들은 좋아한다.)"라고 하였는데, ≪戰國策≫ 〈楚策〉에 '是之喜'가 '甚喜之'로 잘못되어 있다. ≪韓詩外傳≫에 "≪詩經≫에 '저기 저 해와 달을 바라다보니, 님 그리는 내 마음 하염없어라. 뻗은 길 아련하다 멀기만 하니, 어느 제나 고향땅 돌아오실까?'라 하니, 시간을 다급하게 여겨 하는 말이다. 이 때문에 해와 달을 거론하였다.〔是故稱之日月也〕"라고 하였는데, ≪說苑≫ 〈辯物篇〉에 "심했기 때문에 해와 달을 거론하였다.〔甚焉 故稱日月也〕"라고 하고, ≪漢書≫ 〈司馬相如傳〉에 "閑雅甚都(〈행동거지가〉 우아하여 매우 준수하였다.)"라고 하였는데, ≪史記≫에 '甚'이 '是'로 되어 있다. ≪說文解字≫에 "'尟'은 적다는 뜻이다. '是'와 '少'가 붙어 있다."라고 하였는데, 지금 세속에서는 '尠'으로 쓰고 있으니 이것들이 모두 그 증거이다. 楊氏의 주는 틀렸다.

3-100 **若是**면 **則可謂愨士矣**리라

이와 같다면 성실한 선비라고 말할 수 있을 것이다.

端愨不貳라

楊倞注 : 정직하고 성실하여 마음을 바꾸지 않는다.

3-101 **言無常信**하고 **行無常貞**하며 **唯利所在**면 **無所不傾**이라

말에는 일정한 신의가 없고 행동에는 일정한 지조가 없으며, 오직 이익이 있는 것이라면 자기가 독차지하지 않는 일이 없다.

利之所在에 皆傾意求之라 ○ 兪樾曰 文選孫子荊詩傾城遠追送에 李善注에 傾은 猶盡也라하니라 無所不傾은 即無所不盡이라 楊注非라

楊倞注 : 이익이 있는 곳에는 어떤 경우라도 모두 마음을 쏟아 그것을 구한다.

○ 兪樾 : ≪文選≫ 孫子荊의 시 "傾城遠追送(성 안 사람 다 나와 송별해주니)"에서 李善

주에 "'傾'은 '盡'자와 같다."라고 하였다. '無所不傾'은 곧 전부를 다 차지하지 않는 것이 없다는 뜻이다. 楊氏의 주는 틀렸다.

3-102 **若是**면 **則可謂小人矣**리라

이와 같다면 소인이라고 말할 수 있을 것이다.

3-103 **公生明**하고 **偏生闇**하고 **端慤生通**하고 **詐僞生塞**하며

공정은 총명함을 낳고 편협은 우매함을 낳고 정직과 성실은 형통함을 낳고 거짓은 궁색함을 낳으며,

**多窮塞也**라

楊倞注 : 궁색한 일이 많다는 것이다.

3-104 **誠信生神**하고

진실함은 神明을 낳고

**誠信至則通於神明**이라 **中庸曰 至誠如神**이라하니라

楊倞注 : 진실함이 극에 이르면 神明을 통한다. ≪中庸≫에 "지극히 진실하면 신령처럼 오묘하다.〔至誠如神〕"라고 하였다.

3-105 **夸誕生惑**[46)]이라

우쭐대고 황당함은 미혹을 낳는다.

**矜夸妄誕則貪惑於物也**라

楊倞注 : 우쭐대고 황당하면 외물에 끌려 미혹하게 된다.

3-106 **此六生者**는 **君子愼之**하니 **而禹桀所以分也**라

---

46) 惑 : 정신이 기준이 없어 시비판단을 못한다는 뜻이다.

이 여섯 가지 낳는 것은 군자가 신중하게 대처하는 것이니, 이는 곧 禹王과 桀王이 구분되는 기점이다.

所以分賢愚也라

楊倞注 : 현능함과 우매함이 구분되는 기점이다.

3-107 欲惡(오)取舍之權이라

좋아하고 싫어하며 취하고 버리는 기준은 다음과 같다.

擧下事也라

楊倞注 : 아래 일들을 거론하였다.

3-108 見其可欲也면 則必前後慮其可惡也者하고 見其可利也면 則必前後慮其可害也者라 而兼權之하고 孰計之니

어떤 좋아할 만한 것을 보면 반드시 싫어할 만한 부분을 앞뒤로 고려해보아야 하고, 어떤 이익을 취할 만한 것을 보면 반드시 해로울 만한 부분을 앞뒤로 고려해보아야 한다. 그리하여 양면으로 그것을 서울질하고 치밀하게 헤아려보아야 하니,

權은 所以平輕重者라 孰은 甚也니 猶成孰也라

楊倞注 : '權'은 경중의 형평을 잡기 위한 것이다. '孰'은 심하다는 뜻이니, 成孰(成熟)과 같다.

3-109 然後定其欲惡取舍라

그런 다음에 비로소 좋아해야 할지 싫어해야 할지, 취해야 할지 버려야 할지를 결정해야 한다.

○ 顧千里曰 案欲惡取舍之權은 疑當作欲惡利害① 取舍之權이니② 脫利害二字라 然後定其欲惡取舍는 疑當作然後定其取舍니 衍欲惡二字라 榮辱篇其定取舍楛

僈이라하니 上下文皆卽此義明甚이라 楊注已脫衍하니 非也라

① 句[47)]라

句이다.

② 句라

句이다.

○ 顧千里 : 살펴보건대, '欲惡取舍之權'은 아마도 마땅히 '欲惡利害 取舍之權'이 되어야 하니, '利害' 두 자가 누락되었다. '然後定其欲惡取舍'는 아마도 마땅히 '然後定其取舍'가 되어야 하니, '欲惡' 두 자가 잘못 더 들어갔다. 〈榮辱篇〉에 "其定取舍楛僈(그 취사를 결정할 때 거칠고 소홀했던 것이다.)"이라고 하였는데, 그곳의 위아래 글이 모두 여기서 말하는 뜻임이 매우 분명하다. 楊氏의 주는 이미 누락된 데에다 잘못 덧붙여진 글을 〈대상으로 삼았으니,〉 틀렸다.

3-110 如是면 則常不失陷矣리라 凡人之患은 偏傷之也라

이와 같이 한다면 언제나 잘못을 범하지 않을 것이다. 대체로 사람의 결함은 한쪽으로 치우쳐서 입는 재앙이다.

偏은 謂見其一隅라

楊倞注 : '偏'은 그 한쪽만 보는 것을 이른다.

3-111 見其可欲也면 則不慮其可惡也者하고 見其可利也면 則不慮其可害也者라 是以動則必陷하고 爲則必辱이라 是偏傷之患也니라

어떤 좋아할 만한 것을 보면 그 싫어할 만한 부분을 고려해보지 않고, 어떤 이익이 될 만한 것을 보면 그 해로울 만한 부분을 고려해보지 않는다. 이런 까닭에 한번 움직이면 반드시 실패하고, 한번 일을 하면 반드시 치욕을 초래한다. 이것이 바로 한쪽으로 치우쳐서 입는 결함이다.

3-112 人之所惡者는 吾亦惡之어늘

47) 句 : 구두점의 약칭으로, 이어진 문장에서 말마디가 끊어지는 위치를 표시한 것이다.

남이 싫어하는 것은 나 또한 싫어하는 법인데

賢人欲惡之도 不必異於衆人也라 ○ 盧文弨曰 正文首에 疑當有人之所欲者를 吾亦欲之(人)〔九〕[48]字라 注賢人欲惡之下에 疑脫一字[49]라 王念孫曰 案盧以注云賢人欲惡도 不必異於衆人이라 故疑正文當有人之所欲者云云也라 不知注言欲惡不異者 加一欲字以通其義하니 非正文所有也라 下文皆言惡하고 不言欲[50]하니 是其證이라

楊倞注 : 현능한 사람이 좋아하고 싫어하는 것도 일반 대중과 꼭 다르지는 않다.

○ 盧文弨 : 본문 첫머리에 아마도 마땅히 "人之所欲者 吾亦欲之(남이 좋아하는 것을 나 또한 좋아한다.)"라는 아홉 자가 있어야 할 것이다. 楊氏 주의 '賢人欲惡之' 아래에 아마도 한 글자가 빠진 것 같다.

王念孫 : 살펴보건대, 盧氏는 楊氏의 주에 '賢人欲惡 不必異於衆人'이라고 말했기 때문에 "본문에 마땅히 '남이 좋아하는 것……'이라는 글이 있어야 한다."라고 하였다. 그러나 楊氏 주의 '좋아하고 싫어하는 것이 다르지 않다.〔欲惡不異〕'라는 말 속에 이미 '欲' 한 글자를 추가하여 그 뜻을 원활하게 했다는 것을 몰라서이니, 그 문구가 본문에 본디 들어 있을 일은 아니다. 아래 글에 모두 싫어하는 것만 말하고 좋아하는 것에 관해서는 언급하지 않았으니, 이것이 그 증거이다.

### 3-113 夫富貴者則類[51]傲之하고

저 부귀한 자들에게는 일률적으로 거만하게 대하고

---

48) (人)〔九〕: 저본에는 '人'으로 되어 있으나, 盧文弨의 ≪荀子箋釋≫에 의거하여 '九'로 바로잡았다.

49) 注賢人欲惡之下 疑脫一字 : 龍宇純이 아래의 본문에 "是非仁人之情(이는 仁한 사람의 감정이 아니다.)"이라고 한 것을 근거로, '之' 아래에 빠진 글자가 '情'자일 것이라고 추정하였다.

50) 下文皆言惡 不言欲 : 아래 글에 "저 부귀한 자들에게는 일률적으로 거만하게 대하고 저 빈천한 자들에게는 모두를 부드럽게 대한다.〔夫富貴者則類傲之 夫貧賤者則求柔之〕"라고 하였다. 이 부귀와 빈천은 사람들이 다 같이 좋아하고 다 같이 싫어하는 양면에서 말한 것이므로 좋아한 것만 말했다고 할 수 없다. 이 때문에 龍宇純은 盧文弨의 설을 반박한 王念孫의 견해에 동의하지 않았다.

51) 類 : '皆'자와 같다.

富貴之類는 不論是非하고 皆傲之也라 ○ 先謙案 荀書用夫字는 俱訓彼라 它篇竝同이라

楊倞注 : 부귀한 자들에 대해서는 옳고 그름을 따지지 않고 모두 거만하게 대한다.

○ 先謙案 : ≪荀子≫에 사용한 '夫'자는 모두 저것이라는 '彼'자의 뜻이다. 다른 편에서도 다 같다.

3-114 夫貧賤者則求柔之하나니

저 빈천한 자들에게는 애써 부드럽게 대하니,

見貧賤者면 皆柔屈就之也라 ○ 兪樾曰 注不釋求字라 禮記曲禮篇曰 君子行禮는 不求變俗이라하니 鄭注曰 求는 猶務也라하니라 求柔之는 猶言務柔之矣라

楊倞注 : 빈천한 자들을 보면 모두 부드럽게 굽혀 그들에게 호응한다.

○ 兪樾 : 楊倞의 주는 '求'자의 뜻을 풀이하지 않았다. ≪禮記≫ 〈曲禮篇〉에 "君子行禮不求變俗(군자가 예를 행하는 것은 고국의 예법을 고치려고 해서는 안 된다.)"라고 하였는데, 鄭玄의 주에 "'求'는 '務(힘쓰다)'자와 같다."라고 하였다. '求柔之'는 그들을 부드럽게 대하려고 힘쓴다는 말과 같다.

3-115 是非仁人之情也라

이는 仁한 사람의 본심이 아니다.

○ 兪樾曰 仁字衍이라 上文蓋言遇富貴者率傲慢之하고 遇貧賤者務柔屈之는 此非人情也니 正與上文人之所惡者는 吾亦惡之相應이라 上文泛言人하니 則此文亦不當言仁人이라 後人因下云 是姦人將以盜名於晻世者也라 故於上句加仁字하여 以對下姦字하고 而不知其義之非耳라

○ 兪樾 : '仁'자는 잘못 덧붙여진 글자이다. 윗글은 대체로, 부귀한 자들을 만나면 일률적으로 거만하게 대하고 빈천한 자들을 만나면 애써 부드럽게 굽히는데 이는 사람의 보편적인 감정이 아니라는 뜻으로 말한 것이니, 곧 윗글의 '사람들이 싫어하는 것은 나 또한 싫어한다.'는 말과 서로 호응한다. 윗글에 '人'이라고 범칭하였으므로 여기 글도 '仁人'이라 말하는 것은 마땅치 않다. 후세 사람이 아래 글에 "是姦人將以盜名於晻世者也(이

는 간사한 사람이 이것을 가지고 어두운 세상에서 명예를 훔치는 방법이다.)"라고 말하였기 때문에, 윗구에 '仁'자를 추가하여 아래의 '姦'자와 대를 맞춘 것으로서, 그 뜻이 틀리다는 것은 알지 못했다.

3-116 **是姦人將以盜名於晻世者也**니 **險莫大焉**이라

이는 간사한 사람이 이것을 가지고 어두운 세상에서 명예를 훔치는 방법이니, 음험함이 이보다 더 큰 것은 없다.

姦人盜富貴貧賤之名於昏闇之世라 晻은 與暗同이라

楊倞注 : 간사한 사람이 부귀한 자를 〈경시하고〉 빈천한 자를 〈부드럽게 대했다는〉 명예를 어두운 세상에서 훔친다는 것이다. '晻'은 '暗(어둡다)'자와 같다.

3-117 **故曰 盜名不如盜貨**니 **田仲史鰌不如盜也**니라

그러므로 '명예를 훔치는 것은 재물을 훔치는 것만 못하다.'고 말하는 것이니, 田仲이나 史鰌는 도둑만도 못하다.

田仲은 齊人이니 處於(오)陵이라 不食兄祿하며 辭富貴하고 爲人灌園하니 號曰於陵仲子라 史鰌[52]는 衛大夫이니 字子魚라 賣直也라 ○ 盧文弨曰 田與陳은 古多通用이라 郝懿行曰 陳仲之廉과 史鰌之直은 雖未必合於中行이나 衡之末俗이면 固可以激濁流揚清波라 荀之此論將無苛歟아 夫名生於不足하고 盜生於有欲하니 盜不可有나 名不可無라 程子有言 古之學者爲己러니 今之學者爲人하고 古之仕者爲人이러니 今之仕者爲己라하니 推此而論컨대 夫苟行以實心이면 錢穀兵刑이 何非爲己며 假令心本近名이면 割股廬墓 豈非爲人이리오 然則荀卿此論은 蓋欲鍼砭於流俗이요 而非持論於衡平矣라

52) 史鰌 : 춘추시대 衛나라의 史官으로, 자는 子魚인데 史魚라고도 부른다. 靈公이 간신 彌子瑕를 총애하자 여러 차례 간하였으나 받아들여지지 않았다. 죽을 당시에 아들에게 자기 시신을 염하지 말고 창가에 놓아두라고 명했는데, 靈公이 조문하러 갔다가 이상하여 그의 아들에게 이유를 물으니, "살아서 임금을 바로잡지 못했으니 죽어서 예를 이룰 수 없다."는 유언으로 대답하였다. 그러자 靈公은 잘못을 깨닫고 현자인 蘧伯玉을 등용하고 彌子瑕를 축출하였다. 이를 두고 '시신으로 간했다.'고 말한다. ≪韓詩外傳 권7≫

楊倞注 : 田仲은 齊나라 사람이니, 於陵에 머물러 살았다. 형이 받은 봉록을 먹지 않았으며 부귀를 사양하고 남을 위해 채소밭에 물을 대는 일을 하였는데, 호를 '於陵仲子'라 하였다. 史鰌는 衛나라 大夫이니, 자는 子魚이다. 일부러 곧은 행위를 함으로써 명예를 샀다.

○ 盧文弨 : '田'과 '陳'은 옛날에 흔히 통용하였다.

郝懿行 : 陳仲의 청렴함과 史鰌의 곧음은, 비록 반드시 中道에 부합되지는 못하더라도 말세의 타락한 풍속에 견주어보면 사실 탁한 물을 흘려보내고 맑은 물을 끌어들일 만하다. 荀子의 이 논변은 어쩌면 지나친 점이 없지 않겠는가. 대체로 명예욕은 부족한 데서 나오고 도적질은 욕심에서 나오는데, 도적질은 있어서는 안 되지만 명예는 없을 수 없다. 程子가 "옛날 학자는 자기를 위해 학문을 했는데 오늘날 학자는 남을 위해 학문을 하고, 옛날 벼슬하는 자는 남을 위해 벼슬했는데 오늘날 벼슬하는 자는 자기를 위해 벼슬한다."라고 한 말이 있다. 이 뜻을 확대해 논해볼 때, 만약 성실한 마음으로 행한다면 화폐와 곡물, 군대와 제도 등에 관한 정사가 어찌 자기의 봉사하는 마음을 다하기 위한 것이 아니겠으며, 가령 마음이 본디 명예를 얻는 데에 가깝다면 다리 살을 베고 侍墓하는 효행이 어찌 남에게 보이기 위한 것이 아니겠는가. 그렇다면 荀卿의 이 논변은 대체로 타락한 풍속을 경계하여 바로잡기 위한 것이지 일의 경중을 따져 공정한 길을 견지하자는 것은 아니다.

# 榮辱篇 第四　제4편 榮譽와 恥辱에 관한 글

이 편에서는, 사상과 행위에 관해 어떤 것은 영예스럽고 어떤 것은 치욕스럽다는 것을 자세히 설명하고, 영예를 형성하는 원인과 그것들이 조성한 서로 다른 결과를 구체적으로 분석하였다. 인간의 영예와 귀천은 태어날 때 구별된 것이 아니라 후천적인 교육과 각 방면의 영향으로 인해 형성된다고 하였다. 그러면서 堯임금과 禹임금을 예로 들어 그들이 제왕의 자격을 갖추게 된 것은 후천적으로 오랜 동안 자기의 품덕과 행위를 수양했기 때문이라 하였다.

## 4-1 憍泄者는 人之殃也요

교만하고 버릇없이 구는 것은 사람에게 재앙이 되고,

泄은 與媟(설)同하니 嫚也라 殃은 或爲袂이라 ○ 謝本從盧校作橋泄이라 盧文弨曰 橋는 元刻作憍라 劉台拱曰 橋는 當從元刻作憍라 王念孫曰 呂錢本亦作憍하니 憍泄卽驕泰之異文이라 荀子他篇或作汰하고 或作忕하며 或作泰하니 皆同이라 古字世大通用하니 大室亦爲世室하고 大子亦爲世子하고 子大叔亦爲世叔이라 漏泄之泄은 古多與外大害敗等字爲韻하니 聲與泰亦相近也라 賈子曰 簡泄不可以得士[1]라하니 亦以泄爲汰라 先謙案 劉王說是라 今改從呂錢本元刻하니라

楊倞注 : '泄'은 '媟(친압하다)'자와 같으니, 버릇없다는 뜻이다. '殃'은 혹 '袂'으로도 쓴다. ○ 謝本은 盧校本을 따라 '橋泄'로 되어 있다.

盧文弨 : '橋'는 元刻本에 '憍'로 되어 있다.

劉台拱 : '橋'는 마땅히 元刻本을 따라 '憍'가 되어야 한다.

王念孫 : 呂・錢本에도 '憍'로 되어 있으니, '憍泄'은 곧 '驕泰'의 다른 글이다. ≪荀子≫

1) 賈子曰 簡泄不可以得士 : ≪賈子≫는 ≪賈子新書≫의 약칭으로, 漢 文帝 때 太中大夫를 지낸 賈誼(B.C. 200~B.C. 168)의 저술이다. 모두 10권인데, 이 문구는 제9권 〈大政 下〉에 보인다.

의 다른 편에 혹은 '汰'로, 혹은 '忕'로, 혹은 '泰'로 되어 있기도 하니, 모두 같다. 옛 글자에 '世'와 '大'는 통용하니, '大室'을 '世室'이라고도 하고, '大子'을 '世子'라고도 하고, '子大叔'을 '世叔'이라고도 한다. '漏泄'의 '泄'은 옛날에 흔히 '外'·'大'·'害'·'敗' 등의 글자와 通韻하였으니, 소리가 '泰'와 또한 서로 가깝기 때문이다. ≪賈子新書≫에 "簡泄不可以得士(소략하고 버릇없는 행위로는 선비를 얻을 수 없다.)"라고 하였는데, 판본에 따라서는 '泄'이 '汏'로 되어 있기도 한다.

先謙案 : 劉氏와 王氏의 설이 옳다. 여기서는 고쳐 呂·錢本과 元刻本을 따랐다.

## 4-2 恭儉者는 偋五兵[2)]也라

공손하고 검소한 덕은 무기의 재앙도 물리칠 수 있다.

偋은 當爲屛이니 卻也라 說文有偋字하니 偋은 窶(구)也라하여 與此義不同이라 偋은 防正反이라 ○ 盧文弨曰 五兵은 元刻與俗間本에 俱作五六하니 今從宋本이라 先謙案 偋은 當爲倂이라 彊國篇倂己之私欲과 君道篇倂耳目之樂에 倂皆讀屛하니 是荀書例以倂爲屛也라 此言屛卻五兵하니 其文亦必作倂이어늘 妄人誤加尸爲偋耳라 五兵은 說見儒效篇이라

楊倞注 : '偋'은 마땅히 '屛'자가 되어야 하니, 물리친다는 뜻이다. ≪說文解字≫에 '偋'자가 있는데, "'偋'은 '窶(가난하다)'자의 뜻이다."라고 하여 이곳과는 뜻이 같지 않다. '偋'의 음은 防과 正의 反切이다.

○ 盧文弨 : '五兵'은 元刻本과 세간의 판본에 모두 '五六'으로 되어 있는데, 여기서는 宋本을 따랐다.

先謙案 : '偋'은 마땅히 '倂'이 되어야 한다. 〈彊國篇〉의 "倂己之私欲(자기의 사욕을 물리친다.)"과, 〈君道篇〉의 "倂耳目之樂(이목의 즐거움을 물리친다.)"에서 '倂'은 모두 '屛(물리치다)'으로 읽으니, 이것이 ≪荀子≫에는 으레 '倂'을 '屛'으로 이해한다는 증거이다. 이곳에서 五兵을 물리친다는 뜻으로 말했으니, 그 글자도 반드시 '倂'으로 되어 있었을 것인데, 황당한 사람이 '尸'를 잘못 덧붙여 '偋'이 된 것일 뿐이다. '五兵'은 그것에 관한 설이 〈儒效篇〉에 보인다.

---

2) 五兵 : 단도, 장검, 장창, 삼지창, 화살 등 다섯 종의 무기인데, 여기서는 인명을 살상하는 무기를 범칭한 것이다.

## 4-3 雖有戈矛之刺라도 不如恭儉之利也라

비록 창의 날카로운 끝이 있더라도 공손하고 검소한 덕의 날카로움만 못하다.

言入人深이라

楊倞注 : 사람의 마음속에 깊이 파고드는 것을 말한다.

## 4-4 故與人善言이면 煖於布帛[3]하고 傷人之[4]言이면 深於矛戟이라

그러므로 남에게 좋은 말을 해주면 상대방에게는 그것이 布帛보다 따뜻하고, 남에게 말로써 상처를 주면 상대방에게는 그 상처가 창에 찔리는 것보다 더 깊다.

○ 王念孫曰 傷人之言의 之本作以라 謂以言傷人은 較之以矛戟傷人者에 爲更深也라 今本以作之하니 則與下句不甚貫注矣라 非相篇故贈人以言重於金石珠玉하고 勸人以言美於黼黻文章하고 聽人以言① 樂於鍾鼓琴瑟의 三以字與此文同一例라 藝文類聚人部三과 太平御覽兵部八十四引此竝作傷人以言이라

① 今本以字亦誤作之하니 辯見非相篇이라

지금 판본에는 '以'자가 '之'로 잘못되어 있다. 이에 관한 실명은 〈非相篇〉에 보인다.

○ 王念孫 : '傷人之言'의 '之'는 본디 '以'로 되어 있다. 말로 다른 사람에게 상처를 주는 것을 창으로 상처를 주는 것과 비교했을 때 상처가 더 깊다는 것을 말한다. 지금 판본에는 '以'가 '之'로 되어 있으니, 아래 문구와 전혀 이어지지 않는다. 〈非相篇〉에 "故贈人以言重於金石珠玉 勸人以言美於黼黻文章 聽人以言樂於鍾鼓琴瑟(그러므로 좋은 말을 다른 사람에게 증정했을 때 황금과 보석·주옥보다 귀하게 여기고, 좋은 말을 다른 사람에게 살펴보게 했을 때 화려한 의복보다 아름답게 여기고, 좋은 말을 다른 사람에게 들려줬을 때 종과 북, 거문고와 비파의 음악소리보다 즐겁게 여긴다.)"이라고 한 곳의 세 '以'자도 이곳 문구와 같은 예이다. ≪藝文類聚≫ 〈人部 3〉과 ≪太平御覽≫ 〈兵部 84〉에 이 문구를 인용하였는데, 모두 '傷人以言'으로 되어 있다.

---

3) 布帛 : 布는 무명베이고, 帛은 견사로 짠 비단이다. 여기서는 따뜻한 옷을 범칭한 것이다.
4) 之 : 王念孫의 설을 따라 '以'자로 간주해 번역하였다.

4-5 故薄薄之地에 不得履之는 非地不安也라 危足無所履者는 凡在言也라

그러므로 광활한 대지에 발을 들여놓지 못하는 것은 그 땅이 불안해서가 아니다. 발이 떨려 감히 밟지 못한 것이니 〈그 까닭은〉 순전히 말로써 〈남에게 상처를 입힌〉 데에 있다.

薄薄은 謂旁薄廣大之貌라 危足은 側足也라 凡은 皆也라 所以廣大之地側足無所容者는 皆由以言害身也라 ○ 盧文弨曰 正文危足無所履者下에 宋本有也字라 今據元刻去之하니 與注合이라

楊倞注 : '薄薄'은 끝없이 광대한 모양을 이른다. '危足'은 무서워 발이 떨린다는 뜻이다. '凡'은 모두라는 뜻이다. 광활한 대지 위에 발이 떨려서 딛고 설 곳이 없는 이유는, 순전히 말로써 남에게 상처를 입혔기 때문이라는 것이다.

○ 盧文弨 : 본문의 '危足無所履者' 아래에 宋本에는 '也'자가 있다. 여기서는 元刻本에 의해 삭제하여 楊氏의 주와 부합시켰다.

4-6 巨涂則讓하고 小涂則殆하니 雖欲不謹이나 若云不使라

큰 길을 걸어가면 사람이 많아 소란스럽고 작은 길을 걸어가면 울퉁불퉁하여 위험하니, 아무리 신중하지 않으려 해도 그 무엇이 신중하지 않을 수 없게 하는 것만 같다.

殆는 近也라 凡行에 前遠而後近이라 故近者亦後之義라 謂行於道涂에 大道竝行則讓之하고 小道可單行則後之니 若能用意如此면 雖欲爲不謹敬이라도 若有物制而不使之者라 儒行曰 道涂不爭險易之利라하니라 ○ 王念孫曰 楊說迂回而不可通이라 余謂殆는 讀爲待라 言共行於道涂할새 大道可竝行則讓之하고 小道只可單行하니 則待其人過乃行也라 作殆者는 叚借字耳라 兪樾曰 讓은 當讀爲攘攘之攘이라 說文女部에 孃은 煩擾也라하니 經典無孃字하고 多以讓爲之라 禮記曲禮篇鄭注曰 攘은 古讓字라하니 故此又以讓爲之也라 文選舞賦擾攘就駕에 李善引埤蒼曰 攘은 疾行貌라하니 巨涂人所共行이라 故擾攘而不止하고 小涂人所罕由라 故危殆而不安이라 是涂無巨小히 皆不可不謹이라 故曰 雖欲不謹이나 若云不使也라 先謙案 兪說是라

楊倞注 : '殆'는 '近'자의 뜻이다. 일반적으로 길을 갈 적에 앞서 간 자는 멀어지고 뒤에

오는 자는 가까이 따라온다. 그러므로 '近' 또한 '後'의 뜻이다. 길을 갈 적에 큰 길은 많은 사람들이 함께 가므로 길을 양보하고 작은 길은 혼자서만 갈 수 있으므로 뒤따라가는 것이니, 만약 마음 쓰기를 이와 같이 한다면 비록 삼가고 조심하지 않으려 하더라도 그 어떤 것이 제어하여 그렇게 할 수 없게 하는 것과 같다는 것을 이른다. ≪禮記≫ 〈儒行〉에 "길을 걸어갈 적에는 험난한 길은 피하고 쉬운 길의 편리함을 취하려고 다투지 않는다.〔道涂不爭險易之利〕"라고 하였다.

○ 王念孫 : 楊氏의 설은 말이 뒤엉켜 뜻이 통할 수 없다. 나는 '殆'는 '待(기다리다)' 자로 읽어야 한다고 생각한다. 여러 사람이 함께 길을 갈 적에 큰 길은 함께 갈 수 있으므로 선두를 양보하고, 작은 길은 한 사람씩만 갈 수 있으므로 앞 사람이 지나가기를 기다린 뒤에 비로소 간다는 것을 말한 것이다. '殆'자로 되어 있는 것은 假借字일 뿐이다.

兪樾 : '讓'은 마땅히 소란스럽다는 뜻인 '擾攘'의 '攘'으로 읽어야 한다. ≪說文解字≫ 〈女部〉에 "'孃'은 난잡하다는 뜻이다."라 했는데, 經典에는 '孃'자가 없고 흔히 '讓'으로 대신하였다. ≪禮記≫ 〈曲禮篇〉의 鄭玄 주에 "'攘'은 옛 '讓'자이다."라고 하였다. 그러므로 이곳에 또 '讓'으로 되어 있는 것이다. ≪文選≫ 〈舞賦〉의 "擾攘就駕(소란스레 말에다 馬具 메우고)"에 李善이 ≪埤蒼≫을 인용하여 "'攘'은 빨리 가는 모양이다."라고 하였으니, 큰 길은 사람들이 함께 가기 때문에 소란스러워 조용하지 않고, 작은 길은 사람들이 드물게 지나가기 때문에 위태로워 불안한 것이다. 그래서 길이란 큰 길이나 작은 길을 막론하고 모두 신중하지 않을 수 없다. 그러므로 '신중하지 않으려 해도 그 무엇이 신중하지 않을 수 없게 하는 것만 같다.'고 말한 것이다.

先謙案 : 兪氏의 설이 옳다.

## 4-7 快快而亡者는 怒也며

감정대로 거침없이 행동하다가 사망에 이르게 된 것은 분노 때문이며,

肆其快意而亡은 由於忿怒也라 ○ 先謙案 快快는 卽肆意之義라 大略篇云 賤師而輕傳면 則人有快하고 人有快면 則法度壞에 楊注云 人有肆意라하니 是快猶肆也며 快快與有快同義라 肆意而亡其身者는 由怒害之니 下文所謂行其少頃之怒而喪終身之軀矣라

楊倞注 : 하고 싶은 대로 마음껏 행동하다가 사망하는 것은 분노 때문이다.

○ 先謙案 : '怏怏'는 곧 하고 싶은 대로 마음껏 행동한다는 뜻이다. 〈大略篇〉의 "賤師而輕傅 則人有快 人有快 則法度壞(은사를 천시하고 스승을 깔보면 사람이 방자한 마음이 있고 사람이 방자한 마음이 있으면 법도가 무너진다.)"에서 楊氏의 주에 "人有肆意(사람이 하고 싶은 대로 마음껏 하는 일이 있는 것이다.)"라고 하였으니, 이로 볼 때 '快'는 '肆'와 같고 '怏怏'는 '有快'와 같은 뜻이다. 하고 싶은 대로 마음껏 행동하다가 그 몸이 사망에 이르게 된 것은 분노가 그를 해쳤기 때문이니, 아래 글의 이른바 "잠깐의 분노를 풀고 평생의 육신을 잃는다.〔行其少頃之怒而喪終身之軀矣〕"는 뜻이다.

### 4-8 察察而殘者는 忮也며

모든 것을 잘 살피더라도 傷害를 당하는 것은 질투 때문이며,

至明察而見傷殘者는 由於有忮害之心也라

楊倞注 : 매우 잘 살피더라도 상해를 당하게 된 것은 남을 시기 질투하는 마음이 있기 때문이다.

### 4-9 博而窮者는 訾也며

박식하면서도 곤경에 처한 것은 남을 비방했기 때문이며,

言詞辯博而見窮蹙者는 由於好毁訾也라

楊倞注 : 언변이 좋고 박식하면서도 곤경에 처한 것은 남을 비방하기를 좋아하기 때문이다.

### 4-10 清之而兪濁者는 口也며

清白을 추구하면 추구할수록 더 흐려지는 것은 하는 말이 많기 때문이며,

欲求其清而兪濁者는 在口說之過니 謂言過其實也라 或曰 絜其身則自清也라 但能口說이면 斯兪濁也라하니라 兪는 讀爲愈라 ○ 先謙案 或說是라

楊倞注 : 청백을 추구하고 싶은데도 더 흐려지는 것은 그 원인이 말이 지나친 데에 있으니, 말이 그 실제를 벗어난 것을 이른다. 어떤 사람은 "자기 몸을 정갈하게 하면 절로

청백해진다. 그런데 그저 말만 잘한다면 곧 더욱 흐려지는 것이다."라고 하였다. '兪'는 '愈(더욱)'로 읽어야 한다.

○ 先謙案 : 어떤 사람의 설이 옳다.

4-11 豢之而兪瘠者는 交也며

상대방을 잘 대접해주는데도 友情이 자꾸만 더 야위어지는 것은 교제가 바르지 않기 때문이며,

所交接非其道면 則必有患難이니 雖食芻豢而更瘠也라 故上篇云 勞勸而容貌不枯는 好交也라하니라 ○ 先謙案 以利交者는 利盡則絶이라 故曰豢養之而愈瘠也라 此言小人之交라 故下文以小人總結之라 好交乃好文之誤니 說見上篇이라 楊引以證本文하니 非라

楊倞注 : 남과 교제하는 태도가 바른 도리가 아니면 반드시 곤란한 일이 있기 미련이니, 비록 고기를 먹여주더라도 우정은 더욱더 야위어진다. 그러므로 앞서 〈修身篇〉에 "피곤하더라도 용모가 거칠지 않은 것은 교제를 잘하기〔好交〕 때문이다."라고 하였다.

○ 先謙案 : 이익으로 사귀는 자는 이익이 바닥나면 관계가 끊어진다. 그러므로 '잘 대접해주었는데도 우정은 더욱더 야위어진다.'고 하였다. 여기서는 소인의 교제에 관해 말했기 때문에 아래 글에 소인의 일로 총괄하여 마무리하였다. '好交'는 곧 '好文'의 잘못이니, 이에 관한 설명은 앞의 〈修身篇〉에 보인다. 그런데 楊氏는 이것을 인용하여 본문을 변증하였으니, 틀렸다.

4-12 辯而不說者는 爭也며

언변이 좋은데도 남을 회유하지 못하는 것은 자기 의견을 고집하기 때문이며,

不說(설)은 不爲人所稱說이라 或讀爲悅이라 ○ 王念孫曰 後說是라 兪樾曰 楊注二義皆非라 淮南子俶眞篇의 辯者不能說也에 高誘注曰 說은 釋也라하니 斯得之矣라 辯而不說은 謂辯而人不解說이니 由其好與人爭而不能委曲以曉人也라

楊倞注 : '不說'은 〈언변이 좋다고〉 남들이 말을 하지 않는다는 뜻이다. 혹은 '悅(즐겁다)'로 읽기도 한다.

○ 王念孫 : 뒤의 설이 옳다.

兪樾 : 楊氏 주의 두 가지 뜻은 다 틀렸다. ≪淮南子≫ 〈俶眞訓篇〉의 "辯者不能說也(언변이 좋은 자가 납득시키지 못한다.)"에서 高誘 주에 "'說'은 '釋(풀리다)'자의 뜻이다."라고 하였으니, 이것이 옳다. '辯而不說'은 언변이 좋더라도 남들이 납득하지 못하는 것을 말하니, 이는 남과 다투기를 좋아하여 간곡하게 남을 이해시키지 못하기 때문이다.

### 4-13 直立而不見知者는 勝也며

인품이 정직한데도 남이 인정해주지 않는 것은 이기기를 좋아하기 때문이며,

直立은 謂己直人曲이라 勝은 謂好勝人也라

楊倞注 : '直立'은 자기는 곧고 남은 굽은 것을 이른다. '勝'은 남을 이기기를 좋아하는 것을 이른다.

### 4-14 廉而不見貴者는 劌也며

품행이 방정한데도 남이 존귀하게 여겨주지 않는 것은 남에게 상처를 입히기 때문이며,

劌는 傷也라 刻己太過하여 不得中道라 故不見貴也라 ○ 王念孫曰 廉而劌는 謂有廉隅而傷人也니 如此則人不貴之矣리라 不苟篇注云 廉은 稜也라 劌는 利傷也라하니 較此注爲勝이라

楊倞注 : '劌'는 상처를 입힌다는 뜻이다. 자기에 대해 엄격하게 요구하는 정도가 지나쳐 中道를 얻지 못하기 때문에 남이 존귀하게 여겨주지 않는 것이다.

○ 王念孫 : '廉而劌'는 모서리가 있어 사람을 상해하는 것을 말하니, 이와 같이 한다면 사람들이 그를 존귀하게 여겨주지 않을 것이다. 〈不苟篇〉의 주에 "'廉'은 모서리라는 뜻이다. '劌'는 날카로워 상처를 입힌다는 뜻이다."라고 하였으니, 이곳 주에 비하면 더 낫다.

### 4-15 勇而不見憚者는 貪也며

용맹한데도 남들이 두려워하지 않는 것은 탐욕스럽기 때문이며,

貪利則委曲求人이라 故雖勇而不見憚이라

楊倞注 : 이익을 탐하면 너저분하게 남에게 요구하기 때문에 비록 용맹하더라도 남들이 두려워하지 않는다.

4-16 信而不見敬者는 好剸行也니

신의를 추구하는데도 남들의 존경을 받지 못하는 것은 독단하기를 좋아하기 때문이니,

剸與專同이라 專行은 謂不度(탁)是非하고 好復言이 如白公者也[5]라

楊倞注 : '剸'은 '專'과 같다. '專行'은 시비를 헤아리지 않고 전에 했던 말을 실천하기를 좋아하는 것이 마치 白公과 같음을 이른다.

4-17 此小人之所務而君子之所不爲也라

이것들은 모두 小人이 추구하는 행위이고 君子는 행하지 않는 일이다.

4-18 鬪者는 忘其身者也요 忘其親者也며 忘其君者也라 行其少頃之怒而喪終身之軀라도 然且爲之하니 是忘其身也요 家室立殘하고 親戚不免乎刑戮이라도 然且爲之하니 是忘其親也며

〈사적인 이익을 위해〉 싸우는 사람은 자기 생명을 잊어버린 것이고, 자기 부모를 잊어버린 것이며, 자기 군주를 잊어버린 것이다. 잠깐의 분노를 풀고 평생의

---

5) 好復言 如白公者也 : 復言은 자기가 이미 약속한 말은 상황의 변화를 고려하지 않고 고집스럽게 실천한다는 뜻이다. 白公(?~B.C. 479)은 춘추시대 楚 惠王 때 사람으로 이름은 勝이며, 白邑에 봉해졌다 하여 白公이라 한다. 楚 平王의 손자이므로 王孫 勝으로 불리기도 한다. 그의 아버지인 태자 建이 모함을 받고 鄭나라로 망명했다가 살해될 당시 伍子胥를 따라 吳나라로 도망하였다. 그 뒤에 楚나라 令尹 子西가 葉公 沈諸梁에게 그를 불러와 변방에 주둔시켜 나라를 보위하게 하자고 건의하자, 葉公이 "내가 들은 바에 의하면 勝은 자기가 했던 말을 실천하기를 좋아하고 〈원수를 갚기 위해〉 결사대를 구한다고 하니, 개인의 원수를 보복하는 일이 없겠는가. 이미 했던 말을 고집스럽게 실천하는 것은 신의가 아니고, 죽기를 각오하는 것은 용맹이 아니다."라고 하고 거부하였다. ≪春秋左氏傳 哀公 16년≫

육신을 잃더라도 그래도 여전히 그 행위를 하니 이는 자기 생명을 잊어버린 것이고, 가정이 당장 상해를 당하고 친족이 살육을 면치 못하더라도 그래도 여전히 그 행위를 하니 이는 자기 친족을 잊어버린 것이며,

蓋當時禁鬪殺人之法은 戮及親戚이라 尸子曰 非人君之用兵也요 以爲民傷鬪면 則以親戚徇一言而不顧之也라하니라

楊倞注 : 대체로 이 당시 남과 싸우거나 사람을 살해하는 것을 금지하는 법은 그 형벌이 친척에게까지 미쳤다. ≪尸子≫에 "군주가 전쟁에 동원한 경우가 아니고 백성들끼리 상처를 입히면서 싸운다면 말 한마디로 그의 친척을 함께 殉葬하여 돌아보지 않는다."라고 하였다.

4-19 君上之所惡也며 刑法之所大禁也로되 然且爲之하니 是忘其君也라 憂忘其身하고

〈다투는 행위는〉 군주가 미워하는 것이고 형법이 엄하게 금하는 것인데도 그래도 여전히 그 행위를 하니 이는 자기의 군주를 잊어버린 것이다. 아래로는 자기 한 몸을 잊어버리고

遭憂患刑戮而不能保其身이 是憂忘其身也라 或曰 當爲下忘其身이니 誤爲夏하고 又夏轉誤爲憂字耳라하니라 ○ 王念孫曰 案後說爲長이라

楊倞注 : 우환과 형벌을 만나 자기 몸을 지켜내지 못하는 것이 곧 '憂忘其身'이다. 어떤 사람은 "마땅히 '下忘其身'으로 되어야 하니, 〈'下'가 음이 비슷한〉 '夏'로 잘못되었고, 또 '夏'가 변해 '憂'자로 잘못된 것일 뿐이다."라고 하였다.

○ 王念孫 : 살펴보건대, 나중 설이 더 낫다.

4-20 內忘其親하고 上忘其君이면 是刑法之所不舍也요

안으로는 자기 부모를 잊어버리고 위로는 자기 군주를 잊어버린다면 이는 바로 형법이 용서하지 않는 일이고

○ 盧文弨曰 俗本舍作赦라 今從宋本이라

○ 盧文弨 : 세속 판본에는 '舍'가 '赦'로 되어 있다. 여기서는 宋本에 따랐다.

4-21 聖王[6]之所不畜也라 乳彘〈不〉觸虎[7]하고

聖王이 그 존재를 허용하지 않는 일이다. 새끼에게 젖을 먹이는 암돼지가 호랑이를 건드리지 않고

○ 先謙案 觸虎者는 蓋衛其子라 當時有此語耳라

○ 先謙案 : 호랑이에게 대드는 것은 그 새끼를 보호하기 위해서이다. 당시에 이런 말이 있었을 것이다.

4-22 乳狗不遠遊는 不忘其親也라 人也로

새끼에게 젖을 먹이는 암캐가 멀리 나가지 않는 것은 자기 혈육을 잊어버리지 않기 때문이다. 그런데 사람으로서

○ 盧文弨曰 人也는 各本作小人이라 今從宋本이라 先謙案 人也二字는 下屬爲句라

○ 盧文弨 : '人也'는 각 판본에 '小人'으로 되어 있다. 여기서는 宋本을 따랐다.
先謙案 : '人也' 두 자는 아래 문단에 붙어 한 문구가 되어야 한다.

4-23 憂忘其身하고 內忘其親하고 上忘其君하면 則是人也而曾狗彘之不若也라 凡鬪者는 必自以爲是而以人爲非也라 己誠是也요 人誠非也면 則是己君子而人小人也라 以君子與小人相賊害也하여 憂以忘其身하고 內以忘其親하고 上以忘其君하면 豈不過甚矣哉아 是人也는 所謂以狐父(보)之戈钃(촉)牛矢也니라

---

6) 聖王 : 덕과 재능이 뛰어나 완전한 경지에 도달한 제왕이란 뜻이다.

7) 乳彘〈不〉觸虎 : '乳彘'와 아래 '乳狗'를 久保愛・楊樹達・潘重規・王天海 등은 어미의 젖을 먹는 새끼 돼지와 새끼 개라고 주장하는 반면, 王先謙・楊柳橋・熊公哲・張覺・王忠林 등은 어미 돼지와 어미 개라고 주장하여 의견이 분분하다. 번역에서는 王先謙 등의 설을 따랐다. '不'자가 저본에 없다. 그러나 본문의 요지는 싸우는 것을 부정하는 것이고, 宋 浙本, 明 標注本, 監本에는 모두 '不'자가 있으므로 그에 따라 증보하였다. 따라서 王先謙의 주와는 달리 번역하였다.

아래로는 자기 한 몸을 잊어버리고 안으로는 자기 부모를 잊어버리고 위로는 자기 군주를 잊어버린다면, 이는 곧 사람으로서 개나 돼지만도 못한 것이다. 대체로 싸운다는 것은 반드시 자기는 옳고 남은 틀렸다고 생각하기 때문이다. 자기가 정말 옳고 남이 정말 틀렸다면 자기는 곧 군자이고 남은 곧 소인이다. 군자의 신분으로 소인과 서로 상해를 입혀 아래로는 자기 한 몸을 잊어버리고 안으로는 자기 부모를 잊어버리고 위로는 자기 군주를 잊어버린다면 어찌 크게 잘못된 일이 아니겠는가. 이런 사람은 이른바, 狐父에서 만들어진 질 좋은 창으로 쇠똥을 치는 격이다.

時人舊有此語니 喩以貴而用於賤也라 狐父는 地名이라 史記伍被曰 吳王兵敗於狐父라하니 徐廣曰 梁碭之間也니 蓋其地出名戈라하나 其說未聞이라 管子曰 蚩尤爲雍狐之戟과 狐父之戈라하니 豈近此邪아 钃은 刺也니 之欲反이라 故良劍謂之屬鏤라하니 亦取其利也라 或讀斸(촉)爲斫(작)이라 ○ 郝懿行曰 斸斫音讀不同이라 斸雖訓斫이나 而不讀爲斫也라 玉篇에 斸或作钃이나 與斫音異하니 不知楊氏何故同之오 正文又無斸字하니 此注當有脫誤라 钃訓刺도 亦未聞이라

楊倞注 : 당시 사람들이, 이전부터 이런 말이 있었을 것인데 이는 귀한 것을 천한 데에 사용하는 것을 비유한 것이다. '狐父'는 지명이다. ≪史記≫에 "伍被가 말하기를 '吳나라 왕의 군대가 狐父에서 패했다.'고 했다."라고 하였는데, 徐廣의 주에 "梁郡과 碭山縣 사이에 있으니, 대체로 그 지방에서 이름난 창이 나왔을 것이다."라고 하였다. 하지만 정확한 설은 듣지 못했다. ≪管子≫에 "蚩尤가 雍狐의 삼지창과 狐父의 장창을 만들었다."라고 하였으니, 혹시 이것과 유사한 것은 아닌지 모르겠다. '钃'은 '刺(찌르다)'자의 뜻이니, 음은 之와 欲의 反切이다. 그러므로 질 좋은 검을 '屬鏤'라고 말하니, 그 날카롭다는 뜻을 취한 것이다. 혹은 '斸'을 '斫(베다)'자로 읽기도 한다.

○ 郝懿行 : '斸'과 '斫'은 읽는 음이 다르다. '斸'이 비록 '斫'자의 뜻이긴 하나 '斫'으로 읽지는 않는다. ≪玉篇≫에 '斸'이 간혹 '钃'으로 되어 있으나 '斫'과는 음이 다른데 楊氏가 무슨 이유로 같다고 했는지 모르겠다. 본문도 '斸'자가 없으니, 이 주는 분명히 오탈자가 있을 것이다. '钃'이 '刺'자의 뜻이란 것도 들어보지 못했다.

4-24 將以爲智邪아 則愚莫大焉이라 將以爲利邪아 則害莫大焉이라 將以爲榮

**邪**아 **則辱莫大焉**이라 **將以爲安邪**아 **則危莫大焉**이라 **人之有鬪**는 **何哉**오 **我欲屬之狂惑疾病邪**아 **則不可**하니 **聖王又誅之**라

혹시 그를 지혜롭다고 하겠는가? 이보다 더 큰 어리석음은 없다. 혹시 그가 이익이 있다고 하겠는가? 이보다 더 큰 해로움은 없다. 혹시 그가 영광스럽다고 하겠는가? 이보다 더 큰 치욕은 없다. 혹시 그가 안전하다고 하겠는가? 이보다 더 큰 위험은 없다. 사람들이 싸우는 일이 있는 것은 무엇 때문인가? 나는 그들을 정신병자로 치부해버릴까도 싶다. 하지만 그럴 수 없으니, 聖王은 또 이런 사람을 문책하려 하기 때문이다.

**屬**은 **託也**니 **之欲反**이라

楊倞注 : '屬'은 '託(의탁하다)'자의 뜻이니, 음은 之와 欲의 反切이다.

4-25 **我欲屬之鳥鼠禽獸邪**아 **則不可**하니 **其形體又人**하고 **而好惡多同**이라

나는 그들을 새나 생쥐 같은 짐승으로 치부해버릴까도 싶다. 하지만 그럴 수 없으니, 그들의 형체가 또한 사람이면서 좋아하고 싫어하는 것도 여느 사람과 많이 같기 때문이다.

**視其形體則又人也**며 **其好惡多與賢人同**이라 **但好鬪爲異耳**라

楊倞注 : 그 형체를 보면 또 사람이고 그 좋아하고 싫어하는 것도 대부분 賢人과 같다. 다만 싸우기를 좋아하는 것만 다를 뿐이다.

4-26 **人之有鬪**는 **何哉**오 **我甚醜之**하노라

사람들이 싸우는 일이 있는 것은 무엇 때문인가? 나는 이런 사람을 매우 추악하게 여긴다.

**其禍如此**어늘 **何爲鬪也**오

楊倞注 : 그 화가 이와 같은데 무엇 때문에 싸운단 말인가.

4-27 有猶彘之勇者하고 有賈(고)盜之勇者하며

개와 돼지의 용맹이 있고 장사꾼과 도둑의 용맹이 있으며,

猶彘勇於求食하고 賈盜勇於求財라 賈音古라

楊倞注 : 개와 돼지는 먹을거리를 구하는 데에 용감하고, 장사꾼과 도둑은 재물을 구하는 데에 용감하다. '賈'의 음은 '古'이다.

4-28 有小人之勇者하고 有士君子之勇者라

小人의 용맹이 있고 士君子의 용맹이 있다.

小人勇於暴하고 士君子勇於義라 言人有此數勇也라

楊倞注 : 소인은 포악한 데에 용감하고, 사군자는 의리에 용감하다. 사람들에게 이 몇 가지의 용맹이 있음을 말한 것이다.

4-29 爭飮食하고 無廉恥하며 不知是非하고 不辟(피)死傷하며 不畏衆彊하여 恈恈然唯利飮食之見은 是猶彘之勇也라

음식을 쟁탈하고 염치가 없으며, 옳고 그른 것을 모르고 죽고 다치는 것을 피하지 않으며, 대중의 힘이 강한 것을 두려워하지 않으면서 욕심이 팽배하여 오직 먹고 마실 것만 눈에 보이는 것은 곧 개와 돼지의 용맹이다.

辟는 讀爲避라 恈恈는 愛欲之貌라 方言云 牟는 愛也니 宋魯之間曰牟라하니라 ○ 王引之曰 飮食上에 本無利字라 唯飮食之見은 言猶彘唯見有飮食也라 下文恈恈然唯利之見이 與此文同一例라 今本作利飮食之見이라하니 利字卽涉下文利字而衍이라

楊倞注 : '辟'는 '避(피하다)'자로 읽는다. '恈恈'는 좋아하고 욕심을 부리는 모양이다. ≪方言≫에 "'牟'는 좋아한다는 뜻이니, 宋·魯 지방에서는 〈좋아하는 것을〉 '牟'라고 말한다."라고 하였다.

○ 王引之 : '飮食' 위에 본디 '利'자가 없다. 오직 먹고 마실 것만 눈에 보인다는 것은, 개나 돼지가 오직 음식이 있는 것만 보는 것을 말한다. 아래 글에 '文恈恈然唯利之見(욕

심이 팽배하여 오직 이익만 눈에 보인다.)'이라는 문구가 이 글과 같은 형식이다. 지금 판본에 '利飮食之見'이라고 되어 있으니, 이 '利'자는 곧 아래 글의 '利'자와 연관되어 잘못 붙여진 것이다.

4-30 **爲事利**하여

일을 처리할 때 이익만을 도모하여

爲事及利也라 爲는 于僞反[8]이라

楊倞注 : 일을 처리할 때 이익만 도모한다. '爲'의 음은 于와 僞의 反切이다.

4-31 **爭貨財**하고 **無辭讓**하며 **果敢而振**하고 **猛貪而戾**하여 **悴悴然唯利之見**은 **是賈盜之勇也**라

재물을 쟁탈하고 사양하는 일이 없으며, 〈행동은〉 과감하여 드세고 〈심술은〉 사납고 탐욕스러워 포악하면서 욕심이 팽배하여 오직 이익만 눈에 보이는 것은 곧 장사꾼과 도둑의 용맹이다.

振은 動也라 戾는 乖背也라 春秋公羊傳曰 葵丘之會에 桓公振而矜之라하니 何休云 亢陽之貌也라하니라 ○ 王引之曰 振은 當爲很字之誤也라 果敢而很과 猛貪而戾는 二句一意相承이라 故廣雅曰 戾는 很也라하니라 若振은 則非其類矣라 楊注非라

楊倞注 : '振'은 '動'자의 뜻이다. '戾'는 어긋난다는 뜻이다. ≪春秋公羊傳≫에 "葵丘의 회합에서 桓公이 떨쳐 일어나 위세를 과시하였다.〔葵丘之會 桓公振而矜之〕"라고 하였는데, 何休가 "교만한 모양이다."라고 하였다.

○ 王引之 : '振'은 마땅히 '很'자의 잘못으로 보아야 한다. '果敢而很'과 '猛貪而戾'는 이 두 구가 한 뜻으로 서로 이어진 것이다. 그러므로 ≪廣雅≫에 "'戾'는 '很(거스르다)'의 뜻이다."라고 하였다. '振'자의 경우는 걸맞은 글자가 아니다. 楊氏의 주는 틀렸다.

---

8) 爲 于僞反 : '爲'자의 성조가 于僞反이면 去聲으로, '위하다', '돕다'는 뜻이고, 薳支反이면 平聲으로 '행하다', '처리하다'는 뜻이 된다. '爲事'의 '爲'는 '처리하다'의 뜻으로 보아야 하므로 '薳支反'이라 하는 것이 옳을 것으로 보인다.

4-32 輕死而暴는 是小人之勇也라 義之所在에 不傾於權하고 不顧其利하여 擧國而與之라도 不爲改視하고 重死持義而不橈는 是士君子之勇也라

죽음을 가볍게 보고 난폭한 것은 곧 소인의 용맹이다. 의리가 달려 있는 일에는 권세에 굴복하지 않고 자기의 이익을 돌아보지 않으며, 온 나라를 통째로 넘겨준다 해도 자기의 관점을 바꾸지 않고 목숨을 중시하면서도 의리를 견지하여 굽히지 않는 것은 곧 士君子의 용맹이다.

雖重愛其死라도 而執節持義하여 不橈曲以苟生也라 儒行曰 愛其死하여 以有待也라하니라 ○ 兪樾曰 此本作重死而持義不橈라 故楊注曰 雖重愛其死라도 而執節持義하여 不橈曲以苟生也라하니 是楊氏所據本而字在持義之上이라

楊倞注 : 비록 자기의 목숨을 중시하고 아끼더라도 절의를 지켜서 심지를 굽혀 구차하게 살지는 않는다는 것이다. ≪禮記≫ 〈儒行〉에 "자기의 죽음을 아껴 때를 기다린다.〔愛其死 以有待也〕"라고 하였다.

○ 兪樾 : 이 문구는 본디 '重死而持義不橈'로 되어 있었을 것이다. 그러므로 楊氏의 주에 "雖重愛其死 而執節持義 不橈曲以苟生也(비록 자기의 목숨을 중시하고 아끼더라도 절의를 지켜서 심지를 굽혀 구차하게 살지는 않는다는 것이다.)"라고 하였으니, 이는 楊氏가 근거로 삼은 판본에 '而'자가 '持義'의 위에 있었다는 증거이다.

4-33 鯈䱅(조교)[9]者는 浮陽之魚也라

피라미는 물 위에 떠 햇볕을 받기를 좋아하는 물고기이다.

鯈䱅는 魚名이라 浮陽은 謂此魚好浮於水上就陽也라 今字書無䱅字라 蓋當爲鮁이니 說文云卽鱣鮪鮁鮁字라 蓋鯈魚一名鯈鮁라 莊子與惠子遊於濠梁之上에 鯈魚出遊하니 是亦浮陽之義라 或曰 浮陽은 勃海縣名也라하니라 鯈音稠이고 鮁은 布末反이라 ○ 郝懿行曰 䱅不成字하고 鮁非魚名이라 疑當爲鱧라 俗書體或作体하니 然則(鯈)

9) 鯈䱅(조교) : 王念孫은 여러 근거를 제시하면서 두 종류의 물고기라고 주장하였다. 그러나 王天海는 鯈魚의 별칭이 白鰷이고 '䱅'는 '鰷'의 속자인 魚와 條의 合字가 모양이 잘못된 것이라 하였다. 그러면서 피라미라는 뜻의 두 글자가 함께 붙어 있는 것일 뿐이라고 하였는데, 이 설이 옳은 것으로 보인다.

〔儵〕[10)]鉢卽儵體矣라 王念孫曰 衛風碩人篇鱣鮪發發을 說文作鮁鮁하니 則鮁非魚名이요 且儵魚亦無儵鮁之名하니 楊說非也라 竊疑鉢爲魾字之誤니 爾雅云 魴은 魾라하니라 魾卽魴之異名이니 則儵魾爲二魚也라 隸書丕字或作丕하고① 本字或作本하니② 二形相似라 故魾誤爲鉢與인저

① 見漢趙相劉衡碑라
〈漢趙相劉衡碑〉에 보인다.

② 見白石神君碑라
〈白石神君碑〉에 보인다.

楊倞注 : 피라미는 물고기 이름이다. '浮陽'은 이 물고기가 물 위에 떠 햇볕을 받는 것을 좋아하는 것을 이른다. 지금의 字書에는 '鉢'자가 없다. 아마도 '鮁'로 보는 것이 옳을 듯하니, ≪說文解字≫에 "鱣鮪鮁鮁(철갑상어 다랑어 팔팔하구나)"이라고 한 글자이다. 대체로 儵魚는 일명 '儵鮁'이라고도 한다. 莊子와 惠子가 濠水의 다리 위에서 놀 적에 피라미가 물 위로 나와서 놀았는데, 이 또한 '浮陽'의 뜻이다. 어떤 사람은 "浮陽은 勃海縣의 이름이다."라고 하였다. '儵'는 음이 稠이고, '鮁'의 음은 布와 末의 反切이다.

○ 郝懿行 : '鉢'는 글자모양이 이루어지지 않았고, '鮁'은 물고기 이름이 아니다. 아마도 분명히 '體'자일 것이다. 통속적인 서체 서체에 '體'를 간혹 '体'로 쓰기도 하니 그렇다면 '儵鉢'는 곧 '儵體'인 것이다.

王念孫 : ≪詩經≫ 〈衛風 碩人篇〉의 '鱣鮪發發'이 ≪說文解字≫에 '鮁鮁'로 되어 있으니 '鮁'은 물고기 이름이 아니고, 게다가 '儵魚'가 또 '儵鮁'이란 이름이 없으니, 楊氏의 설은 틀렸다. 추정해보건대, '鉢'은 '魾'자의 잘못일 것이니, ≪爾雅≫에 "'魴'은 魾이다."라고 하였다. '魾'가 곧 '魴'의 다른 이름이니 '儵魾'는 두 종류의 물고기이다. 隸書에 '丕'자가 간혹 '丕'로 되어 있기도 하고 '本'자가 간혹 '本'으로 되어 있기도 하니, 두 모양이 서로 비슷하기 때문에 '魾'가 '鉢'로 잘못되지 않았는가 싶다.

## 4-34 胠於沙[11)]而思水면 則無逮矣요

---

10) (儵)〔儵〕: 저본에는 '儵'로 되어 있으나, 郝懿行의 ≪荀子補注≫에 의거하여 '儵'로 바로잡았다.

11) 胠於沙 : '胠'자에 대해 物雙松과 久保愛는 '呿(입 벌리다)'자와 통용하는 것으로 보고, 물고기가 백사장에 걸려 지친 나머지 입을 벌리고 두 아가미를 바쁘게 움직이면서 숨을 몰아쉬는 뜻이라고 하였다. 王天海도 이에 동의하여 ≪玉篇≫·≪集韻≫·≪張隱庵集注≫ 등을 근거로 제시하였는데, 일리가 있는 것으로 보여 그에 따라 번역하였다.

이것들이 백사장에 걸려 숨을 헐떡거리면서 물을 그리워한다면 이미 때가 늦어 미칠 수 없고,

胠與祛同이라 揚子雲方言云 祛는 去也니 齊趙之總語라하니라 去於沙는 謂失水去在沙上也라 莊子有胠篋篇하니 亦取去之義라 ○ 盧文弨曰 案方言袪作抾라 王引之曰 魚去沙上은 不得謂之去於沙니 楊說非也라 案胠當爲佫이라① 玉篇에 佫은 渠戟切이니 倦也라하니 集韻谻이며 方言㑿也라② 或作𨖡佫이라 漢司馬相如子虛賦儌谻受詘에 郭璞曰 谻은 疲極也라하고 上林賦與其窮極倦谻에 郭曰 窮極倦谻은 疲憊者也라하며 說文𨖡은 徼𨖡受屈也라하니 谻𨖡竝與佫同하고 窮極倦谻 其義一也라 廣雅曰 困疲羸券③𨖡窮㒞④ 極也라하니⑤ 困疲羸倦𨖡窮憊極은 其義一也라 然則佫者는 窮困之謂라 言魚困於沙而思水면 則無及也라 隸書亻旁或從篆作刀하여⑥ 與月相似하고 谷或作去[12]하여⑦ 與去相似라 故佫字譌而爲胠하니라 兪樾曰 胠는 當作阹라 文選吳都賦曰 阹以九疑 注曰 阹는 闌也라 因山谷以遮獸也라하니 阹於沙도 義亦同이라 此言遮闌於沙而思水면 則無及矣라 下云 挂於患而欲謹이면 則無益矣라하니 阹於沙와 挂於患은 文義一律이라 先謙案 兪說是라

① 字從人하고 谷聲이라 谷은 其虐反이니 與風俗之俗從谷者不同이라
자형은, 人은 形符가 되고 谷은 聲符가 된다. 谷의 음은 其와 虐의 反切이다. 風俗의 '俗'자가 人에 谷이 붙는 것과는 다르다.

② 㑿與倦同이라
'㑿'은 '倦'과 같다.

③ 鄭注考工記輈人曰 券은 今倦字也라하니라
≪周禮≫ 〈考工記 輈人〉의 鄭玄 주에 "'券'은 지금의 '倦'자이다."라고 하였다.

④ 與憊同이라 遯象傳에 有疾憊也라하고 鄭注에 憊는 困也라하니라
〈'㒞'는〉 '憊'와 같다. ≪周易≫ 遯卦 〈象傳〉에 "有疾憊也(질병이 있어 피곤하게 하는 것과 같다.)"라고 하고 鄭玄 주에 "'憊'는 '困(곤하다)'자의 뜻이다."라고 하였다.

⑤ 趙注孟子離婁篇曰 極은 困也라하고 呂刑曰 人極于病이라하니라
≪孟子≫ 〈離婁篇〉의 趙岐 주에 "'極'은 '困'자의 뜻이다."라고 하고, ≪書經≫ 〈呂刑〉에 "人極于病(사람들이 가장 힘겨워한다.)"이라고 하였다.

---

12) 隸書亻旁或從篆作刀……谷或作去 : '佫'자의 篆書는 佫이고, 隸書는 佫인데, 예서의 경우 전서처럼 亻변을 刀으로 쓴 佫자도 있으므로, 이때 刀이 '月'자와 비슷하다는 것이다.

⑥ **見隸辨**이라

≪隸辨≫에 보인다.

⑦ **漢冀州刺史王純碑郤埽閉門 郤作却**하니 **今俗書郤腳二字**를 **亦作却脚**이라

〈漢冀州刺史王純碑〉에 '郤埽閉門'의 '郤'이 '却'으로 되어 있기도 하니, 지금 세속에 통용되는 서체에서 '郤'과 '腳' 두 자를 '却'과 '脚'으로 쓰기도 한다.

楊倞注 : '胠'는 '袪'와 같다. 揚子雲의 ≪方言≫에 "袪는 '去'자의 뜻이니, 齊郡과 趙郡 지방에서 일반적으로 사용하는 말이다."라고 하였다. '去於沙'는 물을 잃고 백사장에 가 있는 것을 이른다. ≪莊子≫에 〈胠篋篇〉이 있으니, 그 또한 '去'자 뜻을 취한 것이다.

○ 盧文弨 : 살펴보건대, ≪方言≫에는 '袪'가 '抾'로 되어 있다.

王引之 : '魚去沙上'은 〈고기가〉 백사장에 가 있다는 뜻이라고 말할 수 없으니, 楊氏의 설은 틀렸다. 살펴보건대, '胠'는 마땅히 '㕡'이 되어야 한다. ≪玉篇≫에 "㕡의 음은 渠와 戟의 反切이니, '倦(피로하다)'자의 뜻이다."라고 하였으니, 이 글자는 ≪集韻≫에서의 '㩴'자이며 ≪方言≫에서의 '㑴'자이다. 간혹 '御'과 '㕡'으로 되어 있기도 한다. 漢나라 司馬相如 〈子虛賦〉의 "徼㰻受詘(극도로 지친 짐승에 대해서는 그 앞을 가로막았고, 힘이 다한 짐승은 거두어 취했다.)"에 郭璞이 "㰻은 극도로 지쳤다는 뜻이다."라고 하고, 〈上林賦〉의 '與其窮極倦㰻'에 郭璞이 "'窮極倦㰻'은 완전히 지쳐버렸다는 뜻이다."라고 하였으며, ≪說文解字≫에 "'御'은 '徼御受屈'에서의 뜻이다."라고 하였으니, '㰻'과 '御'은 모두 '㕡'과 같고 '窮'·'極'·'倦'·'㰻'은 그 뜻이 동일하다. ≪廣雅≫에 "困·疲·羸·劵·御·窮·㥲는 極의 뜻이다."라고 하였으니, 困·疲·羸·倦·御·窮·㥷·極은 그 뜻이 동일하다. 그렇다면 '㕡'이란 궁하고 힘겹다는 뜻이다. 물고기가 백사장에서 지친 뒤에 물을 그리워한다면 이미 때가 늦어 미칠 수 없음을 말한 것이다. 隸書에 '亻'변이 간혹 篆書에 따라 '刀'자로 되어 있기도 하여 '月'자와 비슷하고, '谷'이 간혹 '去'로 되기도 하여 '去'자와 비슷하다. 이 때문에 '㕡'자가 잘못되어 '胠'자로 된 것이다.

兪樾 : '胠'는 마땅히 '阹'가 되어야 한다. ≪文選≫ 〈吳都賦〉의 '阹以九疑'라고 된 곳의 주에 "'阹'는 '闌(가로막다)'자의 뜻이다. 산골짜기를 이용하여 짐승이 빠져나가는 것을 가로막는 것이다."라고 하였으니, '阹於沙'도 그 뜻이 마찬가지이다. 여기서는 백사장에 가로막힌 뒤에 물을 그리워한다면 〈때가 늦어〉 미칠 수 없음을 말한 것이다. 아래에서 "挂於患而欲謹 則無益矣(재앙을 만난 뒤에 조심하려 한다면 도움 될 것이 없다.)"라고 하였으니, '阹於沙'와 '挂於患'은 글 뜻이 같은 형식이다.

先謙案 : 兪氏의 설이 옳다.

4-35 挂於患而欲謹이면 則無益矣라

재앙을 만난 뒤에 조심하려 한다면 도움 될 것이 없다.

人亦猶魚也라

楊倞注 : 사람의 경우도 물고기와 같다.

4-36 自知者不怨人하고 知命者不怨天이라 怨人者窮하고

자기를 아는 사람은 남을 원망하지 않고, 운명을 아는 사람은 하늘을 원망하지 않는다. 남을 원망하는 사람은 궁지에 처하고,

徒怨憤於人不自修者는 則窮迫無所出이라

楊倞注 : 그저 남을 원망하기만 하고 스스로 심신을 닦지 않는 사람은 막다른 궁지에 몰려 빠져나갈 길이 없다.

4-37 怨天者無志(식)이라

하늘을 원망하는 자는 식견이 없다.

有志之士는 但自修身하고 遇與不遇는 皆歸於命이라 故不怨天이라 ○ 王念孫曰 志는 讀爲知識之識이라① 不知命而怨天이라 故曰無識이라 法行篇正作怨天者無識하고 楊彼注云 無識은 不知天命이라하니 是也라 此注以志爲志氣之志하니 失之라

① 古知識字通作志하니 說見經義述聞左傳昭二十六年이라
옛날에 知識의 '識'자를 일반적으로 '志'으로 썼으니, 이에 관한 설은 ≪經義述聞≫의 ≪春秋左氏傳≫ 昭公 26년에 보인다.

楊倞注 : 뜻이 있는 선비는 자기 몸만 닦을 뿐, 기회를 만나느냐 못 만나느냐에 대해서는 모두 운명으로 돌리기 때문에 하늘을 원망하지 않는다.

○ 王念孫 : '志'은 知識의 '識'으로 읽어야 한다. 운명을 알지 못하여 하늘을 원망하기 때문에 식견이 없다고 말한 것이다. 〈法行篇〉에는 "怨天者無識(하늘을 원망하는 사람은 식견이 없다.)"이라고 올바로 되어 있고, 楊氏의 그곳 주에 "'無識'은 하늘의 운명을 알지 못한 것이다."라고 하였으니, 이것이 그 증거이다. 그런데 여기의 주는 '志'을 志氣의 '志'로

이해하였으니, 잘못되었다.

### 4-38 失之己하고 反之人이면 豈不迂乎哉아

자신이 잘못하고 그 원인을 남에게서 찾는다면 어찌 도리와 멀지 않겠는가.

迂는 失也라 反은 責人也라 ○ 王念孫曰 失與迂義不相近하니 古無此訓也라 廣雅曰 迂는 遠也라하고 韓詩外傳曰 身不善而怨他人이면 不亦遠乎아하니 語意正與此同이라 先謙案 三句與法行篇同이라 反之人은 與君道篇反之民反之政同意니 言反求也라

楊倞注 : '迂'는 '失'자의 뜻이다. '反'은 남을 책망한다는 뜻이다.

○ 王念孫 : '失'과 '迂'는 뜻이 서로 비슷하지 않으니, 옛 문헌에 이와 같은 뜻이 없다. ≪廣雅≫에 "'迂'는 '遠'자의 뜻이다."라고 하고, ≪韓詩外傳≫에 "자신은 잘하지 못하면서 다른 사람을 원망하면 도리와는 또한 멀지 않겠는가.〔身不善而怨他人 不亦遠乎〕"라고 하였으니, 말뜻이 여기의 경우와 같다.

先謙案 : 세 문구가 〈法行篇〉과 같다. '反之人'은 〈君道篇〉의 '反之民'·'反之政'과 같은 뜻이니, 돌이켜 구한다는 것을 말한다.

### 4-39 榮辱之大分[13)]과

영예와 치욕의 큰 구분과

○ 盧文弨曰 舊本不提行이나 今案當分段이라

○ 盧文弨 : 옛 판본에는 줄을 바꾸지 않았으나 이제 살펴보건대, 문단을 나누는 것이 마땅하다.

### 4-40 安危利害之常體라 先義而後利者榮하고 先利而後義者辱이라 榮者常通하고

13) 榮辱之大分 : 盧文弨는 이 문구를 표제어로 보고 다음 문장과 구분 지어 단락을 나누는 것이 옳다고 하였으나, 아래에서 '大分也'·'常體也'로 수합한 글의 형식으로 볼 때, 이 문구와 '安危利害之常體'는 병렬형의 두 표제이라 할 수 있다. 따라서 문단을 나누는 것은 옳지 않을 것으로 보인다.

**辱者常窮**하니 **通者常制人**하고 **窮者常制於人**이라

安危와 利害의 일반적인 정황은 이렇다. 정의를 우선시하고 사적인 이익을 뒤로 하는 자는 영예스럽고, 사적인 이익을 우선시하고 정의를 뒤로 하는 자는 치욕스럽다. 영예스러운 자는 항상 형통하고 치욕스러운 자는 항상 궁지에 몰리니, 형통한 자는 항상 남을 제어하고 궁지에 몰린 자는 항상 남에게 제어를 당한다.

受制於人이라

楊倞注 : 남에게 제어를 받는다.

4-41 **是榮辱之大分也**니라

이것이 곧 영예와 치욕의 큰 구분이다.

其中雖未必皆然이나 然其大分如此矣라

楊倞注 : 그 세세한 내용까지 반드시 모두가 그렇지는 않더라도 그 큰 구분은 이와 같다는 것이다.

4-42 **材慤者常安利**하고 **蕩悍者常危害**라

순박하고 성실한 자는 항상 안정되고 순리로우며, 방탕하고 사나운 자는 항상 위태롭고 어려움에 처한다.

材慤은 謂材性原慤也라 蕩悍은 已解於修身篇이라 ○ 汪中曰 材는 疑當作朴이니 字之誤也라 朴慤與蕩悍과 安利與危害와 樂易與幽險과 壽長與夭折은 皆對文이라 王念孫曰 大戴記王言篇에 士[14]信民敦工璞商慤女憧婦空空이라하고 家語에 作士信하며 民敦而俗樸하며① 男慤而女貞이라하니 王肅云 樸은 慤愿貌라하니라

① 樸朴璞竝通이라
樸・朴・璞은 모두 통용된다.

14) 士 : 여기서는 公・卿・大夫・士・庶人 등 다섯 등급의 신분 가운데 하나로, 하급관리를 말한다.

楊倞注 : '材慤'은 자질과 성품이 진실하고 성실한 것을 이른다. '蕩悍'은 이미 〈修身篇〉에서 풀이하였다.

○ 汪中 : '材'는 아마도 '朴'자가 되는 것이 옳을 듯하니, 글자가 잘못된 것이다. '朴慤'과 '蕩悍', '安利'와 '危害', '樂易'와 '幽險', '壽長'과 '夭折'은 모두 짝을 이룬 문구이다.

王念孫 : ≪大戴禮記≫ 〈王言篇〉에 "士信 民敦 工璞 商慤 女憧 婦空空(士는 신실하고 백성은 독실하고 장인은 순박하고 상인은 성실하고 소녀는 순진하고 부인은 겸손하여야 한다.)"이라고 하고, ≪孔子家語≫에 "士信 民敦而俗樸 男慤而女貞(士는 신실하며 백성은 독실하고 풍속은 순박하며, 남자는 성실하고 여자는 정숙하여야 한다.)"이라고 하였는데, 王肅이 "'樸'은 성실하고 삼가는 모양이다."라고 하였다.

### 4-43 安利者常樂易하며 危害者常憂險하니

인정되고 순리로운 자는 항상 즐겁고 평온하며, 위태롭고 어려움에 처한 자는 항상 걱정하고 불안하니,

樂易는 歡樂平易也니 詩所謂愷悌者也라 ○ 王念孫曰 險以心言이요 非以境言이라 憂險猶憂危니 謂中心憂危之也라 故與樂易對文이라 下文樂易者常壽長하고 憂險者常夭折도 亦以心言之也리 周語云 君子將險哀之不暇어늘 而何樂易之有焉이리오하니 亦以險哀對樂易라 說見經義述聞周語라

楊倞注 : '樂易'는 유쾌하고 평온하다는 뜻이니, ≪詩經≫의 이른바 '愷悌'라는 것이다.

○ 王念孫 : '險'은 마음의 상태로 말한 것이고 환경으로 말한 것은 아니다. '憂險'은 '憂危'와 같으니, 마음이 걱정하고 불안해하는 것을 이른다. 그러므로 '樂易'와 대구가 된 것이다. 아래 글에 "樂易者常壽長 憂險者常夭折(즐겁고 평온한 자는 항상 장수하고, 걱정하고 불안한 자는 항상 요절한다.)"이라 한 것도 마음의 상태로 말한 것이다. ≪國語≫ 〈周語〉에 "君子將險哀之不暇 而何樂易之有焉(군자가 장차 위험한 경지에 빠져 비통해할 경황조차 없을 판인데, 무슨 즐겁고 평온한 마음이 있겠는가.)"이라고 하였으니, 이 경우도 '險哀'를 '樂易'와 대를 맞추었다. 이에 관한 설은 ≪經義述聞≫ 〈周語〉에 보인다.

### 4-44 樂易者常壽長하고 憂險者常夭折이라 是安危利害之常體也니라

즐겁고 평온한 자는 항상 장수하고, 걱정하고 불안한 자는 항상 요절한다. 이것

이 곧 安危와 利害의 일반적인 정황이다.

亦大率也라

楊倞注 : 이 또한 대략 그렇다는 것이다.

4-45 夫天生蒸民에 有所以取之라

대체로 하늘이 많은 백성을 창조해 내놓았는데, 〈이들은 저마다 자기의 생존조건을〉 취할 도리가 있다.

言天生衆民에 其君臣上下職業皆有取之道하니 非其道면 所以敗之也라 ○ 盧文弨曰 案注取之道는 當重一之字라 之也之字衍이라

楊倞注 : 하늘이 많은 백성을 창조해 내놓았는데 그 군주와 신하, 윗사람과 아랫사람이 자기가 지녀야 할 조건을 누구나 취해야 할 도리가 있으니, 그 도리가 아니면 곧 무너지게 된다.

○ 盧文弨 : 살펴보건대, 楊氏 주의 '取之道'는 마땅히 '之' 한 자가 겹쳐 있어서 〈'取之之道'가 되어야〉 한다. '之也'의 '之'자는 잘못 추가된 것이다.

4-46 志意致修하고 德行致厚하며 智慮致明은 是天子之所以取天下也라

마음이 지극히 아름답고 덕행이 지극히 돈후하며 지혜가 지극히 밝은 것은, 곧 천자가 천하를 취하는 이유이다.

致는 極也라 言如此 是乃天子之所以取天下之道也라

楊倞注 : '致'는 '極(지극하다)'자의 뜻이다. 이와 같은 것이 곧 천자가 천하를 취하는 도리임을 말한 것이다.

4-47 政令法하고 擧措時하고 聽斷公하며

정령이 법도에 맞고 조치가 제때에 맞고 판결이 공정하며,

擧措時는 謂興力役不奪農時也라 ○ 盧文弨曰 元刻首句作政法令이라 注首云 當

作政令法이라 或曰政當爲正이라하여 多十一字라 今從宋本이라

楊倞注 : '擧措時'는 노역을 일으킬 때 농사철을 빼앗지 않는 것을 이른다.

○ 盧文弨 : 元刻本에는 첫 구에 '政法令'으로 되어 있고, 楊氏 주의 첫머리에 "當作政令法 或曰政當爲正(마땅히 '政令法'으로 되어야 한다. 어떤 사람은 '政'은 마땅히 '正'자가 되어야 한다고 말했다.)"이라고 하여 열한 자가 더 많다. 여기서는 宋本을 따랐다.

4-48 上則能順天子之命하고 下則能保百姓은 是諸侯之所以取國家也라 志行修하고 臨官治하며 上則能順上하고 下則能保其職은 是士大夫之所以取田邑也라 循法則度量刑辟圖籍에

위로는 능히 천자의 명령에 순종하고 아래로는 능히 백성들을 보호하는 것은, 곧 제후가 국가를 취하는 이유이다. 마음과 행동이 아름답고 관리로서 직무를 잘 처리하며, 위로는 능히 군주에게 순종하고 아래로는 능히 자기의 직책을 잘 지키는 것은, 곧 士大夫가 田地와 封邑을 취하는 이유이다. 법률, 도량형, 형법, 지도책, 인구장부 등에 관해

度는 尺丈이요 量은 斗斛이라 〔刑辟〕[15]은 刑法之書니 左氏傳曰 先王議事以制하고 不爲刑辟이라하니라 圖는 謂模寫土地之形이요 籍은 謂書其戶口之數也라 ○ 盧文弨曰 正文循은 元刻作修하고 各本同이라 今從宋本이라 先謙案 注刑法之書上에 當有刑辟二字라

楊倞注 : '度'는 尺과 丈 등 길이이고, '量'은 斗와 斛 등 분량이다. '刑辟'은 刑法에 관한 책이니, ≪春秋左氏傳≫에 "先王議事以制 不爲刑辟(옛 聖王은 제도로써 정사를 논의하였고 형벌을 사용하지 않았다.)"이라고 하였다. '圖'는 토지의 모양을 본떠 그린 것을 이르고, '籍'은 그 〈토지의〉 호구수를 기록한 것을 이른다.

○ 盧文弨 : 본문의 '循'은 元刻本에 '修'로 되어 있고 각 판본도 그와 같다. 여기서는 宋本을 따랐다.

先謙案 : 楊倞 주의 '刑法之書' 위에 마땅히 '刑辟' 두 자가 있어야 한다.

15) 〔刑辟〕: 저본에는 '刑辟'이 없으나, 王先謙의 의견에 따라 보충하였다.

4-49 **不知其義**라도 **謹守其數**하고 **愼不敢損益也**하여

그 의의를 알지 못하더라도 그 제도를 삼가 잘 지키고 신중히 하여 감히 개정하지 않으면서

若制所然이라

楊倞注 : 제도에 되어 있는 대로 따른다.

4-50 **父子相傳**하여 **以持王公**이라

父子가 서로 전해가며 王公을 받든다.

世傳法則은 所以保持王公이라 言王公賴之以爲治者也라 ○ 王念孫曰 持는 猶奉也라 言官人百吏謹守其法則度量刑辟圖籍하고① 父子相傳하여 以奉王公也라 廣雅에 奉은 持也라하니 是持與奉同義라 楊以持爲保持하니 未確이라

① 見上文이라
윗글에 보인다.

楊倞注 : 대대로 법칙을 전하는 것은 王公을 지키기 위해서이다. 왕공이 이것을 힘입어 나라를 다스린다는 것을 말한다.

○ 王念孫 : '持'는 '奉(받들다)'자와 같다. 관료와 백관들이 그 법칙·도량·형법과 지도책·호구장부 등을 삼가 잘 지키고, 아비와 자식이 대를 이어 전해가며 왕공을 받드는 것을 말한 것이다. ≪廣雅≫에 "'奉'은 '持(가지다)'자의 뜻이다."라고 하였으니, 이로 볼 때 '持'와 '奉'은 같은 뜻이다. 楊氏는 '持'를 지킨다는 뜻으로 풀이하였으니, 정확하지 않다.

4-51 **是故三代雖亡**이라도 **治法猶存**하니 **是官人百吏之所以取祿秩也**니라

이 때문에 夏·商·周 三代는 비록 멸망했더라도 나라를 다스리는 법칙은 여전히 남아 있으니, 이는 곧 관료와 백관들이 봉록과 벼슬을 취하는 이유이다.

○ 先謙案 君道篇云 官人守數라하고 正論篇云 官人以爲守라하니 注에 官人은 守職事之官也라하고 王霸篇注 官人은 列官之人이라하니라 荀書에 每以官人百吏竝言하니

猶周官所云府史胥徒之屬耳라

○ 先謙案 : 〈君道篇〉에 "官人守數(관리는 규례를 지킨다.)"라고 하고, 〈正論篇〉에 "官人以爲守(관리는 그것을 지켜야 할 법칙으로 삼는다.)"라고 하였는데, 楊氏의 주에 "'官人'은 직무를 지키는 관리이다."라고 하였고, 〈王霸篇〉의 주에 "'官人'은 조정에 나열한 사람이다."라고 하였다. ≪荀子≫에 여러 번 官人과 百吏를 함께 말했는데, 이는 ≪書經≫ 〈周官〉에서 말한 府·史와 胥·徒 등속과 같다.

**4-52 孝弟原愨**하고 **軥錄疾力**하여 **以敦比其事業而不敢怠傲**는 **是庶人之所以取煖衣飽食**하여 **長生久視**[16]하고 **以免於刑戮也**니라

〈부모에게〉 효도하고 〈형에게〉 공손하여 매우 성실하며 부지런히 있는 힘을 다해, 자기가 하는 일에 종사하고 감히 태만하거나 오만하지 않는 것은, 곧 일반백성이 따뜻하게 입고 배불리 먹으면서 장수를 누리고 형벌을 면하는 이유이다.

軥與拘同이라 拘錄은 謂自檢束也라 疾力은 謂速力而作也라 敦은 厚也며 比는 親也라 言不敢怠惰也라 ○ 盧文弨曰 淮南子主術訓에 人之性은 莫貴於仁하고 莫急於智라 兩者爲本而加之以勇力辨慧捷疾劬錄이라하니 正與此軥錄疾力語相似리 軥錄은 蓋勞身苦體之意라 孝弟原愨以行言하고 軥錄疾力以事言이라 楊訓爲拘錄이라하니 非也라 郝懿行曰 原與願同하니 原愨皆訓謹也라 軥與局同하고 錄與逯同이라 逯者는 行謹逯逯也라 軥錄은 猶局促이라 竝疊韻[17]字也라 君道篇作拘錄이라하니라 王引之曰 敦比는 皆治也라 魯頌閟宮箋云 敦은 治也라하고 孟子公孫丑篇使虞敦匠事라하니 謂治匠事也라 比는 讀爲庀라 襄二十五年左傳의 子木使庀賦와 魯語子將庀季氏之政焉에 韋杜注竝云 庀는 治也라하니라 周官遂師 庀其委積에 故書庀爲比라 鄭司農讀爲庀라하고 大司馬比軍衆 比或作庀하니 是庀與比通이라 敦比其事業은 猶云治其事業耳라 彊國篇敦比於小事 義與此同이어늘 楊注以爲精審躬親하니 亦失之라

---

16) 視 : '活'과 같은 뜻이다.

17) 疊韻 : 複音詞가 공통의 韻母를 갖고 있는 것으로, '欄干', '千年', '匍匐', '螳螂' 등을 가리킨다. 여기서는 局의 음이 jú, 促의 음이 cù로서 이 두 자의 韻母가 같다.

楊倞注 : '軥'는 '拘(잡다)'자와 같다. '拘錄'은 자기를 단속하는 것을 이른다. '疾力'은 속도를 내어 일하는 것을 이른다. '敦'은 '厚'자의 뜻이고, '比'는 '親'자의 뜻이다. 감히 태만하지 않는 것을 말한다.

○ 盧文弨 : ≪淮南子≫ 〈主術訓〉에 "人之性 莫貴於仁 莫急於智 兩者爲本而加之以勇力辨慧捷疾劬錄(사람의 性情은 仁보다 더 진귀한 것이 없고, 지혜보다 더 절실한 것이 없다. 이 두 가지를 근본으로 삼고 거기에다 용기와 힘, 유려한 언변과 지혜, 그리고 일처리가 민첩하고 또 부지런히 전력을 다하는 점들을 추가해야 한다.)"이라고 하였으니, 곧 이곳의 '軥錄疾力'이란 말과 서로 비슷하다. '軥錄'은 대체로 육체를 수고롭고 고달프게 한다는 뜻이다. '孝弟原慤'은 행실로 말한 것이고, '軥錄疾力'은 처사로 말한 것이다. 그런데 楊氏는 이것을 자기를 단속한다는 뜻인 '拘錄'이라 하였으니, 틀렸다.

郝懿行 : '原'은 '愿'과 같으니, '原'과 '慤'은 모두 삼간다는 뜻이다. '軥'는 '局'과 같고, '錄'은 '逯'과 같다. '逯'이란 행동이 신중하여 조심한다는 뜻이다. '軥錄'은 '局促'과 같다. 모두 疊韻인 글자이다. 〈君道篇〉에는 '拘錄'으로 되어 있다.

王引之 : '敦'과 '比'는 모두 '治'의 뜻이다. ≪詩經≫ 〈魯頌 閟宮〉의 箋에 "'敦'은 다스린다는 뜻이다."라고 하고, ≪孟子≫ 〈公孫丑 下〉에 '使虞敦匠事'라 하였는데, 이는 관곽을 만드는 일을 맡아 처리하게 한 것을 이른다. '比'는 '庀(다스리다)'로 읽어야 한다. ≪春秋左氏傳≫ 襄公 25년의 "子木使庀賦(子木이 그에게 조세징수를 맡아 다스리게 하였다.)"와, ≪國語≫ 〈魯語〉의 "子將庀季氏之政焉(그대는 장차 季孫氏의 家政을 다스릴 것이다.)"에서, 韋昭와 杜預의 주는 모두 "'庀'는 다스린다는 뜻이다."라고 하였다. ≪周禮≫ 〈周官 遂師〉에서 "庀其委積(그 물자를 갖춘다.)"의 주에 "옛 서체는 '庀'를 '比'로 쓴다. 鄭司農(鄭衆)은 〈'比'를〉 '庀'로 읽어야 한다고 했다."라고 하고, ≪周禮≫ 〈夏官 大司馬〉에서 "比軍衆(병사들을 갖춘다.)"의 '比'가 간혹 '庀'로 되어 있기도 하니, 이는 '庀'와 '比'가 통용된다는 증거이다. '敦比其事業'은 그 사업을 다스린다고 말한 것과 같다. 〈彊國篇〉에 '敦比於小事'라고 한 뜻도 이곳의 경우와 같은데, 그곳의 楊氏 주에 "정밀하게 살피는 것을 몸소 직접 하는 것이다.〔精審躬親〕"라고 하였으니, 그 또한 잘못된 것이다.

### 4-53 飾邪說하고 文姦言하여 爲倚事하여

그릇된 설을 분칠하고 간사한 말을 꾸며대어 기괴한 짓을 행하면서

倚는 已解上[18]이라 倚事는 怪異之事라

18) 倚 已解上 : 제2 〈修身篇〉 '倚魁之行'의 楊倞 주에 "倚 奇也"라고 하였다.

楊倞注 : '倚'는 이미 위에서 풀이하였다. '倚事'는 괴이한 일이라는 뜻이다.

### 4-54 陶誕突盜하며

비방하고 허풍떨며 설쳐대고 탈취하며,

陶는 當爲檮杌之檮니 頑嚚之貌라 突은 凌突不順也라 或曰 陶는 當爲逃라하니 隱匿其情也라 ○ 郝懿行曰 陶는 古讀如謠라 謠者毁也라 離騷云 謠諑謂予以善淫이라하니 陶誕은 卽謠誕이니 謂好毁謗誇誕也라 突盜는 謂好侵突掇盜也라 每二字爲一義니 注似失之라 王念孫曰 楊釋陶字之義未安이라 余謂陶는 讀爲謟(도)라① 謟誕雙聲字[19]니 謟亦誕也라 性惡篇曰 其言也謟하고 其行也悖는 謂其言誕也니 卽上所謂飾邪說 文姦言也라 作陶者는 借字耳라② 彊國篇曰 陶誕比周以爭與하고 汙漫突盜以爭地라하니 陶誕突盜四字는 義竝與此同이라

① 音滔(도)라
〈謟는〉 음이 滔이다.

② 凡從舀從匋之字多相通이라 小爾雅에 綯는 索(삭)也라하니 綯는 卽宵爾索綯之綯라 小雅菀柳篇上帝甚蹈라한대 一切經音義五引韓詩蹈作陶하고 楚辭九章滔滔孟夏를 史記屈原傳作陶陶라 說文搯에 搯는 捾(관)也라하고 一切經音義引通俗文曰 捾出曰掏라하니 皆其證也라
일반적으로 '舀'가 붙고 '匋'가 붙은 글자들은 대부분 서로 통용된다. ≪小爾雅≫에 "'綯'는 '索(새끼)'자의 뜻이다."라고 하였으니, '綯'는 곧 "宵爾索綯(밤에는 새끼줄을 비비 꼬아서)"의 '綯'자이다. ≪詩經≫ 〈小雅 菀柳篇〉에 "上帝甚蹈(군왕께서 너무도 위세부리니)"라고 하였는데, ≪一切經音義≫ 권5의 ≪韓詩外傳≫을 인용한 곳에서는 '蹈'가 '陶'로 되어 있고, ≪楚辭≫ 〈九章〉의 "滔滔孟夏(양기 성한 첫여름에)"라고 한 것을 ≪史記≫ 〈屈原傳〉에는 '陶陶'로 되어 있다. ≪說文解字≫에는 '搯'자에서 "'搯'는 '捾(뽑다)'자의 뜻이다."라고 하고, ≪一切經音義≫에서 인용한 ≪通俗文≫에 "뽑아내는 것을 '掏'라 한다."라고 하였으니, 이것들이 모두 그 증거이다.

楊倞注 : '陶'는 마땅히 '檮杌'의 '檮'가 되어야 하니, 완고하고 어리석은 모양이다. '突'은 당돌하여 공손하지 않다는 뜻이다. 어떤 사람은 "'陶'는 마땅히 '逃'가 되어야 한다."라고 하였는데, 이럴 경우 그 속마음을 숨긴다는 뜻이다.

---

19) 謟誕雙聲字 : 雙聲은 두 글자 이상으로 된 단어에서 각 글자의 최초의 자음이 같은 것을 말한다. 여기서는 '謟'의 음은 tāo이고 '誕'의 음은 dàn으로, 자음인 't'와 'd'가 비슷하다.

○ 郝懿行 : '陶'는 옛날에 '謠'와 같은 자로 읽었다. '謠'란 비방한다는 뜻이다. 〈離騷經〉에 "謠諑謂予以善淫(비방하고 헐뜯어 나를 음란한 짓을 잘한다고 말한다.)"이라고 하였으니, '陶誕'은 곧 '謠誕'이니 비방하고 허풍떨기를 좋아한 것을 이른다. '突盜'는 종횡무진 설치고 다니거나 챙기고 탈취하는 것을 좋아하는 것을 이른다. 두 글자씩 한 가지 뜻으로 형성된 것이니, 楊氏의 주는 잘못된 것 같다.

王念孫 : 楊氏가 '陶'자의 뜻을 풀이한 것은 온당치 못하다. 나의 생각에 '陶'는 '謟(황당하다)'와 같다. '謟'와 '誕'은 雙聲 글자이니 '謟' 또한 '誕'과 같다. 〈性惡篇〉에 "其言也謟 其行也悖(그 말은 황당하고 그 행동은 어긋난다.)"라는 그 말이 황당한 것을 이르니, 곧 위의 이른바 '飾邪說 文姦言'이다. '陶'자로 되어 있는 것은 假借字일 뿐이다. 〈彊國篇〉에 "陶誕比周以爭與 汙漫突盜以爭地(비방하고 허풍떨며 불순하게 한 패가 되는 방법으로 동맹국을 쟁취하고, 더럽고 야비하며 설쳐대고 탈취하는 방법으로 토지를 쟁탈한다.)"라고 하였는데, 그곳의 '陶誕'과 '突盜' 네 글자는 그 뜻이 모두 여기의 경우와 같다.

## 4-55 惕悍憍暴하여

방탕하고 거칠고 오만하고 사납게 굴면서

惕與蕩同이라 ○ 郝懿行曰 憍는 卽驕字라 經典俱借驕爲憍耳라 此皆姦人邪說詖行之事라

楊倞注 : '惕'은 '蕩(방탕하다)'과 같다.

○ 郝懿行 : '憍'는 곧 '驕'자이다. 經典에는 모두 '驕'를 假借하여 '憍'로 사용하였다. 이는 모두 간사한 사람의 바르지 않는 설과 편파적인 행위에 관한 일이다.

## 4-56 以偸生反側於亂世之閒은 是姦人之所以取危辱死刑也라 其慮之不深하고 其擇之不謹하여 其定取舍楛僈하니 是其所以危也니라

어지러운 세상 속에서 구차하게 살며 변덕을 부리는 것은, 곧 간사한 사람이 스스로 위험・치욕・사망・형벌을 취하는 이유이다. 이들은 그 사려가 깊지 않고 그 선택이 신중하지 못하여 그 취사를 결정할 때 거칠고 소홀했던 것이니, 이 때문에 그들이 위태롭게 된 것이다.

小人所以危亡은 由於計慮之失也라 楛는 惡也니 謂不堅固也라

楊倞注 : 소인이 위험에 빠지거나 죽게 되는 이유는 따지고 고려하는 것이 잘못되었기 때문이다. '楛'는 나쁘다는 뜻이니, 견고하지 않은 것을 이른다.

4-57 材性知能은 君子小人一也라 好榮惡辱하며 好利惡害는 是君子小人之所同也라 若其所以求之之道則異矣라 小人也者는 疾爲誕而欲人之信己也하고 疾爲詐而欲人之親己也하며

사람의 자질・본성・지혜・재능은 君子와 小人이 똑같다. 영예를 좋아하고 치욕을 싫어하며 이익을 좋아하고 해로운 것을 싫어하는 것은, 곧 군자와 소인이 같은 것이다. 하지만 그들이 영예와 이익을 추구하는 길에 있어서는 서로 다르다. 소인은 온 힘을 다해 거짓말을 자행하여 남이 자기를 믿어주기 바라고, 온 힘을 다해 속임수를 부려 남이 자기를 친근하게 대해주기 바라며,

○ 王念孫曰 疾은 猶力也라 言力爲誕하고 力爲詐也라 上文云 軥錄疾力하여 以敦比其事業이라하고 仲尼篇云 疾力以申重之라하니 是疾與力同義라 臣道篇云 事人而不順者는 不疾者也라하니 言事上不力也라 呂氏春秋尊師篇疾諷誦에 高注云 疾은 力也라하니라

○ 王念孫 : '疾'은 '力'자와 같다. 힘을 다해 거짓말을 자행하고 힘을 다해 속임수를 부리는 것을 말한다. 윗글에 "軥錄疾力 以敦比其事業(부지런히 있는 힘을 다해 자기가 하는 일에 종사한다.)"라고 하고, 〈仲尼篇〉에 "疾力以申重之(힘써 거듭 노력한다.)"라고 하였으니, 이것은 '疾'이 '力'과 같은 뜻이라는 증거이다. 〈臣道篇〉에 "事人而不順者 不疾者也(군주를 섬기는데도 군주의 마음에 들지 않는 것은 노력하지 않기 때문이다.)"라고 하였으니, 이는 윗사람을 섬기면서 힘을 다하지 않는 것을 말한다. ≪呂氏春秋≫ 〈尊師篇〉의 "疾諷誦(읽고 외우기를 힘쓴다.)"에서 高誘의 주에 "'疾'은 힘쓴다〔力〕는 뜻이다."라고 하였다.

4-58 禽獸之行而欲人之善己也라 慮之難知也요 行之難安也며 持之難立也라

짐승 같은 행위를 하면서도 남이 자기를 찬미해주길 바란다. 생각을 하더라도 스스로 알기 어렵고, 무엇을 행하더라도 안정되기 어려우며, 주장을 견지하더라

도 확립되기 어렵다.

慮之難知는 謂人難測其姦詐라 行之難安은 言易顚覆也라 持之難立은 謂難扶持之也라 ○ 王念孫曰 此言小人慮事不能知也라 蓋公生明하고 私生暗하니 小人之思慮不足以知事라 故曰慮之難知라 下文行之難安과 持之難立도 與此文同一例라 楊注難測其姦詐라하니 則與下二句不合이라

楊倞注 : '慮之難知'는 남이 그 간사함을 헤아리기 어렵다는 것을 이른다. '行之難安'은 쉽게 넘어지는 것을 말한다. '持之難立'은 그것을 부지하기 어렵다는 것을 이른다.

○ 王念孫 : 이 문단은 소인은 일을 처리하는 문제를 생각하더라도 제대로 알지 못한다는 것을 말한 것이다. 대체로 公心에서 밝은 지혜가 나오고 私心에서 어두운 욕심이 생기는 법이니, 소인의 생각으로는 일을 처리하는 문제를 알 수 없다. 그러므로 생각을 하더라도 스스로 알기 어렵다고 말한 것이다. 다음 글인 '行之難安'과 '持之難立'도 이 문구와 동일한 형식이다. 楊氏의 주에, 그 간사함을 헤아리기 어렵다고 했는데, 이는 다음 두 문구와 부합되지 않는다.

4-59 成則必不得其所好하고 必遇其所惡焉이라

결국에는 반드시 자기가 좋아하는 것은 얻지 못하고, 반드시 자기가 싫어하는 것을 얻게 된다.

雖使姦詐得成이라도 亦必有禍無福이라 ○ 兪樾曰 楊說非也라 尙書皐陶謨篇簫韶九成에 鄭注曰 成은 猶終也라하니 古謂終爲成이라 言終則必不得其所好하고 必遇其所惡焉이라 下文於君子曰成則必得其所好하고 必不遇其所惡焉에 竝以其終竟言之라 臣道篇曰 成於尊君安國이라하고 彊國篇曰 道德之威는 成乎安彊하고 暴察之威는 成乎危弱하고 狂妄之威는 成乎滅亡이라하니 諸成字竝當訓終이라

楊倞注 : 비록 간사한 목적이 이루어지더라도 반드시 재앙만 있고 복은 없는 것이다.

○ 兪樾 : 楊氏의 설은 틀렸다. ≪尙書≫ 〈皐陶謨篇〉의 "簫韶九成(簫韶 음악을 아홉 번 연주하여 한 장을 마쳤다.)"에서 鄭玄의 주에 "'成'은 '終'자와 같다."라고 하였으니, 옛날에 '終'을 '成'으로 사용하였다. 결국에는 반드시 그가 좋아하는 것을 얻지 못하고 반드시 그가 싫어하는 것을 만난다는 것을 말한 것이다. 다음 글에서 군자의 경우를 거론할 때 "成則必得其所好 必不遇其所惡焉(결국에는 반드시 그가 좋아하는 것을 얻고, 반드시 그가 싫어하

는 것은 만나지 않는다.)"이라고 말한 것도 모두 〈成을〉 결국이란 뜻으로 말한 것이다. 〈臣道篇〉에 "成於尊君安國(결국에는 군주가 존귀해지고 나라를 안정되게 한다.)"이라 하고, 〈彊國篇〉에 "道德之威 成乎安彊 暴察之威 成乎危弱 狂妄之威 成乎滅亡(도덕의 위엄은 안정과 강성으로 끝나고, 혹독하게 감찰하는 위엄은 위험과 쇠약으로 끝나며, 방자하고 오만한 위엄은 멸망으로 끝난다.)"이라고 하였으니, 여러 '成'자는 모두 결국의 뜻이다.

4-60 故君子者는 信矣요 而亦欲人之信己也하고 忠矣요 而亦欲人之親己也하며 修正治辨矣요 而亦欲人之善己也라 慮之易知也하고 行之易安也하며 持之易立也라 成則必得其所好하고 必不遇其所惡焉이라 是故窮則不隱하고 通則大明하며

그러므로 군자의 경우는 자기가 진실하면서 또 남이 자기를 믿어주길 바라고, 자기가 충성스러우면서 또 남이 자기를 친근하게 대해주길 바라며, 자기가 선량하고 정직하여 일을 잘 처리하면서 또 남이 자기를 찬미해주길 바란다. 생각을 하면 쉽게 알고, 무엇을 행하면 쉽게 안정되며, 견지하는 주장은 쉽게 확립된다. 결국에는 반드시 그가 좋아하는 것을 얻고, 반드시 그가 싫어하는 것은 만나지 않는다. 이 때문에 군자는 그가 곤궁하더라도 남이 그 명성을 가리지 못하고 통달하면 크게 드러나며,

不隱은 謂人不能隱蔽라

楊倞注 : '不隱'은 남이 그의 명성을 가리지 못하는 것을 이른다.

4-61 身死而名彌白이라

몸은 죽더라도 명성은 더욱 드러난다.

白은 彰明也라

楊倞注 : '白'은 환히 드러난다는 뜻이다.

4-62 小人莫不延頸擧踵而願曰 知慮材性은 固有以賢人矣라

소인은 목을 길게 빼고 발돋움하며 흠모하여 말하기를 "〈이런 사람의〉 지혜와 생각, 자질과 본성은 본디 일반인보다 뛰어난 점이 있는가 보다."라고 하지 않는 자가 없다.

願은 猶慕也라 賢人은 謂賢過於人也라

楊倞注 : '願'은 '慕'자와 같다. '賢人'은 보통 사람보다 뛰어난 것을 이른다.

4-63 夫不知其與己無以異也하니 則君子注錯(조)[20]之當이요 而小人注錯之過也니라

대체로 그들은 군자가 자기와 하등의 다른 점이 없다는 것을 모르니, 군자의 행동거지는 온당하고 소인의 행동거지는 잘못되었다.

注錯는 謂所注意錯履也라 亦與措置義同也라 ○ 王念孫曰 楊後說得之라 注錯二字同義라 廣雅에 措鉒는 置也라하니 措鉒卽注錯라 是注錯同訓爲置요 非注意錯履之謂也라 下文曰 是注錯習俗之節異也라하고 又曰 在注錯習俗之所積耳라하며① 儒效篇曰 注錯習俗은 所以化性也라하고 又曰 謹注錯하고 愼習俗이라하니 注錯二字는 皆上下平列이라

① 舊本注錯上有埶字하니 涉下得埶而衍이라 今據上文刪이라
옛 판본에는 '注錯' 위에 '埶'자가 있으니, 아래 '得埶'로 인해 잘못 더 보태진 것이다. 여기서는 위 문구에 따라 삭제하였다.

楊倞注 : '注錯'는 마음을 쏟고 행동하는 것을 이른다. 또 '措置'와도 그 뜻이 같다.
○ 王念孫 : 楊氏의 나중 설이 옳다. '注'와 '錯' 두 자는 같은 뜻이다. ≪廣雅≫에 "'措'와 '鉒'는 '置'자의 뜻이다."라고 하였으니, '措鉒'는 곧 '注錯'이다. 이로 볼 때 '注錯'는 모두 '置'자의 뜻이지, 마음을 쏟고 행동한다는 뜻인 '注意錯履'를 말한 것은 아니다. 아래 글에 "是注錯習俗之節異也(이는 행동거지와 관습을 적절하게 하는 것이 달랐기 때문이다.)"라고 하고, 또 "在注錯習俗之所積耳(행동거지와 관습이 오랫동안 누적된 것에 달려 있을 뿐이다.)"라고 하였으며, 〈儒效篇〉에 "注錯習俗 所以化性也(행동거지와 관습은 본성을 변화시키는 것이다.)"라고 하고, 또 "謹注錯 愼習俗(행동거지를 삼가고 관습을 신중히 따라야 한

---

20) 錯(조) : '措(조치하다)'자와 통용한다.

다.)"이라고 하였으니, '注錯' 두 자는 모두 같은 뜻의 글자가 위아래로 나란히 배열된 것이다.

**4-64 故孰[21]察小人之知能**하면 **足以知其有餘可以爲君子之所爲也**라 **譬之越人安越**하고 **楚人安楚**하며 **君子安雅[22]**니

그러므로 소인의 지혜와 재능을 자세히 살펴보면, 군자가 해내는 모든 것을 할 만한 여력이 있다는 것을 충분히 알 수 있다. 비유하자면 越나라 사람은 越나라에 안주하고 楚나라 사람은 楚나라에 안주하며 군자는 夏 지역에 안주하는 것과 같으니,

雅는 正也라 正而有美德者謂之雅라 詩曰 弁(반)彼鸒(여)斯여 歸飛提提라하니 鸒斯는 雅鳥也라 ○ 盧文弨曰 楊引詩之意는 當以提提爲安舒之貌니 與魏風好人提提之義同이라 鄭注禮記檀弓吉事欲其折折爾云 折折(제제)는 安舒貌라하고 詩云 好人提提라하니 蓋折折與提提音義竝同이라 鳥之飛以安舒而得雅名이라 故擧以爲況이나 然亦太迂曲矣라 王引之曰 雅는 讀爲夏라 夏는 謂中國也라 故與楚越對文이라 儒效篇에 居楚而楚하고 居越而越하고 居夏而夏라하니 是其證이라 古者夏雅二字互通이라 故左傳齊大夫子雅를 韓子外儲說右篇作子夏라 楊云 正而有美德謂之雅라하니① 則與上二句不對矣라

① 下詩曰十五字는 乃後人妄加요 非楊注原文이라
그 아래 '詩曰'부터 15자는 곧 후세 사람이 함부로 추가한 것이고 楊氏 주의 원문은 아니다.

楊倞注 : '雅'는 '正'자의 뜻이다. 바르고 아름다운 덕이 있는 사람을 '雅'라 이른다. ≪詩經≫ 〈小雅 小弁〉에 "弁彼鸒斯 歸飛提提(나래 치는 저기 저 갈까마귀여, 느긋하게 둥지로 돌아오누나.)"라고 하였는데, '鸒斯'는 갈까마귀이다.

○ 盧文弨 : 楊氏가 ≪詩經≫을 인용한 뜻은 분명히 '提提'를 편안한 모양으로 이해한 것이니, 〈魏風 葛屨〉의 "好人提提(아름다운 저 사람 표정 느긋해)"라는 뜻과 같다. 鄭玄이

21) 孰 : '熟(익숙하다)'자와 같다.
22) 雅 : '夏'와 통용된다는 王引之의 설을 따라 번역하였다. '夏'는 '中夏'의 약칭으로, 중국의 中原 지역을 가리킨다.

≪禮記≫ 〈檀弓〉의 "吉事欲其折折爾(吉事를 처리할 때는 느긋한 태도를 지녀야 한다.)"에 주를 붙이기를 "'折折'는 느긋한 모양이다."라고 하고, ≪詩經≫에 "好人提提"라고 하였으니, 대체로 '折折'와 '提提'는 음과 뜻이 모두 같은 것이다. 새가 느긋하고 쾌적한 느낌으로 허공을 날아간다 하여 '雅'자의 이름을 얻었기 때문에 그것을 들추어 비유한 것이기는 하나 그렇더라도 너무 왜곡되었다.

王引之 : '雅'는 '夏'자로 읽어야 한다. '夏'는 중국을 말하는 것이기 때문에 '楚'·'越'과 대구가 된다. 〈儒效篇〉의 "居楚而楚 居越而越 居夏而夏(楚나라에 거주하면 楚나라 사람의 습속을 갖추고, 越나라에 거주하면 越나라 사람의 습속을 갖추고, 中原에 거주하면 중원 사람의 습속을 갖춘다.)"라고 하였으니, 이것이 곧 그 증거이다. 옛날에 '夏'와 '雅' 두 자는 서로 통용되었기 때문에 ≪春秋左氏傳≫의 齊나라 대부 '子雅'가 ≪韓非子≫ 〈外儲說 右篇〉에는 '子夏'로 되어 있다. 그런데 楊氏는 "바르고 아름다운 덕이 있는 사람을 '雅'라 이른다."라고 하였으니, 위 두 문구와 짝이 되지 않는다.

## 4-65 是非知能材性然也라 是注錯習俗之節[23)]異也니라

이는 지혜와 재능, 자질과 본성이 그들을 그렇게 만든 것이 아니라, 곧 행동거지와 관습을 적절하게 하는 것이 달랐기 때문이다.

習俗은 謂所習風俗이라 節은 限制之也[24)]라 ○ 盧文弨曰 注制下之字는 宋本有하고 元刻無라 王念孫曰 習俗은 雙聲字라 俗卽是習이니 非謂所習風俗也라 說文에 俗은 習也라하고① 周官大司徒注曰 俗은 謂土地所生習也라하니라 性惡篇曰 上不循於亂世之君하고 下不俗於亂世之民이라하니 不俗은 不習也라② 又儒效篇習俗移志하고 安久移質과③ 大略篇曰 政敎習俗이 相順而後行과 史記秦始皇紀宣省習俗과 漢書食貨志同巧拙而合習俗의 習俗二字는 皆上下平列이라 先謙案 節異는 猶言適異也니 非謂節限制之[25)]라 節與適同義니 說見彊國篇이라

① 廣雅同이라

23) 節 : '適(알맞다)'자와 같다는 王先謙의 설을 따라 번역하였다.

24) 節 限制之也 : '之'자는 盧文弨가 元刻本에는 들어 있지 않다고 했는데, 이럴 경우 '節限制也'가 되고, '限制'는 '節'자를 풀이한 것으로 볼 수 있다.

25) 非謂節限制之 : '節限制之'는 위 楊倞 주의 문구이다. 王先謙은 이것을 '조절하고 제한을 한다.'는 뜻으로 오해한 것으로 보인다. 번역은 王先謙의 뜻에 따랐다.

≪廣雅≫와 같다.

② 楊注에 俗은 謂從其俗이라하니 亦誤라

楊氏의 주에 "'俗'은 그 풍속을 따르는 것을 이른다."고 하였으니, 이 또한 잘못이다.

③ 餘見前注錯下라

나머지는 앞 주의 '錯' 아래에 보인다.

楊倞注 : '習俗'은 익힌 풍속을 이른다. '節'은 제한이란 뜻이다.

○ 盧文弨 : 楊氏 주의 '制' 아래 '之'자는 宋本에는 있고 元刻本에는 없다.

王念孫 : '習'과 '俗'은 雙聲 글자이다. '俗'이 곧 '習'이니 익힌 풍속을 말한 것은 아니다. ≪說文解字≫에 "'俗'은 '習'자의 뜻이다."라고 하고, ≪周禮≫ 〈周官 大司徒〉의 주에 "'俗'은 토지에서 생활하며 익히는 것을 이른다."라고 하였다. 〈性惡篇〉에 "上不循於亂世之君 下不俗於亂世之民(위로는 난세의 군주를 따르지 않고 아래로는 난세의 백성과 어울리지 않는다.)"이라고 하였으니, '不俗'은 익히지 않는다는 뜻이다. 또 〈儒效篇〉의 "習俗移志 安久移質(풍속관습이 사람의 생각을 바꾸고, 관습에 안주하는 시간이 길면 사람의 본질이 바뀐다.)"과, 〈大略篇〉의 "政敎習俗 相順而後行(정치교화와 풍속관습이 서로 적응한 뒤에 비로소 실행할 수 있다.)"과, ≪史記≫ 〈秦始皇紀〉의 "宣省習俗(습속을 살펴보다.)"과, ≪漢書≫ 〈食貨志〉의 "同巧拙而合習俗(기능이 뛰어나거나 그렇지 못한 사람들이 함께 어울리게 하여 습속이 서로 합치되게 한다.)"이라고 한 '習俗' 두 자는 모두 〈같은 뜻의 글자가〉 위아래로 나란히 배열된 것이다.

先謙案 : '節異'는 적절하게 하는 것이 다르다는 뜻의 '適異'라는 말과 같으니, 조절하고 제한하는 것을 말한 것은 아니다. '節'은 '適'과 같은 뜻이니, 그에 관한 설명은 〈彊國篇〉에 보인다.

4-66 仁義德行은 常安之術也나 然而未必不危也며 汙僈突盜는 常危之術也나 然而未必不安也라

仁義와 德行을 행하는 것은 항상 안전한 방법이지만 그렇더라도 반드시 위험한 일이 일어나지 않은 것은 아니고, 더럽고 야비하며 설쳐대고 탈취하는 것은 항상 위험한 방법이지만 그렇더라도 반드시 안전하지 않은 것은 아니다.

僈當爲漫이라 漫亦汙也라 水冒物謂之漫이라 莊子云 北人無擇曰 舜欲以其辱行汙漫我라하니라 漫은 莫半反이라 莊子又曰 澶漫爲樂이라하니 崔云 淫衍也라하고 李云

縱逸也라하니라 一曰 漫은 欺誑之也라하니라

楊倞注 : '僈'은 마땅히 '漫'이 되어야 한다. '漫'자 또한 더럽다는 뜻이다. 큰물이 불어나 사물을 뒤덮은 것을 '漫'이라 이른다. 《莊子》에 "北人無擇曰 舜欲以其辱行汙漫我(北人無擇이 말하기를 '舜이 그의 치욕스런 행위로 나를 더럽히려고 한다.'라고 했다.)"라고 하였다. '漫'의 음은 莫과 半의 反切이다. 《莊子》에 또 "澶漫爲樂(무절제하게 방종하여 쾌락을 즐겼다.)"이라고 하였는데, 崔氏(崔譔)는 "방탕한 것이다."라고 하고, 李氏(李頤)는 "제멋대로 하는 것이다."라고 하였다. 어떤 경우에는 "'漫'은 속인다는 뜻이다."라고 하였다.

## 4-67 故君子道其常而小人道其怪니라

그러므로 군자는 그 정상적인 길을 따르고 소인은 그 괴벽한 길을 따른다.

道는 語也라 怪는 謂非常之事니 取以自比也라 ○ 盧文弨曰 元刻故下有曰字나 宋本無라 又曰 道語下에 當有也怪二字하니 文脫耳[26)]라 先謙案 宋台州本有也怪二字나 謝本無라 今增入注하니라

楊倞注 : '道'는 '語'자의 뜻이다. '怪'는 정상적이지 않은 일을 말한 것이니, 이 글자를 취해 소인의 속성을 스스로 비유한 것이다.

○ 盧文弨 : 元刻本에는 '故' 아래에 '曰'자가 있으나 宋本에는 없다.

盧文弨 : '道語' 아래에 마땅히 '也怪' 두 자가 있어야 하니, 글이 빠진 것일 뿐이다.

先謙案 : 宋 台州本에는 '也怪' 두 자가 있으나 謝本에는 없다. 여기서는 楊倞의 주에 추가하였다.

## 4-68 凡人有所一同이라 飢而欲食하고 寒而欲煖하고 勞而欲息하며 好利而惡害라 是人之所生而有也라 是無待而然者也니 是禹桀之所同也라 目辨白黑美惡하고 耳辨聲音淸濁하고 口辨酸鹹甘苦하고 鼻辨芬芳腥臊하며 骨體膚理辨寒暑疾養이라

대체로 사람은 모두 동일한 부분이 있다. 배고프면 먹고 싶고, 추우면 따뜻하고 싶고, 피곤하면 쉬고 싶으며, 이익을 좋아하고 손해를 싫어한다. 이것은 사람이 태어날 적에 지닌 본성으로서 어떤 외적인 영향 없이 자연적으로 그런 것이

26) 道語下……文脫耳 : 盧文弨가 교감할 때 참고한 판본에는 楊倞의 주가 '道語謂非常之事'로 되어 있었기 때문에 한 말이다.

니, 禹나 桀도 마찬가지이다. 눈은 흰색 검은색과 아름답고 추한 모양을 분별하고, 귀는 소리의 淸濁을 분별하고, 입은 시고 짜고 달고 쓴 맛을 분별하고, 코는 향기와 비린내를 분별하며, 신체와 피부로는 추위와 더위, 아프고 가려운 것을 분별한다.

**膚理**는 **肌膚之文理**라 **養與癢**(양)**同**이라

楊倞注 : '膚理'는 살과 피부의 결이다. '養'은 '癢(가렵다)'자와 같다.

## 4-69 是又人之所常生而有也라 是無待而然者也니 是禹桀之所同也라

이 또한 사람이 태어날 적에 지닌 본성으로서 어떤 외적인 영향 없이 자연적으로 그런 것이니, 禹나 桀도 마찬가지이다.

**○ 先謙案 常字**는 **以文義求之不當有**니 **上下文所生而有句**에 **竝無常字**라 **此常字緣上下文而衍**[27)]이라

○ 先謙案 : '常'자는 글 뜻으로 추리해볼 때 그 자리에 있는 것은 옳지 않으니, 위아래 글 '所生而有'라고 한 문구에 모두 '常'자가 없다. 이 '常'자는 위아래 문구로 인해 잘못 덧붙여진 것이다.

## 4-70 可以爲堯禹요 可以爲桀跖이며 可以爲工匠이요 可以爲農賈니 在執注錯習俗之所積耳라

〈사람들은 모두 이 본성에 의해〉 堯와 禹가 될 수도 있고 桀과 盜跖이 될 수도 있으며, 기술자가 될 수도 있고 농민이나 장사꾼이 될 수도 있으니, 이것들은 모두 행동거지와 관습이 오랫동안 누적된 것에 달려 있을 뿐이다.

**在所積習**이라 **○ 先謙案 埶字無義**라 **以上文言注錯習俗證之**면 **則埶字爲衍文**이라

楊倞注 : 오랜 관습에 달려 있다는 것이다.

○ 先謙案 : '埶'자는 뜻이 없다. 앞서 윗글에 '注錯習俗'이라 말한 것으로 판단해보면 '埶'자는 잘못 덧붙여진 글자이다.

27) 此常字緣上下文而衍 : 上下文이란 위의 '君子道其常'과 아래의 '爲堯禹則常安榮'을 말한다.

4-71 **是又人之所生而有也**라 **是無待而然者也**니 **是禹桀之所同也**라

이 또한 사람이 태어날 적에 지닌 본성으로서 어떤 외적인 영향 없이 자연적으로 그런 것이니, 禹나 桀도 마찬가지이다.

○ 王念孫曰 案此二十三字는 涉上文而衍이라 下文爲堯禹則常安榮하고 爲桀紂則常危辱云云은 與上文在注錯習俗之所積句와 緊相承接하니 若加此二十三字면 則隔斷上下語脈이라 故知爲衍文이라

○ 王念孫 : 살펴보건대, 이 23자는 윗글로 인해 잘못 덧붙여진 것이다. 아래 글 '堯나 禹가 되었을 때는 항상 편안하고 영예로우며 桀이나 紂가 되었을 때는 항상 위험하고 치욕스러우며……'라고 한 것은, 윗글 '이것들은 모두 행동거지와 관습이 오랫동안 누적된 것에 달려 있을 뿐이다.'라는 문구와 긴밀하게 서로 이어지는데, 만약 이 23자를 중간에 넣는다면 위아래 문맥이 끊어진다. 이 때문에 잘못 덧붙여진 글임을 알 수 있다.

4-72 **爲堯禹則常安榮**하고 **爲桀跖則常危辱**하며 **爲堯禹則常愉佚**하고 **爲工匠農賈則常煩勞**라 **然而人力**[28]**爲此而寡爲彼**는

堯나 禹가 되었을 때는 항상 편안하고 영예로우며 桀이나 盜跖이 되었을 때는 항상 위험하고 치욕스러우며, 堯나 禹가 되었을 때는 항상 즐겁고 기술자나 농민이나 장사꾼이 되었을 때는 항상 고생스럽다. 그런데도 사람들이 힘을 다해 이쪽(桀·盜跖·농민·장사꾼)을 추구하고 저쪽(堯·禹)을 힘쓰는 이가 적은 것은

○ 兪樾曰 力乃多字之誤라 與寡對文成義하니 下同이라

○ 兪樾 : '力'은 곧 '多'자의 잘못이다. '寡'자와 대구로 뜻이 형성된 것이니, 아래도 이와 같다.

4-73 **何也**오 **曰 陋也**니라

무슨 까닭인가? 그 답은 식견이 고루하기 때문이다.[29]

---

28) 力 : 兪樾이 '多'자의 잘못이라 하였으나, 鍾泰·潘重規·楊柳橋·王天海 등은 모두 굳이 고칠 필요가 없다고 하였다. 원문에 따라 번역하였다.

言人不爲彼堯舜而爲此桀跖은 由於性之固陋也라

楊倞注 : 사람들이 저 堯 · 舜을 추구하지 않고 이 桀 · 盜跖을 추구하는 것은 본성이 고루하기 때문임을 말한 것이다.

**4-74 堯禹者**는 **非生而具者也**라 **夫起於變故**[30]하여 **成乎修(修之)**[31]**爲**하여 **待盡而後備者也**라

堯와 禹는 모두 태어나면서부터 〈성인의 덕을〉 구비한 사람들이 아니다. 대체로 이전의 나쁜 본성을 고치는 것에서부터 시작하여 갈고 다듬는 노력을 이루어나가 진선진미해진 뒤에 비로소 〈성인의 덕을〉 구비한 사람들이다.

變故는 患難事故也라 言堯禹起於憂患하여 成於修飾하여 由於待盡物理 然後에 乃能備之라 孟子曰 天將降大任於是人也신댄 必先苦其心志하며 勞其筋骨하며 窮餓其體膚하며 空乏其身하여 行拂亂其所爲하나니 所以動心忍性하여 增益其所不能也라하고 智生於憂患死於安樂[32]이라하니라 爲는 于僞反이라 ○ 兪樾曰 修之二字衍[33]이라 起於變故와 成乎修爲二語는 相對成文이라 下文曰 非孰修爲之君子면 莫之能知也라하여 正以修爲二字連文하니 可證이리

楊倞注 : '變故'는 근심 · 고난과 불행한 일이다. 堯 · 禹가 근심 걱정 속에서 시작하여 심신을 수양하는 노력을 이루어나가 사물의 이치를 완전히 이해하는 과정을 거친 뒤에, 비로소 〈성인의 덕을〉 구비하였다는 것을 말한 것이다. ≪孟子≫에 "하늘이 장차 이 사

---

29) 식견이……때문이다 : 〈修身篇〉에 "식견이 좁은 것을 고루하다고 말한다.〔少見曰陋〕"라고 하였다. 본성이 고루한 것이라고 한 楊倞의 주는 잘못된 것으로 보인다.

30) 變故 : 楊倞의 주는 "근심 · 고난과 불행한 일이다."라고 하였으나, 冢田虎 · 鍾泰 · 梁啓雄 · 李中生 · 王天海 등은 그에 동의하지 않고 모두 이전의 좋지 않은 본성을 바꾸는 것이라고 주장하였다. 번역에서는 후자의 주장을 따랐다.

31) (修之) : 저본에는 '修之'가 있으나, 兪樾의 의견에 따라 잘못 덧붙여진 것으로 보았다.

32) 孟子曰……死於安樂 : 모두 ≪孟子≫ 〈告子 下〉에 나오며, ≪孟子≫에는, '窮'자가 없고, '增'이 '曾'으로 되어 있으며, '智'가 '知'로 되어 있다.

33) 修之二字衍 : 于省吾(1896~1984)는 '修修'는 마땅히 '攸攸'로 읽어야 한다고 하면서 '攸攸'는 '悠悠'와 같으므로 '오랜 세월을 노력한 것이 이루어져〔成乎悠久之所爲〕'라는 뜻이라고 하였다.

람에게 큰 임무를 내려주려고 할 때는 반드시 먼저 그의 心志를 괴롭게 하고 그의 힘줄과 뼈를 수고롭게 하고 그의 육신을 굶주리게 하고 그의 몸을 궁핍하게 하여 무엇을 행하면 그 하는 일이 어긋나고 혼란스럽게 만드니, 이는 마음을 놀라게 하고 성격을 강인하게 변화시켜 그의 부족한 재능을 보충해주기 위해서이다."라고 하고, 또 "근심 걱정 속에서 생존하고 안락함 속에서 죽는다는 것을 알 수 있다."라고 하였다. '爲'의 음은 于와 僞의 反切이다.

○ 兪樾 : '修之' 두 자는 잘못 덧붙여진 것이다. '起於變故'와 '成乎修爲' 두 말은 서로 짝을 맞춰 글이 이뤄진 것이다. 아래 글에 "非孰修爲之君子 莫之能知也(잘 알고 익히고 실행하는 군자가 아니면 이해할 수 없는 것이다.)"라고 하여, 바로 '修爲' 두 자를 잇대어 구성하였으니, 이것이 그 증거이다.

4-75 人之生固小人이라

사람의 본성은 본디 소인이다.

○ 先謙案 生性字通用이라 此卽性惡意라

○ 先謙案 : '生'과 '性' 두 글자는 통용한다. 이 말은 곧 본성이 악하다는 뜻이다.

4-76 **無師無法則唯利之見耳**라 **人之生固小人**이요 **又以遇亂世**하고 **得亂俗**하니 **是以小重小也**며 **以亂得亂也**라 **君子非得埶以臨之**면 **則無由得開內**(납)[34]**焉**이라

스승이 없고 예법이 없다면 눈에는 오직 이득만 보일 것이다. 사람의 본성이 본디 소인인 데다가 또 혼란한 세상을 만나 혼란한 습속의 영향을 받으니, 이는 소인이 더욱 소인이 되고 혼란한 것이 더욱 혼란하게 되는 것이다. 만약 군자가 권세를 얻어 그들을 통솔하지 않는다면, 〈그들의 마음을〉 열어 〈좋은 도리를〉 집어넣을 방법이 없다.

開小人之心而內善道也라

楊倞注 : 소인의 마음을 열어 좋은 도리를 집어넣는다는 것이다.

34) 內(납) : '納'자와 같다.

4-77 **今是人之口腹**[35]이 **安知禮義**며 **安知辭讓**이며 **安知廉恥隅積**이리오

만약 사람이 먹고 마실 것만 탐한다면 어디서 禮義를 알고, 어디서 겸양을 알고, 어디서 염치와 도리의 한 부분이나 전부를 알 것인가.

言口腹無所知라 隅는 一隅니 謂其分也라 積은 積習이라 ○ 王念孫曰 今是는 猶言今夫也라 說見釋詞是字下라 先謙案 楊釋隅積之義未晰이라 隅積與禮義辭讓廉恥相配爲文하니 皆人所不可不知者라 隅는 道之分見者也요 積은 道之貫通者也라 解蔽篇云 道者는 體常而盡變하니 一隅不足以擧之라 曲知之人은 觀於道之一隅하여 以爲足而飾之라 惟孔子不蔽於成積이라하니 此卽隅積之義라 天論篇云 萬物爲道一偏이요 一物爲萬物一偏이라 愚者爲一物一偏이로되 而自以爲知道하니 無知也라하니라 荀子因時人蔽於一偏하여 肆爲曲說이라 故作解蔽以明之라 此以隅積與禮義辭讓廉恥竝擧도 亦其義也라

楊倞注：먹고 마실 것만 추구하는 사람은 아는 것이 없다는 것을 말한 것이다. '隅'는 한 모서리로, 그 한 부분을 이른다. '積'은 오랜 습관이다.

○ 王念孫：'今是'는 '今夫'라는 말과 같다. 이에 관한 설명은 ≪經傳釋詞≫의 '是'자 아래에 보인다.

先謙案：楊氏가 '隅積'의 뜻을 풀이한 것은 분명치 않다. '隅積'과 '禮義'·'辭讓'·'廉恥'는 서로 짝을 지어 글이 이루어진 것으로, 이것은 모두 사람이 몰라서는 안 될 것들이다. '隅'는 도가 부분적으로 드러난 것이고, '積'은 도가 전반적으로 관통한 것이다. 〈解蔽篇〉에 "도란 것은, 본체는 언제나 그대로이지만 변화하는 것은 끝이 없으니, 한 부분〔一隅〕으로는 그것을 포괄할 수 없다. 깊이 있게 알지 못한 사람은 도의 한 부분〔一隅〕만 보고 그것이 완전한 도라고 여겨 연구한다. 오직 孔子만이 선입견과 옛 버릇〔成積〕에 속아 넘어가지 않았다."라고 하였으니, 이것이 곧 '隅積'의 뜻이다. 〈天論篇〉에 "만물은 도의 한 부분이고 한 가지 사물은 만물의 한 부분이다. 우매한 사람은 한 가지 사물의 한 부분만 인식하면서도 스스로 도를 안다고 생각하니, 사실은 무지한 것이다."라고 하였다. 荀子가 당시 사람들이 그 지혜가 한 부분에 가려져서 함부로 편협한 설을 주장하였기 때문에 〈解蔽篇〉을 지어 그것이 〈잘못되었다는 것을〉 밝힌 것이다. 여기서 '隅積'과 '禮

35) 今是人之口腹：'今'은 '若(만약)'자와 같은 것으로, 가설의 뜻이다. '口腹'은 음식을 먹는 입과 먹은 음식을 담는 위장이란 뜻이지만, 일반적으로 먹고 마시는 것만을 탐하는 욕심을 가리킨다.

義'·'辭讓'·'廉恥'를 함께 거론한 것도 그 뜻이다.

## 4-78 亦呥(염)呥而噍하고 鄉鄉而飽已矣라

그저 우적우적 씹어대고 맛있게 먹어 배가 부르면 그만인 것이다.

呥呥은 噍貌라 如鹽反이라 噍는 嚼(작)也니 才笑反이라 鄉鄉은 趨飮食貌니 許亮反이라 ○ 先謙案 楊讀鄉爲向이라 故訓爲趨飮食貌라 但呥呥是噍貌니 則鄉鄉當是飽貌라 若解爲趨飮食貌면 文義不一律이라 且趨飮食反在噍嚼之後하여 未免倒置라 楊說非也라 鄉은 當爲薌之消이며 薌亦香字也라 重言之則[36]曰鄉鄉은 猶美之爲美美하고① 苾芬之爲苾苾芬芬이니② 正飽食甘美意라

① 漢鐃歌上陵曲이라
〈漢鐃歌 上陵曲〉에 보인다.

② 詩信南山이라
≪詩經≫ 〈信南山〉에 보인다.

楊倞注 : '呥呥'은 씹는 모양이다. 〈'呥'의〉 음은 如와 鹽의 反切이다. '噍'는 '嚼(씹다)'자의 뜻이니 음은 才와 笑의 反切이다. '鄉鄉'은 빨리 마시고 먹는 모양이니 〈'鄉'의〉 음은 許와 亮의 反切이다.

○ 先謙案 : 楊氏는 '鄉'을 '向'자로 읽었기 때문에 '빨리 마시고 먹는 모양이다.'로 풀이하였다. 그러나 '呥呥'이 씹는 모양이므로 '鄉鄉'은 마땅히 배가 부른 모양이어야 한다. 만약 빨리 마시고 먹는 모양이라고 풀이한다면 글 뜻이 일률적이지 않다. 게다가 빨리 마시고 먹는 행동이 음식을 씹는 다음에 있게 되어 순서가 바뀌게 됨을 면할 수 없다. 楊氏의 설은 틀렸다. '鄉'은 마땅히 '薌'자가 생략된 것으로 보아야 하고, '薌' 또한 '香'자이다. 글자를 거듭 써서 '鄉鄉'이라고 한 것은 '美'를 '美美'라 하고, '苾芬'을 '苾苾芬芬'이라 한 경우와 같으니, 곧 달고 맛있는 것을 배불리 먹는다는 뜻이다.

## 4-79 人無師無法이면 則其心正[37]其口腹也리라

사람에게 스승이 없고 예법이 없다면 그들의 마음은 먹고 마시는 것에 고정될

---

36) 則 : 여기서는 접속사인 '而'자와 같다.

37) 正 : '定(정하다)'자와 같다. 楊倞 주의 '正'자는 '卽'자의 뜻이다.

것이다.

人不學이면 則心正如口腹之欲也리라

楊倞注：사람이 배우지 않는다면 그 마음이 곧 먹고 마시는 것만 추구하는 것과 같을 것이다.

4-80 **今使人生而未嘗睹芻豢稻粱也**하고 **惟菽藿糟糠之爲睹**면 **則以至足爲在此也**리라 **俄而粲然有秉芻豢稻粱而至者**면 **則瞲(휼)然視之曰 此何怪也**오하리라

지금 만약 사람이 태어나서 일찍이 고기와 백미·좁쌀을 맛보지 못하고 오직 콩·콩잎과 지게미·쌀겨만 보았다면, 그들을 가장 만족하게 하는 것은 이런 것들일 것이다. 그러다가 갑자기 어떤 사람이 신선하고 정갈한 고기와 백미·좁쌀을 가지고 〈그들 앞에〉 나타나면 눈을 휘둥그레 뜨고 보면서 말하기를 "이것이 무슨 괴상한 물건인고?"라고 할 것이다.

粲然은 精絜貌라 牛羊曰芻요 犬豕曰豢이라 豢은 圈也니 以穀食於圈中이라 瞲然은 驚視貌니 與獝(휼)同이라 禮記曰 故鳥不獝이라하니라 許聿反이라 ○ 盧文弨曰 宋本注作與眓狘(활월)同이라 禮記曰 故鳥不狘[38)]이라 許聿反이라 眓或爲狘이라하여 與元刻微異라

楊倞注：'粲然'은 정결한 모양이다. 소와 양을 '芻'라 하고, 개와 돼지를 '豢'이라 한다. '豢'은 우리이니, 곡식을 우리 속에서 먹는다는 뜻이다. '瞲然'은 놀라서 보는 모양이니, '獝(놀라 허둥거리다)'자와 같다. ≪禮記≫에 "故鳥不獝(그 때문에 새들이 놀라 허둥대지 않을 것이다.)"이라고 하였다. 〈瞲의〉 음은 許와 聿의 反切이다.

○ 盧文弨：宋本에는 楊氏의 주가 "〈瞲은〉 '眓'·'狘'과 같다. ≪禮記≫에 '故鳥不獝(그 때문에 새들이 놀라 허둥대지 않을 것이다.)'이라 했다. 〈狘의〉 음은 許와 聿의 反切이다. '眓'은 혹 '狘'자로 쓰기도 한다."로 되어 있어 元刻本과 조금 다르다.

4-81 **彼臭(후)之而嗛於鼻**하고

그들이 그 냄새를 맡았을 때 코끝이 흡족하고,

38) 故鳥不狘：≪禮記≫ 〈禮運〉에는 '故獸不狘'로 되어 있다.

臭는 許又反[39]이라 嗛當爲慊(겸)이니 厭也라 苦廉反이라 或下忝反이라 ○ 盧文弨曰 案下忝은 元刻作胡簟이라 郝懿行曰 臭는 今作嗅라 嗛은 不足也니 與歉(겸)同이라 言嗅之而無歉於鼻는 與嘗之而甘於口句相儷라 王念孫曰 臭之而無嗛於鼻의 無는 衍字也라 嗛은 苦簟反이니 快也라① 臭之而嗛於鼻하고 嘗之而甘於口하고 食之而安於體三句는 文同一例라 若嗛上有無字면 則與下文不合矣라 楊讀嗛爲慊而訓爲厭하니 失之라 汪說同[40]이라 先謙案 王說較長이라

① 莊子盜跖篇曰 口嗛於芻豢醪醴之味라하고 趙策曰 衣服之便於體와 膳啗之嗛於口라하고 魏策曰 齊桓公夜半不嗛하니 易牙乃煎熬燔炙하여 和調五味而進之라한대 高注에 嗛은 快也라하니라

≪莊子≫ 〈盜跖篇〉에 "口嗛於芻豢醪醴之味(입으로는 고기와 맛있는 술의 감칠맛을 맛보려 한다.)"라고 하였으며, ≪戰國策≫ 〈趙策〉에 "衣服之便於體 膳啗之嗛於口(의복은 몸에 편하게 해주고 음식은 입맛에 맞게 해줬다.)"라고 하고, 〈魏策〉에 "齊桓公夜半不嗛 易牙乃煎熬燔炙 和調五味而進之(齊 桓公이 밤중에 배가 고팠는데 易牙가 먹을거리를 삶고 볶고 구운 것에다가 다섯 가지 맛으로 조리하여 바쳤다.)"라고 하였는데, 高誘 주에 "'嗛'은 '快(쾌하다)'자의 뜻이다."라고 하였다.

楊倞注 : '臭'의 음은 許와 又의 反切이다. '嗛'은 마땅히 '慊(부족하다)'자로 되어야 하니, 식욕이 부진하다는 '厭(싫다)'자의 뜻이다.[41] 〈'嗛'의〉 음은 苦와 廉의 反切이다. 혹은 下와 忝의 反切이 되기도 한다.

○ 盧文弨 : 살펴보건대, 楊氏 주의 '下忝'이 元刻本에는 '胡簟'으로 되어 있다.

郝懿行 : '臭'는 지금은 '嗅'자로 쓴다. '嗛'은 부족하다는 뜻이니, '歉(부족하다)'자와 같다. '그 냄새를 맡았을 때 코에 부족함이 없다〔嗅之而無歉於鼻〕'고 한 말은 '그것을 맛보았

39) 臭 許又反 : 許又反은 음이 '후'라는 것으로, '臭'를 '嗅(냄새 맡다)'자로 읽어야 한다는 뜻이다.

40) 汪說同 : 이 문구는 王先謙이 한 말이다. 汪은 汪中(1744~1794)을 가리킨다. 淸 江蘇 江都 사람으로, 자는 容甫이다. 어릴 적에 가난하여 책가게를 돌아다니면서 經史 百家 서적을 빌려보았는데, 한번 보면 암기하였다. 經學에 치중하여 당대의 대가가 되었으며 같은 고장의 王念孫・劉台拱과 교제하였다.

41) 嗛은……뜻이다 : '慊'자는 '부족하다'와 '흡족하다'의 정반대 뜻을 함께 지닌 글자이고, '厭'자도 '싫다'와 '흡족하다'의 반대되는 뜻을 함께 지닌 글자이다. 그런데 楊倞이 접해 본 판본에는 본디 '嗛'자 위에 부정사인 '無'자가 더 있었기 때문에 '嗛'자를 부족하다는 뜻으로 풀이한 것이다. 아래에서 王念孫이 楊倞의 풀이가 틀렸다고 말한 것은 본문에 '無'자가 없다는 전제하에 한 말로 보인다.

을 때 입안이 감미롭다〔嘗之而甘於口〕'는 문구와 서로 짝을 이룬다.

王念孫 : '臭之而無嗛於鼻'의 '無'자는 잘못 덧붙여진 글자이다. '嗛'의 음은 苦와 簟의 反切로, 유쾌하다는 뜻이다. '臭之而嗛於鼻 嘗之而甘於口 食之而安於體' 세 문구는 글이 동일한 형식이다. 만약 '嗛' 위에 '無'자가 있으면 아래 글과 맞지 않는다. 楊氏는 '嗛'을 '慊'으로 읽어 식욕이 부진하다는 뜻으로 풀이하였으니 잘못되었다.

汪氏의 설도 〈王念孫의 설과〉 같다.

先謙案 : 王氏의 설이 비교적 더 우세하다.

4-82 **嘗之而甘於口**하고 **食之而安於體**면 **則莫不弃此而取彼矣**리라 **今以夫先王之道**와 **仁義之統**으로 **以相群居**하고 **以相持養**하고 **以相藩飾**하고 **以相安固邪**아

그것을 맛보았을 때 입안이 감미롭고, 그것을 먹었을 때 몸이 편안하다면, 이것(콩·콩잎과 지게미·쌀겨)을 버리고 저것(고기와 백미·좁쌀)을 취하지 않을 수 없을 것이다. 지금 저 옛 聖王의 도덕과 仁義의 강령을 가지고 〈어찌〉 무리 지어 함께 사는 것을 돕고, 養生하는 것을 돕고, 몸을 가리고 꾸미는 것을 돕고, 안전하게 사는 것을 돕지 않을 수 있겠는가.

**持養**은 **保養也**라 **藩飾**은 **藩蔽文飾也**라

楊倞注 : '持養'은 양생의 뜻이다. '藩飾'은 몸을 가리고 꾸민다는 뜻이다.

4-83 **以夫桀跖之道**와는

이것이 저 桀과 盜跖의 방법과는

○ **先謙案 鄕射禮鄭注**에 **以**는 **猶與也**라하니라

○ 先謙案 : ≪儀禮≫ 〈鄕射禮〉의 鄭玄 주에 "'以'는 '與(더불다)'자와 같다."라고 하였다.

4-84 **是其爲相縣也 幾直夫芻豢稻粱之縣糟糠爾哉**아

서로의 큰 차이가 어찌 그저 저 고기와 백미·좁쌀이 술지게미·쌀겨와 크게 차이가 나는 그 정도일 뿐이겠는가.

言以先王之道與桀跖相縣이 豈止糟糠比芻豢哉아하니라 幾는 讀爲豈라 下同이라

楊倞注 : 옛 聖王의 방법을 桀·盜跖과 〈견주었을 때〉 서로 크게 차이 있는 것이, 어찌 지게미·쌀겨와 쇠고기·돼지고기의 차이 정도일 뿐이겠는가라고 말한 것이다. 幾는 '豈'자로 읽는다. 아래도 같다.

4-85 然而人力爲此而寡爲彼는 何也오 曰 陋也니라 陋也者는 天下之公患也니

그런데도 사람들이 힘을 다해 이쪽을 추구하고 저쪽을 힘쓰는 이가 적은 것은 무슨 까닭인가? 그 답은 식견이 고루하기 때문이다. 고루라는 것은 천하가 공유한 약점으로

公共有此患也라

楊倞注 : 누구나 공통적으로 이 약점이 있다는 것이다.

4-86 人之大殃大害也라 故曰 仁者好告示人이라하니라

사람의 큰 화근이고 큰 재해이다. 그러므로 〈옛사람이〉 말하기를 "어진 자는 道를 사람들에게 알리고 보여주기를 좋아한다."라고 하였다.

○ 王念孫曰 人者人與仁同하니 說見修身篇愛人下라 先謙案 各本皆作仁者하여 與王所見本異라

○ 王念孫 : '人者'의 '人'은 '仁'과 같으니, 이에 관한 설명은 〈修身篇〉의 '愛人' 아래에 보인다.

先謙案 : 각 판본에는 모두 '仁者'로 되어 있어 王氏가 본 판본과 다르다.

4-87 告之示之하고 靡之儇(현)之하고 鉛(연)之重之하면

도를 그들에게 알리고 그들에게 보여주며, 그들에게 오랫동안 익히게 하며, 그들에게 순응하게 하고 그들에게 재삼 강조한다면

靡는 順從也라 儇은 疾也니 火緣反이라 靡之儇之는 猶言緩之急之也라 鉛與沿同이니

循也라 撫循之하고 申重之也라 ○ 王引之曰 楊說非也라 靡之儇之는 即賈子所云 服習積貫也라 儒效篇曰 居楚而楚하고 居越而越하고 居夏而夏하니 是非天性也라 積靡使然也라[①] 故人知謹注錯하고 愼習俗하고 大積靡면 則爲君子矣라하고 性惡篇曰 身日進於仁義而不自知者는 靡使然也라하니라 方言曰 還은 積也라하니 還與儇은 聲近而義同이라 是靡之儇之는 皆積貫之意也라

① 楊注에 靡는 順也니 順其積習이라 故能然이라하니 非是라
楊倞의 주에 "'靡'는 순응한다는 뜻이니, 그 오랜 습관에 순응하기 때문에 능히 그렇게 된 것이다."라고 하였는데, 이는 옳지 않다.

楊倞注：'靡'는 순종한다는 뜻이다. '儇'은 빠르다는 뜻이니, 음은 火와 緣의 反切이다. '靡之儇之'는 느슨하게도 하고 급하게도 한다는 말과 같다. '鉛'은 '沿'과 같으니, 따른다는 뜻이다. 그들을 순응하게 하고 그들에게 재삼 강조한다는 것이다.

○ 王引之：楊氏의 설은 틀렸다. '靡之儇之'는 곧 ≪賈子新書≫에서 말한 "오랫동안 익혀 습관이 된다.〔服習積貫〕"라는 뜻이다. 〈儒效篇〉에 "楚나라에 거주하면 楚나라 사람의 습속을 갖추고, 越나라에 거주하면 越나라 사람의 습속을 갖추고, 중원에 거주하면 중원 사람의 습속을 갖춘다. 이는 타고난 천성이 아니라 후천적으로 쌓인 습관〔積靡〕이 그렇게 만든 것이다. 그러므로 사람이 행동거지를 삼가고 관습을 신중히 하고 쌓인 습관〔積靡〕을 더 확대할 줄을 알면 군자가 될 것이다."라고 하고, 〈性惡篇〉에 "자기가 날로 仁義의 길로 나아가는데도 스스로 인식하지 못하는 것은 습관〔靡〕이 그렇게 만든 것이다."라고 하였다. ≪方言≫에 "'還'은 '積(쌓다)'자의 뜻이니, '還'과 '儇'은 소리가 비슷하고 뜻이 같다. 이곳의 '靡之'와 '儇之'는 모두 오랫동안 익힌다는 뜻이다.

4-88 則夫塞者俄且通也며 陋者俄且僩也며 愚者俄且知也리라

저 마음이 막힌 사람도 갑자기 트이고, 고루한 사람도 갑자기 시야가 넓어지고, 어리석은 사람도 갑자기 총명해질 것이다.

僩與撊同하니 猛也라 方言云 晉魏之閒謂猛爲撊이라하니라 陋者俄且僩은 言鄙陋之人俄且矜莊하여 有威儀也라 詩曰 瑟兮僩兮여하니 鄭云 僩은 寬大라하니라 下板反이라 ○ 盧文弨曰 注撊字는 宋本作憪이라 今從元刻하니 與方言合이라 案此注說頗歧出이라 竊疑僩當爲嫺雅之義리 賈誼書傅職篇云 明僩雅以道之文이라하고 又道術

篇云 容志審道謂之僩이요 反僩爲野라하니 此以僩與陋相對로 義亦合이라 又曰 注陋者俄且僩之上에 當本有或曰二字라 郝懿行曰 注前說謬라 後說引詩瑟兮僩兮鄭云僩寬大也하니 此說是矣라 盧疑僩當爲嫻雅之義라하여 引賈誼書傳職篇文하니 義亦相近이나 而非本義라 今詳賈子之僩爲假借요 荀子之僩爲本義니 何以明之오 陋爲陝隘하고 僩爲寬大라 故以僩陋相儷라 證以修身篇云 多聞曰博이요 少聞曰淺이요 多見曰閑이요 少見曰陋컨대 又以閑陋相儷라 閑亦僩之叚借라 閑은 謂寬閑하니 卽僩訓寬大之義라 楊注訓爲閑習하니 亦非라 王念孫曰 盧說是也라 修身篇多見曰閑이요 少見曰陋라하여 閑與陋對文하니 是其證이라 僩閑古字同耳라 楊後說以僩爲寬大하니 近之라①

① 陳[42]說略同이라

陳氏의 설도 그와 대략 같다.

楊倞注 : '僩'은 '撊'과 같으니, 엄숙하다는 '猛'자의 뜻이다. ≪方言≫에 "晉 지방과 魏 지방 등지에서는 엄숙한 것을 말할 때 '撊'이라 한다."라고 하였다. '陋者俄且僩'은 고루한 사람도 갑자기 엄숙해져 장중한 태도가 있음을 말한 것이다. ≪詩經≫ 〈衛風 淇奧〉에 "瑟兮僩兮(태도가 장중하고 엄숙함이여)"라고 하였는데, 鄭玄의 주에 "'僩'은 관대하다는 뜻이다."라고 하였다. 〈'僩'의〉 음은 下와 板의 反切이다.

○ 盧文弨 : 楊氏 주의 '撊'자는 宋本에 '憪'으로 되어 있다. 이제 元刻本을 따랐는데 이는 ≪方言≫의 내용과 맞다. 살펴보건대, 이 주의 내용은 매우 일관성이 없다. 아마도 '僩'은 마땅히 '嫻雅'의 뜻이 되어야 옳을 듯하다. ≪賈誼新書≫ 〈傅職篇〉에 "明僩雅以道之文(고상함을 밝히기를 도리의 文으로써 한다.)"이라고 하고, 또 〈道術篇〉에 "容志審道謂之僩 反僩爲野(뜻이 넉넉하고 도를 살피는 것을 고상하다 이르고, 고상의 반대는 촌스러운 것이 된다.)"라고 하였으니, 이는 '僩'과 '陋'를 서로 짝을 맞춘 것으로서 뜻이 또한 부합된다.

盧文弨 : 楊氏 주의 '陋者俄且僩' 위에 마땅히 '或曰' 두 자가 있어야 할 것이다.

郝懿行 : 楊氏 주의 앞 설은 잘못되었다. 나중 설은 ≪詩經≫의 "瑟兮僩兮"와 鄭玄이 "'僩'은 관대하다는 뜻이다."라 한 것을 인용하였는데, 이 설은 옳다. 盧氏가 '僩'은 마땅히 '嫻雅'의 뜻으로 이해하는 것이 옳지 않을까 의심하여 ≪賈誼新書≫ 〈傅職篇〉의 글을 인용하였는데, 뜻이 또한 서로 비슷하긴 하지만 근본적인 뜻은 아니다. 이제 살펴보면

42) 陳 : 陳奐(1785~1863)을 가리킨다. 淸 江蘇 長洲 사람이다. 자는 倬雲, 호는 碩甫이고 별호는 師竹이다. 만년에 南園老人이라 자호하였다. 江沅・段玉裁에게 배웠고 王念孫 부자와 절차탁마하였다. 經學에 정통하였는데 무엇보다 ≪毛詩≫에 조예가 깊었다.

≪賈子新書≫의 '僩'은 假借한 것이고 ≪荀子≫의 '僩'은 근본 뜻인데 〈假借字로〉 어떻게 밝히겠는가. '陋'는 협소하다는 뜻이고, '僩'은 관대하다는 뜻이다. 그러므로 '僩'과 '陋'로 서로 짝을 맞춘 것이다. 〈修身篇〉의 "많이 들은 것을 '博'이라 말하고, 적게 들은 것을 '淺'이라 말하고, 많이 본 것을 '閑'이라 말하고, 적게 본 것을 '陋'라 말한다."라 한 것으로 살펴보면, 또 '閑'과 '陋'로 서로 짝을 맞췄다. '閑' 또한 '僩'의 假借이다. '閑'은 한가로운 것을 말하니, 이는 곧 '僩'을 관대하다는 뜻으로 풀이할 수 있다. 그런데 楊氏의 주는 '閑'은 '習(익히다)'의 뜻이라고 풀이하였으니, 이 또한 틀렸다.[43]

王念孫 : 盧氏의 설이 옳다. 〈修身篇〉에 "많이 본 것을 '閑'이라 말하고, 적게 본 것을 '陋'라 말한다."라고 하여 '閑'과 '陋'를 짝을 맞췄으니, 이것이 그 증거이다. '僩'과 '閑'은 옛 글자에는 동일하다. 楊氏의 나중 설은 '僩'을 관대하다는 뜻이라고 하였으니, 본의에 가깝다.

4-89 **是若不行**이면 **則湯武在上曷益**이며 **桀紂在上曷損**이리오.

만약 알려주고 보여준 대로 행해지지 않는다면, 湯王과 武王이 위에 있다 한들 무슨 도움이 될 게 있으며, 桀王과 紂王이 위에 있다 한들 무슨 해로울 일이 있겠는가.

若不行告示之道면 則湯武何益於天下며 桀紂何損於百姓이리오 所以貴湯武하고 賤桀紂는 以行與不行耳라 ○ 王念孫曰 是若不行 是字承上文告之示之四句而言이라 言民從告示라 故湯武在上則治하고 桀紂在上則亂이나 若民不從告示면 則湯武在上何益이며 桀紂在上亦何損乎아하니라 楊注失之라

楊倞注 : 만약 알려주고 보여준 도를 행하지 않는다면, 湯王과 武王이 천하에 무슨 도움이 되겠으며, 桀王과 紂王이 백성에게 무슨 해로울 일이 있겠는가. 湯王과 武王이 귀하고 桀王과 紂王이 천하게 되는 것은, 도가 행해지느냐 행해지지 않느냐에 달려 있을 뿐이다.

○ 王念孫 : '是若不行'의 '是'자는 윗글 '告之示之' 등 네 문구를 이어 말한 것이다. 백성들이 일러주고 보여준 대로 따르기 때문에 湯王과 武王이 위에 있으면 다스려지고 桀王과 紂王이 위에 있으면 어지러워지지만, 만약 백성들이 일러주고 보여준 대로 따르지 않

---

43) 楊氏의 주는……틀렸다 : ≪荀子≫ 〈修身篇〉의 '多見曰閑'에서 楊倞이 그처럼 잘못 풀이하였다는 것이다.

는다면 湯王과 武王이 위에 있다 한들 무슨 도움이 될 것이 있으며 桀王과 紂王이 위에 있다 한들 무슨 해로울 일이 있겠느냐고 말한 것이다. 楊氏의 주는 잘못되었다.

湯王

武王

4-90 **湯武存則天下從而治**하고 **桀紂存則天下從而亂**하니 **如是者**는 **豈非人之情固可與如此**하고 **可與如彼也哉**아

湯王과 武王이 있으면 천하가 따라서 다스려지지만, 桀王과 紂王이 있으면 천하가 따라서 어지러워진다. 이렇게 되는 이유는 어찌 사람의 성정이 본디 이렇게 〈桀·紂를 따라 어지러워지고〉 저렇게 〈湯·武를 따라 다스려지는〉 것이 아니겠는가.

○ 王念孫曰 豈는 本作幾하니 古豈字也라 今作豈者는 後人不識古字而改之耳라 案上文幾直夫芻豢稻粱之縣糟糠爾哉의 注云 幾는 讀爲豈니 下同이라하고 下文幾不甚善矣哉의 注云 幾는 亦讀爲豈라하니라 後注既言幾亦讀爲豈라하니 則前注不須更言下同이라 所謂下同者는 正指此幾字而言이라 今改幾爲豈하니 則前注所謂下同者竟不知何指矣라

○ 王念孫 : '豈'는 본디 '幾'로 되어 있었으니, 옛날 '豈'자이다. 지금 '豈'로 되어 있는 것은 후세 사람이 옛 글자를 몰라 고친 것일 뿐이다. 살펴보건대, 윗글 "幾直夫芻豢稻粱之

縣糟糠爾哉(어찌 그저 저 고기와 백미·좁쌀이 술지게미·쌀겨와 크게 차이가 나는 그 정도일 뿐이겠는가.)"의 주에 "'幾'는 '豈'자로 읽어야 한다. 아래의 경우도 같다."라고 하였고, 아래 글 "幾不甚善矣哉(어찌 매우 좋은 것이 아니겠는가.)"의 주에 "'幾'는 이 또한 '豈'로 읽어야 한다."라고 하였다. 나중 주에 이미 "'幾'는 이 또한 '豈'로 읽어야 한다."라고 하였으니, 앞서의 주에서 굳이 아래의 경우도 같다고 말할 필요가 없다. 이른바 아래의 경우도 같다는 것은 곧 이곳의 '幾'자를 가리켜 말한 것이다. 그런데 지금 '幾'가 '豈'로 고쳐졌으니, 앞 주의 이른바 아래의 경우도 같다는 것이 결국 무엇을 가리키는지 모르게 되었다.

4-91 人之情은 食欲有芻豢하고 衣欲有文繡하고 行欲有輿馬하며 又欲夫餘財蓄積之富也라

사람의 性情은 먹을 때 맛있는 고기가 있기를 바라고, 입을 때 화려한 비단옷이 있기를 바라고, 길을 갈 때 수레나 말이 있기를 바라며, 또 부유하여 축적된 재산이 많기를 바란다.

皆人之所貴也라

楊倞注 : 모두 사람들이 귀하게 여기는 것들이다.

4-92 然而窮年累世不知不足하니 是人之情也라

그러면서 몇 년이든 몇 세대이든 만족할 줄을 모르니 이것이 사람의 性情이다.

不知不足은 當爲不知足이니 剩不字라 或曰 不足은 猶不得也라하니라

楊倞注 : '不知不足'은 마땅히 '不知足'이 되어야 하니, '不' 한 자가 남는다. 어떤 사람은 "'不足'은 '그렇게 될 수 없다'는 뜻의 '不得'과 같다."라고 하였다.

4-93 今人之生也에 方知畜雞狗猪彘하고

지금은 사람들이 세상을 살아가면서 닭·개·돼지를 기르고

○ 盧文弨曰 正文方知는 元刻作方多라 郝懿行曰 說文에 豕三毛叢居謂之豬라하고 後蹏廢謂之彘라하니 是豬彘異라 故此分別言之라

○ 盧文弨：본문의 '方知'는 元刻本에 '方多'로 되어 있다.

郝懿行：≪說文解字≫에서, 돼지인데 한 털 구멍에서 털 세 가닥이 난 돼지를 '豬'라 하고 뒷다리가 부실한 돼지를 '彘'라 한다고 하였으니, 곧 豬와 彘는 다르다. 그러므로 여기서 분리해 말한 것이다.

4-94 **又蓄牛羊**이나 **然而食不敢有酒肉**이라 **餘刀布**하고 **有囷窌**(표)나

또 소와 양을 기를 줄 알면서도 음식을 먹을 때 구태여 술과 고기를 먹으려고 하지 않는다. 그리고 남는 돈이 있고 채워진 곳간이 있는데도

刀布는 皆錢也니 刀取其利하고 布取其廣이라 囷은 廩也니 圜曰囷이요 方曰廩이라 窌는 窖(교)也니 地藏曰窖라 窌는 匹貌反이라

楊倞注：'刀'와 '布'는 모두 돈이니, '刀'는 그 날카로운 뜻을 취하고, '布'는 그 넓은 뜻을 취한 것이다. '囷'은 곳집이니, 원형을 '囷'이라 하고, 방형을 '廩'이라 한다. '窌'는 움집이니, 땅속에 저장하는 공간을 움집이라 한다. '窌'의 음은 匹과 貌의 反切이다.

4-95 **然而衣不敢有絲帛**하고 **約者**[44]**有筐篋之藏**이나 **然而行不敢有輿馬**라

입는 옷은 구태여 비단옷을 입지 않고, 절약하는 사람은 상자 속에 값나가는 물건이 있는데도 길을 갈 적에 구태여 수레나 말을 타려고 하지 않는다.

約은 儉嗇也라 筐篋은 藏布帛者也라 言又富於餘刀布也라 ○ 兪樾曰 楊注曰 約은 儉嗇也라하니 旣云儉嗇이면 則不敢有輿馬 固無足怪니 不必更用然而字作轉矣라 楊注非也라 淮南子主術篇所守甚約에 高注曰 約은 要也라하고 漢書禮樂志治本約에 師古曰 約은 讀曰要라하니 是約與要一聲之轉으로 古亦通用이라 約者는 猶云要者라 孝經先王有至德要道疏에 引殷仲文曰 以一管衆爲要하니 蓋物之藏於筐篋者는 必是貴重之物이라 視上文所云餘刀布有囷窌爲尤要矣라 故特以要者言之니 非儉嗇之謂也라

44) 約者：兪樾은 검소하고 아낀다는 뜻이라는 楊倞의 주를 인정하지 않고 귀중하다는 뜻이라고 주장하였다. 그러나 龍宇純과 王天海는 楊倞의 주가 논리상 문제가 없다고 주장하였다. 楊倞의 주에 따라 번역하였다.

楊倞注 : '約'은 검소하고 아낀다는 뜻이다. '筐篋'은 돈을 보관하는 상자이다. 또한 남는 돈이 있는 것보다 더 부유하다는 것을 말한 것이다.

○ 兪樾 : 楊氏의 주에 "'約'은 검소하고 아낀다는 뜻이다."라고 하였는데, 이미 검소하고 아낀다고 말했다면 구태여 수레와 말을 타지 않는 것은 사실 이상할 것이 없으니, 굳이 다시 '然而' 두 자로 말을 전환할 필요가 없다. 楊氏의 주는 틀렸다. ≪淮南子≫ 〈主術篇〉의 "所守甚(지키는 것은 매우 간단하다.)"이라고 한 곳에서 高誘의 주는 "'約'은 간단하다는 뜻이다."라고 하고, ≪漢書≫ 〈禮樂志〉의 "治本約(다스리는 근본은 간단하다.)"에서 顔師古가 "'約'은 '要(간단하다)'자로 읽어야 한다."라고 하였으니, 이는 '約'과 '要'는 동일한 소리가 변한 것이므로 옛날에도 통용하였다. '約者'는 '要者'라는 말과 같다. ≪孝經≫에서 "先王有至德要道(옛 聖王은 가장 고상한 덕과 가장 요긴한 도를 지녔다.)"라고 한 곳의 疏에 殷仲文이 말한 "하나로 많은 것들을 총괄하는 것이 '要'자의 뜻이다."를 인용하였으니, 대체로 상자 속에 보관해둔 물건은 분명히 귀중한 물건으로, 윗글에서 말한 '남는 돈이 있고 채워진 곳간이 있는〔餘刀布 有囷窌〕' 경우에 비해 더 귀중할 것이다. 그러므로 특별히 '要者'로 말한 것이니, 검소하고 아끼는 것을 말한 것은 아니다.

### 4-96 是何也오 非不欲也라 幾不長慮顧後而恐無以繼之故也[45)]리오

이것은 무슨 까닭인가? 하고 싶지 않아서 그런 것은 아니다. 앞날을 길게 생각하고 뒤를 돌아다보아 그것을 이을 수 없을까 두렵기 때문이다.

○ 王念孫曰 案非不欲也二句는 文意緊相承接하니 中不當有幾不二字라 蓋涉下文幾不甚善而衍이라①

① 下文幾字有音이나 而此無音하니 則爲衍文明矣라
아래 글의 '幾'자에는 음이 있으나 여기에는 없으니, 잘못 붙여진 글임이 분명하다.

○ 王念孫 : 살펴보건대, '非不欲也' 두 문구는 글 뜻이 긴밀하게 서로 이어지니, 그 중간에 '幾不' 두 자가 있는 것은 적절하지 않다. 이것은 아마도 아래 글 '幾不甚善'으로 인해 잘못 붙여졌을 것이다.

---

45) 幾不長慮顧後而恐無以繼之故也 : 王念孫은 '幾不' 두 자가 잘못 붙여진 것이라고 하였다. 이에 대해 于鬯은 王念孫이 오해한 것이라고 하면서 끝의 '也'자를 의문조사인 '邪'로 읽어야 한다고 하였다. 그러나 王念孫의 설이 설득력이 있는 것으로 보여 그에 따라 번역하였다.

4-97 **於是又節用御欲**하며

이에 또 씀씀이를 절약하고 욕망을 제어하며

御는 制也라 或作禦하니 禦는 止也라

楊倞注 : '御'는 제어한다는 뜻이다. 어떤 경우는 '禦'로 쓰기도 하니, '禦'는 멈춘다는 뜻이다.

4-98 **收斂蓄藏以繼之也**라 **是於己長慮顧後**에 **幾不甚善矣哉**아

재물을 거두어들이고 저축하여 계속 그것을 이어가게 하자는 것이다. 이것은 자기가 긴 안목으로 미래를 돌아다본다는 점에서 어찌 매우 좋은 일이 아니겠는가.

幾는 亦讀爲豈라

楊倞注 : '幾'는 이 또한 '豈'로 읽어야 한다.

4-99 **今夫偷生淺知之屬**은 **曾此而不知也**라

지금 저 되는 대로 살아가는 지식이 낮은 무리들은 끝내 이런 것조차도 모른다.

偷者는 苟且也라

楊倞注 : '偷'는 구차하다는 뜻이다.

4-100 **糧食大**(태)**侈**하여 **不顧其後**하니 **俄則屈安窮矣**리라

그들은 식량을 지나치게 소비하여 자기 훗날의 생활을 돌아보지 않으니, 머지않아 재력이 바닥나서 곤궁해질 것이다.

大는 讀爲太라 屈은 竭也며 安은 語助也니 猶言屈然窮矣라 安은 已解上也라 ○ 盧文弨曰 正文大는 宋本作太하고 無大讀爲太四字注라 今從元刻이라

楊倞注 : '大'는 '太'로 읽는다. '屈'은 '竭(다하다)'자의 뜻이고 '安'은 어조사이니, 재력이 바닥나서 곤궁해질 것이라고 말한 것과 같다. '安'자에 관해서는 이미 위에서 풀이

하였다.

○ 盧文弨 : 본문의 '大'는 宋本에 '太'로 되어 있고 '大讀爲太'라는 네 글자의 주는 없다. 여기서는 元刻本을 따랐다.

## 4-101 是其所以不免於凍餓하여 操瓢囊爲溝壑中瘠者也라

이것이 그들이 추위와 굶주림을 면치 못해 동냥바가지와 자루를 들고 다니다가 산골짜기에서 굶어죽은 귀신이 되는 원인인 것이다.

乞食羸瘦於溝壑者는 言不知久遠生業이라 故至於此也라 ○ 王念孫曰 瘠은 讀爲掩骼(격)埋胔(자)[46]之胔라 露骨曰骼이요 有肉曰胔라① 言凍餓而轉死於溝壑이라 故曰爲溝壑中胔라 作瘠者는 借字耳라② 楊以瘠爲羸瘦하니 失之라

① 出蔡氏月令章句[47]라
蔡氏의 ≪月令章句≫에 나온다.

② 說見管子八觀篇이라
이에 관한 설명은 ≪管子≫ 〈八觀篇〉에 보인다.

楊倞注 : 빌어먹다가 골짜기에서 야위었다는 것은 미래의 생활을 대비할 줄 몰랐기 때문에 이 지경에 이르게 된 것을 말한 것이다.

○ 王念孫 : '瘠'은 '掩骼埋胔(해골을 가리고 썩은 살을 묻는다.)'의 '胔'자로 읽어야 한다. 뼈가 드러난 것을 '骼'이라 이르고, 살이 붙어 있는 것을 '胔'라 이른다. 추위에 얼고 굶주려 산골짜기에서 떠돌다가 죽는 것을 말한다. 그러므로 '爲溝壑中胔'라고 말한 것이다. '瘠'으로 되어 있는 것은 假借字일 뿐이다. 楊氏는 '瘠'을 야윈 것이라고 하였으니, 잘못되었다.

## 4-102 況夫先王之道와 仁義之統 詩書禮樂之分乎아

그런데 하물며 저 옛 聖王의 도덕과 仁義의 강령인 ≪詩經≫ · ≪書經≫ · ≪禮

46) 掩骼(격)埋胔(자) : ≪禮記≫ 〈月令〉에 나오는 말이다.

47) 蔡氏月令章句 : 蔡氏는 蔡邕(132~192)을 말한다. 東漢 陳留 圉 사람으로, 자는 伯喈이다. 文章 · 算術 · 天文을 좋아하였고 經學에 대한 식견도 鄭玄보다 못하지 않았다 한다. ≪月令章句≫는 蔡邕이 편찬한 ≪禮記≫ 〈月令〉의 주석서로, 모두 4권이다.

經≫·≪樂經≫의 규범이야 더 말할 게 있겠는가.

爲生業尙不能知커든 況能知其遠大者아 分은 制也니 扶問反이라

楊倞注 : 생업을 대비하는 것도 오히려 알지 못하는데, 하물며 그 원대한 것을 알 수 있겠느냐는 것이다. '分'은 법도이니 음은 扶와 問의 反切이다.

**4-103 彼固天下之大慮也니 將爲天下生民之屬長慮顧後而保萬世也라 其沠(류)長矣요 其溫厚矣며 其功盛姚遠矣니**

그것들은 진정 천하를 다스리는 중대한 계획이니, 장차 천하의 백성들을 위해 긴 안목으로 미래를 돌아다보아 자손만대의 생업을 보전하려는 것이다. 그것이 흘러온 지가 이미 오래되었고 쌓인 것이 이미 두터우며 이룬 업적도 이미 원대하니,

沠는 古流字라 溫은 猶足也라 言先王之道於生人에 其爲溫足也亦厚矣라 姚는 與遙同이라 言功業之盛甚長遠也라 ○ 郝懿行曰 溫은 與蘊同하니 蘊者는 積也라 左傳蘊利生孼이 經典通作蘊이라 此作溫도 皆叚借耳라 如禮器云 溫之至也의 溫을 讀爲蘊하니 亦其例라 楊注非라 王引之曰 楊讀盛爲茂盛之盛하니 非也라 盛은 讀爲成이니 成亦功也라① 姚는 亦遠也니 言其功甚遠也라 成與盛古同聲而通用이라 說卦傳終萬物始萬物者는 莫盛乎艮이라하니 言莫成乎艮也라② 呂氏春秋悔過篇 我行數千里以襲人할새 未至而人已先知之矣나니 此其備必已盛矣라하니 言其備已成也라③ 繫辭傳成象之謂乾이라하니 蜀才本[48]成作盛이라 左氏春秋莊八年師及齊師圍郕을 公羊郕作成하고 隱五年十年文十二年竝作盛이라 秦策今王使成橋守事於韓을 史記春申君傳成作盛이라 封禪書七曰日主니 祠成山을 漢書郊祀志成作盛이라 皆其證也라 王霸篇曰 論一相 陳一法 明一指하여 以兼覆之 兼炤之 以觀其盛이라하니 言觀其成也라④ 臣道篇曰 明主尙賢使能而饗其盛하고 闇主妬賢畏能而滅其功이라하니 盛讀爲成이라 成亦功也라⑤ 故說苑臣術篇에 作 上賢使能而享

48) 蜀才本 : ≪蜀才易注≫를 말한다. 이 책의 편찬자인 蜀才에 대해 謝異와 夏侯該는 三國 蜀 사람인 譙周(?~270)라 하고, 顔之推와 陵德明은 晉나라 范長生(?~318)이라 하는 등 분명하지 않다.

其功이라 正名篇曰 (必)〔心〕[49]憂恐則口銜芻豢而不知其味하고 耳聽鍾鼓而不知其聲하고 目視黼黻而不知其狀하고 輕煖平簟而體不知其安이라 故嚮萬物之美而盛憂하고 兼萬物之利而盛害라하니 言美反成憂하고 利反成害也라

① 爾雅曰 功은 成也라하고 大戴禮盛德篇曰 能成德法者爲有功이라하고 周官典婦功曰 秋獻功이라하고 槀人曰 秋獻成이라하니 是成與功同義라

≪爾雅≫에 "'功'은 '成'자의 뜻이다."라고 하고, ≪大戴禮記≫ 〈盛德篇〉에 "能成德法者爲有功(능히 仁德의 예법을 완성한 것을 공적이 있다고 한다.)"이라고 하였으며, ≪周禮≫ 〈周官 典婦功〉에 "秋獻功(가을철에 작업성과를 바친다.)"이라고 하고, 〈槀人〉에 "秋獻成(가을철에 완성된 것을 바친다.)"이라고 하였으니, 이것이 '成'과 '功'이 뜻이 같다는 증거이다.

② 莫成乎艮은 卽成言乎艮[50]이라 說見經義述聞이라

'莫成乎艮'은 곧 '이루는 것에 있어서는 艮卦를 말한다.'는 뜻이다. 이에 관한 설명은 ≪經義述聞≫에 보인다.

③ 高注 盛은 彊也라하니 失之라

高誘의 주에 "'盛'은 강성하다는 뜻이다."라고 하였으니, 이는 틀렸다.

④ 楊注 盛은 讀爲成이라하니라

楊氏의 주에 "'盛'은 '成'으로 읽는다."라고 하였다.

⑤ 楊注 盛은 謂大業이라하니 失之라

楊氏의 주에 "'盛'은 큰 업적을 말한다."라고 하였으니, 잘못되었다.

楊倞注 : '浟'는 옛날의 '流'자이다. '溫'은 '足(족하다)'자와 같다. 옛 聖王의 도덕이 백성에 대해 풍족하게 해준 은혜가 두텁다는 것을 말한다. '姚'는 '遙(멀다)'와 같다. 거룩한 업적이 매우 오래 이어지는 것을 말한다.

○ 郝懿行 : '溫'은 '蘊'자와 같으니, '蘊'은 쌓는다는 뜻이다. ≪春秋左氏傳≫에 "薀利生孼(이익을 쌓는 것은 재앙을 빚어낼 수 있다.)"이라고 한 것이 經典에는 일반적으로 '蘊'으로 되어 있다. 여기에 '溫'으로 된 것도 모두 假借字일 뿐이다. 예컨대 ≪禮記≫ 〈禮器〉에 "溫之至也(온후함이 지극한 것이다.)"의 '溫'을 '蘊'으로 읽으니, 이것이 또 그 사례이다. 楊氏의 주는 틀렸다.

---

49) (必)〔心〕: 저본에는 '必'로 되어 있으나, ≪荀子≫ 〈正名篇〉에 의거하여 '心'으로 바로잡았다.

50) 成言乎艮 : ≪周易≫ 〈說卦傳〉에 "艮卦는 동북방의 괘이다. 만물이 종말이 이루어지고 시초가 이루어지게 하는 것이다. 그러므로 이루는 것에 있어서는 艮卦를 말한다."라고 한 데서 나온 말이다.

王引之 : 楊氏는 '盛'을 무성하다는 뜻의 '盛'으로 읽었으니, 틀렸다. '盛'은 '成'으로 읽어야 하니, '成' 또한 '功'이란 뜻이다. '姚'는 이 또한 멀다는 뜻이니, 그 공적이 매우 장구한 것을 말한다. '成'과 '盛'은 옛날에 동일한 소리로서 통용하였다. ≪周易≫ 〈說卦傳〉에 "만물을 마무리 짓고 만물을 시작하는 것은 艮卦보다 '盛'한 것이 없다.〔終萬物始萬物者 莫盛乎艮〕"라고 하였는데, 이는 '艮卦가 이루는 것보다 더 큰 것이 없다〔莫成乎艮〕'는 것을 말한 것이다. ≪呂氏春秋≫ 〈悔過篇〉에 "우리가 수천 리를 행군하여 사람들을 습격하려고 하는데 우리가 아직 도착하기도 전에 사람들이 이미 〈습격할 것을〉 알고 있으니, 이 때문에 그 대비가 반드시 이미 '盛'할 것이다.〔我行數千里以襲人 未至而人已先知之矣 此其備必已盛矣〕"라고 하였는데, 이는 그 대비가 이미 이루어졌을 것이라는 것을 말한 것이다. ≪周易≫ 〈繫辭傳〉에 "成象之謂乾(象을 이루는 것을 乾이라 이른다.)"이라고 하였는데, 蜀才本에는 '成'이 '盛'으로 되어 있다. ≪春秋左氏傳≫ 莊公 8년에 "師及齊師圍郕(우리 군대와 齊나라 군대가 郕을 포위하였다.)"으로 되어 있는 것을, ≪春秋公羊傳≫에는 '郕'이 '成'으로 되어 있고, 隱公 5・10년과 文公 12년에는 모두 '盛'으로 되어 있다. ≪戰國策≫ 〈秦策〉에 "今王使成橋守事於韓(지금 왕께서 成橋를 韓나라로 보내 국사를 감독하는 요직을 담당하게 하였다.)"으로 되어 있는 것을, ≪史記≫ 〈春申君傳〉에는 '成'이 '盛'으로 되어 있다. ≪史記≫ 〈封禪書〉에 "七曰日主 祠成山(일곱 번째 神位는 日主라 하니 成山에서 제사를 지낸다.)"으로 되어 있는 것을, ≪漢書≫ 〈郊祀志〉에는 '成'이 '盛'으로 되어 있다. 이것이 모두 그 증거이다. 〈王霸篇〉에 "〈군주는〉 한 사람의 재상을 선택하고 한 벌의 법제를 선포하고 한 가지 이념을 천명한다. 이와 같은 방법으로 모든 것을 아울러 통치하고 모든 것을 아울려 통찰함으로써 앉아서 그 '盛'을 살펴본다.〔論一相 陳一法 明一指 以兼覆之 兼炤之 以觀其盛〕"라고 하였는데, 이는 그 성공을 살펴보는 것을 말한 것이다. 〈臣道篇〉에 "슬기로운 군주는 어진 사람을 높이고 재능 있는 사람을 부려 그 '盛'을 누리고, 어리석은 군주는 어진 사람을 시기하고 재능 있는 사람을 두려워하여 그들의 공적을 묻어버린다.〔明主尙賢使能而饗其盛 闇主妬賢畏能而滅其功〕"라고 하였는데, '盛'은 '成'으로 읽어야 한다. '成' 또한 '功'이란 뜻이다. 그러므로 ≪說苑≫ 〈臣術篇〉에 "上賢使能而享其功(어진 사람을 높이고 재능 있는 사람을 부려 그 공을 누린다.)"이라고 하였다. 〈正名篇〉에 "마음이 근심스럽고 두려우면 입에 고기를 물고 있더라도 그 맛을 모르고, 귀로 악기소리를 듣더라도 그 가락을 모르고, 눈으로 비단 꽃무늬를 보더라도 그 모양을 모르고, 가볍고 따뜻한 옷을 입고 대자리에 앉아 있으면서도 몸이 편안한 것을 느끼지 못한다. 그러므로 만물의 아름다운 것을 누리더라도 마냥 근심스럽고, 만물의 이익을 차지하더라도 마냥 해로울 뿐이다."라고 하였는데, 이것은 아름다운 것이 도리어 근심을 이루고, 이로운 것이 도리어 손해를 이룬

다는 것을 말한 것이다.

4-104 非〈順〉[51]孰修爲之君子면 莫之能知也라

만약 그것을 순종하고 잘 알고 익히고 실행하는 군자가 아니면 이해할 수 없는 것이다.

孰은 甚也라 甚修飾作爲之君子也라 ○ 王念孫曰 禮論篇曰 非順孰修爲之君子면 莫之能知也라하니 楊彼注云 順은 從也라 孰은 精也라 修는 治也라 爲는 作也라하니라 此文脫順字하여 楊望文生義하니 當從禮論篇補順字라

楊倞注：'孰'은 '甚(심하다)'자의 뜻이다. 대단하게 닦고 익히며 큰 역할을 하는 군자라는 것이다.

○ 王念孫：〈禮論篇〉에 "非順孰修爲之君子 莫之能知也(순종하고 잘 알고 익히고 실행하는 군자가 아니면 이해할 수 없다.)"라고 하였는데, 楊氏의 그쪽 주에 "'順'은 '從(따르다)'의 뜻이다. '孰'은 '精(정밀하다)'의 뜻이다. '修'는 '治(다스리다)'의 뜻이다. '爲'는 '作(짓다)'의 뜻이다."라고 하였다. 이곳의 글은 '順'자가 빠져 있어 楊氏가 글만 보고 대강 뜻을 짐작한 것이니, 마땅히 〈禮論篇〉에 따라 '順'자를 보충해야 한다.

4-105 故曰 短綆不可以汲深井之泉하고 知不幾者不可與及聖人之言이라하니라

그러므로 "짧은 줄로는 깊은 우물물을 길을 수 없고, 지혜가 깊지 못한 자와는 성인의 말씀을 언급할 수 없다."고 말하는 것이다.

綆은 索(삭)也라 幾는 近也니 謂不近於習也라

楊倞注：'綆'은 줄이다. '幾'는 가깝다는 뜻이니, 학습하는 수준에 미치지 못하는 것을 이른다.

4-106 夫詩書禮樂之分은 固非庸人之所知也라 故曰 一之而可再也하고

저 ≪詩經≫·≪書經≫·≪禮經≫·≪樂經≫의 규범은 본디 예사로운 사람이 알 수 있는 것이 아니다. 그러므로 말하기를 "이것들 중에 하나를 알아야 그 둘을

51) 〈順〉：저본에는 '順'이 없으나, 集解의 王念孫 주에 의거하여 보충하였다.

알 수 있고,

既知一이면 則務知二라

楊倞注 : 이미 이것들 중에 하나를 알았다면 그 둘을 아는 데 힘써야 한다.

4-107 有之而可久也하고

이것을 모두 알아야 장구하게 운용할 수 있고,

不可中道而廢라

楊倞注 : 중간에 그만두면 안 된다.

4-108 廣之而可通也하고

이것을 아는 범위를 넓혀야 다른 것까지 두루 알 수 있고,

知禮樂廣博이면 則於事可通이라

楊倞注 : 禮樂을 아는 범위가 넓으면 사리에 대해 두루 알 수 있다.

4-109 慮之而可安也하고

이것을 늘 생각하고 있어야 편안할 수 있고,

思慮禮樂則無危懼라

楊倞注 : 禮樂을 항상 염두에 두고 있으면 불안과 두려움이 없다.

4-110 反鈆察之而兪可好也라하니라

이것을 반복해 따라가며 살펴야 더 좋아할 수 있을 것이다."라고 한 것이다.

鈆은 與沿同하니 循也라 既知禮樂之後에 卻循察之면 兪可好而不厭이라 兪音愈라 ○ 先謙案 楊反字無注하고 而以卻字代釋之하니 非也라 反者는 反復也라 反鈆察之者는 反復沿循而察之라 禮論篇則必反鉛過故鄉의 反鉛二字義與此同이라 非十二

子篇反①紃(순)察之의 注云 紃與循同이라하고 又云 反覆紃察이라하니 其義當矣라

① 今本譌及이라

지금 판본에는 '及'으로 잘못되어 있다.

楊倞注 : '鉛'은 '沿'과 같으니, 따른다는 뜻이다. 이미 禮樂을 안 뒤 그 길을 따라가며 살핀다면 더 좋아져서 싫지 않을 것이다. '兪'의 음은 '愈'이다.

○ 先謙案 : 楊氏가 '反'자에 대해 주가 없고 '卻'자로 대신 풀이하였으니, 잘못되었다. '反'이란 반복이란 뜻이다. '反鉛察之'는 반복해 따라가며 살펴본다는 뜻이다. 〈禮論篇〉 '則必反鉛 過故鄕'의 '反鉛' 두 자의 뜻도 이 글자와 같다. 〈非十二子篇〉 '反紃察之'의 주에 "'紃'은 '循(따르다)'과 같다."라고 하고, 또 "반복해 따라가며 살펴보는 것이다.〔反覆紃察〕"라고 하였으니, 그 뜻이 타당하다.

## 4-111 以治情則利하고

이것을 가지고 감정을 다스리면 이롭고

利는 益也라 禮記曰 聖人之所以治人七情[52)]하고 修十義[53)]에 捨禮何以治之오하니라

楊倞注 : '利'는 보탬이 된다는 뜻이다. ≪禮記≫ 〈禮運〉에 "성인이 사람의 七情을 다스리고 十義를 유지할 적에, 예법을 놓아두고 무엇으로 그것을 다스리겠는가."라고 하였다.

## 4-112 以爲名則榮하며 以群則和하고 以獨則足이니

이것을 가지고 이름을 내면 영예로울 것이며, 이것을 가지고 무리 지어 살면 화목하고 이것을 가지고 혼자 지내면 만족할 것이니,

知詩書禮樂엔 群居則和同하고 獨處則自足也라

楊倞注 : ≪詩經≫·≪書經≫·≪禮經≫·≪樂經≫을 알 경우에는 무리 지어 살면 화합하여 마음이 같고 혼자 지내면 스스로 만족할 것이다.

---

52) 七情 : 사람의 일곱 가지 감정으로, 喜·怒·哀·懼·愛·惡·欲을 가리킨다.

53) 十義 : 儒家에서 제창한 윤리도덕의 열 가지 원칙이다. 아비는 인자하고 자식은 효도하며, 형은 진실하고 아우는 공손하며, 지아비는 정의롭고 지어미는 순종하며, 어른은 은혜롭고 어린이는 온순하며, 임금은 어질고 신하는 충성한다 등이다.

## 4-113 樂意者其是邪[54)]인저

즐겁고 평온한 자는 아마도 이와 같을 것이다.

樂意莫過於此라 ○ 王念孫曰 此當讀以獨則足樂爲句니 言獨居而說禮樂하고 敦詩書면 則致足樂也라 以群則和하고 以獨則足樂에 樂與和義正相承이니 則樂字上屬爲句明矣라 意者其是邪는 自爲一句니 意者는 語詞也요 其是邪는 指詩書禮樂而言이라 呂氏春秋重言篇曰 日之役者 有執蹠痡而上視者러니 意者其是邪인저하여 句法正與此同이라 先謙案 呂覽文義與此不同이라 此文若作意者其是邪인저하여 爲懸擬之詞면 則上下文理不相貫注라 雖有呂覽句例라도 不得取以爲比라 且上文以群則和하고 以獨則足은 句法一律하고 語意亦完足하니 若於足下加樂字면 反爲贅設이라 仍當從楊注斷讀라

楊倞注 : 마음을 즐겁게 하는 것 가운데 이보다 더 나은 것은 없다.

○ 王念孫 : 여기는 마땅히 '以獨則足樂'으로 구를 끊어 읽어야 하니, 혼자 살면서도 ≪禮經≫·≪樂經≫을 이야기하고 ≪詩經≫·≪書經≫를 독실하게 익힌다면 충분히 즐거움을 이룰 수 있다는 것을 말한 것이다. '以群則和 以獨則足樂(이것을 가지고 무리 지어 살면 화목하고 이것을 가지고 혼자 살면 충분히 즐겁다.)'이라고 했을 때 '樂'과 '和'의 뜻이 곧 서로 이어지니, '樂'자를 위로 붙여 구를 만들었다는 것이 분명하다. '意者其是邪'는 별도로 한 구가 되니, '意者'는 어조사이고 '其是邪'는 ≪詩經≫·≪書經≫·≪禮經≫·≪樂經≫을 가리킨 말이다. ≪呂氏春秋≫ 〈重言篇〉에 "日之役者 有執蹠痡而上視者 意者其是邪(그날 복역한 사람 중에 삽을 들고 위쪽을 바라본 자가 있었는데 아마도 이와 같을 것이다.)"라고 하여 句法이 곧 이곳과 동일하다.

先謙案 : ≪呂覽(呂氏春秋)≫의 글 뜻은 이곳과는 같지 않다. 여기 글을 만약 '아마도 이와 같을 것이다.'라고 하여 가정하는 말로 삼는다면 위아래 글의 논리가 서로 통하지 않는다. 비록 ≪呂覽≫ 어구의 사례가 있더라도 그것을 취해 견줄 수는 없다. 그리고 윗글의 '以群則和 以獨則足'은 句法의 형식이 같고 말 뜻도 완전하니, 만약 '足' 아래에 '樂'자를 붙인다면 도리어 불필요하게 배치한 것이 될 것이다. 그러니 마땅히 楊氏의 주에 따라 구두를 끊어야 할 것이다.

---

54) 樂意者其是邪 : 王天海는 이 편의 앞부분(4-44)에 나온 '樂易者常壽長'을 사례로 들어 '意'는 '易'와 음이 비슷하여 생긴 오자라 하였다. 이에 따라 번역하였다. '其'는 '豈'자와 같다.

4-114 夫貴爲天子하고 富有天下는 是人情之所同欲也라 然則從人之欲이면 則埶不能容하고 物不能贍也라

저 존귀하여 천자가 되고 부유하여 천하를 소유하는 것은 사람의 마음이 다 같이 추구하는 점이다. 그렇지만 사람이 그 욕심대로 다 이루려고 한다면 처해 있는 상황이 허용될 수 없고 물질적으로도 만족시킬 수 없다.

○ 王念孫曰 案然則은 猶言然而也라 說見釋詞則字下라 先謙案 從은 讀爲縱이라

○ 王念孫 : 살펴보건대, '然則'은 '然而'라고 말한 것과 같다. 이에 관한 설명은 ≪經傳釋詞≫의 '則'자 아래에 보인다.

先謙案 : '從'은 '縱(풀어놓다)'자로 읽어야 한다.

4-115 故先王案爲之制禮義以分之하여

그러므로 옛 聖王께서 이에 禮義를 제정하여 〈상하를〉 구별함으로써

以禮義分別上下也라

楊倞注 : 禮義로 상하를 구별한 것이다.

4-116 使有貴賤之等과 長幼之差와 知愚能不能之分하여

그들로 하여금 존귀하고 천한 등급과 나이가 많고 적은 차별과, 지혜로운 자와 어리석은 자·유능한 자와 무능한 자의 구분이 있게 하여,

○ 謝本從盧校知下有賢字라 王念孫曰 元刻無賢字하니 是也라 知는 讀爲智라 智對愚하고 能對不能하니 則不得有賢字明矣라 下文以仁厚知能盡官職의 知能二字正與此相應하니 是其證이라 宋本有賢字者는 蓋誤讀知爲知識之知라 故於愚上加賢字하여 而以爲知賢愚能不能之分也니 不知使有二字直貫至智愚能不能之分而止라 若讀知爲知識之知면 則與使有二字不相聯屬矣리라 先謙案 王說是라 今改從元刻이라

○ 謝本은 盧校本을 따라 '知' 아래에 '賢'자가 있다.

王念孫 : 元刻本에는 '賢'자가 없으니, 이것이 옳다. '知'는 '智'자로 읽어야 한다. '智'는

'愚'와 짝이 되고 '能'은 '不能'과 짝이 되니, '賢'자가 있을 수 없다는 것이 분명하다. 아래 글 '以仁厚知能盡官職(어질고 온후한 덕, 지혜와 재능을 관직을 수행하는 데에 모두 사용한다.)'의 '知能' 두 자는 곧 이것과 서로 호응하니, 이것이 그 증거이다. 宋本에 '賢'자가 있는 이유는 '知'를 '知識'의 '知'로 잘못 읽어서일 것이다. 그러므로 '愚' 위에 '賢'자를 덧붙여 '知賢愚能不能之分'으로 만들었으니, '使有' 두 자가 곧장 '智愚能不能之分'까지 포괄하여 끝난다는 것을 모른 것이다. 만약 '知'를 '知識'의 '知'로 읽는다면 '使有' 두 자와 연속되지 않을 것이다.

先謙案 : 王氏의 설이 옳다. 여기서는 元刻本을 따랐다.

## 4-117 皆使人載其事而各得其宜라

모든 사람들이 자기에게 해당한 일을 담당하여 모든 일을 다 사리에 합당하게 처리하도록 하였다.

載는 行也며 任之也라

楊倞注 : '載'는 행한다는 뜻이며 맡는다는 뜻이다.

## 4-118 然後使(慤)〔穀〕[55]祿多少厚薄之稱하니라

그런 다음 녹봉의 多少와 厚薄이 〈각자가 기여한 것에〉 알맞도록 하였다.

慤은 實也라 謂實其祿하여 使當其才라 稱은 尺證反이라 ○ 郝懿行曰 載는 如大車以載[56]之載니 載는 猶任也라 慤者는 謹也라 謹은 謂謹其多少厚薄之數하여 使祿各稱其事하여 不失均平이라 楊注載行慤實은 古無此訓이라 載其事二語는 又見君道篇이라 兪樾曰 慤은 當作穀이라 孟子滕文公篇穀祿不平에 趙注曰 穀은 所以爲祿也라하니 此文言穀祿은 正與彼同이라 作慤者는 聲之誤也라 楊以本字讀之하니 失其旨矣라 王霸篇曰 心好利而穀祿莫厚焉이라하니 此穀祿二字見於本書者라 先謙案 兪說是라

楊倞注 : '慤'은 진실하다는 뜻이다. 그 녹봉을 제대로 줘서 그 재능에 걸맞게 한 것을

55) (慤)〔穀〕: 저본에는 '慤'으로 되어 있으나, 兪樾의 설에 의거하여 '穀'으로 바로잡았다.

56) 大車以載 : ≪周易≫ 大有卦 九二의 爻辭이다. 튼튼한 소가 끄는 수레로 많은 물건을 싣는다는 뜻이다.

이른다. '稱'의 음은 尺과 證의 反切이다.

○ 郝懿行 : '載'는 '大車以載(큰 수레로 싣는다.)'의 '載'와 같은 것으로, '載'는 '任(맡다)'자의 뜻과 같다. '慤'은 '謹(삼가다)'의 뜻이다. 삼간다는 것은 그 多少와 厚薄의 수량을 신중히 정함으로써 녹봉이 각기 그 맡은 일에 알맞아 균형을 잃지 않게 한 것을 말한다. 楊氏의 주에 '載'는 행한다는 뜻이고 '慤'은 진실하다는 뜻이라고 했는데, 옛날에 이와 같은 뜻은 없다. '載其事'의 두 어구는 또 〈君道篇〉에 보인다.

兪樾 : '慤'은 마땅히 '穀'이 되어야 한다. ≪孟子≫ 〈滕文公 上〉의 "穀祿不平(穀祿이 공평하지 않을 것이다.)"에서 趙岐의 주에 "'穀'은 녹을 주기 위한 것이다."라고 하였으니, 이 글에서 말한 '穀祿'은 곧 저 ≪孟子≫의 경우와 같다. '慤'으로 되어 있는 이유는 소리로 인해 잘못된 것이다. 그런데 楊氏는 원래의 글자로 읽었으니, 그 뜻이 잘못되었다. 〈王霸篇〉에 "心好利 而穀祿莫厚焉(마음이 재리를 좋아하는데 녹봉은 〈군주보다〉 더 후한 경우가 없다.)"이라고 하였으니, 이는 '穀祿' 두 자가 本書에 보이는 사례이다.

先謙案 : 兪氏의 설이 옳다.

4-119 **是夫群居和一之道也**라 **故仁人在上**이면 **則農以力盡田**하고 **賈以察盡財**하고 **百工以巧盡械器**하며

이것이 곧 무리 지어 살면서 화합하고 마음이 일치하는 방법이다. 그러므로 어진 사람이 윗자리에 있으면 농부는 자기의 힘을 농토에 전부 사용하고 상인은 자기의 총명을 재물을 관리하는 데에 전부 사용하고 각종 기능인들은 자기의 기술을 물건을 만드는 데에 전부 사용하며,

**盡**은 **謂精於事**라 **察**은 **謂明其盈虛**라 **說文云 有盛爲械**요 **無盛爲器**라하니라

楊倞注 : '盡'은 일처리를 정밀하게 하는 것을 이른다. '察'은 이윤이 있거나 밑지는 것에 밝은 것을 이른다. ≪說文解字≫에 "담을 수 있는 것은 '械'이고, 담을 수 없는 것은 '器'이다."라고 하였다.

4-120 **士大夫以上至於公侯**히 **莫不以仁厚知能盡官職**하니 **夫是之謂至平**이라

士大夫 이상 公·侯에 이르기까지 저마다 그들의 어질고 온후한 덕, 지혜와 재능을 관직을 수행하는 데에 전부 사용하지 않는 이가 없으니, 이것을 가리켜 크게

다스려졌다고 말하는 것이다.

各當其分하니 雖貴賤不同이나 然謂之至平也라

楊倞注 : 각기 그 직분에 맞게 행동하므로 비록 貴賤은 다르지만 크게 다스려진 것이라고 말한 것이다.

4-121 故或祿天下而不自以爲多하고

그러므로 어떤 자는 천하를 봉록으로 누리면서도 스스로 그것을 많다고 여기지 않고,

謂爲天子하여 以天下爲祿也라

楊倞注 : 천자가 되어 천하를 봉록으로 삼는 것을 말한다.

4-122 或監門御旅抱關擊柝而不自以爲寡라

어떤 자는 마을 문의 문지기, 객사의 관리인, 성문의 문지기, 딱따기 치는 야경꾼이 되었더라도 스스로 얻은 것이 적다고 여기지 않는다.

監門은 主門也라 御는 讀爲迓(아)라 迓旅는 逆旅也라 抱關은 門卒也라 擊柝은 擊木이니 所以警夜者라 皆知其分이라 故雖賤而不以爲寡也라

楊倞注 : '監門'은 문의 출입을 관장하는 사람이다. '御'는 '迓(맞이하다)'자로 읽는다. '迓旅'는 객사의 관리인이다. '抱關'은 성문을 지키는 병졸이다. '擊柝'은 딱따기를 치는 것으로 야경꾼이다. 이들은 모두 그 분수를 알기 때문에 비록 미천하더라도 얻은 것이 적다고 여기지 않는 것이다.

4-123 故曰 斬而齊하고 枉而順하고 不同而一이라하니 夫是之謂人倫이라

그러므로 "들쑥날쑥한 것이 있어야 정연해질 수 있고, 굽은 것이 있어야 반듯해질 수 있고, 같지 않은 것이 있어야 통일될 수 있다."라고 하였으니, 이것을 사람의 질서라고 말한다.

舊有此語한대 引以喩貴賤雖不同하여 不以齊一이라 然而要歸於治也라 斬而齊는 謂强斬之使齊니 若漢書之一切[57]者라 枉而順은 雖枉曲不直이나 然而歸於順也라 不同而一은 謂殊塗同歸也라 夫如此 是人之倫理也라 ○ 劉台拱曰 斬은 讀如儳(참)이라 說文儳은 儳互不齊也라하고 周語冒沒輕儳의 韋注云 儳은 進退上下無列也라하니라 言多儳互不齊 乃其所以爲齊也라 王念孫曰 僖二十三年左傳鼓儳可也의 杜注儳巖未整陳이라하니 義與此同이라 儳而齊는 卽正名篇所謂差差然而齊라 先謙案 劉王說是라

楊倞注 : 옛날에 이런 말이 있었는데 이것을 인용하여 귀천이 비록 같지 않아 들쑥날쑥하더라도 결국에는 다스려지게 된다는 것을 비유하였다. '斬而齊'는 억지로 잘라 정연하게 만드는 것을 말하니, 이를테면 ≪漢書≫의 '一切'과 같은 것이다. '枉而順'은 비록 굽어서 곧지 않더라도 결국에는 반듯해진다는 뜻이다. '不同而一'은 가는 길이 다르더라도 귀착점은 같다는 것을 말한다. 이와 같은 것이 곧 사람의 윤리이다

○ 劉台拱 : '斬'은 '儳(어긋나다)'으로 읽는다. ≪說文解字≫에 "'儳'은 어긋나 정연하지 않다는 뜻이다."라고 하고, ≪國語≫ 〈周語〉 "冒沒輕儳(당돌하고 경솔하며 패려하다.)"의 韋昭 주에 "'儳'은 나아가거나 물러나며 올라가거나 내려가는 등 일정한 기준이 없다."라고 하였다. 많이 어긋나 정연하지 않은 것이 곧 정연해지는 까닭임을 말한 것이다.

王念孫 : ≪春秋左氏傳≫ 僖公 23년 "鼓儳可也(대열을 형성하지 못한 적을 공격하는 것은 옳은 일이다.)"의 杜預 주에 "어수선하여 陣을 정돈하지 못한 것이다.〔儳巖未整陳〕"라고 하였으니, 그 뜻이 여기와 같다. '儳而齊'는 곧 〈正名篇〉의 이른바 "들쑥날쑥하지만 정연하다.〔差差然而齊〕"라 한 것과 같다.

先謙案 : 劉氏와 王氏의 설이 다 옳다.

## 4-124 詩曰 受小共大共하사 爲下國駿蒙이라하니 此之謂也라

≪詩經≫에 "작은 옥 큰 옥들을 조공 받고서 아래 나라 제후국 보호하셨네."라고

57) 漢書之一切 : '一切'은 ≪漢書≫ 권12 〈平帝紀〉에 "관리로 대리직에 있으면서 200석 이상의 녹을 받는 자에 대해서는 일률적으로 정식 관리처럼 녹봉을 다 받게 하였다.〔吏在位二百石以上 一切滿秩如眞〕"라고 한 데서 인용한 것이다. 顔師古의 주에 "마치 칼로 물건을 자른 것처럼 그 정연한 의미만 취하고 장단이나 가로세로 등 다양한 차이를 돌아보지 않았기 때문에 '一切'이라 말한 것이다."라고 하였다.

하였으니, 이것을 가리켜 하는 말이다.

**詩**는 **殷頌長發之篇**이라 **共**은 **執也**라 **駿**은 **大也**라 **蒙**은 **讀爲厖**(방)이니 **厚也**라 **今詩作駿厖**이라 **言湯執小玉大玉**하여 **大厚於下國**이라 **言下皆賴其德也**라 ○ **先謙案 厖**이 **作蒙**하니 **魯詩也**라 **方言**에 **秦晉之間**에 **凡大貌謂之朦**이라 **或謂之龐**이라하니 **明厖蒙聲近通用**이라

楊倞注 : ≪詩經≫은 〈殷頌 長發〉편이다. '共'은 '執(가지다)'의 뜻이다. '駿'은 '大'의 뜻이다. '蒙'은 '厖(크다)'으로 읽으니, 두텁다는 것이다. 지금 ≪詩經≫에는 '駿厖'으로 되어 있다. 湯王이 작은 옥과 큰 옥을 조공으로 받아 지니고서 아래 제후국들을 매우 후하게 보살폈다는 것을 말한다. 이는 아래 나라들이 모두 그 은덕을 입은 것을 말한 것이다.

○ 先謙案 : '厖'이 '蒙'으로 되어 있으니, 이는 ≪魯詩≫이다. ≪方言≫에 "秦・晉 지방에서 모든 큰 모양을 '朦'이라 이르는데, 어떤 경우는 '龐'이라 하기도 한다."라고 하였으니, '厖'과 '蒙'은 소리가 비슷하여 통용한다는 것을 밝힌 것이다.

## 非相篇 第五　제5편 觀相術을 비판하는 글

觀相術은 사람의 形體와 骨相을 보고 吉凶禍福과 貴賤을 판단하는 법이다. 많은 사례를 들어 사람의 外貌로 길흉화복을 판단하는 것은 터무니없는 행위라는 것을 증명하여 비판하고 내실에 힘쓸 것을 강조하였다. 뒷부분에 이와 관련이 없는 잡다한 말들이 있는데, 이에 대해 盧文弨는 〈榮辱篇〉의 일부 내용이 잘못 섞인 것일 수도 있다고 하였다.

相은 視也니 視其骨狀以知吉凶貴賤也라 妄誕者多以此惑世하여 時人或矜其狀貌而忽於務實이라 故荀卿作此篇非之라 漢書形法家有相人二十四卷이라 ○ 盧文弨曰 形法은 宋本作刑法하고 又二十四卷作二十四篇이라 雖皆可通이나 今從元刻하니 以與漢志合故也라

楊倞注 : '相'은 '視'자의 뜻이니, 그 골상을 보고 길흉화복과 귀천을 아는 것이다. 황당무계한 자들이 이것으로 세상을 현혹하는 일이 많아 당시 사람들 중에 간혹 그의 외모를 믿고 내실에 힘쓰는 것을 소홀히 하였기 때문에, 荀卿이 이 글을 지어 비판한 것이다. ≪漢書≫ 〈藝文志〉에 形法家의 ≪相人≫ 24권이 있다고 하였다.

○ 盧文弨 : '形法'은 宋本에 '刑法'으로 되어 있고, 또 '24권'은 '24편'으로 되어 있다. 모두 통용될 수 있으나 여기서는 元刻本을 따랐으니, ≪漢書≫ 〈藝文志〉와 부합되기 때문이다.

### 5-1 相人은 古之人無有也며 學者不道也라

사람의 상을 보는 것은 옛날 사람이 〈이것을 고려하는 일이〉 없었고 학식 있는 자도 이것을 언급하지 않았다.

道는 說이라 ○ 王念孫曰 元刻相下無人字하고 宋龔本同이라 案無人字者是라 此謂古無相術이요 非謂古無相人也며 謂學者不道相術이요 非謂不道相人也라 下文云長短小大善惡形相은 古之人無有也며 學者不道也라하니 是其證이라 宋本作相人

者는 涉下相人之形狀而誤라 先謙案 有相人卽有相術이니 王說似泥라 下云 古者有姑布子卿이라하니 是古明有相術相人矣라 荀子以爲無有者는 世俗所稱이요 學者不道라 故雖有라도 直以爲無有耳라 因當時崇尙하고 儒者惑焉이라 故極論之라

楊倞注 : '道'는 말한다는 뜻이다.

○ 王念孫 : 元刻本에는 '相' 아래에 '人'자가 없고, 宋 龔士卨本도 같다. 살펴보건대, '人'자가 없는 것이 옳다. 이 글은 옛날에 관상술이 없었다는 말이지 옛날에 관상 보는 사람이 없었다는 말은 아니고, 학문하는 자가 관상술을 언급하지 않았다는 말이지 관상 보는 사람을 언급하지 않았다는 말은 아니다. 아래 글에 "신장의 장단, 몸집의 대소, 얼굴이 아름답거나 추하거나 하는 등 생김새는 〈길흉의 표시가 아니므로〉 옛날 사람은 〈이것을 고려하는 일이〉 없었고 학식 있는 자도 이것을 언급하지 않았다."라고 하였으니, 이것이 그 증거이다. 宋本에 '相人'으로 되어 있는 것은 아래 '相人之形狀'의 문구로 인해 잘못된 것이다.

先謙案 : 관상 보는 사람이 있으면 곧 관상술이 있기 마련이니, 王氏의 설은 원활하지 않은 것 같다. 아래에 "옛날에 姑布子卿이 있었다."라고 하였으니, 이는 옛날에 분명히 관상술과 관상 보는 사람이 있었던 것이다. 荀子가 없다고 한 것은, 세속에서는 말을 하는 것이고 학식 있는 자는 언급을 하지 않기 때문에, 비록 있더라도 그냥 없다고 한 것일 뿐이다. 당시 사람들이 숭상하고 儒者도 그에 현혹되었으므로 극단적으로 논한 것이다.

## 5-2 古者엔 有姑布子卿[1]하고

옛날에는 姑布子卿이 있었고,

姑布는 姓이요 子卿은 名이니 相趙襄子者라 或本無姑字라

楊倞注 : '姑布'는 성이고 '子卿'은 이름이니, 趙襄子의 관상을 봐준 사람이다. 어떤 판본에는 '姑'자가 없다.

## 5-3 今之世엔 梁有唐擧[2]라

---

1) 姑布子卿 : 춘추 때 鄭나라 대부이다. 孔子와 춘추 말기 晉나라 대부였던 趙襄子의 관상을 봐주었다.

2) 梁有唐擧 : 梁은 곧 魏나라이다. B.C. 361년에 魏 惠王이 지금의 河南 開封인 大梁으로 도성을 옮겼는데, 이때부터 魏나라를 梁으로 불렀다. 唐擧가 李兌의 관상을 보고 "백 일 안에

지금 세상에는 梁에 唐擧가 있다.

相李兌蔡澤者라

楊倞注 : 李兌와 蔡澤의 관상을 봐준 사람이다

5-4 相人之形狀顏色而知其吉凶妖祥하여 世俗稱之나 古之人無有也며 學者不道也라

그들은 사람의 생김새와 얼굴빛만 보고도 그 길흉화복을 알아낼 수 있어 세상 사람들이 그들을 칭찬하지만, 옛날 사람은 〈이것을 고려하는 일이〉 없었고 학식 있는 자도 이것을 언급하지 않았다.

再三言者는 深非之也라

楊倞注 : 재삼 말하는 것은 깊이 비판한 것이다.

5-5 故[3]相形不如論心하고 論心不如擇術이라

대체로 사람의 생김새를 살펴보는 것은 그의 心性을 따져보는 것만 못하고, 그의 심성을 따져보는 것은 그의 〈처세하는〉 방법을 구별하는 것만 못하다.

術은 道術[4]也라

楊倞注 : '術'은 방법이다.

5-6 形不勝心하고 心不勝術이라 術正而心順之면 則形相雖惡而心術善하여 無害爲君子也며 形相雖善而心術惡이면 無害爲小人也라 君子之謂吉하고 小人之謂凶이라 故長短小大善惡形相은 非吉凶也니 古之人無有也며 學者不道也라 蓋帝堯長하고 帝舜短하며 文王長하고 周公短하며 仲尼長하고 子弓短하니라

---

나라의 정권을 잡을 것이오." 하고 蔡澤의 관상을 보고는 "선생의 수명은 앞으로 43년을 더 살 것이오."라고 하였는데, 그 말이 다 들어맞았다고 한다. ≪史記 권79 范雎蔡澤列傳≫

3) 故 : 여기서는 '夫'와 같은 것으로, 한 단락의 맨 앞에 쓰이는 發語詞이다.

4) 道術 : 法術, 곧 방법이란 뜻이다.

생김새는 심성을 이겨내지 못하고, 심성은 〈처세하는〉 방법을 이겨내지 못한다. 〈처세하는〉 방법이 바르고 심성이 또 그것을 따른다면, 생김새가 비록 추하더라도 심성과 〈처세하는〉 방법이 좋아 그가 군자가 되는 데에 문제가 없을 것이며, 생김새가 비록 좋더라도 심성과 〈처세하는〉 방법이 나쁘다면 소인이 되는 데에 문제가 없을 것이다.

군자를 길하다고 말할 수 있고, 소인을 흉하다고 말할 수 있다. 그러므로 신장의 장단, 몸집의 대소, 얼굴이 아름답거나 추하거나 하는 등 생김새는 길흉의 표시가 아니니, 옛날 사람은 〈이것을 고려하는 일이〉 없었고 학식 있는 사람도 이것을 언급하지 않았다. 대체로 堯임금은 장신이고 舜임금은 단신이며, 文王은 장신이고 周公은 단신이며, 仲尼(孔子)는 장신이고 子弓은 단신이었다.

子弓은 蓋仲弓也라 言子者는 著其爲師也[5]라 漢書儒林傳에 馯(한)臂字子弓이니 江東人이며 受易者也라하니라 然馯臂傳易之外에 更無所聞이라 荀卿論說에 常與仲尼相配하니 必非馯臂也라 馯音寒이라 ○ 兪樾曰 楊注 子弓은 蓋仲弓이라하니 是也라 又曰 言子者는 著其爲師也라하니 則恐不然이라 仲弓稱子弓은 猶季路稱子路耳라 子路(耳)〔也〕[6]子弓也는 其字也라 曰季曰仲은 至五十而加以伯仲也라

楊倞注 : 子弓은 아마도 仲弓일 것이다. '子'라고 말한 것은 그가 자기의 스승임을 나타내기 위해서이다. ≪漢書≫ 〈儒林傳〉에 의하면 馯臂의 자는 子弓인데 江東 사람이며 ≪周易≫을 전수한 자라고 하였다. 그러나 馯臂가 ≪周易≫을 전수했다는 것 이외에는 더 이상 알려진 내용이 없다. 荀卿이 말을 전개할 때 〈子弓을〉 항상 仲尼와 짝을 맞췄으니, 필

5) 子弓……著其爲師也 : 이에 대해 高麗 때 李齊賢은 ≪櫟翁稗說≫에서 다음과 같이 말하였다. "荀子는 매양 子弓을 夫子(孔子)와 동격으로 치켜세워 仲尼니 자궁이니 하였다. 唐나라 楊倞이 말하기를 '子弓은 아마도 仲弓일 것이다. 子라고 말한 것은 그가 자기의 스승임을 나타내기 위해서이다.' 하였다. 내가 상고해보건대, 荀卿은 孟子보다 뒤에 태어났고 중궁은 子思보다 먼저 태어났다. 맹자도 자사에게 직접 배우지 못하고 자사의 門人에게 受業하였는데 순경이 어떻게 중궁을 師事할 수 있었겠는가. 그렇다면 자궁이라는 사람이 응당 따로 또 한 사람 있어야 한다. 그러나 자궁의 功德이 세상에 전해지지 않았으니 과연 부자와 짝할 만한 사람이었는지 의심스럽다. 그 제자인 순자가 주장한 性惡說 하나만 보더라도 그 淵源을 알 수 있는데, 하물며 다시 전수받은 사람이 詩書를 불태우고 선비를 생매장한 李斯가 아닌가!"

6) (耳)〔也〕 : 저본에는 '耳'로 되어 있으나, ≪漢文大系≫본 ≪荀子集解≫에 의거하여 '也'로 바로잡았다.

시 馯臂는 아닐 것이다. 馯은 음이 寒이다.

○ 兪樾 : 楊氏의 주에 "子弓은 아마도 仲弓일 것이다."라고 하였는데, 옳다. 또 "'子'라고 말한 것은 그가 자기의 스승임을 나타내기 위해서이다."라고 하였는데, 이는 그렇지 않을 것 같다. 仲弓을 子弓이라 부른 것은 季路를 子路라고 부른 경우와 같을 뿐이다. 子路니 子弓이니 하는 것은 그 자이다. '季'라 이르고 '仲'이라 이르는 것은 50세가 된 뒤에 형제의 서열인 '伯'이니 '仲'이니 하는 글자를 붙이는 것이다.

文王

仲弓(子弓)

## 5-7 昔者衛靈公有臣曰公孫呂[7]하니 身長七尺에 面長三尺이요

예전에 衛 靈公에게 公孫呂라는 신하가 있었는데, 신장은 일곱 자에 얼굴은 길이가 석 자요

句[8]라

구를 끊는다.

---

7) 衛靈公有臣曰公孫呂 : 衛 靈公(?~B.C. 493)은 春秋 때 衛나라 군주이다. 이름은 元으로 獻公의 손자이다. 42년 동안 재위하였다. 公孫呂는 본디 宋나라 사람으로, 公孫은 성이고 呂는 이름이다. 인물이 못생겼다는 것으로 유명하다.

8) 句 : 盧文弨가 붙인 글자이다. '面長三尺焉廣三寸'을 읽을 때 일반적인 문세로는 '焉'에서 구가 끊기는데, 여기서는 그렇지 않고 '尺'에서 끊어야 한다는 것을 보인 것이다.

## 5-8 焉廣[9]三寸이며 鼻目耳具나 而名動天下하니라

너비가 세 치였으며, 코·눈·귀는 엉성했으나 명성이 천하를 진동하였다.

面長三尺 廣三寸은 言其狹而長甚也라 鼻目耳雖皆具而相去疏遠하니 所以爲異라 名動天下는 言天下皆知其賢이라 或曰 狹長如此면 不近人情하니 恐文句誤脫也라하니라 ○ 盧文弨曰 案焉字는 古多以爲發聲하니 如周禮焉使則介之와 淮南子天子焉始乘舟[10] 是也라 荀書或用焉하고 或用案하고 或用安하여 字異語同하니 皆以爲發聲이라

楊倞注 : 얼굴의 길이가 석 자에 너비가 세 치라고 한 것은 얼굴이 좁으면서 매우 긴 것을 말한다. 코·눈·귀는 비록 모두 갖추었으나 서로간의 간격이 한참 떨어져 있으니, 이로 인해 기이한 것이다. 명성이 천하를 진동했다는 것은 온 천하가 모두 그가 훌륭함을 알았다는 것을 말한다. 어떤 사람은 "얼굴이 좁고 긴 모양이 이 정도라면 사람의 常情에 가깝지 않으니, 혹시 문구에 오탈자가 있지 않은가 한다."라고 하였다.

○ 盧文弨 : 살펴보건대, '焉'자는 옛날에 대부분 發語聲으로 사용하였으니, 이를테면 ≪周禮≫ 〈秋官 行夫〉의 "焉使則介之(이에 行人이 正使가 되면 行夫는 副使를 맡는다.)"와, ≪淮南子≫의 "天子焉始乘舟(천자가 이에 비로소 배를 탄다.)"의 경우가 그것이다. ≪荀子≫에는 '焉'을 쓰기도 하고 '案'을 쓰기도 하고, '安'을 쓰기도 하여, 글자는 다르지만 말은 같으니, 모두 發語聲으로 사용하였다.

## 5-9 楚之孫叔敖[11]는 期思之鄙人也니

---

9) 焉廣 : '焉'자에 대해 盧文弨는 發語聲이라고 주장한 반면에, 王紹蘭·帆足萬里·高亨·張覺·王天海 등은 '頞(콧마루)'자로 보아야 한다 하고, 于鬯은 '喙(부리)'자로, 朝川鼎은 '眉(눈썹)'자로, 劉師培는 '咽(목구멍)'자로 보아야 한다고 주장하였다. 그리고 ≪古今事文類聚≫에는 '額(이마)'으로 되어 있다. 그러나 ≪論衡≫과 ≪古今譚概≫에는 이 글자가 아예 없고, ≪獨異志≫에는 '焉廣'이 '闊' 한 자로 되어 있으며, ≪三岡識略≫에는 '廣僅'으로 되어 있어 그 뜻이 楊倞의 주와 비슷하다. 번역은 楊倞의 주를 따랐다.

10) 淮南子 天子焉始乘舟 : ≪淮南子≫ 〈時則訓〉에는 '焉'이 '鳥'로 되어 있다. ≪呂氏春秋≫ 〈季春紀〉에 '焉'으로 되어 있다.

11) 孫叔敖 : 곧 蔿敖이다. 孫叔은 자이고 敖는 이름이다. 春秋 때 楚 莊王을 도와 晉나라 군대를 크게 무찔렀으며, 莊王이 五霸의 한 사람이 되는 데에 크게 기여하였다. 榮辱을 초월하여 세 번 令尹이 되었으나 좋아하지 않았고 세 번 파직되었으나 근심하지 않았다고 한다.

楚나라 孫叔敖는 期思 지방의 촌사람인데,

杜元凱云 期思는 楚邑名이니 今弋陽期思縣이라하니라 鄙人은 郊野之人也라

楊倞注 : 杜元凱(杜預)가 "期思는 楚나라 고을 이름이니, 지금의 弋陽 期思縣이다."라고 하였다. '鄙人'은 들녘에 사는 사람이다.

5-10 突禿長左하고 軒較(각)之下[12]나 而以楚霸하니라

돌출한 대머리에 왼쪽 다리는 길고 수레에 올라서면 수레 위 양쪽의 橫木보다 낮았으나 楚나라를 제후국의 霸者로 만들었다.

突은 謂短髮可凌突人者라 故莊子說趙劍士蓬頭突鬢이라하니라 長左는 左脚長也라 軒較之下나 而以楚霸는 言修文德하여 不勞甲兵遠征伐也라 說文云 軒은 曲輈也라하고 鄭注考工記云 較은 兩輢上出式者라하고 詩曰 倚重較兮하니라 ○ 盧文弨曰 今毛詩本倚誤作猗라 正義明云 倚此重較之車라하니 則本作倚字라 宋本足利本皆不誤라

楊倞注 : '突'은 짧은 머리털이 삐져나와 남에게 위협을 줄 만한 것을 이른다. 그러므로 ≪莊子≫에 趙나라 검객은 "蓬頭突鬢〈垂冠〉(헝클어진 머리와 삐져나온 귀밑머리에 〈모자를 눌러썼다.〉)"이라고 하였다. '長左'는 왼쪽다리가 길다는 뜻이다. '軒較之下 而以楚霸'는 예악을 닦아서 군대를 동원하여 멀리 정벌하지 않은 것을 말한 것이다. ≪說文解字≫에 "'軒'은 굽은 끌채이다."라고 하고, 鄭玄의 ≪考工記≫ 주에 "'較'은 수레의 양쪽 위에 나와 있어 사람이 의지하여 경의를 표할 수 있는 것이다."라고 하였으며, ≪詩經≫에 "倚重較兮(겹 橫木 기대듯이 느긋하구나.)"라고 하였다.

○ 盧文弨 : 지금 ≪毛詩≫ 판본에는 '倚'가 '猗'로 잘못되어 있다. ≪毛詩正義≫에 "倚此重較之車(이 겹 橫木의 수레에 몸을 의지한다.)"라고 분명히 말했으니, 본디 '倚'자로 되어 있었을 것이다. 宋本과 足利本도 모두 잘못되지 않았다.

---

12) 軒較(각)之下 : '軒'은 卿大夫가 올라타는 수레이고, '較'은 수레의 양쪽 널빤지 위에 가로로 걸쳐 있는 橫木이다. 그 높이는 서 있는 사람의 가슴 위 정도이다. 수레를 서서 타고 갈 때 두 손으로 잡아 몸을 의지하는 용도로 이용하고, 존경하는 사람을 만났을 때는 그것을 잡은 채 고개를 숙여 경의를 표하기도 한다. 孫叔敖가 키가 워낙 작아 수레 위에 서 있으면 몸이 橫木의 밑에 있었다는 것이다.

5-11 葉(섭)公子高는 微小短瘠하여 行若將不勝其衣라

葉公 子高는 몸이 작고 허약하여 길을 걸을 때는 입은 옷조차도 이겨내지 못하는 것 같았다.

葉公은 楚大夫沈尹戌之子니 食邑[13)]於葉이라 名諸梁이요 字子高라 楚僭稱王에 其大夫稱公하니 白公亦是也라 微는 細也라 葉音攝(섭)이라 ○ 郝懿行曰 白公之亂[14)]에 子高入國門不介胄하니 蓋由微小短瘠하여 行不勝衣故耳라

楊倞注 : 葉公은 楚나라 大夫 沈尹戌의 아들이니, 葉 땅에 食邑을 하사받았다. 이름은 諸梁이고 자는 子高이다. 楚나라 군주가 참람하게 王으로 자칭하고 그 대부는 公으로 불렀으니, 白公도 이와 같은 경우이다. '微'는 가늘다는 뜻이다. 葉은 음이 攝이다.

○ 郝懿行 : 白公의 변란 때 子高가 도성 문을 들어가면서 갑옷과 투구를 착용하지 않았으니, 이는 사람이 작고 허약하여 길을 걸을 때 옷을 이겨내지 못했기 때문이다.

5-12 然白公之亂也에 令尹子西司馬子期는 皆死焉이나

그러나 白公이 변란을 일으켰을 때 令尹 子西와 司馬 子期는 모두 죽었지만,

白公은 楚太子建之子요 平王之孫이라 子西는 楚平王長庶子[15)]公子申이며 子期도 亦平王子公子結이라

楊倞注 : 白公은 楚나라 太子 建의 아들이자 平王의 손자이다. 子西는 楚 平王의 長庶子

---

13) 食邑 : 군주가 신하에게 하사하여 대대로 먹고살 수 있도록 배려해준 封地를 말한다.

14) 白公之亂 : 白公(?~B.C. 479)은 白邑에 봉해진 楚나라 白公 勝을 말한다. 그의 아버지 建이 화를 피해 鄭나라로 도망갔다가 鄭나라에 의해 살해되자, 원수를 갚기 위해 惠王 6년(B.C. 483)에 令尹 子西에게 鄭나라를 공격할 것을 요청하였으나 子西는 그렇게 하겠다고 약속만 하고 군사를 출동시키지 않았다. 2년 뒤에 晉나라의 침공을 받은 鄭나라가 구원을 요청하자, 楚나라는 子西에게 鄭나라를 구원해주게 하였다. 이에 화가 난 白公이 惠王 10년(B.C. 479)에 용사 石乞 등과 함께 조정에서 子西와 子期를 죽이고 惠王을 위협하여 별궁에 안치한 뒤에 시해하려고 하였다. 그러자 屈固가 惠王을 업고 惠王 어머니의 궁으로 도망갔고 白公은 스스로 왕이 되었다. 한 달 뒤에 葉公 子高가 도성으로 들어가 惠王의 측근들과 함께 白公을 공격하였고, 패배한 白公은 산중으로 도망하여 목을 매어 자살하였다. ≪春秋左氏傳 哀公 16년≫

15) 長庶子 : 형제 중에 나이가 가장 많으면서 첩이 나은 아들이다.

인 公子 申이며, 子期도 平王의 아들인 公子 結이다.

## 5-13 葉公子高入據楚하고 誅白公하여 定楚國을 如反手爾하여 仁義功名善於後世[16)]하니라

葉公 子高는 진입하여 楚나라 도성을 점령하고 白公을 죽여 楚나라를 평정하기를 마치 손바닥을 뒤집듯이 쉽게 함으로써 그의 仁義와 功名이 후세에까지 칭송을 받고 있다.

○ 王引之曰 善字文義不明하니 疑著字之譌라 隸書著字或作着하니 形與善相似라[①] 俞樾曰 善은 乃蓋字之誤라 隸書蓋字或作盖하니 見北海相景君銘하고 善字或作善하니 見張遷碑라 兩形相似而誤라

① 史記五帝紀의 帝摯立不善이 索隱古本作不著라

≪史記≫ 〈五帝紀〉의 '帝摯立不善'이 ≪史記索隱≫의 옛 판본에는 '不著'로 되어 있다.

○ 王引之 : '善'자는 글 뜻이 분명치 않으니, 아마도 '著'자의 오자인 듯하다. 隸書에 '著'자를 혹 '着'으로 쓰기도 하니, 그 모양이 '善'과 서로 비슷하다.

俞樾 : '善'은 곧 '蓋'자의 오자이다. 隸書에 '蓋'자를 혹 '盖'로 쓰기도 하니 〈北海相景君銘〉에 보이고, '善'자를 혹 '善'으로 쓰기도 하니 〈張遷碑〉에 보인다. 두 글자의 모양이 서로 비슷하여 잘못된 것이다.

盖(北海相景君銘)

善(張遷碑)

16) 仁義功名善於後世 : '善'에 대해 王引之는 '著(드러나다)'의 오자일 것이라 하고, 俞樾은 '蓋(덮다)'의 오자라고 하여 의문을 제기하였으나, 潘重規는 "仁義와 功名이 후세에 좋은 평가를 받는 것을 말한 것이다."라고 하여, '善'자에 의문의 여지가 없는 것으로 간주하였다. 潘重規의 설이 우세한 것으로 보인다.

## 5-14 故事[17)]不揣長하고 不挈(혈)大하며 不權輕重하고 亦將志乎爾니

그러므로 인물을 살펴볼 때는 身長을 헤아리지 않고 몸집의 크기도 따지지 않으며 몸무게도 가늠하지 않고 그저 그의 心志만 보면 그만인 것이니,

挈은 與絜(혈)同이니 約也라 謂約計其大小也라 絜은 戶結反이라 莊子에 匠石見櫟社樹하고 絜之百圍라하니라 權은 稱也라 輕重은 體之輕重也라 言不論形狀長短大小肥瘠하고 唯在志意修飭耳라 ○ 盧文弨曰 案注以志意二字訓志字하니 增一字成文耳라 宋本作亦將志乎心爾하니 心字衍이라 先謙案 廣雅釋言에 將은 且也라하니 此承上文하여 言古之聞人不以相論이라 故事不揣絜長大輕重하니 亦且有志於彼數聖賢也라 楊注非라

楊倞注 : '挈'은 '絜(헤아리다)'과 같으니, 어림잡는다는 뜻이다. 몸집의 크기를 대강 짐작으로 헤아려보는 것을 이른다. '絜'의 음은 戶와 結의 反切이다. ≪莊子≫ 〈人間世〉에 "匠石見櫟社樹 絜之百圍(匠石이 토지의 신으로 모시는 갈참나무를 보고 그 둘레를 어림짐작해 보니 백 아름이나 되었다.)"라고 하였다. '權'은 저울에 단다는 뜻이다. '輕重'은 몸의 무게이다. 〈인물을 볼 때〉 키의 장단이나 몸집의 크기, 뚱뚱하거나 말랐거나 하는 등의 외형을 논할 것은 없고, 주시할 점은 오직 그의 心志가 잘 수양되었는지 여부에만 있다는 것을 말한 것이다.

○ 盧文弨 : 살펴보건대, 楊氏의 주는 '志意' 두 자로 '志'자의 뜻을 풀이하였으니, 한 글자를 더 보태 글을 만들었을 뿐이다. 宋本에는 '亦將志乎心爾'로 되어 있으니, '心'자가 잘못 덧붙여졌다.

先謙案 : ≪廣雅≫ 〈釋言〉에 "'將'은 '且(또)'자의 뜻이다."라고 하였으니, 이 글은 윗글에 이어, 옛날 이름난 사람을 보면 그의 생김새를 가지고 논하지 않았으므로, 〈후대에서 인물을 살펴볼 때도〉 키와 몸집, 몸무게 등을 헤아리지 말고 그저 저 옛날 여러 성현들을 〈본받으려는〉 뜻이 있느냐에 대해서만 보면 된다는 것을 말한 것이다. 楊氏의 주는 틀렸다.

## 5-15 長短大小美惡形相을 豈論也哉아 且徐偃王之狀은 目可瞻馬하고

키의 장단과 몸집의 크기, 생김새의 아름답고 추한 것 등 외모를 어찌 논할 것

17) 事 : 蔣南華・張覺・王天海 등은 모두 '士'의 오자로 간주하였다. 그 견해를 인정하여 그에 따라 번역하였다.

이 있겠는가. 그리고 徐偃王의 모습은 〈몸을 구부리지 못해〉 눈이 겨우 멀리 있는 말만 바라볼 수 있었고,

徐는 國名이니 僭稱王이라 其狀偃仰而不能俯라 故謂之偃王이라 周穆王使楚誅之라 瞻馬는 言不能俯視細物하고 遠望纔見馬라 尸子曰 徐偃王有筋而無骨也라하니라 ○ 盧文弨曰 馬는 元刻作焉하고 注同이라 今按楊注는 正謂不能見小物하고 而但見馬耳라 可者는 僅可之詞라 瞻은 說文云 臨視也라하니라 莊子云 不辨牛馬라하니라 今從宋本이라

楊倞注 : '徐'는 나라이름이니, 참람하게 王으로 자칭하였다. 그의 외형이 뒤로 젖혀져 몸을 구부리지 못했기 때문에 '偃王'이라 이른 것이다. 周 穆王이 楚나라에게 그를 주살하게 하였다. '瞻馬'는 몸을 구부려 〈앞에 있는〉 작은 물체는 보지 못하고 먼 곳에 있는 말만 겨우 바라보았다는 것을 밀한다. ≪尸子≫에 "徐偃王은 힘줄만 있고 뼈가 없었다."라고 하였다.

○ 盧文弨 : '馬'는 元刻本에는 '焉'으로 되어 있고 注에서도 동일하다. 이제 살펴보건대, 楊氏의 주는 곧 작은 물체는 보지 못하고 몸체가 큰 말만 볼 뿐이라는 것을 말한 것이다. '可'는 '겨우 그럴 수 있다'는 말이다. '瞻'은 ≪說文解字≫에 "가까이 임하여 본다는 뜻이다."라고 하였다. ≪莊子≫ 〈秋水〉에 "소인지 말인지 구분하지 못했다.〔不辨牛馬〕"라고 하였다. 여기서는 宋本을 따랐다.

孔子

5-16 仲尼之狀은 面如蒙倛(기)하고

仲尼의 모습은 얼굴모양이 도깨비탈과 같았고,

方相

倛는 方相[18)]也라 其首蒙茸然이라 故曰蒙倛라하니라 子虛賦曰 蒙公先驅라하고 韓侍郎[19)]云 四目爲方相이요 兩目爲倛라하니라 倛는 音欺(기)라 愼子曰 毛嬙西施는 天下之至姣也나 衣之以皮倛면 則見之者皆走也라하니라

楊倞注 : '倛'는 方相이다. 그 머리털이 어지럽게 헝클어졌기 때문에 '蒙倛'라 한다. 〈子虛賦〉에 "蒙公이 앞에서 이끌었다."라고 하고, 韓侍郎이 "눈이 네 개인 것이 方相이고, 눈이 두 개인 것이 倛이다."라고 하였다. '倛'는 음이 欺이다. ≪愼子≫에 "毛嬙과 西施는 천하에 으뜸가는 미인이지만, 그에게 가죽으로 만든 탈을 씌우면 그 모습을 본 자들은 모두 달아난다."라고 하였다.

5-17 **周公之狀**은 **身如斷菑**(치)하고

周公의 모습은 몸이 마치 죽은 나뭇등걸 같았고,

周公

爾雅云 木立死曰椔(치)라하니라 椔는 與菑同이라 ○ 郝懿行曰 皇矣詩傳에 木立死曰菑라하니 菑者는 植立之貌라 周公背傴하니 或曰韈(말)僂라 其形曲折하여 不能直立이라 故身如斷菑矣라

楊倞注 : ≪爾雅≫에 "나무가 선 채로 말라죽은 것을 '椔'라 이른다."라고 하였다. '椔'는 '菑'와 같다.

○ 郝懿行 : ≪詩經≫ 〈皇矣〉 시의 ≪毛傳≫에 "나무가 선 채로 말라죽은 것을 '菑'라 한다."라고 하였으니, '菑'는 똑바로 선 모양이다. 周公이 등이 굽었으

18) 方相 : 옛날 疫鬼를 쫓아낼 때 사용했던 도깨비모양으로 만든 神像이다. 후대에는 상여가 나갈 때 앞서서 길을 인도하던 용도로 사용하였다.

19) 韓侍郎 : 吏部侍郎을 지낸 唐나라 韓愈(768~824)를 말한다.

니, 어떤 곳에서는 버선모양처럼 굽었다고도 한다. 그 모습이 허리가 꺾여 똑바로 설 수 없기 때문에 몸이 마치 꺾인 나뭇등걸과 같았던 것이다.

皐陶

5-18 **皐陶之狀**은 **色如削瓜**하고

皐陶의 모습은 얼굴색이 껍질 깎은 오이 같았고,

如削皮之瓜青綠色이라

楊倞注 : 껍질을 깎아낸 오이처럼 청록색이었다.

5-19 **閎夭之狀**은 **面無見膚**하고

閎夭의 모습은 얼굴에 드러난 피부가 없었고,

閎夭는 文王臣으로 在十亂[20]之中이라 言多鬚髥蔽其膚也라 ○ 盧文弨曰 注鬚은 一作鬢이라

楊倞注 : 閎夭는 文王의 신하로, 함께 나라를 다스린 열 명의 신하 속에 들어 있다. 구레나룻수염이 워낙 많아 그 피부를 가려버린 것을 말한 것이다.

○ 盧文弨 : 楊氏 주의 '鬚'은 어떤 판본에는 '鬢'로 되어 있다.

傅說

5-20 **傅說之狀**은 **身如植鰭**(기)하고

傅說의 모습은 몸이 마치 물고기 등지느러미를 세운 것 같았고,

植은 立也니 如魚之立也라 ○ 郝懿行曰 鰭

20) 十亂 : ≪書經≫ 〈泰誓 中〉에 "나는 다스리는 신하 열 사람을 두었으니 마음이 같고 덕이 같다.〔予有亂臣十人 同心同德〕"라고 한 데서 나온 것으로, 周 武王을 도와 나라를 다스리고 혼란을 평정한 열 명의 大臣을 말한다. 열 사람은 周公旦·召公奭·太公望·畢公·榮公·太顚·閎夭·散宜生·南宮适·太姒라고 한다. '亂'은 '治'자와 같다.

在魚之背하여 立而上見하니 駝背人似之라 然則傅說亦背僂歟아

楊倞注 : '植'은 '立'자의 뜻이니, 마치 물고기의 〈지느러미가〉 서 있는 것 같다는 것이다. ○ 郝懿行 : 등지느러미는 물고기의 등에 위치하여 곧추서서 위쪽으로 드러나니, 사람의 곱사등이와 비슷하다. 그렇다면 傅說도 등이 굽었었나 보다.

5-21 伊尹之狀은 面無須麋라

伊尹의 모습은 얼굴에 수염과 눈썹이 없었다.

麋는 與眉(미)同이라

楊倞注 : '麋'는 '眉(눈썹)'자와 같다.

5-22 禹跳요 湯偏이며

禹王은 절름발이였고 湯王은 반신불수였으며,

尸子曰 禹之勞 十年不窺其家라 手不爪하고 脛不生毛라 偏枯之病으로 步不相過하니 人曰禹步라하니라 鄭注尙書大傳에 湯半體枯라하고 呂氏春秋曰 禹通水濬川하여 顔色黎黑하고 步不相過라하니라

楊倞注 : ≪尸子≫에 "禹가 〈홍수로 인해〉 수고하느라 10년 동안 고향집을 찾아가지 못했다. 손가락은 손톱이 갈려 없어지고 정강이에는 털이 나지 않았다. 한쪽 다리가 마비되는 병으로 인해 걸음걸이가 순탄하지 않았는데, 〈이런 모습을〉 사람들이 '禹步'라고 말한다."라고 하였다. ≪尙書大傳≫의 鄭玄 주에 "湯王은 몸 반쪽이 말라버렸다."라고 하고, ≪呂氏春秋≫에 "禹가 막힌 물길을 트고 시내를 준설하느라 얼굴빛은 새까맣고 걸음걸이가 순탄하지 않았다."라고 하였다.

5-23 堯舜參牟子라

堯임금과 舜임금은 눈동자가 겹쳐 있었다.

牟는 與眸(모)同이라 參眸子는 謂有二瞳之相參也라 史記曰 舜目重瞳이라하니 重瞳은 蓋堯亦然이라 尸子曰 舜兩眸子니 是謂重明이라 作事成法하고 出言成章이라하니 當

時傳聞이라 今書傳亦難盡詳究所出也라

楊倞注 : '牟'는 '眸(눈동자)'와 같다. '參眸子'는 한 눈에 눈동자 두 개가 겹친 것을 이른다. ≪史記≫에 "舜은 눈에 눈동자가 두 개였다."라고 하였는데, 눈동자가 두 개인 것은 堯도 마찬가지였다. ≪尸子≫에 "舜은 두 눈동자를 지녔으니, 이것을 '重明'이라 이른다. 일을 할 때는 법도가 있고 말이 입 밖에 나오면 그대로 문장이 되었다."라고 하였는데, 이는 당시에 전해들은 말일 것이다. 지금 서책으로 전하는 것도 모두 그 출처를 자세히 알기 어렵다.

5-24 從者將論志意하고 比類文學邪아 直將差長短하고 辨美惡하여 而相欺傲邪아

관상술을 추종하는 자들은 그 심지를 토론하고 그 문장과 학문을 비교해보자는 것인가, 아니면 그 신장을 비교하고 그 아름답고 추한 외모를 구분하여 서로 속이고 얕보자는 것인가?

從者는 荀卿門人이라 問將論志意文學邪아 但以好醜相欺傲也아하니라 ○ 盧文弨曰 從者는 猶言學者니 注非라

楊倞注 : '從者'는 荀卿의 문인이다. 상대방의 심지와 문장과 학문을 논하자는 것인지, 아니면 그저 외모가 좋고 나쁜 것을 가지고 상대방을 속이고 얕보자는 것인지를 물은 것이다.

○ 盧文弨 : '從者'는 배우는 자라는 뜻의 '學者'란 말과 같다. 楊氏의 주는 틀렸다.

5-25 古者桀紂長巨姣美하여 天下之傑也라 筋力越勁하여 百人之敵也라

옛날에 桀王과 紂王은 몸집이 장대하고 용모가 수려하여 천하에 걸출한 인물이었다. 근력이 날렵하고 강하여 백 사람과 대항할 정도였다.

姣는 好也라 倍萬人曰傑이라 越은 過人也라 勁은 勇也라 ○ 王念孫曰 案如楊說이면 則越勁二字義不相屬이라 今案 越者는 輕也니 言筋力輕勁也라 說文云 赳는 輕勁有材力이라하니 是也라 越字本作娍하니 說文曰 娍은 輕也라하니라① 玉篇音于厥切이라 娍與越古字通이라 呂氏春秋本味篇注曰 越越은 輕易之貌라하고 緇衣引大(태)甲曰 毋越厥命以自覆이라하니 言毋輕發厥令以自傾覆也라② 說文에 跋은 輕足也라하니 義亦與越同이라

① 廣雅同이라

≪廣雅≫도 같다.

② 鄭注以越爲顚蹷하니 非是라 說見經義述聞이라

鄭玄의 주는 '越'을 넘어진다는 뜻으로 풀이하였으니, 옳지 않다. 이에 관한 설명은 ≪經義述聞≫에 보인다.

楊倞注 : '姣'는 곱다는 뜻이다. 보통 사람보다 만 배 뛰어난 것을 '傑'이라 말한다. '越'은 보통 사람을 초월한다는 뜻이다. '勁'은 용맹하다는 뜻이다.

○ 王念孫 : 살펴보건대, 楊氏의 설대로라면 '越勁' 두 자는 뜻이 서로 붙지 않는다. 이제 살펴보건대, '越'은 가볍다는 뜻이니, 근력이 날렵하고 강한 것을 말한다. ≪說文解字≫에 "'赿'는 날렵하고 강하여 재간과 힘이 있다는 뜻이다.〔赿 輕勁有材力〕"라고 하였으니, 곧 이 뜻이다. '越'자는 본디 '娍'로 되어 있으니, ≪說文解字≫에 "'娍'은 가볍다는 뜻이다."라고 하였다. ≪玉篇≫에 그 음이 于와 厥의 反切이라고 하였다. '娍'과 '越'은 옛 글자에 통용하였다. ≪呂氏春秋≫ 〈本味篇〉의 주에 "越越은 날렵한 모양이다."라고 하고, ≪禮記≫ 〈緇衣〉에 ≪書經≫ 〈太甲〉을 인용하여 "毋越厥命以自覆"이라 하였는데, 그 명령을 함부로 내려 스스로 무너지지 말도록 하라는 말이다. ≪說文解字≫에 "'跋'은 가벼운 발이다."라고 하였으니, 그 뜻이 '越'과 같다.

### 5-26 然而身死國亡하여 爲天下大僇하여 後世言惡則必稽焉이라

그런데도 목숨을 잃고 나라가 망하여 천하에서 가장 수치스러운 사람이 되어 후세에 惡人을 말할 때는 반드시 그들을 상고하여 증거로 삼는다.

僇은 與戮同이라 稽는 考也라 後世言惡에 必考桀紂爲證也라 ○ 盧文弨曰 稽는 止也라 此卽天下之惡皆歸焉之意라 稽는 猶歸也니 注非是라 郝懿行曰 稽者는 同也라 後世凡言惡者에 比之桀紂하니 是與之同이라 楊訓稽考하니 疏矣라 正論篇句義同이라 先謙案 王霸篇正論篇文與此同하니 楊竝訓稽爲考라 儒效篇是大儒之徵也와 又云 是大儒之稽也에 楊注 徵은 驗也라하고 稽는 考也라하여 稽徵對文하니 義當訓考라 卽尙書稽古之義라 荀書它篇用稽字도 亦無二義하니 當從楊說이라

楊倞注 : '僇'은 '戮'과 같다. '稽'는 상고한다는 뜻이다. 후세에 악인을 말할 때는 반드시 桀王과 紂王을 상고하여 그 증거로 삼는다는 것이다.

○ 盧文弨 : '稽'는 멈춘다는 뜻이다. 이는 곧 천하의 악이 모두 그에게 돌아간다는 뜻

이다. '稽'는 '歸'자와 같으니, 楊氏의 주는 옳지 않다.

郝懿行 : '稽'란 '同'자의 뜻이다. 후세에 일반적으로 악인을 말할 때는 그를 桀王과 紂王에 견주었으니, 이 때문에 그와 같게 된 것이다. 楊氏는 '稽'자를 상고한다는 뜻으로 풀이하였으니, 엉성하다. 〈正論篇〉 문구의 뜻도 이와 동일하다.

先謙案 : 〈王霸篇〉과 〈正論篇〉의 글도 이와 동일한데 楊氏가 〈그 두 군데에서〉 모두 '稽'자를 상고한다는 뜻으로 풀이하였다. 〈儒效篇〉의 "是大儒之徵也(이는 위대한 儒者의 徵이다.)"와, 또 "是大儒之稽也(이는 위대한 儒者의 稽이다.)에서, 楊氏의 주가 '徵'은 징험한다는 뜻이라 하고 '稽'는 상고한다는 뜻이라고 하여 '稽'와 '徵'을 짝으로 맞췄으니, 뜻을 상고한다는 것으로 풀이하는 것이 마땅하다. 이는 곧 ≪尙書≫의 '稽古'의 뜻이다. ≪荀子≫의 다른 편에서 사용한 '稽'자도 두 가지 뜻이 없으니, 마땅히 楊氏의 설을 따라야 할 것이다.

5-27 **是非容貌之患也**라 **聞見之不衆**하고 **議論之卑爾**[21)]라

이것은 용모가 초래한 재앙이 아니다. 〈그런데도 관상술을 중시하는 이유는〉 그들의 見聞이 많지 않고 論議의 수준이 저속한 것으로 인해 그런 것일 뿐이다.

**亦非以容貌害身**이라 **言美惡皆非所患**이요 **但以聞見不廣**하고 **論議不高**라 **故致禍耳**라

楊倞注 : 이 문구 또한 용모 때문에 몸을 해친 것이 아니라는 것이다. 잘생기고 못생긴 것은 모두 화를 만드는 원인이 아니고, 다만 견문이 넓지 않고 전개하는 논의의 수준이 높지 않기 때문에 화를 초래한 것일 뿐임을 만한 것이다.

5-28 **今世俗之亂君**[22)]과 **鄕曲之儇**(현)**子**는

오늘날 세속에서 질서를 어지럽히는 백성과 시골 구석의 경박하고 약삭빠른 젊은이는,

**方言云 儇**은 **疾也**며 **慧也**라하니라 **與喜而翾**[23)]**義同**하니 **輕薄巧慧之子也**라 **儇**은 **火**

---

21) 聞見之不衆 議論之卑爾 : 楊倞의 주는, 이 문구는 桀王과 紂王이 외모가 출중한데도 화를 초래한 이유로 풀이하였으나, 관상가들이 무턱대고 잘생긴 외모를 중시하는 원인으로 이해하는 것이 더 타당할 것으로 보인다.

22) 君 : 저본에 '君'으로 되어 있으나, 兪樾의 견해에 따라 '民'의 뜻으로 번역하였다.

玄反이라 ○ 兪樾曰 按下文云中君羞以爲臣이라하니 則此不應言君이라 且與婦人莫不願得以爲夫하고 處女莫不願得以爲士와 及束乎有司戮乎大市諸語로 皆不合하니 疑本作世俗之亂民이 傳寫誤耳라

楊倞注：≪方言≫에 "'儇'은 잽싸고 영리하다는 뜻이다." 하였다. '喜而翾(기쁘면 건들거린다.)'의 뜻과 같으니, 경박하고 약삭빠른 사람이다. '儇'의 음은 火와 玄의 反切이다.

○ 兪樾：살펴보건대, 아래 글에 "보통의 군주라도 신하로 삼기를 부끄럽게 생각한다.〔中君羞以爲臣〕"라고 하였으니, 여기서는 마땅히 군주를 말하지 않을 것이다. 그리고 아래의 "부인은 이런 사람을 얻어 지아비로 삼기를 원하지 않는 이가 없고, 아가씨는 이런 사람을 얻어 연인으로 삼기를 원하지 않는 이가 없을 것이다."라는 말과, "관리의 포승줄에 묶여 큰 저자거리에서 목이 잘리게 된다."는 말과는 모두 부합되지 않으니, 아마도 본디 '世俗之亂民'으로 되어 있던 것이 옮겨 쓰는 과정에서 잘못되었을 것이다.

## 5-29 莫不美麗姚冶하며 奇衣婦飾하여 血氣態度擬於女子라

아름답고 요염하며 기이한 옷차림으로 부인처럼 꾸며 기색이며 태도까지 여자를 모방하지 않는 일이 없다.

說文曰 姚는 美好貌라하니라 冶는 妖라 奇衣는 珍異之衣라 婦飾은 謂如婦人之飾이니 言輕細也라 擬於女子는 言柔弱便辟也라

楊倞注：≪說文解字≫에 "'姚'는 아름답고 고운 모양이다."라고 하였다. '冶'는 '妖(아리땁다)'자의 뜻이다. '奇衣'는 진기하고 특이한 옷이다. '婦飾'은 부인의 꾸밈새와 같은 것을 이르니, 몸이 가볍고 날씬한 것을 말한다. 여자를 모방한다는 것은 연약하고 애교를 떠는 것을 말한다.

## 5-30 婦人莫不願得以爲夫하고 處女莫不願得以爲士하여

부인은 이런 사람을 얻어 지아비로 삼기를 원하지 않는 이가 없고, 아가씨는 이런 사람을 얻어 연인으로 삼기를 원하지 않는 이가 없어,

---

23) 喜而翾：〈不苟篇〉의 "喜則輕而翾(기쁠 때는 경박하여 건들거린다.)"이라는 문구를 줄여서 인용한 것이다.

士者는 未娶妻之稱이라 易曰 老婦得其士夫라하니라 ○ 郝懿行曰 女士對言하니 如詩之氓[24)]과 易之大過 皆是라 古以士女爲未嫁娶之稱이라

楊倞注 : '士'란 아직 장가들지 않은 자에 대한 호칭이다. ≪周易≫ 大過卦에 "老婦得其士夫(늙은 부인이 그 젊은 남자를 얻었다.)"라고 하였다.

○ 郝懿行 : 女와 士를 짝을 지어 말하는데, ≪詩經≫ 〈氓篇〉과 ≪周易≫ 大過卦와 같은 경우가 모두 그렇다. 옛날에 士와 女를 아직 시집가지 않고 장가들지 않은 자에 대한 호칭으로 삼았다.

5-31 弃其親家而欲奔之者 比肩竝起라 然而中君羞以爲臣하고 中父羞以爲子하고 中兄羞以爲弟하고 中人羞以爲友라

자기의 부모와 가정을 버리고 〈그 경박하고 교활한 남자에게〉 도망가려는 여인들이 잇달아 생겨난다. 그러나 그런 사람은 보통의 군주라도 신하로 삼기를 부끄럽게 생각하고, 보통의 아버지라도 자식 삼기를 부끄럽게 생각하고, 보통의 형이라도 아우 삼기를 부끄럽게 생각하고, 보통의 사람이라도 벗 삼기를 부끄럽게 생각한다.

不必上智라도 皆知惡也라

楊倞注 : 반드시 지혜가 뛰어나지 않더라도 모두 싫어할 줄을 안다는 것이다.

5-32 俄則束乎有司而戮乎大市면

얼마 안 되어 관리의 포승줄에 묶여 큰 저자거리에서 목이 잘리게 되면,

犯刑罰하여 爲有司所束縛也라

楊倞注 : 형벌을 범해 관리의 포승줄에 묶이게 된다는 것이다.

5-33 莫不呼天啼哭하여 苦傷其今而後悔其始라

---

24) 詩之氓 : 여기서는 ≪詩經≫ 〈氓篇〉 제3장의 "이봐요 정신 나간 그대 아가씨 부디 저 남자에게 빠지지 마오.〔于嗟女兮 無與士耽〕"라고 한 것을 말한다.

하늘을 부르고 大聲痛哭하면서 처절하게 지금의 현실을 슬퍼하고 지난날 그 처음을 후회하지 않는 자가 없다.

苦傷今之刑戮하고 悔其始之所爲라

楊倞注 : 처절하게 지금의 형벌을 슬퍼하고 그 처음의 행위를 후회한다는 것이다.

## 5-34 是非容貌之患也라 聞見之不衆하고 議論之卑爾라 然則從者將孰可也오

이것은 용모가 초래한 재앙이 아니다. 〈그런데도 관상술을 중시하는 이유는〉 그들의 見聞이 많지 않고 論議의 수준이 저속한 것으로 인해 그런 것일 뿐이다. 그렇다면 관상술을 추종하는 사람들은 〈인물을 알아볼 때〉 과연 무엇으로 하는 것이 옳다고 할 것인가?

問從者形相與志意孰爲益乎아하니라 ○ 盧文弨曰 非相篇當止於此라 下文所論較大하여 竝與相人無與라 疑是榮辱篇錯簡於此라 先謙案 謝本衆下有而字하니 案文不當有라 今從宋台州本刪이라

楊倞注 : 관상술을 추종하는 자들에게 外貌와 心事 중에 무엇이 더 유익한 것이냐고 물은 것이다.

○ 盧文弨 : 〈非相篇〉은 마땅히 여기서 끝나야 한다. 아래 글에서 논하는 내용들은 비교적 범위가 큰 것으로서, 모두 사람의 相을 보는 것과는 관계가 없다. 아마도 〈榮辱篇〉의 내용이 여기에 잘못 끼어든 것 같다.

先謙案 : 謝本에는 '衆' 아래에 '而'자가 있는데, 문맥을 살펴보면 이 글자가 있어서는 안 된다. 여기서는 宋 台州本에 따라 삭제하였다.

## 5-35 人有三不祥하니 幼而不肯事長과 賤而不肯事貴와 不肖而不肯事賢이라 是人之三不祥也라

사람에게 세 가지 상서롭지 못한 일이 있다. 나이가 어리면서도 연장자를 섬기려 하지 않는 것과, 신분이 미천하면서도 존귀한 자를 섬기려 하지 않는 것과, 어질지 못하면서도 어진 자를 섬기려 하지 않는 것이다. 이것은 사람에게 있어서 세 가지 상서롭지 못한 일이다.

言必有禍災也라

楊倞注 : 반드시 재앙이 있을 것임을 말한 것이다.

5-36 人有三必窮하니 爲上則不能愛下하고 爲下則好非其上이 是人之一必窮也요 鄕則不若하고 偝則謾之 是人之二必窮也요

사람에게 세 가지 반드시 곤경에 빠질 일이 있다. 윗사람이 되어 아랫사람을 사랑할 줄 모르고 아랫사람이 되어 윗사람을 비방하길 좋아하는 것이 사람이 반드시 곤경에 빠질 첫 번째 일이고, 상대방을 대면하여 순종치 못하고 뒤돌아서서 비난하는 것이 사람이 반드시 곤경에 빠질 두 번째 일이고,

鄕은 讀爲向이라 若은 如也라 謾은 欺毁也며 莫干反이라 ○ 先謙案 若은 順也라 向則不順하고 背又謾之라 故必窮이라 下文方言與人相縣하니 則此若字不得訓爲如라 楊注非라

楊倞注 : '鄕'은 '向'으로 읽는다. '若'은 '如(같다)'자의 뜻이다. '謾'은 속이며 비난한다는 뜻이며, 음은 莫과 干의 反切이다.

○ 先謙案 : '若'은 '順'자의 뜻이다. 대면했을 때는 순종하지 않고 뒤돌아서면 또 그를 비난하기 때문에 반드시 곤경에 빠지는 것이다. 아래 글에 비로소 일반인에 비해 크게 차이가 난다고 말했으니, 이 '若'자를 같다는 뜻으로 풀이할 수 없다. 楊氏의 주는 틀렸다.

5-37 知行淺薄하며 曲直有以相縣矣로되 然而仁人不能推하고 知士不能明이 是人之三必窮也라

지혜는 낮고 행위는 경박하며 그 재능의 유무가 또 일반인에 비해 크게 미치지 못하는데도 어진 사람을 추천하지도 못하고 지혜로운 인물을 존경하지도 못하는 것이 사람이 반드시 곤경에 빠질 세 번째 일이다.

曲直은 猶能不也라 言智慮德行至淺薄하고 其能不與人又相縣遠하되 不能推讓明白之하니 言不知己之不及也라 知音智라 行은 下孟反이라 縣은 讀爲懸이라 ○ 王念

孫曰 曲直有[①]以相縣矣[②]라 楊以明爲明白하니 非也라 明者는 尊也니 言不能尊智士也라 仁人不能推와 智士不能明의 明與推는 皆尊崇之謂也라 古者多謂尊爲明이라 禮運 故君者所明也요 非明人者也와 大傳 庶子不祭는 明其宗也에 鄭注竝曰 明은 猶尊也라하고 祭義 明命鬼神에 鄭注曰 明命은 猶尊名也라하니라 晉語曰 晉公子可謂賢矣어늘 而君蔑之하니 是不明賢也라하고 管子牧民篇曰 明鬼神 祗山川과 墨子明鬼篇曰 鬼神不可不尊明也는 皆其證矣라 先謙案 王說有相字 是라 今從宋本補正이라

① 與又同이라
〈'有'는〉 '又'자와 같다.

② 呂錢本竝如是하고 元刻脫相字라 盧依元刻刪相字하니 非라
呂・錢本은 모두 이와 같고, 元刻本에는 '相'자가 빠져 있다. 盧氏가 元刻本을 따라 '相'자를 삭제하였으니, 이는 잘못되었다.

楊倞注 : '曲直'은 '재능의 유무'라는 뜻의 '能不(否)'와 같다. 지혜와 덕행은 매우 낮고 경박하며 그 재능의 유무도 일반인에 비해 또 크게 차이가 나는데도, 능히 훌륭한 인물을 추천하고 양보하거나 드러내 밝히지 못한다는 것을 말한 것이니, 이는 자기가 그런 인물에게 미치지 못한다는 사실을 모른다는 말이다. '知'는 음이 '智'이다. '行'의 음은 下와 孟의 反切이다. '縣'은 '懸'으로 읽는다.

○ 王念孫 : 〈'曲直有以縣矣'는〉 '曲直有以相縣矣'가 되어야 한다. 楊氏는 '明'을 드러내 밝힌다는 뜻의 '明白'으로 풀이하였으니, 틀렸다. '明'이란 '尊'자의 뜻이니, 지혜로운 인물을 존경하지 못하는 것을 말한 것이다. '仁人不能推'와 '智士不能明'의 '明'과 '推'는 모두 존경하고 높이는 것을 이른다. 옛날에 '尊'을 '明'으로 말한 경우가 많았다. ≪禮記≫ 〈禮運〉의 "故君者所明也 非明人者也(그러므로 군주란 존경을 받는 것이지 일반 사람을 존경하는 것이 아니다.)"와, ≪禮記≫ 〈大傳〉의 "庶子不祭 明其宗也(嫡長子가 아닌 아들이 제사를 지내지 않는 이유는 그 종통을 높이기 위해서이다.)"에서, 鄭玄의 주는 모두 "'明'은 '尊'과 같다."라고 하였고, ≪禮記≫ 〈祭義〉의 "明命鬼神(〈만물의 영적인 존재를〉 鬼와 神으로 높여 이름을 붙였다.)"에서, 鄭玄의 주에 "'明命'은 높여 이름을 붙인다는 뜻의 '尊名'과 같다."라고 하였다. ≪國語≫ 〈晉語〉에 "晉公子可謂賢矣 而君蠛之 是不明賢也(晉 公子는 어질다고 말할 수 있는데 군주께서는 그를 모독하시니 이는 현자를 존경하지 않는 것입니다.)"라고 하였고, ≪管子≫ 〈牧民篇〉의 "明鬼神 祗山川(귀신을 높이고 산천을 공경한다.)"과, ≪墨子≫ 〈明鬼篇〉의 "鬼神不可不尊明也(귀신은 높이지 않으면 안 된다.)"라는 경우가 모두 그 증거이다.

先謙案 : '相'자가 있어야 한다는 王氏의 설이 옳다. 여기서는 宋本을 따라 보충하여 바로잡았다.

## 5-38 人有此三數行者에

어떤 사람이 이와 같은 몇 가지 행위를 지녔을 때,

○ 王引之曰 三數行은 文不成義하니 當作有此數行이라 數行은 謂上文之三不祥與三必窮也라 其三字는 卽涉上文而衍이라

○ 王引之 : '三數行'은 글이 뜻이 형성되지 않으니, 마땅히 '有此數行'이 되어야 한다. '數行'은 윗글의 세 가지 상서롭지 못한 일과 세 가지 반드시 곤경에 빠지는 일을 말한다. 그 '三'자는 윗글과 연관되어 잘못 붙여진 것이다.

## 5-39 以爲上則必危하고 爲下則必滅이라 詩曰 雨雪瀌瀌하나 宴然聿消라 莫肯下隧하고 式居屢驕로다하니 此之謂也니라

그가 윗사람이 된다면 반드시 위험한 일을 당할 것이고, 아랫사람이 된다면 반드시 괴멸될 것이다. ≪詩經≫에 "눈꽃이 온 하늘에 펄펄 날려도 햇빛 한번 비추면 녹아버리네. 사람은 물러날 걸 생각지 않고 높은 자리 차지해 거들먹대네."라고 하였으니, 이를 두고 하는 말이다.

詩는 小雅角弓之篇이라 今詩作見晛曰消라 作宴然은 蓋聲之誤耳라 晛은 日氣也라 隧는 讀爲隨라 屢는 讀爲婁니 婁는 斂也라 言雨雪瀌瀌然이나 見日氣而自消니 喩欲爲善則惡自淸矣라 幽王曾莫肯下隨於人이라가 用此居處斂其驕慢之過也라 ○ 郝懿行曰 毛詩本出荀卿하니 荀所引詩多與毛合이라 毛詩 見晛曰消라하고 韓詩 曣晛聿消라하니 毛云 晛은 日氣也라하고 韓云 曣晛은 日出也라하여 二說義相成이라 廣雅釋詁에 曣曕은 煗也라하고 段氏玉裁說文注云 荀卿引詩作宴然하니 卽曣曕也라 宴晏曣古通用이라하니라 玉篇曰 曕同晛이라하니 如段氏說이라 然則毛詩見晛之見은 應讀爲現이라 現宴雙聲이요 肰(연)晛疊韻으로 亦兼雙聲[25]이니 俱音近假借字耳라 聿

25) 肰(연)晛疊韻 亦兼雙聲 : 두 글자 이상으로 된 단어가, 공통의 韻母를 갖고 있는 것을 疊韻이라 하고 각 글자의 최초의 자음이 같은 것을 雙聲이라 한다. 肰의 음은 rán이고, 晛의 음

曰二字는 古亦假借通用하니 荀引詩與韓毛本無不合也라 下隧는 毛作下遺라 古讀遺隧音同如旞(수)字하니 或作䡺(수)라 見於說文하니 可證矣라 隧與㒸同하니 㒸墜古今字也라 下隧者는 以言小人莫肯降下引退라 如雪은 宴肰消滅이로되 方用居位而數以驕人也라 屢는 當作婁니 婁者는 亟(기)也며 數(삭)也라 毛詩傳自荀卿하니 今推荀義以補毛傳은 義或當然이라 鄭箋에 遺讀曰隨라 婁는 斂也라하여 與毛異하니 不當援以注荀라 楊注失檢이라 先謙案 此詩毛作見晛하고 韓作曣晛하고 魯作宴然이라 宴然은 曣䁙之消文이니 宴燕古文通用字라 廣雅에 曣䁙은 煗也라하니 正用魯訓이라 漢書劉向傳에 引詩 雨雪麃麃나 見晛聿消라하니 顔注에 見은 無雲也라 晛은 日氣也라하되 案見不得訓爲無雲이라 據說文컨대 䁙은 殅無雲也라하고 晛은 日見也라하고 依顔注컨대 是劉向引詩見正作䁙하니 顔所見本不誤요 後人妄改作見耳라 向用魯詩 尤可證合이라 玉篇廣韻皆云晛䁙二形하여 同韓之曣晛하니 卽魯之曣䁙耳라 麃는 瀌消文이라 屢婁는 古今文之異라 荀子傳詩浮丘伯하고 伯傳申公하니 爲魯詩之祖라 荀書引詩異毛者는 皆三家[26]義어늘 而郝氏强爲毛傳合하니 失之遠矣라 餘詳余所撰三家詩義疏[27]일새 不復出하니라

楊倞注 : '詩'는 〈小雅 角弓〉편이다. 지금 ≪詩經≫에는 '見晛曰消'로 되어 있다. '宴然'으로 되어 있는 이유는 소리로 인해 잘못된 것일 뿐이다. '晛'은 햇빛이다. '隧'는 '隨'로 읽는다. '屢'는 '婁'로 읽어야 하니, '婁'는 거둔다는 뜻이다. 흰 눈이 펄펄 내려 쌓이더라도 햇빛만 비추면 절로 녹아버린다는 것을 말한 것으로, 善을 하려고 마음먹으면 惡은 절로 사라짐을 비유한 것이다. 幽王이 일찍이 아래 백성들의 마음을 따르려 하지 않다가 〈곤경에 처하자〉 이로 인해 평소에 그 교만했던 잘못을 수렴했다는 것이다.

○ 郝懿行 : ≪毛詩≫는 본디 荀卿에게서 나온 것이므로, 荀卿이 인용한 시는 ≪毛詩≫

---

은 xiàn이다.

26) 三家 : 三家詩의 약칭이다. 三家詩는 魯·齊·韓 三家가 각기 주를 붙인 ≪詩經≫을 가리킨다. 魯나라 사람인 申培가 ≪魯詩≫의 시조이고, 齊나라 사람인 轅固가 ≪齊詩≫의 시조이고, 燕나라 사람인 韓嬰이 ≪韓詩≫의 시조이다. 三家詩가 西漢 때 모두 學官이 세워졌는데 魯學이 가장 융성하였다. 그 뒤에 ≪齊詩≫는 三國 魏나라 때 망실되고, ≪魯詩≫는 西晉 때 망실되었으며, 南宋 이후에 ≪韓詩≫도 망실되고 ≪韓詩外傳≫만 남아 후세에 전해오고 있다.

27) 三家詩義疏 : 王先謙이 편찬한 ≪詩三家義集疏≫로, 처음 명칭은 ≪三家詩義通繹≫이다. 모두 28권이다. 그의 나이 74세 때인 1915년에 간행되었고, 1987년 2월에 중국 中華書局에서 吳格의 校點本이 출간되었다.

와 부합된 경우가 많다. ≪毛詩≫에는 '見晛曰消'라 하고 ≪韓詩外傳≫에는 '曣晛聿消'라 하였는데, 毛亨은 "'晛'은 햇빛이다."라고 하고 韓嬰은 "'曣晛'은 해가 떠오른 것이다."라고 하여, 두 설이 그 뜻을 서로 보완하고 있다. ≪廣雅≫ 〈釋詁〉에 "曣과 㬫은 따뜻하다는 뜻이다."라고 하고, 段玉裁의 ≪說文解字注≫에 "荀卿이 인용한 ≪詩經≫은 '宴然'으로 되어 있으니, 곧 '曣㬫'이다. 宴・晏・曣은 옛날에 통용하였다."라고 하였다. ≪玉篇≫에는 "'㬫'은 '晛'과 같다."라고 하였으니, 段氏의 설과 같다. 그렇다면 ≪毛詩≫의 '見晛'의 '見'은 마땅히 '現'으로 읽어야 한다. '現'과 '宴'은 雙聲이고, '肰'과 '晛'은 疊韻으로 이 또한 雙聲을 겸하고 있으니, 모두 음이 서로 가까워 假借한 글자일 뿐이다. '聿曰' 두 자는 옛날에 이것도 假借하여 통용하였으니, 荀卿이 인용한 ≪詩經≫은 韓氏・毛氏의 본과 부합되지 않은 게 없다. '下隧'는 ≪毛詩≫에 '下遺'로 되어 있다. 옛날에는 '遺'와 '隧'를 읽을 때 음이 같았고 그것을 '旞'자처럼 읽었는데, 혹 '旞'로 표기하기도 한다. 이에 관해서는 ≪說文解字≫에 보이니, 증명할 수 있다. '隧'와 '㒸'는 동일한 것으로, '㒸'와 '墜'는 고금의 시대에 따라 달리 쓰는 글자이나. '下隧'란 소인이 아래로 내려가고 뒤로 물러나려고 하지 않는 것을 말한 것이다. 쌓인 눈의 경우는 해가 뜨면 녹아 사라지는데도 소인이 높은 지위를 차지하고 앉아 계속 아랫사람들에게 교만을 부린다는 것이다. '屢'는 마땅히 '婁'가 되어야 하니, '婁'란 '亟(자주)'의 뜻이며 '數(자주)'자의 뜻이다. ≪毛詩≫는 荀卿으로부터 전수받았으니, 지금 荀卿의 뜻을 미루어 ≪毛傳≫을 보완하는 것은 그 의도가 어쩌면 당연하다 하겠다. ≪鄭箋≫에 "'遺'는 '隨'자로 읽어야 한다. '婁'는 거둔다는 뜻이다."라고 하여 毛氏와는 다르니, 이것을 가져와 ≪荀子≫를 풀이할 수는 없다. 楊氏의 주는 살펴보기를 잘못한 것이다.

先謙案 : 이 시는 ≪毛詩≫에는 '見晛'으로 되어 있고, ≪韓詩≫에는 '曣晛'으로 되어 있으며, ≪魯詩≫에는 '宴然'으로 되어 있다. '宴然'은 '曣㬫'을 간단하게 쓴 글이니, '宴'과 '燕'은 옛글에 통용하였다. ≪廣雅≫에 "'曣'과 '㬫'은 따뜻하다는 뜻이다."라고 하였으니, 곧 ≪魯詩≫의 뜻을 반영한 것이다. ≪漢書≫ 〈劉向傳〉에 ≪詩經≫의 "雨雪麃麃 見晛聿消(눈꽃이 온 하늘에 펄펄 날려도 햇빛 한번 비추면 녹아버리네.)"를 인용하였는데, 顔師古의 주에 "'見'은 구름이 없다는 뜻이다. '晛'은 햇빛이다."라고 하였으나, 살펴보건대, '見'자는 그 뜻이 구름이 없다는 것이 될 수 없다. ≪說文解字≫에 의하면 "'㬐'은 별이 보이고 구름이 없다는 뜻이다."라고 하고, "'晛'은 해가 나타났다는 뜻이다."라고 하였으며, 顔氏의 주에 의하면 劉向이 인용한 시의 '見'자는 올바르게 '㬐'으로 되어 있었으니, 顔氏가 본 판본이 잘못된 것이 아니라 후세 사람이 함부로 '見'자로 바꾼 것일 뿐이다. 劉向은 ≪魯詩≫를 따랐다는 것을 이것으로 더욱 증명할 수 있다. ≪玉篇≫과 ≪廣韻≫에 모두 '晛'과 '㬫' 두

자가 나란히 보여 ≪韓詩≫의 '䁪晛'과 동일하니, 이는 곧 ≪魯詩≫의 '䁪曣'과 같은 것일 뿐이다. '麃'는 '瀌'를 간단히 줄여 쓴 글자이다. '屢'와 '婁'는 고금의 글자가 다른 것이다. 荀子가 ≪詩經≫을 浮丘伯에게 전수하고, 浮丘伯은 申公에게 전수하였으니, ≪魯詩≫의 조상이다. ≪荀子≫에 인용된 ≪詩經≫이 ≪毛詩≫와 다른 것들은 모두 三家詩의 뜻인데도 郝氏가 무리하게 ≪毛詩≫와 부합시켰으니, 매우 잘못되었다. 나머지는 내가 편찬한 ≪三家詩義疏≫에 자세히 설명했으므로 더 이상 거론하지 않는다.

## 5-40 人之所以爲人者는 何已也오

사람이 사람으로 불리는 이유는 무엇 때문인가?

已與以同이라 問何以謂之人而貴於禽獸也라

楊倞注 : '已'는 '以'와 동일하다. 무슨 까닭으로 사람이라 이르고 禽獸보다 존귀한 것이냐고 물은 것이다.

## 5-41 曰 以其有辨也라

그것은 〈만물 상호간의 관계를〉 구별하는 능력을 가졌기 때문이다.

辨은 別也라

楊倞注 : '辨'은 구별한다는 뜻이다.

## 5-42 飢而欲食하고 寒而欲煖하며 勞而欲息하고 好利而惡(오)害는 是人之所生而有也니 是無待而然者也라

굶주리면 밥을 먹고 싶고, 추우면 따뜻하게 입고 싶고, 힘들면 쉬고 싶고, 이익을 좋아하고 손해를 싫어하는 것은, 곧 사람이 태어나면서부터 지니고 있는 본성이니, 〈배우지〉 않아도 저절로 그렇게 되는 것이다.

不待學而知也라

楊倞注 : 배우기를 기다리지 않고도 안다는 것이다.

5-43 **是禹桀之所同也**라 **然則人之所以爲人者**는 **非特以二足而無毛也**라 **以其有辨也**라 **今夫狌**(성)**狌形笑**도 **亦二足而無毛也**라

이는 禹와 桀도 모두 마찬가지이다. 그렇다면 사람이 사람으로 불리는 이유는 그저 두 다리에다 온 몸에 털이 없어서가 아니라, 〈사물 상호간의 관계를〉 구별하는 능력을 지녔기 때문이다. 지금 저 성성이의 형상도 사람처럼 두 다리에다 얼굴에 털이 없다.

狌狌은 獸似人而能言하니 出交阯라 形笑者는 能言笑也라 ○ 郝懿行曰 狌狌은 人形에 言笑如人하고 亦二足이라 惟有毛爲異耳라 兪樾曰 形笑二字는 甚爲不詞라 注云 形笑者는 能言笑也라하니 望文生義하여 未足爲據라 笑는 疑當作狀이니 傳寫者失爿旁하고 但存犬字하며 而俗書笑字亦或從犬이라 後人以形犬二字難通이라하여 因猩猩能笑하여 遂改作笑字耳라 毛上當有無字라 上文云 然則人之所以爲人者는 非特二足無毛也라하고 下文云 故人之所以爲人者는 非特以其二足而無毛也라하니 則此文亦當作無毛明矣라 先謙案 狌狌卽猩猩이라 宋羅願爾雅翼說猩猩云 其狀皆如人하니 與狒狒不甚相遠이라 荀卿曰 今夫猩猩形相은 二足無毛也라하니 旣言二足하고 而又言無毛면 則去人不遠矣라하니라 據此에 宋人所見荀子本形笑作形相하고 而毛作無毛리라 李時珍本草綱目言 猩猩黃毛如猨하고 白耳如豕하며 人面人足에 長髮이요 頭顔端正이라하니 是猩猩身非無毛하고 其面如人無毛耳라 李又引荀子言 猩猩能言笑하고[①] 二足無毛라하니 是李所見荀子已作笑字나 而云無毛則同이라 此文當作無毛니 兪說是也라 自來說狌狌者는 謂其能言能啼하고 無謂其能笑者라 能笑는 迺狒狒로 食人之物也라 疑注形笑者七字는 後人據誤本荀子加之요 非楊氏元文이라 荀子固不當云狌狌笑也라

① 參用注文이라
楊氏 주의 글을 참고하여 사용하였다.

楊倞注 : '狌狌'은 짐승으로, 사람과 비슷하고 말도 하는데 交阯에서 나온다. '形笑'란 능히 말도 하고 웃기도 한다는 뜻이다.

○ 郝懿行 : 성성이는 사람의 형상에다 말하고 웃는 것이 사람과 같고 또 두 다리로 걷는다. 오직 털이 있는 것만 다를 뿐이다.

兪樾 : '形笑' 두 자는 전혀 글이 안 된다. 楊氏의 주에 "'形笑'란 능히 말도 하고 웃기도 한다는 뜻이다."라고 하였는데, 이는 글자만 보고 뜻을 대강 짐작한 것으로, 근거로 삼을 수 없다. '笑'는 아마도 마땅히 '狀'이 되어야 할 것이니, 책을 옮겨 쓴 사람이 '爿'변을 빠뜨리고 '犬'자만 남겼으며, 세간에 통용하는 서체에서 '笑'자가 간혹 〈'夭' 대신〉 '犬'을 붙이기도 한다. 후세 사람이 '形犬' 두 자가 말이 되기 어렵다는 생각에서, 성성이가 능히 웃기도 하기 때문에 마침내 '笑'자로 고쳐 쓴 것일 뿐이다. '毛' 위에 마땅히 '無'자가 있어야 한다. 윗글에 "그렇다면 사람이 사람으로 불리는 이유는 그저 두 다리에다 온 몸에 털이 없어서가 아니다.〔然則人之所以爲人者 非特二足無毛也〕"라고 하고, 아래 글에 "그러므로 사람이 사람으로 불리는 이유는 그저 그 두 다리에다 또 온 몸에 털이 없어서가 아니다.〔故人之所以爲人者 非特以其二足而無毛也〕"라고 하였으니, 이 글도 마땅히 '無毛'가 되어야 한다는 것이 분명하다.

狌狌(猩猩)

先謙案 : '狌狌'은 성성이〔猩猩〕이다. 宋나라 羅願의 ≪爾雅翼≫에서 성성이에 관해 설명하기를 "그 형상은 전체가 사람과 같으니, 개코원숭이〔狒狒〕와 그다지 차이가 나지 않는다. 荀卿이 '지금 저 성성이의 형상은 두 다리에다 털이 없다.〔今夫猩猩形相 二足無毛也〕'라 하였으니, 이미 두 다리를 말했고 또 털이 없다고 말했으면 사람과 차이가 많이 나지 않는 것이다."라고 하였다. 이를 근거로 볼 때 宋나라 사람이 보았던 ≪荀子≫ 판본에는 '形笑'가 '形相'으로 되어 있고, '毛'가 '無毛'로 되어 있었을 것이다. 李時珍의 ≪本草綱目≫에는 "성성이는 그 누런 털은 원숭이 같고 흰 귀는 돼지 같으며 사람 얼굴과 사람 다리에 머리털은 길고 두상과 안면이 반듯하다."라고 하였으니, 이로 볼 때 성성이는 몸에 털이 없는 것은 아니고 그 얼굴만 사람처럼 털이 없을 뿐이다. 李時珍이 또 ≪荀子≫를 인용하여 말하기를 "성성이는 능히 말을 하고 웃으며 두 다리에다 털이 없다."라고 하였으니, 이로 볼 때 李時珍이 본 ≪荀子≫에는 〈'相'자가〉 이미 '笑'자로 되어 있었지만, '無毛'라고 한

것은 같았을 것이다. 이 글은 마땅히 '無毛'가 되어야 하니, 兪氏의 설이 옳다. 예로부터 성성이에 관해 설명한 사람들은 그것이 능히 말하고 능히 울기도 한다고만 했고, 능히 웃는다고 한 경우는 없다. 능히 웃음을 웃는 것은 개코원숭이로, 사람을 잡아먹는 동물이다. 아마도 楊氏 주의 '形笑者 能言笑也' 일곱 자는 후세 사람이 잘못된 ≪荀子≫ 판본을 따라 추가한 것이고, 楊氏의 본문은 아닐 것이다. 荀子가 본디 당연히 성성이가 웃는다고 말하지는 않았을 것이다.

5-44 **然而君子啜其羹**하고 **食其胾**라

그렇지만 군자가 그 고깃국을 마시고 그 저민 고깃점을 먹는다.

**胾**는 **臠也**라 **禽獸無辨**이라 **故賤而食之**라 **胾**는 **側吏反**이라

楊倞注 : '胾'는 저민 고기라는 뜻이다. 짐승은 〈사물의 상호 관계를〉 구별하는 능력이 없기 때문에, 그것들을 천시하여 잡아먹는다는 것이다. '胾'의 음은 側과 吏의 反切이다.

5-45 **故人之所以爲人者**는 **非特以其二足而無毛也**라 **以其有辨也**라 **夫禽獸有父子而無父子之親**하고 **有牝牡而無男女之別**이라 **故人道莫不有辨**이니라 **辨莫大於分**[28)]하고

그러므로 사람이 사람으로 불리는 이유는 그저 그 두 다리에다 또 털이 없어서가 아니라, 그 〈사물 상호간의 관계를〉 구별하는 능력을 지녔기 때문이다. 저 금수는 부자간의 관계는 있지만 부자간의 친애하는 정은 없으며, 암컷과 수컷은 있지만 남녀간의 구별은 없다. 그러므로 사람의 도리는 〈사물 상호간의 관계를〉 구별하는 일이 없을 수 없다는 것이다. 각종 관계를 구별하는 것은 명분을 확정하는 것보다 더 큰 것이 없고,

**有上下親疏之分也**라

楊倞注 : 위아래와 친근하고 소원한 명분이 있다는 것이다.

---

28) 分 : 명분을 뜻한다. 각각의 이름이나 신분에 따라 마땅히 지켜야 할 도리로 君臣, 父子, 夫婦 등 구별된 사이에 서로가 지켜야 할 도덕상의 일을 이른다. 춘추전국시기에 유행한 일종의 도덕규범이다.

5-46 **分莫大於禮**하며

명분을 확정하는 것은 예법을 따르는 것보다 더 큰 것이 없으며,

分生於有禮也라

楊倞注 : 명분은 예법이 있는 데서 생겨난다.

5-47 **禮莫大於聖王**이라

예법을 따르는 것은 聖君을 본받는 것보다 더 큰 것이 없다.

聖王은 制禮者라 言其人存이면 其政擧라

楊倞注 : 성군은 예법을 창제한 사람이다. 훌륭한 인물이 있으면 훌륭한 정사가 펼쳐진다는 것을 말한 것이다.

5-48 **聖王有百**하니 **吾孰法焉**고

성군은 백 명이 넘는데 우리는 누구를 본받을 것인가?

問聖王至多하니 誰可爲法也오하니라

楊倞注 : 성군이 매우 많은데 누구를 본받을 것인가를 물은 것이다.

5-49 **故曰**[29] **文久而息**하고 **節族**(주)**久而絶**하며

그 답은 이렇다. 예법 제도가 세월이 오래되면 사라지고 음악의 음률도 세월이 오래되면 끊기며,

文은 禮文이라 節은 制度也라 言禮文久則制度滅息하고 節奏久則廢也[30]라 ○ 盧文

29) 故曰 : 이 두 자를 帆足萬里는 잘못 덧붙여진 것이라고 하였다.

30) 文 禮文……節奏久則廢也 : 楊倞은 본문 '文久而息節族久而絶'에 대해 '文久而息節 族久而絶'로 구두를 끊었기 때문에 '節 制度也'라 하고 '宗族久則廢也'라고 풀이하였다. 그런데 盧文弨가 元刻本에는 '節奏久則廢也'로 되어 있으므로 그것이 맞다 하여 바꿔버렸다. 楊倞이 본문을 잘못 이해하여 잘못 풀이하였으나, '宗族'을 '節奏'로 바꾸는 것은 楊倞의 본의에 어긋나기 때문에 번역에서는 楊倞의 본주를 따랐다.

弨曰 注節奏는 宋本作宗族이라 案楊以節奏訓族字하니 與以制度訓節字無涉[31)]일새 今從元刻이라 郝懿行曰 族者는 聚也며 湊也라 湊與奏는 古今字라 漢律志에 蔟는 奏也라하니 是其義也라 奏湊蔟族는 竝聲義同이라 然則節族卽節奏矣라 楊注是也라 王念孫曰 故는 衍字라 自曰文久而息以下는 皆與上文聖王有百吾孰法焉二句自相問答이니 則曰上不當有故字明矣라 蓋涉下文三故曰而衍이라 下文曰 是以文久而滅하고 節族久而絶이라하여 滅與絶爲韻하니 則此亦當然이라 今本滅作息하니 則失其韻矣라 息字蓋涉注文滅息而誤라

楊倞注 : '文'은 제도와 문물이다. '節'은 제도이다. 제도와 문물이 오래가면 제도가 소멸되고 종족도 오래가면 폐해진다는 것을 말한 것이다.

○ 盧文弨 : 楊氏 주의 '節奏'는 宋本에는 '宗族'으로 되어 있다. 살펴보건대, 楊氏가 節奏의 뜻으로 '族'자를 풀이하였는데, 이는 제도란 말로 '節'자의 뜻을 풀이한 것과는 관계가 없으므로 여기서는 元刻本을 따랐다.

郝懿行 : '族'란 '聚(모이다)'자의 뜻이며 '湊(모이다)'자의 뜻이다. '湊'와 '奏'는 고금의 시대에 따라 다르게 표기한 글자이다. ≪漢書≫ 〈律曆志〉에 "'蔟'는 '奏'이다."라고 하였으니, 곧 그 뜻이다. '奏'·'湊'·'蔟'·'族'는 모두 소리와 뜻이 동일하다. 그렇다면 '節族'는 곧 '節奏'이다. 楊氏의 주가 옳다.

王念孫 : '故'는 잘못 덧붙여진 글자이다. '曰文久而息'부터 그 이하는 모두 윗글의 '聖王有百 吾孰法焉'의 두 구와 자문자답하는 형식이니, '曰' 위에 마땅히 '故'자가 있지 않아야 한다는 것이 분명하다. 이는 아래 글에서 세 군데의 '故曰'로 인해 잘못 덧붙여졌을 것이다. 아래 글에 "是以文久而滅 節族久而絶(이 때문에 예법 제도가 세월이 오래되면 소멸되고, 음악의 음률도 세월이 오래되면 끊어지는 것이다.)"이라고 하여 '滅'과 '絶'이 운자가 되었으니, 여기서도 마땅히 그렇게 되어야 한다. 그런데 지금 판본에는 '滅'이 '息'으로 되어 있으니, 그 운자가 틀렸다. '息'자는 아마도 楊氏 주의 '滅息'으로 인해 잘못되었을 것이다.

5-50 守法數之有司도 極禮而褫라

예법의 규례를 지키는 관리도 〈세월이 오래가면〉 지쳐서 해이해진다.

褫는 解也라 有司世世相承하여 守禮之法數라도 至於極久면 亦下脫也하니 易曰 或

31) 楊以節奏訓族字 與以制度訓節字無涉 : 이는 盧文弨가 楊倞이 본문을 이해한 그 본의를 모르고 자의적으로 잘못 추리한 말이다.

錫之鞶帶라도 終朝三褫之라하니라 言此者는 以喩久遠難詳이 不如隨時興治라 褫는 直吏反이라 ○ 劉台拱曰 極은 疲極也라 王念孫曰 褫之言은 弛也니 (如)〔言〕[32]疲於禮而廢弛也라 兪樾曰 極禮而褫는 文不可通하니 疑禮字衍文也라 極而褫三字爲句라 上云 文久而息하고 節族久而絶이라하니 此云 極而褫라하면 正與久而息 久而絶一律이라 楊注曰 褫는 解也라 有司世世相承하여 守禮之法數라도 至於極久면 亦下脫也라하니라 是楊氏所見本이 尙未衍禮字라 故云 至於極久면 亦下脫이라하니 是極下無禮字也라 所云守禮之法數者는 此禮字는 乃楊氏增出以解法數之誼요 非正文有禮字也라 今作極禮而褫는 卽因注文而衍이라 先謙案 兪說是也라 法卽禮也요 法數卽禮數也라 守法數之有司는 卽榮辱篇所謂不知其義라도 謹守其數之官人百吏也라 極下自不當有禮字라

楊倞注 : '褫'는 해이해진다는 뜻이다. 담당관리가 대를 물려가며 예법의 규례를 지키더라도 세월이 오래가면 어쩔 수 없이 그것을 놓쳐버리게 되는 것이니, ≪周易≫ 訟卦에 "혹 冠帶를 하사받더라도 하루아침에 세 번 빼앗기리라."라고 하였다. 이것을 말한 것은 이를 통해 세월이 오래되어 원상태를 알아내지 못해 허덕이는 것이 현재의 상황에 따라 정치를 일으키는 것만 못하다는 것을 비유한 것이다. '褫'의 음은 直과 吏의 反切이다.

○ 劉台拱 : '極'은 매우 지쳤다는 뜻이다.

王念孫 : '褫'라는 말은 해이해졌다는 뜻이니, 예법에 지쳐 해이해진 것을 말한다.

兪樾 : '極禮而褫'는 글 뜻이 통하지 않으니, 아마도 '禮'는 잘못 덧붙여진 글자인 듯하다. '極而褫' 세 자가 문구가 되어야 한다. 위에서 '文久而息 節族久而絶'이라 하였으니, 여기서 '極而褫'라고 하면 곧 '久而息', '久而絶'과 동일한 형식이 된다. 楊氏의 주에 "'褫'는 해이해진다는 뜻이다. 담당관리가 대를 물려가며 예법의 규례를 지키더라도 세월이 오래가면 어쩔 수 없이 그것을 놓쳐버리게 되는 것이다."라고 하였다. 楊氏가 보았던 판본에는 아직 '禮'자가 덧붙여지지 않았기 때문에 "至於極久 亦下脫(세월이 오래가면 어쩔 수 없이 그것을 놓쳐버리게 되는 것이다.)"이라고 하였으니, '極' 밑에 '禮'자가 없다. '守禮之法數'라고 말한 '禮'자는 곧 楊氏가 이 글자를 더 보태 '法數'의 뜻을 풀이한 것이고 본문에 '禮'자가 있었던 것은 아니다. 지금 '極禮而褫'로 되어 있는 것은 곧 楊氏 주의 글로 인해 잘못 덧붙여진 것이다.

先謙案 : 兪氏의 설이 옳다. '法'은 곧 예법이고, '法數'는 곧 예법의 규례이다. '守法數之有司'는 곧 〈榮辱篇〉의 이른바 "그 의의를 알지 못하더라도 그 제도를 삼가 잘 지킨다."는

32) (如)〔言〕 : 저본에는 '如'로 되어 있으나, 글의 뜻으로 보아 '言'으로 바로잡았다.

관료와 백관들이다. '極' 밑에는 마땅히 '禮'자가 있어서는 안 된다.

5-51 故曰 欲觀聖王之跡인댄 則於其粲然者矣라하니 後王是也라

그러므로 "성군의 정치행적을 살펴보려면 그들 가운데 가장 드러난 인물을 살펴보라."고 하는 것이니, 그것은 곧 후대의 왕이다.

後王은 近時之王也라 粲然은 明白之貌라 言近世明王之法은 則是聖王之跡也라 夫禮法所興에 以救當世之急이라 故隨時設教하고 不必拘於舊聞이로되 而時人以爲君必用堯舜之道하고 臣必行禹稷之術然後可라하니 斯惑也라 孔子曰 殷因於夏禮하니 所損益可知也[33]라하니 故荀卿深陳以後王爲法하되 審其所貴君子焉하니라 司馬遷曰 法後王者는 以其近己而俗相類하여 議卑而易行也[34]라하니라 ○ 劉台拱曰 後王은 謂文武也라 楊注非라 汪中曰 史記引法後王은 蓋如賦詩之斷章耳라 此注承其誤하니 名爲解荀子而實汨之라 王念孫曰 後王二字는 本篇一見하고 不苟篇一見하고 儒效篇二見하고 王制篇一見하고 正名篇三見하고 成相篇一見하니 皆指文武而言이라 楊注皆誤라 兪樾曰 劉汪王三君之說은 皆有意爲荀子補弊扶偏이요 而實非其雅意也라 據下文云 彼後王者는 天下之君也라 舍後王而道上古는 譬之是猶舍己之君而事人之君也라하니라 然則荀子生於周末하니 以文武爲後王可也라 若漢人則必以漢高祖爲後王하고 唐人則必以唐太祖太宗爲後王이라 設於漢唐之世에 而言三代之制면 是所謂舍己之君而事人之君矣라 豈其必以文武爲後王乎아 蓋孟子言法先王하고 而荀子言法後王은 亦猶孟子言性善하고 而荀子言性惡이라 各成其是하고 初不相謀니 比而同之면 斯惑矣라 呂氏春秋察今篇曰 上胡不法先王之治리오 非不賢也라 爲其不可得而法이라하고 又曰 世易時移면 變法宜矣라 譬之若良醫하니 病萬變이면 藥亦萬變이니 病變而藥不變이면 鄕之壽民이 今爲殤子矣리라하니라 蓋當時之論이 固多如此라 其後李斯相秦에 廢先王之法하고 一用秦制할새 後人遂以爲荀卿罪하니 不知此固時爲之也라 後人不達此義하여 於數千年後에 欲胥先王之道而復之면 而卒不可復하리니 吾恐其適爲秦人笑矣라

---

33) 孔子曰……所損益可知也 : ≪論語≫ 〈爲政〉에 보인다.

34) 法後王者……議卑而易行也 : ≪史記≫ 권15 〈六國表〉 제3에 보인다.

楊倞注 : '後王'은 가까운 시기의 왕이다. '粲然'은 분명한 모양이다. 근대 현명한 군주의 법은 곧 성군의 행적이다. 대체로 예의제도가 진작되어야 그것으로 당대의 급한 상황을 구제할 수 있으므로 시대의 변화에 따라 교화를 베풀고, 지난날에 들었던 이상적인 말에 굳이 구애받을 것이 없는 것이다. 그런데도 당시 사람들은 군주는 반드시 堯·舜의 도를 적용하고 신하는 반드시 禹·稷의 방법을 행한 뒤에 옳다고 여겼으니, 이는 정신이 똑바르지 않은 것이다. 공자가 "殷나라는 夏나라의 예를 이어받았으니, 〈殷나라가〉 무엇을 덜어내고 보탰는지를 알 수 있다."라고 하였으니, 이 때문에 荀卿이 후대의 왕을 본보기로 삼되 그 사람이 존귀하게 여기는 군자를 살펴볼 것을 심각하게 개진한 것이다. 司馬遷이 말하기를 "후대의 왕을 본보기로 삼는다는 것은, 〈후대의 왕이〉 자기와 시대적으로 가깝고 민속이 〈달라진 것도 후대 왕의 그 시기상황과〉 비슷함으로 인해 정치상의 명령이 간단명료하여 행해지기 쉽기 때문이다."라고 하였다.

○ 劉台拱 : '後王'은 文王과 武王을 이른다. 楊氏의 주는 틀렸다.

汪中 : ≪史記≫에서 ≪荀子≫의 '法後王'을 인용한 것은 賦나 詩 작품에서 斷章取義한 것과 같다. 그런데 여기 주에서 그 잘못을 그대로 따랐으니, 외형은 荀子의 의도를 풀이한 것처럼 보이지만 사실은 덮어버린 것이다.

王念孫 : '後王' 두 자는 본편에 한 번 보이고, 〈不苟篇〉에 한 번 보이고, 〈儒效篇〉에 두 번 보이고, 〈王制篇〉에 한 번 보이고, 〈正名篇〉에 세 번 보이고, 〈成相篇〉에 한 번 보이는데, 모두 文王과 武王을 가리켜 한 말이다. 楊氏의 주는 모두 잘못되었다.

兪樾 : '劉'·'汪'·'王' 세 사람의 설은 모두 荀子를 위해 폐단을 수정하고 편향된 것을 바로잡자는 데에 뜻이 있었고, 사실은 그들의 본의가 아니다. 아래 글에 의하면 "저 후대의 왕이란 천하의 군주이다. 후대의 왕을 놓아두고 오랜 옛날의 왕을 따르는 것은, 비유하자면 자기 군주를 제쳐두고 남의 군주를 섬기는 것과 같다."라고 하였다. 이 말대로라면 荀子는 周나라 말기에 살았으니, 文王과 武王을 후대의 왕으로 보는 것이 옳다. 만약 漢나라 사람이라면 반드시 漢 高祖를 후대의 왕이라 하고, 唐나라 사람이라면 반드시 唐 太祖와 太宗을 후대의 왕이라 해야 한다. 그런데 가령 漢나라와 唐나라 세상임에도 三代 제왕의 제도를 언급한다면 이것은 이른바, 자기 군주를 제쳐두고 남의 군주를 섬기는 경우이다. 〈漢나라와 唐나라 때 사람이〉 어찌 반드시 文王과 武王을 후대의 왕으로 여겨야겠는가. 孟子가 선대의 왕을 본보기로 삼을 것을 말하고 荀子가 후대의 왕을 본보기로 삼을 것을 말한 것은, 이 또한 孟子가 사람의 본성은 선하다고 말하고 荀子가 사람의 본성은 악하다고 말한 경우와 같다. 각자 자기가 옳다고 생각하는 것을 주장하고 애초에 서로 의견을 상의하지 않았는데, 제삼자가 사심을 가지고 이것을 동일시한다면 이

는 정신이 똑바르지 않은 것이다. ≪呂氏春秋≫ 〈察今篇〉에 "오늘날의 군주가 무엇 때문에 고대 제왕의 정치를 본보기로 삼지 않아야 하는가? 〈이것은 고대 제왕의 법도가〉 좋지 않아서가 아니라, 그것을 본보기로 삼을 수 없기 때문이다."라고 하고, 또 "세상이 바뀌고 시대가 발전하면 법을 바꾸는 것이 당연하다. 이는 뛰어난 의원의 경우와 같으니, 병이 만 가지로 바뀌면 약도 당연히 만 가지로 바뀌어야 한다. 병이 바뀌었는데도 약이 바뀌지 않는다면, 본디 장수할 수 있었던 사람이 지금은 빨리 죽고 말 것이다."라고 하였다. 대체로 그 당시 사람들의 주장은 사실 일반적으로 이와 같았다. 그 뒤에 李斯가 秦나라 재상으로 고대 제왕의 법을 폐지하고 한결같이 秦나라 제도를 시행하자, 후세 사람들은 마침내 荀卿의 죄로 여겼고 달라진 시대에 따라 그렇게 하였다는 것을 알지 못했다. 후세 사람이 이와 같은 뜻을 모르고 수천 년이 지난 뒤에 고대 제왕의 정치제도를 살펴보고 그대로 수복하려 들면 마침내 수복할 수 없을 것이니, 나는 秦나라 사람의 웃음거리가 되기에 딱 좋지 않을까 걱정된다.

5-52 彼後王者는 天下之君也라 舍後王而道上古는 譬之是猶舍己之君而事人之君也라 故曰 欲觀千歲則數今日하고

저 후대의 왕이란 천하의 군주이다. 후대의 왕을 놓아두고 오랜 옛날의 왕을 따르는 것은, 비유하자면 자기 군주를 제쳐두고 남의 군주를 섬기는 것과 같다. 그러므로 "천 년의 지나간 일을 살펴보려면 먼저 오늘의 일을 살펴보고

○ 盧文弨曰 數字從宋本이라 俗本亦作審이라

○ 盧文弨 : '數'자는 宋本에 따랐다. 세간의 판본에는 '審'으로 되어 있기도 한다.

5-53 欲知億萬則審一二하며 欲知上世則審周道하고 欲知周道則審其人所貴君子라하니라

억만 가지의 사물을 알려면 먼저 한두 가지 사물을 살펴보며, 상고시대의 일을 알려면 먼저 周나라의 정치제도를 살펴보고 周나라의 정치제도를 알려면 먼저 그 사람이 존귀하게 여기는 군자를 살펴보아야 한다."라고 말하는 것이다.

謂己之君也라 審은 謂詳觀其道也라 ○ 劉台拱曰 案其人은 荀卿自謂也라 所貴君

子는 其人之所宗仰이니 若仲尼子弓也라

楊倞注 : 〈군자는〉 자기의 군주를 이른다. '審'은 그 도를 자세히 살펴보는 것을 이른다.

○ 劉台拱 : 살펴보건대, '其人'은 荀卿 자기를 이른다. '所貴君子'는 그 사람이 우러러 존경하는 대상이니, 仲尼·子弓과 같은 인물이다.

5-54 故曰 以近知遠하고 以一知萬하고 以微知明이라하니 此之謂也라

그러므로 "근대의 일을 통해 먼 옛날의 일을 알고, 한 가지 일을 통해 만 가지 일을 알고, 은미한 것을 통해 드러난 것을 안다."라고 말하니, 곧 이를 두고 하는 말이다.

5-55 夫妄人曰 古今異情하니 其以治亂者異道라하니 而衆人惑焉이라

저 허튼소리를 하는 사람은 말하기를 "옛날과 지금은 상황이 다르니, 〈옛날에는 안정되었고 지금은 혼란스러운 이유가〉 다스리는 방법이 달라서이다."라고 한다. 그리하여 일반 군중이 그들에게 현혹된다.

○ 謝本從盧校作以其治亂者異道라 王念孫曰 此文本作其所以治亂者異道하니 謂古今之所以治亂者는 其道不同也라 呂錢本以其作其以하고 而脫去所字라 盧本又誤作以其하니 則義不可通이라 韓詩外傳正作其所以治亂異道라 先謙案 王說是라 今改從呂錢本하여 作其以라

○ 謝本은 盧校本을 따라 '以其治亂者異道'로 되어 있다.

王念孫 : 이 글은 본디 '其所以治亂者異道'로 되어 있으니, 옛날과 지금이 안정되거나 혼란스러운 이유는 그 방법이 같지 않아서라는 것을 말한 것이다. 呂·錢本에는 '以其'가 '其以'로 되어 있고 '所'자가 빠져 있다. 盧本에도 '以其'로 잘못되어 있으니, 이럴 경우에는 뜻이 통할 수 없다. ≪韓詩外傳≫에는 '其所以治亂異道'라고 올바로 되어 있다.

先謙案 : 王氏의 설이 옳다. 여기서는 呂·錢本을 따라 '其以'로 고쳤다.

5-56 彼衆人者는 愚而無說하고 陋而無度(탁)者也라

저 일반 군중은 어리석어 〈도리를〉 언급하지 못하고 식견이 고루하여 〈옳고 그

른 것을〉 헤아리지 못하는 자들이다.

言其愚陋而不能辨說測度이라 度은 大各反이라 下同이라

楊倞注 : 어리석고 고루하여 도리를 논변하고 시비를 헤아리지 못하는 것을 말한 것이다. 度의 음은 大와 各의 反切이다. 아래도 같다.

5-57 其所見焉도 猶可欺也어든 而況於千世之傳也리오

그들이 눈으로 보는 것도 오히려 속아 넘어갈 수 있는데, 하물며 수천 년 이전에 전해오는 말이겠는가.

傳은 傳聞也라

楊倞注 : '傳'은 전해지는 말이란 뜻이다.

5-58 妄人者는 門庭之間도 猶可誣欺也어든 而況於千世之上乎아

허튼소리를 하는 사람은 문 안에서 벌어진 일도 오히려 남을 속이는데, 하물며 수천 년 이전에 있었던 일이겠는가.

○ 俞樾曰 可字는 衍文이니 涉上文猶可欺也而衍이라 誣는 乃挾字之誤라 挾字右旁之夾이 與巫相似라 故誤也라 上言衆人乃受欺者하고 此言妄人乃欺人者하니 若云猶可誣欺면 則與衆人之可欺者同矣라 且誣欺二字連文도 亦爲不倫이라 韓詩外傳에 作 彼詐人者는 門庭之間猶挾欺어든 而況乎千歲之上乎아하니 可據以訂正이라

○ 俞樾 : '可'는 잘못 덧붙여진 글자이니, 윗글 '猶可欺也'와 연관되어 덧붙여진 것이다. '誣'는 곧 '挾'자의 잘못이다. '挾'자 오른쪽의 '夾'이 '巫'와 서로 비슷하기 때문에 잘못된 것이다. 위에서는 일반 군중이 속아 넘어간다는 뜻으로 말하고, 여기서는 허튼소리를 하는 자가 사람들을 속인다는 뜻으로 말한 것인데, 만약 '猶可誣欺'라고 한다면 일반 군중이 속아 넘어갈 수 있다는 뜻과 같게 된다. 그리고 '誣'와 '欺' 두 자가 나란히 이어진 글 또한 조리에 맞지 않는다. ≪韓詩外傳≫에 "저 남을 속이는 자는 문 안에서 벌어지는 일도 오히려 몰래 속이는데〔挾欺〕 더구나 천 년 전의 옛 일이겠는가."라고 하였으니, 이를 근거로 바로잡을 수 있다.

## 5-59 聖人何以不〔可〕[35)]欺오 曰 聖人者는 以己度者也라

성인은 무엇 때문에 속아 넘어가지 않는가? 성인은 자기의 생각으로 〈옛사람의 생각을〉 미루어 헤아리는 사람이다.

以己意度古人之意라 故人不能欺하고 亦不欺人也라 ○ 王念孫曰 不欺는 當作不可欺라 聖人不可欺는 正對上文衆人可欺而言이라 下文鄕乎邪曲而不迷云云은 正所謂聖人不可欺也라 今本脫可字하니 則失其義矣라 楊注云 人不能欺하고 亦不欺人이라하니 則因所見本已脫可字라 故曲爲之說하여 而不知與上下文不合也라 外傳에 正作不可欺라

楊倞注 : 자기의 생각으로 옛사람의 생각을 헤아리기 때문에 사람들이 속이지 못하고 또 그가 사람들을 속이지 않는다.

○ 王念孫 : '不欺'는 마땅히 '不可欺'로 되어야 한다. '聖人不可欺'는 윗글 '衆人可欺'의 대구로 말한 것이다. 아래 글에 "그릇된 주장에 직면하더라도 헤매지 않는다.〔鄕乎邪曲而不迷〕" 운운한 것은, 곧 이른바 '성인은 속아 넘어가지 않는다.'는 뜻이다. 지금 판본에는 '可'자가 누락되었으니, 이럴 경우 그 본뜻을 그르치게 된다. 楊氏의 주에 "사람들이 속이지 못하고 또 그가 사람들을 속이지 않는다."라고 하였는데, 이는 그가 보았던 판본에 이미 '可'자가 누락되었기 때문에 왜곡되게 설명하면서 위아래 글과 부합되지 않는다는 것을 몰랐다. ≪韓詩外傳≫에는 '不可欺'라고 올바로 되어 있다.

## 5-60 故以人度人하고 以情度情하며

그러므로 지금 사람의 정황으로 옛사람의 정황을 헤아리고 지금 사람의 감정으로 옛사람의 감정을 헤아리며,

以今之人情度古之人情이라 旣云欲惡(오)皆同하니 豈其治亂有異리오

楊倞注 : 지금의 정황과 감정으로 옛날의 정황과 감정을 헤아린다는 것이다. 이미 하고 싶어 하고 싫어하는 감정이 모두 같으니, 어찌 세상이 다스려지고 어지러워지는 정황이 다를 게 있겠는가.

35) 〔可〕 : 저본에는 '可'자가 없으나, 集解의 설명에 의거하여 보충하였다.

5-61 以類度類하고

지금의 한 가지 사물로 옛날 동일한 유의 사물을 헤아리고

類는 種類니 謂若牛馬也라

楊倞注 : '類'는 종류라는 뜻이니, 이를테면 소나 말 따위를 이른다.

5-62 以說度功하며

지금까지 전해온 학설로 옛사람의 업적을 헤아리며,

以言說度其功業也라

楊倞注 : 학설로 그 당시의 업적을 헤아린다는 것이다.

5-63 以道觀盡이니

일반적인 도리로 〈고금 사물의 이치를〉 빠짐없이 살펴보는 것이니,

以道觀盡物之理라 儒效篇曰 涂之百姓이 積善而全盡을 謂之聖人也라하니라

楊倞注 : 일반적인 도리로 사물의 이치를 빠짐없이 살펴본다는 것이다. 〈儒效篇〉에 "길 가는 일반 백성이 선행을 쌓아 盡善盡美한 경지에 도달한 것을 성인이라 이른다."라고 하였다.

5-64 古今一度也라

고금이 동일하다.

古今不殊하니 盡可以此度彼라 安在其古今異情乎아 ○ 王念孫曰 古今一度也는 當作古今一也라 言自以人度人以下 皆無古今之異라 故曰古今一也라하니라 彊國篇의 治必由之는 古今一也와 正論篇의 有擅國이나 無擅天下니 古今一也와 君子篇의 故尊聖者王하고 貴賢者霸하고 敬賢者存하고 慢賢者亡이니 古今一也는 文意竝與此同하니 則一下不當更有度字라 蓋涉上數度字而衍이라 楊注云 古今不殊하니 盡可以此度彼라하니 則所見本已有度字라 外傳無라

楊倞注 : 고금이 다르지 않으니 모든 것에 대해 이것을 가지고 저것을 헤아려볼 수 있다. 어찌 고금의 정황이 다를 수 있겠는가.

○ 王念孫 : '古今一度也'는 마땅히 '古今一也'가 되어야 한다. '以人度人'부터 그 이하가 모두 고금이 다른 점이 없다고 말했기 때문에 '고금이 동일하다.'라고 한 것이다. 〈彊國篇〉의 "治必由之 古今一也(나라를 다스릴 때 반드시 이 원칙을 따르는 것은 고금이 동일하다.)"와, 〈正論篇〉의 "有擅國 無擅天下 古今一也(제후가 국가를 선양하는 일은 있어도 천자가 천하를 선양하는 일은 없으니, 이는 고금이 동일하다.)"와, 〈君子篇〉의 "故尊聖者王 貴賢者霸 敬賢者存 慢賢者亡 古今一也(그러므로 성인을 존귀하게 여기는 군주는 王者가 되고, 현인을 존귀하게 여기는 군주는 霸者가 되고, 현인을 존경하는 군주는 보존되고, 현인을 소홀히 대하는 군주는 멸망하는 것이니, 이는 고금이 동일하다.)" 등은 글 뜻이 모두 이곳과 같으니, '一' 밑에 또 다시 '度'자가 있어서는 안 된다. 이것은 위 몇몇의 '度'자와 연관되어 잘못 덧붙여진 것이다. 楊氏의 주에 "古今不殊 盡可以此度彼(고금이 다르지 않으니 모든 것에 대해 이것을 가지고 저것을 헤아려볼 수 있다.)"라고 하였으니, 그가 보았던 판본에 이미 '度'자가 있었던 것이다. ≪韓詩外傳≫에는 없다.

### 5-65 類不悖하여 雖久同理라

동일한 종류의 사물은 서로 어긋나지 않아 세월이 비록 오래되었더라도 이치는 같다.

言種類不乖悖하여 雖久而理同이라 今之牛馬 與古不殊하니 何至人而獨異哉리오

楊倞注 : 같은 종류는 서로 어긋나지 않아 세월이 오래되었더라도 이치는 같다는 것을 말한 것이다. 오늘날의 소・말이 옛날의 소・말과 다르지 않으니, 어찌 사람의 경우에만 특별히 다르겠는가.

### 5-66 故鄉乎邪曲而不迷하고 觀乎雜物而不惑하니 以此度之니라

그러므로 〈성인은〉 어떤 그릇된 주장에 직면하더라도 헤매지 않고 복잡한 사물을 보더라도 현혹되지 않으니, 이는 그가 이와 같은 도리로 그것들을 헤아리기 때문이다.

以測度之道明之라 故向於邪曲不正之道而不迷하고 雜物炫燿而不惑이라 鄉은 讀

爲向이라

楊倞注 : 미루어 헤아리는 도리로 〈다른 시대의 사물을〉 밝히기 때문에 그릇되고 바르지 않은 경우를 만나더라도 헤매지 않고 복잡한 사물이 어지럽더라도 그에 현혹되지 않는다는 것이다. '鄕'은 '向(향하다)'자로 읽는다.

5-67 **五帝之外無傳人**은

五帝 이전에는 후세에 전해지는 사람이 없는 것은

外는 謂已前也라 無傳人은 謂其人事跡後世無傳者라

楊倞注 : '外'는 이전을 이른다. '無傳人'은 그 사람의 사적이 후세에 전해지는 게 없다는 것을 이른다.

5-68 **非無賢人也**라 **久故也**며 **五帝之中無傳政**은 **非無善政也**라 **久故也**라

현인이 없어서가 아니라 세월이 오래되었기 때문이며, 五帝 가운데 후세에 전해지는 정사가 없는 것은 좋은 정치가 없어서가 아니라 세월이 오래되었기 때문이다.

中은 間也라 五帝는 少昊, 顓頊, 高辛, 唐, 虞也라

楊倞注 : '中'은 '間(사이)'자의 뜻이다. '五帝'는 少昊(皞), 顓頊, 高辛(帝嚳), 唐堯, 虞舜이다.

少昊(皞)

顓頊

高辛(帝嚳)

5-69 禹湯有傳政而不若周之察也하니 非無善[36]政也라 久故也라 傳者久則論略하고 近則論詳하니 略則擧大하고 詳則擧小라

夏禹·商湯이 후세에 전해지는 정사가 있기는 해도 周나라 시대의 그 분명한 정도에는 미치지 못하니, 상세한 정치가 없어서가 아니라 세월이 오래되었기 때문이다. 전해지는 것이 오래되면 더 소략해지고 가까우면 더 상세한 법이니, 소략하면 큰 것만 열거되고 상세하면 작은 것까지 열거된다.

略은 謂擧其大綱이라 詳은 周備也라 ○ 兪樾曰 兩論字는 皆兪字之誤라 兪는 讀爲愈라 榮辱篇의 淸之而兪濁者口也요 豢之而兪瘠者交也에 楊注曰 兪는 讀爲愈라하니 是也라 兪誤作侖하고 因誤作論矣라 韓詩外傳正作 久則愈略하고 近則愈詳하니 可據訂이라

楊倞注 : '略'은 그 큰 줄거리를 열거한 것을 이른다. '詳'은 상세하고 빠짐없다는 뜻이다.

○ 兪樾 : 두 '論'자는 모두 '兪'자의 잘못이다. '兪'는 '愈(더욱)'로 읽어야 한다. 〈榮辱篇〉의 "淸之而兪濁者口也 豢之而兪瘠者交也(청백을 추구하면 추구할수록 더 흐려지는 것은 하는 말이 많기 때문이며, 상대방을 잘 대접해주는데도 우정이 자꾸만 더 야위어지는 것은 교제가 바르지 않기 때문이다.)"에서 楊氏의 주에 "'兪'는 '愈'로 읽어야 한다."라고 하였으니, 곧 그와 같은 경우이다. '兪'가 잘못되어 '侖'이 되었고, 잘못된 것으로 인해 '論'이 되었다. ≪韓詩外傳≫에는 '久則愈略 近則愈詳'으로 올바로 되어 있으니, 그것을 근거로 바로잡을 수 있다.

5-70 愚者聞其略而不知其詳하며 聞其詳而不知其大也라

어리석은 자는 그 소략한 부분만 듣고 그 상세한 정황을 알지 못하며, 그 작은 부분만 듣고 그 큰 정황을 알지 못한다.

惟聖賢乃能以略知詳하고 以小知大也라 ○ 王念孫曰 聞其詳은 本作聞其小하니 略與詳對하고 小與大對라 據楊注云 惟聖賢乃能以略知詳하고 以小知大라하니 則本

36) 善 : 于鬯은 '詳'자의 잘못이라 하였다. '有傳政'의 '政'이 곧 善政인데 다시 善政을 말하는 것은 뜻이 잘 어울리지 않는다는 이유에서이다. 번역은 그의 설을 따랐다.

作聞其小而不知其大 明矣라 今本小作詳하니 涉上句詳字而誤라 外傳作聞其細하고 不知其大하니 細亦小也라

楊倞注 : 오직 성현이라야 소략한 부분으로 상세한 정황을 알고 작은 부분으로 큰 정황을 알 수 있다는 것이다.

○ 王念孫 : '聞其詳'은 본디 '聞其小'로 되어 있으니, '略'은 '詳'과 대가 되고 '小'는 '大'와 대가 된다. 楊氏의 주에 의하면 "오직 성현이라야 소략한 부분으로 상세한 정황을 알고 작은 부분으로 큰 정황을 알 수 있다는 것이다."라고 하였으니, 본디 '聞其小而不知其大'로 되어 있었다는 것이 분명하다. 지금 판본에는 '小'가 '詳'으로 되어 있으니, 위 문구와 연관되어 잘못된 것이다. ≪韓詩外傳≫에는 '聞其細 不知其大'로 되어 있으니, '細' 또한 '小'와 같다.

5-71 是以文久而滅하고 節族久而絶이라

이 때문에 예법 제도가 세월이 오래되면 소멸되고, 음악의 음률도 세월이 오래되면 끊기는 것이다.

5-72 凡言不合先王하고 不順禮義를 謂之姦言이라 雖辯이라도 君子不聽하니라

대체로 전개하는 말이 옛 성군의 뜻에 맞지 않고 禮義를 따르지 않는 것을 간사한 말이라고 한다. 비록 그 말이 매우 조리가 있더라도 군자는 들으려 하지 않는다.

公孫龍惠施鄧析之屬이라

楊倞注 : 公孫龍, 惠施, 鄧析의 무리이다.

5-73 法先王하고 順禮義하여 黨學者라도

옛 성군을 본받고 禮義를 따라서 학문하는 자들을 깨우쳐주더라도,

黨은 親比也라 ○ 郝懿行曰 注云 黨은 親比라하니 非也라 方言에 黨은 知也라하고 郭注에 黨은 朗也니 解悟貌라하니 此則黨爲曉了之意라 法先王하고 順禮義하여 出言可以曉悟學者요 非朋黨親比之義也라 兪樾曰 方言曰 黨은 曉이며 哲은 知也라 楚謂

之黨하고 或曰曉라 齊宋之間謂之哲이라하고 郭注曰 黨은 黨朗也니 解寤貌라하니라 然則黨學者는 猶言曉學者라 蓋法先王하고 順禮義하여 以曉學者也라 荀卿居楚久라 故楚言耳라

楊倞注 : '黨'은 친근하고 어울린다는 뜻이다.

○ 郝懿行 : 楊氏의 주에 "'黨'은 친근하고 어울린다는 뜻이다."라고 하였는데, 이는 틀렸다. ≪方言≫에 "'黨'은 안다는 뜻이다."라고 하고, 郭璞의 주에 "'黨'은 밝다는 뜻이니, 의문이 풀리고 깨닫는 모양이다."라고 하였으니, 이로 보면 '黨'은 이해시킨다는 뜻이다. 옛 성군을 본받고 禮義를 따라서 말이 입 밖에 나오면 학문하는 자를 이해시킬 수 있다는 것이고 동아리를 짓고 친근하다는 뜻은 아니다.

兪樾 : ≪方言≫에 "'黨'은 일깨운다는 뜻이고, '哲'은 안다는 뜻이다. 楚 지방에서는 '黨'이라 이르고 간혹 '曉'라고 말하기도 하며, 齊와 宋 지방에서는 '哲'이라 이른다."라고 하고, 郭璞의 '黨'자 주에 "'黨'은 밝다는 뜻이니, 의문이 풀리고 깨닫는 모양이다."라고 하였다. 그렇다면 '黨學者'는 '曉學者'란 말과 같다. 옛 성군을 본받고 禮義를 따라서 학문하는 자를 깨우친다는 뜻이다. 荀卿이 楚 지방에 거주한 지가 오래되었기 때문에 楚 지방의 말을 사용한 것일 뿐이다.

5-74 然而不好言하고 不樂言이면 則必非誠士也리라

〈성군에 관해〉 담론하기를 좋아하지 않고 〈禮義에 관해〉 거론하기를 좋아하지 않는다면 분명히 진실한 선비가 아닐 것이다.

言은 講說也라 誠士는 謂至誠好善之士라

楊倞注 : '言'은 강론한다는 뜻이다. '誠士'는 진정으로 선을 좋아하는 선비를 이른다.

5-75 故君子之於言[37]也에 志好之하고 行安之하고 樂言之라 故君子必辯하니라

그러므로 군자는 옛 성군의 말씀에 대해 마음으로부터 그것을 좋아하고 행동으로 그것을 지키고 즐겁게 그것을 설명한다. 그래서 군자는 반드시 말을 잘한다.

37) 言 : 王引之는 '善'의 오자라고 하면서 '仁'의 뜻으로 이해해야 한다고 하였으나, 鍾泰・包遵信・王天海 등은 그의 주장을 인정하지 않았다. 역자도 王引之의 설을 따르지 않고 옛 성군의 말씀으로 번역하였다.

辯은 謂能談說也라 ○ 王引之曰 故君子之於言也의 言은 當爲善이라 善字本作譱하니 脫其半而爲言하고 又涉上下文言字而誤也라 志好之 行安之 樂言之의 三之字는 皆指善而言이라 下文云 凡人莫不好言其所善[38]이나 而君子爲甚이라하니① 是其明證矣라 下文又云 故君子之行仁也無厭하여 志好之하고 行安之하고 樂言之라 故君子必辯이라하니② 仁은 卽所謂善也라 今本善作言하니 則下文三之字皆義不可通이라

① 此句凡兩見이라
이 문구는 모두 두 번 보인다.

② 今本故下衍言字라 辯見前이라
지금 판본에는 '故' 밑에 '言'자가 잘못 덧붙여졌다. 이에 관한 설명은 앞에 보인다.

楊倞注 : '辯'은 말을 잘하는 것을 이른다.

○ 王引之 : '故君子之於言也'의 '言'은 마땅히 '善'이 되어야 한다. '善'자는 본디 '譱'으로 되어 있었는데, 그 반쪽이 탈락되어 '言'이 되었고, 또 위아래 글의 '言'자와 연관되어 잘못되었을 것이다. '志好之 行安之 樂言之'의 세 '之'자는 모두 '善'을 가리켜 말한 것이다. 아래 글에 "凡人莫不好言其所善 而君子爲甚"이라고 하였으니, 이것이 그 확실한 증거이다. 아래 글에 또 "그러므로 군자가 仁을 행할 적에 싫증이 나지 않아 마음으로부터 그것을 좋아하고 행동으로 그것을 지키고 즐겁게 그것을 설명한다. 그래서 군자는 반드시 말을 잘한다.〔故君子之行仁也無厭 志好之 行安之 樂言之 故君子必辯〕"라고 하였으니, '仁'은 곧 이른바 '善'이다. 지금 판본에는 '善'이 '言'으로 되어 있으니, 아래 글의 세 '之'자가 모두 뜻이 통하지 않는다.

## 5-76 凡人莫不好言其所善이나 而君子爲甚이라

일반적으로 사람은 자기가 좋아하는 것을 말하길 좋아하지 않는 경우가 없으나 군자는 그 좋아하는 정도가 더 심하다.

所善은 謂己所好尙也라

楊倞注 : '所善'은 자기가 좋아하고 숭상하는 것을 이른다.

---

38) 其所善 : 王引之의 설대로라면 '그 善으로 여기는 바를'이라고 해야 할 것이나, 楊倞의 주에 따라 '자기가 좋아하는 것을'이라고 번역하였다.

5-77 **故贈人以言**에 **重於金石珠玉**하고 **觀人以言**에 **美於黼黻文章**하며

그러므로 좋은 말을 다른 사람에게 증정했을 때 황금과 보석·주옥보다 귀하게 여기고, 좋은 말을 다른 사람에게 살펴보게 했을 때 화려한 의복보다 아름답게 여기며,

觀人以言은 謂使人觀其言이라 黼黻文章은 皆色之美者라 白與黑謂之黼요 黑與青謂之黻이요 青與赤謂之文이요 赤與白謂之章이라 ○ 王念孫曰 案觀은 本作勸이라 勸人以言은 謂以善言勸人也라 故曰 美於黼黻文章이라하니 若觀人以言이면 則何美之有리오 楊注云 謂使人觀其言이라하니 則所見本已譌作觀이라 太平御覽人事部三十一所引亦然이라 藝文類聚人部十五正引作勸人以言이라

楊倞注 : '觀人以言'은 다른 사람으로 하여금 그 말을 살펴보게 하는 것을 이른다. '黼'·'黻'·'文'·'章'은 모두 색깔 가운데 아름다운 것들이다. 흰색과 검정색을 '黼'라 이르고, 검정색과 푸른색을 '黻'이라 이르고, 푸른색과 붉은색을 '文'이라 이르고, 붉은색과 흰색을 '章'이라 이른다.

○ 王念孫 : 살펴보건대, '觀'은 본디 '勸'으로 되어 있다. '勸人以言'은 좋은 말로 남에게 권장하는 것을 이른다. 그러므로 화려한 의복보다 아름답다고 말한 것이다. 만약 말을 다른 사람에게 살펴보게 한다면 무슨 아름다울 게 있겠는가. 楊氏의 주에 "다른 사람으로 하여금 그 말을 살펴보게 하는 것을 이른다."라고 하였으니, 그가 보았던 판본이 이미 '觀'으로 잘못되었던 것이다. ≪太平御覽≫ 〈人事部〉 31에 인용된 것도 그렇다. ≪藝文類聚≫ 〈人部〉 15에는 올바로 인용되어 '勸人以言'으로 되어 있다.

5-78 **聽人以言**에 **樂於鍾鼓琴瑟**이라

좋은 말을 다른 사람에게 들려줬을 때 종과 북, 거문고와 비파의 음악소리보다 즐겁게 여긴다.

使人聽其言이라 ○ 謝本從盧校作聽人之言이라 王念孫曰 呂錢本竝作聽人以言이라 元刻以作之어늘 而盧本從之라 案此與上二句文同一例라 聽人以言者는 我言之而人聽之也라 我言而人聽이면 則是我之以善及人也라 故曰 樂於鍾鼓琴瑟이라하니 若聽人之言이면 則何樂之有리오 此後人不曉文義而妄改之耳라 據楊注云 使人聽

其言이라하니 則本作聽人以言明矣라 藝文類聚太平御覽竝引作聽人以言이라 先謙案 王說是라 今改從宋本이라

楊倞注：다른 사람에게 그의 말을 들어보게 한다는 것이다.

○ 謝本은 盧校本을 따라 '聽人之言'으로 되어 있다.

王念孫：呂・錢本에는 모두 '聽人以言'으로 되어 있다. 元刻本에는 '以'가 '之'로 되어 있는데 盧本이 그대로 따랐다. 살펴보건대, 이 문구는 위 두 문구와 동일한 형식이다. '聽人以言'이란 내가 말했을 때 다른 사람이 그 말을 듣는다는 뜻이다. 내가 말한 것을 다른 사람이 듣는다면, 이는 내가 지닌 善이 다른 사람에게 미쳐가게 하는 것이다. 그러므로 '종과 북, 거문고와 비파의 음악소리보다 즐겁게 여긴다.'라 한 것이니, 만약 내가 다른 사람의 허튼말을 듣는다면 무슨 즐거울 게 있겠는가. 이는 후세 사람이 글 뜻을 이해하지 못하고 함부로 고친 것일 뿐이다. 楊氏의 주에 의하면 "다른 사람에게 그의 말을 들어보게 한다는 것이다."라고 하였으니, 본디 '聽人以言'으로 되어 있었다는 것이 분명하다. ≪藝文類聚≫와 ≪太平御覽≫에 모두 이 글을 인용하였는데 '聽人以言'으로 되어 있다.

先謙案：王氏의 설이 옳다. 여기서는 고쳐 宋本대로 따랐다.

5-79 故君子之於言無厭이라

그러므로 군자는 담론을 하는 것에 대해 싫증을 느끼지 않는다.

無厭倦也라

楊倞注：싫증을 느끼는 일이 없다는 것이다.

5-80 鄙夫反是니 好其實하고 不恤其文이라

저속한 사람은 이와 반대이니, 그 투박한 본질만 좋아하고 아름답게 꾸미는 것을 돌아보지 않는다.

但好其質而不知文飾하니 若墨子之屬也라

楊倞注：그저 그 본질만 좋아하고 아름답게 꾸밀 줄을 모르니, 墨子의 무리와 같은 부류들이다.

**5-81 是以終身不免埤汙傭俗**이라

이 때문에 종신토록 비천하고 저속한 처지를 면치 못한다.

埤汙는 皆下也니 謂鄙陋也라 埤與庳同이라 豬水處謂之汙니 亦地之下者也라 庳音婢(비)라 汙는 一孤反이라

楊倞注 : '埤'·'汙'은 모두 낮다는 뜻이니, 사람이 변변치 못한 것을 이른다. '埤'는 '庳'와 같다. 물이 고인 곳을 '汙'라 이르니, 이 또한 지대가 낮은 것이다. '庳'는 음이 '婢'이다. '汙'의 음은 一과 孤의 反切이다.

**5-82 故易曰 括囊**이면 **無咎無譽**라하니 **腐儒之謂也**라

그러므로 ≪周易≫ 坤卦에 "주머니 주둥이를 묶듯이 〈입을 다물면〉 허물도 없고 영예도 없을 것이다."라고 하였으니, 썩은 선비를 말한 것이다.

腐儒는 如朽腐之物이 無所用也라 引易以喩不談說者라

楊倞注 : '腐儒'는 썩은 물건이 쓸모가 없는 것과 같다. ≪周易≫을 인용하여, 발언하지 않는 자를 비유한 것이다.

**5-83 凡說(세)之難**은 **以至高遇至卑**하고 **以至治接至亂**하니

대체로 회유가 어려운 점은 가장 숭고한 도리로 가장 저열한 사람을 만나고 가장 좋은 정치방법으로 가장 혼란한 군주를 접촉하는 데에 있으니,

以先王之至高至治之道로 說末世至卑至亂之君하니 所以爲難也라 說音稅(세)라

楊倞注 : 옛 성군의 가장 숭고하고 가장 좋은 정치방법으로 말세의 가장 저열하고 가장 혼란한 군주를 회유하니, 이 때문에 어려운 것이다. '說'는 음이 '稅'이다.

**5-84 未可直至也**라 **遠擧則病繆**하고 **近世則病傭**[39]이라

그 목적을 단도직입적으로 달성할 수 없다. 멀리 고대의 일을 열거하면 황당해

39) 傭 : '庸(평범하다)'자와 같다.

질까 걱정되고, 가까이 후대의 일을 열거하면 평범해질까 걱정된다.

未可直至는 言必援引古今也라 遠擧上世之事則患繆妄하고 下擧近世之事則患傭鄙也라 ○ 兪樾曰 世字當作擧라 下同이라 遠擧近擧相對爲文이라 楊注曰 遠擧上世之事則患繆妄하고 下擧近世之事則患傭鄙라하니 蓋因正文有兩擧字라 故注亦云然也라 不曰近擧下世而曰下擧近世者는 避不詞耳라 今作近世者는 卽涉注文而誤라

楊倞注 : 목적을 단도직입적으로 달성할 수 없다는 것은 반드시 고금의 사례를 인용해야 한다는 것을 말한 것이다. 멀리 고대의 일을 열거하면 황당해질까 꺼려지고, 아래로 근대의 일을 열거하면 평범하고 속될까 꺼려진다는 것이다.

○ 兪樾 : '世'자는 마땅히 '擧'자가 되어야 한다. 아래의 경우도 같다. '遠擧'와 '近擧'가 서로 대를 맞춰 글이 된 것이다. 楊氏의 주에 "멀리 고대의 일을 열거하면 황당해질까 꺼려지고, 아래로 근대의 일을 열거하면 평범하고 속될까 꺼려진다는 것이다."라고 하였으니, 아마도 본문에 두 '擧'자가 있었기 때문일 것이다. 그러므로 楊氏의 주에서도 그렇게 말한 것이다. '近擧下世'라 하지 않고 '下擧近世'라고 말한 이유는, 글이 순탄하지 않은 것을 피하기 위해 그런 것일 뿐이다. 지금 본문에 '近世'로 된 것은 楊氏 주의 글과 연관되어 잘못된 것이다.

5-85 善者於是間也에 亦必遠擧而不繆하고 近世而不傭하여 與時遷徙하고 與世偃仰하여 緩急嬴絀을

회유를 잘하는 사람은 이런 상황 속에서도 반드시 멀리 고대의 사례를 열거하더라도 황당하지 않고 가까이 근대의 사례를 열거하더라도 평범하지 않으면서 시대에 따라 변천하고 세속에 따라 부침하여, 緩急과 屈伸을

嬴은 餘也라 嬴絀은 猶言伸屈也라

楊倞注 : '嬴'은 '餘(남다)'자의 뜻이다. '嬴絀'은 屈伸과 같다.

5-86 府然若渠匽檃栝之於己也하니라

외적인 상황에 맞춰, 마치 흐르는 물을 막는 제방처럼, 휘어진 나무를 바로잡는

기구처럼 자기 자신을 단속한다.

府는 與俯同하니 就物之貌라 或讀爲附라 渠匽은 所以制水요 檃括은 所以制木이니 君子制人亦猶此也라 ○ 王引之曰 正文注文渠字는 疑皆梁字之誤라 爾雅에 隄는 謂之梁이라하고 鄭仲師注周官𡿨人云 梁은 水偃也라하니라 偃與匽通하니 卽堰字也라 梁與匽同義라 故以梁匽連文하니라 梁渠形相似하여 遂誤爲渠耳라①

① 史記建元以來侯表煇渠忠侯僕多는 廣韻引風俗通에 渠作梁하고 漢書地理志彊梁原은 水經渭水注作荊渠原하며 後漢書安帝紀高渠谷은 注引東觀記作高梁谷하니라
≪史記≫ 〈建元以來侯者年表〉의 '煇渠忠侯僕多'는 ≪廣韻≫에 인용된 ≪風俗通≫에 '渠'가 '梁'으로 되어 있고, ≪漢書≫ 〈地理志〉의 '彊梁原'은 ≪水經注≫ 〈渭水〉에 '荊渠原'으로 되어 있으며, ≪後漢書≫ 〈安帝紀〉의 '高渠谷'은 주에 인용된 ≪東觀記≫에 '高梁谷'으로 되어 있다.

楊倞注 : '府'는 '俯(구부리다)'자와 같으니, 외적인 상황에 맞추는 모양이다. 간혹 '附'자로 읽기도 한다. 渠匽은 흐르는 물을 제어하는 것이고, 檃括은 휘어진 나무를 제어하는 것이니, 군자가 다른 사람을 제어하는 것도 이와 같다.

○ 王引之 : 본문과 楊氏 주 글의 '渠'자는 아마도 모두 '梁'자의 잘못인 듯하다. ≪爾雅≫에 "'隄'는 '梁'이라 이른다."라고 하고, 鄭仲師(鄭衆)의 ≪周禮≫ 〈周官 𡿨人〉 주에 "'梁'은 물 제방〔水偃〕이다."라고 하였다. '偃'과 '匽'은 통용하니, 곧 '堰'자이다. '梁'과 '匽'은 같은 뜻이기 때문에 '梁'과 '匽'을 함께 이어서 쓴 것이다. '梁'과 '渠'가 모양이 서로 비슷하여 마침내 '渠'로 잘못된 것일 뿐이다.

5-87 曲得所謂焉이라도 然而不折傷이라

완곡하게 회유하여 자기가 말하는 목적을 이루더라도 상대방을 손상하지 않는 것이다.

言談說委曲皆得其意之所謂나 然而不折傷其道也라

楊倞注 : 회유하는 말이 완곡하여 자기가 마음속으로 의도했던 목적을 모두 이루더라도 바른 도를 손상하지 않는다는 것을 말한 것이다.

5-88 故君子之度(탁)己則以繩하고 接人則用抴(예)[40]하니라

그러므로 군자가 자신을 바로잡는 것은 목수가 먹줄을 놓듯이 하고, 남을 대하는 것은 사공이 배를 젓듯이 한다.

抴는 牽引也라 度已는 猶正已也라 君子正已則以繩墨하고 接人則牽引而致之니 言正已而馴致人也라 或曰 抴當爲枻니 枻는 楫也라 言如以楫櫂進舟船也라하니라 度은 大各反이라 枻는 以世反이라 韓侍郞云 枻(설)者는 檠枻也니 正弓弩之器也라하니라 ○ 盧文弨曰 舊本抴枻多訛하니 今悉改正하니라 韓說本考工記라 郝懿行曰 抴는 余制切이니 與曳音義俱同이라 抴卽枻字니 枻는 俗作也[41]라 言君子裁度已身則以準繩하고 接引人倫則用舟楫하니 謂律已嚴而容物寬也라 楚辭九歌의 桂櫂兮蘭枻에 王逸注 櫂는 楫也라 枻는 船旁板也라하고 段氏玉裁說文注云 按毛詩傳에 楫은 所以擢舟也라 故因謂楫爲擢라 擢者는 引也니 船旁板曳於水中이라 故因謂之抴라 俗字作櫂作枻하니 皆非是也라하니라 劉台拱曰 韓說是也라 淮南說山訓曰 檄不正而可以正弓이라하니 此卽用枻之義라① 王念孫曰 案考工記弓人의 恒角而達이면 譬如終紲에 鄭注曰 紲은 弓鞑也라하고 秦風小戎篇의 竹閉緄縢에 毛傳曰 閉는 紲也라하고 小雅角弓傳曰 不善紲檠巧用이면 則翩然而反이라하고 士喪禮記[42]의 弓有柲에 注曰 柲는 弓檠이라 弛則縛之於弓裏하니 備損傷也라 以竹爲之라하니라 紲(설)與枻(설)同하고 閉與柲鞑同하니 卽淮南所謂可以正弓者也라 枻은 與繩對文이니 若訓爲牽引이면 則與繩不對라 若訓爲楫이면 則於義愈遠矣리라

① 檄同檠이라
'檄'은 '檠'과 같다.

楊倞注 : '抴'는 끌어당긴다는 뜻이다. '度已'는 자기 몸을 바로잡는다는 뜻의 '正已'와

40) 抴(예) : 배를 젓는 노의 뜻일 경우 그 음이 '예'이고, 휘어진 활을 똑바로 바로잡을 때 사용하는 도구인 도지개의 뜻일 경우에는 그 음이 '설'이다. 아래 글에 "接人用抴 故能寬容(남을 대하는 것은 사공이 배를 젓는 것처럼 하기 때문에 능히 너그럽게 포용할 수 있다.)"이라고 한 것으로 미루어볼 때 楊倞의 주에 인용된 혹자의 설과 集解의 郝懿行의 설을 따르는 것이 타당할 것으로 보인다. 王天海도 그 설에 동의하였다.

41) 抴卽枻字 枻俗作也 : '抴'자는 손수변(扌)의 曳, 곧 '拽'와 음과 뜻이 같고, '枻'자는 속자에서 나무목변(木)의 也, 곧 '杝'로 쓴다는 것이다.

42) 士喪禮記 : 〈士喪禮〉는 잘못이다. '弓有柲'와 이에 대한 鄭玄의 주는 ≪禮記≫ 〈旣夕〉에 나온다.

도지개

같다. 군자가 자기 몸을 바로잡는 것은 먹줄을 놓듯이 하고, 다른 사람을 대할 때는 이끌어 바른 길로 가게 한다는 것으로, 자기 몸을 바르게 한 뒤에 남을 이끌어주는 것을 말한다. 어떤 사람은 "'抴'는 마땅히 '枻'가 되어야 하니, '枻'는 노이다. 마치 노를 저어 배를 앞으로 나아가게 하는 것과 같은 것을 말한다."라고 하였다. '度'의 음은 大와 各의 反切이다. '枻'의 음은 以와 世의 反切이다. 韓侍郎은 "'枻'는 도지개이니, 활을 바로잡는 기구이다."라고 하였다.

○ 盧文弨 : 옛 판본에는 '抴'와 '枻'가 잘못 혼용된 경우가 많은데, 여기서는 모두 고쳐 바로잡았다. 韓氏의 설은 ≪周禮≫ 〈考工記〉에 근거한 것이다.

郝懿行 : '抴'의 음은 余와 制의 反切이니, '曳'와 음과 뜻이 모두 같다. '抴'는 곧 '枻'자이니, '枻'는 속자에서 '也'로 쓴다. 군자가 자기 몸을 바로잡는 것은 수준기와 먹줄로 맞추듯이 하고, 남들을 이끌어줄 때는 노로 배를 저어 앞으로 나아가듯이 한다는 것을 말한 것이니, 자신을 단속하는 것은 엄격히 하고 남들을 포용하는 것은 너그럽게 하는 것을 이른다. ≪楚辭≫ 〈九歌〉의 "桂擢兮蘭抴(桂木의 노와 蘭木의 뱃전으로)"에서 王逸의 주에 "'擢'는 노이다. '抴'는 뱃전의 판목이다."라고 하고, 段玉裁의 ≪說文解字注≫에 "≪毛詩傳≫을 살펴보면 '楫'은 배를 끌어가는 것이라고 하였다. 이 때문에 '楫'을 '擢'라 이른다. '擢'는 이끈다는 뜻이니, 뱃전의 판목을 물속에서 끌어당기기 때문에 이것을 '抴'라 이른다. 속자는 '櫂'로 쓰거나 '枻'로 쓰기도 하니, 이는 모두 옳지 않다."라고 하였다.

劉台拱 : 韓氏의 설이 옳다. ≪淮南子≫ 〈說山訓〉에 "檠不正而可以正弓(도지개는 형체가 바르지 않지만 뒤틀린 활을 바로잡는다.)"이라고 하였으니, 여기서는 곧 도지개〔枻〕를 사용한다는 뜻이다.

王念孫 : 살펴보건대, ≪周禮≫ 〈考工記 弓人〉의 "恒角而達 譬如終紲(활 중앙에 휘어진 부분의 길이가 너무 길면 마치 끈으로 도지개에다가 활을 계속 잡아매두는 것과 같다.)"에서 鄭氏의 주에 "'紲'은 활 도지개이다."라고 하고, ≪詩經≫ 〈秦風 小戎篇〉의 "竹閉緄滕(대나무 도지개를 끈으로 묶었다네.)"에서 ≪毛傳≫에 "'閉'는 도지개〔紲〕이다."라고 하고, 〈小雅 角弓〉의 ≪毛傳≫에 "不善紲檠巧用 則翩然而反(도지개를 요령 있게 잘 사용하지 않는다면 활이 홀

령 뒤집어진다.)"이라고 하고, ≪儀禮≫ 〈旣夕〉의 "弓有柲(활에는 도지개가 있다.)"에서 鄭玄의 주에 "'柲'는 활 도지개이다. 활시위가 느슨해지면 그것을 활의 안쪽에 잡아매는 것이니, 활이 손상되는 것을 대비하기 위해서이다. 대나무로 만든다."라고 하였다. '紲'은 '枻'과 같고 '閉'는 '柲', '鞑'와 같으니, 곧 ≪淮南子≫의 이른바, 뒤틀린 활을 바로잡는다고 한 그것이다. '枻'은 '繩'과 대구인데, 만약 끌어당긴다는 뜻으로 한다면 '繩'자와 대가 되지 않고, 만약 배의 노라는 뜻으로 한다면 본뜻과 더욱 멀어질 것이다.

5-89 **度己以繩**이라 **故足以爲天下法則矣**요 **接人用抴**라 **故能寬容**하여 **因(求)〔衆〕[43]以成天下之大事矣**라

자신을 바로잡는 것은 목수가 먹줄을 놓는 것처럼 하기 때문에 충분히 천하의 본보기가 될 수 있고, 남을 대할 때는 사공이 배를 젓는 것처럼 하기 때문에 능히 너그럽게 포용하여 대중에 의해 천하를 다스리는 대업을 이루어낸다.

成事在衆이라 ○ 王念孫曰 因求二字는 義不可通이라 求當爲衆이니 字之誤也라 唯寬容이라 故能因衆以成事라 上文 與時遷徙 與世偃仰 正所謂因衆也라 楊注云 成事在衆이라하여 言衆而不言求하니 則求爲衆之誤甚明이라

楊倞注 : 대업을 이루는 것은 대중의 손에 달려 있다는 것이다.

○ 王念孫 : '因求' 두 자는 뜻이 통할 수 없다. '求'는 마땅히 '衆'이 되어야 하니, 글자가 잘못된 것이다. 오직 너그럽게 포용하기 때문에 능히 대중에 의해 대업을 이룰 수 있다는 것이다. 윗글의 "시대에 따라 변천하고 세속에 따라 부침한다.〔與時遷徙 與世偃仰〕"가 곧 이른바 '因衆'이다. 楊氏의 주에 "成事在衆(대업을 이루는 것은 대중의 손에 달려 있다.)"이라고 하여 '衆'을 말하고 '求'를 말하지 않았으니, '求'가 '衆'의 잘못이라는 것이 매우 분명하다.

5-90 **故君子賢而能容罷**(피)하고

그러므로 군자는 현능하면서도 능히 무능한 자를 포용하고,

罷는 弱不任事者라 音疲(피)라

---

43) (求)〔衆〕 : 저본에는 '求'로 되어 있으나, 集解의 王念孫의 의견을 따라 '衆'으로 바로잡았다.

楊倞注 : '罷'는 나약하여 일을 감당하지 못하는 자이다. 음은 疲이다.

5-91 **知而能容愚**하고 **博而能容淺**하고 **粹而能容雜**하니 **夫是之謂兼術**이라

총명하면서도 능히 우매한 자를 포용하고, 박식하면서도 능히 학식이 얕은 자를 포용하고, 덕이 순결하면서도 능히 품행이 너저분한 자를 포용하니, 대체로 이것을 가리켜 두루 포용하는 방법이라 이른다.

粹는 專一也라 兼術은 兼容之法이라

楊倞注 : '粹'는 전일하다는 뜻이다. '兼術'은 두루 포용하는 방법이란 뜻이다.

5-92 **詩曰 徐方旣同**하니 **天子之功**이라하니 **此之謂也**라

≪詩經≫에 "徐方까지 이미 다 동화됐으니, 이는 모두 천자의 업적이로세."라고 하였으니, 이를 두고 하는 말이다.

詩는 大雅常武之篇이라 言君子容物이 亦猶天子之同徐方也라

楊倞注 : ≪詩經≫은 〈大雅 常武〉편이다. 군자가 남들을 두루 포용하는 것이 또한 천자가 徐方國까지 두루 동화되게 한 경우와 같다는 것이다.

5-93 **談說**(세)**之術**[44]이라 **矜莊以莅之**하고 **端誠以處之**하고 **堅彊以持之**하고 **分別以喩之**하고 **譬稱以明之**[45]하되

말로써 회유하는 기술. 엄숙하고 장중한 태도로 접근하고, 정직하고 진실한 마음으로 대하고, 견고하고 강인한 의지로 소신을 지키고, 비유하고 설명하는 방법으로 깨우치고, 조목조목 분석하는 방법으로 이치를 밝히되,

○ 王念孫曰 分別當在下句하고 譬稱當在上句라 譬稱所以曉人이라 故曰 譬稱以喩之라하고 分別所以明理라 故曰 分別以明之라하니라 今本譬稱與分別互易이라 韓

44) 談說(세)之術 : 작은 제목 성격의 표제어이다.

45) 分別以喩之 譬稱以明之 : '分別'과 '譬稱'이 바뀌었다는 王念孫의 설을 따라 번역하였다.

詩外傳及說苑善說篇引此하니 竝作 譬稱以喩之 分別以明之라

○ 王念孫 : '分別'은 마땅히 아래 문구에 있어야 하고, '譬稱'은 마땅히 위 문구에 있어야 한다. 비유하고 설명하는 것은 상대방을 깨우치기 위한 것이므로 '譬稱以喩之'라 하고, 조목조목 분석하는 것은 이치를 밝히기 위한 것이므로 '分別以明之'라 한 것이다. 지금 판본에는 '譬稱'과 '分別'이 서로 바뀌었다. ≪韓詩外傳≫과 ≪說苑≫ 〈善說篇〉에 이 글을 인용하였는데, 모두 '譬稱以喩之 分別以明之'로 되어 있다.

5-94 欣驩芬薌以送之하여 寶之珍之하고 貴之神之라 如是則說常無不受하고

부드럽고 온화한 태도로 상대방을 인도하면서 〈자기가 하는 말이〉 소중하고 진기하고 귀중하고 신묘한 것으로 여겨지게 해야 한다. 이와 같이 한다면 회유하는 말이 항상 받아들여지지 않을 수 없고,

言談說之法如此라야 人乃信之라 芬薌은 言至芳絜也라 神之는 謂自神異其說하여 不敢慢也라 說는 竝音稅라 稱은 尺證反이라 薌은 與香同이라 ○ 王念孫曰 芬薌은 和也라 方言의 芬은 和也에 郭璞曰 芬香和調라하니라[①] 欣驩芬薌은 皆謂和氣以將之也라 議兵篇曰 其民之親我歡若父母하고 其好我芬若椒蘭이라하니 義與此同이라

① 廣雅與方言同이라 周官鬯人注曰 鬯은 釀秬爲酒니 芬香條暢於上下也라하고 大雅鳧鷖篇曰 旨酒欣欣하고 燔炙芬芬이라하니 皆芬香和調之意라
≪廣雅≫와 ≪方言≫이 동일하다. ≪周禮≫ 〈周官 鬯人〉의 주에 "'鬯'은 찰기장을 빚어 술을 만든 것이니, 그 향기가 위아래로 퍼져나간다."라고 하고, ≪詩經≫ 〈大雅 鳧鷖篇〉에 "맛좋은 술 따르니 너무 즐겁고, 삶고 구운 고기들 향기롭구나.〔旨酒欣欣 燔炙芬芬〕"라고 하였으니, 모두 향기롭고 조화롭다는 뜻이다.

楊倞注 : 말로써 회유하는 방법은 이렇게 하여야만 사람들이 비로소 믿는다는 것을 말한 것이다. '芬薌'은 매우 향긋하고 정갈한 것을 말한다. '神之'는 스스로 그 설을 신묘하게 여겨 감히 경시하지 않게 하는 것을 이른다. '說'자는 모두 그 음이 稅이다. '稱'의 음은 尺과 證의 反切이다. '薌'은 '香'과 같다.

○ 王念孫 : '芬薌'은 온화하다는 뜻이다. ≪方言≫의 "'芬'은 온화하다는 뜻이다."에 郭璞이 "향기롭고 조화롭다는 뜻이다."라고 하였다. '欣驩'과 '芬薌'은 모두 온화한 기운으로 상대방을 받드는 것을 이른다. 〈議兵篇〉에 "그의 백성이 우리를 친애하기를 반가운 부모처럼 하고, 그들이 우리를 좋아하기를 향기로운 산초와 난초처럼 한다.〔其民之親我歡若父

毋 其好我芬若椒蘭]"라고 하였는데, 그 뜻이 이것과 같다.

5-95 **雖不說人**이라도 **人莫不貴**라

비록 상대방을 회유하지는 못하더라도 사람들이 〈자기의 말을〉 존귀하게 여기지 않는 일이 없을 것이다.

不說猶貴커든 況其說之리오

楊倞注 : 상대방을 회유하지 못하더라도 오히려 그 말을 존귀하게 여길 것인데 하물며 상대방의 환심을 사는 경우이겠는가.

5-96 **夫是之謂爲能貴其所貴**라

대체로 이것을 가리켜 자기가 존귀하게 여기는 것을 능히 존귀해지게 하는 것이라고 이른다.

不使人賤之也라 ○ 王引之曰 上爲字는 涉下文爲字而衍이라 韓詩外傳說苑에 皆作 夫是之謂能貴其所貴하고 無爲字라

楊倞注 : 사람들로 하여금 천시하지 않게 하는 것이다.

○ 王引之 : 위의 '爲'자는 아래 글의 '爲'와 연관되어 잘못 덧붙여진 것이다. ≪韓詩外傳≫과 ≪說苑≫에 모두 '夫是之謂能貴其所貴'로 되어 있고 '爲'자가 없다.

5-97 **傳曰 唯君子爲能貴其所貴**라하니 **此之謂也**라

옛 글에 "오직 군자만이 자기가 존귀하게 여기는 것을 능히 존귀해지게 한다."라고 하였으니, 이를 두고 하는 말이다.

5-98 **君子必辯**이라 **凡人莫不好言其所善**이나

군자는 반드시 말을 잘한다. 일반적으로 사람은 자기가 좋아하는 것을 말하길 좋아하지 않는 경우가 없으나,

**所善**은 **謂所好也**라

楊倞注 : '所善'은 좋아하는 것을 이른다.

5-99 **而君子爲甚焉**이라 **是以小人辯言險而君子辯言仁也**라

군자는 〈그 좋아하는 정도가〉 더 심하다. 이런 까닭으로 소인의 말은 사악한 것을 떠벌리고 군자의 말은 仁의 도리를 설명한다.

**仁**은 **謂忠愛之道**라

楊倞注 : '仁'은 충성하고 사랑하는 도리를 이른다.

5-100 **言而非仁之中也**면 **則其言不若其默也**며 **其辯不若其吶**(눌)**也**라

말을 했을 때 그 내용이 仁의 도리에 들어맞지 않는다면, 그 말은 침묵하는 것보다 못하고, 그 달변은 어눌한 것보다 못하다.

**吶**은 **與訥同**이라 **或引禮記 其言吶吶然**이나 **非**라

楊倞注 : '吶'은 '訥(말 더듬다)'과 같다. 어떤 사람은 ≪禮記≫ 〈檀弓 下〉에 "其言吶吶然(그의 말은 주춤거리고 느린 듯하였다.)"이라고 한 것을 인용하였으나, 이것은 아니다.

5-101 **言而仁之中也**면 **則好言者上矣**요 **不好言者下也**라 **故仁言大矣**라 **起於上所以道於下**니 **正令是也**며

말을 했을 때 그 내용이 仁의 도리에 들어맞는다면 말하기를 좋아하는 사람이 상등 인물이고 말하기를 좋아하지 않는 사람이 하등 인물이다. 그러므로 仁의 도리에 합당한 말이 중요하다. 이것이 군주로부터 나와서 백성을 인도하게 되는 것이니 政策이 곧 그것이며,

**道**는 **與導同**이라 **正**은 **或爲政**이라

楊倞注 : '道'는 '導(인도하다)'와 같다. '正'은 간혹 '政'으로 읽기도 한다.

5-102 **起於下所以忠於上**이니 **謀救是也**라

이것이 백성으로부터 나와서 군주에게 충성을 바치게 되는 것이니 諫爭이 곧 그것이다.

謀救는 謂嘉謀匡救라 此言談說之益不可以已也如是라 ○ 王念孫曰 謀救二字는 於義無取라 楊注以爲嘉謀匡救라하여 於謀上加嘉字하여 以曲通其義하니 其失也迂矣라 余謂謀救는 當爲諫救니 字之誤也라[①] 周官에 有司諫司救하고 說文에 救는 止也라하고 論語八佾篇의 女弗能救與에 馬注與說文同이라 然則諫止其君之過를 謂之諫救라 故曰 起於下所以忠於上이니 諫救是也라하니라

① 管子立政九敗解篇의 諫臣死而諂臣尊이 今本諫誤作謀하고 淮南主術篇의 執正進諫이 高注에 諫或作謀라하니라
≪管子≫ 〈立政九敗解篇〉의 "諫臣死而諂臣尊(간쟁하는 신하는 죽고 아첨하는 신하는 존귀해진다.)"이 지금 판본에는 '諫'이 '謀'로 잘못되었고, ≪淮南子≫ 〈主術篇〉의 "執正進諫(정사를 담당한 관원이 간쟁하는 의견을 올린다.)"에서 高誘의 주에 "'諫'은 혹 '謀'로 되어 있기도 하다."라고 하였다.

楊倞注 : '謀救'는 좋은 계책을 올리고 군주의 잘못을 바로잡는 것을 이른다. 이 글은 말로써 회유하는 것을 더욱 그만둘 수 없는 이유가 이와 같다는 것을 말한 것이다.

○ 王念孫 : '謀救' 두 자는 뜻에 있어서 취할 것이 없다. 楊氏의 주는 '嘉謀匡救'라 하여 '謀' 위에 '嘉'자를 붙여 뜻을 억지로 통하게 하였으니, 그 잘못이 엉성하다. 나의 생각에는 '謀救'는 마땅히 '諫救'가 되어야 하니, 글자가 잘못된 것이다. ≪周禮≫ 〈周官〉에 '司諫'과 '司救'가 있고, ≪說文解字≫에 "'救'는 '止'의 뜻이다."라고 하였으며, ≪論語≫ 〈八佾篇〉의 "女弗能救與(네가 멈추게 할 수 없겠느냐?)"에서 馬融의 주가 ≪說文解字≫의 내용과 같다. 그렇다면 그 군주의 잘못을 간하여 멈추게 하는 것을 '諫救'라 한다고 할 수 있다. 그러므로 "이것이 백성으로부터 나와서 군주에게 충성을 바치게 되는 것이니 간쟁이 곧 그것이다."라고 말한 것이다.

5-103 **故君子之行仁也無厭**하니라

그러므로 군자는 仁의 도리를 행함에 있어 싫증을 내지 않는다.

無厭倦時라

楊倞注 : 싫어하고 게을리하는 때가 없다는 것이다.

5-104 **志好之**하고 **行安之**하고 **樂言之**라 **故言**[46)]

마음으로부터 그것을 좋아하고 행동으로 그것을 지키고 즐겁게 그것을 설명한다. 그러므로

所以好言說이 由此三者也라 行은 如字라 ○ 王念孫曰 楊讀故言爲一句하여 而釋之曰 所以好言說은 以此三者라하니 非也라 故君子必辯爲一句하여 故下本無言字라 此言君子志好之하고 行安之하여 樂言之라 是以必辯也라 上文云 故君子之於言也에 志好之하고 行安之하고 樂言之라 故君子必辯이라하니 是其證이라 今本作 故言君子必辯하니 言字乃涉上文而衍이라 楊斷故言爲一句하여 以結上文하니 則君子必辯四字 竟成贅語矣리

楊倞注 : 말하기를 좋아하는 이유가 이 세 가지 때문이라는 것이다. '行'은 如字이니 〈본음인 平聲으로 읽는다.〉

○ 王念孫 : 楊氏는 '故言'을 하나의 문구로 간주해 읽어 이것을 풀이하기를 "말하기를 좋아하는 이유가 이 세 가지 때문이라는 것이다."라고 하였으니, 틀린 것이다. '故君子必辯'이 하나의 문구가 되기 때문에 '故' 밑에 본디 '言'자가 없었다. 이 글은, 군자가 마음으로부터 그것을 좋아하고 행동으로 그것을 지키고 즐겁게 그것을 설명하기 때문에 반드시 말을 잘하는 것이라고 말한 것이다. 윗글에 "故君子之於言也 志好之 行安之 樂言之 故君子必辯(그러므로 군자는 옛 성군의 말씀에 대해 마음으로부터 그것을 좋아하고 행동으로 그것을 지키고 즐겁게 그것을 설명한다. 그래서 군자는 반드시 말을 잘한다.)"이라고 하였으니, 이것이 그 증거이다. 지금 판본에 '故言君子必辯'으로 되어 있는데, 이 '言'자는 곧 윗글과 연관되어 잘못 덧붙여진 것이다. 그런데 楊氏는 '故言'을 끊어 하나의 문구로 만들어서 윗글을 마무리하였으니, 이렇게 하면 '君子必辯' 네 자는 결국 쓸데없는 말이 되고 말 것이다.

5-105 **君子必辯**이니라 **小辯不如見**(현)**端**하고

군자는 반드시 말을 잘한다. 잡다한 일을 논변하는 것은 그 단서를 드러내는 것

---

46) 言 : 王念孫의 의견을 따라 잘못 덧붙여진 글자로 보고 번역하지 않았다.

만 못하고,

端은 首라

楊倞注 : '端'은 '首'자의 뜻이다.

5-106 見端不如見[47)]本分이라

단서를 드러내는 것은 명분을 근거로 다스리는 것만 못하다.

分은 上下貴賤之分이라 小辯은 謂辯說小事니 則不如見端首하고 見端首則不如見本分이라 言辯說止於知本分而已라 ○ 王引之曰 本分上本無見字하니 此涉上兩見端而衍이라 本分者는 本其一定之分也라 楊注 見端首不如見本分이라하니 則所見本已衍見字라 下文小辯而察하고 見端而明하고 本分而理는 皆承此文言之로되 而本分上無見字라 故知見爲衍文이라

楊倞注 : '分'은 상하귀천의 명분이다. '小辯'은 잡다한 작은 일을 논변하는 것을 이르는데, 그렇게 하기보다는 그 단서를 드러내는 것만 못하고, 단서를 드러내는 것은 본분을 드러내는 것만 못하다는 것이다. 논변을 하는 것은 본분을 아는 데에서 그칠 뿐이라는 것을 말한 것이다.

○ 王引之 : '本分' 위에 본디 '見'자가 없으니, 이것은 위 두 군데의 '見端'과 연관되어 잘못 덧붙여진 것이다. '本分'이란 그 고정된 명분을 근거로 한다는 뜻이다. 楊氏의 주에 "見端首不如見本分(단서를 드러내는 것은 본분을 드러내는 것만 못하다.)"이라고 하였으니, 그가 본 판본에 이미 '見'자가 더 있었던 것이다. 아래 글에 "小辯而察 見端而明 本分而理"라고 한 것은, 모두 이 글을 이어 말한 것인데 '本分' 위에 '見'자가 없다. 그러므로 '見'은 잘못 덧붙여진 글자라는 것을 알 수 있다.

5-107 小辯而察하고 見端而明하고 本分而理니 聖人士君子之分具矣라

잡다한 작은 일을 논변함으로써 문제를 자세히 살필 수 있고, 그 단서를 드러냄으로써 문제를 분명히 알 수 있고, 고유한 명분을 근거로 함으로써 문제의 이치를 알 수 있는 것이니, 이로 인해 聖人과 士君子의 명분이 갖추어진다.

---

47) 見 : 王引之의 의견을 따라 잘못 덧붙여진 것으로 보고 번역하지 않았다.

此言能辯說然後聖賢之分具라

楊倞注 : 이 글은 논변을 잘할 수 있어야만 성현의 명분이 갖추어진다는 것을 말한 것이다.

5-108 有小人之辯者하고 有士君子之辯者하고 有聖人之辯者라 不先慮하고 不早謀라도 發之而當하고 成文而類하며

小人 방식의 논변이 있고 士君子 방식의 논변이 있고 聖人 방식의 논변이 있다. 미리 생각하지 않고 일찍부터 계획하지 않더라도 한번 말을 꺼내면 사리에 합당하고 조리가 이루어져 법도에 맞으며,

言暗與理會하고 成文理而不失其類니 謂不乖悖也라

楊倞注 : 은연중에 사리와 부합되고 조리가 이루어져 그 법도를 잃지 않는 것을 말한 것으로, 그 하는 말이 도리에 어긋나지 않은 것을 이른다.

5-109 居錯[48)]遷徙에 應變不窮이

말을 구사하거나 화두를 바꿀 적에 임기응변하여 막히지 않는 것이

錯는 置也라 居錯는 安居也라 錯는 千故反이라 ○ 王念孫曰 居는 讀爲擧라 言或擧或錯或遷徙에 皆隨變應之而不窮也라 王制篇曰 擧錯應變而不窮이라하고 君道篇曰 與之擧錯遷移하여 而觀其能應變也라하고 禮論篇曰 將擧錯之하고 遷徙之라하니 皆其證矣라 擧與居古字通이라 史記越世家曰 陶朱公約要父子耕畜廢居하고 候時轉業이라하고 仲尼弟子傳曰 子貢好廢擧하여 與時轉貨資라하니 廢擧卽廢居라 司馬相如傳에 族擧遞奏라하니 漢書에 擧作居하고 書大傳에 民能敬長憐孤하고 取舍好讓하며 擧事力者라하니 韓詩外傳에 擧作居라

楊倞注 : '錯'는 '置(두다)'자의 뜻이다. '居錯'는 편안하게 처해 있다는 뜻이다. '錯'의 음은 千과 故의 反切이다.

○ 王念孫 : '居'는 '擧'로 간주해 읽는다. 말을 진행하거나 중단하거나 화두를 바꿀 적에

48) 居錯 : 어휘를 논리적으로 구사한다는 뜻의 '措辭'와 같다.

모두 임기응변하여 막히지 않는다는 것을 말한 것이다. 〈王制篇〉에 "擧錯應變而不窮(조치를 취하는 것이 변화에 따라 상응하여 막히지 않는다.)"이라고 하고, 〈君道篇〉에 "與之擧錯遷移 而觀其能應變也(그에게 위아래로 오가고 이리저리 옮겨가는 기회를 제공하여 각종 변화에 대응할 수 있는가를 살펴본다.)"라고 하고, 〈禮論篇〉에 "將擧錯之 遷徙之(장차 죽은 자를 안치하고 죽은 자를 옮기기 위해서이다.)"라고 하였으니, 이것들이 모두 그 증거이다. '擧'와 '居'는 옛 글자에 통용하였다. ≪史記≫ 〈越世家〉에 "陶朱公約要父子耕畜廢居 候時轉業(陶朱公이 아비와 자식들끼리 약속하고서 농사를 짓고 가축을 기르며 재물을 쌓아두었다가 값이 오를 때를 기다려 내다 팔았다.)"이라고 하고, 〈仲尼弟子傳〉에 "子貢好廢擧 與時轉貨貲(子貢이 물건이 쌀 때 사들이고 비쌀 때 팔기를 좋아하였는데 시가의 동향을 살펴가며 매매하였다.)"라고 하였으니, '廢擧'는 곧 '廢居'이다. 〈司馬相如傳〉에 "族擧遞奏(여러 악기가 연주되고 순차적으로 노래하였다.)"라 했는데 ≪漢書≫에는 '擧'가 '居'로 되어 있고, ≪尙書大傳≫에 "民能敬長憐孤 取舍好讓 擧事力者(백성 중에 능히 어른을 존경하고 외로운 자를 동정하며 취사선택하는 과정에 양보하길 좋아하고 일을 행할 때 온 힘을 다하는 자가 있으면)"라 했는데 ≪韓詩外傳≫에는 '擧'가 '居'로 되어 있다.

## 5-110 是聖人之辯者也라 先慮之하고 早謀之하고 斯須之言而足聽하며

곧 성인 방식의 논변이다. 미리 생각하고 일찍부터 계획하고 잠깐 동안 하는 말도 족히 들을 만하며,

斯須發言이라도 已可聽也라

楊倞注 : 잠깐 동안 하는 말이라도 들을 만하다는 것이다.

## 5-111 文而致實하고 博而黨正이 是士君子之辯者也라

조리가 있으면서도 진실하고 범위가 넓으면서도 올바른 것이 곧 사군자 방식의 논변이다.

文은 謂辯說之詞也라 致는 至也라 黨은 與讜同이니 謂直言也라 凡辯則失於虛詐하고 博則失於流蕩이라 故致實黨正爲重也라 ○ 郝懿行曰 致는 緻(치)요 黨은 讜이니 竝古今字라 讜言卽昌言이니 謂善言也라 此明士君子之辯은 文而緻密堅實하고 博而昌明雅正하니 斯辯之善者也라 王念孫曰 致는 讀爲質이라① 質은 信也니② 謂信實

也라 致實與黨正對文이라③ 楊注失之라

① 襄三十年左傳에 用兩珪質于河라하니 釋文에 質은 如字라 又音致라하고 昭十六年에 與蠻子之無質也라하니 釋文에 質은 之實反이라 或音致라하니라 淮南要略에 約重致하고 剖信符라하니 重致卽重質이라 質致古同聲이라 故字亦相通하니 說見唐韻正이라

≪春秋左氏傳≫ 襄公 30년에 "用兩珪質于河(두 개의 玉珪를 황하의 물속에 가라앉혀 성의를 표시하였다.)"라고 하였는데, ≪釋文≫에 "'質'은 如字이니, 〈본음인 入聲으로 읽는다.〉 또 다른 음은 致이다."라고 하고, 昭公 16년에 "與蠻子之無質也(蠻子가 신의가 없다.)"라고 하였는데, ≪釋文≫에 "'質'의 음은 之와 實의 反切이다. 간혹 음을 致라 하기도 한다."라고 하였다. ≪淮南子≫ 〈要略〉에 "約重致 剖信符(신의를 중시할 것을 맹약하고 부절을 나눠 가졌다.)"라고 하였는데, '重致'는 곧 '重質'이다. '質'과 '致'는 옛날에 음이 같았으므로 글자도 서로 통용하였다. 이에 관한 설명은 ≪唐韻正≫에 보인다.

② 見昭十六年二十年左傳注와 魯語晉語注라

≪春秋左氏傳≫의 昭公 16년과 20년 注와, ≪國語≫ 〈魯語〉와 〈晉語〉 注에 보인다.

③ 楊注에 黨은 與讜同이니 謂直言也라하니라

楊氏의 주에 "'黨'은 '讜'과 같으니, 곧은 말을 이른다."라고 하였다.

楊倞注 : '文'은 달변을 구사하는 어휘를 이른다. '致'는 '至(지극하다)'의 뜻이다. '黨'은 '讜'과 같으니, 곧은 말을 이른다. 일반적으로 말이 유려하면 거짓말하는 잘못이 생기고, 범위가 넓으면 줏대 없이 지껄이는 잘못이 생긴다. 그러므로 진실되고 곧은 것이 중요하다.

○ 郝懿行 : '致'는 '緻(촘촘하다)'자이고, '黨'은 '讜'자이니 모두 고금의 시대에 따라 달리 쓰는 글자이다. '讜言'은 곧 '昌言'이니 훌륭한 말을 이른다. 여기서는 사군자 방식의 논변은 조리가 있으면서도 치밀하고 견실하며, 범위가 넓으면서도 뜻이 분명하고 모범적이라는 것을 밝힌 것이니, 이는 논변을 잘한 경우이다.

王念孫 : '致'는 '質'로 간주해 읽는다. '質'은 '信'과 같으니, 신의가 있고 진실한 것을 이른다. '致實'과 '黨正'은 대구이다. 楊氏의 주는 잘못되었다.

5-112 聽其言則辭辯而無統하고

그 하는 말을 들어보면 말이야 유창하지만 체계가 없고

無根本也라

楊倞注 : 근본이 없다는 것이다.

5-113 **用其身則多詐而無功**하여 **上不足以順明王**하고 **下不足以和齊百姓**하니 **然而口舌之均**하고 **噡唯則節**하여

그를 임용하여 일을 시켜보면 속임수가 많아 어떤 성과도 없어, 위로는 현명한 군주를 따라 섬기지 못하고 아래로는 백성들을 화합시키지 못하지만, 그러면서도 말이 조화를 이루고 긴 말이건 짧은 말이건 법도에 들어맞아

蓋謂騁其口舌之辯也라 噡唯則節四字未詳이라 或剩少錯誤耳라 ○ 盧文弨曰 正文의 均은 宋本作於라 郝懿行曰 均은 當依宋本作於라 噡唯는 猶唯諾也라 節은 謂節制之也라 凡與人言에 然諾不欺하니 此蓋游俠之流 盜名於世라 故曰 姦人之雄이라 聖王起면 所以先誅也라하니라 兪樾曰 之는 猶則也라 僖九年左傳曰 東略之不知나 西則否矣라하고 晉語曰 華則榮矣나 實之不知라하니 之도 亦則也라 互文耳니 說本王氏釋詞라 口舌之均과 噡唯則節이 相對成文이라 詩皇皇者華篇毛傳曰 均은 調也라하니라 言雖上不足以順明主하고 下不足以和齊百姓이나 然而口舌則調均하고 噡唯則中節이라 故下文云 足以爲奇偉偃卻之屬也라하니라 噡字는 疑諾字之誤라 凡從言之字는 亦得從口하니 如詠之爲咏하고 讀之爲嘖이 是也라 俗書諾字 或作喏하니 因誤爲噡矣라 先謙案 說文에 詹은 多言也라하고 莊子齊物論에 小言詹詹이라하니 釋文引李頤注 詹詹은 小辯之貌라하니라 俗加言作譫이라 衆經音義十二引埤蒼云 譫은 多言也라하니 從言之字或從口라 故譫又爲噡矣라 噡唯則節者는 或辯或唯 皆中其節也라 義自分明하니 不煩改字라 郝說尤非라

楊倞注 : 이는 입으로 말재주를 부리는 것을 이른다. '噡唯則節' 네 글자는 그 뜻을 알 수 없다. 어쩌면 글자가 남거나 모자라는 착오가 있을 것이다.

○ 盧文弨 : 본문의 '均'은 宋本에 '於'로 되어 있다.

郝懿行 : '均'은 마땅히 宋本을 따라 '於'가 되어야 한다. '噡唯'는 응답이란 뜻의 '唯諾'과 같다. '節'은 그것을 절제하는 것을 이른다. 대체로 다른 사람과 말할 적에 한번 그렇게 하겠다고 허락한 것은 속이지 않으니, 이는 협객의 부류로서 세상에 이름을 훔치는 행위이다. 그러므로 "간사한 사람 가운데 우두머리라고 말할 수 있다. 성군이 한번 일어난다면 맨 먼저 주벌할 대상이다."라고 말한 것이다.

兪樾 : '之'는 '則'과 같다. ≪春秋左氏傳≫ 僖公 9년에 "東略之不知 西則否矣(동쪽을 침략하는 것은 혹시 그럴지 모르나, 서쪽을 침략한다는 것은 그럴 수 없다.)"라고 하고, ≪國語≫〈晉語〉에 "華則榮矣 實之不知(겉모습은 말쑥하나 내실이 어떤지는 모르겠다.)"라고 하였으니, '之'자 또한 '則'자이다. 이는 互文일 뿐이니, 이에 관한 설명은 王引之의 ≪經傳釋詞≫에 보인다. '口舌之均'과 '噡唯則節'은 짝을 맞춰 글을 이룬 것이다. ≪詩經≫〈皇皇者華篇〉의 ≪毛傳≫에 "'均'은 '調(고르다)'자의 뜻이다."라고 하였다. 여기에서 "위로는 비록 현명한 군주를 따라 섬기지 못하고 아래로는 백성들을 화합시키지 못하지만, 그러면서도 말이 조화를 이루고 긴 말이건 짧은 말이건 법도에 들어맞는다."고 말했기 때문에, 아래 글에 "충분히 스스로 과장되고 교만한 태도를 연출하는 무리이다."라고 말한 것이다. '噡'자는 아마도 '諾'자가 잘못된 듯하다. 일반적으로 '言'이 붙는 글자는 '口'가 붙기도 하니, 이를테면 '詠'이 '咏'으로 되고, '讀'이 '嘖'으로 되는 경우가 그렇다. 통속적인 서체에서 '諾'자를 간혹 '喏'으로 쓰기도 하니, 이 때문에 잘못되어 '噡'이 되었을 것이다.

先謙案 : ≪說文解字≫에 "'詹'은 말이 많다는 뜻이다."라고 하고, ≪莊子≫〈齊物論〉에 "小言詹詹(하찮은 말은 잔소리가 끝이 없다.)"이라고 하였는데, ≪經典釋文≫에서 李頤의 말을 인용한 주에 "'詹詹'은 잔소리를 하는 모양이다."라고 하였다. 세속에서는 '詹'에 '言'을 붙여 '譫'으로 쓴다. ≪衆經音義≫ 권12에 ≪埤蒼≫을 인용하여 "'譫'은 말이 많다는 뜻이다."라고 하였으니, '言'이 붙는 글자가 간혹 '口'가 붙기도 한다. 그러므로 '譫'이 또 '噡'이 되기도 하는 것이다. '噡唯則節'이란 잔소리를 늘어놓거나 혹은 간단하게 말하거나 간에 모두 법도에 들어맞는다는 것이다. 그 뜻이 본디 분명하니 글자를 일부러 고칠 필요가 없다. 郝氏의 설은 더욱 틀렸다.

## 5-114 足以爲奇偉偃卻之屬은

충분히 스스로 과장되고 교만한 태도를 연출하는 무리는

奇偉는 誇大也라 偃卻은 猶偃仰이니 即偃蹇也라 言姦雄口辯은 適足以自誇大偃蹇而已라

楊倞注 : '奇偉'는 과장이라는 뜻이다. '偃卻'은 '偃仰'과 같으니, 곧 거만하다는 뜻이다. 간웅의 유창한 언변은 그저 자기를 과장하고 거만을 부릴 정도일 뿐이라는 것을 말한 것이다.

**5-115 夫是之謂姦人之雄**이라 **聖王起**면 **所以先誅也**니 **然後盜賊次之**라 **盜賊得變**이나 **此不得變也**라

곧 간사한 사람 가운데 우두머리라고 말할 수 있다. 성군이 한번 일어난다면 맨 먼저 주벌할 대상이니, 그 다음에 도적이 해당된다. 도적은 〈새사람으로〉 변화시킬 수 있으나 이런 사람은 변화시킬 수 없다.

變은 謂敎之使自新也라

楊倞注 : '變'은 가르쳐서 스스로 새사람이 되게 하는 것을 이른다.

【附錄】

# ≪荀子≫ 관련 원전자료 목록

1. 白文(注解가 없는 원문)

- ≪荀子≫, 20권, 明 許宗魯의 明 嘉靖 6년(1527) 樊川別業≪六子書≫ 판각본.
- ≪荀子≫, 3권, 明 謝其盛의 明 萬曆 6년(1578) 吉藩崇德書院≪二十家子書≫ 판각본.
- ≪荀子≫, 20권, 明 吳勉學의 明 萬曆 연간 新安吳勉學≪二十子≫ 판각본.
- ≪荀子≫, 3권, 淸 光緖 원년(1875) 湖北崇文書所≪子書百家≫ 판각본.

2. 注解

- ≪荀子註≫, 20권, 唐 楊倞 撰, 宋 熙寧 원년(1068) 판각본.
- ≪纂圖分門類題註荀子≫, 20권, 宋 劉旦撰, 宋 紹興 연간 建陽書坊 판각본.
- ≪纂圖互註荀子≫, 20권, 宋 龔士卨 撰, 宋 景定 원년(1260) ≪六子全書≫ 판각본.
- ≪校刻楊注荀子≫, 30권 2책, 明 顧春 撰, 明 嘉靖 12년(1533) 世德堂≪六子全書≫ 판각본.
- ≪荀子註訂正≫, 明 虞九章・王震亨 撰, 明 萬曆 연간 판각본.
- ≪荀子批點≫, 20권, 성명미상 撰, 明 판각본.
- ≪荀子評點≫, 4권, 明 孫鑛・鍾惺 撰, 明 天啓 연간 ≪六子全書≫ 판각본.
- ≪荀子箋釋≫, 20권, 淸 謝墉 撰, 淸 乾隆 55년(1790) ≪抱經堂叢書≫ 판각본.
- ≪荀子箋釋≫, 10권, 淸 嘉慶 9년(1804) 姑蘇聚文堂≪十子≫ 판각본.
- ≪荀子箋釋≫, 20권, 民國 19년(1930) 上海中華書局≪袖珍古書讀本≫ 활자본.
- ≪荀子集解≫, 20권, 淸 王先謙 撰, 淸 光緖 17년(1891) 판각본.
- ≪荀子集解≫, 20권, 民國 25년(1936) 上海世界書局≪諸子集成≫ 판각본.

- ≪荀子集解≫, 20권 2책, 1988년 中華書局 활자본.
- ≪荀子點勘≫, 20권, 淸 吳汝綸 撰, 淸 宣統 6년(1915) 衍星社 활자본.
- ≪荀子簡釋≫, 20권, 梁啓雄 撰, 民國 45년(1956) 古籍出版社 활자본.
- ≪荀子簡註≫, 32권, 章詩同 撰, 民國 66년(1977) 활자본.

3. 節本

- ≪荀子類纂≫, 1권, 明 沈律 撰, 明 隆慶 원년(1567) 含山縣儒學 판각본.
- ≪荀子品節≫, 2권, 明 陳深 撰, 明 萬曆 19년(1591) ≪諸子品節≫ 판각본.
- ≪荀子品彙釋評≫, 明 焦竑・翁正春・朱之蕃 等 撰, 明 萬曆 44년(1616) ≪十九子品彙釋評≫ 판각본.
- ≪荀子玄言評苑≫, 明 陸可教・李廷機 等 撰, 明 光裕堂≪諸子玄言評苑≫ 판각본.
- ≪荀子彙函≫, 1권, 明 歸有光・文震孟 等 撰, 明 天啓 5년(1625) 達古堂≪諸子彙函≫ 판각본.
- ≪刪定荀子≫, 淸 方苞 撰, 淸 乾隆 원년(1736) ≪抗希堂十六種≫ 판각본.
- ≪荀子節錄≫, 唐 馬總 撰, 淸 乾隆 39년(1774) ≪武英殿聚珍叢書≫ 판각본.
- ≪荀子述記≫, 淸 任兆麟 撰, 淸 乾隆 52년(1787) 遂古堂刊≪述記≫ 판각본.
- ≪荀子述記≫, 淸 光緖 10년(1884) 閒雲精舍 판각본.
- ≪荀子治要≫, 唐 魏徵 撰, 日本 天明 7년(1787) 尾張國 교감본.
- ≪荀子治要≫, 日本 昭和 16년(1941) 宮內省 활자본.
- ≪荀子選≫, 2권, 淸 張道緖 撰, 淸 嘉慶 16년(1811) 人境軒≪諸子文萃≫ 판각본.
- ≪荀子著書≫, 淸 馬驌 撰, 淸 同治 7년(1868) 姑蘇亦西齋 판각본.
- ≪荀子文粹≫, 5권, 淸 李寶洤 撰, 民國 6년(1917) 활자본.
- ≪荀子菁華錄≫, 1권 張之純 撰, 民國 7년(1918) 활자본.
- ≪荀子選註≫, 葉紹鈞 撰, 民國 19년(1930) 활자본.
- ≪荀子精華≫, 民國 25년(1936) 활자본.
- ≪白話譯解荀子≫, 葉玉麟 撰, 民國 36년(1947) 활자본.
- ≪荀子讀本≫, 譚正璧 撰, 民國 38년(1949) 활자본.

- ≪荀子選≫, 方孝博 撰, 民國 48년(1959) 활자본.
- ≪荀子譯註≫, 吳則虞 撰, 民國 53년(1964) 활자본.

4. 札記

- ≪荀子補註≫, 1권, 淸 劉台拱 撰, 淸 嘉慶 11년(1806) 揚州 阮常生≪劉端臨先生遺書≫ 판각본.
- ≪荀子補註≫, 淸 光緖 15년(1889) ≪廣雅書局≫ 판각본.
- ≪荀子補註≫, 淸 郝懿行 撰, 淸 嘉慶 연간 ≪齊魯先喆遺書≫ 판각본.
- ≪荀子叢錄≫, 淸 洪頤煊 撰, 淸 道光 2년(1822) ≪讀書叢錄≫ 판각본.
- ≪荀子雜志≫, 9권, 淸 王念孫 撰, 淸 道光 12년(1832) ≪讀書雜誌≫ 판각본.
- ≪荀子存校≫, 淸 王懋竑 撰, 淸 同治 12년(1873) ≪白田草堂續集≫ 판각본.
- ≪荀子札記≫, 淸 朱亦棟 撰, 淸 光緖 4년(1878) ≪群書札記≫ 판각본.
- ≪荀子校正≫, 顧廣圻 撰, 淸 光緖 9년(1883) ≪斠補隅錄≫ 판각본.
- ≪荀子札迻≫, 淸 孫詒讓 撰, 淸 光緖 20년(1894) ≪札迻≫ 판각본.
- ≪荀子詩說≫, 淸 兪樾 撰, 淸 光緖 25년(1899) ≪春在堂全書≫ 판각본.
- ≪荀子考異≫, 宋 錢佃 撰, 淸 光緖 연간 ≪對雨樓叢書≫ 판각본.
- ≪荀子平議≫, 4권, 淸 兪樾 撰, 民國 11년(1922) 念劬堂≪諸子平議≫ 판각본.
- ≪荀子斠補≫, 4권, 劉師培 撰, 民國 25년(1936) 활자본.
- ≪荀子補釋≫, 劉師培 撰, 民國 25년(1936) 활자본.
- ≪荀子詞例擧要≫, 劉師培 撰, 民國 25년(1936) 활자본.
- ≪荀註訂補≫, 鍾泰 撰, 民國 25년(1936) 활자본.
- ≪荀子新證≫, 4권, 于省吾 撰, 民國 27년(1938) 활자본.
- ≪荀子管見≫, 金其源 撰, 民國 37년(1948) 활자본.
- ≪荀子新箋≫, 高亨 撰, 民國 50년(1961) 활자본.
- ≪讀荀子小箋≫, 楊樹達 撰, 民國 51년(1962) 활자본.
- ≪荀子校書≫, 淸 于鬯 撰, 民國 52년(1963) 활자본.
- ≪荀子讀記≫, 嚴靈峰 撰, 民國 66년(1977) 활자본.

5. 기타

- ≪荀子韻讀≫, 清 江有誥 撰, 清 嘉慶 19년(1814) ≪江氏音學十書≫ 판각본.
- ≪荀子性善證≫, 姜忠奎 撰, 民國 9년(1920) 활자본.
- ≪荀子性惡篇平議≫, 馮振 撰, 民國 12년(1923) 활자본.
- ≪荀子學說≫, 胡韞玉 撰, 民國 12년(1923) 활자본.
- ≪荀子正名篇詁釋≫, 劉念親 撰, 民國 13년(1924) 활자본.
- ≪荀子研究≫, 陶師承 撰, 民國 15년(1926) 활자본.
- ≪荀子非十二子篇釋≫, 方光 撰, 民國 17년(1928) 활자본.
- ≪闡荀≫, 陳柱 撰, 民國 24년(1935) 北流陳氏十萬卷樓 판각본.
- ≪荀子學說研究≫, 陳大膺 撰, 民國 25년(1936) 활자본.
- ≪荀子要詮≫, 王遽常 撰, 民國 25년(1936) 활자본.
- ≪荀子評諸子語彙釋≫, 梁啓超 撰, 民國 25년(1936) 활자본.
- ≪荀子正名篇≫, 梁啓超 撰, 民國 25년(1936) 활자본.
- ≪荀子樂論≫, 吉聯抗 撰, 民國 66년(1977) 활자본.

6. 日本漢文著述

- ≪讀荀子≫, 4권, 物雙松 撰, 寶曆 14년(1764) 京師水玉堂 판각본.
- ≪荀子斷≫, 4권, 冢田虎 撰, 寛政 7년(1795) 京師水玉堂 판각본.
- ≪荀子增註≫, 20권, 久保愛 撰, 寛政 8년(1796) 京師水玉堂 판각본.
- ≪荀子遺秉≫, 2권, 桃井盛 撰, 寛政 12년(1800) 京師水玉堂 판각본.
- ≪荀子增註補遺≫, 1권, 豬飼彦博 撰, 寛政 13년(1801) 京師水玉堂 판각본.
- ≪校定荀子箋釋≫, 20권, 朝川鼎 撰, 寛政 13년(1801) 江戶和泉屋 판각본.
- ≪荀子述≫, 1권, 朝川鼎 撰, 昭和 8년(1933) 활자본.
- ≪增評荀子箋釋≫, 21권, 村崗良弼 撰, 明治 17년(1942) 東京報告堂 활자본.
- ≪荀子標註≫, 1권, 帆足萬里 撰, 昭和 2년(1927) 활자본.
- ≪荀子補註≫, 1권, 宇野哲人 撰, 昭和 5년(1930) 활자본.
- ≪荀子略說≫, 1권, 安積信 撰, 昭和 8년(1933) 활자본.

# ≪荀子≫ 연구논문 목록

1. 韓國


• 〈荀子의 心學〉, 成樂薰, 대한철학회, 1964.
• 〈荀子의 性惡說과 自然法思想〉, 權寧百, 고려대학교 아세아문제연구소, 1965.
• 〈荀子의 性惡說과 教育〉, 李學澈, 한국교육학회, 1969.
• 〈순자 정명론과 언어 선제성〉, 김영건, 서강대학교 철학연구소, 1977.
• 〈순자와 한비자의 실용정치〉, 최진규, 서강대학교 철학연구소, 1977.
• 〈순자의 혜시 비판 고찰〉, 김철신, 서강대학교 철학연구소, 1977.
• 〈荀子의 心理說〉, 李義喆, 한국심리학회, 1979.
• 〈荀子小考〉, 宋貞姬, 檀大出版部, 1980.
• 〈荀子「禮」的根據〉, 金炳采, 檀國大學校出版部, 1982.
• 〈荀子의 「天」에 대한 硏究〉, 金炳采, 단국대학교 동양학연구소, 1982.
• 〈荀子人性論의 考察〉, 김동수, 釜山大學校, 1982.
• 〈荀子의 禮治主義에 대한 一考察〉, 崔成哲, 漢陽大學校 出版部, 1983.
• 〈荀子의 性惡說에 對한 精神分析學的 理解〉, 李光濬, 한림대학부설인간과학연구소, 1984.
• 〈荀子의 政治思想에 관한 硏究〉, 李奐九, 群山大學校 現代理念硏究所, 1986.
• 〈荀子의 政治倫理思想〉, 池敎憲, 한국학중앙연구원 출판부, 1986.
• 〈순자사상의 사회 철학적 의미〉, 이기동, 성균관대학교 대동문화연구원, 1987.
• 〈荀子의 政治思想〉, 鄭然植, 趙顯傑, 慶北大學校 社會科學大學, 1987.
• 〈≪荀子≫에 있어서의 心에 관한 小考〉, 엄연석, 서울대학교 철학과, 1988.

• 〈Protagoras와 荀子의 經驗哲學〉, 南相樂, 한국철학회, 1988.
• 〈荀子의 教育思想과 批判〉, 文現相, 國民倫理學會, 1988.
• 〈荀子의 禮의 機能과 그 實行에 對한 相關的 考察〉, 鄭貴和, 경성대학교 인문과학연구소, 1988.
• 〈荀子의 認識理論에 대한 研究〉, 趙賢淑, 儒教學會, 1988.
• 〈現代의 시각에서 본 荀子의 自然法思想〉, 연정렬, 진원, 1988.
• 〈旬子의 諸家批判에 관하여 : 三惑을 中心으로〉, 尹武學, 동양철학연구회, 1989.
• 〈중국사상에 있어서의 사회적 不平等 : 荀子의 禮論을 中心으로〉, 정인재, 한국철학회, 1989.
• 〈荀子의 名學思想 : 〈正名篇〉을 중심으로〉, 李在權, 한국동서철학회, 1991.
• 〈荀子의 經世思想 研究〉, 趙源一, 朴福在, 한국중국문화학회, 1991.
• 〈荀子의 天에 對한 考察〉, 김학권, 국제문화학회, 1991.
• 〈≪荀子 : 樂論≫의 예술사상사적 의미〉, 박낙규, 서울대학교 동아문화연구소, 1992.
• 〈荀子의 心性論〉, 金炳采, 한국동양철학회, 1992.
• 〈荀子의 諸子에 對한 批判〉, 辛昌浩, 聖心外國語專門大學, 1992.
• 〈荀子政治思想에 있어서 '禮'의 機能〉, 張鉉根, 한국정치학회, 1992.
• 〈孟子 · 荀子의 思想 比較에 관한 研究〉, 陳和美, 信興專門大學, 1993.
• 〈맹자와 순자의 경제사상〉, 이승환, 동아대학교대학원, 1993.
• 〈荀子의 法思想〉, 沈在宇, 高麗大學校 法學研究所, 1993.
• 〈荀子의 禮와 그 起源에 關한 研究〉, 朴光得, 영남정치학회, 1993.
• 〈孟子와 荀子의 哲學思想 比較研究〉, 張勝求, 世明大學校 人文社會科學研究所, 1994.
• 〈荀子에 나타난 心理學的 含義〉, 조긍호, 韓國心理學會, 1994.
• 〈荀子에서의 自然과 人間〉, 李先行, 慶北大學校出版部, 1994.
• 〈순자의 名學에 관한 考察〉, 김명석, 서울대 인문대학철학과, 1994.
• 〈순자의 사회사상〉, 고재욱, 檀大出版部, 1994.
• 〈荀子의 '군자'관과 그 교육방안〉, 김태오, 한국교육철학회, 1994.
• 〈荀子의 名學에 관한 考察〉, 金明錫, 서울대학교 철학과, 1994.

- 〈荀子의 化性起僞的 德育思想〉, 朴再柱, 청주교육대학교 초등교육연구소, 1994.
- 〈荀子에 나타난 心理學的 含義〉, 조긍호, 韓國心理學會, 1995.
- 〈荀子와 法家 : 禮·法 관계의 變化를 중심으로〉, 尹武學, 동양철학연구회, 1995.
- 〈荀子와 宋明理學 : 荀子와 朱子와의 비교를 중심으로〉, 이동희, 동양철학연구회, 1995.
- 〈荀子의 孟子 批判〉, 金炳采, 동양철학연구회, 1995.
- 〈荀子의 人間觀〉, 崔道熙, 建國大學校 出版部, 1995.
- 〈荀子의 人性論〉, 成泰鏞, 동양철학연구회, 1995.
- 〈荀子의 人性論과 禮論〉, 趙駿河, 충남대학교 유학연구소, 1995.
- 〈荀子의 正名論〉, 李在權, 동양철학연구회, 1995.
- 〈荀子學術之淵源〉, 辛昌浩, 성심외국어전문대학 외국어교육연구소, 1995.
- 〈荀子와 法家〉, 尹武學, 東洋哲學研究會, 1996.
- 〈荀子와 宋明理學〉, 이동희, 東洋哲學研究會, 1996.
- 〈순자와 한비자의 통치관 비교연구〉, 全世營, 한국국민윤리학회, 1996.
- 〈순자의 정치사상 연구〉, 전세영, 부산교대 초등교육연구소, 1996.
- 〈荀子의 敎育思想〉, 권미숙, 한국정신문화연구원 한국학대학원, 1996.
- 〈荀子의 孟子 批判〉, 金炳采, 東洋哲學研究會, 1996.
- 〈荀子의 禮〉, 李文周, 儒教學會, 1996.
- 〈荀子의 禮敎論〉, 張瀞互, 서울대학교 敎育史學會, 1996.
- 〈荀子의 人性論〉, 成泰鏞, 東洋哲學研究會, 1996.
- 〈荀子의 正名論〉, 李在權, 東洋哲學研究會, 1996.
- 〈순자의 정치사상연구 : 통치론을 중심으로〉, 全世營, 한국정치학회, 1996.
- 〈技術과 技術人에 대한 荀子의 생각〉, 노태천, 대한공업교육학회, 1997.
- 〈墨子 〈非樂〉과 荀子의 〈駁非樂〉〉, 呂基鉉, 반교어문학회, 1997.
- 〈先秦儒學의 根本問題와 傳承關係에 관한 考察〉, 李相殷, 동양철학연구회, 1997.
- 〈星湖 李瀷의 人間觀과 政治改革論〉, 원재린, 延世大學校 史學研究會, 1997.
- 〈荀子 禮의 性格에 관한 고찰〉, 이상진, 연세대학교 대학원 철학과, 1997.
- 〈荀子의 君子論에 대한 연구〉, 정귀화, 부산정치학회, 1997.

- 〈荀子의 '美'에 관한 小考〉, 金哲運, 강원대학교 인문과학연구소, 1997.
- 〈荀子의 批判意識〉, 李海英, 儒教學會, 1997.
- 〈荀子의 自然觀〉, 안종수, 인제대학교, 1997.
- 〈儒學 教育 方法論의 철학적 기초 : 孔子, 孟子, 荀子에서 朱子로의 전변〉, 申昌鎬, 동양고전학회, 1997.
- 〈孟子, 荀子의 心論과 莊子의 心論 대비 연구〉, 장원태, 서울대학교 철학과, 1998.
- 〈성악설의 흐름 : 묵자·순자·법가 및 노자의 인간관〉, 손영식, 동양고전학회, 1998.
- 〈성악설의 흐름〉, 손영식, 東洋古典學會, 1998.
- 〈荀子 윤리학 체계에서 情개념의 의미와 기능〉, 김명석, 서울대학교 철학과, 1998.
- 〈荀子에 나타난 心理學的 含意4, 修養論을 中心으로〉, 조긍호, 한국심리학회, 1998.
- 〈순자의 禮論 연구〉, 임수무, 대한철학회, 1998.
- 〈荀子의 君主論〉, 조광수, 부산정치학회, 1998.
- 〈荀子의 性說〉, 손세제, 천지, 1998.
- 〈≪荀子≫ 〈勸學〉篇 연구〉, 양희용, 汎韓哲學會, 1999.
- 〈荀子 도덕철학의 특성과 문제점 : 化性起僞에서 心의 역할을 중심으로〉, 황갑연, 한국양명학회, 1999.
- 〈荀子 도덕철학의 특성과 문제점〉, 황갑연, 韓國陽明學會, 1999.
- 〈荀子의 經濟思想〉, 安明子, 중앙사학연구회, 1999.
- 〈荀子의 德育觀과 그 현대적 의의〉, 조현규, 한국교육철학회, 1999.
- 〈순자의 역사의식과 전통의식〉, 金哲運, 고려대학교 중국학연구소, 1999.
- 〈荀子의 慾望論〉, 李和種, 고려대학교 중국학연구소, 1999.
- 〈荀子哲學思想의 展開過程에 나타난 方法論的 特徵에 관한 硏究〉, 鄭在權, 새한철학회, 1999.
- 〈〈순자의 인간이해와 積僞說〉에 대한 논평〉, 이선행, 대한철학회, 2000.
- 〈동서양의 법 이해 : 칸트의 법과 순자의 예를 중심으로〉, 진희권, 동양사회사상학회, 2000.
- 〈先秦 名辯論과 荀子의 正名論〉, 林秀茂, 대한철학회, 2000.

• 〈순자의 도덕적 동기론〉, 박재주, 淸州敎育大學校, 2000.
• 〈순자의 인간이해와 積僞說〉, 박태옥, 대한철학회, 2000.
• 〈荀子의 道德哲學에 대한 硏究〉, 崔瑛甲, 東洋哲學硏究會, 2000.
• 〈荀子哲學思想의 現代的 照明〉, 沈佑燮, 성균관대학교, 2000.
• 〈맹자의 성선설과 순자의 성악설에 대한 현대적 조명〉, 金起賢, 대한철학회, 2001.
• 〈荀子 心性論에 관한 小考〉, 이장희, 한국공자학회, 2001.
• 〈순자 철학의 이상 사회론〉, 유희성, 사회와철학연구회, 2001.
• 〈荀子에서 欲望의 규제와 보장〉, 김철운, 한국철학회, 2001.
• 〈순자의 '성위합'의 인성론을 통해 본 교육심리이론〉, 노은호, 박인숙, 한국여성교양학회, 2001.
• 〈순자의 악론에 대한 분석적 고찰〉, 이은주, 汎韓哲學會, 2001.
• 〈荀子의 富國論〉, 김철운, 한국동양철학회, 2001.
• 〈荀子의 禮論 考察〉, 이용형, 조선대학교 학생생활연구소, 2001.
• 〈荀子哲學의 理想社會〉, 柳熙星, 서강대학교 동아연구소, 2001.
• 〈맹자의 성선설과 순자의 성악설에 대한 현대적 조명〉, 金起賢, 대한철학회, 2001.
• 〈칸트와 순자 : 자율성 개념을 중심으로〉, 이장희, 한국철학사상연구회, 2001.
• 〈순자 철학에서의 자연과 인간의 이분법〉, 이종성, 한국동서철학회, 2002.
• 〈荀子의 '心'論〉, 박천익, 새한철학회, 2002.
• 〈荀子의 天人關係 연구〉, 조원일, 한국동서철학회, 2002.
• 〈荀子哲學思想의 現代的 照明〉, 沈佑燮, 성균관대학교 유교문화연구소, 2002.
• 〈유가의 자연법사상 : 先秦의 孔子・孟子・荀子를 중심으로〉, 조천수, 한국법철학회, 2002.
• 〈인간의 자연성과 사회성 : 순자철학을 중심으로〉, 천병돈, 한국동서철학회, 2002.
• 〈중국철학사의 순자평가에 대한 연구〉, 이장희, 한국동서철학회, 2002.
• 〈≪荀子≫'以'字用法硏究〉, 여병창, 중국어문학연구회, 2003.
• 〈≪荀子≫中 第1人稱代詞의 比較分析〉, 金大煥, 중국어문학회, 2003.
• 〈≪荀子≫韻讀補正〉, 呂炳昌, 학고방, 2003.
• 〈荀子에서의 자연과 인간의 통일〉, 尹武學, 東洋哲學硏究會, 2003.

•〈孟子・荀子의 心論 硏究〉, 유성선, 강원대학교 인문과학연구소, 2004.

•〈筍子의 인간이해와 수양론〉, 장덕희, 한국교육사학회, 2004.

•〈순자 음악론에 나타난 음악의 의의와 작용〉, 조정은, 서울대학교 동아문화연구소, 2004.

•〈순자의 권위적 경험주의의 도그마〉, 정용환, 대동철학회, 2004.

•〈순자의 예치와 한비자의 법치〉, 진희권, 한국법철학회, 2004.

•〈荀子의 欲望論〉, 서종호, 釜山大學校 韓國民族文化硏究所, 2004.

•〈순자철학과 공동체주의〉, 유희성, 한국양명학회, 2004.

•〈禮治具現을 위한 荀子의 철학적 指向〉, 김학권, 汎韓哲學會, 2004.

•〈순자 性惡說의 의미〉, 이장희, 사회와철학연구회, 2005.

•〈순자의 인성론에 대한 한 해석〉, 김성동, 大同哲學會, 2005.

•〈荀子의 禮法思想의 現代的 意義〉, 李源穆, 동양철학연구회, 2005.

•〈순자의 인성론에 대한 한 해석〉, 김성동, 대동철학회, 2005.

•〈荀子의 自然哲學思想 探索〉, 趙源一, 한국중국문화학회, 2005.

•〈荀子의 政治思想에 관한 小考〉, 安秉喆, 동양철학연구회, 2005.

•〈荀子의 哲學精神〉, 김학권, 원광대학교 인문학연구소, 2005.

•〈프로타고라스와 순자에서 윤리의 문제〉, 김성동, 중국학연구회, 2005.

•〈올바른 인식을 위한 荀子의 提言〉, 최정묵, 대동철학회, 2006.

•〈주자 도덕교육론의 구도 : 맹자・순자・양웅과의 비교〉, 김철호, 동양철학연구회, 2006.

•〈≪순자≫에서 자연과 규범의 분리와 통합〉, 엄연석, 연세대학교 국학연구원, 2007.

•〈순자와 한비자의 실용정치〉, 최진규, 서강대 철학연구소, 2007.

•〈리바이어던의 正名 : 홉스와 荀子에서 국가 권력과 언어주체〉, 남경희, 한국동서철학회, 2008.

•〈맹자의 '寡欲'설에서 순자의 '養欲'설까지〉, 이해영, 노덕빈, 퇴계학연구원, 2008.

•〈先秦儒學의 根本問題와 傳承關係에 관한 考察〉, 李相殷, 동양철학연구회, 2008.

•〈荀子에서의 자연과 인간의 통일 : 先行 儒家・墨家와의 비교를〉, 尹武學, 동양철학연구회, 2008.

•〈荀子와 孟子〉, 金炳采, 동양철학연구회, 2008.

- 〈荀子와 法家〉, 尹武學, 동양철학연구회, 2008.
- 〈荀子와 宋明理學〉, 이동희, 동양철학연구회, 2008.
- 〈荀子의 道德哲學에 대한 研究 - 人性論을 中心으로〉, 李時溫, 동양철학연구회, 2008.
- 〈荀子의 人性論〉, 成泰鏞, 동양철학연구회, 2008.
- 〈荀子의 正名論〉, 李在權, 동양철학연구회, 2008.
- 〈荀子의 諸家批判에 관하여 - 三惑을 중심으로〉, 尹武學, 동양철학연구회, 2008.
- 〈≪순자≫에 나타난 통치자의 특성〉, 이희주, 한국동양정치사상사학회, 2009.
- 〈≪莊子≫의 '自然'과 ≪荀子≫의 '性僞之分'〉, 李承律, 연세대학교 국학연구원, 2009.
- 〈순자의 경세사상과 군자론 : 탈현대적 경영자상의 탐색〉, 박상철, 한국국제경영관리학회, 2009.
- 〈荀子의 心性說에 관한 연구〉, 안영석, 영남대학교 민족문화연구소, 2009.
- 〈순자의 類와 수양론〉, 정단비, 서울대학교 철학과, 2009.
- 〈순자의 인식론 - 모종삼의 견해를 중심으로〉, 유희성, 동양철학연구회, 2009.
- 〈人間本性과 그 涵養 : 孟子와 荀子를 중심으로〉, 박재문, 한국도덕교육학회, 2009.
- 〈조선조에서의 先秦 諸子學 수용 양상〉, 尹武學, 한국철학사연구회, 2009.
- 〈리더십 관점에서 본 맹자와 순자〉, 전병술, 한국양명학회, 2010.
- 〈荀子 正名論의 비트겐슈타인적 이해〉, 남경희, 한국철학회, 2010.
- 〈순자의 인간본성론에 관한 소고〉, 강지연, 대한철학회, 2010.
- 〈荀子의 政治思想 研究〉, 趙源一, 중국인문학회, 2010.
- 〈荀子철학의 정치적인 것에 대한 아렌트적 해석〉, 안효성, 한국외국어대학교 철학과문화연구소, 2010.
- 〈욕망 조절을 위한 순자의 사회규범론〉, 黃鎬植, 고려대학교 중국학연구소, 2010.
- 〈≪荀子≫ 〈天論〉편의 天人分離論 연구〉, 이승률, 연세대학교 국학연구원, 2011.
- 〈孔孟에서 荀子까지 : 법률의 도덕 합법성과 그 證正〉, 路德斌, 김은경, 안동대학교 퇴계학연구소, 2011.
- 〈맹자와 순자 사상의 결정적 차이〉, 신정근, 동양철학연구회, 2011.
- 〈荀子에서의 義, 理, 그리고 尊〉, 김도일, 한국동양철학회, 2011.

- 〈荀子의 天思想에 나타난 생태 교육적 의미〉, 이성순, 인하대학교 교육연구소, 2011.
- 〈荀子 性惡說의 윤리교육적 함의〉, 김상래, 東洋古典學會, 2011.
- 〈순자 인성론의 도덕교육적 의미와 한계〉, 장승희, 한국초등도덕교육학회, 2011.
- 〈순자의 도덕적 인간관〉, 민황기, 한국동서철학회, 2011.
- 〈荀子의 義利論과 경제윤리〉, 박영진, 한국윤리학회, 2011.
- 〈자연적 情과 당위적 情 : 荀子의 性情論에 대한 小考〉, 정재상, 한국동양철학회, 2011.
- 〈≪荀子≫에서 禮와 평등〉, 고은강, 경희대학교 국제지역연구원, 2012.
- 〈先秦 儒家 禮法觀의 종합자 : 荀子의 禮法觀〉, 박동인, 퇴계학연구원, 2012.
- 〈荀子의 자연관과 인간이해〉, 최영찬, 대한철학회, 2012.
- 〈荀子 禮論 研究 : 天人觀에 비추어 본 禮의 教育的 含意〉, 박상진, 교육사학회, 2012.
- 〈荀子의 수양론 연구〉, 윤지원, 동양사회사상학회, 2012.
- 〈순자의 도덕철학에서 天의 의미와 역할〉, 정재현, 한서대학교 동양고전연구소, 2012.
- 〈순자의 심미의식 고찰 : 예론을 중심으로〉, 심현섭, 동양철학연구회, 2012.
- 〈순자의 예악화성론에 관한 연구〉, 남상호, 한국양명학회, 2012.
- 〈荀子의 指導者論〉, 윤무학, 동양철학연구회, 2012.
- 〈순자의 후천적 도덕성과 심의 작용〉, 정영수, 범한철학회, 2012.
- 〈惡에 대한 이해와 교육의 필요성 : 순자와 한나 아렌트의 사유를 중심으로〉, 전선숙, 김영훈, 신창호, 동양고전학회, 2012.
- 〈儒家의 尊과 辭讓 : ≪荀子≫를 중심으로〉, 김도일, 한국동양철학회, 2012.
- 〈인간은 악한 존재인가? - 순자 성악설을 중심으로〉, 정영수, 2012.
- 〈성인 : 修身의 모델 - 순자의 성인 개념을 중심으로〉, 정영수, 전남대학교 인문학연구소, 2013.
- 〈荀子의 예절론1〉, 황인용, 문예운동사, 2013.
- 〈荀子 感情論 계보 연구〉, 강지연, 대한철학회, 2013.
- 〈荀子 인성론에서의 欲의 의미와 윤리적 함의〉, 김상래, 한국동서철학회, 2013.
- 〈순자와 주자 도덕의식 구조의 유사성 - 心論과 工夫論을 중심으로 -〉, 황갑연, 충남대학교 유학연구소, 2013.

• 〈荀子의 聖人論研究〉, 趙源一, 중국인문학회, 2013.
• 〈荀子의 言語觀〉, 김성수, 우리말글학회, 2013.
• 〈욕망〔欲〕과 氣 개념으로 접근하는 ≪순자≫와 ≪여씨춘추≫의 음악론〉, 조정은, 한국동양철학회, 2013.
• 〈韓國의 ≪荀子≫受容樣相에 對한 研究〉, 申斗煥, 한국한문고전학회, 2013.
• 〈≪荀子≫에서 수행성과 禮에 관한 일고찰〉, 고은강, 한서대학교 동양고전연구소, 2014.
• 〈唐宋 문인학자의 荀子에 대한 평가 및 조선시대 순자 수용 연구〉, 이경근, 한림대학교 태동고전연구소, 2014.
• 〈荀子 윤리학의 이성주의적 특성〉, 강지연, 한서대학교 동양고전연구소, 2014.
• 〈荀子論人性與禮法〉, 黃曉紅, 한국초등도덕교육학회, 2014.
• 〈荀子의 經世思想 研究〉, 조원일, 한국중국문화학회, 2014.
• 〈순자의 이단화와 권학론〉, 정세근, 범한철학회, 2014.
• 〈≪荀子≫에서 본 '情'의 의미〉, 강지연, 한서대학교 동양고전연구소, 2015.
• 〈荀子性惡論的四重辨析〉, 魏義霞, 成均館大學校 儒教文化研究所, 2015.
• 〈荀子의 性惡說과 教育〉, 李學澈, 한국교육학회, 2015.
• 〈유가적 도덕 이론의 두 유형 : 맹자와 순자〉 이장희, 한국칸트학회, 2015.
• 〈조선시대의 순자 이해와 수용〉, 정재상, 연세대학교 국학연구원, 2015.

2. 中國(2000년 이후 학위논문)

• 〈≪荀子≫思想政治教育環境理論研究〉, 彭歲楓, 首都師範大學, 碩士, 2000.
• 〈論荀子的禮學思想〉, 李傑, 中共中央黨校, 碩士, 2000.
• 〈孟子荀子政治哲學比較研究〉, 萬紹和, 湘潭大學, 碩士, 2000.
• 〈荀子性惡論人學與美學〉, 王偉, 鄭州大學, 碩士, 2000.
• 〈≪荀子≫句式考察〉, 于峻嶸, 安徽大學, 碩士, 2001.
• 〈≪荀子≫楊倞注訓詁說略〉, 霍生玉, 湖南師範大學, 碩士, 2001.
• 〈論荀子"性惡"倫理觀的理論特色及社會影響〉, 可凌瑋, 東北師範大學, 碩士, 2002.
• 〈先秦荀子的富國論〉, 張宇, 東北財經大學, 碩士, 2002.

•〈荀子詩說研究〉, 余全介, 安徽大學, 碩士, 2002.

•〈荀子的人性論與人格教育心理思想探析〉, 李雅琴, 陝西師範大學, 碩士, 2002.

•〈≪孟子≫≪荀子≫比較句研究〉, 趙君, 河北師範大學, 碩士, 2003.

•〈≪荀子≫動詞語法研究〉, 于正安, 西南師範大學, 碩士, 2003.

•〈禮學重構中的荀子性惡論文藝觀〉, 袁世傑, 蘇州大學, 博士, 2003.

•〈荀子, 王充思想比較研究〉, 柳素平, 河南大學, 碩士, 2003.

•〈荀子≪樂論≫的美學思想〉, 張源旺, 揚州大學, 碩士, 2003.

•〈荀子管理心理思想研究〉, 李寶勇, 山東師範大學, 碩士, 2003.

•〈荀子法律思想研究〉, 周梅, 安徽大學, 碩士, 2003.

•〈荀子的政治思想〉, 李艷嬌, 遼寧師範大學, 碩士, 2003.

•〈≪荀子≫介詞研究〉, 王靜, 新疆大學, 碩士, 2004.

•〈≪荀子≫單音節動詞同義詞研究〉, 周娟, 四川大學, 碩士, 2004.

•〈≪荀子≫連詞研究〉, 欒建珊, 新疆大學, 碩士, 2004.

•〈君子之道的外化歷程 - 荀子理想人格的現世功用〉, 王曉寧, 東北師範大學, 碩士, 2004.

•〈禮法同行天下治 - 荀子禮法思想研究〉, 房登科, 揚州大學, 碩士, 2004.

•〈荀子"敬一情二"思想新議〉, 姜紅, 東北師範大學, 碩士, 2004.

•〈荀子禮論研究〉, 喬安水, 華東師範大學, 博士, 2004.

•〈≪荀子≫句型研究〉, 歐陽戎元, 新疆大學, 碩士, 2005.

•〈≪荀子≫反義詞研究〉, 于江, 西北師範大學, 碩士, 2005.

•〈≪荀子≫詞彙研究〉, 魯六, 山東大學, 博士, 2005.

•〈≪荀子集解≫訓詁商榷〉, 王前, 新疆師範大學, 碩士, 2005.

•〈禮之"文"化 - 論荀子"文"的美學思想〉, 朱建鋒, 鄭州大學, 碩士, 2005.

•〈論荀子的"禮法"法思想及其現實意義〉, 胡偉, 雲南師範大學, 碩士, 2005.

•〈論荀子的教化思想〉, 程賽傑, 南昌大學, 碩士, 2005.

•〈論荀子的文藝思想〉, 洪永穩, 安徽大學, 碩士, 2005.

•〈孟子荀子德育思想比較研究〉, 王娟, 武漢大學, 碩士, 2005.

•〈明分之道 - 從荀子看儒家文化與民主政道融通的可能性〉, 儲昭華, 武漢大學, 博士, 2005.

- 〈荀子"分"論〉, 王向東, 河南大學, 碩士, 2005.
- 〈荀子"爲學"思想研究〉, 王光輝, 湘潭大學, 碩士, 2005.
- 〈荀子文學思想及影響研究〉, 王小平, 華中科技大學, 碩士, 2005.
- 〈荀子復音詞研究〉, 盧春紅, 遼寧師範大學, 碩士, 2005.
- 〈荀子學派屬性述評〉, 王旭, 東北師範大學, 碩士, 2005.
- 〈≪荀子≫單音節反義詞研究〉, 李永芳, 吉林大學, 碩士, 2006.
- 〈≪荀子≫名詞同義詞重點辨析〉, 徐國華, 廈門大學, 碩士, 2006.
- 〈≪荀子≫反義詞研究〉, 劉獻琦, 山東師範大學, 碩士, 2006.
- 〈≪荀子≫副詞研究〉, 陳家春, 西南大學, 碩士, 2006.
- 〈≪荀子≫謂詞轉指研究〉, 張俊, 西南大學, 碩士, 2006.
- 〈談荀子的禮法和民生思想〉, 李向東, 鄭州大學, 碩士, 2006.
- 〈論荀子的禮法思想〉, 張榮貴, 上海社會科學院, 碩士, 2006.
- 〈論荀子的理想人格-以天人之辯的考察爲出發點〉, 張菊芳, 上海師範大學, 碩士, 2006.
- 〈論荀子的天人觀-以≪荀子・天論≫爲核心〉, 董祥勇, 華東師範大學, 碩士, 2006.
- 〈論荀子之"心"的二重涵義〉, 陳林, 華中科技大學, 碩士, 2006.
- 〈荀子教育思想與"完全人"培養-以中學語文教學爲中心〉, 李奕, 華中師範大學, 碩士, 2006.
- 〈荀子禮學思想研究〉, 孫文持, 鄭州大學, 碩士, 2006.
- 〈荀子思想與戰國時期的禮學思潮〉, 李桂民, 西北大學, 博士, 2006.
- 〈荀子性論之內容及性惡界定的目的〉, 顧玉萍, 蘇州大學, 碩士, 2006.
- 〈荀子的管理哲學思想與現代管理〉, 阮艶, 華中科技大學, 碩士, 2006.
- 〈荀子的禮學思想〉, 朱俊, 西北大學, 碩士, 2006.
- 〈荀子的禮學思想及其歷史影響〉, 陳良武, 雲南師範大學, 碩士, 2006.
- 〈荀子政治思想的現代價値〉, 黃德俊, 河海大學, 碩士, 2006.
- 〈荀子行政倫理思想研究〉, 竇海寧, 中央民族大學, 碩士, 2006.
- 〈試析荀子的倫理制度思想〉, 高春海, 東北師範大學, 碩士, 2006.
- 〈從孔子到荀子-先秦儒家民本思想的演變〉, 郭磊, 鄭州大學, 碩士, 2006.
- 〈"群居和一"如何可能-荀子群論思想研究〉, 丁成際, 華東師範大學, 博士, 2007.

•〈≪荀子≫連詞的語法化初探〉, 白鈺, 首都師範大學, 碩士, 2007.
•〈≪荀子≫反義字組研究〉, 陳輝, 蘭州大學, 碩士, 2007.
•〈君主與禮－荀子政治思想研究〉, 杜聯合, 中國政法大學, 碩士, 2007.
•〈論荀子"有治人無治法"的"人治"思想〉, 王萌, 吉林大學, 碩士, 2007.
•〈論荀子禮學思想的美學訴求〉, 雷瓊芳, 新疆大學, 碩士, 2007.
•〈先秦儒家修辭研究－以孔子, 孟子, 荀子爲例〉, 丁秀菊, 山東大學, 博士, 2007.
•〈荀子"隆禮重法"思想及其傳承研究〉, 吳章榮, 蘭州大學, 碩士, 2007.
•〈荀子"隆禮重法"思想的制度倫理意蘊〉, 馮兵, 重慶師範大學, 碩士, 2007.
•〈荀子禮法思想研究〉, 劉小岑, 吉林大學, 碩士, 2007.
•〈荀子倫理思想的大衆關懷特徵〉, 張慧霞, 上海師範大學, 碩士, 2007.
•〈荀子與戰國學術思潮〉, 陳榮慶, 西北大學, 博士, 2007.
•〈荀子榮辱觀研究〉, 任玉軍, 湖南師範大學, 碩士, 2007.
•〈荀子人性論及其現代價值〉, 李春花, 西南大學, 碩士, 2007.
•〈荀子人性論探微〉, 張鵬偉, 武漢大學, 碩士, 2007.
•〈荀子人性法律思想新論－以性惡論爲核心〉, 姜登峰, 中國政法大學, 博士, 2007.
•〈荀子的正義思想〉, 李洪斌, 湘潭大學, 碩士, 2007.
•〈荀子的天人關系思想及其現實意義〉, 黃伯紅, 山東師範大學, 碩士, 2007.
•〈政治視野下荀子的名辯思想〉, 宋著立, 華南師範大學, 碩士, 2007.
•〈從禮到法－荀子禮治學說與韓非法治思想及其相互關聯〉, 孫艷紅, 湖南師範大學, 碩士, 2007.
•〈淺論荀子的"明於天人之分"思想〉, 于翔, 吉林大學, 碩士, 2007.
•〈淺析荀子的"禮欲"觀〉, 陳果, 華中科技大學, 碩士, 2007.
•〈"明分而至平"－荀子外王思想研究〉, 米振華, 湘潭大學, 碩士, 2008.
•〈≪荀子≫用≪詩≫考論〉, 陳英立, 黑龍江大學, 碩士, 2008.
•〈≪荀子≫的文藝思想研究〉, 劉海波, 吉林大學, 碩士, 2008.
•〈≪圍城≫與荀子〉, 曾潤麗, 浙江大學, 碩士, 2008.
•〈先秦儒家消費觀念研究－以孔子孟子與荀子爲中心〉, 王新剛, 廣西師範大學, 碩士, 2008.

- 〈先秦儒家的人性論－關於孟子與荀子人性思想的比較研究〉, 詹飛, 上海社會科學院, 碩士, 2008.
- 〈荀子"比性起僞"思想中的管理學意義〉, 姜樹旺, 吉林大學, 碩士, 2008.
- 〈荀子"樂論"美學思想研究〉, 付曉青, 山東大學, 博士, 2008.
- 〈荀子"天人合一"思想研究〉, 呂玉霞, 山東大學, 碩士, 2008.
- 〈荀子管理思想的現代社會意義〉, 李明偉, 西安工業大學, 碩士, 2008.
- 〈荀子對儒法合流的開啓及其意義研究〉, 史春燕, 西北師範大學, 碩士, 2008.
- 〈荀子禮法學理論的法文化學思考〉, 湯莉莉, 中南民族大學, 碩士, 2008.
- 〈荀子隆禮思想研究〉, 董娟, 曲阜師範大學, 碩士, 2008.
- 〈荀子文藝思想及其創作中的禮樂本位立場〉, 郭樹青, 重慶師範大學, 碩士, 2008.
- 〈荀子與亞當斯密的經濟倫理觀比較〉, 周嘉惠, 浙江大學, 碩士, 2008.
- 〈荀子榮辱思想探析〉, 任超陽, 中國人民大學, 碩士, 2008.
- 〈荀子人性論思想研究〉, 許士中, 揚州大學, 碩士, 2008.
- 〈荀子的禮法君子思想及其現實啓示〉, 彭歲楓, 首都師範大學, 博士, 2008.
- 〈荀子的語文教育思想及其當代價值〉, 閆宗美, 西北師範大學, 碩士, 2008.
- 〈荀子政治哲學研究〉, 陳少陽, 南昌大學, 碩士, 2008.
- 〈荀子天人關系思想研究〉, 付亞爽, 河北大學, 碩士, 2008.
- 〈自然之天與宗教之天－荀子之"天"概念新解〉, 侯艷芳, 上海師範大學, 博士, 2008.
- 〈淺論荀子"隆禮重法"的哲學思想〉, 李銘, 山東大學, 碩士, 2008.
- 〈學不可以已－≪荀子≫思想研究〉, 沈雲波, 復旦大學, 博士, 2008.
- 〈≪荀子≫動詞配價研究〉, 侯雅麗, 山西師範大學, 碩士, 2009.
- 〈≪荀子≫述賓語義關系研究〉, 常艷勇, 山東師範大學, 碩士, 2009.
- 〈≪荀子≫的管理哲學特色研究〉, 余森華, 中國政法大學, 碩士, 2009.
- 〈≪荀子・非十二子≫研究〉, 昝潤嬌, 煙台大學, 碩士, 2009.
- 〈理性與非理性的統一－荀子認識論新探〉, 周新娟, 湖南師範大學, 碩士, 2009.
- 〈孟子性善論與荀子性惡論比較研究〉, 葉患宏, 陝西師範大學, 碩士, 2009.
- 〈孟子荀子法律思想比較研究〉, 曾寧, 復旦大學, 碩士, 2009.

• 〈荀子≪詩≫學〉, 李一嵐, 首都師範大學, 碩士, 2009.
• 〈荀子教育思想探析〉, 趙宏利, 蘇州大學, 碩士, 2009.
• 〈荀子德育思想及其現代價值研究〉, 張學敏, 合肥工業大學, 碩士, 2009.
• 〈荀子修身觀及其現實意義〉, 原瑞娟, 山東師範大學, 碩士, 2009.
• 〈荀子審美心理思想研究〉, 董友, 蘇州大學, 碩士, 2009.
• 〈荀子人性論探微〉, 王寶傑, 西南大學, 碩士, 2009.
• 〈荀子的管理思想〉, 姜英來, 東北財經大學, 博士, 2009.
• 〈荀子的理想人格觀研究〉, 徐良, 河北大學, 碩士, 2009.
• 〈荀子的文學思想及其文學創作〉, 邱立漢, 福建師範大學, 碩士, 2009.
• 〈荀子的聖人觀, 樓燕芳〉, 浙江大學, 碩士, 2009.
• 〈荀子哲學的立場傾向與韓非子哲學間的關系探討〉, 牛雪峰, 吉林大學, 碩士, 2009.
• 〈試論荀子在經學發生史上的地位〉, 王冉冉, 曲阜師範大學, 碩士, 2009.
• 〈人倫等第在荀子分之概念中的意義〉, 楊秋泓, 復旦大學, 碩士, 2009.
• 〈從人天關系探荀子生態智慧〉, 張福永, 山東師範大學, 碩士, 2009.
• 〈淺析≪荀子≫中的人物形像〉, 郭迎春, 山東師範大學, 碩士, 2009.
• 〈漢唐時期荀子學術地位的變化〉, 程敬恭, 山西大學, 碩士, 2009.
• 〈≪孔子家語≫與≪荀子≫關系考論〉, 董麗曉, 曲阜師範大學, 碩士, 2010.
• 〈論荀子≪樂論≫的音樂美學〉, 李剛林, 重慶師範大學, 碩士, 2010.
• 〈論荀子的犯罪學思想〉, 張小嶺, 湘潭大學, 碩士, 2010.
• 〈孟子與荀子人性觀之比較〉, 武艷麗, 中國政法大學, 碩士, 2010.
• 〈傅山對荀子思想的闡發〉, 王麗桃, 山西大學, 碩士, 2010.
• 〈荀子“道”論思想研究〉, 袁媛媛, 曲阜師範大學, 碩士, 2010.
• 〈荀子“非墨”思想研究〉, 魏飛, 河北大學, 碩士, 2010.
• 〈荀子“仁本禮用”思想研究〉, 段麗麗, 杭州師範大學, 碩士, 2010.
• 〈荀子“天人觀”和馬克思“人與自然”理論的對比研究〉, 時迎文, 內蒙古大學, 碩士, 2010.
• 〈荀子“化性起僞”思想研究〉, 王黎, 河北大學, 碩士, 2010.
• 〈荀子功利文藝思想研究〉, 楊艾璐, 遼寧大學, 博士, 2010.

- 〈荀子管理思想研究〉, 李慧芬, 山東大學, 博士, 2010.
- 〈荀子管理思想研究〉, 張朝勇, 四川社會科學院, 碩士, 2010.
- 〈荀子道德教育思想研究〉, 張睿婷, 哈爾濱工程大學, 碩士, 2010.
- 〈荀子道德教化思想研究〉, 黃文兵, 福建師範大學, 碩士, 2010.
- 〈荀子禮樂思想研究〉, 白宏影, 吉林大學, 碩士, 2010.
- 〈荀子禮法思想研究〉, 羅麗平, 寧波大學, 碩士, 2010.
- 〈荀子禮法思想淵源考論〉, 孫紅連, 遼寧師範大學, 碩士, 2010.
- 〈荀子禮治思想的研究〉, 李文平, 山東大學, 碩士, 2010.
- 〈荀子禮學思想的現代價值〉, 金暉, 上海師範大學, 碩士, 2010.
- 〈荀子倫理思想及其現實價值研究〉, 張永光, 曲阜師範大學, 碩士, 2010.
- 〈荀子美學思想研究〉, 宮世峰, 西北大學, 碩士, 2010.
- 〈荀子思想內在思維方式研究〉, 白立超, 西北大學, 碩士, 2010.
- 〈荀子聖人觀思想研究〉, 張偉, 河北大學, 碩士, 2010.
- 〈荀子性情說研究〉, 孫娜, 山東師範大學, 碩士, 2010.
- 〈荀子詩樂理論與實踐研究〉, 劉延福, 山東師範大學, 博士, 2010.
- 〈荀子人際關系思想研究〉, 高春海, 東北師範大學, 博士, 2010.
- 〈荀子的道德積累思想及其對當代思想政治教育的啓示〉, 周偉, 山西師範大學, 碩士, 2010.
- 〈荀子的人學思想研究〉, 潘勇, 鄭州大學, 碩士, 2010.
- 〈荀子之"禮"的哲學詮釋〉, 劉琦, 西藏民族學院, 碩士, 2010.
- 〈荀子天人觀的倫理意蘊〉, 鞠龍克, 西北師範大學, 碩士, 2010.
- 〈荀子孝道思想述論〉, 張綱, 鄭州大學, 碩士, 2010.
- 〈≪荀子≫說理方式研究〉, 呂朝彬, 復旦大學, 碩士, 2011.
- 〈≪荀子≫楊倞注名詞釋義考察〉, 王紅, 河北師範大學, 碩士, 2011.
- 〈孔子荀子等級觀比較研究〉, 治丹丹, 陝西師範大學, 碩士, 2011.
- 〈公平正義：荀子社會治理思想探索〉, 楊權, 湖南科技大學, 碩士, 2011.
- 〈論荀子思想中的禮法關系〉, 潘聰, 西南政法大學, 碩士, 2011.
- 〈論荀子的德育思想及其當代價值〉, 陳倩, 河北科技大學, 碩士, 2011.

- 〈論荀子的禮法思想〉, 張蕊, 曲阜師範大學, 碩士, 2011.
- 〈論荀子環保思想對我國環境法治的影響〉, 王婷婷, 山東師範大學, 碩士, 2011.
- 〈性僞相分與凡聖異同－荀子人性論新探〉, 易波, 蘭州大學, 碩士, 2011.
- 〈荀子"勸學"思想淺析〉, 夏超男, 中國政法大學, 碩士, 2011.
- 〈荀子"禮"觀念下的法術勢思想〉, 王雪, 東北師範大學, 碩士, 2011.
- 〈荀子教育哲學的理論建構及其現實訴求〉, 張墨涵, 黑龍江大學, 碩士, 2011.
- 〈荀子德育思想及其現代價值硏究〉, 王皓月, 南昌大學, 碩士, 2011.
- 〈荀子德育思想硏究〉, 吳菲, 江西師範大學, 碩士, 2011.
- 〈荀子理想社會思想硏究〉, 白玉良, 重慶師範大學, 碩士, 2011.
- 〈荀子理欲觀硏究－兼與朱熹理欲觀比較〉, 智王晴, 安徽大學, 碩士, 2011.
- 〈荀子社會秩序思想論－社會學角度詮釋〉, 王蓓蓓, 山東師範大學, 碩士, 2011.
- 〈荀子生態倫理思想硏究〉, 張麗, 南京農業大學, 碩士, 2011.
- 〈荀子與儒家六藝經典化－出土文獻視野下荀子與儒家經典生成硏究〉, 崔存明, 首都師範大學, 博士, 2011.
- 〈荀子人性論中的教育思想硏究〉, 尹娣, 西安工業大學, 碩士, 2011.
- 〈荀子的科技思想探析〉, 李代均, 武漢科技大學, 碩士, 2011.
- 〈荀子的君相觀〉, 蔣瑞, 南京大學, 碩士, 2011.
- 〈試論荀子的"禮法"思想〉, 唐復秋, 蘇州大學, 碩士, 2011.
- 〈儒家視域中的修身之道－荀子身體思想硏究〉, 顧炯, 華東師範大學, 博士, 2011.
- 〈從禮學視域硏究荀子文藝思想〉, 車艷, 福建師範大學, 碩士, 2011.
- 〈"群居和一"：荀子社會倫理思想硏究〉, 金妍妍, 中南大學, 博士, 2012.
- 〈≪孟子≫≪荀子≫引≪詩≫說≪詩≫比較硏究〉, 齊文英, 長沙理工大學, 碩士, 2012.
- 〈≪荀子≫管理哲學思想硏究〉, 林俊俊, 華東師範大學, 博士, 2012.
- 〈≪荀子≫文本中的語言學思想探究〉, 楊莉娟, 陝西師範大學, 碩士, 2012.
- 〈≪荀子≫三個英譯本的譯者主體性硏究〉, 孫倩, 上海師範大學, 碩士, 2012.
- 〈≪荀子≫專題論文成因探析〉, 楊忠輝, 西南大學, 碩士, 2012.
- 〈≪荀子≫中的德性榮辱類聚合字組〉, 李彧, 北京大學, 碩士, 2012.

- 〈≪荀子≫徵引"傳"類文獻考論〉, 康廷山, 山東大學, 碩士, 2012.
- 〈≪荀子≫形容詞研究〉, 何霞, 新疆大學, 碩士, 2012.
- 〈≪荀子≫形容詞謂語句研究〉, 趙叢娜, 陝西師範大學, 碩士, 2012.
- 〈論荀子"隆禮重法"及其現代法治價值〉, 王麗麗, 河北經貿大學, 碩士, 2012.
- 〈論荀子教化思想對高校德育實踐的啓示〉, 陸致宇, 廣西大學, 碩士, 2012.
- 〈論荀子歷史思想中的時變與不變〉, 闞琉聲, 吉林大學, 碩士, 2012.
- 〈論荀子隆禮重法思想及其啓示〉, 蔣曼, 鄭州大學, 碩士, 2012.
- 〈荀子"群居和一"的和諧社會理想論綱〉, 張昊雷, 中南大學, 碩士, 2012.
- 〈荀子"禮"的倫理意義研究〉, 趙倩, 西北師範大學, 碩士, 2012.
- 〈荀子"明分"思想研究〉, 蔣壯力, 河南大學, 碩士, 2012.
- 〈荀子"分"思想的法哲學分析〉, 陳偉, 重慶大學, 博士, 2012.
- 〈荀子"樂論"美學思想研究〉, 張紅梅, 河北師範大學, 碩士, 2012.
- 〈荀子"天人相分論"研究〉, 周俊文, 海南大學, 碩士, 2012.
- 〈荀子管理倫理思想探究〉, 黃年華, 浙江財經學院, 碩士, 2012.
- 〈荀子管理哲學思想研究〉, 佘海艦, 湖南師範大學, 博士, 2012.
- 〈荀子君臣思想研究〉, 張景發, 西南政法大學, 碩士, 2012.
- 〈荀子道德教育思想及其當代價值研究〉, 曾平, 南昌航空大學, 碩士, 2012.
- 〈荀子禮法思想研究〉, 李旭衡, 河北大學, 碩士, 2012.
- 〈荀子禮制思想研究〉, 劉昱, 山東師範大學, 碩士, 2012.
- 〈荀子禮學思想研究〉, 孫運玲, 吉林大學, 碩士, 2012.
- 〈荀子論"爲什麼要有道德"〉, 魏犇群, 復旦大學, 碩士, 2012.
- 〈荀子名辯思想探析〉, 曹芳, 河南大學, 碩士, 2012.
- 〈荀子文學研究〉, 吳方, 濟南大學, 碩士, 2012.
- 〈荀子思想的邏輯演進〉, 白雪倩, 山西師範大學, 碩士, 2012.
- 〈荀子社會管理思想研究〉, 李紅兵, 山西師範大學, 碩士, 2012.
- 〈荀子性惡管理觀探析〉, 王明君, 沈陽師範大學, 碩士, 2012.
- 〈荀子心論研究〉, 李玉麗, 山東大學, 碩士, 2012.

•〈荀子語言觀及其對中國傳統文論的影響〉, 張冬冬, 山東師範大學, 碩士, 2012.
•〈荀子榮辱思想研究〉, 王俊延, 河北經貿大學, 碩士, 2012.
•〈荀子人性論思想對宋代理學家的影響論析〉, 侯屾, 陝西師範大學, 碩士, 2012.
•〈荀子的道德習行思想研究〉, 張文文, 山東師範大學, 碩士, 2012.
•〈荀子的美育思想及時代意義〉, 張麗華, 西北師範大學, 碩士, 2012.
•〈荀子正義思想研究〉, 朱文典, 福建師範大學, 碩士, 2012.
•〈荀子政治思想研究〉, 王浩, 西北大學, 碩士, 2012.
•〈試論荀子禮治思想及其現代啓示〉, 職冠楠, 陝西科技大學, 碩士, 2012.
•〈二十世紀以來≪荀子≫文學接受研究〉, 許攀利, 西北師範大學, 碩士, 2012.
•〈詮釋學視域下的≪荀子≫引≪詩≫研究〉, 吳宇迪, 安徽大學, 碩士, 2012.
•〈正名與正道－荀子名學與倫理政治思想研究〉, 孟凱, 華東師範大學, 博士, 2012.
•〈從"性惡"到"性具"－荀子與傳燈大師性論思想辨義〉, 兪漢群, 浙江財經學院, 碩士, 2012.
•〈從墨子非儒與孟子荀子辟墨看儒墨關系〉, 高晶, 遼寧大學, 碩士, 2012.
•〈從人性論的角度看荀子對孟子的批判〉, 譚清海, 上海師範大學, 碩士, 2012.
•〈"順是"說視角下的荀子"性惡論"研究〉, 王坤, 東北師範大學, 碩士, 2013.
•〈簡論荀子之道〉, 曹德品, 陝西師範大學, 碩士, 2013.
•〈高中歷史教科書中有關荀子內容研究〉, 潘博, 內蒙古師範大學, 碩士, 2013.
•〈孔孟荀比較視野下荀子的治道思想研究〉, 張慧英, 陝西師範大學, 碩士, 2013.
•〈論荀子的霸道思想〉, 丁琳, 復旦大學, 碩士, 2013.
•〈論荀子學說中的儒法融合〉, 李祥宇, 南京大學, 碩士, 2013.
•〈孟子荀子人性論的比較〉, 孟琛, 吉林大學, 碩士, 2013.
•〈荀子"分"論〉, 劉晶, 黑龍江大學, 碩士, 2013.
•〈荀子"化性起僞"思想研究〉, 趙爲軍, 曲阜師範大學, 碩士, 2013.
•〈荀子德育思想及其現代價値問題研究〉, 嚴玉花, 西北師範大學, 碩士, 2013.
•〈荀子道德教育思想研究〉, 葉娟, 西北師範大學, 碩士, 2013.
•〈荀子法律思想研究〉, 黃文超, 青島大學, 碩士, 2013.
•〈荀子心論淺議〉, 張磊, 華中科技大學, 碩士, 2013.

- 〈荀子人性思想的研究〉, 潘曉瑾, 安徽大學, 碩士, 2013.
- 〈荀子的“天人關系”學說及其意義研究〉, 朱旭, 遼寧大學, 碩士, 2013.
- 〈荀子的禮學思想〉, 蔡志雄, 湖北大學, 碩士, 2013.
- 〈荀子正義倫理思想研究〉, 萬起發, 山東師範大學, 碩士, 2013.
- 〈荀子制度倫理思想研究〉, 岳龍, 西北民族大學, 碩士, 2013.
- 〈荀子中和思想之探析〉, 高俊賢, 遼寧大學, 碩士, 2013.
- 〈荀子哲學對中華民族精神的貢獻〉, 李曉冰, 西藏民族學院, 碩士, 2013.
- 〈荀子行政倫理思想對當代政治體制改革的啓示〉, 呂欣, 北方工業大學, 碩士, 2013.
- 〈荀子孝道思想研究 – 以先秦儒家孝道思想的演變爲主線〉, 郭利, 復旦大學, 碩士, 2013.
- 〈試論荀子之“正名”思想〉, 鄭永桂, 華中科技大學, 碩士, 2013.
- 〈深度翻譯 – 以諾布諾克≪荀子≫英譯爲例〉, 黃琳, 四川外國語大學, 碩士, 2013.
- 〈王念孫兪樾孫詒讓≪荀子≫校注研究〉, 袁靚, 吉首大學, 碩士, 2013.
- 〈治氣與養心 – 荀子養生思想研究〉, 周穎穎, 曲阜師範大學, 碩士, 2013.
- 〈≪荀子≫文章文學性及其成因研究〉, 門修鵬, 青海師範大學, 碩士, 2014.
- 〈≪荀子≫反問句研究〉, 張藝嬌, 湖北師範學院, 碩士, 2014.
- 〈≪荀子≫與≪韓非子≫文章理念和創作特色的異同〉, 黃婷, 湖南師範大學, 碩士, 2014.
- 〈論“禮”在荀子“成人”過程中的重要作用〉, 徐俊傑, 浙江工商大學, 碩士, 2014.
- 〈論梁啓超對荀子之研究〉, 王澤春, 上海師範大學, 碩士, 2014.
- 〈論荀子對孔孟孝道思想的豐富與發展〉, 張岸萍, 吉首大學, 碩士, 2014.
- 〈荀子“禮治”思想研究 – 以分析實證主義爲視角〉, 朱展麟, 上海師範大學, 碩士, 2014.
- 〈荀子“情”論研究〉, 馬麗娜, 南京大學, 碩士, 2014.
- 〈荀子≪樂論≫思想研究〉, 胡海靜, 華東師範大學, 碩士, 2014.
- 〈荀子經濟倫理思想探析〉, 宋文慧, 南京大學, 碩士, 2014.
- 〈荀子對先秦諸子之批判與原始儒家的自我定位〉, 王璐, 蘇州大學, 碩士, 2014.
- 〈荀子禮治思想與西漢禮治〉, 徐森, 上海師範大學, 碩士, 2014.
- 〈荀子禮學思想在高校思想政治教育中的價值研究〉, 尙晨, 山西農業大學, 碩士, 2014.
- 〈荀子論人 – 物關系〉, 矯海燕, 首都師範大學, 碩士, 2014.

• 〈荀子倫理思想的邏輯機制研究〉, 姚文傑, 南京大學, 碩士, 2014.
• 〈荀子倫理－政治哲學中的士〉, 楊曉薇, 雲南大學, 碩士, 2014.
• 〈荀子生態倫理思想研究〉, 薛春霞, 重慶師範大學, 碩士, 2014.
• 〈荀子心論的倫理學意涵〉, 鄧亞兵, 華東師範大學, 碩士, 2014.
• 〈荀子與漢初儒學〉, 李峻嶺, 山東大學, 博士, 2014.
• 〈荀子藝術教育思想研究〉, 董玲玉, 山東藝術學院, 碩士, 2014.
• 〈荀子音樂哲學思想研究〉, 陳中山, 湖南師範大學, 碩士, 2014.
• 〈荀子義利觀及其評析〉, 尹思聰, 河北經貿大學, 碩士, 2014.
• 〈荀子的性惡論思想研究〉, 龔彦萍, 西北大學, 碩士, 2014.
• 〈荀子的幸福觀及其現代啓示〉, 袁曉娟, 重慶師範大學, 碩士, 2014.
• 〈荀子行政管理思想及其當代價值〉, 田雅楠, 青海師範大學, 碩士, 2014.
• 〈≪荀子≫政治倫理思想研究〉, 解玉潔, 河北大學, 碩士, 2015.
• 〈明辨與治辨－從"辨"看荀子的思想〉, 郭春牛, 華東師範大學, 博士, 2015.
• 〈武田信玄の治國理念に見ゐ孟子荀子と孫子の思想の受容〉, 馬俊玲, 河北大學, 碩士, 2015.
• 〈荀子"情"觀念研究〉, 杜凡, 南京大學, 碩士, 2015.
• 〈荀子對先秦諸子的批判〉, 石敏, 山西師範大學, 碩士, 2015.
• 〈荀子王霸思想研究〉, 高凱, 山東師範大學, 碩士, 2015.
• 〈荀子的節制思想研究〉, 施文, 雲南大學, 碩士, 2015.


3. 日本


• 〈荀子における先王と後王〉, 石黒俊逸, ≪山口大學文學會志1≫, 1950.
• 〈孟子と荀子の性説と教育説〉, 佐中壯, ≪藝林1≫, 1950.
• 〈荀子小論〉, 杖下隆之, 東洋大學, 博士, 1951.
• 〈荀子｢性惡篇｣を讀む〉, 吉田熊次, ≪弘道60≫, 1951.
• 〈欲望の在り方－荀子の所説をめぐつて〉, 金谷治, ≪文化15≫, 1951.
• 〈荀子作爲說の形成〉, 友枝龍太郎, ≪東方學4≫, 1952.
• 〈荀子における性と心〉, 柳本實, ≪人文科學研究3≫, 1952.

- 〈荀子の詩說〉, 杖下隆之, ≪東方學6≫, 1953.
- 〈荀子の兵戰論〉, 內田智雄, ≪同志社法學6≫, 1955.
- 〈荀子文獻批判の一方法〉, 豊島睦, ≪哲學5≫, 1955.
- 〈荀子の礼と法の思想〉, 內田智雄, ≪同志社法學7≫, 1955.
- 〈荀子の刑罰論〉, 內田智雄, ≪同志社法學7≫, 1955.
- 〈荀子性惡說の本旨〉, 穴澤辰雄, ≪秋田大學學芸學部硏究紀要6≫, 1956.
- 〈孟子及び荀子から見た論語〉, 鈴木憲久, ≪経濟道德硏究所年報4≫, 1956.
- 〈荀子における封建政治思想の成立〉, 藤谷博, ≪阪大法學20≫, 1957.
- 〈孟子と荀子の天下說〉, 西順藏, ≪一橋論叢39≫, 1958.
- 〈荀子性論管見〉, 米田登, ≪文芸と思想15≫, 1958.
- 〈荀子と尊德の思想的比較論〉, 宮西一積, ≪大倉山論集8≫, 1960.
- 〈荀子の抽象的人間観－荀子の人間學序說〉, 澤田多喜男, ≪集刊東洋學4≫, 1960.
- 〈荀子の樂論篇〉, 板野長八, ≪廣島大學文學部紀要18≫, 1960.
- 〈莊子の知と荀子の知〉, 板野長八, ≪廣島大學文學部紀要23≫, 1964.
- 〈荀子の経濟論についての一考察〉, 豊島睦, ≪哲學16≫, 1964.
- 〈荀子の一考察〉, 杼原茂, ≪千葉商大論叢2≫, 1964.
- 〈徂徠の「讀荀子」について〉, 今中寬司, ≪文化學年報14≫, 1965.
- 〈「讀荀子」と「荀子斷」〉, 杉本達夫, ≪人文學報53≫, 1966.
- 〈「荀子」における論理學的思考－その構造と本質と機能〉, 大室幹雄, ≪日本中國學會報18≫, 1966.
- 〈荀子性惡說に就て－其性惡思想以前の性の觀念〉, 三上誠治郎, ≪和洋國文硏究6≫, 1967.
- 〈荀子の成相と杵歌と〉, 藤野岩友, ≪日本文學論究27≫, 1968.
- 〈荀子性惡說について－性惡の觀念〉, 三上誠治郎, ≪和洋女子大學大學紀要13≫, 1968.
- 〈荀子の「天人の分」とその後〉, 板野長八, ≪廣島大學文學部紀要28≫, 1968.
- 〈荀子の思想における自然認識と政治意識1〉, 內山俊彦, ≪山口大學文學會志20≫, 1969.
- 〈荀子の思想における自然認識と政治意識2〉, 內山俊彦, ≪山口大學文學會志20≫, 1970.
- 〈荀子の政治経濟思想〉, 黃介騫, ≪経濟経營論叢5≫, 1970.

- 〈荀子の｢天人の分｣について－その自然觀の特質〉, 金谷治, ≪集刊東洋學24≫, 1970.
- 〈荀子の思想形成〉, 賴芳樹, ≪廣島大學教育學部紀要19≫, 1971.
- 〈中國古代論理學史における荀子〉, 加地伸行, ≪東方學41≫, 1971.
- 〈荀子の｢後王｣考〉, 柳瀨喜代志, ≪東洋文學研究20≫, 1972.
- 〈荀子倫理思想疑問－性惡論を主として〉, 岡田脩, ≪大東文化大學漢學會誌11≫, 1972.
- 〈荀子における天養の槪念〉, 兒玉六郎, ≪日本中國學會報24≫, 1972.
- 〈荀子の忠について〉, 浜口富士雄, ≪大東文化大學漢學會誌12≫, 1973.
- 〈荀子の姓氏名字について〉, 浜口富士雄, ≪斯文71・72≫, 1973.
- 〈中國古代における人爲と自然－荀子・孟子・｢莊子｣をめぐって〉, 澤田多喜男, ≪東海大學紀要20≫, 1974.
- 〈荀子性惡說小論〉, 浜口富士雄, ≪大東文化大學漢學會誌13≫, 1974.
- 〈｢荀子｣の｢文｣について〉, 伊賀了介, ≪國文學論考 10≫, 1974.
- 〈荀子｢勸學篇｣の〈君子〉について〉, 高山方尙, ≪駒澤史學21≫, 1974.
- 〈荀子・性朴說の提起－性僞之分に關する考察から〉, 兒玉六郎, ≪日本中國學會報 26≫, 1974.
- 〈荀子の礼觀について〉, 栗原圭介, ≪大東文化大學紀要14≫, 1976.
- 〈荀子の｢類｣〉, 眞崎淸博, ≪史學研究134≫, 1976.
- 〈久保筑水の荀子增注と前後の諸校釋との關係〉, 藤川正數, ≪斯文81≫, 1977.
- 〈秉山・敬所の兩荀子雜誌との關係〉, 藤川正數, ≪東方學53≫, 1977.
- 〈梁啓雄の荀子約注と邦儒の荀子說との關係－主として資料的考察〉, 藤川正數, ≪日本中國學會報29≫, 1977.
- 〈荀子標注について〉, 藤川正數, ≪集刊東洋學38≫, 1977.
- 〈漱石と中國思想－｢心｣｢道草｣と荀子, 老子〉, 江藤淳, ≪新潮75≫, 1978.
- 〈荀子の後王思想について〉, 三浦吉明, ≪集刊東洋學39≫, 1978.
- 〈荀子の本性論－その二重構造について〉, 島一, ≪集刊東洋學40≫, 1978.
- 〈荀子思想の分裂と統一－｢天人之分｣の思想〉, 片倉望, ≪集刊東洋學40≫, 1978.
- 〈荀子礼論篇の｢瘠｣と｢墨｣とについて〉, 久保田剛, ≪哲學31≫, 1979.

- 〈荀子とその門人に於ける「學・祿」意識に就いて〉, 森熊男, ≪岡山大學教育學部研究集錄50≫, 1979.
- 〈久保筑水著荀子增注・猪飼敬所著荀子補遺が中國の學界に及ぼした影響について〉, 藤川正數, ≪香川大學教育學部研究報告46≫ 1979.
- 〈中國の荀子注釋書に引擧された久保筑水・猪飼敬所の荀子說〉, 藤川正數, ≪香川大學教育學部研究報告46≫, 1979.
- 〈「性僞之分」と性惡說－荀子思想の分裂と統一〉, 片倉望, ≪日本中國學會報32≫, 1980.
- 〈荀子における對天の思想〉, 三浦吉明, ≪日本中國學會報32≫, 1980.
- 〈荀子の政治思想〉, 橫松宗, ≪八幡大學社會文化硏究所紀要7≫, 1980.
- 〈荀子の人間觀－群の考えを通じて〉, 薄井俊二, ≪中國哲學論集8≫, 1982.
- 〈荀子の國家論〉, 渡辺信一郎, ≪史林66≫, 1983.
- 〈荀子・勸學篇の性格と構造〉, 兒玉六郎, ≪新潟大學教育學部紀要25≫, 1983.
- 〈荀子の學問觀〉, 高田哲太郎, ≪集刊東洋學49≫, 1983.
- 〈荀子の性惡說について〉, 遠藤隆芳, ≪密教文化 144≫, 1983.
- 〈荀子・不苟篇の性格と構造〉, 兒玉六郎, ≪新潟大學教育學部紀要26≫, 1985.
- 〈「荀子」における「心」の觀念〉, 岸本良彥, ≪フィロソフィア73≫, 1985.
- 〈荀子・榮辱篇の性格と構造〉, 兒玉六郎, ≪新潟大學教育學部紀要27≫, 1986.
- 〈荀子の言論說〉, 竹內昭, ≪法政大學教養部紀要58≫, 1986.
- 〈荀子の経濟思想について〉, 多田顯, ≪経濟論集41≫, 1986.
- 〈荀子性惡說の問題点〉, 吉田仁祉, ≪京都産業大學論集13≫, 1986.
- 〈荀子・非相篇の性格と構造〉, 兒玉六郎, ≪新潟大學教育學部紀要28≫, 1987.
- 〈「荀子」天論篇について－天道思想と礼治主義への一考察〉, 張才興, ≪中國哲學論集13≫, 1987.
- 〈「荀子」精說1〉, 岡本哲治, ≪學習院大學経濟論集25≫, 1989.
- 〈「荀子」精說2〉, 岡本哲治, ≪學習院大學経濟論集25≫, 1989.
- 〈「荀子」精說3〉, 岡本哲治, ≪學習院大學経濟論集26≫, 1989.
- 〈荀子の「性」について〉, 張才興, ≪中國哲學論集15≫, 1989.

- 〈荀子思想研究〉, 張才興, 九州大學, 博士, 1990.
- 〈荀子における古伝語の引用〉, 兒玉六郎, ≪新潟大學教育學部紀要31≫, 1990.
- 〈荀子における法家思想の受容－「礼」の構造に即して〉, 菅本大二, ≪日本中國學會報43≫, 1991.
- 〈荀子の経済説〉, 兒玉六郎, ≪岐阜女子大學紀要21≫, 1992.
- 〈荀子思想における「文」概念の二面性について〉, 森川重昭, ≪椙山女學園大學研究論集24≫, 1993.
- 〈荀子の學統〉, 兒玉六郎, ≪岐阜女子大學紀要22≫, 1993.
- 〈荀子の國家形成論とその自然哲學的基礎－荀子の國家論研究序說〉, 佐藤貢悅, ≪淑徳大學研究紀要27≫, 1993.
- 〈荀子思想における「類」概念について〉, 森川重昭, ≪椙山女學園大學研究論集26≫, 1995.
- 〈荀子の「欲」について〉, 橋本敬司, ≪哲學47≫, 1995.
- 〈荀子における〈言語の目的〉〉, 藤居岳人, ≪中國研究集刊16≫, 1995.
- 〈荀子の弁証法的・史的唯物論〉, 松尾善弘, ≪鹿兒島大學教育學部研究紀要48≫, 1996.
- 〈荀子の歷史観－戰國諸子における歷史観の發展(1)〉, 稻葉一郎, ≪人文論究45≫, 1996.
- 〈『荀子』天論篇の再檢討－その意図と意義〉, 蔣樂群, ≪中國哲學研究10≫, 1996.
- 〈荀子研究文獻目錄〉, 原誠士, ≪東洋古典學研究4≫, 1997.
- 〈相人と運命－『論衡』と『荀子』の比較考察〉, 山口円, ≪比較思想研究24≫, 1998.
- 〈『荀子』と兵學－戰國－漢初期における軍事的教養の一側面〉, 柴田昇, ≪名古屋大學東洋史研究報告22≫, 1998.
- 〈孔子と荀子の「正名」說について〉, 松尾善弘, ≪山口大學文學會志49≫, 1999.
- 〈『荀子』の礼における天と人間の構造－「礼者養也」を中心として〉, 濱砂美弥子, ≪中國哲學論集25≫, 1999.
- 〈『荀子』に見られる「僞」の觀念について〉, 澁谷由紀, ≪早稲田大學大學院文學研究科紀要46≫, 2000.
- 〈荀子・儒效篇の性格と構造〉, 兒玉六郎, ≪國際言語文化研究6≫, 2000.
- 〈荀子の「身体」－性惡說と化性說の戰略〉, 橋本敬司, ≪哲學 52≫, 2000.

- 〈荀子の戰略としての礼治システム〉, 橋本敬司, ≪哲學53≫, 2001.
- 〈荀子の「類」概念について〉, 鄭宰相, ≪立命館東洋史學24≫, 2001.
- 〈荀子 天・正・禮・樂論考(上)〉, 栗原圭介, ≪大東文化大學漢學會誌40≫, 2001.
- 〈『荀子』の天思想に對する一私見〉, 大橋聰史, ≪愛知教育大學大學院國語研究9≫, 2001.
- 〈荀子の墨家批判〉, 玉置重俊, ≪北海道情報大學紀要13≫, 2001.
- 〈『荀子』における「公」「私」について〉, 石川雅之, ≪名古屋大學中國哲學論集1≫, 2002.
- 〈荀子 天・正・禮・樂論考(下)〉, 栗原圭介, ≪大東文化大學漢學會誌41≫, 2002.
- 〈『荀子』における「幸」と「數」〉, 菅本大二, ≪國語教育論叢13≫, 2003.
- 〈荀子に見える義利觀について〉, 小幡敏行, ≪横浜市立大學論叢56≫, 2004.
- 〈荀子の名實論－單名と兼名の問題を中心に〉, 鄭宰相, ≪中國思想史研究27≫, 2004.
- 〈荀子における「理」・「類」そして「名」について－荀子に關する英語文獻の檢討〉, Kurtis Hagen, ≪研究紀要≫, 2005.
- 〈荀子天人論の論理構造について〉, 佐藤貢悅, ≪哲學・思想論叢24≫, 2006.
- 〈荀子の「性僞の分」－その「天人の分」との連續性をめぐって〉, 近藤則之, ≪佐賀大國文35≫, 2006.
- 〈海外の荀子研究に於ける多彩な問題意識－「荀子研究的回顧與開創國際學術研討會」參加報告〉, 關村博道, ≪中國哲學34≫, 2006.
- 〈荀子と董仲舒學派とにおける天人觀の継承について〉, 近藤則之, ≪九州中國學會報45≫, 2007.
- 〈荀子における「士大夫」呼称の成立について〉, 井上了, ≪中國研究集刊44≫, 2007.
- 〈『荀子』性惡篇の「性離朴離資」說をめぐって〉, 近藤則之, ≪佐賀大國文36≫, 2008.
- 〈明治以降の『荀子』研究史－性說・天人論〉, 橋本敬司, ≪廣島大學大學院文學研究科論集69≫, 2009.
- 〈荀子思想の研究〉, 鄭宰相, 京都大學, 博士, 2010.
- 〈『荀子』樂論篇と上博楚簡 『孔子詩論』の「樂無吝情」との關係について－「情」の語義を通じて〉, 近藤則之, ≪佐賀大國文38≫, 2010.
- 〈荀子「性惡說」の再檢討－「本始材朴」と「生之所以然者」をめぐって〉, 西洋平, ≪東アジア

19≫, 2010.
- 〈荀子の窮達論と『窮達以時』〉, 近藤則之, ≪佐賀大國文41≫, 2012.
- 〈『荀子』と『窮達以時』の「天人の分」について：先後關係の檢討を中心に〉, 近藤則之, ≪中國哲學論集37・38≫, 2012.
- 〈荻生徂徠と荀子〉, 田尻尚文, ≪中國研究集刊57≫, 2013.
- 〈『荀子』の福祉的性質について〉, 横山裕, ≪九州保健福祉大學研究紀要15≫, 2014.

## 譯註者 略歷

### 宋基采

1949년 전남 고흥 출생
향리 龍岡齋에서 梧泉 朴壽烈 선생에게 한문 수학
蓬山 安鍾宣·海蓑 朴奎鉉 선생 師事
1980년 민족문화추진회 부설 국역연수원 수료
1985년 민족문화추진회 상임연구부 졸업
1985년~2006년 민족문화추진회 전문위원, 국역실장, 편찬실장, 교무처장 역임
2004년~2014년 한국고전번역원 교수
2008년~2013년 성균관대학교 번역대학원 겸임교수
2015년~현재 한국고전번역원 명예교수
2015년 국민훈장석류장 수훈

### 譯著書

譯書 ≪寒岡集≫ ≪農山世獻≫ ≪唐宋八大家文抄 曾鞏≫ ≪唐宋八大家文抄 柳宗元≫
共譯 ≪孝宗實錄≫ ≪中宗實錄≫ ≪正祖實錄≫ ≪仁祖實錄≫ ≪宣祖實錄≫
≪寒水齋集≫ ≪宋子大全≫ ≪惺所覆瓿藁≫ ≪象村集≫ ≪茶山詩文集≫
≪서울金石文大觀≫ ≪農巖集≫
編著 ≪古文選讀≫

### 업적

1994년 漢字 고속입력법 '宋碼法' 개발
1996년 동양고전검색시스템 개발 'CD-ROM 尙友千古' 제작
2007년~현재 11개 분야 동양고전자료 1,762종 6억 3천만 자 DB화
http://www.s-sangwoo.kr/로 웹서비스

東洋古典譯註叢書 86

譯註 荀子集解 1　　　　　　정가 42,000원

2015년 12월 20일 초판 발행
2024년 02월 15일 초판 5쇄

譯 註 宋基采
編 輯 東洋古典飜譯編輯委員會

發行人 金 炫
發行處 社團法人 傳統文化研究會
서울 종로구 삼봉로 81 두산위브파빌리온 1332호
전화 : (02)762-8401 전송 : (02)747-0083
전자우편 : juntong@juntong.or.kr
홈페이지 : juntong.or.kr
사이버書堂 : cyberseodang.or.kr
온라인서점 : book.cyberseodang.or.kr
등록 : 1989. 7. 3. 제1-936호
총판 : 한국출판협동조합(070-7119-1750)

ISBN 979-11-5794-082-0 94150
978-89-85395-71-7(세트)

※ 이 책은 2015년도 교육부 고전문헌 국역지원사업 지원비에 의해 초판(비매품) 간행.